Sarah Häseler-Bestmann

Begegnung, Beratung und Bildung für Familien

Sarah Häseler-Bestmann

Begegnung, Beratung und Bildung für Familien

Eine exemplarisch-empirische Untersuchung von Familienzentren im Stadtteil

Tectum Verlag

Sarah Häseler-Bestmann

Begegnung, Beratung und Bildung für Familien. Eine exemplarisch-empirische Untersuchung von Familienzentren im Stadtteil

Zugl. Diss. Universität Duisburg-Essen 2015
ISBN: 978-3-8288-3948-9
Printed in Germany

Besuchen Sie uns im Internet
www.tectum-verlag.de

Bibliografische Informationen der Deutschen Nationalbibliothek
Die Deutsche Nationalbibliothek verzeichnet diese Publikation in der Deutschen Nationalbibliografie; detaillierte bibliografische Angaben sind im Internet über http://dnb.ddb.de abrufbar.

Inhaltsverzeichnis

Abbildungsverzeichnis

Abkürzungsverzeichnis

BLK = Bund-Länder-Kommission für Bildungsplanung und Forschungsförderung
BMBF = Bundesministerium für Bildung und Forschung
BMFSFJ = Bundesministerium für Familie, Senioren, Frauen und Jugend
bspw. = beispielsweise
bzw. = beziehungsweise
DBSH = Deutscher Berufsverband für Soziale Arbeit e. V.
d. h. = das heißt
ebd. = ebenda
etc. = et cetera
e. V. = eingetragener Verein
f = folgende
ff = fortfolgende
ggf. = gegebenenfalls
Hg = Herausgeber/in
H. i. O. = Hervorhebung im Original
IfDA = Institut für Demoskopie Allensbach
IFSW = International Federation of Social Workers
o. J. = ohne Jahr
S. = Seite
SGB VIII = Sozialgesetzbuch, Achtes Buch Kinder- und Jugendhilfe
S. H.-B. = Sarah Häseler-Bestmann
u. a. = und andere
u. Ä. = und Ähnliche
u. v. m. = und vieles mehr
vgl. = vergleiche
z. B. = zum Beispiel
zit. n. = zitiert nach

Interviewabkürzungsverzeichnis

P = professionelle_r Akteur_in
N = Nutzer_in
J = Akteur_in im Jugendamt
PN = Akteur_in, der_die sowohl geringfügig beschäftigt bzw. als Honorarkraft im Familienzentrum tätig ist und dieses auch privat nutzt
B = Teilnehmende Beobachtung
W = Werkstattrunde

1 Einleitung

Die aktuellen Entwicklungen in der Gesellschaft lassen sich auf der Grundlage von sogenannten ‚Megatrends' des gesellschaftlichen Wandels beschreiben. Dies umfasst unter anderem die zunehmende Globalisierung, den demografischen Wandel, Veränderungen der Familien- und Haushaltsformern sowie die Individualisierung und Veränderungen in den Arbeitsabläufen (vgl. Jurczyk/ Klinkhardt 2014, Schiersmann 2007, BMBF 2003, Bildungsbericht 2008, Tippelt 2006, Heitkötter u. a. 2008). Daraus ergeben sich Anforderungen an Formen der Bildung im Sinne eines ganzheitlichen, lebenslangen Lernens entlang eines biografisch unvorhersehbaren Verlaufes (Ahlheit/ Dausien 2005:565ff). Damit gehen Veränderungen in der Arbeitsteilung, den sozialen Rollen und der Familiendynamik einher (Pettinger/ Rollik 2005:20). Entsprechend richten sich politische Themen zum Aufgreifen dieser Entwicklungen aus: „Chancengleichheit beider Eltern, Vereinbarkeit von Beruf und Familie, familiengerechte Angebote auf dem Arbeitsmarkt, finanzielle Förderung der Familie und Berücksichtigung ihrer besonderen Leistungen im Steuer- und Sozialrecht, angemessener Ausgleich der Familienlasten, eine angemessene Infrastruktur zur Kinderbetreuung, Sozialisierung und Ausbildung sowie unterschiedlichste Angebote der professionellen Beratung und Begleitung der Familie, um nur einige Beispiele zu nennen" (Biedenkopf u. a. 2009:10). Insbesondere die Vereinbarkeit von Familie und Beruf wird dabei als große Herausforderung angesehen, der es zu begegnen gilt (IfDA 2012:5). Um auf diese Rahmenbedingungen entsprechend reagieren zu können, sind flexible Kompetenzstrukturen für die berufliche und private Lebensgestaltung erforderlich (Ahlheit/ Dausien 2005:565ff). „Das Zusammentreffen [...] sich annähernder Geschlechterkonzepte, vervielfältigter Familienformen, entgrenzter Erwerbsbedingungen bei gleichzeitig erhöhten Bildungserwartungen, führt schließlich dazu, dass *Eltern immer mehr unter Druck* sind. Sie sind oft erschöpft und fühlen sich überfordert, bemühen sich aber dennoch, den Bedürfnissen ihrer Kinder gerecht zu werden" (Jurczyk/ Klinkhardt 2014:195, H. i. O.). Insbesondere der Übergang von Partnerschaft in Familien durch die Geburt des ersten Kindes kann Verunsicherungen im Alltag mit sich bringen. „Familienbeziehungen und -erziehungen sind vorwiegend im Alltäglichen, Kleinen, Unspektakulären angesiedelt und umfassen alles, was Mütter und Väter mit entsprechenden Auswirkungen auf das Kind tun. Erziehung findet dort statt, wo Erwachsene und Kinder gemeinsam leben, lernen und lehren, spielen, malen, basteln, essen, wo Eltern Hausaufgaben und Vokabeln abhören, Tränen abwischen und trösten, die Kinder anhalten, rechtzeitig ins Bett zu gehen, wo Kinder schreiben, lesen, rechnen üben, wo diskutiert wird und wo der Fernsehkonsum, die Höhe des Taschengeldes oder die Ausgehzeiten festgelegt oder miteinander ausgehandelt werden – dieses und viel mehr ist Erziehungsalltag" (Tschöpe-Scheffler 2009:39f). Für das Aufgreifen dieser lebensweltlichen Themen, für eine Unterstützung der Erziehungskompetenz, und um zugleich den frühkindlichen Bildungsansprüchen gerecht zu werden, finden sich mittlerweile vielzählige unterschiedliche Angebote wieder. Umgesetzt werden diese in Familienbildungsstätten, Familienselbsthilfeformen, medialer Familienbildung und mobiler bzw. aufsuchender Familienbildung (vgl. Kapitel 2.3.2). „Allgemein wird jedoch davon ausgegangen, dass elterliche Erziehungspraktiken schwierig zu verändern sind, weshalb die Effekte vieler Elternbildungsprogramme recht bescheiden sind. Der Grund liegt darin, dass Familienwerte in sozioökonomische Kontexte eingebaut sind und sich ohne bedeutsame Veränderungen in anderen Dimensionen des täglichen Lebens (inklusive des Einkommens, des Haushalts und der sozialen Referenz auf Gruppenwerte und Verhaltensweisen) konstant bleiben" (Stamm 2010:95). Entsprechend dieser Bilanz stellt sich die Frage nach familienförderlichen Angeboten und Strukturen, die Familien auch erreichen. Heitkötter u. a. (2008) greifen das Bild eines afrikanischen Sprichwortes auf, „demzufolge man zur Erziehung eines Kindes ein ganzes Dorf benötige" (Heitkötter u. a. 2008:9). Aufgrund der angedeuteten gesellschaftlichen Wandlungsprozesse sind die verschiedenen Anregungsmöglichkeiten eines Dorfes nicht mehr per se gegeben. Dies führt einerseits zu Anforderungen hinsichtlich der Unterstützung der Erziehungskompetenz der Eltern und andererseits der Notwendigkeit, Eltern Druck zu nehmen und zu entlasten, alles „ ‚richtig' machen zu müssen" (Jurczyk/ Klinkhardt 2014:198). Für die organisationsstrukturelle Einbettung bedeutet dies, dass Einrichtungen, „in denen die Familien als Ganzes, als Lebenszusammenhang im Zentrum stehen, in denen kinderfördernde und elternunterstützende Angebote gleichermaßen die Basis bilden, in denen für Eltern und Kinder eine anregungsreiche Mitwelt organisiert wird und familienergänzende Leistungen bereitgestellt werden, [..] diese verloren gegangenen Funktionen des einstigen ‚Dorfes' substituieren, gewissermaßen sekundär sicherstellen" (Heitkötter u. a. 2008:10) müssen. Im siebten Familienbericht wird unter dem Stichwort ‚Zukunftsszenarien' eine nachhaltige Familienpolitik beschrieben, die unter anderem die Unterstützung der Integration von Familie, Erwerbsarbeit, Nachbarschaft und Gemeinde vorsieht (BMFSFJ 2006:261). Demnach sollen nicht primär neue Angebote geschaffen, sondern die Kooperation bereits existierender Angebote unterstützt werden. „Damit kann für Familien mit Kindern eine klar erkennbare und nachvollziehbare Struktur entstehen, die von den Familien dann optimal genutzt werden kann" (BMFSFJ 2006:261). Es entstehen und existieren verschiedene Einrichtungen, welche Unterstützungsmöglichkeiten und Angebote unter einem Dach bündeln, bspw. Mehrgenerationenhäuser, Familienzentrum oder Eltern-Kind-Zentrum

(Heitkötter u. a. 2008, Diller 2006). „Leitidee dieser Entwicklungen ist es, das Angebot sozialraumorientiert auf die Bedarfe von Familien auszurichten und so zu organisieren, dass Kinder und Familien im Zentrum stehen“ (Heitkötter u. a. 2008:13). Solche Bildungs- und Unterstützungsangebote werden als notwendig erachtet, um Eltern in ihrer Erziehungskompetenz zu fördern und zu bestärken (BMFSFJ 2005). „Dies gilt insbesondere für Eltern, die, häufig bedingt durch ihre Lebenslage, zu eher ungünstigen Erziehungs- und Interaktionsmustern neigen und ihren Kindern nicht in ausreichendem Maße förderliche Bildungsbedingungen bieten können“ (BMFSFJ 2005:263). Allerdings ist hierbei die richtige Ansprache der Eltern bedeutsam. Gefragt sind Angebote, bei „denen Eltern nicht von Erziehungsexperten belehrt werden, sondern sich selbst als Experten der Erziehung ihrer Kinder angenommen fühlen bzw. sich gegenseitig beraten“ (ebd.:261). Durch regionale Bedarfe sowie Landes- und Bundesförderprogramme haben sich so unterschiedliche Einrichtungsformen entwickelt. „Ein Großteil der Angebote hat nicht nur sozial benachteiligte Familien im Blick, sondern auch besser gestellte Eltern, die zunehmend Unsicherheit in ihrem Erziehungsverhalten bei hohen Perfektionsansprüchen erfahren“ (Bird/ Hübner 2013:42). Da im Grunde alle Eltern das Beste für ihr Kind wollen, finden sich auch im Vergleich der verschiedenen Elternbildungangebote zumeist die folgenden Themen wieder:

„- Das Kind beobachten und seine Bedürfnisse wahrnehmen,
- Feinfühligkeit im Umgang mit dem Kind entwickeln; Bindung stärken
- Die Elternrolle sowie die eigene Erziehung und die eigenen Werte reflektieren
- Umgang mit Konflikten; gewaltfreie Erziehung und Grenzen setzen
- Sprachentwicklung, Sprachförderung, kognitive Förderung
- Medienerziehung“ (Bird/ Hübner 2013:86).

Allerdings gibt es bei den Formaten durchaus Unterscheidungen in der Methodik und inhaltlichen Vermittlung, die zugleich bedingend für die Teilnahme von Eltern sind. Verallgemeinert wird von allen Programmen und Einrichtungen eine sozialräumliche, lebensweltorientierte und niedrigschwellige Zugänglichkeit gefordert.

„Zugleich mangelt es an Bedarfserhebungen. Es werden neue Angebote und Modelle entwickelt, ohne die Nutzer zu fragen, was sie benötigen und wie sie sich die Unterstützung wünschen. Sicherlich sind Expertenwissen und Erfahrung wichtige konzeptionelle Bausteine, doch hängt die Wirksamkeit stets von der Akzeptanz seitens der Adressaten ab“ (Rupp 2003a:11). Im Jahr 2006 wurden Einrichtungen, die eine Kinderbetreuung und zusätzliche Angebote vorbehalten, hinsichtlich der Entwicklungslinien, Organisationsstrukturen, Angebotsformen für Kinder und Eltern, Vernetzung, Finanzierung und Qualifikation der Mitarbeiter_innen untersucht (Diller 2006). So konnten diesbezüglich erste Erkenntnisse erhoben werden. Weitere regionale Untersuchungen zu Bedarfen an Themen der Familienbildung haben diese Notwendigkeit ebenfalls bestärkt (Mühling/ Smolka 2007). So liegen mittlerweile einige Erkenntnisse hinsichtlich der Bedarfe und der Struktur sowie der Nutzen von gezielten Bildungsprogrammen vor. „Trotz der Veröffentlichung mehrerer guter Übersichten (z. B. Tschöpe-Scheffler 2006a) bleibt es für Interessierte schwierig, effektive Maßnahmen für sich (aus persönlicher Sicht) oder für eine Zielgruppe (aus professioneller Sicht) zu identifizieren. Um zukünftig bei den stark begrenzten Ressourcen, die der Familienbildung zur Verfügung stehen, Unterstützung für Eltern in möglichst vielen Lebenslagen anbieten zu können, muss die Elternperspektive stärker berücksichtigt werden" (Bird/ Hübner 2013:42). Auch im Zuge der verschiedenen Landesprogramme zur Entwicklung von Familienzentren aus Kindertagesstätten wurden Evaluationen durchgeführt und veröffentlicht, die Erkenntnisse hinsichtlich einer Weiterentwicklung darstellen (vgl. Kapitel 2.3.3 und 2.3.4). Nichtsdestotrotz werden nach wie vor aufgrund der vielfältigen Angebotsstruktur weitere Forschungserkenntnisse dazu eingefordert. „Dahinter verbirgt sich ein vielgestaltiges Spektrum hinsichtlich konzeptioneller Ausrichtungen, die von gering strukturierten Frühstücksangeboten bis hin zu angeleiteten Gesprächskreisen mit integrierten Bildungs- und Reflexionsmöglichkeiten reichen. Lohnend wären hier genauere Bestandsaufnahmen und Wirkungsanalysen" (Heitkötter/ Thiessen 2009:429). Auch Treptow kommt bei der Untersuchung von sogenannten Offenen Treffs in Baden-Württemberg zu dem Schluss, dass „aufgrund der hier dokumentierten Verbreitung offener Treffs und ihres wahrgenommenen Facettenreichtums [...] eine vertiefende Analyse unterschiedlicher offener Arbeitsweisen in der Eltern- und Familienbildung in Baden-Württemberg als vielversprechend und gewinnbringend [erscheint, S. H.-B.]; u. a. auch deshalb, weil es hierzu keine systematisch gewonnenen Informationen gibt. Der Blick sollte dabei – anknüpfend an den durch die Vorstudie evozierten Ergebnissen – insbesondere auf die prozessualen Abläufe in den Treffs gerichtet werden, verbunden mit der Frage nach einem erleichterten Zugang für bestimmte Personengruppen" (Treptow u. a. 2011:12).

Die vorliegende empirische Forschung greift diese Forderungen auf. Zum einen werden aufgrund der Vielfalt an Umsetzungsformen in der Familienbildung und -förderung exemplarisch vier sogenannte institutionalisierte Familienzentren eines Berliner Bezirks, die keine Familienbildungsstätte sind und nicht aus einer Kindertagesstätte entstanden sind, hinsichtlich der konzeptionell-strukturellen Rahmenbedingungen untersucht. Zum anderen steht das methodische Handeln der professionellen Akteure im Fokus, da hierzu kaum Erkenntnisse vorliegen, die den praktischen Arbeitsalltag beschreiben, fachkonzeptionell systematisieren und theoretisch fundieren (Rietmann/ Hensen 2009). Des Weiteren nehmen die identifizierbaren Nutzendimensionen einen zentralen Fokus ein. Durch die vorliegende empirische Forschung werden Erkenntnisse dargestellt, die die allseits geforderte Stärkung der Erziehungskompetenz von Eltern beschreiben und systematisiert Anregungen geben, „vor allem solche Eltern zu erreichen, die aus beruflichen, familiären, oder sprachlich-kulturellen Gründen bislang Angebote der Familienbildung [...] nicht in Anspruch nehmen konnten" (Jurczyk/ Klinkhardt 2014:198). Dafür werden neben den professionellen Akteur_innen insbesondere die Nutzer_innen der Familienzentren nach deren Einschätzung und Perspektive befragt, um somit die Aussage aufzugreifen: „Noch nicht ausreichend untersucht ist, wie diese Angebote bei den Eltern ankommen, ob sie hilfreich sind und ob sie ihren Bedürfnissen entsprechen oder nicht“ (Bird/ Hübner 2013:42).

Zur ausführlichen Einleitung in diese Thematik werden im Kapitel 2.1 ‚Familien im Wandel‘ die dafür relevanten gesellschaftlichen Prozesse dargestellt. Nach einer Annäherung an den Familienbegriff folgt die Skizzierung gesellschaftlicher Rahmenbedingungen mit dem Schwerpunkt auf ‚Individualisierung‘ und ‚die Entwicklung der Rolle der Frau‘. Diese Aspekte führen zugleich zu einer ‚Pluralisierung der Familien- und Haushaltsformen‘. „Ob Kinder ihr Leben später einmal ausgeglichen und glücklich führen können, hängt entscheidend von den Fähigkeiten der Eltern zur Erziehung und von der Eltern-Kind-Interaktion ab, von Haltungen und Interventionen wie z. B. vom Loben, Anerkennen und Ernstnehmen“ (Armbruster 2006:42). Entsprechend werden daraus ableitend Anforderungen an Elternschaft und Kindheit sowie damit einhergehende Konsequenzen für Familien beschrieben.

Das Kapitel 2.2 fokussiert die drei zentralen Begriffe der vorliegenden Untersuchung: ‚Begegnung, Beratung und Bildung‘ in einem sozialarbeitstheoretischen Kontext. Dafür werden eingangs die zentralen sozialarbeitstheoretischen Rahmen der Lebensweltorientierung, Lebensbewältigung und Sozialraumorientierung herangezogen, um darauf basierend die Zielstellung der Sozialen Arbeit zur Gestaltung eines gelingenderen Alltags von Menschen im Kontext von Individuum und Gesellschaft auszuführen. Des Weiteren werden in diesem Kapitel die Anforderungen an das methodische Handeln von professionellen Akteuren dargestellt.

Das Kapitel 2.3 umfasst die ‚Familienbildung‘. Unter Bezugnahme einer kurzen historischen Betrachtung wird dieser zugrunde liegende Begriff verortet und zugleich als Dimension für die weitere Beschreibung verankert. Dementsprechend erfolgt eine strukturelle Konturierung hinsichtlich der rechtlichen Einbettung, Zielstellung, Organisations- und Angebotsformen sowie den zugrunde liegenden Themen. Darauf aufbauend werden Familienzentren als Orte der Familienbildung begrifflich eingebettet sowie ebenfalls hinsichtlich der Organisations- und Angebotsformen dargestellt. Nach einer Beschreibung des aktuellen Forschungsstandes hinsichtlich der Bedarfe und Nutzung von Familienbildung und Familienzentren folgen die daraus ableitbare Relevanz und Herausforderungen.

Der zugrunde liegende ‚Forschungsgegenstand und -ansatz‘ werden dem folgend im Kapitel 3 beschrieben. Anhand einer exemplarisch-empirischen Untersuchung werden im Berliner Bezirk Friedrichshain-Kreuzberg vier durch das Jugendamt geförderte Familienzentren hinsichtlich ihrer konzeptionell-strukturellen Gestaltung, dem methodischen Handeln der professionellen Akteure sowie den sich daraus ergebenden Nutzen expliziert. „Ein wissenschaftliches Wissen darüber, welche Aspekte und Dimensionen professionellen Handelns die Nutzerinnen und Nutzer im Hinblick auf die kompetente Bearbeitung der sich ihnen stellenden Lebensanforderungen als nützlich erachten und wie sie sich professionelles Handeln aneignen, ist derzeit so gut wie nicht verfügbar“ (Schaarschuch, Oelerich 2005:H1).

Somit dient die vorliegende Forschung auch dazu, weitere diesbezügliche Erkenntnisse zu generieren und insbesondere der Interaktion von Nutzer_in und professionellen Akteuren eine Bedeutung zukommen zu lassen (Olk u. a. 2003:LVI). Neben der näheren Erläuterung des Forschungsverständnisses werden die eingesetzten Forschungsmethoden, das konkrete methodische Vorgehen und die Auswertung der Daten dargestellt.

Im Kapitel 4 werden dann die zentralen Erkenntnisse der empirischen Erhebung zunächst deskriptiv erörtert. Die Art und Weise der Forschung sowie die Wahl der Darstellungsform sollen „mehr und mehr nachvollziehbare Bezüge zu der von den AkteurInnen im Berufsfeld täglich hautnah erfahrenen Wirklichkeit“ (Hinte 2006:17) bieten, um dem Anspruch gerecht zu werden, Forschungserkenntnisse nicht lediglich für die Fachwelt zu produzieren, sondern vielmehr professionelle Praxisentwicklungen zu unterstützen. Um dies zu ermöglichen, erfolgt die Deskription sehr ausführlich und detailliert. Damit wird zum einen der Prozess der wissenschaftlichen Kontextualisierung der empirischen Daten transparent nachgezeichnet. Zum anderen soll damit dem Anspruch dieser Arbeit, einen Praxistransfer sowohl für die wissenschaftliche Fachwelt als auch für die Praktiker_innen zu ermöglichen, gerecht werden. Die Deskription der empirischen Daten fokussiert strukturelle Rahmenbedingungen, die zugrunde liegende Zielstellung, die Nutzer_innen, handelnde Akteur_innen und Kooperationsformen. Darauf aufbauend wird das methodische Handeln der Praktiker_innen entlang eines idealtypischen Arbeitsverlaufes in einem konzentrierten Blick auf die ‚Empfangsgestaltung‘ im Kontext des Erstzugangs, die zentralen methodischen Elemente in der ‚Aufenthaltsgestaltung‘ sowie der sich möglicherweise anschließenden ‚Richtungsgestaltung‘ im Sinne einer Überleitung in weitere Angebote und Kontexte, nachgezeichnet. Das deskriptive Kapitel 4.3 beschreibt den Nutzen der Familienzentren. Neben der ‚Stadtteilgestaltung‘ und dem ‚Jugendhilfekontext‘ nimmt die ‚Familienunterstützung‘ einen zentralen Stellenwert ein. Dafür wird zum einen die Nutzungsintensität und zum anderen die Dimensionen von ‚Entlastung‘, ‚Alltagsbewältigung und Alltagsgestaltung‘ sowie die ‚Persönlichkeitsentwicklung‘ erläutert.

Kapitel 5 verortet die Theorie-Praxis-Einbettung. Dafür werden die Deskriptionen des vierten Kapitels entlang von ‚Arbeitsprinzipien und Nutzendimensionen in Familienzentren‘ abstrahiert. Diese Abstraktionen wiederum werden sowohl theoretisch als auch im empirischen Kontext verortet. In einen zentralen Fokus werden dafür ‚Familienzentren als ein strukturelles Erfordernis‘ und ‚Familienzentren in der Sozialen Arbeit‘ gesetzt und diskutiert. „Wie in anderen Handlungsfeldern auch, sieht der Berliner Beirat für Familienfragen in der Kultur des ‚Best Practice‘ eine wichtige Chance, Familienbildung in Berlin den heutigen Anforderungen entsprechend zu modernisieren. Gegenseitiger Austausch sowohl zwischen den Bezirken als auch mit dem Land würde nicht nur die Transparenz erhöhen, sondern auch die Chancen verbessern, gute Beispiele landesweit zu implementieren“ (Beirat für Familienfragen 2011:74). Dies aufgreifend werden in einem abschließenden Fazit zukünftige Entwicklungen angedeutet.

2 Familien(-bildung) und Soziale Arbeit

Individualisierung und Flexibilisierung werden als die zentralen Kurse für die gesellschaftliche Entwicklung seit den 1960er Jahren angesehen. Dies wird deutlich an Wandlungsprozessen von individuellen Werten, die zugleich zentralen Einfluss auf familiale Beziehungen nehmen. Darüber hinaus lassen sich weitere Faktoren am Arbeitsmarkt eingebettet in die zunehmende Globalisierung und Flexibilisierung beschreiben (Jurczyk/ Klinkhardt 2014:12). Damit gehen zugleich Anforderungen an Familien und gesellschaftliche Unterstützungsstrukturen einher. Diese werden einleitend in dem Kapitel ‚Familie im Wandel' näher betrachtet, indem zu Beginn der Begriff ‚Familie' definiert wird. Darauf aufbauend werden gesellschaftliche Rahmenbedingungen, die Pluralisierung von Familien- und Haushaltsformen sowie Anforderungen an Eltern und Kindern beschrieben.

Das zweite Kapitel ‚Begegnung, Beratung und Bildung' nähert sich aus der sozialarbeitstheoretischen Perspektive. „Man arbeitet in einem vorgefassten Theorierahmen, in dem sich ein Spiel von Vorgabe und Widerlegung, Abtasten und Bewährung so ergibt, dass sich eine konkrete Theorie für den individuellen Fall entwickelt [...], dass das theoretische und praktische Denken eine gleiche Struktur haben, nämlich eine tentative, tastende Struktur; ich schlage vor, korrigiere, erweitere, lasse mich also auf einen Prozess des immer wieder neuen Versuchs ein" (Thiersch/ Böhnisch 2014:86). Unter Bezugnahme der fachkonzeptionell theoretischen Rahmungen der Lebensweltorientierung, Lebensbewältigung und Sozialraumorientierung werden die Zielstellung der Sozialen Arbeit sowie die sich daraus ergebenden Anforderungen an das methodische Handeln von professionellen Akteuren dargestellt.

Das dritte Kapitel beschreibt die ‚Familienförderung'. „Ein besonderes Merkmal der Familienbildung in Deutschland ist ihre Heterogenität. Das zeigt sich sowohl in ihrem Angebotsspektrum als auch in ihren Organisationsstrukturen" (Senatsverwaltung Bildung, Wissenschaft und Forschung 2006:14). Für eine Skizzierung dieses Feldes werden die strukturellen Konturen der Familienbildung und dabei insbesondere Familienzentren als Orte der Familienbildung dargestellt. Abgerundet wird dies mit der Beschreibung des aktuellen diesbezüglichen Forschungsstandes hinsichtlich der Bedarfe und Nutzung von Familienbildung und Familienzentren.

2.1 Familie im Wandel

Als Basis für ein gutes Aufwachsen benötigen Kinder, nach Urie Bronfenbrenner, mindestens eine Person, die ‚verrückt' nach ihnen ist und darauf basierend ihnen Zuneigung entgegen bringt, um ein sogenanntes Urvertrauen zu entwickeln. Dieses sei grundlegend, um Selbstachtung und daraus wiederum Achtung gegenüber anderen Menschen zu entwickeln (Bronfenbrenner zit. n. Bertram/ Spieß 2011:15). Durch die zahlreichen sozialwissenschaftlichen und politischen Diskurse in den europäischen Ländern über Familien im Zusammenhang mit Kinderarmut insbesondere bezogen auf sogenannte ‚Alleinerziehende' und Mehr-Kinder-Familien rückt zugleich die Fokussierung hinsichtlich der Notwendigkeiten für ein gutes Aufwachsen ins Zentrum. Dafür sind Unterstützungsstrukturen für Eltern und Familien wichtig. Neben finanziellen Leistungen tragen familienfreundliche Infrastrukturgestaltungen wie Kindertagesbetreuungsmöglichkeiten sowie Unterstützungsmöglichkeiten durch Familie und Nachbarschaft zur Ermöglichung von Teilhabechancen bei (Bertram/ Spieß 2011:18). Für eine Annäherung an die an dieser Stelle nur sehr verkürzt umrissene Ausgangslage gesellschaftlicher Rahmenbedingungen werden in dem vorliegenden Kapitel die theoretischen und historischen Perspektiven zur ‚Familie' thematisiert. Eingangs wird dafür der Familienbegriff in seinem Wandel betrachtet. Darauf aufbauend werden die gesellschaftlichen Rahmenbedingungen unter den Aspekten Demografie, Familien- und Haushaltsformen, Individualisierung und Geschlechtergleichstellung betrachtet. Dieses Kapitel abschließend werden daraus gesellschaftliche Herausforderungen abgeleitet.

2.1.1 Familienbegriff

Der Begriff ‚Familie' wird im Artikel 6 des Grundgesetzes hinsichtlich des Schutzes und der Förderung von Ehe und Familie benannt. „Gleichzeitig wird die staatlich geschätzte Autonomie der Familie und damit der spezifisch private Charakter der Familie hervorgehoben (Art. 6 und 13 GG)" (Peuckert 2008:13). Es gibt unterschiedliche Zugänge, um den Begriff ‚Familie' näher zu skizzieren. Die Familiensoziologin Nave-Herz beschreibt in ihrer einführenden Ehe- und Familiensoziologie ausführlich die geschichtliche Entwicklung der Begriffe ‚Ehe' und ‚Familie'. Demnach kann der Begriff ‚Familie' anhand folgender Kategorien unterschieden und formuliert werden:

- nach dem Familienbildungsprozess,
- nach der Zahl der Generationen,
- nach der Rollenbesetzung in der Kernfamilie,
- nach dem Wohnsitz,
- nach der Erwerbstätigkeit der Eltern (Nave-Herz 2006:33ff).

Entsprechend der jeweiligen kategorialen Bezugswahl werden so unterschiedliche Schwerpunkte und zugleich Aussagen hinsichtlich der Beschreibung von ‚Familie' fokussiert. Eng damit verbunden und aus dieser ersten Annäherung hervorgehend ist der Begriff ‚Elternschaft'. Die Aspekte der Elternschaft sind ebenfalls nicht mehr deutlich voneinander abgrenzbar. Vaskovics unterscheidet vier Segmente von ‚Elternschaft':

> „- den biologischen Entstehungs- und Begründungszusammenhang (*biologische Elternschaft)*
> - den genetischen Entstehungs- und Begründungszusammenhang (genetische Elternschaft)
> - die rechtlich begründete Elternschaft (*rechtliche Elternschaft)*
> - die sozial-normativ begründete Elternschaft (*soziale* Elternschaft)"

(Vaskovics 2011:15, H. i. O.). Die biologische Elternschaft begründet sich mit der Zeugung und Geburt des Kindes. Aufgrund der Entwicklung der Reproduktionsmedizin kann zudem eine Unterscheidung hinsichtlich der biologischen und genetischen Elternschaft erforderlich sein, die wiederum unterschiedliche rechtliche Klärungen bedarf (Vaskovics 2011:16f).

Dem gegenüber steht die soziale Elternschaft, die sich durch „die alltägliche Wahrnehmung der in der Elternrolle enthaltenen normativen Pflichten und Rechte gegenüber dem Kind, dessen Existenzerhaltung und Erziehung durch die Eltern" (Vaskovics 2011:15) ausdrückt.

Unter Einbezug dieser benannten Familien- und Elternschaftkategorien definiert Vaskovics den Begriff ‚Familie' folgendermaßen: „Im soziologischen Verständnis ist Familie eine durch Partnerschaft, Heirat oder Abstammung begründete Lebensgemeinschaft von Menschen unterschiedlicher Generationen, die in einem biologisch, rechtlich und/ oder sozial begründeten Nachkommenschaftsverhältnis zueinander stehen. Diese Beziehung ist ein dynamisches, sich veränderndes System, das von kulturellen Vorstellungen und Wertehaltungen ebenso geprägt ist wie von den sozialen und wirtschaftlichen Gegebenheiten einer Gesellschaft" (Vaskovics 2011:28).

Im Monitor Familienleben 2012 wurden Menschen der Bevölkerung ab 16 Jahren hinsichtlich ihres Verständnisses von ‚Familie' befragt. Dabei wird deutlich, dass ein Großteil der Befragten unter Familie ein Konstrukt von Erwachsenen mit Kindern versteht. Mit 97 % der Befragten die häufigste Nennung ist eine Familie ein verheiratetes Ehepaar mit Kindern, gefolgt von 82 % der Befragten, wonach in einer Familie drei Generationen zusammenleben. Formen des Zusammenlebens ohne Kinder wie ein verheiratetes Ehepaar (34 %), ein unverheiratetes zusammenlebendes Paar (17 %) oder zwei Männer bzw. zwei Frauen in einer festen Lebensgemeinschaft (12 %) werden dagegen mit weitaus weniger Zustimmung als Familie angesehen (IfDA 2012:41). Zusammenfassend und so auch betitelt wird in dieser Befragung deutlich, dass der Familienbegriff sich erweitert und zugleich auch Formen der gelebten Familie verändert haben (Bertram 2011d:41).

An diese nur angedeutete Skizzierung eines aktuellen Familienbegriffes soll nun für eine abschließende als definitorische erste Grundlage die Folgende dienen: „Familien sind potenziell auf Dauer gestellte Lebensgemeinschaften, die durch mehrgenerationale Beziehungen geprägt sind und bei denen die wechselseitige informelle Sorge um das körperliche, emotionale und geistige Wohl im Zentrum steht. Familien tragen zur Erziehung und Sozialisation der Kinder wesentlich bei" (Uhlendorff u. a. 2013:43, H. i. O.). Daran anschließend werden nun Rahmenbedingungen für Familien beleuchtet mit einem verstärkten Fokus auf die demografische Entwicklung, gesellschaftliche Individualisierungsprozesse und die Entwicklung der Rolle der Frau.

2.1.2 Gesellschaftliche Rahmenbedingungen für Familien

Gesellschaftliche Rahmenbedingungen werden zahlreich in verschiedenen wissenschaftlichen Kontexten unter Stichworten wie der zunehmenden Globalisierung, dem demografischer Wandel, den Veränderungen der Familien- und Haushaltsformern, der Individualisierung, Veränderungen in den Arbeitsabläufen und vielem mehr umschrieben (vgl. Schiersmann 2007, BMBF 2003, Bildungsbericht 2008, Tippelt 2006, Heitkötter u. a. 2008). Schneider (2011) identifiziert an verschiedene Autoren anschließend sieben sogenannte ‚Megatrends' des Wandels der Familien in Europa. Als erster Trend wird die Veränderung der **Partnerschaftsentwicklungen** hinsichtlich einer Pluralität an Erscheinungsformen beschrieben, einhergehend mit der möglicherweise auch dadurch bedingten **Zunahme der Scheidungsraten**. Einen dritten Megatrend kennzeichnet die **Abnahme der Geburtenrate**. Zugleich lässt sich eine **Aufschiebung der Familiengründung** beobachten. Dies wird mit der zunehmend eingeforderten **Gleichberechtigung** von Männern und Frauen hinsichtlich der beruflichen Gleichstellung und Bildungsintegration von Frauen begründet. Darüber hinaus werden **Veränderungen der intergenerationellen Beziehungen** hin zu einer vertikalen Verteilung beschrieben, was sich wiederum aus der Abnahme der Geschwisterzahlen und der erhöhten Lebenserwartung ergibt. Der siebte Megatrend umfasst die **Stärkung der Individualrechte** der Menschen auch in einer Familie (Schneider 2011:258f). Diesen sogenannten ‚Megatrends' des familiären Wandels soll nun im Folgenden differenziert in die Kategorien Demografie, Individualisierung und Geschlechtergleichstellung nachgegangen werden.

2.1.2.1 Demografische Entwicklung

Die demografische Entwicklung in Deutschland wird als Wandel benannt, der durch einen anhaltenden Geburtenrückgang und einer steigenden Lebenserwartung gekennzeichnet ist (Statistische Ämter des Bundes und der Länder 2011:6). Für 2009 wird beschrieben, dass die Geburtenrate von 1,35 in 2009 auf 1,39 Kinder pro Frau in 2010 zwar leicht, aber kaum nennenswert, gestiegen sei trotz sinkender Anzahl der Frauen im gebärfähigen Alter (BMFSFJ 2011a:13). Dazu trägt insbesondere die steigende Anzahl der Zweitgeburtenrate in den neuen Bundesländern bei (BMFSFJ 2011a:15). Die Hälfte aller Kinder hat ein Geschwisterkind und ein Viertel der Kinder sind Einzelkinder (BMFSFJ 2011a:25). Trotzdem ergibt sich daraus weiterhin eine Abnahme der Geschwisterzahlen sowie eine Abnahme an Kindern in der Nachbarschaft (Nave-Herz 2006:210f). „Diese Trends führen dazu, dass in unserem Alltagsleben Kinder immer weniger präsent sind. Die Chancen, Erfahrungen mit Kindern zu sammeln, schwinden und damit verbunden auch das Alltagswissen über den Umgang mit ihnen" (Rupp 2005:5). Dies wird unterstützt durch den oftmals geringen Altersabstand zwischen Geschwisterkinder und den in Institutionen bestehenden altershomogene Gruppen, wodurch der Umgang mit jüngeren Kindern nicht erlebbar wird und somit erlebbare Alltagserfahrungen in der Hintergrund rücken (Rupp 2005:6).

Gleichzeitig steigt die Lebenserwartung unter anderem aufgrund der verbesserten medizinischen Ausstattung. So liegt mittlerweile die Lebenserwartung für Männer bei 77,2 Jahren und für Frauen bei 82,4 Jahren (Statistische Ämter des Bundes und der Länder 2011:13). Obwohl in Deutschland nach wie vor Zuzüge insbesondere von jüngeren Menschen zu verzeichnen sind, ist dies nicht ausreichend, um das Bevölkerungsdefizit auszugleichen (Statistische Ämter des Bundes und der Länder 2011:18ff). Diese zu einem zwischen 1990 und 2000 leicht zu verzeichnenden und zum Bevölkerungswachstum beitragenden Migrationsprozesse bedingen eine zunehmende regionale Heterogenität. Diese wiederum bedingt auch unterschiedliche Familien- und Haushaltsformen, die jeweils aus der individuellen migrationsgeschichtlich geprägten Individualität mitgebracht werden (Biedenkopf u. a. 2009:43f). Darüber hinaus hat dies zur Folge, dass in den nächsten Jahren auch der Anteil der erwerbstätigen Bevölkerung zurückgehen wird (Statistische Ämter des Bundes und der Länder 2011:23).

Die Begründungen für diese demografische Entwicklung hinsichtlich der Abnahme der Geburtenrate sind sehr vielseitig. „Unbedingte Voraussetzung, um sich für Kinder zu entscheiden, ist der Kinderwunsch beider Partner, dass beide sich reif für Kinder fühlen und die Partnerschaft auf Dauer angelegt ist – dies finden 83 Prozent bzw. 74 und 60 Prozent der Befragten unter 45 Jahre. Eine finanziell abgesicherte Situation ist für viele eine – aber nicht mehr die wichtigste – Voraussetzung, um sich für Kinder zu entscheiden: 56 Prozent der Bevölkerung unter 45 Jahre geben an, dass unbedingt die finanzielle Situation gut sein müsse, um Kinder zu bekommen" (BMFSFJ 2011a:20). Ein Drittel der Kinder wird nicht ehelich geboren. Dieser Anteil hat sich seit 1991 nahezu verdoppelt (Alt 2011:143, BMFSFJ 2011a:17). Die zweit- und drittgeborenen Kinder dagegen werden zumeist in einer Ehe geboren (BMFSFJ 2011a:18). Die nicht verheirateten Mütter sind bei der Geburt ihres ersten Kindes mit 27,4 Jahren jünger als verheiratete Frauen, die im durchschnittlichen Alter von 30 Jahren Mutter werden (BMFSFJ 2011a:16). So ist ein Kinderwunsch nach wie vor gegeben und wird auch benannt. „Die meisten Männer und Frauen in Ost- und Westdeutschland wünschen sich Kinder. Die Unterschiede zwischen den Geschlechtern sind dabei nur gering ausgeprägt. Gerade die Jugendlichen haben eine hohe Kindorientierung, wobei die Zwei-Kind-Familie nach wie vor das Ideal darstellt. Trotz dieser Orientierung zur Zwei-Kind-Familie ist der Anteil derjenigen, die sich drei oder mehr Kinder als ideal wünschen, erstaunlich hoch. Der Anteil der Kinderlosen ohne Kinderwunsch ist bei den unter 30-Jährigen sehr gering. Für ältere Befragte steigt dieser Anteil allerdings sowohl in Ost- als auch in Westdeutschland deutlich an. Dies lässt sich so interpretieren, dass die Realisierung von Kinderwünschen im Laufe des Lebens aufgeschoben und der ideale Kinderwunsch sukzessiv der Realität angepasst wird. [...] Auch der Anteil der Kinderlosen ohne Kinderwunsch ist in beiden Landesteilen ähnlich" (Buhr/ Huinink 2010:19). So nimmt die Zahl der Frauen, die im Alter zwischen 35 und 39 Jahren kinderlos sind, zu, insbesondere bei Frauen mit einem hohen Bildungsstand (Alt 2011:143).

Wie kommt es aber zu dieser Entwicklung, dass immer weniger Kinder geboren werden? Für eine Annäherung an die Beantwortung dieser Frage werden gesellschaftliche Individualisierungsprozesse nachgezeichnet und darauf aufbauend die Entwicklung der Rolle der Frau beschrieben.

2.1.2.2 Individualisierung

Ahlheit und Dausien (2005) identifizieren unter dem Stichwort ‚Individualisierung' vier bildungs- und gesellschaftsbezogene Entwicklungstrends. Ein Trend liegt in der Veränderung der Berufsbiografie hin zu einem Wechsel von Arbeits- und Fortbildungsmaßnahmen mit freiwilligen und unfreiwilligen Berufsabbrüchen. Unterstützt wird dies durch Arbeitsmarktveränderungen insbesondere im Bereich der Dienstleistungen und der verfügbaren Güter (Biedenkopf u. a. 2009:12). Dabei rückt eine individuelle, riskante und unvorhersehbare Lebensplanung in den Vordergrund. Damit gehen Lebenslaufveränderung in der familiären Arbeitsteilung, den sozialen Rollen und der Familiendynamik einher (Pettinger/ Rollik 2005:20). Ein weiterer Trend ist die veränderte Funktion des Wissens. Es gibt keinen auf Dauer gestellten Wissensbestand, sondern es erscheint vielmehr der kontinuierliche Austausch aufgrund der ständigen Dynamisierung und der damit verbundenen Halbwertszeit des Wissens notwendig (Ahlheit/ Dausien 2005). Entsprechend haben sich Ausbildungsstrukturen und insbesondere die Studiengänge an den Hochschulen verändert, die wiederum gleichzeitig aufgrund der nicht ausreichenden Passung den Einstieg in das Berufsleben erschweren (Bertram/ Bertram 2009:60). Nach wie vor entwickelt sich die Kommunikationstechnologie rasant, was wiederum zu neuen Beschäftigungsformen und -möglichkeiten führt sowie neue Formen der Informationsweitergabe eröffnet (Biedenkopf u. a. 2009:12). Aufgrund der neuen Beschäftigungsformen insbesondere in projektorientierten kreativen Bereichen wird eine große Flexibilität vorausgesetzt und somit werden auch Anforderungen an Mobilität gestellt, die immer schneller gewährleistet werden müssen (Häußermann 2009:153). Gleichzeitig ist als dritter Trend der Wandel zu einem ganzheitlichen Lernen in der Lebenswelt und damit auch am Arbeitsplatz zu verzeichnen. Lernen beschränkt sich dabei nicht mehr auf die klassischen Bildungsinstitutionen, sondern wird ausgeweitet. Dementsprechend werden anregende

Lernumgebungen und Möglichkeiten der Selbststeuerung geschaffen (Ahlheit/ Dausien 2005). Hinzu kommt als vierter Trend die auch von Beck (1986, 1996) dargestellte Individualisierung und reflexive Modernisierung der Lebenswelten. Beck beschreibt eine Zunahme an individuellen Wahlmöglichkeiten bei einem gleichzeitig kleinräumiger gewordenen Orientierungsrahmen, weswegen Lebensläufe weniger vorhersagbar werden. Jedes Individuum begibt sich somit auf die Suche und Erstellung eines persönlichen Lebensentwurfes. Dabei rückt eine individuelle, riskante und unvorhersehbare Lebensplanung in den Vordergrund (Tschöpe-Scheffler 2009:12). Die dargestellten Aspekte der Veränderung der biografischen Verläufe beziehen sich nicht nur auf die Berufsbiografie, sondern nehmen ebenso Einfluss auf die private biografische Lebensplanung und Gestaltung. Von vielen Autoren wird dieser grundlegende gesellschaftliche Entwicklungsrahmen problematisiert hinsichtlich der Möglichkeit eines Auseinanderbrechens von privaten Beziehungen und sich daraus ergebender Folgen wie Flucht in eine Scheinwelt, Drogen o.Ä. (Bertram 1995:10). Zusätzlich werden statistische Angaben wie die Heirats- und Scheidungsrate oder Angaben zu Alleinerziehenden hinzugezogen, um diese Thesen zu bestätigen. Aber „die gestiegenen Scheidungs- und die gesunkenen Geburtenziffern sind keine brauchbaren Indikatoren für eine Auflösung der Familie oder Bindungsschwäche" (Dornes 2012:68). So argumentiert auch Bertram vielen amerikanischen Untersuchungen der Familienforschung zufolge, dass die individuelle Qualität der persönlichen Beziehungen durchaus gewinnt (Bertram 1995:12). „Wandel wird zumeist als Freiheitsgewinn des einzelnen mit gleichzeitigem Verlust privater Beziehungen interpretiert. Es wird außer acht gelassen, daß traditionelle Formen der Beziehungen durch andere, neuartige Formen der Beziehungen ersetzt werden" (Bertram 1995:12). Nichtsdestotrotz kann solch ein Wandel an privaten Beziehungen bei einzelnen Individuen Ängste und Unsicherheiten hervorrufen (Bertram 1995:13). „Daher können nur ihre subjektiven Einstellungen, Orientierungen und Handlungsstrategien und ihre persönlichen Lebensentwürfe darüber Auskunft geben, ob Individualisierungsprozesse tatsächlich zu einer Vereinzelung, zu einer Verunsicherung, zu Sinnbasteleien und Bastelbiographien geführt haben" (Bertram 1995:23). Solche individuellen Perspektiven werden allerdings selten fokussiert und in das Zentrum gerückt (Bertram 1995:24). Zugleich wird aber deutlich, dass durch diesen Individualisierungsprozess einerseits hohe Anforderungen an die jungen Erwachsenen gestellt werden hinsichtlich einer beruflichen Orientierung und Arbeitsplatzgestaltung verbunden mit der Planung eines gemeinsamen Hausstandes und einer Familiengründung in Vereinbarkeit mit dem Beruf. Andererseits ergibt sich dadurch häufig auch eine längere Abhängigkeit vom Elternhaus (Bertram/ Bertram 2009:60). „Individualisierung bedeutet Veränderung in Gestalt sozialer Differenzierung – und zwar in Richtung von wachsender Selbstverantwortlichkeit und Vielfalt individueller Charaktere und Positionen" (Armbruster 2006:150). Unterstützt wird dies durch den steigenden materiellen Lebensstandard sowie der Zunahme an Zeitkapazitäten und Freiräumen. Desgleichen hängen solche Gestaltungsmöglichkeiten von den familiären Gegebenheiten ab, denn „insbesondere Kinder aus armen Elternhäusern haben aufgrund ihrer Sozialisationsbedingungen kaum je eine Chance, sich aus eigener Kraft durch Bildung zu emanzipieren, sich aus ihren vorgegebenen sozialen Verhältnissen und Strukturen herauszulösen“ (Armbruster 2006:151).

Wie in diesen Beschreibungen bereits deutlich wird, ergeben sich durchaus Herausforderungen für die individuelle Lebenslaufgestaltung. Nun soll diesen mit dem Fokus auf die Entwicklung der Rolle der Frauen nachgegangen werden.

2.1.2.3 Entwicklung der Rolle der Frau

In den 50er und 60er Jahren des 20. Jahrhunderts stieg die Heiratszahl enorm an bei gleichzeitigem Sinken des Heiratsalters (Coontz 2011:39). Die Männer galten als Hauptverdiener und -ernährer der Familie. Die Frauen, die berufstätig waren, hatten zumeist Kinder, die bereits selbst einem Beruf nachgingen bzw. verheiratet waren. Die Arbeits- und Privatwelt waren räumlich klar voneinander getrennt. Es herrschte ein sogenanntes traditionelles Bild der Familie, in der die Ehefrau für die Reproduktion und Erziehung der Kinder sowie für die Haushaltsführung zuständig war und der Ehemann als Haushaltsvorstand die ökonomische Absicherung gewährleistete. Dadurch bedingt hatte der Ehemann ausschließlich abends und am Wochenende Zeit für die Erziehung der Kinder (Bertram 2011:11ff, Bertram 1997:46). „Den Frauen wurden entsprechend wenige attraktive Alternativen geboten, ihre Identität anders als in der gesellschaftlich vorgegebenen Rolle der Hausfrau und Mutter zu verwurzeln“ (Coontz 2011:41). Allerdings funktionierte dieses System der Versorgerehe primär bei Angestellten und Beamten, denn in anderen Familienmodellen mussten oftmals auch die Frauen erwerbstätig sein. Durch den Schuleintritt der Kinder kam eine zusätzliche institutionelle Unterstützung hinzu, die zugleich in einem Anstieg der Erwerbstätigkeit der Frauen deutlich wird (Bertram 1997:52f). In Ostdeutschland dagegen wurden verschiedene staatliche Förderinstrumente wie bspw. eine kostengünstige Kinderbetreuung eingesetzt, um die Berufstätigkeit der Frau zu unterstützen und zu fördern (Coontz 2011:41).

Gesetzlich verankert war bis 1977, dass der Mann einer Erwerbstätigkeit der Frau zuzustimmen hat, wenn diese kompatibel mit der Haushaltsführung ist. Durch die Rentenreformen in den 1980er und 1990er Jahren wurden Kindererziehung und die Pflege von Angehörigen ebenfalls für die Rentenberechnung berücksichtigt (Riedmüller 2009:121). Durch die Änderung des Scheidungsrechtes veränderte sich die Situation, „dass Frauen nun prinzipiell durch eigene Erwerbstätigkeit für ihren Lebensunterhalt aufkommen müssen“ (Peuckert 2008:230). Die fokussierte Gleichstellung von Frau und Mann rückte somit mehr und mehr in den gesellschaftlichen Fokus. Diese rechtlichen Änderungen verbunden mit dem Interesse von Frauen, neben dem Haushalt erwerbstätig zu sein, aus dem Haus zu kommen und Kontakt zu anderen Menschen zu haben, führte unter anderem letztendlich zu einer ansteigenden Berufstätigkeit der Frauen (Coontz 2011:41). Des Weiteren tragen die Verlängerung der Lebenszeit und die Abnahme der Geburten zu einer Verkürzung des Reproduktionszyklus der Frau bei (Bertram 1997:84f). So entsteht beim Auszug der Kinder aus dem Haushalt eine sogenannte ‚empty nest'-Phase, die mehr verfügbare Zeit eröffnet (Bertram/ Bertram 2009:52f, Peuckert 2008:229f). Als weiterer Grund für die Zunahme der Berufstätigkeit der Frau wird die Bildungsexpansion angeführt, die zu einer besseren Ausbildung und Qualifizierung der Frauen beigetragen hat (Uhlendorff u. a. 2013:33, Jurczyk/ Klinkhardt 2014:35ff). „Frauen entwickeln neue Denkformen, die auf Selbstständigkeit und eigene berufliche Leistungen ausgerichtet sind" (Peuckert 2008:230). So wird auch der Wunsch nach Freizeit und Hobbys als Gründe für das Nichtbekommen von Kindern und einer Orientierung auf die Berufstätigkeit angegeben (IfDA 2012:38).

Entsprechend nimmt der Wunsch einer finanziellen Unabhängigkeit einen großen Stellenwert für Frauen ein (Peuckert 2008:230f). „Die meisten Menschen in Europa sehen die Voraussetzungen für eine Familiengründung offenbar erst dann gegeben, wenn sie einen ökonomisch unabhängigen eigenen Haushalt begründen können" (Uhlendorff u. a. 2013:33). Dafür sind eine entsprechende Qualifizierung und Berufstätigkeit erforderlich. Dies widerspricht deutlich einer alleinigen Konzentration auf die Mutterrolle (Bertram 1997:84f). Allerdings hat diese Qualifizierungsgrundlage auch Folgen, denn „Vollzeiterwerbstätigkeit korrespondiert bei Frauen mit einer hohen Wahrscheinlichkeit, kinderlos zu sein. Arbeiten beide Partner Vollzeit, sind 46,6 % der Frauen kinderlos. Familien mit 3 oder mehr Kindern sind hingegen selten, beispielsweise beträgt ihr Anteil in der Kombination beide in Vollzeit nur 8 %. Dagegen ist bei traditionellen Modellen der Arbeitsteilung zwischen den Geschlechtern, d. h. Vollzeiterwerbstätigkeit des Mannes und Teilzeit oder Nichterwerbstätigkeit der Frau, Kinderlosigkeit außerordentlich selten und der Anteil von Familien mit 3 und mehr Kindern sehr hoch" (Bundesinstitut für Bevölkerungsforschung 2012:25). Somit beschränkt sich die Phase der Nichterwerbstätigkeit oftmals auf die ersten Lebensjahre der Kinder (Peuckert 2008:231). Des Weiteren besteht ein deutlicher Zusammenhang zwischen der Qualifizierung der Frau und der Kinderzahl. „Je niedriger der berufliche Ausbildungsabschluss ist, desto mehr Kinder haben die Frauen zur Welt gebracht. Frauen in Deutschland ohne beruflichen Abschluss erreichen eine durchschnittliche Kinderzahl von 1,78. Der Anteil kinderloser Frauen ist mit 17,4 % niedrig, während der mit drei oder mehr Kindern mit 31,9 % außerordentlich hoch ausfällt. [...] Ein Teil der deutschen Niedrig-Fertilitäts-Situation lässt sich somit aus dem niedrigen Geburtenniveau bei den Hochqualifizierten erklären" (Bundesinstitut für Bevölkerungsforschung 2012:24). Zugleich geht damit auch das Armutsrisiko einher, da Frauen mit mehreren Kindern diese zumeist in einem jungen Alter bekommen, was wiederum zu Nachteilen hinsichtlich des Ausbildungs- und Berufsabschlusses führt. „Hinzu kommt, dass sich mit der Anzahl der Kinder die Phase, in der ein oder mehrere Kinder einer intensiven Betreuung bedürfen und meist Mütter ihre Erwerbstätigkeit unterbrechen, verlängert. Je länger aber der Ausstieg aus dem Berufsleben andauert, desto schwieriger wird der gelingende Wiedereinstieg. Ebenso verringert sich die Wahrscheinlichkeit, wieder eine der eigenen Qualifikation entsprechende

Erwerbstätigkeit aufzunehmen. In Deutschland ist etwa die Hälfte der Mütter mit drei oder mehr Kindern nicht erwerbstätig; diejenigen Mütter mit Erwerbstätigkeit erleiden regelmäßig deutliche Einkommensverluste aufgrund des langen Berufsausstiegs, die nicht durch Familienleistungen kompensiert werden können. In der Folge stellt sich die Einkommensposition von Mehrkindfamilien sowohl in den ersten Jahren nach Familiengründung als auch im Lebensverlauf spürbar schlechter dar als von Familien mit ein oder zwei Kindern" (BMFSFJ 2011a:102). Darüber hinaus wird deutlich, dass insbesondere für das Armutsrisiko der Familien ein Zusammenhang mit der Erwerbsarbeit besteht (BMFSFJ 2011a:103). Im gegensätzlichen Extrem wachsen tendenziell gesehen Kinder mit älteren Müttern auf, die wiederum über zahlreiche Ressourcen im Sinne eines ökonomischen und sozialen Kapitals verfügen (Alt u. a. 2011:143).

Diese unterschiedlichen Voraussetzungen und zugleich Anforderungen an die Frau mit der Zielstellung einer Integration von Ausbildung, Erwerbsarbeit und Familie stellen große Herausforderungen dar (Bertram 1997:86). Es wird deutlich, dass die Anforderungen an Frauen sich in den letzten Jahrzehnten rasant gewandelt haben (IfDA 2012:38). Entsprechende Begründungsansätze für die Veränderungen der Geburtenzahlen wurden angedeutet. Welche Auswirkungen haben diese Entwicklungen auf die aktuellen Familien- und Haushaltsformen? Diese werden im Folgenden nachgezeichnet.

2.1.3 Pluralisierung der Familien- und Haushaltsformen

An die Beschreibung der gesellschaftlichen Rahmenbedingungen mit dem Fokus auf die demografische Entwicklung, Individualisierungsprozesse und die Rolle der Frau aufbauend, wird in diesem Abschnitt den aktuell bestehenden Familien- und Haushaltsformen nachgegangen. Eine Heterogenität der Familien- und Haushaltsformen, bedingt durch gesellschaftliche Positionen und Zugehörigkeit zu einer Region, lässt sich bereits seit den Achtzigerjahren nachzeichnen (Bertram/ Bertram 2009:30). Trotzdem werden immer wieder die in der Gesellschaft wahrnehmbaren Veränderungen hinsichtlich der Familien- und Haushaltsformen hervorgehoben und unter dem Begriff der ‚Pluralisierung' zusammengefasst (Vaskovics 2011:13). Entsprechend werden an dieser Stelle die zentralen Entwicklungslinien, die durch statistische Erhebungsinstrumente erfasst werden können, benannt[1]. So sind nur begrenzte Aussagen dazu möglich, da bspw. über den Mikrozensus keine Kindschaftsverhältnisse erfragt werden (Feldhaus u. a. 2011:78). Einleitend werden darauf Bezug nehmend die Haushaltsformen beschrieben, die mit aktuellen Eheschließungs- und Scheidungszahlen unterlegt werden. Diese werden dann in einem zweiten Schritt hinsichtlich der Familienformen unter dem Fokus der dargestellten aktuellen Entwicklungen des Verständnisses von Familie und dem Familienbegriff inhaltlich weiter ausgeführt.

---

1 Für interessierte Leser_innen sei an dieser Stelle auf Bertram (1997) und Nave-Herz (2006) verwiesen, die diesbezüglich jeweils einen ausführlichen geschichtlichen Abriss darstellen.

2.1.3.1 Ehe- und Scheidungsdaten

Bertram (1997) kommt nach einer Analyse der statistischen Ehe- und Scheidungsdaten des letzten Jahrhunderts zu dem Schluss, dass insbesondere in den 50er und 60er Jahren die Ehe ein weitverbreiteter Familienstand war (Bertram 1997:43ff). In dieser Zeit lebten so viele Kinder wie nie zuvor mit beiden Elternteilen zusammen (Bertram 2011:11ff). Aber wie lässt sich die heutige Situation kennzeichnen? Dabei sind die Rolle der Elternschaft und die Rolle von Beziehungen eine erforderliche Betrachtungsdimension. Diese hat sich ebenfalls bezogen auf die Verhaltenserwartungen hinsichtlich Zeugung, Geburt, Elternrecht und Elternpflichten stark geändert (Vaskovics 2011:13). „Die geringe Kinderzahl, ein eigenes Einkommen, erhöhte Bildung und Ausbildung, eine darüber verstärkte Identifikation mit dem Beruf, der leichtere Zugang zu Miet- und Eigentumswohnungen, Autos und Konsumgegenständen und die ambivalente Entmythisierung und Kommodifizierung des Sexuellen (s.o.) erhöhen die relative Autonomie vieler Frauen. Sie beobachten die Qualität ihrer intimen Beziehungen weitaus genauer als viele Männer und stellen sie in einem Vergleich der Möglichkeiten" (Sieder 2008:42). Sieder beschreibt weiter, dass die Partner_innen oftmals nach ähnlichen Kriterien hinsichtlich der Herkunft, Bildungsstand, sozialen Klassen und Interessen ausgewählt werden, da darin höhere Übereinstimmungen hinsichtlich der Gestaltung des Lebens vermutet werden (Sieder 2008:29). Entsprechend findet eine Abkopplung der Sexualität von der Zeugung oder auch der Ehe von der Elternschaft statt (Vaskovics 2011:13). So wird neben den vielfältigen Familien- und Haushaltsformen auch eine Pluralisierung der Liebe angeführt (Sieder 2008:43). Sieder spricht von der skeptisch-romantischen Liebe, die sich ca. ab den 1980er Jahren herausgebildet hat (Sieder 2008:41). Dies ist neben der Zunahmen an höheren Bildungsabschlüssen und qualifizierten Berufsausbildungen auch durch die Möglichkeiten der Telekommunikation per Handy, SMS und E-Mail gekennzeichnet, die eine größere Erreichbarkeit und damit auch Kontrolle ermöglichen und somit sehnsuchtsvoll-wartende Liebesbriefe ablösen (Sieder 2008:41). Zugleich steigt aber auch die Wichtigkeit eines Partners aufgrund der erhöhten Lebenserwartung, dem Eintritt in ein Rentenalter und der damit verbundenen erhöhten Zeit, die gemeinsam verbracht wird (Bertram/ Bertram 2009:50). „Die romantische Liebe *verzaubert* die sonst zunehmend zweckrational agierenden Männer und Frauen in ihrer ‚entzauberten' Lebenswelt und macht sie dazu bereit, eine auf Dauer angelegte Ehe oder Lebenspartnerschaft einzugehen und sich auf eine Elternschaft einzulassen. Alle Umfragen zeigen, dass Frauen und Männer dauerhafte und verlässliche intime Beziehungen zu Wege bringen wollen" (Sieder 2008:28, H. i. O.). Als institutionalisierter Rahmen werden dafür zumeist die Angaben von Eheschließungen und Scheidungsraten betrachtet. In der folgenden Abbildung, die sich auf erhobene Daten des Statistischen Bundesamts und den Mikrozensus bezieht, wird deutlich, dass die Anzahl der Familien mit Kindern unter 18 Jahren sowie die Ehepaare im Vergleich von 1998 zu 2010 abgenommen, die Anzahl an Lebensgemeinschaften und Alleinerziehenden zugenommen haben.

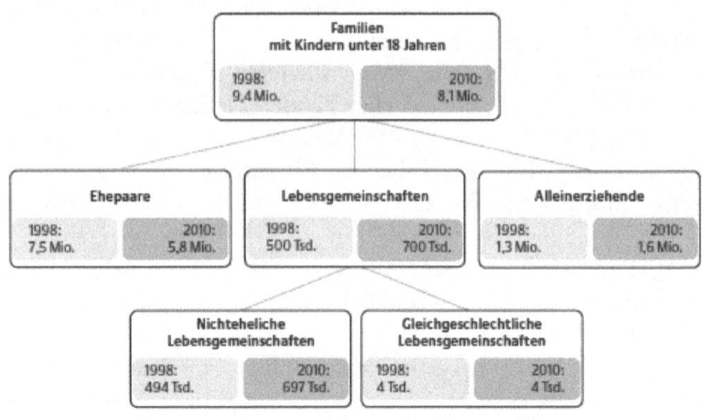

Abb. 1: Familienformen 1998 und 2010 (BMFSFJ 2011a:22)

Peuckert (2008) vergleicht ebenfalls die zugrunde liegenden Daten der Haushaltsformen und resümiert diesbezüglich: „Für *Westdeutschland* zeigt sich: 1972 lebten 43,3 Prozent aller Erwachsenen in einer Ehe mit Kindern, also einer Normalfamilie. Bis 2004 ist dieser Anteil auf 28,5 Prozent geschrumpft. Besonders krass ist der Anstieg der Gesamtzahl der Haushalte im betrachteten Zeitraum von 23,0 auf 39,1 Millionen“ (Peuckert 2008:24, H. i. O.). Neben der abnehmenden Zahl von verheirateten Erwachsenen mit Kindern sinkt auch die Haushaltsgröße bei gleichzeitigem Anstieg der Einpersonenhaushalte, in denen insbesondere Jüngere und Ältere leben (Statistische Ämter des Bundes und der Länder 2011:28). „Die Anzahl der Personen in nichtehelichen Lebensgemeinschaften mit und ohne ledigen Kindern hat sich seit 1972 sogar von 0,6 auf 6,7 Prozent mehr als verzehnfacht“ (Peuckert 2008:24). Ähnlich lassen sich diese Entwicklungen zeitversetzt auch für Ostdeutschland beschreiben.

Dieser Pluralität an Haushaltsformen wird nun genauer nachgegangen. Eingangs werden dafür die **Eheschließungen und nichtehelichen Partnerschaften** näher betrachte. Die Anzahl „der jährlichen *Eheschließungen* [...] im *früheren Bundesgebiet* zwischen 1962 und 1978 [ist, S. H.-B.] von 531 000 auf 328 000 gesunken, wobei dieser Rückgang ganz überwiegend auf eine Änderung des Heiratsverhaltens – auf eine abnehmende *Heiratsneigung* – und nicht auf demographische Faktoren (Veränderungen der Jahrgangsgrößen im heiratsintensiven Alter) zurückgeht“ (Peuckert 2008:22, H.i.O.). Nichteheliche Partnerschaften treffen zumeist für junge Menschen zu, die mit den ersten Jahren der Berufstätigkeit übereinstimmen und oftmals bei einem bestehenden Kinderwunsch bzw. bestehender Schwangerschaft in eine

Ehe überführt werden (Nave-Herz 2006:107). Dafür sprechen auch Angaben, dass die Väter in nichtehelichen Gemeinschaften oftmals ihre Qualifizierung noch nicht abgeschlossen haben (Bertram 2011c:29f). Des Weiteren stellt der Wunsch nach emotionalen sexuellen Beziehungen aktuell keine alleinige Legitimation für eine Ehe dar (Nave-Herz 2006:104).

Für die DDR lässt sich dagegen beschreiben, dass aufgrund vielzähliger staatlicher Unterstützungsmöglichkeiten die Ehe bei der ersten Geburt eines Kindes nicht gewählt wurde, was wiederum eine etwas höhere Anzahl nichtehelicher Partnerschaften begründet (Nave-Herz 2006:107).

Trotzdem stellen Ehe und Familie die bevorzugte Lebensform dar (Nave-Herz 2006:73). Ein Drittel der Kinder werden zwar nicht ehelich geboren, wodurch sich dieser Anteil seit 1991 nahezu verdoppelt hat (Alt 2011:143, BMFSFJ 2011a:17). Die zweit- und drittgeborenen Kinder dagegen werden zumeist in einer Ehe geboren (BMFSFJ 2011a:18, Kreyenfeld/ Bastin 2010:28). „Sie zeigen alle, dass das bürgerliche Familienmodell, jedenfalls was seine Rollenzusammensetzung anbetrifft, an subjektiver Wertschätzung keineswegs verloren hat" (Nave-Herz 2006:73). Ein weiterer Indikator dafür ist die angestiegene Ehedauer (Bertram 1997:91f).

Die statistisch festellbaren höheren **Ehescheidungszahlen** werden sehr kontrovers diskutiert. Von einigen Autoren werden diese als Beweis für die Auflösung eines gesellschaftlichen Zusammenhaltes angesehen (vgl. die Nachzeichnung dieser Diskussion bei Dornes 2012:52ff). Allerdings sind für solch eine Schlussfolgerung konkrete Angaben erforderlich (Bertram 1997:91f, Bertram 2011:29). Die Hälfte der Ehescheidungen betrifft Ehen ohne Kinder gefolgt von einem Drittel, das Ehen mit einem Kind betrifft (Bertram 1997:92). Darüber hinaus werden viele Ehen dann geschieden, wenn die Kinder bereits über 18 Jahre alt sind (Nave-Herz 2006:68). Demnach scheinen mehrere Kinder den Halt einer Ehe eher positiv zu beeinflussen. Des Weiteren münden die meisten Scheidungen in einer erneuten Heirat (Bertram 1997:91f, Bertram 2011:29). Peuckert (2008) erläutert fünf soziale Mechanismen, die Scheidungszahlen bedingen und beeinflussen. Als erster Mechanismus ist die Frauenerwerbstätigkeit zu nennen, da mit der Aufnahme einer Erwerbstätigkeit von einer verheirateten Frau zugleich das Scheidungsrisiko ansteigt. Die Skepsis und öffentliche Wahrnehmung hinsichtlich der Ehe führen als zweiter Mechanismus dazu, weniger in die eheunterstützende Potenziale wie Wohneigentum oder Kinder zu investieren. Zugleich versteht sich als dritter Mechanismus die steigende Chance für eine erneute Heirat aufgrund der durch die ansteigenden Scheidungszahlen potenziellen neuen Partner_innen. Dies geht mit dem als Normalisierung von Scheidungen anzusehenden vierten Mechanismus einher. Darüber hinaus wird das Scheidungsrisiko von den Eltern auf die Kinder weitergegeben (Peuckert 2008:173f). So trägt die individuelle Bedeutung von Ehe zu deren Instabilität und damit zugleich zu einer abnehmenden Belastbarkeit von unpassenden Partnerbeziehungen bei (Nave-Herz 2006:74). Dornes resümiert ebenfalls: „Die gehäufte Auflösung ehelicher Beziehungen ist somit das Ergebnis erleichterter Exit-

Optionen, gestiegener Ansprüche an die Beziehungsqualität sowie gestiegener Anforderungen an die Beziehungsgestaltung durch die Emanzipation und Berufstätigkeit der Frauen sowie die erhöhten Mitspracherechte der Kinder. Das Hauptproblem für die Dauerhaftigkeit von Beziehungen ist nicht so sehr in einer veränderten Beziehungsfähigkeit *der Individuen* zu suchen als vielmehr in den erhöhten Anforderungen, die eine sich verändernde *soziale Realität* an Beziehung stellt" (Dornes 2012:63, H. i. O.).

2.1.3.2 Doing Family

An diese Beschreibung der Haushaltsformen unter Bezugnahme auf die Ehe- und Scheidungsraten formuliert Vaskovics, dass die sogenannte „ungeteilte Voll-Elternschaft auf dem Rückzug" (Vaskovics 2011:31) sei und verschiedene Teil-Elternschaften sowie auch temporäre Elternschaften zunehmen werden. „Neben den Veränderungen der Familienformen entstehen neue Familienbilder bzw. Familienleitbilder. Die Beantwortung der Frage: ‚Wer gehört zu meiner Familie?' orientiert sich immer weniger an gesellschaftlich vorherrschenden Leitbildern, sondern an individuellen Maßstäben" (Vaskovics 2011:32). Unter Bezugnahme, dass der Familienstand der Ehe nach wie vor am weitesten verbreitet ist (Bertram 1997:43ff), stellt sich die Fragen nach weiteren Familienformen. Dieser wird nun nachgegangen.

Für die Stadtstaaten, zu denen auch Berlin zählt, wird deutlich, dass diese im Vergleich zu anderen Bundesländern eine deutlich höhere Anzahl an Scheidungen und Ledigen vorweisen. Dies ist möglicherweise auch mit geringen sozialen Sanktionen sowie der ausgebauten Unterstützungsinfrastruktur durch Kindertagesstätten und Erwerbsmöglichkeiten zu begründen (Bauereiss u. a. 1995:43). Zudem sind Singlehaushalte durchaus ein Phänomen der Großstadt (Bauereiss u. a. 1995:52). Ein weitere, oftmals mit Ehescheidungen thematisierte Ausgangslage sind die sogenannten **Ein-Eltern-Familien bzw. Alleinerziehenden**. Nach Definition des Statistischen Bundesamts sind Alleinerziehende Personen, die ohne Ehe- oder Lebenspartner_in mit einem minderjährigen Kind unter 18 Jahren in einem Haushalt leben (Statistisches Bundesamt 2010). In den vergangenen 20 Jahren ist ein Anstieg der Alleinerziehenden auf rund 19 % zu verzeichnen (Lois u. a. 2011:61). 1996 wurden 14 % Alleinerziehende und 2009 bereits 19 % erfasst (Statistische Ämter des Bundes und der Länder 2011:29f). Alleinerziehende werden zumeist in einem Atemzug mit einer prekären ökonomischen Ausgangslage aufgrund eines geringen Erwerbseinkommens und zusätzlichen Transferleistungen sowie konzentriert auf alleinerziehende Frauen benannt (Lois u. a. 2011:61). Allerdings sind 17 % der Alleinerziehenden Männer mit oftmals bereits älteren Kindern. „Das höchste Armutsrisiko besteht für Kinder aus Alleinerziehendenhaushalten. Mit den insgesamt rund 1,2 Millionen armutsgefährdeten Kindern aus dieser Gruppe wächst fast jedes zweite von relativer Armut bedrohte Kind mit nur einem Elternteil auf" (BMFSFJ 2011a:100). Dies wird insbesondere mit der alleinigen finanziellen Verantwortung für den Haushalt begründet.

Nach neueren Untersuchungen werden sogenannte Alleinerziehende „als Familienphase begriffen: Nur für wenige Frauen ist diese Konstellation ein klares Selbstkonzept, zumeist sieht man sich in einem Prozess mit offenem Ausgang [...] Alleinerziehende sehen sich nicht unbedingt als alleinerziehend: Sie verfügen häufig über gute bis sehr gute soziale Netzwerke und spannen im Alltag verschiedene Akteure zur Unterstützung ein (Familie, Freunde, Kollegen, Nachbarn etc.). Zudem haben 31 % eine feste Partnerschaft, wenn auch keinen gemeinsamen Haushalt und für 78 % der Alleinerziehenden gehört eine glückliche Partnerschaft zu den persönlich wichtigen Dingen im Leben" (BMFSFJ 2012b:7). Betrachtet man die beschriebenen Ein-Eltern-Familien bzw. Alleinerziehenden nicht als Zustand, sondern eine prozesshafte Phase, dann folgen dem weitere Familienformen. Darunter fallen die **Stieffamilien** und die **Patchworkfamilien** bestehend aus Konstellationen mit eigenen und gemeinsamen Kindern (Feldhaus u. a. 2011:87f). Sieder analysiert die verwendeten Begriffe der Stieffamilie und beschreibt, dass dieser Begriff geprägt wurde für die Entstehung von Familien nach dem Tod eines Elternteils. Er plädiert, dass dieser Begriff für die heute beobachtbaren Familientypen nicht angewendet werden sollte, da hierdurch verankerte Vorurteile weitergebeben und zugleich ein Maß an sogenannten Kernfamilien gesetzt werde, die oftmals zu Überforderungen von neuen so entstandenen Familienformen führen (Sieder 2008:50). Des Weiteren wird oftmals der Begriff ‚Patchworkfamilie' synonym für ‚Stieffamilie' genutzt (Tschöppe-Scheffler 2009:25). Sieder plädiert, „*Folgefamilien* sind Familien aller Art, die irgendwann nach der Trennung des Paares oder nach dem Tod eines Partners gebildet werden" (Sieder 2008:56, H. i. O.). Darüber hinaus spricht er von „einem bilokalen Familienleben und in systemtheoretischer Wendung von ‚**bi- und polynuklearen Familiensystemen**', in denen getrennte Eltern, deren Kinder, neue Intimpartner und auch Großeltern und andere Verwandte agieren. Erst diese systemische Weitung des Blicks ermöglicht es, Folgefamilien in ihrer Spezifizität zu begreifen. Sie sind nicht – wie bisher – an der Erstfamilie, sondern an ihren eigenen spezifischen Möglichkeiten und strukturellen Eigenarten zu messen" (Sieder 2008:57). Entsprechend geht damit die Forderung einher, diese sogenannten neuen Familien- und Haushaltsformen entsprechend der jeweiligen Besonderheiten und Rahmenbedingungen zu betrachten.

Darüber hinaus lässt sich aufgrund der demografischen Entwicklungen ableiten, dass die Anzahl an Mehrgenerationenfamilien, wenn „mindestens drei zu einer Familie gehörende Generationen gleichzeitig leben" (Peuckert 2008:302), ansteigen. Die gemeinsame Lebenszeit von drei Generationen ist somit deutlich angestiegen (Peuckert 2008:304). Aufgrund der zudem steigenden arbeitsplatzbezogenen Mobilitätsanforderungen (Statistische Ämter des Bundes und der Länder 2011:29f) kann nach Bertram (1995:15) von einer **multilokalen Mehrgenerationen-Familie** gesprochen werden. Durch den Auszug der Kinder aus dem elterlichen Haushalt sowie dem trotzdem andauernden Kontakt zueinander, findet Familie an mehreren, unterschiedlichen Orten zwischen verschiedenen Generationen statt (Bertram 2011d:44). „Diese kommt in optimaler Weise den Präferenzen der Familienmitglieder entgegen, da sie eine gewisse innere Stufung des Intimitätscharakters erlaubt. Der jeweiligen Situation und den jeweiligen Bedürfnissen entsprechend kann entweder stärker der Wunsch nach Distanz oder das Bedürfnis nach Intimität zur Geltung kommen" (Peuckert 2008:307). Aber auch individuell gewählte Formen des Zusammenlebens an unterschiedlichen Wohnorten zählen dazu (Jurczyk/Klinkhard 2014:30).

So werden nach neusten Untersuchungen über die oben benannten Familien- und Haushaltsformen hinaus auch Personen, mit denen gemeinsame Mahlzeiten eingenommen, gegenseitige Unterstützungen erfolgt und eine sehr enge Beziehung besteht, ebenfalls als Familie bezeichnet. „Dann entsteht das Bild eines Netzes sozialer Beziehungen, in dem der Haushalt als ökonomische Einheit, aber auch als Ort spezifischer Beziehungen eine besondere Bedeutung hat. Gleichzeitig wird aber auch deutlich, dass gelebte familiäre Solidarität nicht an der Haustür endet, sondern weit über den Haushalt hinausgeht" (Bertram 2011d:39). Dies meint sogenannte ‚**kleine Lebenskreise**', die über die Kernfamilien von einem oder zwei Elternteilen mit Kind hinausgehen und Verwandte, Freunde oder Andere langfristig nachhaltig einbeziehen (Biedenkopf u. a. 2009:10). „Diese bilden sich um Familien oder familienähnliche Strukturen und übernehmen Verantwortung für Aufgaben, die dem Wohl der Kinder, der Eltern, der Großeltern und Menschen dienen, die sich den Lebenskreisen zugehörig fühlen oder auf ihre Hilfe angewiesen sind" (Biedenkopf u. a. 2009.10). Neben gemeinsamen im Haushalt und Familienkreis durchgeführten Mahlzeiten zeigt sich diese Unterstützungsfunktion insbesondere hinsichtlich der Kinderbetreuung bspw. bei Krankheit. So übernehmen auch diese benannten weiteren Personen einen Teil der Erziehung (Bertram 2011d:39f).

Entsprechend folgert auch das Bundesministerium hinsichtlich des Familienbegriffes: „Familie ist nicht mehr nur soziale Institution, die durch Rollen, Positionen und damit verbundene Rechte und Pflichten charakterisiert ist. Familie erscheint heute mehr als Verantwortungs- und Solidargemeinschaft und damit als Zusammenhang von Personen, die nicht zwingend zusammenwohnen müssen und nicht zwingend über verwandtschaftliche Beziehungen miteinander verbunden sind" (BMFSFJ 2012:5). Entsprechend wird gefolgert, dass der veraltete eng gefasste Familienbegriff aufgrund dieser hier nur angerissenen Definitionsvorschläge nicht mehr gehalten werden kann, sondern vielmehr ein „**Doing Family**" in den Vordergrund rückt. „So betrachtet erscheint Familie als historisch und kulturell wandelbares System persönlicher, fürsorgeorientierter Generationen- und Geschlechterbeziehungen, das sich im Familienverlauf bzw. im Lebensverlauf der Individuen immer wieder hinsichtlich Zusammensetzung, Leistungen, Zeitverwendung und Bedeutung für seine Mitglieder verändert und das, nach welchen Kriterien auch immer beurteilt, gelingen oder scheitern kann" (BMFSFJ 2012:5). Demnach wird unter dieser Betrachtung insbesondere die alltägliche Herstellungsleistung in Abgrenzung zu bestehenden statistischen Kriterien betont. „In der Gesamtperspektive erweist sich Familie als alltägliche Herstellungsleistung (Jurczyk/ Lange 2004), die ebenso haushaltsübergreifend als auch generationenumspannend sowie auch jenseits traditioneller Verwandtschaftssysteme realisiert wird" (Heitkötter/ Thiessen 2009:423).

2.1.4 Anforderungen an Elternschaft

Aus den beschriebenen Rahmenbedingungen für Familien sowie den Haushalts- und Familienformen lassen sich zugleich Anforderungen an Eltern ableiten. Diese stehen einmal unter dem Aspekt der jeweiligen Rolle und Aufgabenfunktion im Familiensystem Bezug nehmend auf Elternschaft und Geschlechtergleichstellung, aber auch hinsichtlich der Partnerschaft in Elternschaft. Eng damit verbunden zeigen sich Anforderungen hinsichtlich einer Vereinbarkeit von Familie und Beruf.

2.1.4.1 Elternschaft und Geschlechtergleichstellung

In den vorangegangenen Abschnitten wurde bereits an verschiedenen Stellen angedeutet, dass der jeweiligen Rollenverteilung in der Familie und der diesbezüglichen Geschlechtergleichstellung eine wesentliche Aufmerksamkeit zukommt. Auch heutzutage scheint der traditionellen Familienform mit dem Vater in der Funktion der finanziellen Sicherung des Lebensunterhaltes und der auf die Erziehung und Haushaltsführung konzentrierten Mutter durchaus eine gesellschaftliche Bedeutung zuzukommen (Bertram 2011). Dies wird daran deutlich, „[d]ass trotz der zunehmenden außerhäuslichen Erwerbstätigkeit von Frauen die Erwartung besteht, die Fürsorge für Kinder und die Verantwortlichkeit für die Entwicklung der Kinder liege im Wesentlichen bei der Mutter" (Bertram 2011:12). Beim Vergleich der Erwerbstätigkeit von Müttern wird deutlich, dass bei verheirateten Müttern die Anzahl an Vollbeschäftigten mit 8 % gegenüber 20 % bei Nichtverheirateten deutlich geringer ist. Dies „kann man zunächst in Bezug auf das Erwerbsverhalten feststellen, dass der Anteil der nicht erwerbstätigen Mütter mit Kindern unter sechs Jahren in unserer Stichprobe vom Familienstand unabhängig ist" (Bertram 2011c:30). Es sei erstaunlich, da die Frauen gut qualifiziert für den Arbeitsmarkt sind. Beruflich kann man lediglich unterscheiden, dass verheiratete Mütter oftmals in Positionen als Angestellte mit qualifizierten Tätigkeiten beschäftigt sind, Nichtverheiratete dagegen eher als Angestellte mit einfachen Tätigkeiten. So sind mehr als 60 % der verheirateten Mütter berufstätig und kümmern sich nicht ausschließlich um die Erziehung der Kinder (Bertram 2011c:31). Hinzu kommt, dass eine große Anzahl der nicht erwerbstätigen Mütter gern erwerbstätig wäre (IfDA 2012:20f).

Die Erwerbstätigkeit ist oftmals an das Bildungsniveau der Partner_innen gekoppelt. So sind die Frauen eher weniger erwerbstätig, die entweder einen höher qualifizierten Partner oder auch einen Partner ohne Abschluss haben (Peuckert 2008:238). Verfügen beide Partner über einen Hochschulabschluss, ist die Frau oftmals Vollzeit erwerbstätig. Entsprechend wird von einem „modifizierten Ernährermodell" (Peuckter 2008:238) gesprochen, in dem der Mann Vollzeit erwerbstätig und die Frau insbesondere durch Teilzeittätigkeiten oder geringfügigen Beschäftigungen in den ersten Jahren der Kinder ebenfalls erwerbstätig ist.

„Fragt man die Eltern, welches Modell der Erwerbstätigkeit in der Partnerschaft sie je nach Alter des Kindes im Lebensverlauf präferieren, zeigt sich ein dynamisches Konzept von einer eingeschränkten Erwerbstätigkeit der Mutter in den ersten Lebensjahren des Kindes zu zunehmender beruflichen Integration der Mutter in Anhängigkeit vom Lebensalter der Kinder" (Bertram 2011e:47, BMFSFJ 2011a:49). So wird deutlich, dass die Befragten die Meinung vertreten, dass beide Partner für die ökonomische Sicherung des Haushaltes zuständig sind und eine Pause in der Erwerbstätigkeit allein mit der Erziehung der Kinder begründet wird, und dies zum größten Teil auch nur, wenn diese noch nicht in die Schule gehen (Bertram 2011e:49). Anschaulicher wird diese Umsetzung durch die Tatsache, dass nach wie vor Einkommensdifferenzen zwischen Frauen und Männern bestehen. „Aus der Sicht des Paares und der Familie ist eine Entscheidung zur Arbeitszeitreduktion für einen jungen Mann solange nicht plausibel, wie er am Arbeitsmarkt erheblich mehr Einkommen erzielen kann als seine Partnerin" (Bertram 2011e:49). Darüber hinaus sind sicherlich die individuellen Deutungsmuster hierfür zugleich als Begründung anführbar. Sowohl Mütter als auch Väter bewerten familiäre Werte wie Kinder und Partnerschaft, aber auch Berufserfolg und Selbstverwirklichung ähnlich. Zugleich tragen die individualisierten pluralen Lebensentwürfe und Ansprüche an Partnerschaft und Emotionen zu einem nicht vorhandenen Orientierungsrahmen bei. Dies wiederum erschwert möglicherweise die Verbalisierung von individuellen Aushandlungsprozessen hinsichtlich der Wünsche und Vorstellungen (Nave-Herz 2006:170f). „Möglicherweise nehmen die Individuen die unterschiedlichen Anforderungen der Arbeitswelt, der Familie, der Kinder und der Partnerschaft wahr, interpretieren sie aber subjektiv und für sich nicht notwendigerweise als getrennte Lebensbereiche, sondern als Teilbereiche der eigenen Identität" (Bertram 2011e:59). Demnach geht es dabei nicht um Balance, sondern um Interaktion. Peuckert formuliert dies etwas drastischer: „Eine erhebliche Rolle im Zusammenhang mit Problemen der Vereinbarkeit von Familie und Beruf spielen des Weiteren weit verbreitete, von den Frauen selbst verinnerlichte *stereotype Vorstellungen über die optimalen Entwicklungsbedingungen eines Kindes,* die sie zeitweise an der Ausübung ihres Berufes hindern oder sie zumindest verunsichern" (Peuckert 2008:242, H. i. O.). Peuckert (2008) spricht in diesem Kontext von der „Gleichberechtigungsfalle" (2008:142), die er mit unterschiedlichen individuellen Erwartungen sowie einer schleichenden Übernahme von Rollenmustern begründet. Aus der Vielzahl der Familien- und Haushaltsformen geht zudem hervor, dass der logische Schluss sagt, dass das früher angedachte Einkommen, das für einen Haushalt gereicht hat, heute nicht für zwei Haushalte ausreichen kann (Biedenkopf u. a. 2009:56f). Entsprechend kann durch zahlreiche steuerliche Vorteile für Ehen die Ungleichheit zwischen Paaren ohne Kinder und Paaren mit Kindern nicht ausgeglichen werden, was wiederum dazu führt, dass insbesondere Familien mit mehreren Kindern benachteiligt sind. „Denn der entscheidende Unterschied zwischen zusammenlebenden Paaren ohne Kindern und Paaren mit Kindern liegt in der Entscheidung der Frauen mit Kindern, nicht oder allenfalls reduziert am Arbeitsleben teilzunehmen“ (Biedenkopf u. a. 2009:57).

Zugleich hat dies die Konsequenz, dass Männern nicht mehr allein per se die Rolle des Familienernährers zugeschrieben und vorbehalten wird (Bertram/ Bertram 2009:57). „Betrachtet man die verschiedenen Arbeitsteilungsmodelle zwischen den Partnern im Nebeneinander, sieht man, dass sich dieser Trend deutlich fortsetzt. Denn der Wunsch nach mehr Egalität ist deutlich ausgeprägter als die Möglichkeiten seiner Umsetzung“ (Jurczyk/ Klinkhardt 2014:46). Die EU-Richtlinie zur Elternzeit ermöglicht, dass eine Elternzeit nicht nur der Mutter zusteht, sondern, dass sowohl Mütter als auch Väter einen Anspruch haben auf mindestens drei Monate Elternurlaub nach Geburt oder Adoption eines Kindes (Hobson/ Fahlén 2011:109). „Im Durchschnitt nehmen die Väter dreieinhalb Monate Elterngeld in Anspruch. Jeder vierte Vater bezieht länger als zwei Monate Elterngeld, um sich in dieser Zeit um sein Neugeborenes zu kümmern. Fast 15 Prozent der Väter, deren Kinder im vierten Quartal 2009 geboren sind, nutzen für drei bis neun Monate ihren Schonraum und mehr als zehn Prozent beanspruchten das Elterngeld für zehn bis 12 Monate“ (BMFSFJ 2011a:89). Unter dem Fokus der Geschlechtergerechtigkeit darf nicht vernachlässigt werden, dass sich in den letzten Jahren zudem eine intensive Diskussion und auch vermehrt Forschungen über die Rolle der sogenannten neuen Männer herausgebildet und entwickelt haben. Sieder beschreibt verschiedene Typen der Vaterarbeit. Er unterscheidet dabei in den Patriarchen, der insbesondere für die ökonomische Absicherung zuständig ist sowie das Ansehen der Familie nach außen zu vertreten. Der Typ des Miterziehers übernimmt im Vergleich zum Patriarchen auch die Betreuung der Kinder. Er ist „gewissermaßen der Assistent der Frau in der Elternarbeit“ (Sieder 2008:77), da dieser von seiner Frau Anregungen und Hinweise erhält. Als dritten Typ beschreibt er den neuen Vater. „Hier ist die Vaterarbeit für den Mann gleichrangig oder sie hat sogar Vorrang vor seiner Erwerbsarbeit“ (Sieder 2008.77). Dieser erledigt alles selbstständig und benötigt keine Anleitung, zumeist übernimmt dabei die Frau die ökonomische Absicherung. Als einen vierten Typ beschreibt er den alleinerziehenden Vater, der aber zumeist viel Unterstützung aus der Familie oder von Bekannten erhält und somit der Begriff ‚alleinerziehend‘ nicht passend erscheint. Den Typ der neuen Väter gab es bereits in den 1910er und 20er Jahren und dann ab den 1970er Jahren und der Kinderladenbewegung wieder (Sieder 2008:81). Zugleich ist durch die Zunahme der Trennungen und Scheidungen zu beobachten, dass Vaterarbeit nicht von einem Haushalt und auch nicht von einer leiblichen Vaterschaft abhängig ist (Sieder 2008:82). Dies entspricht auch dem Anspruch von Vätern, sich neben ihrer Erwerbsarbeit zentral in der Familie und Erziehung der Kinder zu verorten (Jurczyk/ Klinkhardt 2014:49ff). So bestehen bei einem Teil der Väter durchaus Bestrebungen und Wünsche nach einer aktiven Vaterschaft (Boeckenhoff u. a. 2011:146).

Die Rollen sowie die Rollenausführungen von Frau und Mann unter dem Kontext der Geschlechtergleichstellung können nicht abgekoppelt von dem Anspruch an die Vereinbarkeit von Familie und Beruf diskutiert werden. Eng mit der beruflichen Einbettung sind zugleich die Möglichkeitsräume für familiäre Aufteilungen gegeben.

2.1.4.2 Vereinbarkeit von Familie und Beruf

Im Kontext der Rollengestaltung und den jeweiligen Familienformen stellt sich zudem die immer wieder deutlich werdende Frage nach der Vereinbarkeit von Familie und Beruf. „Bei der Berufswahl ist für 97 Prozent aller Eltern die Vereinbarkeit von Familie und Beruf wichtig, während der Kontakt zu anderen Menschen oder auch ein hohes Einkommen im Mittel nur von jeweils 89 Prozent der Eltern als wichtig bewertet werden" (Muschalik 2011b:205). Beruflicher Erfolg ist sehr wichtig, allerdings werden Aussagen wie Kinder haben, glückliche Partnerschaft oder für andere da zu sein als deutlich wichtiger erachtet (Muschalik u. a. 2011b:205).

Lediglich 21 % der im Familienreport Befragten finden die Vereinbarkeit von Beruf und Familie gut (BMFSFJ 2011a:48). In einer aktuellen Befragung des Bundesinstitutes für Bevölkerungsentwicklung (2012) wurde ebenfalls angegeben, dass die Befragten den Erwartungen des Arbeitgebers und des Kindes nicht gerecht werden, was wiederum als Indikator für die Schwierigkeit einer Vereinbarkeit angesehen wird (BIB 2012:42). „Insbesondere viele vollzeitberufstätige Mütter müssen einen Spagat zwischen Berufs- und Familienarbeit bewältigen: 76 Prozent von ihnen geben an, im Beruf sehr eingespannt zu sein. Zugleich müssen 51 Prozent die Familienarbeit im Wesentlichen allein erledigen. Auch von den Teilzeitberufstätigen erledigen noch 74 Prozent die häusliche Betreuung der Kinder sowie die sonstige Hausarbeit weitgehend allein" (IfDA 2012:24). Einen wichtigen Stellenwert nehmen dabei vorhandene Zeitkapazitäten ein. Hauptsächlich berufstätige Mütter und Väter wünschen sich weniger Arbeitsstunden und damit verbunden mehr Zeit für die Familie (Muschalik 2011b:205). So wird von berufstätigen Müttern insbesondere Zeitstress als Problem angegeben (Peuckert 2008:243). Über 60 % der im European Social Survey befragten Väter leisten Überstunden (Hobson/ Fahlén 2011:114). Zugleich würden gern die Väter, die zwischen 44–45 Stunden in der Woche arbeiten, ihre Arbeitszeit reduzieren (Hobson/ Fahlén. 2011:118). Lediglich 17 %der Mütter, „oft in Teilzeitbeschäftigungen mit geringerem Stundenumfang, würden ihre Arbeitszeiten dagegen gern ausdehnen" (IfDA 2012:17). Trotzdem wird ersichtlich, dass „die Doppelbelastung durch Familie und Beruf [...] paradoxerweise oft in einer höheren Zufriedenheit der Mütter" (Peuckert 2008:243) mündet.

Wie bereits angedeutet, sind dies insbesondere Tendenzen, die in den ersten Lebensjahren des Kindes deutlich werden. „Während Männer sich auch nach der Geburt eines Kindes auf ihre Karriere und auf die Einkommenserzielung konzentrieren, übernehmen Frauen noch immer den Großteil der Familien- und Erziehungsarbeit und schränken sich bei der Erwerbstätigkeit ein. Vor dem Hintergrund instabiler Partnerschaften und unzureichender Betreuungsangebote für Kinder bedeutet damit die Entscheidung für ein Kind ein ‚biographisches Risiko' für Frauen. Beide Elternteile sind mit dieser Aufgabenteilung nicht unbedingt zufrieden. Befragungen zu den tatsächlichen und gewünschten Arbeitszeiten zeigen immer wieder dieselbe Tendenz: Väter wollen den Umfang ihres zeitlichen Arbeitseinsatzes reduzieren und Mütter wünschen sich oft Arbeitsarrangements, die es ihnen ermöglichen, in der vollzeitnahen Teilzeit zu arbeiten. Arbeitswochen von mehr als 40 Stunden scheinen gerade für Männer mit Kindern unter sechs Jahre unattraktiv zu sein. Überwiegend bevorzugen Eltern eine flexible Gestaltung ihrer Arbeitszeiten. Obwohl diese von Unternehmensseite verstärkt angeboten werden, bleibt offen, inwieweit sie den Bedürfnissen von Eltern tatsächlich entsprechen und deren Zeitsouveränität erhöhen" (BMFSFJ 2012:45). Somit werden Flexibilitätskonzepte auf verschiedenen Ebenen immer wieder angesprochen. Einerseits sind solche Flexibilitätsanforderungen auf die veränderten Arbeitsstrukturen zurückzuführen. Durch das Auflösen von festen Arbeitszeiten und der dadurch bedingten Überschneidung von Familien- und Arbeitszeiten sind neben den flexiblen Arbeitsstrukturen auch zusätzliche Betreuungsbedarfe entstanden (Bertram 2011d:42). Diese richten sich auf familiäre Bezüge aber auch auf institutionelle Einrichtungen und deren Rhythmisierung (Bertram 1997:73f). So geben eine große Anzahl der nicht erwerbstätigen Mütter an, dass sie gern erwerbstätig wären, was aber aufgrund von Mobilitäts- und Zeitflexibilitätsanforderungen nur bedingt möglich ist (IfDA 2012:20f). „Wenn aber ein Alltag mit zwei Berufstätigen organisiert werden muss, in dem von beiden eine hohe Flexibilität in zeitlicher und räumlicher Hinsicht erwartet wird, sind kurze Wege eine Notwendigkeit. Dieses Problem potenziert sich, wenn Kinder im Haushalt leben" (Häußermann 2009:153).

Andererseits beziehen sich diese Flexibilitätsanforderungen zugleich auf die Abstimmung von Familien- und Berufsphasen, dem sogenannten doppelten Lebensentwurf von Familie und Beruf (Bertram1997:77f). Dies bezieht sich vor allem auf den beruflichen Wiedereinstieg der Frauen nach der Geburt eines Kindes. Die Bundesregierung resümiert ihr entsprechend eingesetztes Instrument des Elterngeldes als erfolgreich. „Die Statistik zeigt entsprechend, dass die Erwerbstätigenquoten von Müttern mit Kindern unter einem Jahr gesunken sind, während sich die der Mütter mit Kindern zwischen einem und zwei Jahren seit 2007 von 33 Prozent auf 40 Prozent im Jahr 2010 gesteigert haben. Es wird damit für mehr Mütter zugleich wahrscheinlicher, dass sie auch aus der Erwerbstätigkeit kommen, wenn sie ein weiteres Kind bekommen. Allein die Entwicklung der Erwerbstätigenquoten deutet stark darauf hin, dass wesentliche Ziele des Bundeselterngeldes und des Ausbaus der Kindertagesbetreuung für unter dreijährige Kinder – nämlich ein Schonraum für Familien im ersten Lebensjahr des Kindes und die Verbesserung der Möglichkeiten für eine Erwerbstätigkeit für Eltern mit Kleinkindern – erreicht werden" (BMFSFJ 2011a:95). Zugleich wird dies weiterhin als ein Wunsch von befragten Eltern angegeben. „Zum übergreifenden Ziel einer besseren Vereinbarkeit gehört auch der Wunsch nach Erleichterung des Wiedereinstiegs in den Beruf nach der Familienphase (56 Prozent). Auch der Ausbau der Betreuungsangebote für Kinder unter 3 Jahren (55 Prozent) und die Schaffung zusätzlicher Plätze in Ganztagskindergärten und Ganztagsschulen (50 Prozent) würde vielen Müttern und Vätern die Vereinbarkeit von Familie und Beruf erleichtern" (IfDA 2012:5f). Einerseits entstehen durch steigende Erwerbstätigkeit und Kinderbetreuung ein Zeitmangel und zusätzlicher Betreuungsbedarf. Andererseits impliziert Erwerbslosigkeit zugleich die Gefahr der Haushaltsarmut und geht mit einem fehlenden Wissen über Unterstützungsangebote einher. „Die Verbindung von Erwerbs- und Familienleben führt allerdings zu einer Mehrbelastung für viele Eltern, da ein hoher Koordinations- und Synchronisierungsbedarf zwischen beiden Bereichen besteht" (Spieß 2009:11). So scheint es hierbei aus Sicht verschiedener Befragten durchaus Entwicklungspotenzial zu geben. Des Weiteren wird die Vereinbarkeit von Beruf und Familie als eine zentrale politische Zielsetzung hinsichtlich der Schaffung entsprechender infrastruktureller Rahmenbedingungen angesehen (BMFSFJ 2011:6).

Aus der Geschlechtergleichstellung und der geforderten Vereinbarkeit von Familie und Beruf ergeben sich zugleich Anforderungen an die Partnerschaft. Diese werden nun näher erläutert.

2.1.4.3 Partnerschaft in Elternschaft

Insbesondere durch die Geburt des ersten Kindes ergeben sich für die Partner in einer Beziehung neue Herausforderungen. Individualitätskonzepte und subjektive Wertvorstellungen sowie Prioritätensetzungen werden durch Rollenaufteilungen und Verantwortungsübernahmen überdacht und neu verhandelt (Bertram/ Bertram 2009:30, Tschöpe-Scheffler 2009:24f). Durch die beschriebenen Wandlungsprozesse stellen sich beifolgend Anforderungen an die Partnerschaft mit einer „erhöhten Aushandlungsnotwendigkeit" (Dornes 2012:70). Solche Aushandlungen können durchaus Konflikte mit sich bringen. Dornes (2012) bezieht sich dabei auf Untersuchungen in denen deutlich wurde, dass Paare der sogenannten Unterschicht weniger Konflikte miteinander haben als Paare der sogenannten Oberschicht. Dies wird mit der größeren Bedeutung von Kommunikation begründet. Im Kontext der Vereinbarkeit von Familie und Beruf, insbesondere, wenn die Mutter berufstätig und die Kinder im Vorschulalter sind, nehmen diese Konflikte zu. Darüber hinaus wurde ersichtlich, dass die Anwesenheit eines Kindes einerseits die Paarzufriedenheit negativ beeinflusst, die aber andererseits zugleich durch Lebenszufriedenheit und Freude an dem Kind kompensiert werden (Dornes 2012:70f).

„Das psychosoziale Wohlbefinden und die Lebensgestaltungsmöglichkeiten, die Menschen in enttraditionalisierten und pluralisierten Gesellschaften offenstehen, sind in ihrer Realisierung – neben sozialen Variablen – nach wie vor substantiell abhängig von einer psychischen Verfassung, die in der frühen Familienkindheit grundgelegt wird und weder durch Gleichaltrige noch durch spätere Selbstgestaltungsanstrengungen außer Kraft gesetzt werden" (Dornes 2012:156). Demnach stehen durchaus mehr Wahlmöglichkeiten zur Verfügung bei gleichzeitiger Abhängigkeit von „sozialen Strukturdeterminanten wie familiärer Herkunft, Einkommen und Bildungsgrad" (Dornes 2012:174).

Entsprechend der pluralisierten Familien- und Haushaltsformen leitet Vaskovics eine Abnahme der Bedeutung der Blutsverwandtschaft ab hinsichtlich der alltäglichen Organisation und gelebten Familie. Als zweite Besonderheit beschreibt er, die „Mutter-Kind-Dyade erweist sich in Anbetracht der Ausdifferenzierung der Vaterschaftskonstellationen und zunehmenden Komplexität der Elternkonstellationen immer mehr als eine stabile Achse, um welche herum sich die Entwicklung von neuen Familienformen abspielt" (Vaskovics 2011:29f). Darüber hinaus ändern sich auch die Verwandtschaftsbeziehungen, also die Beziehungen zu Verwandten und Geschwistern (ebd.). Diese These kann zudem durch die Aussage unterstützt werden, „dass in allen Lebensformen, selbst bei den alleinerziehenden Vätern, die Mütter als Betreuungsperson eine überragende Rolle spielen. Großeltern investieren auch bei den Ehepaaren aus der Sicht der Mütter fast so viel Zeit wie die Väter" (Bertram 2011e:46).

Neben den Veränderungen in der Partnerschaft bei der Geburt eines Kindes verändern sich auch die bestehenden sozialen Netzwerke. Zum einen intensiviert sich der Kontakt zur Herkunftsfamilie insbesondere über die Mutter-Tochter-Beziehung und kennzeichnet sich durch verschiedene Unterstützungsebenen. Zum anderen erfolgt eine Intensivierung der Kontakte zu anderen Familien mit kleinen Kindern (Peuckert 2008:144). Neben der Verhäuslichung tritt zudem eine kindorientierte Freizeitgestaltung in den Vordergrund. So steigt rund sechs Monate nach der Geburt des ersten Kindes und einer damit verbundenen Euphorie zugleich die Unzufriedenheit mit der Partnerbeziehung. „Fast jedes zweite Erstletern-Paar berichtete von einer kontinuierlichen Zunahme der Häufigkeit und Destruktivität von Auseinandersetzungen (von Streit) während des letzten Schwangerschaftsdrittels bis drei Jahre nach der Geburt. Häufig schaukelte sich das Zusammenspiel von offensiven Strategien der Frau und defensiven Verhaltensweisen des Mannes immer weiter auf und führte zu einer zunehmenden Verhärtung der Fronten. Jeweils 60 Prozent klagten über eine deutliche Abnahme der partnerschaftlichen Kommunikation und einen starken Rückgang beim Austausch von körperlichen Zärtlichkeiten/ Sexualität und beim verbalen Ausdruck von Zuneigung und Wertschätzung nach der Geburt des Kindes" (Peuckert 2008:145). Es wird deutlich, dass insbesondere nach der Geburt des ersten Kindes eine sehr sensible Zeit besteht, die Konflikte ermöglicht. Dies ist insbesondere auf die neuen Rollenanforderungen als Eltern, aber auch in der Gestaltung der eigenen Rolle im Freundeskreis und am Arbeitsplatz zurückzuführen. Zugleich kann eine erfolgreiche Bewältigung dieser Übergangszeit zu einer höheren Zufriedenheit in der Paarbeziehung führen (Petzold 2013:62). „Zu einer Verschlechterung der elterlichen Beziehungsqualität tragen wesentlich bei: ein niedriges Familieneinkommen, eine geringe formale Bildung, eine ungeplante

Schwangerschaft, eine geringe vorgeburtliche Partnerschaftszufriedenheit, mangelnde Kompetenz in der neuen Elternrolle und ein schwieriges Temperament des Kindes. Als hilfreich erwies sich dagegen das Eingebundensein in ein soziales Netzwerk" (Peuckert 2008:145). Durch die Geburt weiterer Kinder kann dieses Belastungsempfinden ebenfalls zunehmen. Diese beschrieben Konfliktpotenziale haben wiederum einen direkten Einfluss auf das Aufwachsen der Kinder. Bertram und Bertram (2009184f) berufen sich auf eine Reihe von Studien, in denen nachgewiesen wurde, dass konfliktreiche Beziehungen der Eltern maßgeblich das Aufwachsen der Kinder beeinflussen (Dornes 2012:52, Sieder 2008:61). Selten können Erwachsene ihre Probleme auf der Partnerschaftsbeziehungsebene so von der Interaktion mit ihren Kindern abgrenzen, weswegen dies wiederum gleichzeitig Auswirkungen auf aufeinander haben (Tschöpe-Scheffler 2009:85f).

2.1.5 Anforderungen an Kinderschaft

Aus den individualisierten Lebensverläufen, den beschriebenen Herausforderungen für Familien und die Vereinbarkeit von Elternschaft und Beruf ergeben sich zugleich Anforderungen an Kinderschaft, die mehr oder weniger explizit geäußert werden. Die Relevanz von Kinderschaft wird hinsichtlich der Bedeutung von Kindern, Ansprüche an Kinder sowie die Erziehung von Kindern dargestellt.

2.1.5.1 Bedeutung von Kindern

Bei einem großen Teil der Bevölkerung besteht trotz sinkender Geburtenzahlen ein Kinderwunsch. Somit nehmen Kinder perspektivisch gesehen durchaus einen wichtigen Stellenwert ein. Auch für diejenigen, die bereits Kinder haben, sind diese sehr wichtig. „Während bei den Partnerbeziehungen aufgrund der geänderten Lebensverläufe theoretisch erwartet werden kann, daß die Ehe als sequentielle Monogamie ähnlich wie die Sozialisation von Kleinkindern als Erziehungsfunktion junger Erwachsener und Erwachsener im mittleren Lebensalter lediglich eine begrenzte Sequenz im Lebensverlauf der Postmoderne werden könnte, ist eine solche sequentielle Betrachtungsweise für die Beziehungen zwischen Eltern und Kindern auf der Basis der verfügbaren Daten eher unwahrscheinlich. Vielmehr ist zu erwarten, daß die Vater-Kind- und Mutter-Kind-Beziehungen aufgrund unterschiedlicher Lebenserwartungen der heutigen Jugendlichen und jungen Erwachsenen in Zukunft noch an Bedeutung gewinnen werden" (Bertram 1997:100). Dieses Bedeutungsgewicht wird durch Merkmale des Zusammenlebens wie dem Einnehmen von gemeinsamen Mahlzeiten und das gemeinsame Verbringen von Freizeit untermauert. Kinder werden als häufige und wichtige Interaktions- und Kommunikationspartner_innen angegeben, die auch nach dem gemeinsamen Zusammenleben in Kontakt miteinander stehen (Bertram 1997:101f, Bertram 1995b:101). „Aus diesen Relationen ist zunächst zu schließen, daß aus der Wahrnehmung des Individuums die Kinder für die eigene Beziehungsstruktur eine geradezu überragende Bedeutung haben" (Bertram 1995b:101). Mit steigendem Alter der eigenen Kinder sinkt hinsichtlich des Beziehungsmusters der Einfluss der eigenen Eltern.

„Beziehungen im familiären Kontext werden nicht brüchig, sondern sie werden zunehmend entlang der Generationenbeziehungen organisiert“ (Bertram 1995b:103). Ledige, kinderlose Personen dagegen orientieren sich nach wie vor an den Eltern und Geschwistern im horizontalen Verwandtschaftsbezug (Bertram 1995b:101.:105). Das Lebensalter und bestehende Netzwerkstrukturen sind dafür zentrale Relationsgrößen, sodass statistische Angaben über Scheidungsraten nichts über Beziehungsverbindlichkeiten der Individuen aussagen (Dornes 2012:68). „Nicht der gesellschaftlich vorgegebene Familienstand und die damit verbundenen institutionellen Vorstellungen von Ehe und Familie prägen gegenwärtig und in Zukunft vermutlich noch mehr die Beziehungen von Menschen im privaten Bereich, sondern die Kinder, die von allen Befragten im Durchschnitt am häufigsten genannt werden. Die Sicherheit privater Beziehungen, so die These, ist also nicht an den gesellschaftlich vorgegebenen institutionellen Rahmen des Familienstandes geknüpft, wie GIDDENS oder BECK behaupten, sondern aus der Sicht des Subjektes an die höchst persönlichen Beziehungen zwischen den Generationen“ (Bertram 1995b:114). Deutlich wird dies zudem an den zunehmenden Investitionen von Eltern hinsichtlich des Schutzes des Kindes. Dies meint indirekte Investitionen wie ökonomische Entscheidungen hinsichtlich des Aufwachsens sowie psychologischen Verhaltensweisen mit dem Fokus auf Zeitressourcen und Gestaltung von Spielmaterialien und pränatale Investitionen durch gesundheitsbewusstes Verhalten (Stamm 2010:89). Somit nehmen diese Familienbeziehungen innerhalb eines individuell erweiterten Familienbegriffes eine wichtige Bedeutung an. Genannt werden „Bedenken, wonach Medienkonsum, elterlicher Zeitmangel, Bindungsschwäche und Konflikthaftigkeit in der Familie sowie Schul- und Freizeitstress negative Auswirkungen haben. Das Ergebnis ist, dass solche Befürchtungen übertrieben oder unzutreffend sind. Die meisten Kinder kommen mit den modernen Bedingungen des Aufwachsens gut zurecht und sind mit sich, ihren Eltern und ihren Lebensumständen überwiegend zufrieden“ (Dornes 2012:19). Darüber hinaus wird auch der *„gestiegene Eigenwert des Kindes“* (Peuckert 2008:162, H. i. O.) deutlich, indem diese „heute stärker als Sinnstifter und Quelle emotionaler Bedürfnisbefriedigung“ (Peuckert 2008:162) angesehen werden. Trotzdem ergibt sich daraus eine Reihe an neuen Herausforderungen.

Es ist kein Zeichen der modernen Gesellschaft, dass insbesondere medial vom Zeitmangel für Kinder gesprochen wird. Historisch gesehen waren Eltern früher stärker beruflich eingebunden. Daher ist eher eine Steigerung des Verbringens gemeinsamer Zeit von Eltern mit Kindern trotz Berufstätigkeit in den letzten Jahren zu verzeichnen, womit Kinder auch zufrieden sind (Dornes 2012:45f, Jurczyk/Klinkhardt 2014:71). Trotzdem werden von Familien immer wieder Herausforderungen bezüglich des Zeitmanagements und der Organisation beschrieben, die zu einer Verunsicherung führen (Alt u. a. 2011:140). Die sogenannte „Kolonialisierung der Lebenswelt“ (Dornes 2012:90) wird einerseits hinsichtlich einer Suggestion von Überforderung, Verunsicherung und Inkompetenzen diskutiert und andererseits ohne negative Folgen dargestellt (Dornes 2012:90f). Es bieten Flexibilisierungsprozesse insbesondere der Arbeitszeiten sowohl Chancen als auch Herausforderungen. So „finden die meisten Familien konstruktive Umgangsformen mit all diesen Herausforderungen, sodass ihre Pufferfunktion auch unter veränderten Rahmenbedingungen aufrechterhalten bleibt und die kindliche Entwicklung weder durch inner- noch durch außerfamiliäre Faktoren heute stärker beeinträchtigt wird als früher" (Dornes 2012:91). Dies wird zudem durch Aussagen deutlich, wonach Eltern zugunsten ihrer Kinder eigene Freizeiten und Schlaf einschränken (Bertram 1997:146, Jurczyk/ Klinkhardt 2014:72). Gefördert wird dies durch gemeinsame Aktivitäten von Eltern und Kindern (Bertram 2011c:38). „Es hat sich nämlich herausgestellt, dass man besonders intensive, qualitativ hochwertige Momente, die quantitative Knappheit kompensieren können, nicht nach Stundenplan einmal morgens und einmal abends, organisieren kann. Außerdem verstehen sowohl Eltern als auch Kinder unter Familienzeit gerade unverplant und unorganisiert miteinander verbrachte Zeit (Daly 2001, S. 289), sodass ‚Planung' von Familienzeit aus der Sicht der Befragten oft einen Widerspruch darstellt" (Dornes 2012:52). Mit den Anforderungen an eine Vereinbarkeit von Familie und Beruf gehen unter dem Blickwinkel vorhandener Zeitkapazitäten auch Fragen der Betreuung und Freizeitgestaltung von Kindern einher. „Einerseits werden Kinder immer mehr zum Mittelpunkt der emotionalen Beziehungen in Familien und Verwandtschaftssystemen und bedeuten Sinnerfüllung des eigenen Lebens; andererseits werden Kinder in der von Erwachsenen dominierten Welt immer mehr marginalisiert und in Sonderumwelten abgeschoben" (Armbruster 2006:149).

Die Funktionalisierung der städtischen Bereiche bringt ein Aufhalten in dafür vorgesehenen, oftmals weit voneinander entfernten Spezialräumen wie Verein, Spielplätze etc. mit sich. Entsprechend wird von der Verinselung der Kindheit gesprochen, die insbesondere mit einer Abhängigkeit vom Transport durch die Eltern sowie frühzeitigen Leistungsanforderungen und Qualifikationsanforderungen einhergehen (Armbruster 2006:149, Peuckert 2008:147). Auch dem Spielen auf Grünflächen, Spielplätzen etc. kommt nach wie vor ein großer Stellenwert zu, allerdings nicht mehr in dem Maße wie zu früheren Zeiten. „Öffentliche Freiräume werden häufiger von Jungen als von Mädchen genutzt, und Kinder aus der Mittelschicht nehmen seltener die Straße als Raum für ihre Aktivitäten in Anspruch als Kinder aus den unteren Sozialschichten" (Peuckert 2008:149). Entsprechend ist vielmehr eine Orientierung an die elterliche Wohnung zu verzeichnen. „Die elterliche Wohnung ist zu einem zentralen Ort geworden, an dem Kinder Kontakte mit Gleichaltrigen pflegen. Die Zugänglichkeit und Qualität der elterlichen Wohnung entscheidet mit darüber, wie leicht Kinder in ihrer Freizeit mit ihren Freunden zusammenkommen" (Peuckert 2008:150). Diesen Möglichkeiten kommt aber auch eine große Relevanz zu, da ein weiterer Effekt der Geburtenabnahme darin liegt, dass immer weniger Geschwister vorhanden sind. Geschwister nehmen eine wichtige Rolle in der Sozialisation hinsichtlich des Ausprobierens von Rollen, Aushandlungen etc. ein. Durch die Tendenz zu einem Geschwister oder auch keinen Geschwistern nimmt auch diese Möglichkeit ab (Bertram/ Bertram 2009:99).

Zugleich nehmen aber auch die Kinderzahlen in der Wohnumgebung ab, was ebenfalls eine Freizeitgestaltung in verschiedenen Kontexten erfordert. Durch die beschriebenen Erziehungskonzepte bedingt entstehen für Kinder neue Freiheiten und zugleich auch neue Herausforderungen, die ein selbstständiges Erlernen der Umgangsweisen damit voraussetzen.

2.1.5.2 Ansprüche an Kinder

Mit der dargestellten Bedeutung von Kindern gehen zugleich diverse Ansprüche hinsichtlich der Ermöglichung von Chancen und Zugängen zur gesellschaftlichen Teilhabe, um Benachteiligungen vorzubeugen, einher. So bestimmen Eltern und deren Werte, Vorstellungen aber auch deren soziale Situation, Wohngegend, Schule, Finanzressourcen, Zeitkontingente, Bildungsaspirationen und vieles mehr maßgeblich über die zukünftigen Bildungsweichen der Kinder (Szydlik 2007:80ff). „Wer Eltern hat, die großen Wert auf Bildung legen und ihre Kinder von früh auf intensiv fördern, ist das ganze Leben lang stark bevorteilt. Wer in eine bildungsferne Familie mit geringen Bildungsaspirationen hineingeboren wird, ist lebenslang benachteilt“ (Szydlik 2007:82). So werden bereits das Vorlesen und der Umgang mit Bilderbüchern sowie das Vorhandensein von modernen Technologien wie Internet und PC als relevant für Bildung angesehen (Szydlik 2007:82, Tschöpe-Scheffler 2009:15). Medienwirksame Diskussionen um entsprechende Studien tragen maßgeblich dazu bei, dass in bestimmten gesellschaftlichen Schichten hohe Ansprüche an frühe Bildung gelegt werden (Szydlik 2007:82). So werden bereits während der Schwangerschaft Anforderungen an Eltern herangetragenen, die zur Herausbildung des *„Normkomplex der ‚verantworteten Elternschaft‘“* (Peuckert 2008:161, H. i. O.) beitragen. Demnach sind ökonomische und psychische Verantwortungsübernahme grundlegend für eine Elternschaft. „Verlangt wird die bestmögliche Förderung der kindlichen Entwicklung vom ersten Tag an unter Respektierung der kindlichen Bedürfnisse und Wünsche“ (Peuckert 2008:161). Dies erfordert zugleich eine intensive Auseinandersetzung mit Erziehungskonzepten, mit möglichen Risiken und Entwicklungsverzögerungen (Lange 2007:178). Dies kann wiederum zu neuen Herausforderungen führen. Bereits früh eingesetzte hohe Anforderungen haben eher langfristige negative Konsequenzen wie Stresssymptome u. Ä. (Stamm 2010:249). Entsprechend ist es neben dem Ausbau einer Sozial- und Bildungsinfrastruktur zudem wichtig, Eltern in ihrer Erziehung zu stärken, um möglichen Benachteiligungen entgegenzuwirken (Bertram, Kohl, Rösler 2011:36). Dies hat wiederum Auswirkungen auf die Gestaltung von Familien- und Arbeitszeit insbesondere hinsichtlich der Fokussierung von ausreichend freien Zeitkontingenten und dem gleichzeitigen Ermöglichen von Existenzsicherung ohne staatliche Abhängigkeit, was wiederum die Selbstwirksamkeitserfahrung und Selbstachtung der Kinder beeinflusst. „Das Bildungsverhalten ist das Fundament für die Ausbildung von Identität, das Explorieren der Umwelt und die Entwicklung soziokognitiver Kompetenzen“ (Lange 2007:247). Während des Lebensphasenübergangs von Schwangerschaft und Geburt eines Kindes ergibt sich zugleich die Notwendigkeit einer umfassenden Neuorientierung der Eltern bezüglich der privaten Lebensgestaltung hinsichtlich der neuen Aufgaben ihrer Elternschaft, des Neuaushandelns der innerfamilialen Rollen, der Verantwortungs- und Aufgabenstrukturen sowie der Gestaltung einer neuen Balance von Arbeitswelt und Familie (Lange 2007:177).

Dem Anspruch der Verantwortungsübernahme in einer individualisierten Gesellschaft kommt „ganz klar die Funktion [zu, S. H.-B.], den einzelnen Familienmitgliedern Stabilität und Unterstützung zukommen zu lassen im Sinne einer Anerkennung der Person" (Lange 2007:246). Damit stellt sich zugleich die Frage nach den erforderlichen und passenden Erziehungsstilen. Einerseits übernehmen Eltern die Erziehungsstile, die sie bereits durch ihre Eltern kennengelernt haben, und andererseits gibt es deutliche Bestrebungen, sich genau von diesen Erziehungsstilen deutlich abzugrenzen. „Insgesamt machen die Aussagen deutlich, dass neben den eigenen Erfahrungen und dem, was Liegle mit dem Begriff ‚intuitive Elternschaft' (Liegle 2004) bezeichnet, der ‚Zeitgeist', d. h. die oben erwähnten Veränderungen des Verhältnisses zwischen Eltern und Kindern, aber auch gewandelte gesellschaftliche Vorstellungen darüber, was Elternschaft heute bedeutet und welche Aufgaben damit einhergehen, einen bedeutenden Einfluss auf elterliches Erziehungshandeln ausüben. Welcher bzw. welche dieser Faktoren für die Eltern im Einzelfall maßgeblich sind, variiert stark" (Mühling/ Smolka 2007:22).

Mary Ainsworth entwickelte in ihren Untersuchungen zum Bindungsverhalten der Kinder zugleich das Konzept der Sensitivität oder Feinfühligkeit. „Es umfasst die Fähigkeit zum Verstehen der kindlichen Signale. Zur realistischen Wahrnehmung und Interpretation der kindlichen Äußerungen, und die Bereitschaft zu prompter und angemessener Reaktion – oder Nicht-Reaktion, falls dies als angemessener erscheint" (Hopf 2005:58). Bei dem Auflegen dieser Schablone auf die aktuellen gesellschaftlichen Entwicklungen wird deutlich, dass „Kinder aus Familien der gehobenen Mittelschicht, deren Eltern einen höheren Bildungsstand haben und in höher qualifizierten Berufen, mit einem höheren Einkommen tätig sind, sind in der Beziehung zu ihrer Mutter im Durchschnitt häufiger sicherer gebunden als Kinder aus Familien unterer Schichten, deren Eltern einen niedrigeren Bildungsstand haben und in geringer qualifizierter, schlechter bezahlten Berufen beschäftigt sind. [...] Zu erklären ist dies vermutlich dadurch, dass in den ökonomisch und sozial unterprivilegierten Familien die Bewältigung des beruflichen und des Familienalltags mit mehr Stress verbunden ist und dass diese höheren Belastungen auch in die Eltern-Kind-Beziehungen hineinwirken" (Hopf 2005:71). Allerdings gibt es hierfür keine repräsentativen Untersuchungsergebnisse, sondern lediglich die Zusammenfassung von Erkenntnissen aus verschiedenen Untersuchungen. „Eltern, die unter Risikobedingungen leben, ist i. d. R. gemeinsam, dass sie ärmer und weniger gebildet sind als der Durchschnitt der Bevölkerung, häufiger in beengten Wohnverhältnissen leben, ihnen weniger Ressourcen zur Verfügung stehen und sie öfter unter vermeidbaren Krankheiten leiden. In ihrer Tagesstruktur und ihren Lebensgewohnheiten unterscheiden sie sich ebenso signifikant vom Durchschnitt wie in ihren Freizeitgewohnheiten, ihrem Umgang mit Medien und ihrem Konsumverhalten"

(Armbruster 2006:142). Darüber hinaus bedingt dies zumeist auch Schwierigkeiten in der Partnerschaft und das Entwickeln von Verhaltensmustern hinsichtlich der Vermeidung. Solche Rahmenbedingungen wirken sich zugleich auf die Bildungschancen von Kindern aus. So wurde bereits dargestellt, dass die Bildungschancen von Kindern zugleich maßgeblich durch die individuelle und gesellschaftliche Ausgangslage der Eltern beeinflusst werden. Eine sichere Bindung hat zugleich positive Auswirkungen auf die Entwicklung des Kindes im weiteren Lebensalter hinsichtlich des Sozialverhaltens, Konfliktlösungsstrategien, Konzentration etc. (vgl. dazu ausführlich Dornes 2004:58ff). „Es kann – wenigstens im Grundsatz und solange nicht das Gegenteil bewiesen ist – davon ausgegangen werden, dass Eltern über diejenigen Fähigkeiten verfügen, die für eine positive Entwicklung ihrer Kinder erforderlich sind. Mehr noch, sie sind ohne Bedingungen bereit, alles in ihrer Macht Stehende zu tun, um eine positive Entwicklung ihrer Kinder zu ermöglichen. Sie möchten, dass sie ihr Leben eigenständig meistern und ihren Platz in der Gesellschaft finden“ (Armbruster 2006:153).

An diese vielzähligen mit Elternschaft einhergehenden Ansprüche an Kinder wird nun die Erziehung näher betrachtet.

2.1.5.3 Erziehung von Kindern

„Erziehung schließlich, die auf Bildung zielt und sich auf Betreuung abstützt, meint die bewusste Gestaltung der Umwelt des Kindes und die Interaktion mit ihm, um erwünschte Verhaltensweisen zu fördern und unerwünschte zu vermeiden oder zu korrigieren“ (Stamm 2010:13). Unter dem Fokus der gesellschaftlichen Wandlungsprozesse, dem geringer gewordenen Orientierungsrahmen und den sich daraus ergebenden vielzähligen Lebenslaufentwürfen stellt sich bei den beschriebenen Ansprüchen an Kinder die Frage, wie und nach welchen Werten Kinder erzogen werden. Jeder Mensch hat durch sein eigenes Aufwachsen, dem individuellen Menschenbild, durch die Umwelt, soziale Gegebenheiten, Arbeits- und Wohnsituation, finanzielle und soziale Ressourcen ein subjektives Bild von Erziehung (Tschöpe-Scheffler 2009:30). Dabei wird von einer „Privatisierung“ (Dornes 2012:253) der Erziehung ausgegangen. Dies äußert sich dadurch, „dass die Familie ihre Kinder nicht mehr für die Gesellschaft erzieht, sondern nur noch, oder zumindest stärker als früher, für ihr privates Glück“ (Dornes 2012:253). So unterliegen auch diese familiären Wertvorstellungen einem Wandel (Pettinger u. a. 2005:20). Die Erfahrungen aus der eigenen Erziehung bieten dafür oftmals keine ausreichende Orientierung, da aufgrund der Enttraditionalisierung neue Kompetenzen im Lebensgestaltungsprozess allgemein und in der Elternrolle wichtig sind (Bertram/ Bertram 2009:30, Ahlheit/ Dausien 2002:565ff). Dies beeinflusst einerseits die Erziehung der Kinder und andererseits aber die eigene individuelle biografische Gestaltung (Bertram 1997:34). „Die zunehmend offene Codierung erhöht den Druck zur selbstverantwortlichen Gestaltung. Sie erfordert, den gewonnenen Wahrnehmungs-, Deutungs- und Handlungsspielraum erfolgreich zu nutzen. Damit wächst die Wahrscheinlichkeit, am eigenen Anspruch zu scheitern“ (Sieder

2008:45). Dies wird durch die erhöhten Ansprüche an Elternschaft und Erziehung zusätzlich bedingt (Tschöpe-Scheffler 2009:24). „Für breite Kreise der modernen gebildeten Mittelschichten, besonders für die Mütter, ist auch die *Ausgestaltung der Elternrolle* umfangreicher, anspruchsvoller, widersprüchlicher und konfliktreicher geworden" (Peuckert 2008:161, H. i. O.). Dies beginnt bereits in der Schwangerschaft mit der durch Konfrontation mit wissenschaftlichen Standards bedingten zunehmenden Kontrollbedürfnis (Peuckert 2008:161). Daher sind Kommunikationsstrukturen in Beziehungen und Familien wichtig, um sich darüber auszutauschen. Gleichzeitig wird deutlich, dass aufgrund der hohen, auf Sympathie begründeten gegenseitigen Unterstützungsleistungen zugleich ein Feld für Konflikte eröffnet wird (Bertram 2011d:42f). So werden sowohl Freiheitsbedürfnisse als auch Bindungsbedürfnisse deutlich (Fischer-Köhler 1992:8f, Biedenkopf u. a. 2009:24). Ein Kennzeichen dafür sind die vielfältigen Familien- und Haushaltsformen.

„Das hier aufscheinende Muster ist ähnlich wie bei den Werten und Einstellungen als Hinweis darauf zu werten, dass die befragten Mütter und Väter nicht mehr die Form einer traditionell arbeitsteiligen Familie leben. Auch bei der Kindererziehung findet man diese klare Arbeitsteilung nicht mehr. Aber es überwiegt auch keine familiäre Lebensform, bei der die Übernahme der familiären Aktivitäten zwischen den Partnern wechselt. Entweder werden die Tätigkeiten gemeinsam durchgeführt oder man spezialisiert sich in bestimmten Bereichen" (Bertram 2011c:35). Hinsichtlich des Familienalltags wird deutlich, dass überwiegend sowohl gemeinsame Aktivitäten umgesetzt werden als auch Spezialisierungen in Teilbereichen stattfinden. Zudem geben die Befragten an, dass sie entweder mit der spezialisierten Aufgabenverteilung zufrieden sind oder sich eine gemeinsame Umsetzung dieser wünschen (Bertram 2011c:36f). Es werden dadurch bereits bestehende spezifische Geschlechterrollen reproduziert und gewünscht, die zugleich von den Kindern wahrgenommen werden und Einfluss auf bestehende Zeitressourcen haben (Bertram 2011c:37). Hinsichtlich des Aufwachsens von Kindern wird nach einer Analyse verschiedener Studien deutlich, dass die Kinder zufrieden sind und Spaß an ihrer Freizeitgestaltung haben. Der oft beschriebene Schuldruck stellt sich nicht als übermäßig heraus. Zudem gibt es „keinen Zusammenhang zwischen Terminhäufigkeit und Stress" (Dornes 2012:88). Dies wird individuell gestaltet, durch Unterstützung der Eltern erfolgt eine selbstständige und stressfreie Freizeitdurchführung (Dornes 2012:88ff). Dabei sind insbesondere „moderne liberalisierte Erziehungspraktiken" (Dornes 2012:315) unterstützend und förderlich. Bezugnehmend auf verschiedene Untersuchungen äußert sich diese Erziehung durch mehr Freiraum und steigende Partizipation der Kinder und Jugendlichen bei gleichzeitiger Abnahme von elterlichen Strafpraktiken (Peuckert 2008:156f). Entsprechend ändert sich dieses Eltern-Kind-Verhältnis in Richtung eines freundschaftlichen und partnerschaftlichen Umgangs. „Erziehungsziele, die Anpassung reflektieren (wie Gehorsam, gute Umgangsformen, Sauberkeit und Ordnung) haben seit den 1950er Jahren an Bedeutung eingebüßt zugunsten von Erziehungszielen, die Selbstbestimmung ausdrücken (wie die Betonung von Selbstständigkeit, Interesse an den Dingen, Menschenverstand und Urteilsgabe, Verantwortungsbewusstsein)" (Peuckert 2008:157). So nimmt das Erziehungsziel „Selbstständigkeit und freier Wille" bei einer Befragung 2001 mit 53 % den höchsten Wert im Vergleich zum Jahr 1951 mit 28 % ein (Peuckert 2008:158). Eng damit verbunden rücken Erziehungsansichten wie die Notwendigkeit des Erlernens sozialer Kompetenzen wie Flexibilität, Konfliktfähigkeit und Aufbau sozialer Beziehungen mehr in den Vordergrund (Tschöpe-Scheffler 2009:12). Tschöpe-Scheffler bezeichnet dies als demokratischen Erziehungsstil, der auf den folgenden fünf Säulen beruht: emotionale Wärme, Achtung, Kooperation, Verbindlichkeit und allseitige Förderung (2009:45f).

Unterstützt werden solche Entwicklungen durch politische Maßnahmen und Gesetzesänderungen wie dem im Jahr 2000 eingeführten Gesetz zur Ächtung der Gewalt in der Erziehung durch den § 1631 II BGB. Zusammenfassend wird von einem Übergang von einem „Befehlshaushalt" zum „Verhandlungshaushalt" (Peuckert 2008:159) gesprochen. Dieser kennzeichnet sich als aushandelnder kommunikativer Prozess, der auf emotionaler Unterstützung und normativen Anforderungen beruht, der begründet wird und so auch von den Kindern angenommen werden kann (Peuckert 2008:160, Dornes 2012:96, Armbruster 2006:43). Gleichzeitig wird deutlich, dass sich möglicherweise die Toleranz und Wertschätzung gegenüber kinderspezifischen Bedürfnissen geändert hat, da Eltern eher selten Konflikte mit den eigenen Kindern angeben. „Das mag vorrangig mit dem noch jungen Alter der Kinder zusammenhängen, könnte aber auch ein Anzeichen dafür sein, dass die heutige Elterngeneration bei ihren Erziehungsvorstellungen ein hohes Maß an Toleranz und Offenheit für die kindlichen Bedürfnisse aufbringt" (Bertram 2011d:43). Zusammenfassend kann festgehalten werden, dass allgemein eine hohe Zufriedenheit hinsichtlich des Aufwachsens der Kinder besteht. Für Kinder sind dabei insbesondere „emotionale Wärme, keine zu starke elterliche Kontrolle, eine gute Kommunikationsqualität mit den Eltern, das heißt verständnisvolle Verfügbarkeit als Ansprechpartner für Probleme im Bedarfsfall, keine zu große Dominanz der Eltern im Konfliktfall und schnelle Versöhnung nach einem Streit" (Dornes 2012:96) wichtig. Solch ein Aufwachsen steigert das Wohlbefinden der Kinder und Eltern und trägt zugleich zu einem positiven Gesundheitszustand bei (Dornes 2012:99).

2.1.6 Konsequenzen für Familien

Die Darstellung der ‚Familie im Wandel' und die damit einhergehenden beschriebenen Rahmenbedingungen abschließend werden nun die sich daraus ergebenden Konsequenzen für Familien nachgezeichnet. Hinsichtlich des demografischen Wandels lassen sich die steigende Anzahl der älteren Bevölkerung und der Geburtenrückgang festhalten, wobei die Geburtenzahlen vom zugrunde liegenden Bildungsstand abhängig sind. „Je höher der Grad der Institutionalisierung einer Partnerschaft, desto höher ist die Geburtenzahl. Je höher der berufliche Ausbildungsabschluss, desto weniger Kinder haben die Frauen zur Welt gebracht" (Bundesinstitut für Bevölkerungsforschung 2012:27). Nach wie vor besteht in der Bevölkerung ein Kinderwunsch, der auch bei der Befragung von Jugendlichen deutlich wird (Nave-Herz 2006:74). Allerdings wird dieser nicht immer umgesetzt. „Diese nicht zu vereinbarenden Werteorientierungen (nämlich die hohe Berufsorientierung bei gleichzeitigem Wunsch nach Entsprechung einer Mutterrolle, wie sie das bürgerliche Familienmodell vorsieht) führt zu irrationalen Konflikten und bewirkt immer wieder den Aufschub des Kinderwunsches, bis es auf einmal zu spät ist und sie der Entscheidung durch den biologischen Ablauf enthoben sind" (Nave-Herz 2006:75).

Die Ehe stellt nach wie vor eine häufige Familienform dar bei gleichzeitiger Zunahme der Ehescheidungen. Diese Zunahme der Ehescheidungen lassen sich unter anderem auf gestiegene Ansprüche an die Beziehung und individuelle Selbstverwirklichungen zurückführen (Dornes 2012:63). Somit sind nicht klassische Haushalts- und Familienformen, die auf biologischen Herkunftsverhältnissen begründet sind, zentral, sondern vielmehr Formen von gelebter Solidarität. „Eine der zentralen Thesen dieser Studie ist die, daß Familienbeziehungen im Lebensverlauf überhaupt nur noch sinnvoll gestaltet werden können, wenn neben die institutionelle Verankerung von Ehe und Familie die gelebte Solidarität zwischen Partnern, Eltern und Kindern sowie zwischen den Generationen einer Familienkonstellation tritt. Denn gelebte Beziehungen könne über eine solch lange Dauer nicht mehr allein institutionell gesichert werden, sondern gelingen nur noch dann, wenn in diesen Beziehungen für alle Beteiligten eine Form der Wechselseitigkeit und Solidarität erkennbar ist, die die Stabilität privater und intimer Beziehungen gewährleistet" (Bertram 1997:31f). Dem entspricht die durch gesellschaftliche Wandlungsprozesse hinsichtlich einer Individualisierung des Lebensverlaufes deutlich gewordene Pluralität an Familien- und Haushaltsformen. Diese verfügen möglicherweise über mehr Stabilität (Bertram/ Bertram 2009:85) aufgrund ausgehandelter Werte- und Erziehungsvorstellungen. Auf der Grundlage dieser Beschreibungen „ist es nur schwer nachzuvollziehen, wenn heute Wissenschaftler die Krisenhaftigkeit von Eltern-Kind-Beziehungen und die Gefährdung des Aufwachsens von Kindern in stabilen Verhältnissen beklagen. Die Prozentsätze der Kinder, die bei beiden Eltern aufwachsen, liegen gegenwärtig höher oder mindestens genauso hoch wie im Durchschnitt dieses Jahrhunderts. Wenn man gleichzeitig berücksichtigt, daß der Anteil der Kinder, die in Heimen und anderen Einrichtungen fremd untergebracht sind, deutlich zurückgegangen ist auf 1,5 % in der hier befragten Gruppe, läßt sich sogar von einer Familisierung des kindlichen Aufwachsens in unserer Gesellschaft sprechen" (Bertram 1995:20). Nichtsdestotrotz gehen mit aktuellen gesellschaftlichen Entwicklungen nach wie vor zahlreiche Herausforderungen einher. Wie bereits dargestellt zeichnet sich die aktuelle Situation durch Individualisierung, die veränderten Zeitpläne, Mobilität, etc. aus[2]. Die erforderlichen Unterstützungsstrukturen hinsichtlich einer Vereinbarkeit von Familie und Beruf wurden bereits ausgeführt. „Insgesamt wären Mütter von Kindern in diesem Alter jedoch eher an Hilfe bei der Hausarbeit und einer besseren Betreuung der Kinder interessiert. Dabei werden ganz unterschiedliche Facetten der Betreuung erkennbar: 28 Prozent der Mütter wäre durch mehr betreute Nachmittagsangebote geholfen, 23 Prozent durch mehr Ganztagsbetreuung, 22 Prozent durch flexiblere Betreuungszeiten in den Betreuungseinrichtungen, 16 Prozent durch ausreichend Betreuungsplätze für Kleinkinder, 20 Prozent durch ad hoc verfügbare Betreuungsmöglichkeiten, 18 Prozent durch eine Hausaufgabenbetreuung, und 34 Prozent durch Hilfe beim Wegbringen, Abholen und bei der Beförderung der Kinder“ (IfDA 2012:32). Dies entspricht ganz klar strukturellen Herausforderungen hinsichtlich der Vereinbarkeit von Familie und Beruf (Coontz 2011:46). „Dieser Wandel des Lebensstils, der auf das engste verbunden ist mit dem Wandel der Rolle der Frauen in unserer Gesellschaft, hat also zur Folge, dass sich eine räumliche und funktionale Trennung zwischen Wohnen und Arbeiten gerade bei den Haushalten entwickelt, die in den Segmenten der städtischen Ökonomie tätig sind, die die höchsten Wachstumsraten aufweisen. In den innerstädtischen Quartieren ist das Leben mit Kindern aber nur dann leichter, wenn die Haushalte in soziale Netze und ein Netzwerk von unterstützender Infrastruktur eingebunden sind, die zeitliche Flexibilität und die Verbindung von Eltern- und Arbeitsrolle ermöglichen“ (Häußermann 2009:154). Entsprechend begründet Häußermann die Suche solcher Familien nach einer Nachbarschaft mit ähnlichen Interessen und Wertvorstellungen, um ihre Kinder gut untergebracht und gefördert zu wissen. Zugleich ergeben sich aber auch Herausforderungen auf der individuellen Ebene. „Die gemeinsamen Lebenswelten und damit die Berührungspunkte zwischen Erwachsenen und Kindern nehmen ab, was zu zusätzlichen Verunsicherungen im Erziehungsverhalten führen kann“ (Tschöpe-Scheffler 2009:14f). Entsprechend gehen mit der Zunahme an Wahlmöglichkeiten zugleich Unsicherheiten hinsichtlich der Erziehung und des Aufwachsens von Kindern einher (Schneider 2011:252f). Es wird deutlich, dass nicht primär die vielzähligen verschiedenen Haushalts- und Familienformen entscheidend für die Entwicklung der Kinder sind, sondern vielmehr die Interaktion von Eltern mit Kindern. Bertram resümiert die Ergebnisse von Amato (2001) und Brown (2004), „dass eine ausgeglichene und zufriedene Partnerschaft der Eltern mit der Möglichkeit, das persönliche Leben zur eigenen Zufriedenheit zu gestalten, eine wichtige Ressource für die kindliche Entwicklung darstellt“ (Bertram 2011f:61). Gerade daraus können sich aber neue Anforderungen und Herausforderungen ergeben. Um diesen An- und Herausforderungen zu begegnen, bedarf es einer entsprechenden

2 Das Konzept der alltäglichen Lebensführung greift ebenfalls die beschriebenen Dimensionen von gesellschaftlichen Wandlungsprozessen heraus und bietet somit eine weitere begründete Grundlage für die Gestaltung erforderlicher Rahmenbedingungen (Kudera/Voß 2000).

Unterstützung für Familien, die sich aus infrastrukturellen Rahmenbedingungen und individuellen Unterstützungsangeboten zusammensetzt.

In der folgenden Abbildung sind die zentralen Einflussgrößen des Wandels der Familie zusammenfassend dargestellt.

Abb. 2: Gesellschaftliche Einflussfaktoren auf Familien und Familiengründung

2.2 Begegnung, Beratung und Bildung

Wie im ersten Kapitel ‚Familie im Wandel' deutlich wurde, kommt der Familie in verschiedenen Dimensionen eine umfassende Bedeutung zu. „Der Familie wird ein zentraler Stellenwert für die positive Entwicklung der nachfolgenden Generation und für den sozialen Zusammenhalt im Gemeinwesen zugewiesen" (Diller 2005:5). Zugleich ist die Zuschreibung der Familie als zentrale Einflussgröße auf die positive Entwicklung der nachfolgenden Generation abhängig von den gesellschaftlichen Rahmenbedingungen und mündet in hohen Anforderungen. Dies umfasst individualbezogende Anforderungen bspw. hinsichtlich der Lebensentwürfe, die zugleich zu Verunsicherung führen können. Darüber hinaus werden diese individualbezogenen Anforderungen in einen gesellschaftlichen Kontext eingebettet, der gekennzeichnet ist durch Konsequenzen, die sich bspw. aus der Erwerbsarbeit von Frauen, Langzeitarbeitslosigkeit, Armutsrisiken, aber auch demografische Veränderungen und Mobilität ergeben (Diller 2005:7). Mittlerweile ist vielmehr von einer Individualisierung öffentlicher Probleme wie bspw. Arbeitslosigkeit zu sprechen, die dadurch in die Familien hineingetragen werden und wiederum zu einer Überforderung führen können (Böhnisch u. a. 2005:159). Ausgehend von einem Verständnis Sozialer Arbeit sowohl als Befähigung von Individuen zur freien und aktiven Gestaltung ihres Lebens als auch der Gestaltung des sozialen Umfeldes auf der Grundlage von Gleichheit und Würde aller Menschen (vgl. DBSH o. J., IFSW o. J.) ist die Entwicklung und Gestaltung von familienunterstützenden Rahmenbedingungen, um den gesellschaftlichen Anforderungen gerecht zu werden, ein zentrales Aufgabenfeld Sozialer Arbeit. Einleitend mit einer theoretischen Kontextualisierung von Lebensweltorientierung, Lebensbewältigung und Sozialraumorientierung werden darauf folgend Familien im Kontext der Sozialen Arbeit näher betrachtet, indem auf die Zielstellung der Gestaltung eines gelingenderen Alltags und den Zusammenhang von Individuum und Gesellschaft eingegangen wird. Darauf aufbauend werden die Anforderungen an die Soziale Arbeit mit dem Fokus auf das Ermöglichen von Begegnung, Beratung und Bildung dargestellt. Abschließend rückt das dafür erforderliche methodische Handeln in der Sozialen Arbeit in den Fokus. Dafür wird die klassische Unterscheidung in Einzelfall-, Gruppen- und Gemeinwesenarbeit ausgeführt, um darauf basierend den Willen als Ansatzpunkt für Veränderung sowie die grundlegende Notwendigkeit von Kommunikation und Beteiligung als methodisches Handeln hervorzuheben.

2.2.1 Lebensweltorientierung, Lebensbewältigung, Sozialraumorientierung

Die zentralen Protagonisten der Lebensweltorientierung und Lebensbewältigung Hans Thiersch und Lothar Böhnisch blicken in ihrer hochaktuellen Publikation (Thiersch/ Böhnisch 2014) dialogisch auf ein halbes Jahrhundert Sozialpädagogik und Sozialarbeit. Mithilfe antiker Beispiele beschreiben sie bildhaft die heutige Gesellschaft anhand zwei kultureller Ebenen. Die eine Ebene umfasst Tragödien und Dramen, bekannt aus antiken Beschreibungen. Dem gegenüber steht „die moderne Selbstverständlichkeit“ (Thiersch/ Böhnisch 2014:11), dass solche Dramen „Ausnahmezustände“ (ebd.) sind und verhindert werden müssen. Die Soziale Arbeit setzt in ebendiesem Spannungsfeld an. „Insofern muss sich die Sozialpädagogik dazu bekennen, dass sie einen optimistischen Hilfswillen hat, der Struktur in die Lebensschwierigkeiten bringen und sie damit so thematisieren kann, dass sie bearbeitet werden können. Gleichzeitig kann sie aber das Gegenbild dramatischer Erinnerung und das Wissen von einer anderen Wahrheit des Lebens nicht negieren“ (Thiersch/ Böhnisch 2014:11). Somit befindet sich die Soziale Arbeit in einem auszuhandelnden Prozess mit dem Fokus auf die Entwicklung der Handlungsfähigkeit von Individuen und der gleichzeitigen Erfahrung, dass diese Prozesse nicht immer gelingen (ebd.:12). Dieses Spannungsfeld soll nun durch die fachtheoretischen Rahmen der Lebensweltorientierung, Lebensbewältigung und Sozialraumorientierung näher betrachtet werden.

Lebensweltorientierung

Historisch gesehen wurde im Verständnis von Pestalozzi die Familie als privater Raum zum Herausbilden von Tugenden der Identitätsbildung wie „Zuneigung, Empathie, Geborgenheit" (Böhnisch u. a. 2005:158) mit dem Fokus auf Bindung, Anerkennung und Ermutigung zur Selbstständigkeit betrachtet, um Arbeitsfähigkeit herzustellen. In Anbetracht der aktuellen gesellschaftlichen Rahmenbedingungen ist allerdings vielmehr eine Individualisierung öffentlicher Probleme zu beobachten, die zugleich eine Überforderung für die Familien darstellen kann (Böhnisch u. a. 2005:159). Es wird davon ausgegangen: „Jeder kann es doch irgendwie schaffen, jeder trägt deshalb das Risiko des Scheiterns selbst" (Thiersch/ Böhnisch 2014:17). Durch die im Kapitel 1 dargestellten veränderten gesellschaftlichen Rahmenbedingungen, die mit individualisierten biografischen Verläufen einhergehen, haben sich zugleich „unterschiedliche Lebenswelten" (Lambers 2013:105) herausgebildet (Mengel 2007:103f, Böhnisch u. a. 2005:130). Das in den 1970er Jahren von Hans Thiersch entwickelte Theoriekonzept einer „alltags- und lebensweltorientierten Sozialpädagogik" (Lambers 2013:104) fokussiert diese Vielfalt an Lebenswelten. Ausgangslage für die Entwicklung dieses Konzepts waren zwei in den 1960er Jahren vorherrschende Grundintentionen. „Zum einen war es die Kritik an einem sozialtechnologischen Verständnis in der Pädagogik, das von der pädagogischen Psychologie her kam und von dem wir meinten, dass es der Lebenswelt der KlientInnen nicht gerecht würde. Zum anderen war es die Auseinandersetzung mit der damals dezidiert vorgetragenen politökonomischen Kritik, nach der die Sozialarbeiter nur Handlanger des Kapitals sei[en, S. H.-B.]" (Thiersch/ Böhnisch 2014:18). Durch den Fokus auf die Lebenswelt der Adressat_innen sollte somit ein umsetzbarer Zugang in Praxis und Forschung gestaltet werden mit der Annahme, „dass Soziale Arbeit nicht von den Institutionen und ihrer Organisations- und Definitionsmacht aus gesehen und praktiziert werden kann, sondern von den Lebenserfahrungen und Problemen der Jugendlichen selbst, von der Alltäglichkeit der Lebenswelt" (Thiersch/ Böhnisch 2014:21). Durch diese Veränderung der Blickrichtung auf Adressat_innen wird die Anforderung an die individuelle Lebensgestaltung und die damit einhergehenden Chancen und Risiken betont (Lambers 2013:105). Entsprechend nimmt die Komplexität individueller Alltagsgestaltungen durch die Auflösung und Entgrenzung des institutionalisierten Lebenslaufes zu (Böhnisch u. a. 2005:130). Daraus ergeben sich Anforderungen an die Soziale Arbeit, diese jeweiligen individuellen Strukturen und Anforderungen durch Dialoge zu verstehen (Lambers 2013:105). „Verstehen ist demnach nur durch Verständigung möglich und führt allein dialogisch zu neuen Wissen über Möglichkeiten von Veränderung" (Lambers 2013:105). So ist der Fokus der Sozialen Arbeit in diesem Kontext immer subjektbezogen und zielt auf die Selbsthilfe der Adressat_innen (Lambers 2013:106) mit der Zielstellung der „Ermöglichung eines selbstbestimmten gelingenderen Alltags" (Thiersch 1986). Zu den Aufgaben der Sozialen Arbeit gehört es demnach, „Bedingungen der Erzeugung sozialer Ungleichheit [zu, S. H.-B.] sehen (sozialpolitische, sozialstrukturelle Ebene) [und die, S. H.-B.] Bearbeitung sozialer Probleme als Lernaufgaben, ohne Ausgrenzungsabsichten [zu, S. H.-B.] verstehen (individuelle Ebene)“ (Lambers 2013:107). Damit gehen Anforderungen an eine kritische Betrachtung der individuellen Lebenswelten unter Einbezug politischer und organisationeller Strukturen einher, was Vermittlung und Aushandlungen im Rahmen einer praxisbezogenen Handlungswissenschaft erfordert (Lambers 2013:107). Aus dieser theoretischen Einbettung und den Sachdimensionen ergeben sich zugleich praktische Handlungsweisen für die Soziale Arbeit. Diese beziehen sich zum einen auf die regionale Ebene im Sinne einer auf Prävention ausgerichteten sozialpolitischen Gestaltung, Regionalisierung und Dezentralisierung, Vernetzung und Kooperation sowie einer Organisationskritik. Zum anderen beziehen sich die praktischen Handlungsweisen auf methodisches Handeln im Sinne eines Alltags- und Situationsbezuges, Integration, kritische Deutungen, eine ganzheitliche Wahrnehmung der Individuen, Partizipation und Ressourcenorientierung sowie eine anwaltliche Vertretung und ein damit verbundenes Einmischen (Lambers 2013:107f). Entsprechend bedarf es so gestalteter differenzierter Hilfe- und Unterstützungsangebote (Grunwald/ Thiersch 2003:76). Diesen ist es grundlegend wichtig und gemeinsam, dass Selbstbestimmung und Selbsttätigkeit in den Fokus gesetzt werden (Mengel 2007:107). Der_die professionelle Akteur_in agiert in solch einem Setting als Orientierung gebende Begleiter_in auf Augenhöhe (Mengel 2007:108). Somit wird eine Verschmelzung von fokussierten Unterstützungsangeboten, Alltag und den Orten des Alltags ermöglicht im Sinne einer strukturierten Offenheit als professionell-methodisches Prinzip (Mengel 2007:108/ Thiersch 2003:69). Lebensweltorientierung fokussiert die Menschen, deren Ressourcen und zugleich „die grundsätzlich autonome Zuständigkeit aller Menschen für ihren je eigenen Alltag“ (Grunwald/ Thiersch 2003:69). Dieser auf Stärken und Ressourcen ausgerichtete Ansatz erfordert ein passendes methodisches auf Begleitung ausgerichtetes Vorgehen (Grunwald/ Thiersch 2003:74). Zugleich inkludiert solch ein methodisches Vorgehen die jeweiligen individuellen Rahmenbedingungen, Herausforderungen und Lebensbedingungen (Grunwald/ Thiersch 2003:74). Organisationsstrukturell betrachtet sind dafür dezentralisierte regionale Dienste erforderlich, um Zugangsbarrieren abzubauen (Grunwald/ Thiersch 2003:75). „Das Lebenswelt- und Alltagskonzept war ein Ansatz zur Veränderung des Selbstverständnisses der Institutionen hin zu einer neuen Sicht auf die KlientInnen – in die Richtung von Ganzheitlichkeit, Unvoreingenommenheit, Verständigung, Einbettung der Institutionen selbst in lebensweltnahe Räume“ (Thiersch/ Böhnisch 2014:22).

Lebensbewältigung

Lothar Böhnisch hat mit seiner Sozialpädagogik des Kinder- und Jugendalters sowie der Lebensalter in dem 1980er Jahren die Theorie der Lebensbewältigung geprägt. Im Verständnis der Biografisierung ist der Lebenslauf durch Arbeit und Bildung zwar vorstrukturiert, aber individuell gestaltbar (Lambers 2013:118). Individualisierung, Pluralisierung an Optionen, eine damit einhergehende Unvorhersagbarkeit und die Auflösung von sozialen Beziehungen führt dazu, dass Individuen auf sich selbst gestellt sind im Sinne einer biografischen Lebensbewältigung (Lambers 2013:119). „Auf der einen Seite sollen sie den wechselnden Anforderungen der Arbeits- und Konsumgesellschaft gegenüber offen und flexibel, risiko- und optionsbereit, mobil und aufgeschlossen sein, gleichzeitig gelingt diese offene, riskante Haltung aber nur, wenn man bei sich, mit sich identisch ist, genug psychosozialen Rückhalt hat, um sich dieser offenen Gesellschaft einigermaßen stabil aussetzen zu können" (Böhnisch 2012:51). Daraus ergeben sich Anforderungen an eine Biographizität als die Herstellung der eigenen Biografie im Sinne einer „Gestaltungsaufgabe, die auch als Lebensinhalt und Ressource für Lebenssinn erfahren wird" (Böhnisch u. a. 2005:130). Durch die Individualisierung der Lebensläufe gelangen Individuen an offene Übergangssituationen und ggf. biografische Brüche, die hohe Anforderungen hinsichtlich einer Orientierung für das weitere Vorgehen mit sich bringen (Thiersch/ Böhnisch 2014:38). Diese Übergangssituationen ergeben sich aufgrund der Einbettung der Lebenswelt in gesellschaftliche Rahmenbedingungen „aus dem Spannungsfeld von Individuum und Gesellschaft" (Lambers 2013:118). Lebensbewältigung wird somit als das „Streben nach Handlungsfähigkeit" (Thiersch/ Böhnisch 2014:30) verstanden, das sich durch ein psychosoziales Gleichgewicht aus Selbstwert, sozialer Anerkennung und Selbstwirksamkeit ergibt. Durch fehlende Ressourcen in der Handlungskompetenz kann ein Ungleichgewicht entstehen, was wiederum gesellschaftliche Hilfen für die Bearbeitung biografischer Herausforderungen verlangt (Lambers 2013:118). „In der Bewältigungsperspektive erhalten wir Zugang zu den Tiefenschichten und Bewegungskräften der Lebenswelt: zur Betroffenheit im Ausgesetztsein wie im Scheitern und dem daraus erwachsenden (somatisch wie psychosozial angetriebenen) Streben nach unbedingter Handlungsfähigkeit, nach Anerkennung und Selbstwirksamkeit" (Thiersch/ Böhnisch 2014:38). Soziale Arbeit bewegt sich somit in einer Aushandlung zwischen gesellschaftlichen Rahmen und den darin gegebenen Anforderungen an Individuen. Diesem Verständnis kommt eine bedeutende Relevanz vor dem Hintergrund der dargestellten gesellschaftlichen Rahmenbedingungen und den sich daraus ergebenden hohen Flexibilitätsanforderungen zu (Lambers 2013:119). Die Aufgabe der Sozialen Arbeit liegt darin, dieses Spannungsfeld sichtbar zu machen. Die Grundelemente für die Bewältigung biografischer Krisen sind:

> „1) die Versuche zur Wiedergewinnung des Selbstwertes […]
> 2) die Suche nach Halt, Unterstützung und Anerkennung […]
> 3) die Suche nach Orientierung […]
> 4) die Suche nach Handlungsfähigkeit und Integration"
> (Lambers 2013:119).

Basierend auf diesem Verständnis von Lebensbewältigung werden Grundprinzipien sozialpädagogischer Interventionen formuliert. Der zentrale Fokus liegt auch hierbei auf der „Unterstützungsfunktion bei der Aktivierung der eigenen Persönlichkeit" (Lambers 2013:120) verbunden mit einer dafür erforderlichen Befähigung der Individuen (ebd.). Um dies zu unterstützen, sind Netzwerkaufbau, Sicherung des

Alltags, aber auch die Ermöglichung von Zugängen zu Kultur etc. im Sinne einer offenen Milieubildung erforderlich (ebd. 2013:121). Im Sinne eines räumlichen Denkens erfordert solch ein Ansatz das Vermitteln zwischen Individuum und Gesellschaft. Interventionen werden dabei immer als Eingriff verstanden. Eine Krisenintervention gilt als institutionelles und bürokratisches Prinzip. Darüber hinaus bedarf es sozialemotionaler Kompetenzen im pädagogischen Bezug, um Klienten aushalten zu können. Dafür können Supervision und Praxisberatungen erforderlich sein (Lambers 2013:122). Ein weiteres Prinzip ist das Verhältnis von öffentlicher und freier Wohlfahrtspflege im Sinne einer Rollentrennung. Daraus ergibt sich zugleich eine darin liegende Hierarchie zwischen sozialen Problemen und Positionen der Sozialen Arbeit. Soziale Probleme von Menschen werden als Problem von fachlichen Zuständigkeiten verstanden. Trotzdem ist es erforderlich, die politische und gesellschaftliche Dimension mitzudenken. Neben diesen richtungsgebenden methodischen Handlungsanregungen ist die Fokussierung der Biografie unabdingbar, um an den individuellen Voraussetzungen und Herausforderungen arbeiten zu können. „Erst in der Öffnung hin zum biografischen Prozess erhalten pädagogische Akte – Unterstützung, Bestärkung, Grenzen setzen – ihren Sinn als Hilfen zur Lebensbewältigung. Ich brauche ein pädagogisches Handlungsrepertoire zwischen Normsetzung und Anerkennung, aber dieses reicht für sich nicht aus, es muss eingebettet sein in die Biografie, auf die ich mich einlasse“ (Thiersch/ Böhnisch 2014:87). Die sozialpädagogische Steuerung erfolgt aus der Sicht der biografischen Intervention. „Gleichwohl können Qualitätssicherung, Controlling und Evaluation einen bedeutsamen Beitrag zum Konzept der biografischen Intervention leisten, wenn sie als Steuerungskonzepte verstanden und für solche Prozesse und Initiativen aufgebaut werden, die die Initiierung von Selbstermächtigung, Selbstorganisation und Erfahrung von Selbstwirksamkeit in den Blick nehmen“ (Lambers 2013:123). Die Rolle des_der Sozialarbeiters_in im Kontext der Zivilgesellschaft setzt die Forderung an die ganze Person als Repräsentant_in mit dem Ziel „Handlungsfähigkeit als subjektiv zu erreichendes psychosoziales Gleichgewicht“ (Böhnisch u. a. 2005:125) basierend auf Selbstwert, soziale Anerkennung und Selbstwirksamkeit zu entwickeln (Lambers 2013:123). Durch die Adressat_innen werden in entsprechenden Handlungsspielräumen Interventionsanlässe vorgegeben und von den Adressat_innen für einen gelingenderen Alltag formuliert (Böhnisch u. a. 2005:126).

Sozialraumorientierung

Das Fachkonzept Sozialraumorientierung speist sich aus verschiedenen theoretischen Ansätzen und stellt somit „eine unter Nutzung und Weiterentwicklung verschiedener theoretischer und methodischer Blickrichtungen entwickelte Perspektive, die als konzeptioneller Hintergrund (Fachkonzept) für das Handeln in zahlreichen Feldern sozialer Arbeit dient“ (Hinte 2006:9) dar. Basierend auf den theoretischen Zugängen der Lebensweltorientierung und der damit einhergehenden Lebensbewältigung wird das Fachkonzept Sozialraumorientierung als struktureller und methodischer Handlungsrahmen dargestellt.

Als zentral für die Entwicklung des Fachkonzepts ist die Gemeinwesenarbeit zu benennen, die bereits in den 1970er Jahren die Orientierung an den Interessen der Bewohner_innen durch geeignete Methoden der Ansprache sowie den Einbezug und die Stärkung der Ressourcen des territorialen Raumes als zentrale Handlungsstränge beschrieben haben (Hinte u. a. 2001). „Die GWA als konzeptioneller Ansatz der Sozialen Arbeit hat folgerichtig zwar das Individuum im Ausgangspunkt der Betrachtung, setzt aber das methodische Handeln nicht am Individuum an, indem es versucht, (sozial-)pädagogisch auf dieses einzuwirken, in der Hoffnung, es durch eine kausal wirkende Linearität in der Interaktion in seinem Verhalten bezogen auf Bewältigungsstrategien im Umgang mit gesellschaftlichen Ausgangslagen bzw. Rahmenbedingungen zu verändern. Vielmehr setzt die GWA aus ihren Leitstandards abgeleitet folgerichtig an den Verhältnissen im lebensbezogenen Nahraum der Menschen, also ihrem Wohnquartier an" (Bestmann 2013:27). Neben diesem regionalen Ansatz bilden humanistische und erziehungskritische theoretische Stränge eine wesentliche Grundlage sowie die Haltung und Ansichten von Carl Rogers (Fehren/ Hinte 2013:13). Damit geht die folgende Notwendigkeit einher: „Ein ständiger Austausch aus einer offenen, lernbereiten Haltung heraus mit Interessen, Werten und Lebensweisheiten anderer Menschen bedarf solcher Freiräume, in denen sich Menschen so ausdrücken können, wie es ihnen gemäß ist; ein Klima, eine Atmosphäre muss geschaffen werden, die dem Menschen Mut macht, seine persönliche Betroffenheit zu äußern, daran zu arbeiten und konstruktiv zu lernen" (Hinte 2001:47). Basierend auf diesen theoretischen und methodischen Zugängen stützt sich das Fachkonzept Sozialraumorientierung auf fünf zentrale Prinzipien.

Das zentrale erste Prinzip umfasst die Orientierung am Willen, an den Interessen der Menschen. Der Wille „ist Ausdruck eigensinniger Individualität und führt oft zu den psychischen Kraftquellen des Menschen, aus denen er Energie und Würde schöpft" (Fehren/ Hinte 2013:14). Abgegrenzt wird dieser Wille von benannten Wünschen, bei denen die Aktivität von Anderen im Vordergrund steht (Hinte 2006:10). Dem ernsthaften Ansetzen am Willen der Individuen folgen dann logisch die weiteren Prinzipien. Interessen, Wille, Ziele in den individuellen biografischen Verläufen werden fokussiert und somit die Eigentätigkeit der Individuen zentriert. Dies beschreibt zugleich das zweite Prinzip: die Förderung der Selbsthilfepotenziale. Das, was die Menschen selbst tun können, steht dabei im Fokus, gefolgt von helfenden oder betreuenden Angeboten. Dafür ist es entsprechend des dritten Prinzips erforderlich, die vorhandenen individuellen aber auch sozialräumlichen Ressourcen zu identifizieren und nutzbar zu machen. Unter Einbezug des vierten Prinzips der zielgruppen- und bereichsübergreifenden Arbeit werden sowohl verschiedene Akteure als auch Institutionen mit einbezogen, um gemeinsam an Themen zu arbeiten, auch wenn diese nicht stets den klassischen Bereichen der Sozialen Arbeit zuzuordnen sind. Entsprechend des fünften Prinzips erfordert dies eine Vernetzung verschiedener sozialer Dienste mit dem Ziel, strukturell verankerte Kooperationen zu gestalten (Fehren/ Hinte 2013:17f). Grundlegendes und leitendes Prinzip ist die Orientierung am Willen der Adressat_innen basierend auf der individuellen Lebenswelt. „Sozialraumorientierte Soziale Arbeit stellt sich zeitlich und räumlich nahe am Alltag ihrer KlientInnen auf. Daraus entstehen Chancen, sich an ihren Lebenserfahrungen und Sinnsetzungen zu orientieren, Menschen in ihren Netzwerken zu erleben, Ressourcen des Sozialen Raumes kennen zu lernen und so Betroffene in der Nutzung dieser Ressourcen zu unterstützen" (Budde/ Früchtel 2006:31). So wird die Bezeichnung des Fachkonzepts als Rahmen für jedwedes Handlungsfeld der Sozialen Arbeit, das Orientierung bietet und zugleich Potenziale für verschiedene und neue Methoden ermöglicht, nachvollziehbar (Fehren/ Hinte 2013:19). Neben der stadtteilorientierten Sozialarbeit sind insbesondere die Kinder- und Jugendhilfe und der sozialräumliche Umbau von Jugendämtern (Bestmann 2013:46, Hinte/ Treeß 2007), aber auch der Bereich der Gesundheitsförderung (Bestmann/ Schaal 2009, Häseler 2008), Behindertenhilfe (Früchtel/ Budde 2010), Altenhilfe (Noack/ Veil 2013) zu nennen.

Für die Umsetzung des Fachkonzepts bedarf es, wie bereits benannt, einer am Willen der Adressat_innen ausgerichteten Haltung und entsprechender methodischer Kompetenzen (Fehren/ Hinte 2013:14). Das zentrale Handwerkszeug der Sozialen Arbeit ist die Kommunikation. Wenn Nutzer_innen sich auf Angebote und ressourcenorientierte Aktivierung nicht einlassen, wird dies schnell als Widerstand ausgelegt. „Alles, was nicht passt, ist Widerstand. Gerade der aber müsste zugelassen und als Eigensinnigkeit verstanden werden" (Thiersch/ Böhnisch 2014:13). Die Professionalisierung der Sozialen Arbeit geht zugleich mit der Entwicklung von Standardisierungen und Typisierungen einher, die eine „Flucht vor dem Sich-Einlassen" (Thiersch/ Böhnisch 2014:14) nach sich zieht. „Dabei gibt es doch inzwischen eine biografisch orientierte Methodik, die das Sich-Einlassen aus das Eigene zulässt, ethnografische Zugänge, die den Respekt vor dem Fremden verlangen und ihn zu gestalten helfen" (ebd.). Einen methodischen Rahmen für solch ein auf das Individuum ausgerichtetes Vorgehen bietet der Lösungsfokussierte Ansatz nach de Jong, Berg und de Shazer (Jong/ Berg 2003, Shazer 2005). Bestmann (2013) hat den Lösungsfokussierten Ansatz als methodische Grundlage für das Fachkonzept Sozialraumorientierung ausführlich beschrieben. An dieser Stelle soll daher lediglich hervorgehoben werden, dass die zentrale Bedeutung des Ansatzes im Folgenden liegt: „So werden mit größtem Respekt und tiefer Wertschätzung der Wille, das Wissen und die Ressourcen des Adressaten herausgearbeitet. Statt aus einer Position des Expertenwissens heraus, gelingt es durch diese ‚Fertigkeit des Nichtwissens' im Bezugsrahmen des Adressaten zu bleiben und sehr genau darauf zu achten, was dem Adressaten wichtig ist und wozu er bereit ist und sich fähig hält, um Veränderungen einzuleiten" (Bestmann 2013:33). Ansetzend am Willen werden so individuelle, auf Selbstinitiative basierende Handlungsschritte entwickelt. Neben diesen methodischen Fähigkeiten bedarf es zudem einer entsprechenden Ausrichtung der Organisation, Steuerung und Finanzierung hinsichtlich einer Flexibilisierung von Hilfsangeboten entlang der jeweiligen individuellen Bedarfe (Fehren/ Hinte 2013:33ff, Bestmann 2013:46). „Wir haben es hier einerseits mit einem hochgradig personenbezogenen Ansatz und andererseits mit einem sozialökologischen, auf die Veränderungen von Verhältnissen zielenden Ansatz zu tun“ (Hinte 2010:85).

Lebensweltorientierung, Lebensbewältigung und Sozialraumorientierung fokussieren die Wechselwirkung bzw. das Spannungsverhältnis zwischen gelingendem Alltag und dem gestaltenden Sozialstaat (Böhnisch u. a. 2005:113). Somit ergeben sich als zentrale Handlungsmaxime Prävention, Alltagsnähe und Regionalisierung in lebensweltlichen, ressourcenorientierten Strukturen. Darüber hinaus sind Integration und Partizipation die zentralen demokratischen Momente. Eine strukturierte Offenheit durch methodische Strukturierung, kooperativ und transparenzschaffende Arbeits- und Organisationsformen sind dafür maßgeblich (ebd.:115). Zugleich erfordert dies ein professionelles Handeln, das sich aus methodischem Können und dem persönlichen Einsatz zusammensetzt und somit ein reflexives Handeln und Einmischen gestaltet (Böhnisch u. a. 2005:115). Was bedeutet dies nun für Familien im Kontext der Sozialen Arbeit?

2.2.2 Familie und Soziale Arbeit

Die Lebenswelt gilt schon seit langer Zeit als Orientierung für das Handeln in der Sozialen Arbeit. Aber was genau meint der Begriff der Lebenswelt? „Die alltägliche Lebenswelt ist die Wirklichkeitsregion, in die der Mensch in unausweichlicher, regelmäßiger Wiederkehr teilnimmt. Die alltägliche Lebenswelt ist die Wirklichkeitsregion, in die der Mensch eingreifen und die er verändern kann, indem er in ihr durch die Vermittlung seines Leibes wirkt“ (Schütz/ Luckmann 2003:29). Somit umfasst die Lebenswelt Handlungsräume, die individuell angeeignet und erschlossen werden (Mengel 2007:103f). So entsteht eine Überschneidung von Individuum und Gesellschaft. „Der Mensch handelt innerhalb seiner Lebenswelt und wirkt damit als Individuum in der Gesellschaft“ (Bestmann 2013:28). Zugleich ist dies ein wechselseitiger Einwirkungsprozess, für den Wissen angeeignet, immer wieder integriert und angepasst wird und somit eine Orientierung bietet. Zugleich wird in diesem Kontext von einer ‚Kolonialisierung‘ durch Expertisierung und Professionalisierung gesprochen, die die Wissenskontexte der Lebenswelt verringert (Mengel 2007:104f). Daraus ergeben sich zugleich Anforderungen an die Soziale Arbeit. Auf die Dimensionen der Gestaltung eines gelingenderen Alltags sowie das Zusammenspiel von Individuum und Gesellschaft wird nun näher eingegangen.

2.2.2.1 Gestaltung eines gelingenderen Alltags

Wie bereits im Kapitel ‚Familie im Wandel‘ beschrieben, haben sich biografische Lebensverläufe und Rahmenbedingungen verändert. So ist eine Auflösung und Entgrenzung des institutionalisierten Lebenslaufes zu betrachten, was zugleich die Herausforderung zur Herstellung der eigenen Biografie mit sich bringt (Böhnisch u. a. 2005:130). Im Verständnis der Biografisierung ist der Lebenslauf durch Arbeit und Bildung zwar vorstrukturiert, aber individuell gestaltbar, da eine Vorhersagbarkeit aufgrund der Pluralisierung an Optionen sowie der zugenommenen Individualisierung nicht eindeutig möglich ist (Lambers 2013:118).

„Gesellschaftliche Integration ist letztendlich vom Gelingen einer Vermittlung zwischen subjektiven Lebenswelten und gesellschaftlichen Anforderungen abhängig" (Lambers 2013:119). Entsprechend stellen sich neue Herausforderungen, die eine biografische Lebensbewältigung im Sinne der Herstellung einer Handlungsfähigkeit erfordern (Böhnisch u. a. 2005:125). Die zentralen Momente dabei sind Selbstwert, soziale Anerkennung und Selbstwirksamkeit. So können sich entsprechend der individuellen Ausgangslage aufgrund fehlender Ressourcen Interventionsanlässe ergeben, die das Entwickeln von gelingenderen Alltagsperspektiven für die Adressat_innen erforderlich machen (Böhnisch u. a. 2005:126). Im Fokus stehen dabei die „Bewältigung von Lebensaufgaben, die sich aus dem Spannungsfeld von Individuum und Gesellschaft ergeben" (Lambers 2013:118).

Somit liegt nach diesem Verständnis die Aufgabe der Sozialen Arbeit darin, „Anlaufpunkt für biografische Bewältigungsprobleme" (Lambers 2013:118) zu sein. Soziale Arbeit bewegt sich in einer Aushandlung zwischen gesellschaftlichem Rahmen und den darin gegebenen Anforderungen an Individuen. Die Aufgabe der Sozialen Arbeit liegt darin, dieses Spannungsfeld sichtbar zu machen. Dementsprechend kann auch nicht mehr von einem allgemeinen Verständnis von Alltag gesprochen werden, sondern vielmehr rücken „unterschiedliche Lebenswelten" (Lambers 2013:105) in den Vordergrund. „Der moderne Mensch muss seine Lebensplanung in die eigenen Hände nehmen. Dieser Zwang an Freiheit hat seinen Preis. Das, was auf der subjektiven Ebene an Selbstbestimmung und Individualität gewonnen wird, muss mit dem Preis der Notwendigkeit zur eigenen Alltagsorientierung bezahlt werden. Lebenswelt tritt individualisiert und riskant hervor" (Lambers 2013:105). Entsprechend nimmt die Komplexität individueller Alltagsgestaltungen zu. Unter Alltag werden die Erfahrungswelten, Anforderungen und individuellen Umsetzungswege in Raum, Zeit und sozialen Bezügen gefasst (Böhnisch u. a. 2005:113). „Alltag wird verstanden als die Schnittstelle subjektiver Erfahrungs- und Bewältigungsmuster mit den sie bedingenden ‚objektiven' gesellschaftlichen Strukturen" (Böhnisch u. a. 2005:114). Entsprechend fokussiert der Begriff Alltag im Kontext der Sozialen Arbeit die vielfältigen Konstellationen und Handlungsfelder wie Familie, Schule, Öffentlichkeit (Böhnisch u. a. 2005:114).

2.2.2.2 Individuum und Gesellschaft

Der individuelle Alltag und somit auch die Gestaltung desselben bettet sich in gesellschaftliche Rahmenbedingungen ein (Böhnisch u. a. 2005:113). Die Aufgabe der Sozialen Arbeit liegt mit dem Fokus auf komplexe Alltage darin, durch Dialoge diese jeweiligen individuellen Strukturen und Anforderungen zu verstehen, um Veränderungspotenziale identifizieren zu können (Lambers 2013:105). Die subjektbezogenen Ressourcen und Selbsthilfepotenziale der Adressat_innen und nicht die expertokratische Kontrolle der Sozialen Arbeit werden dabei fokussiert (Grunwald/ Thiersch 2003:69, Lambers 2013:106). Zugleich ist es aus professioneller Perspektive unerlässlich, sich dieser Gefahr einer kontrollausübenden Macht bewusst zu sein (Lambers 2013:106f). „Lebensweltorientierung als Ausgangspunkt Sozialer Arbeit verweist so auf die Notwendigkeit einer konsequenten Orientierung an den AdressatInnen mit ihren spezifischen Selbstdeutungen und Handlungsmustern in den gesellschaftlichen und individuellen Bedingungen und den sich für sie daraus ergebenden Schwierigkeiten und Optionen. Lebensweltorientierte Soziale Arbeit agiert im Horizont der radikalen Frage nach dem Sinn und der Effizienz sozialer Hilfen aus der Perspektive ihrer AdressatInnen" (Grunwald/ Thiersch 2003:69). Lebensweltorientierung diskutiert als kritisches Alltagskonzept hat zugleich die Widersprüchlichkeit von Rahmen gebenden Strukturen sowie einer damit verbundenen wahrnehmbaren Enge zentriert (Grunwald/ Thiersch 2003:71). Hierin werden die Anforderungen an ein Zusammenspiel von Individuum und Gesellschaft noch einmal deutlich. Zugleich lassen sich daraus praktische Handlungsweisen für die Soziale Arbeit ableiten, die insbesondere bezeichnet werden durch Aussagen einer Alltagsorientierung, Situationsbezogenheit, Ganzheitlichkeit, Vermittlung, Aushandlung, Partizipation, Ressourcenorientierung, Kooperation, Regionalisierung und Einmischung (Lambers 2013:107f). Die von Thiersch beschriebenen Handlungsmaximen benennen Anforderungen an eine entsprechende Gewichtung „zwischen Beratung, Begleitung und der Schaffung neuer Lebensfelder" (Grunwald/ Thiersch 2003:76) verbunden mit einer Umgestaltung der Hilfsangebote sowie der Entwicklung neuer miteinander vernetzter Hilfs- und Unterstützungsformen. Darüber hinaus erfordert dies die Entwicklung neuer Hilfsangebote, die entsprechend an den Bedarfen ausgerichtet sind (Grunwald/ Thiersch 2003:76). Dafür bedarf es sowohl einer Orientierung an geografischen Räumen als auch an individuellen Bedarfen. „Sozialraumorientierte Soziale Arbeit stellt sich zeitlich und räumlich nahe am Alltag ihrer KlientInnen auf. Daraus entstehen Chancen, sich an ihren Lebenserfahrungen und Sinnsetzungen zu orientieren, Menschen in ihren Netzwerken zu erleben, Ressourcen des Sozialen Raumes kennen zu lernen und so Betroffene in der Nutzung dieser Ressourcen zu unterstützen" (Budde/ Früchtel 2006:31). Somit nehmen der Alltag und die jeweiligen alltagsbestimmenden individuellen Rahmenbedingungen eingebettet in den geografischen Raum einen zentralen Stellenwert ein. Entsprechend fokussiert das Fachkonzept Sozialraumorientierung Individuen und zugleich die sozialökologischen Bedingungen. Ausgehend vom Willen der Adressat_innen werden somit regionalbezogene Kenntnisse über Bedingungen und Netzwerke in die Gestaltung von Lebensbedingungen einbezogen (Fehren/ Hinte 2013:17, 21). „Sozialraumorientierung kann in einer ersten Annäherung als eine Orientierung des professionellen Handelns in einem geografischen Raum in Ergänzung zu einem auf den isolierten Einzelfall ausgerichtetes Vorgehen verstanden werden (Klatetzki 2001)" (Bestmann 2013:40). Dieser fokussierte geografische Raum setzt sich aus einer an sozialdemografischen Daten orientierten Verwaltungseinheit sowie qualitativ subjektiven Perspektiven zusammen (Bestmann 2013:40). So kann es durchaus Überschneidungen zwischen der Verwaltungseinheit Sozialraum und der individuell beschreibbaren Lebenswelt geben. Aus dieser Zielstellung und Einbettung der Sozialen Arbeit ergeben sich Anforderungen an die Soziale Arbeit, die nun näher ausgeführt werden.

2.2.3 Anforderungen an Soziale Arbeit im Kontext von Familien

Der zentrale Ort des Aufwachsens der Kinder ist die Familie unter Berücksichtigung der vielfältigen bestehenden Formen von Familie und deren Rahmenbedingungen. Festzuhalten bleibt, dass „die Kindererziehung anspruchsvoller, widersprüchlicher und konfliktreicher geworden" (Böllert 2008:16) ist. Zugleich kommt der Familie „als intimes Beziehungssystem" (Smolka/ Rupp 2007:223) eine große Bedeutung zu. Durch das Zusammenwirken von Betreuung, Erziehung und Bildung nehmen Familien einen zentralen Stellenwert ein hinsichtlich des Entwickelns von Sprache, Denkmustern, Verhalten, Handlungsweisen, Fähigkeiten, Kompetenzen und Werten (Smolka/ Rupp 2007:224). Durch eine Zunahme an Pluralität und Vielfalt nehmen auch Anforderungen an Familien hinsichtlich der Koordination und Vermittlung zwischen diesbezüglichen Perspektiven in Institutionen zu (Böllert 2008:17). Damit gehen sowohl Chancen in der zunehmenden Bedeutung von Ressourcen als auch Risiken einher. „Das Besprechen von Alltagssorgen und Schulproblemen, die Planung der gemeinsamen Freizeit, Erziehungsaufgaben und solche der Haushaltsführung, die Verständigung über Regeln des Zusammenlebens, die Bewältigung von Übergängen im Bildungssystem sind oftmals keine isolierten Tätigkeiten, sondern sind miteinander verknüpft und finden oft parallel statt. Familie ist in erster Linie Beziehungsarbeit, in deren Kontext Anregungen für Selbstbildungsprozesse vermittelt werden und Selbstbildungsprozesse stattfinden" (Böllert 2008:18). Entsprechend ist es erforderlich, diese Bildungsbedeutung von Familien auch anzuerkennen und zugleich strukturelle Räume gerade auch für informelle Bildungsprozesse zu gestalten (Thiersch 2008:252). Verbunden mit der zentralen Bedeutung, die der Familie als Bildungsort zukommt, wird zugleich die Relevanz hinsichtlich der Unterstützung und Stärkung elterlicher Kompetenzen deutlich (Rauschenbach 2008b:24f). „Ziel ist vielmehr, dass Eltern sich der Bedeutung der vielfältigen implizierten Lernprozesse innerhalb der Familien bewusst werden, sich gezielter damit auseinandersetzen und allein dadurch ihre Kinder besser fördern" (Rauschenbach 2008b:25). Gleichzeitig bedarf es aber auch darauf ausgerichteter Unterstützungsangebote, die das Trainieren und den Erwerb von dafür erforderlichen Kompetenzen unterstützen (Smolka/ Rupp 2007:225f, Ahlheit/ Dausien 2005:576). „Diese Unübersichtlichkeit von Welt ermöglicht eine Vielfalt von Lebenslagen und Lebensentwürfen. Zahlreiche Menschen sind verunsichert und brauchen Orientierung, Lebensbegleitung, im Sinne eines umfassenden Bildungsbegriffs *Lebensbildung*" (Thesing 2004:168, H. i. O.). Somit wird dieses Bildungsverständnis insbesondere in Abgrenzung zu Institutionen individualisiert. Daraus ergeben sich Anforderungen an die Soziale Arbeit, die nun entlang der Ebenen Begegnung, Beratung und Bildung in einer ersten Annäherung dargestellt werden.

2.2.3.1 Begegnung

Die Lebenswelt als Ausgangspunkt für die Soziale Arbeit setzt das Individuum und dessen Ressourcen und Fähigkeiten insbesondere in Hinblick auf Lösungsstrategien unter Betrachtung der dies umgebenden Rahmenbedingungen in den Fokus (Tilk 2002:96). So kumulieren ggf. Problemlagen und herausfordernde Rahmenbedingungen wie der jeweilige Berufsabschluss, zur Verfügung stehender Wohnraum, Alltagskompetenzen und Haushaltsführung. Entsprechend ist es erforderlich, diese verschiedenen auf den Alltag bezogenen Ebenen aufzugreifen, um passgenau unterstützen zu können (Preuße u. a. 2003). Die Aufgabe der Sozialen Arbeit wandelt sich „in der *Zurückhaltung* in einer Vermittlerrolle (vgl. Böhnisch 1999, 271), die die normative Haltung beim Adressaten gleichsam aus der Distanz fördert, auf die es ihr ankommt: die Bereitschaft, das eigene Leben ‚in die Hand zu nehmen', sich – bei aller ‚Vergesellschaftung' des Risikos und der Ungewißheiten – als selbstverantwortlich zu begreifen" (Tilk 2002:148f). Mit Blick auf die Wechselwirkung von Individuum und Gesellschaft bedeutet dies zugleich neben dieser Ebene der individuellen Interaktion im Sinne von Bewältigungshandeln, „unterstützende und Bildung fördernde Lebensverhältnisse und Bildungsräume zu organisieren und zu strukturieren" (Böhnisch u. a. 2005:115). Dieses Verständnis erfordert, bedarfsentsprechend und stadtteilgestaltend Begegnungen zu ermöglichen. Dies kann über unterschiedliche Zugangswege erfolgen. Um Zuschreibungen oder einen Problemfokus zu vermeiden, ist es erforderlich, solche offenen Angebote für alle Menschen zielgruppenübergreifend zu gestalten (Sturzenhecker 2009b:63). Dies ist umso wichtiger, um auch Familien zu erreichen, die aufgrund ihrer Familien- und Haushaltskonstellation in einem ‚prekären Alltag' leben und von sozialer Isolation berichten. „Das Gefühl, mit den kleinen Kindern isoliert zu sein und den Druck der insgesamt belastenden ökonomischen und sozialen Situation allein tragen zu müssen, kann zu Depressionen und Passivität führen" (Sturzenhecker 2009b:63). Nicht immer befinden sich Personen in einer Lage, ein konkretes Angebot zu suchen. Vielmehr steht das Interesse an Austausch, Kommunikation und Struktur im Vordergrund. Um dies aufzugreifen, bieten sich offene Rahmen für Begegnungen an (Tschöpe-Scheffler 2013:112). Dadurch werden Anlässe für Anerkennung, Reflexion und den Übergang von nicht-intentionalem in intentionales Lernen geschaffen und ermöglicht (Sturzenhecker 2009b:65). In solch einer Ermöglichungsstruktur wird zumeist von einer erforderlichen Niedrigschwelligkeit gesprochen. „Die Angebote müssen für die Zielgruppe auch rein räumlich leicht erreichbar sein, in diesem Fall also in der Nähe zum Lebensort der Kinder und Familien stattfinden. Räumlich nah bedeutet eine Distanz, die keine besonderen Hürden aufbaut, sondern in einem Umkreis liegt, der subjektiv als wohnstattnah erlebt wird. Dabei verschiebt sich zur Zeit die Bedeutung der räumlichen Dimension: Durch den Einsatz Neuer Medien kann es – abhängig vom Inhalt – auch eine virtuelle räumliche Nähe geben" (Carle/ Metzen 2006:29). Neben dieser räumlichen und strukturellen Dimension darf neben der konkreten Angebotsausgestaltung die pädagogische Fachkraft nicht vernachlässigt werden. Sturzenhecker spricht in der pädagogischen Konkretisierung des Begriffs ‚Niedrigschwelligkeit' von einer „‚Gastfreundlichkeit', die die Besucherinnen willkommen heißt und anerkennt, ihre Bedürfnisse erfüllen möchte und ihnen Interesse und Fürsorglichkeit entgegenbringt" (Sturzenhecker 2009b:68). In solch einem offenen Kontext mit dem Ziel der Ermöglichung von Begegnungen nimmt somit auch das Auftreten und methodische Handeln der professionellen Akteure einen zentralen Stellenwert ein. Die zugrunde liegende Haltung und das innewohnende Menschenbild wirken sich auf die Ansprache von Familien und zugleich auf verinnerlichte Ansprüche an Erziehungsverhalten aus, das somit auch die direkte Interaktion beeinflusst (Tschöpe-Scheffler 2013:106). „Wie kann es gelingen, ernsthaft interessiert und offen für das zu werden, was Mütter, Väter und Kinder bereits an Wissen und Können, individueller Erfahrung, biografischen Erkenntnissen, Lebensleistungen, Intuition und Expertentum für ihr eigenes Leben mitbringen? Dafür bedarf es, so Fröhlich-Gildhoff (2009), einer ‚forschenden Haltung', die etwas mit ‚Neugier, Ressourcenorientierung, Sensibilität und Selbstreflexion', aber auch, wie Korczak es benennt, mit ‚Stauen', einer wissenschaftlichen Haltung des ‚Nichtwissens', und der Anerkennung des Anderen zu tun hat" (Tschöpe-Scheffler 2013:107). In einem offenen Kontext von Begegnung wird solch eine forschend erkundende Haltung durch ehrliches Interesse, Nachfragen, Perspektivwechsel unkompliziert ermöglicht, um Selbstwirksamkeitserfahrungen zu ermöglichen (Tschöpe-Scheffler 2013:112). Diese sind sowohl für erwachsene Personen als auch für die Begleitung von Kindern wichtig. So werden durch das Ansetzen an sinnvollen Interessen, in denen Familien Wertschätzung und einen Raum zum Ausprobieren erleben, diese Erfahrungen mit positiven Emotionen verknüpft (Tschöpe-Scheffler 2013:112).

2.2.3.2 Beratung

Der Begriff ‚Beratung' wird unterschiedlich definiert. Allgemein wird darunter zumeist „eine ‚helfende Beziehung', in welcher der Berater mittels sprachlicher Kommunikation und anregender bzw. stützender Methoden innerhalb eines vergleichsweise kurzen Zeitraumes versucht, bei den Klienten Lernprozesse zur Steigerung ihrer Selbsthilfebereitschaft, Selbststeuerungs- und Handlungsfähigkeit auszulösen" (Vossler 2002:20) verstanden, wobei aktuelle Situationen und Ausgangslagen im Fokus stehen. Beratung fungiert somit „als kommunikative Klärung und Bearbeitung von Bewältigungsherausforderungen" (Böhnisch u. a. 2005:127). So ist auch hier davon auszugehen, dass die Beratungssuchenden Kompetenzen in sich tragen, um selbst individuell passende Lösungen für Ausgangslage mittels Beratung im Prozess durch eine methodisch-kommunikative begleitende Gestaltung zu entwickeln (Krause 2003:24). Dabei werden insbesondere Ressourcen und Potenziale fokussiert, um diese zu verstärken.

Betrachtet man dieses Verständnis von Beratung, dann wird deutlich: „Beratung ist ein integraler Bestandteil jeder Kommunikation. Beratung findet im Alltag von Individuen wie in spezifischen, konstruierten bzw. arrangierten Beratungssettings statt" (Galuske 2011:170). Kommunikativ ausgerichtet werden dabei Lösungsstrategien für Ausgangslagen entwickelt. Eine besondere Bedeutung kommt dabei der Unterstützung durch Freunde, Familie oder das soziale Netzwerk zu. Die Abgrenzung zur sozialpädagogischen Beratung beruft sich auf den Kompetenzbereich der professionellen Akteure, was nicht unbedingt mit einer Eingrenzung der Themenvielfalt einhergeht. „Alles, was im Alltag zum Problem werden *kann, kann* auch zum Thema sozialpädagogischer Beratung werden" (Galuske 2011:171, H. i. O.). Entsprechend ist es auch nicht möglich, Beratung auf konkrete Settings, Anlässe oder Zielgruppen zu reduzieren, sondern sie kennzeichnet sich vielmehr durch eine alltagsorientierte Beratung bestenfalls an den Orten, an denen die Personen ohnehin vorbeikommen, aus (Galukse 2011:173f). Darüber hinaus erfordert solch ein Arbeiten ein Methodenrepertoire, das zugleich situativ flexibel einsetzbar ist und auf grundlegenden Kompetenzen beruht. Das methodische Vorgehen variiert je nach Situation, Ausgangslage und Bedarfen (Vossler 2003:32).

Gesetzlich gesehen ist neben der rechtlichen Verankerung im § 16 SGB VIII zur allgemeinen Förderung der Erziehung in der Familie die Beratung auch im § 28 SGB VIII zur Erziehungsberatung sowie im § 17 SGB VIII zur Beratung in Fragen der Partnerschaft, Trennung und Scheidung festgehalten. Somit ist die Beratung eine grundlegende Leistung des SGB VIII (Vossler 2003:24f). Beratungen werden in unterschiedlichen Institutionen angeboten wie bspw. den Erziehungsberatungsstellen. Diesen wird vorgeworfen, aufgrund der eher therapeutischen Ausrichtung nicht alle Familien zu erreichen (Vossler 2003:34). Dem werden aber die gemeindepsychologischen Ansätze und Konzepte entgegengehalten, die genau diesen Ansatz verfolgen und Benanntes aufgreifen. So gelingt ein Beratungsprozess aus Perspektive der Nutzer_innen insbesondere dann, wenn neben einer positiven Gesprächsatmosphäre insbesondere an den Themen der Nutzer_innen hinsichtlich einer Veränderung gearbeitet wird (Vossler 2003:222). Dies geschieht vor dem Hintergrund der individuellen Konstruktion von Erfahrungen und Sinnzusammenhängen (Ahlheit/ Dausien 2005:572ff, Böhnisch u. a. 2005:130). Vielfältige Lernprozesse laufen nebeneinander ab ohne dass sie als solche unbedingt wahrgenommen werden. Dies führt zu einem „biographischen Wissensvorrat" (Ahlheit/ Dausien 2005:571), der situativ individuell und zumeist nicht hinterfragt genutzt wird. Zugleich erfolgt durch diese Anhäufung auch die Entwicklung einer individuellen Aneignungsstruktur. Dies impliziert zugleich die Eigenwilligkeit von biografischen Lernprozessen, „sie ermöglichen unerwartete Erfahrungen und überraschende Transformationen, die oft vom ‚Lerner' selbst nicht vorhergesehen waren oder erst im Nachhinein ‚Verstanden' werden, aber dennoch eine eigene ‚Richtung' verfolgen" (Ahlheit/ Dausien 2005:580). Unter diesem Blickwinkel wird noch einmal die Relevanz vom Anknüpfen an individuellen Ausgangslagen in Verbindung mit der Gestaltung von Möglichkeitsräumen für eine auf Reflexion ausgerichtete Auseinandersetzung deutlich (Ahlheit/ Dausien 2005:580f). Entsprechend sind reflexive Beratungsansätze dafür passend als Einfügung „in andere Formen der unterstützenden, begleitenden und Ressourcen organisierenden Hilfen" (Böhnisch u. a. 2005:131). Dabei wird ein Fokus auf die Rückbindung in soziale Netzwerke gesetzt. Dadurch werden einerseits das Öffnen von Ressourcen im Prozess und andererseits der Zugang zur Bearbeitung von Themen, die sich aus Konfliktsituationen, aus der Komplexität des Alltags, Belastungen sowie mangelnden wirtschaftlichen Ressourcen ergeben, ermöglicht (Böhnisch u. a. 2005:131, Wolff/ Stork 2012:26). Somit gibt es keine grundlegende ‚richtige' Orientierung am Erziehungsverhalten, sondern vielmehr eine Ausrichtung entlang verschiedener Stile und Möglichkeiten, die sinnpassend entwickelt werden müssen (Wolff/ Stork 2012:26). „Das sichtbar zu machen, was zwar offensichtlich ist – wenn man es einmal sieht; das aber oft genau dort sitzt, wo sowohl beratungsbedürftige Eltern als auch professionelle Berater ihren blinden Fleck haben. Sie sehen Probleme der Kinder, leiden vielleicht mit ihnen und an ihnen, aber sie sehen häufig nicht, wie die Kinder das wahrnehmen, was Eltern oder professionelle Helfer zu ihrem angeblichen Wohl unternehmen" (Müller 2009:32). Entsprechend ist es erforderlich, den Fokus auf das Zuhören und Beobachten zu setzen, ohne gleich zu diagnostizieren – in dem Wissen, dass Beobachtungen einzigartig sind, oftmals Details und Ausschnitte darstellen, die aber zugleich zeigen wie die Menschen mit der Umwelt und andere Personen umgehen (Müller 2009:34). Daraus ergeben sich konsequenterweise individuell ausgerichtete Zugangswege. „Unterschiedliche Orte und Gelegenheiten machen unterschiedliche Thematisierungen und Zugänge möglich zwischen den offenen, auch ungeplanten Gespräch und der konzentrierten, in der Distanz zum Alltag entlastenden und klärenden Verhandlung" (Böhnisch u. a. 2005:128). In diesem Verständnis kommt in Verbindung mit der unter dem Abschnitt ‚Begegnung' beschriebenen erforderlichen Rahmenbedingungen und Nutzendimensionen eine hohe Relevanz zu. Strukturell betrachtet ermöglicht dies sogenannte ‚Beratungen nebenbei' und ‚Peer-Beratungen' (Straßburger/ Bestmann 2008:50ff). Beim Besuch von offenen Angeboten stehen die Begegnung und der Austausch im Fokus. „Dass quasi nebenbei Informationen ausgetauscht, Erfahrungen mitgeteilt, Tipps gegeben und auch mal Beratungen durchgeführt werden, sind idealerweise Effekte, die sich in einem offenen Treff ‚wie von selbst' ergeben" (Straßburger/ Bestmann 2008:50). Durch die sich in den Gesprächen ergebenden Themen werden einerseits Fachkräfte ‚nebenbei' in den Prozess verwickelt und andererseits der Austausch von Anwesenden untereinander zu diesen Themen und Fragestellungen bestärkt. „Ein alltags- und lebensweltnahes Beratungssetting benötigt eine hoch aufmerksame und reflektierte Professionalität der Mitarbeiterinnen" (Straßburger/ Bestmann 2008:52). Durch solch ein strukturelles, alltagsnahes Setting können unkompliziert die alltagsnahen Fragen und Themen der Familien aufgegriffen werden. „In der Peer-Hilfe kommt die Annahme, dass die Mütter viele Kompetenzen mitbringen und Experten ihres Alltags sind, deutlich zum Tragen: Gerade weil sie sich in ähnlichen Situationen befinden, können sich die Frauen hilfreich zur Seite stehen und gegenseitig zum Vorbild werden" (Straßburger/ Bestmann 2008:54).

2.2.3.3 Bildung

Nachdem nun die Begriffe ‚Begegnung' und ‚Beratung' erläutert wurden, soll sich nun dem Begriff der ‚Bildung' unter dem Fokus der Anforderungen an die Soziale Arbeit genähert werden. „Bildung meint zunächst ein allgemeines anthropologisches Konzept, nämlich den für den Menschen charakteristischen Prozess der Aneignung von Welt und der Entwicklung der Person in dieser Aneignung" (Thiersch 2008:239) im Kontext der jeweiligen gegebenen Rahmenbedingungen. Mit dieser Aussage wird die Selbsttätigkeit des Menschen mit seinen individuellen Wirklichkeitskonstruktionen hervorgehoben mit dem Ziel der Herausbildung von allen erforderlichen Lebenskompetenzen. Somit beinhaltet Bildung in diesem Verständnis „die Fähigkeit zur Selbstbehauptung und zum Widerstand in Verhältnissen, in denen der Mensch nur als unmündig, als entfremdet leben kann" (Thiersch 2008:240). Dies bezieht sich auf individuelle Aneignung von Erfahrung, Wissen, Können und Netzwerken (Ahlheit/ Dausien 2005:578f). „Wenn wir biographisches Lernen als eigensinnige ‚autopoietische' Leistung des Subjektes begreifen, ihre Erfahrungen reflexiv so zu ‚organisieren', dass sie zugleich persönliche Kohärenz, Identität, einen lebensgeschichtlichen Sinn und eine kommunizierbare, sozial anschlussfähige und handlungsleitende lebensweltliche Perspektive erzeugen [...], wird es möglich, Bildung gleichzeitig als individuelle Identitätsarbeit und als Formation kollektiver Prozesse und sozialer Verhältnisse zu begreifen" (Ahlheit/ Dausein 2005:580). Somit rückt ein „[g]anzheitliches Lernen von Wissens- und Lebenskompetenzen, damit alle in den gesellschaftlichen Verhältnissen sich als Wert ihrer selbst erfahren können" (Böhnisch/ Schroer/ Thiersch 2005:185), in den Fokus.

Immer wieder wird in den Medien über die Bildungssituation diskutiert, insbesondere dann, wenn neue Vergleichsstudien oder Gutachten veröffentlicht werden. In den Diskussionen wird deutlich, dass dem Begriff der Bildung ein unterschiedliches Verständnis zugrunde liegt (Böllert 2008:7). Als zentraler Ort von Bildung entwickelten sich die Schulen mit dem Ziel, unabhängig der individuellen Herkunft und gemessen an der Leistung allen Menschen das erforderliche Wissen zu vermitteln (Thiersch 2008:241). Allerdings ließ sich historisch[3] betrachtet dieser Anspruch nur punktuell umsetzen, da Bildung allein nicht ausreicht, um benachteiligte Menschen in prekären Lebenssituationen zu erreichen. Entsprechend wurden weitere Institutionen wie Kindergarten oder Jugendarbeit eingeführt, um diese zu erreichen (Thiersch 2008:242, Böhnisch u. a. 2005:185). „Wenn Bildung auf der Grundlage eines umfassenden Bildungsverständnisses Kompetenzen für die Lebensbewältigung vermittelt, wenn Bildungsorte sich pluralisieren, dann können Entwicklung, Erziehung und Bildung nicht mehr grundsätzlich voneinander getrennt werden und

3 Aktuell werden nach wie vor Dimensionen diskutiert, dass formale Bildungsabschlüsse von den sozioökonomischen Ressourcen des Elternhauses abhängig sind, damit zur Verstärkung von Ungleichheit beitragen (Walper/Stemmler 2013:21) und somit in einem weiteren Schluss auch der sogenannten Alltagsbildung, aus Bildungsprozessen an anderen Orten als der institutionalisierten Schule ein hoher Stellenwert zukommt (Rauschenbach 2009: 90).

dann ist außerdem eine solchermaßen verstandene Bildung auch das Ziel der Kinder- und Jugendhilfe" (Böllert 2008:23). Somit übernimmt auch die Kinder- und Jugendhilfe einen Beitrag, um den Bildungsanforderungen im Verständnis einer Teilhabe je nach Handlungsfeld und Auftrag unterschiedlich ausdifferenziert zu unterstützen (Böllert 2008:23). Im Fokus stehen individuelle Biografien und deren Verhältnisse, die zugleich in die soziale Umwelt hinein begleiten, um Ressourcen zu erkunden (Böhnisch u. a. 2005:263). In diesem Zusammenhang werden informelle, nicht-formelle und formelle Bildungsprozesse unterschieden. Formelle Bildung ist insbesondere in Institutionen wie Schule und Ausbildung verankert, verläuft in geregelten Prozessen und kann anhand von festgelegten Kriterien überprüft werden. In Abgrenzung dazu finden nicht-formelle Bildungsprozesse in Bereichen wie der Kinder- und Jugendhilfe statt, die freiwillig erfolgen, aber ebenso professionell gestaltet sind. Dagegen verlaufen informelle Bildungsprozesse ungeplant und werden „zumeist als Kompetenzerwerb im Alltag von Familien, im Freundeskreis und in der Freizeit beschrieben" (Böllert 2008:9f). Des Weiteren sollen sich Lernen und Bildung über die gesamte Lebensphase eines Individuums an verschiedenen Lernorten zwecks einer umfassenden Entwicklung im Sinne eines Lebenslangen Lernens erstrecken (BLK 2004:13). „Die Definition Lebenslangen Lernens legt es nahe, eine Strategie an der Biografie des Menschen zu orientieren. In jeder Lebensphase lernt der Mensch – aus unterschiedlichen Gründen, in unterschiedlicher Weise, an unterschiedlichen Orten. Lebenslanges Lernen läuft nicht nur in Institutionen ab, sondern schließt neben Phasen formalen und nicht-formalen Lernens in Institutionen (teils vorgeschrieben, wie z. B. in der Schule, teils freiwillig, wie z. B. in Weiterbildungseinrichtungen oder Hochschulen) auch *nicht-formales* und *informelles Lernen* an verschiedenen Lernsituationen und Lernorten ein (Familie, Beruf, Freizeit usw.)" (BLK 2004:13, H. i. O.).

Entsprechend solch einem Bildungsverständnis liegt der Fokus auf dem Herausbilden und Reflektieren sozialer Kompetenzen sowie dem Erlernen von Zugängen zu verschiedenen Wissensbeständen, aber auch eine Orientierung an grundlegenden Werten wie den Menschenrechten sowie dem Umgang mit Vielfältigkeit (BMFSFJ 2005:84). Zugleich geht damit eine Anspruchszunahme an Bewältigung aufgrund der zunehmenden Flexibilität und Unvorhersagbarkeit der Lebensverläufe einher (Böllert 2008:11). „Bildung wird ein individuell verantworteter, riskanter Prozess ins Offene hinein. Eigentätigkeit und Selbstbildung führen in den so widersprüchlichen und offenen Verhältnissen zu individuellen Lebenslinien" (Thiersch 2008:243). Zugleich erfordern diese angestrebten Bildungsprozesse Zeit, und „notwendig werden Strukturen, die u. a. eine frühestmögliche Förderung kommunikativer und diskursiver Fähigkeiten ermöglichen und zu einer öffentlichen Anerkennung solcher Kompetenzen und Wissensbestände führen, die außerhalb der traditionell zuständigen formalen Bildungsinstitutionen erworben werden" (Böllert 2008:12). Somit wird auch der Familie ein hoher Stellenwert für Bildung insbesondere hinsichtlich einer frühzeitigen Förderung und Begleitung zugesprochen. „Vielmehr ist die Herkunftsfamilie als biografisches Zentrum und bildungsbiografischer Möglichkeitsraum zu begreifen, in dem grundlegendes kulturelles Kapital erworben wird, um eine anschlussfähige soziale und kulturelle Teilhabe in Familie und Gesellschaft zu ermöglichen" (Büchner 2013:53). Dies umfasst verschiedene Dimensionen einer Alltagsbildung, die zugleich mit einer Vielfalt an Lebensstilen und kulturellen Praxen einhergeht (Büchner 2013:52). So bestehen in dieser Betrachtung durchaus Chancen und zugleich Risiken aufgrund der Abhängigkeit vom Elternhaus und den damit einhergehenden Rahmenbedingungen. „Auf diese Weise lernt ein Teil der Kinder Dinge, die wie selbstverständlich in ihren Alltag eingebaut sind, kommt in Berührung mit zahlreichen Lernsettings, die in keinem Lehrplan stehen, zu denen niemand verpflichtet ist, während bei einem anderen Teil der Heranwachsenden diese lebensweltgebundenen Bildungsimpulse einfach nicht vorkommen, außerschulische Lernprozesse nicht angeregt, nicht entsprechend stimuliert werden" (Rauschenbach 2009:92).

Was bedeutet solch ein Bildungsverständnis nun für die Soziale Arbeit? Der Zusammenhang von Bildung und Sozialer Arbeit muss auch unter Beachtung des gesellschaftlichen und politischen Kontextes gesehen und diskutiert werden. Dabei sind insbesondere die sozialen Sicherungssysteme im Bereich Arbeit, Gesundheit, Altersvorsorge, Sicherung von Lebensverhältnissen als Elemente der Sozialen Arbeit mit einzubeziehen (Thiersch 2008:246, BMFSFJ 2005:84f). Allerdings sind die Aufgaben der Sozialen Arbeit nur teilweise durch einen Rechtsanspruch sichergestellt und obliegen der jeweiligen regionalen Politik und der dadurch bedingt entstehenden vielfältigen Träger- und Umsetzungsstruktur, was zugleich ein Aufgreifen von aktuellen Bedarfen ermöglicht (Thiersch 2008:247, BMFSFJ 2005:92). Somit ist es strukturell betrachtet erforderlich, „Familien so zu unterstützen und sie so in ein Bildungs- , Betreuungs- und Erziehungsnetzwerk einzubinden, dass diese in die Lage versetzt werden, auch unter den erheblich veränderten Bedingungen gegenwärtiger Gesellschaften ihrer grundlegenden Verantwortung für das Aufwachsen der Kinder gerecht zu werden, ohne der Belastung eines immer weniger erfüllbaren Anspruchs ausgesetzt zu sein, alles selbst zu können und erledigen zu müssen" (Rauschenbach 2009:133). Entsprechend ist es erforderlich, Rahmenbedingungen und Strukturen zu gestalten, um Familien zu befähigen, ihrer jeweiligen Verantwortung auch nachkommen zu können und diese bedarfsentsprechend individuell zu gestalten. Dem Zusammenspiel von Nutzer_innen und professionellen Akteuren kommt dabei eine zentrale Bedeutung hinsichtlich der gemeinsamen aktiven Gestaltung des Prozesses zu (von Spiegel 2011:32). „Sozialpädagogische Arbeit kann nicht davon ausgehen, dass sie für die Menschen von sich aus Lösungsmodule präsentiert, sondern sie knüpft mit ihren Zugängen an den Bewältigungsmustern an, wie sie sich in der Lebenswelt verdichtet haben, und versucht, mit den Menschen öffnende Perspektiven zu entwickeln" (Böhnisch u. a. 2005:263). Dafür ist methodisch betrachtet das Aufgreifen von individuellen Themen und Bedarfen erforderlich, um daran anknüpfend begleitend Eltern zu befähigen, Lerngelegenheiten zu gestalten (Walper/ Stemmler 2013:23). Die grundlegende Zielstellung dahinter liegt darin, materiellen, kulturellen, sozialen, familialen, physischen und psychischen Benachteiligungen umfassend begegnen zu können, um somit familiäre Belastungen ausgleichen zu können (Mengel 2007:53). „Familienbildung kann Armut und Benachteiligung nicht beheben. Sie kann jedoch zur Erschließung von inneren sowie äußeren Ressourcen und Bewältigungspotenzialen beitragen und in diesem Sinne bei der familialen Interaktion, dem Zusammenleben als Familie unterstützend wirken. Der Individualisierung gesellschaftlicher Probleme kann begegnet werden, indem die Gemeinsamkeiten der benachteiligten Lebensumstände zum Thema der Bildungsarbeit gemacht wird“ (Mengel 2007:62).

Solch eine dargestellte Zielstellung und Anforderungen an die Soziale Arbeit erfordern zugleich ein entsprechendes methodisches Handeln, um Familien zu erreichen. Darauf wird nun im Folgenden näher eingegangen.

2.2.4 Methodisches Handeln in der Sozialen Arbeit

Dem methodischen Handeln von professionellen Akteuren der Sozialen Arbeit kann sich über diverse Zugangswege genähert werden. Je nach gewähltem Referenzbezug werden dabei verschiedene Perspektiven angesetzt. Das professionelle Handeln in der Sozialen Arbeit setzt sich aus dem methodischen Können und dem persönlichen Einsatz zusammen und gestaltet somit ein reflexives Handeln und Einmischen (Böhnisch u. a. 2005:115). Was meint dabei aber das methodische Handeln? „Methodisches Handeln in der Sozialen Arbeit umfaßt alle Tätigkeiten, um die Ereignisse in komplexen sozialen Situationen in einen systematischen Zusammenhang zu bringen. Methodisches Handeln strukturiert den gesamten Prozeß der Wahrnehmung von Arbeitsaufträgen, des Nachdenkens über die Notwendigkeit und Legitimation zum Handeln, des Entwerfens und Erprobens von Handlungsplänen und der Auswertung des Geschehens“ (Meinhold 1998:221). Die Möglichkeiten des methodischen Handelns sind natürlich immer in die Arbeitskontexte und damit Auftrag und Zielstellung der jeweiligen Organisation eingebunden (Meinhold 1998:224ff).

Hiltrud von Spiegel unterscheidet das berufliche Handeln in Können, Wissen und Haltungen (zit. n. Kreft 2010:54). „ ‚Wissen‘ wird als reflektierte Kenntnis wissenschaftlich begründeten Fachwissens verstanden, mit ‚Können‘ ist die Anwendung sozialarbeiterischen/ sozialpädagogischen Wissens gemeint“ (Kreft 2010:55). Dabei werden insbesondere die kommunikative Kompetenz als Fähigkeit in und zwischen verschiedenen Lebenswelten zu koordinieren sowie eine dafür erforderliche administrative Management-Kompetenz für die Umsetzung dessen benannt (Kreft 2010:55). Des Weiteren orientiert sich dieses Verständnis von Haltung an der gesetzlichen verankerten Anforderung zur Herstellung sozialer Gerechtigkeit. Das Einlassen auf die Lebenswelt und die unterschiedlichen biografischen Verläufe erfordern verschiedene, offene Zugänge und zugleich eine verantwortliche und kontrollierbare Verlässlichkeit der Sozialen Arbeit. Dies wird durch eine strukturierte Offenheit als kommunikatives Modell hinsichtlich der Aushandlung und des Zugangs zu Themen ermöglicht (Böhnisch u. a. 2005:123). Was heißt das nun aber genau für das methodische Handeln in der Sozialen Arbeit mit Familien? Um sich diesem Verständnis anzunähern, werden als Bezugsrahmen die drei klassischen Methoden der Sozialen Arbeit als durchaus nutzbare Grundlage angerissen. Darauf aufbauend werden allen drei Methoden grundlegende Prinzipien hinsichtlich des methodischen Handelns näher ausgeführt.

Was bedeutet diese Kontextualisierung für das methodische Handeln von professionellen Akteuren in der Sozialen Arbeit? Bezüglich des methodischen Handelns und einer Konkretisierung der unterschiedlichen genutzten Begriffe appellieren Kreft und Müller (2010) dafür, unter dem Begriff ‚Methode' weiterhin die drei klassischen Methoden der Einzelfall-, Gruppen- und Gemeinwesenarbeit und die vielzähligen weiteren oft als Methode beschriebenen Vorgehensweisen als ‚Verfahren' zu verstehen (Kreft/ Müller 2010). Wie der Name es bereits verdeutlicht, fokussiert die Einzelfallarbeit die Interaktion und Begleitung eines Individuums, während in der Gruppenarbeit mehrere Personen als Gruppe angesprochen werden. In der Gemeinwesenarbeit stehen Aktivierung von Bewohner_innen aber auch Vernetzung und Kooperation im Mittelpunkt. Damit wird die Tatsache aufgegriffen, „dass Menschen immer schon aktiv sind und es folglich darum geht, vorhandene Aktivität und Potenziale zu verbinden mit dem methodischen und strategischen Repertoire der Fachkräfte, und zwar immer unter intelligenter Nutzung sämtlicher leistungsgesetzlicher Grundlagen" (Hinte 2010:81). Der Fokus der Lebensweltorientierung liegt auf den Stärken und Ressourcen anstatt auf den Defiziten und Problemen. Entsprechend ist es erforderlich, das methodische Handeln darauf auszurichten und „eher in indirekten Formen der Begleitung, der Anregung, der stellvertretenden Deutung, des Arrangements von Situationen und Milieus, in denen sich eigene Handlungsmuster ausbilden können" (Grunwald/ Thiersch 2003:74). Für die Arbeit mit Familien bedeutet dies insbesondere, Respekt und Wertschätzung entgegenzubringen, indem ihrem Alltagswissen Bedeutung zukommt, um auf dieser Basis eine vertrauensvolle Zusammenarbeit gestalten zu können fernab von Problemzuschreibungen (Mengel 2007:105f). Didaktisch betrachtet wird die Verknüpfung von Lebenswelt und Familienbildung durch die individuell erlebbaren Wandlungsprozesse und damit möglichen einhergehenden Krisen als anvisierter Ansatzpunkt deutlich. Somit stehen Wissensvermittlung und Reflexion insbesondere in Vor- und Nachbereitung solcher Umbruchsituationen im Fokus (Mengel 2007:106). Der zentrale Fokus liegt auch hierbei auf der „Unterstützungsfunktion bei der Aktivierung der eigenen Persönlichkeit" (Lambers 2013:120) verbunden mit einer dafür erforderlichen Befähigung der Individuen (Lambers 2013:120). Um dies zu fördern, sind Netzwerkaufbau, Sicherung des Alltags, aber auch die Ermöglichung von Zugängen zu Kultur etc. im Sinne einer offenen Milieubildung erforderlich (Lambers 2013:121). Trotzdem ist es erforderlich, die politische und gesellschaftliche Dimension mitzudenken. Damit gehen einige Anforderungen an Kompetenzen einher.

„Solche lebensweltorientierte sozialpädagogische Kompetenz braucht
- die Fähigkeit zur Präsenz, die Fähigkeit, sich den Verhältnissen auszusetzen,
- die Fähigkeit, gegebene Verhältnisse zu verstehen,
- die Fähigkeit, Vertrauen zu stiften und aufrechtzuerhalten,
- die Fähigkeit, in Konflikten und Schwierigkeiten zu vermitteln,
- die Fähigkeit zur Phantasie, in gegebenen Schwierigkeiten Alternativen und freie Optionen zu entwickeln,
- die Fähigkeit, Verhältnisse zu strukturieren und auch längerfristige Arbeitskonzepte durchzuhalten,
- die Fähigkeit, zu planen, zu organisieren und zu ‚managen'"
(Thiersch 2000:22f).

Das macht deutlich, dass ein lebensweltorientiertes Arbeiten in der Sozialen Arbeit ein hohes Maß an Einlassen erfordert. Zugleich kann dies mit großen Anstrengungen für die Adressat_innen einhergehen. Methoden, Verfahren und Techniken können daher nur als Grundmuster verstanden werden, die individuell um- und eingesetzt werden. Darüber hinaus sind Transparenz über Ziele und Arbeitsweisen erforderlich, um den Eigensinn der Adressat_innen zu gewährleisten und aufrechtzuerhalten (Thiersch 2000:24). Das erforderliche methodische Handeln in der Interaktion mit Familien mit im Folgenden konkretisiert.

2.2.4.1 Bedarfe und Interessen als Fundament

„Grundlage für eine nicht erzieherische, dem sozialräumlichen Konzept inhärente Vorgehensweise, die auf die Sichtweisen und Entwürfe der betroffenen Menschen fokussiert, ist eine entsprechend getragene und reflektierte Haltung der professionellen Fachkräfte bzw. der erziehenden Erwachsenen. Sie ist gekennzeichnet durch das Bemühen, herauszufinden, was das jeweilige Gegenüber will" (Fehren/ Hinte 2013:14). Dieses Ansetzen ist allen methodischen Betrachtungen gemein. Der zentrale Ausgangspunkt ist dabei, „dass es nicht um pädagogische Tricks geht, um Menschen zu irgendetwas zu aktivieren, das möglicherweise gar nicht ‚ihr Ding' ist, sondern dass nach vorhandener Aktivitätsbereitschaft geforscht wird, die dann möglichst durchsetzungsstark organisiert wird" (Hinte 2010:81), bzw. als Ansatzpunkt für das Entwickeln individueller Handlungsstrategien zur Gestaltung eines gelingenderen Alltags. Somit sind die Bedarfe und Interessen oder der zugrunde liegende Wille die Antriebskraft, das zentrale Moment für eine Interaktion. „Lebensweltorientierung verlangt ein Handeln, das im erzieherischen Umgang, in der Beratung, in der Begleitung und in der Kooperation orientiert ist an der Eigensinnigkeit der Problemsicht der AdressatInnen im Lebensfeld, am ganzheitlichen Zusammenhang von Problemverständnis und Lösungsressourcen an den in der Lebenswelt verfügbaren Ressourcen und Kompetenzen" (Thiersch 2000:22). Solch ein methodisches Ansetzen erfordert zugleich ein entsprechend verankertes Menschenbild und eine damit einhergehende professionelle Haltung. „Die Frage nach dem, was Fachkräfte tun, wenn sie eine Familie begleiten, ist somit zuerst die Frage nach dem eigenen Menschenbild, den Werten und Normen und den Einstellungen, die zur Legitimation des beruflichen Handelns notwendigerweise selbstreflexiv offen gelegt und wissenschaftlich fundiert werden müssen. Es ist eine grundlegende professionelle Entscheidung, ob Familien, die begleitet werden, intentional nach den Entwürfen von Expertinnen und Experten geformt und belehrt werden sollen oder ob darauf vertraut wird, dass Individuen, durch unterstützende Begegnung gestärkt und ermutigt, selbstverantwortlich ihre eigenen (Lebens-)Antworten zu finden" (Tschöpe-Scheffler 2013:107). Daher ist eine fachliche Verankerung des Ansetzens am Willen der Adressat_innen erforderlich. Eng damit verbunden ist das Erfordernis, den gesellschaftlichen Anforderungen gerecht zu werden und einer Verengung auf eine Zielgruppe zu begegnen.

Des Weiteren bedarf solch ein methodisches Handeln ein zugrunde liegendes Verständnis als Begleitung mit der Aufgabe der Perspektiverweiterung der Adressat_innen (Böhnisch u. a. 2005:17). Das Konzept der Lebenslage wird dabei als Vermittlungskonstrukt zwischen Sozialpolitik und Sozialpädagogik gewählt, in denen sich die Lebensverhältnisse als individuelle Handlungsspielräume eingebettet in sozialökonomische Bedingungen wiederfinden (Böhnisch u. a. 2005:104). Lebenslage als theoretisches Konstrukt wird dabei als die „Gesamtheit der Lebensbedingungen des Einzelnen unter einer spezifischen Perspektive [betrachtet, S. H.-B.]: Unter der Perspektive der Handlungsspielräume zur alltäglichen Lebensbewältigung. Lebenslagen sind in diesem Sinne sozialstaatlich vermittelte Zustände von Chancen, Belastungen und Ressourcen" (Böhnisch u. a. 2005:104).

Orientiert am Fachkonzept Sozialraumorientierung erfolgt die Unterscheidung entlang der fallspezifischen Arbeit, fallübergreifenden Arbeit und fallunspezifischen Arbeit. In der fallspezifischen Arbeit stehen der jeweilige Mensch und sein individuelles Anliegen sowie deren Bearbeitung im Fokus (Fehren/ Hinte 2013:30f). Davon abgegrenzt bezieht sich die fallübergreifende Arbeit über die einzelne Person hinaus auf Themen, potenzielle Ressourcen und Möglichkeiten, die in ähnlich gelagerten Einzelfällen ebenfalls deutlich und somit in einem Gruppenkontext nutzbar gemacht werden (Bestmann 2013:252). Fallunspezifische Arbeit umfasst die Erhebung von Kenntnissen, das Knüpfen von Kontakten etc. in einem Sozialraum unabhängig von einem konkreten Einzelfall, sondern mit der Perspektive eines möglichen zukünftigen Nutzens, der zum aktuellen Zeitpunkt noch nicht deutlich und ersichtlich ist (Fehren/ Hinte 2013:30f). Entsprechend erfordert dieses Arbeiten Kenntnisse über sozialräumliche Gegebenheiten sowie die Einbettung in Netzwerke mit der Zielstellung einer zukünftigen Kooperation. Grundlegend ist auch hierbei jedes Mal der Bedarf, die Interessen, den Wille der Individuen, um darauf basierend eine tragfähige Zusammenarbeit gestalten zu können, in der Nutzer_in und professionelle Fachkraft sich gleichermaßen einbringen (von Spiegel 2011:44). Solch ein methodisches Handeln erfordert zugleich eine Neuausrichtung und -organisation der sozialen Dienste hinsichtlich einer Flexibilisierung von Hilfsangeboten entlang der jeweiligen individuellen Bedarfe (Fehren/ Hinte 2013:33ff). Dies bedarf einer doppelten Öffnung hin zu den Menschen und zu den Institutionen. Das Fachkonzept Sozialraumorientierung kann „als Grundlage für jedwede Tätigkeit in sozialarbeiterischen Handlungsfeldern dienen, und innerhalb dieser ‚Leitplanken' lassen sich verschiedene und ohnehin regelmäßig neu entwickelte methodische Verfahren einordnen" (Fehren/ Hinte 2013:19).

2.2.4.2 Kommunikation und dialogische Verständigung

Um wie eben dargestellt, den Willen und die intrinsischen Themen überhaupt erheben und ins Gespräch kommen zu können, ist Kommunikation eine unausweichliche Grundlage des methodischen Handelns in der Sozialen Arbeit. Das methodische Handeln konkretisierend werden nach Kreft und Müller grundlegende Techniken beschrieben, die innerhalb der verschiedenen Methoden zum Einsatz kommen und angewandt werden. Entsprechend wird das Fragen, Nachfragen und Zuhören beschrieben, um eine Annäherung an Verstehen (Watzlawick 2003) und Einfühlungsvermögen (Rogers 1974) zu ermöglichen und zu unterstützen (Müller 2010:148). „Aktives Zuhören ist in einer Zeit multi-ethnischer Kommunikation gerade für Sozialarbeiter/ Sozialpädagogen lebens- und berufswichtig. Es berücksichtigt die Vermutung, dass unsere Gesprächspartner, selbst wenn sie gut Deutsch sprechen, mit ihren Worten nicht immer das Gleiche meinen, das wir mit ihnen verbinden. Es bedarf deshalb zahlreicher vorsichtiger Rückfragen, um sich zu versichern, dass wir uns wirklich verstehen, ohne dabei den Verdacht zu nähren, dass wir an der sprachlichen Kompetenz unserer Gesprächspartner zweifeln" (Müller 2010:149). Das aktive Zuhören und die dialogische Annäherung an ein gemeinsames Verständnis bilden dabei die zentrale Voraussetzung für Kommunikation. „Es wurde, vor allem in der Arbeit mit einzelnen Menschen sowie Familien deutlich, dass Hilfeprozesse nur dann gelingen können, wenn die Adressaten sie als subjektiv sinnvoll und hilfreich erleben" (Krause/ Rätz-Heinisch 2009:7). Hierfür ist eine dialogische Annäherung an das jeweilige Verständnis und die Perspektiven zentral. Der Begriff des Dialogs meint dabei komplexe Prozesse, in denen, ohne Ursachen und Wirkungen zu klären, neue Perspektiven durch Offenheit und Zuhören ermöglicht werden. Krause und Rätz-Heinisch führen dies auf die sokratischen Dialoge zurück, die sich jeweils auf eine Frage und deren begründeten Antworten konzentrieren mit der Zielstellung zu überprüfen, ob es sich dabei um Wissen handelt. „Dem Denkenden wird etwas entlockt, womit er längst schwanger (egkymon) geht" (Krause/ Rätz-Heinisch 2009:9). Entsprechend dieser Aussage wird das dialogische Prinzip mit der Mäeutik (Hebammenkunst) verglichen, da an Erfahrungen angeknüpft wird, der Prozess sich möglicherweise lang und schmerzhaft gestalten kann und etwas Neues dabei entsteht. Nach Martin Buber steht dabei eine „gemeinschaftliche Erfahrung und eine Erweiterung des Selbst und des Anderen" (Buber zit. n. Kraus/ Rätz-Heinisch 2009:11f), in der der Andere als Person angenommen wird, im Vordergrund. Des Weiteren erfolgt so eine Annäherung auf eine verhandelbare Ausgangsbasis, in der die professionellen Akteure begleiten und assistieren (von Spiegel 2011:45). So gehen mit Kommunikation zugleich die Erfordernisse von Perspektivwechsel, Arbeitsbeziehungsgestaltung und Aushandeln im Verständnis vom aktiven Einbezug der Adressat_innen (von Spiegel 2011:99f).

Die Anforderungen an Kommunikation und dialogisches Aushandeln beziehen sich nicht nur auf die konkrete Interaktion zwischen Adressat_in und Fachkraft, sondern auch auf die Kommunikation mit professionellen Akteuren im Netzwerk und kooperierenden Institutionen. Auf diesen Ebenen ist gleichsam eine Annäherung an ein gleiches zugrunde liegendes Verständnis der jeweiligen Ausgangslage entsprechend den bereits dargestellten Prinzipien und Anforderungen notwendig. In beiden Dimensionen kann zudem die schriftliche Berichterstattung als Form der Kommunikation ebenfalls benannt werden (von Spiegel 2011:102).

2.2.4.3 Beteiligung

Mit dem Fokus auf das methodische Handeln wird zugleich die Beteiligung der Adressat_innen gefordert. Je nach Setting stehen unterschiedliche Beteiligungsmöglichkeiten zur Verfügung. Die Gründe für die Nichtnutzung von Beteiligungsmöglichkeiten insbesondere in Organisationen sind sehr vielfältig, aber zumeist auf die jeweiligen vorherrschenden Strukturen und Kulturen zurück zuführen (Stork 2009:100). „Eine entwickelte Partizipationskultur zeichnet sich durch Vertrauen, Offenheit und faire Kommunikation aus" (Stork 2009:100). Demnach ergeben sich neben Anforderungen an Strukturen zugleich Anforderungen an die Gestaltung einer passenden Beteiligungskultur, denn diese „[...] erfordern eine völlig andere Form von Professionalität und minetische Kompetenzen: die Sprache der Menschen zu lernen statt sich hinter professioneller Fachsprache zu verstecken, den Mut zur Begegnung mit offenem Ausgang aufbringen statt konzeptionelle und didaktische Feinplanungen allein im Büro zu vollziehen. Insofern beruht Partizipation auf einer Einrichtungskultur, die auf Öffnung, Begegnung und Dialog abzielt. Sie erfordert Achtsamkeit und feinfühlige Beobachtung, den Mut zum Risiko und zum offenen Umgang mit Nichtwissen und nicht zuletzt Vertrauen und gemeinsames Lernen" (Stork 2009:101). Daraus ergeben sich konkrete Anforderungen insbesondere an die Leitung in Organisationen, aber auch hinsichtlich der Wahlmöglichkeit für Zusammenarbeit sowie Zeit für Dialoge und Gespräche. Dies prägt eine Beteiligungskultur und hat damit wiederum zugleich Auswirkungen auf die einzelnen Mitarbeitenden. Es wird deutlich, dass auch unter dem Verständnis von Beteiligung die Gestaltung der Kommunikation und das Ansetzen am Willen zentrale Elemente des methodischen Handelns darstellen. Wird Beteiligung verstanden als eine ernstnehmende und ehrlich interessierte kommunikative Auseinandersetzung, kommt dieser auch in Beratungsprozessen in der Zusammenarbeit von Adressat_in und Fachkraft eine hohe Relevanz und Bedeutung zu. So werden „die klassischen, beziehungsgestaltenden Faktoren auf Beraterseite – wie ‚Engagement', ‚Akzeptanz', ‚Wertschätzung', ‚Verständnis' und ‚Empathie' – als konstituierend für die erlebte Beziehungsqualität beschrieben" (Vossler 2003:104). Darüber hinaus wird dies auch im Kontext des Netzwerks von Familien deutlich (Böhnisch u. a. 2005:162). In solch einem auf Beteiligung ausgerichteten Kommunikationsprozess werden in der konkreten thematischen Auseinandersetzung Handlungsoptionen und Gestaltungsmöglichkeiten reflektiert. Von daher ist es unabdingbar,

Selbstbestimmung und Selbsttätigkeit in den zentralen Fokus zu setzen, um darüber didaktische Ansätze zu ermöglichen (Mengel 2007:106f). Die Fachkraft agiert in solch einem Setting als Begleiter_in auf Augenhöhe, um Orientierung zu geben und zu begleiten. Somit sind ähnliche Kompetenzen wie in der ethnologischen Forschung erforderlich (Mengel 2007:108). „Schließlich soll Bildung an Orten in der Lebenswelt stattfinden, um die Grenze zwischen Lernort und dem Ort des alltäglichen Handelns aufzuweichen" (Mengel 2007:108). Zugleich inkludiert dies auch die jeweiligen individuellen Rahmenbedingungen, Herausforderungen sowie die Lebensbedingungen (Grunwald/ Thiersch 2003:74). Darüber hinaus erfordert dies einen entsprechenden Ansatz, dass sich regionale Dienste dezentral aufstellen und zugleich Zugangsbarrieren abgebaut werden (Grunwald/ Thiersch 2003:75).

Familien im Kontext der Sozialen Arbeit eröffnen durchaus ein weites Feld. Ausgehend von einem Verständnis der Sozialen Arbeit, die einerseits Individuen bei der Gestaltung eines gelingenderen Alltags begleitet und zugleich die gesellschaftlichen Rahmenbedingungen dafür einbezieht, ergeben sich Anforderungen an die Soziale Arbeit. „Wir haben es hier einerseits mit einem hochgradig personenbezogenen Ansatz und andererseits mit einem sozialökologischen, auf die Veränderungen von Verhältnissen zielenden Ansatz zu tun" (Hinte 2010:85). Entsprechend ist es erforderlich, eine entsprechende Infrastruktur zu gestalten. Bezugnehmend auf die gesellschaftlichen Wandlungsprozesse sind dafür Angebote an Begegnung, Beratung und Bildung erforderlich, die in ihrer strukturell-methodischen Umsetzung eine Vielfältigkeit aufzeigen, um die Individuen bedarfsentsprechend zu erreichen. Zugleich ergeben sich aus solch einer geforderten Vielfalt Anforderungen an das methodische Handeln der professionellen Akteure. Eine Annäherung an das methodische Handeln kann auf unterschiedlichen Wegen durch verschiedene Betrachtungsweisen erfolgen. In dieser Arbeit konzentriert sich die Darstellung auf drei wesentliche Elemente, die sowohl in verschiedenen Angebotsformen als auch hinsichtlich der Arbeit mit Individuen und weiteren Akteuren im Sinne eines Netzwerks inklusive strukturell-politischer Ebenen einhergeht. So ist das Ansetzen an den Bedarfen und Interessen das grundlegende Fundament, um mittels Kommunikation in eine dialogische Verständigung zu treten unter aktiver Beteiligung der Akteure. In der folgenden Abbildung sind diese zentralen Elemente zusammenfassend dargestellt.

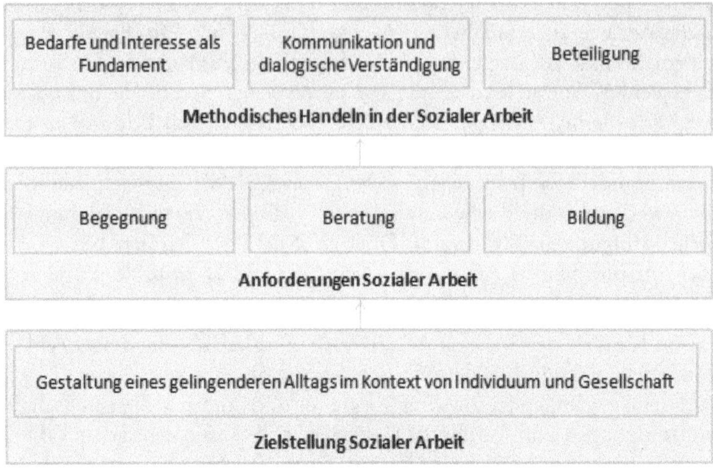

Abb. 3: Familien und Soziale Arbeit

Auf dieser grundlegenden Beschreibung aufbauend wird nun die Familienbildung als Handlungsfeld der Sozialen Arbeit näher erläutert.

2.3 Familienbildung

Die aktuellen gesellschaftlichen Rahmenbedingungen stellen eine Vielzahl an Herausforderungen an die strukturelle und methodische Gestaltung der Sozialen Arbeit. Aufbauend auf diese Beschreibungen soll nun die Familienbildung[4] als Handlungsfeld der Sozialen Arbeit skizziert werden. Gesetzlich betrachtet, ist die Familienbildung sowohl in der Kinder- und Jugendhilfe als auch in der Erwachsenenbildung verankert (Mengel 2007:15, Schymroch 1989:82). Daher wird eingangs in einer historischen Perspektive kurz die Entwicklung dieses Handlungsfeldes nachgezeichnet, um darauf aufbauend die strukturellen Konturen hinsichtlich der rechtlichen Verankerung, Zielstellung, Organisations- und Angebotsformen sowie die dafür relevanten Themen darzustellen.

4 Der Begriff ‚Familienbildung' wird in der vorliegenden Arbeit auf zwei Ebenen verwendet: zum einen als Bezeichnung des Handlungsfeldes und zum anderen auf der Ebene der operativen Unterscheidung in Begegnung, Beratung und Bildung. Im folgenden Kapitel wird die geschichtliche Herleitung sowie die rechtliche Verankerung und Zielstellung der Familienbildung dargestellt. Dabei wird deutlich, dass der in der Literatur genutzte Begriff ‚Familienbildung' durchaus die Dimensionen von Anforderungen an Begegnung, Beratung und Bildung enthält. Anschließend an die im folgenden dargestellten wissenschaftlichen Diskurse werden in dieser Arbeit ebenfalls die Begriffe ‚Familienbildung' als Bezeichnung des Handlungsfeldes und eben ‚Bildung' als Unterscheidungskategorie auf der operativen Ebene verwendet.

Darauf basierend folgt die Skizzierung der Familienzentren als Orte der Familienbildung wiederum verbunden mit einer Begriffsklärung sowie den Organisations- und Angebotsformen. Nach einer Zusammenfassung des aktuellen Forschungsstandes hinsichtlich der Bedarfe und der Nutzung allgemein in der Familienbildung sowie konkret in den Familienzentren werden daraus die Relevanz und Herausforderungen für Familienzentren als Ort der Familienbildung erläutert.

2.3.1 Historische Entwicklung der Familienbildung

Die ersten Ansätze, Eltern in ihrer Erziehungstätigkeit insbesondere durch passende Bildungsangebote zu unterstützen, lassen sich bereits im 17. Jahrhundert bei Comenius und in der Aufklärung bei Rousseau und Pestalozzi finden (Mengel 2007:16). Im 19. Jahrhundert wurden diese Ideen und Ansätze von Friedrich Fröbel weiter getragen. So gründete Fröbel im 19. Jahrhundert den Kindergarten als eine Spiel- und Beschäftigungsanstalt für Kleinkinder. Darüber hinaus entwickelte er eine Ausbildungsstätte für Mädchen und Frauen, um auch Mütter in ihrer Erziehung zu unterstützen. Um für das leibliche Wohl und die Entwicklung dem Kind entsprechend sorgen zu können, sei eine Qualifizierung der Mütter notwendig. Zudem geht mit diesem Ansatz eine ganzheitliche Betrachtung des Erziehungsnetzwerks einher. Des Weiteren wurden Frauen zu Kinderpflegerinnen ausgebildet (Pettinger 1995:41f). Somit ist auf die Ansätze von Friedrich Fröbel zugleich der Ursprung der Mütterschulen zurückzuführen, die wiederum eine zentrale institutionalisierte Form der Familienbildung darstellen.

1917 wurde von Luise Lampert die erste Mütterschule in Stuttgart gegründet. Als Kindergärtnerin wurde sie von der Leiterin des Nationalen Frauendienstes Anna Lindmann beauftragt, eine Konzeption für eine Mütterschule zu entwickeln. Die Grundlage ihrer Konzeption bildeten ihre Erfahrungen als Kindergärtnerin. Im Mittelpunkt stand dabei die hohe Säuglingssterblichkeit, welche auf die schlechte Ernährung, mangelnde Hygiene und Not zurückzuführen war, aber auch auf die geringen Kenntnisse über Ernährung, Hygiene und Erziehung. Demnach lagen der Fokus und die Zielstellung nicht primär auf einer erzieherischen Funktion im Sinne des Bildungsanspruchs für die Bevölkerung der ‚Neuen Richtung[5]‘, sondern eher in einer erzieherisch funktionalisierten Aufgabenübernahme (Mengel 2007:17). „Mutter sein ist ein so ungemein hoher Begriff, weil der Inhalt die Menschenbildung ist in körperlicher und geistig-seelischer Beziehung, weil zu seiner Erfüllung körperliche, geistige und seelische Arbeit notwendig ist, weil die Aufgabe vom ganzen Menschen geleistet werden muss und einen Menschen durch die größte Zeit seines Lebens hindurch fordert. Die Frau für diese umfassende Aufgabe zu gewinnen, vorzubilden und anzuleiten, ist die Aufgabe der Mütterschule“ (Lampert 1934:23 zit. n. Stein 2008). Um den Müttern den Zugang zu erleichtern, wurde die Mütterschule an eine bereits bestehende Kinderkrippe und Kindergarten angegliedert.

5 Die ‚neue Richtung‘ bezeichnet eine Phase der Erwachsenenbildungsentwicklung (Mengel 2007:17).

Somit war auch eine erste Kontaktaufnahme zu den Müttern möglich. Ziel der Stuttgarter Mütterschule ist es, die „natürliche Mütterlichkeit der Frau als Dienst am Volk“ (Schymroch 1989:23) wiederherzustellen. Das Bildungsangebot der Mütterschulen umfasst die folgenden Bereiche:

- Kurse für werdende Mütter (Pflege der Mutter, des Säuglings und Kleinkindes, Medizinische Fragen über Schwangerschaft und Geburt, Säuglings- und Kinderkrankheiten und Erziehungsfragen mit dem Fokus auf Kinderbeschäftigungen und Beobachtungen),
- Mütterabende für frühere Teilnehmerinnen.
- Spielzeugkurse für Mütter und Väter vor Weihnachten und Ostern,
- Sonderkurse, z. B. Familienrecht,
- Durchführung von Praktika für Schülerinnen der städtischen Frauenschule Stuttgart,
- Kindermädchenkurse (Hauswirtschaft, Kochen, Kinderpflege),
- Erwerbslosenkurse

(Schymroch 1989:25/34 angelehnt an Stein 2008).

Hierbei wird deutlich, dass sowohl die Themen Pflege, Ernährung und Erziehung von Kleinkindern als auch die Ausbildung von Mädchen zur Unterstützung der Mütter von großer Relevanz waren. Als Lehrkräfte arbeiteten dort überwiegend Säuglingspflegerinnen, Krankenpflegerinnen, Ärztinnen und Jugendleiterinnen, welche aber auch in ihrem eigentlichen Beruf weiterhin tätig waren, um einen Bezug zur Praxis zu behalten. Des Weiteren entwickelte Lampert die Idee, auch Mütter unterrichten zu lassen, da diese für die Vermittlung sehr geeignet scheinen (Schymroch 1989:34).

Parallel zu dieser Entstehung der ersten Berufe für Frauen in den Bereichen Erziehung, Bildung und Sozialarbeit wird in der zweiten Hälfte des 20. Jahrhunderts das Konzept von verschiedenen Frauenvereinen und Kindergartenbewegungen weiter getragen.

Die Weimarer Zeit ist geprägt von steigender Arbeitslosigkeit, Inflation und der Weltwirtschaftskrise im Jahr 1929. Viele Frauen sind zu dieser Zeit in der Industrie, im Handel sowie im Gesundheits- und Sozialbereich tätig, da sie ihre Männer im Krieg verloren haben oder um den finanziellen Nöten entgegen zu wirken (Schymroch 1989:34). Auch der Bereich der Wohlfahrtsarbeit breitet sich aus und umfasst nunmehr nicht nur die Säuglingspflege, sondern auch die Kinder- und Familienfürsorge, was zu einer Verstärkung des Schwerpunktes ‚Erziehung‘ führt. 1922 wird das *Reichs-Jugendwohlfahrtsgesetz* (RJWG) und somit erstmals eine rechtliche Grundlage für die Jugendhilfe und Pflege erlassen. Entsprechend werden auch die Angebote der Mütterschulen erweitert und angepasst, trotz schlechter finanzieller Verhältnisse (Schymroch 1989:34). So ist insbesondere diese Zeit kennzeichnend für die Professionalisierung der beruflichen Tätigkeit von Frauen (Mengel 2007:18).

Ab 1920 weitet sich die Stuttgarter Mütterschule aus, indem auch Kurse in ländlicheren Gebieten angeboten werden. Der Grund hierfür liegt bei den Müttern, welche oftmals nicht die Zeit und auch nicht die finanziellen Mittel zur Verfügung haben, um in die Stadt zu fahren und die Kurse zu besuchen. Darüber hinaus werden auch die Wünsche und Bedürfnisse der Mütter in die Planung und Gestaltung der Kurse mit einbezogen, sodass diese an der Seminargestaltung aktiv teilnehmen (Rollik 2007:9ff). In dieser Bildungsarbeit wird der Erwachsene als eine Person „mit einer eigenen Geschichte und Erfahrungswelt [gesehen, S. H.-B.], die es zu respektieren galt und die zum Ausgangspunkt der didaktischen Bestrebungen gemacht werden sollte. Erwachsenenbildung verstand sich daher als Element zur Kultivierung eines Selbst, das seinen Platz innerhalb eines Lebenskreises oder einer Schicht schon gefunden hatte, das dieser Platz allerdings reflektierter und kultivierter einnehmen und im Dialog mit anderen Erwachsenen die Relativität seiner eigenen Position erkennen sollte. Der Erwachsene sollte nicht mehr erzogen, sondern in seiner Bestimmtheit anerkannt und bestärkt werden“ (Seitter 2007:138). Im Mittelpunkt standen demnach erwachsene Individuen und der Austausch dieser untereinander in moderierten und begleiteten Räumen zu verschiedenen Themen.

In der Zeit des Nationalsozialismus wird der Begriff der ‚Volksbildung‘ genutzt, um die ideologische Gleichschaltung der Menschen zu fördern. Die Volkshochschulen werden als deutsches Volksbildungswerk genutzt, die Freizeit- und Kulturarbeit dem Reichsschulungsamt angegliedert und entsprechend funktionalisiert (Wittpoth 2006:28). Die Mütterschule Stuttgart wird 1936 Mitglied des Deutschen Frauenwerks und an die NS-Frauenschaft angegliedert (Schymroch 1989:25,47). Es entsteht eine Reichsarbeitsgemeinschaft für Mütterschulen, dessen erster Paragraf der Richtlinie der Durchführung von Mütterschulungen lautet: „Während dem Mann von Natur aus die Aufgabe zufällt, vorwiegend draußen im Leben zu schaffen, soll die Frau der Mittelpunkt und die Seele der Familie sein. Die Größe der Aufgabe, die sie an dieser Stelle zu erfüllen hat, ergibt sich aus der Bedeutung der Familie für das Volksleben, dessen Keimzelle sie ist und dessen Bestand sie für die Ewigkeit sichern soll. Unter diesem Gesichtspunkt erhält alle hauswirtschaftliche Arbeit, die für die Familie geleistet werden muß, ihren eigentlichen Sinn und ihre hohe Bedeutung“ (Weiner 1934:6). Um dies zu unterstützen und viele Mütter und Frauen zu erreichen, werden Wanderkurse angeboten. „Aufgrund ihrer ideologischen Funktionalisierung zur Zeit des Naziregimes waren nach dem Zweiten Weltkrieg im Zuge der Entnazifizierung zunächst alle Mütterschulen geschlossen worden“ (Mengel 2007:18).

In den 1950er Jahren werden die ersten Mütterschulen von Kommunen, Kirchen, Frauen- und Wohlfahrtsverbänden wieder eröffnet. „Den Ansatzpunkt bildete wiederum die materielle und psychosoziale Not vieler Mütter, die infolge des Krieges alleine für die Sicherung der Familien verantwortlich waren“ (Mengel 2007:18). Im Jahr 1960 wird die Erwachsenenbildung in einem Gutachten vom Deutschen Ausschuss für das Erziehungs- und Bildungswesen wieder eingeführt mit dem Schwerpunkt auf die Orientierungs- und Selbstbehauptungsfunktion des einzelnen

Erwachsenen. Hier lassen sich die ersten Ansätze einer Wende hin zur Weiterbildung ausmachen (Wittpoth 2006:30). In den 1960er Jahren wurden die ersten Mütterschulen in Familienbildungsstätten umbenannt, um den Bildungsaspekt und die Familie hervorzuheben. Des Weiteren unterstützt diese Umbenennung den pädagogischen Fokus der Unterstützung zur Selbsthilfe (Rollik 2007:11ff). Es wird angestrebt, den bürgerlichen Bildungsgedanken durch die Ansprache von besonderen Zielgruppen wie „z. B. Alleinerziehende, Arbeitslose oder Bewohner sozialer Brennpunkte" (Mengel 2007:19) und durch eine räumliche Verankerung in einem Haus zu erweitern. „In den 1980er Jahren führte die Entwicklung der Selbsthilfebewegung zu Konkurrenzen mit der institutionellen Familienbildung, es entstanden jedoch auch neue Kooperationsformen. Neue Schwerpunkte bildeten vor allem offene Angebote zur Förderung sozialer Kontakte, Eltern-Kind-Gruppen sowie Angebote speziell für Kinder und auch die Beratungstätigkeit wurde intensiviert" (Mengel 2007:19).

Somit sind in der Weimarer Zeit wichtige Grundlagen für die Arbeitsweise der Erwachsenenbildung und der heutigen Familienbildungsstätten bzw. sozialarbeiterischen Arbeitsfeldern geschaffen worden. Diesen wird nun in der strukturellen Konturierung der Familienbildung nachgegangen.

2.3.2 Strukturelle Konturen der Familienbildung

„Die historischen Linien verweisen auf die Spannung der Familienbildung zwischen staatlichen Kontrollaspekten einerseits und Angeboten von Unterstützung sowie selbstbestimmter Reflexion familialen Handelns andererseits. Gleichzeitig zeigt sich im historischen Rückblick, dass Familienbildung immer schon sowohl arme und proletarische als auch bürgerliche Mütter und Mittelschichtsangehörige ansprechen wollte. Familienbildung war und ist der Versuch einer Antwort auf die je unterschiedlichen gesellschaftspolitischen und ökonomischen Herausforderungen an sowie sozialen und wirtschaftlichen Bedingungen von Familien. Dabei lassen sich sowohl emanzipatorische als auch repressive Traditionen nachweisen" (Heitkötter/ Thiessen 2009:424). Dementsprechend werden nun die strukturellen Umrisse der Familienbildung nachgezeichnet. Grundlegend für solch eine Konturierung ist die rechtliche Verankerung, die einleitend beschrieben wird. Darauf aufbauend werden die Zielstellung der Familienbildung sowie die kennzeichnenden Organisations-und Angebotsformen skizziert. Abschließend werden die relevanten grundlegenden Themen dargestellt.

2.3.2.1 Rechtliche Verankerung

Im Jahre 1991 wurde das Jugendwohlfahrtgesetz durch das achte Sozialgesetzbuch abgelöst, das zugleich mit einem Paradigmenwechsel hinsichtlich Prävention und Stärkung neben der alleinigen Orientierung auf Probleme einhergeht. Der Artikel 6 im Grundgesetz zur Erziehung des Kindes benennt bereits, dass alle Eltern die Fähigkeit haben, ihr Kind zu erziehen (Armbruster 2006:151f). Mit dem § 16 SGB VIII wird dieser Gedanke in der allgemeinen Förderung in der Familie aufgenommen und somit eine Grundlage für die Familienbildung geschaffen (Pettinger/ Rollik 2005:6). „Ein weiterer Paradigmenwechsel gegenüber dem Jugendwohlfahrtsgesetz ist vor allem mit der Betonung der Förderung von Familien in ihren Lebenssituationen verknüpft: nicht mehr die Behebung von Defiziten und Korrekturen der familialen Erziehung stellt die alleinige Orientierung dar, sondern die Entwicklung von Fähigkeiten, Strategien und Ressourcen für eine eigenständige Lebensführung, der Aufbau von positiven und aktiven Gefühlen und Kompetenzen für die eigenverantwortliche Partizipation am gesellschaftlichen Leben (‚empowerment' von Familien)" (Pettinger/ Rollik 2008:6). So wird bereits auf die subjektiven Erziehungsaufgaben und deren Umsetzung fokussiert, aber zugleich der Einfluss von gesellschaftlichen Rahmenbedingungen hervorgehoben. Des Weiteren wird die frühzeitige Stärkung der Familien angestrebt (Pettinger/ Rollik 2008:6f). Entgegen einer Fokussierung auf eine zu eng gesetzte Zielgruppe sollen „Müttern, Vätern, anderen Erziehungsberechtigten und jungen Menschen" (§ 16 SGB VIII (1)) Leistungen vorgehalten werden, die die Ausübung ihrer Erziehungsverantwortung unterstützen, um bspw. Konfliktsituationen gewaltfrei lösen zu können. Damit geht auch das im Jahr 2000 beschlossen Gesetz zum Recht auf eine gewaltfreie Erziehung für Kinder (§ 1631, Abs. 2 BGB) einher. „Die Angebote werden an keinerlei Voraussetzungen und Bedingungen geknüpft. So ist offensichtlich, dass Familien generell in ihrer Funktion als Erziehungsinstanz gestärkt werden sollen – unabhängig von der Familienform, der Schichtzugehörigkeit, dem Vorhandensein einer Problemlage oder eines erzieherischen Bedarfs" (Textor 2007:366). Im Absatz zwei werden als Leistungen insbesondere „Angebote der Familienbildung, die auf Bedürfnisse und Interessen sowie auf Erfahrungen von Familien in unterschiedlichen Lebenslagen und Erziehungssituationen eingehen, die Familie zur Mitarbeit in Erziehungseinrichtungen und in Formen der Selbst- und Nachbarschaftshilfe besser befähigen sowie junge Menschen auf Ehe, Partnerschaft und das Zusammenleben mit Kindern vorbereiten" (§ 16 SGB VIII (2) 2) sowie allgemeine Beratungsangebote hinsichtlich Erziehung, Entwicklung, Familienfreizeit und -erholung hervorgehoben. Diese Formulierungen bedingen und ermöglichen eine Orientierung an gesellschaftlichen Wandlungsprozessen und sich daraus ergebenden Anforderungen an Familien (Textor 2007:368, Stamm 2010:95). „Entsprechend ihrer *Alltagsorientierung* soll Familienbildung die Gesamtheit der familialen Lebenslage berücksichtigen, sich mit allen inneren und äußeren Bereichen und Problemlagen von Familie befassen und Eltern nicht nur in ihrer Erzieherrolle wahrnehmen" (Mengel 2007:26, H. i. O.), sondern darüber hinaus auch junge Menschen darauf vorbereiten. Dies beinhaltet auch das Informieren und Bestärken für eine Beteiligung in Bildungsinstitutionen sowie das Vermitteln von Kenntnissen und Fähigkeiten, um sich in den verschiedenen benannten Settings zu beteiligen und einzubringen (Textor 2007:368). „Das KJHG geht in seinen Vorstellungen vom Primat der Familienerziehung aus, sieht aber deren adäquate Gewährleistung nicht allein als abhängig von den pädagogischen Einstellungen und Kompetenzen der Eltern an, sondern auch von gesellschaftlichen

Rahmenbedingungen, zu deren positiver Gestaltung Jugendhilfe aufgefordert ist, Einfluss zu nehmen" (Pettinger/ Rollik 2005:6). Das Aufgreifen des Subsidiaritätsprinzips wird hierbei durch die Fokussierung der Familie und gleichzeitiger Beachtung und Regelung der Gestaltung von infrastrukturellen Rahmenbedingungen deutlich (Biedenkopf u. a. 2009:13).

Der Paragraf 16 schließt im Absatz 3 mit dem Hinweis zur weiteren Regelung im Landesrecht. Dies hat zur Folge, dass die Familienbildung zwar gesetzlich verankert ist, aber aufgrund der länderrechtlichen Ausgestaltungshoheit sehr unterschiedlich umgesetzt wird (Mengel 2007:31, Pettinger/ Rollik 2008:8f, Schiersmann u. a. 1998:11). Zudem ist der § 16 SGB VIII als Soll-Bestimmung verankert, die wiederum kommunalen Handlungsspielraum ermöglicht, um ein angemessenes Angebot vorzuhalten (Mengel 2007:32, Bierschock 1998:60). Darüber hinaus besteht kein subjektiver Rechtsanspruch (Uhlendorff u. a. 2013:110). Zugleich wird darauf basierend benannt, dass dieser Bereich eher vernachlässigt wird (Walter u. a. 2000:11). „Leistungen der allgemeinen Förderung der Erziehung in der Familie nehmen im Gesamtkatalog der Aufgaben nach dem SGB VIII immer noch einen kleinen Raum ein" (Deutscher Verein für öffentliche und private Fürsorge e. V. 2007:6f).

Zugleich ergibt sich durch die Einbettung der Familienbildung in den Bereich der Erwachsenenbildung auch eine Förderstruktur, die über die länderspezifischen Weiterbildungsgesetze geregelt wird. Diese Finanzierung orientiert sich aber entsprechend eines klassischen Weiterbildungsverständnisses an Kriterien wie Stundensätzen und Teilnehmendenzahl, woraus sich eine Schwierigkeit für die Finanzierung insbesondere von offenen Treffs und stadtteilorientierten Angeboten ergibt (Schiersmann u. a. 1998, Pettinger/ Rollik 2005:6). „Die Förderung von Familienbildung nach Weiterbildungsgesetzen, deren Berechnungsgrundlagen weitgehend auf Unterrichtsstunden basieren, führt dazu, dass etwa Kooperationsangebote offener Arbeit im Stadtteil (s.u.) nicht gefördert werden können, weil sie dem Kurs-Stunden-System nicht entsprechen. Dazu stellte bereits der 8. Jugendbericht (1990) fest, dass die Förderrichtlinien der Länder und Kommunen ‚oft kontraproduktiv zu den Zielsetzungen der Arbeit' von Familienbildung sind. Lösel u. a. (2007:8f) weisen darauf hin, dass in den letzten Jahren ein Rückgang öffentlicher Fördermittel zu verzeichnen ist, der Perspektiven niedrigschwelligen Zugangs (s.u.) weiter erschwert" (Heitkötter/ Thiessen 2009:425). Diese nicht eindeutig geklärte Zuständigkeit der Familienbildung fordert zugleich Konsequenzen in der Finanzierungslogik. „In der Praxis dagegen führen die dualen Fördermöglichkeiten nach den Erwachsenen- und Weiterbildungsgesetzen bzw. nach dem KJHG zu Förderblockaden, zum einen unter Hinweis auf den für die Jugendhilfe geltenden Nachrang der Leistungen nach dem KJHG, zum andern wegen des Ausschlusses von Parallelförderungen" (Pettinger/ Rollik 2005:9). Mit der rechtlichen Verankerung und den dadurch bedingten Finanzierungsstrukturen gehen Schwierigkeiten in der konkreten Angebotsgestaltung einher. „Für die Jugendhilfeplanung bedeutet dies, daß die Jugendhilfeausschüsse klären müssen, ob die geplanten und zur Förderung beantragten Familienbildungsmaßnahmen originär in den Bereich der Jugendhilfe oder aber in die Zuständigkeit der Erwachsenenbildung gehören. Entscheidungskriterium ist der unterschiedliche Fokus von Erwachsenenbildung und Jugendhilfe: Während in der Erwachsenenbildung der Erwerb individueller Kompetenzen und Fähigkeiten im Vordergrund steht, ist es bei Maßnahmen der Jugendhilfe die Zielsetzung, die Familie als ganze präventiv zu unterstützen bzw. zur Selbsthilfe anzuleiten" (Bierschock 1998:61). Entsprechend soll nun der Zielstellung von Familienbildung[6] nach dem SGB VIII nachgegangen werden.

2.3.2.2 Zielstellung

Die Zielstellung der Familienförderung begründet sich wie dargestellt aus der rechtlichen Verankerung im § 16 SGB VIII zur Familienförderung. Grundsätzlich sind hier noch einmal die präventive Zielstellung und die dadurch bedingte Ansprache aller Familien zu nennen. „Die Inanspruchnahme der Angebote wird an keinerlei Voraussetzungen und Bedingungen geknüpft. Grundsätzlich soll allen Familien diese Unterstützung und Förderung offen stehen, unabhängig von der Familienform, dem Vorhandensein einer Problemlage oder eines erzieherischen Bedarfs. Hier zeigt sich der Leitgedanke und die Bedeutung von Familienbildung, durch Stärkung der Erziehungsfähigkeit von Familien generell präventiv zu wirken" (Deutscher Verein für öffentliche und private Fürsorge e. V. 2007:3). Dies entspricht dem mit dem Wandel gesellschaftlicher Anforderungen einhergehenden zumeist subjektiv geprägten Familienbegriff verbunden mit dem Verständnis als „alltägliche Herstellungsleistung (Jurczyk/ Lange 2004), die ebenso haushaltsübergreifend als auch generationenumspannend sowie auch jenseits traditioneller Verwandtschaftssysteme realisiert wird. Familien in dieser umfassenden Herstellungsleistung zu unterstützen ist die wesentlichste Aufgabe von Familienbildung" (Heitkötter/ Thiessen 2009:422). Dementsprechend orientiert sich Familienbildung mit einem Verständnis des lebenslangen Lernens an den unterschiedlichen Etappen eines Lebenslaufes (Textor 2007:369). Trotzdem stellt sich auch hier die Frage nach den zentralen Kernelementen und -ansprüchen der Familienbildung. Pettinger und Rollik (2005) benennen folgende zentrale Aufgaben der Familienförderung:

6 „Schon der Wortlaut des § 16 SGB VIII zeigt, dass die gelegentlich anzutreffende Reduzierung auf ‚Familienbildung' (wie sie z. B. von den Familienbildungsstätten angeboten wird) eine unzulässige Verkürzung wäre" (Stange u. a. 2013:92). Dieser inhaltlichen Einschätzung anschließend wird trotzdem im weiteren Verlauf von ‚Familienbildung' im Verständnis einer ‚Familienförderung' gesprochen, um einen sprachlichen Anschluss an die gängige Bezeichnung in den wissenschaftlichen und empirischen Diskursen zu ermöglichen.

„• Unterstützung und Befähigung von Eltern zur Entwicklungsförderung ihrer Kinder
• Durch Bildungs-, Beratungs- und Freizeitangebote Eltern zu ermöglichen, die Auseinandersetzung mit den eigenen Wertvorstellungen zu fördern, ihre erzieherischen Kompetenzen zu steigern und erzieherische Verantwortung besser wahrzunehmen sowie die Lebensqualität von Familien zu verbessern
• Gesellschaftliche Partizipationsmöglichkeiten zu erweitern und die Gemeinschaftsfähigkeit von Eltern und Kindern zu steigern
• Verbesserung der sozialen Infrastruktur für Familien, die öffentliche Vertretung von Interessen für Familien, Eltern und Kinder insbesondere in den Kommunen, in den Betreuungs- und Bildungseinrichtungen, in den Angeboten der Jugendhilfe"
(Pettinger/ Rollik 2005:17).

Hierbei wird die zentrale Zielstellung auf die Bereiche Unterstützung und Befähigung der Entwicklungsförderung, der erzieherischen Kompetenzen, der Partizipationsmöglichkeiten und der passenden Infrastrukturentwicklung gelegt. Die Zielstellung einer solchen beschriebenen Familienbildung liegt somit darin, „Familienmitglieder dabei zu unterstützen, Konfliktthemen, Aufgabenstellungen und soziale Probleme zu klären und zu lösen" (Uhlendorff u. a. 2012:48). Dabei rückt insbesondere die Gestaltung des jeweiligen familiären Alltags mit den sich daraus ergebenden Anforderungen in den Vordergrund (Uhlendorff u. a. 2012:48). Aufgrund der im Kapitel 1 dargestellten gesellschaftlichen Wandlungsprozesse sind Wissen und Kompetenzen hinsichtlich solch einer Alltagsgestaltung nicht immer gegeben bzw. führen diese aufgrund der pluralisierten Möglichkeiten zu Verunsicherung. Gleichzeitig sind diese erforderlichen Kenntnisse und Fähigkeiten nicht unbedingt Bestandteil des Bildungssystems. „Zum einen sind die Anforderungen an die Familientätigkeit heute sehr vielschichtig und anspruchsvoll, zum anderen ist das Alltagswissen über Familie und Erziehung geschwunden. Statt dessen gibt es eine wahre Flut von Tipps, Konzepten oder Modellen zum Leben mit Kindern" (Rupp 2005:4). Familienbildung setzt im Bereich dazwischen an (Mühling/ Smolka 2007:6). „Kinder erziehen und für deren gesunde Entwicklung Sorge tragen, Beruf und Familie miteinander vereinbaren, eigenverantwortlich Haushalten, Partnerschaft leben, Angehörige pflegen und betreuen sind alles Aufgaben, die komplexes Wissen und Kompetenzen erfordern. Dieses Wissen muss systematisch erlernt, eingeübt und fördernd begleitet werden. Dabei bietet Familienbildung elementare Möglichkeiten mit frühzeitig einsetzenden, wirksamen und lebensbegleitenden Angeboten, Familien zu unterstützen" (Pettinger/ Rollik 2005:13). Dabei wird ein Fokus auf die Beziehungsförderung gesetzt, um insbesondere auch für sensible Übergangsphasen entsprechend ausgestattet zu sein (Pettinger/ Rollik 2005:14). Neben unausgesprochenen Rollenerwartungen und geringer Kommunikation ist die Begleitung bei der individuellen Entwicklung eines passenden Lebensentwurfes zentral. Zugleich bedingt dies neben der individuellen Perspektive, auch äußere Rahmenbedingungen in die Reflexion und Entwicklung von Handlungskompetenzen mit einzubeziehen (Pettinger/ Rollik 2005:15). Im Fokus stehen dabei alltagsrelevante Kenntnisse und Fertigkeiten, die durch Informationsweitergaben, gezielte Beobachtungen und darauf basierend entwickelten Handlungsstrategien erprobt und implementiert werden (Textor 2007:369, Pettinger/ Rollik 2005:16, Walter u. a. 2000:13).

2.3.2.3 Organisationsformen der Familienbildung

Entsprechend der dargestellten historischen Entwicklung der seit 1991 vorhandenen gesetzlichen Verankerung sowie der Zielstellung, allen Familien vielfältige Unterstützungsmöglichkeiten zukommen zu lassen, zeigen sich die Umsetzungsformen und Angebote der Familienbildung sehr differenziert. „Ein besonderes Merkmal der Familienbildung in Deutschland ist ihre Heterogenität. Dies zeigt sich sowohl in ihrem Angebotsspektrum als auch in ihren Organisationsstrukturen. Familienbildung findet sowohl im institutionellen als auch im nicht-institutionellen Bereich statt, der von Familienbildungsstätten, Familienverbänden, Volkshochschulen, Beratungsstellen, Elternarbeit in Kindergärten, Schulen, Familienzentren bis hin zur Familienselbsthilfe in Form von Stillgruppen, Mütter- und Nachbarschaftszentren oder Elterninitiativen reicht“ (Deutscher Verein für öffentliche und private Fürsorge e. V. 2007:3). Somit wird hier bereits die Bandbreite an Organisations- und Angebotsformen angedeutet, welche das Ergebnis der bereits umrissenen Zielstellung der Familienbildung wiedergibt. Um trotz dieser Angebotsvielfalt eine Systematisierung der Organisationsformen anzustreben, sollen diese nun an Heitkötter und Thiessen (2009) anschließend in die Bereiche der institutionellen Formen, der informellen Familienbildung/ Familienselbsthilfe, der medialen Familienbildung sowie der mobile aufsuchende Familienbildung differenziert dargestellt werden.

Institutionelle Formen der Familienbildung

Die institutionellen Formen der Familienbildung blicken wie historisch nachgezeichnet auf eine lange Geschichte zurück. Als zentrale Träger sind dabei „die Familienbildungsstätten der Kirchen, der Wohlfahrtsverbände und der Kommunen sowie die Erwachsenenbildungsstätten (Bildungswerke, Volkshochschulen, Erwachsenenbildungsstätten und Werke in kirchlicher Trägerschaft)“ (Walter 1998:15) zu nennen. Darüber hinaus sind auch zahlreiche Einrichtungen und Organisationen anzuführen, in denen die Familienbildung einen Schwerpunkt neben weiteren einnimmt (Heitkötter/ Thiessen 2009:426). „Die subsidiäre Umsetzung der Familienbildung durch Angebote freier und kirchlicher Träger umfasst gegenwärtig bundesweit ca. 600 Einrichtungen mit ca. 2500 hauptamtlichen und 40.000 nebenamtlichen Mitarbeiter/innen. Pro Jahr werden mit 3,8 Millionen Kursstunden mehr als 3,5 Millionen Besucher/innen erreicht“ (Heitkötter/ Thiessen 2009:425f). Von Schiersmann u. a. (1998) wurde in einer Institutionenanalyse ein umfassendes Bild dieser Strukturen, Angebote, Mitarbeitenden etc. nachgezeichnet. 2006 wurde diese von Lösel erneut durchgeführt und um eine Bedarfsanalyse erweitert. Eine zentrale und an dieser Stelle relevante Erkenntnis ist, dass es eine Vielzahl an Einrichtungen der Familienbildung gibt, diese aber nicht aufeinander abgestimmt arbeiten und kaum kooperieren (Rupp 2003a:10).

Informelle Familienbildung/ Familienselbsthilfe

Eine weitere Organisationsform bildet die informelle Familienbildung bzw. Familienselbsthilfe. „Im Mittelpunkt stehen hier Erfahrungsaustausch, Information, Orientierung sowie Vernetzung und Entlastung von Familien in ihrem Alltagshandeln“ (Heitkötter/ Thiessen 2009:426). Unter dem Begriff der Familienselbsthilfe sind insbesondere von Müttern oder Vätern selbstinitiierte Gruppen zu verstehen, die sich über einen längeren Zeitraum in einem stabilen Personenkreis regelmäßig treffen und ohne weitere Anleitung austauschen (Textor 2007:378). Im Zentrum der Familienselbsthilfe stehen dabei die individuellen Erfahrungshintergründe und Kompetenzen, die durch Vernetzung bestärkt und erweitert werden sollen (Heitkötter/ Thiessen 2009:426). Somit beruht die Familienselbsthilfe insbesondere auf dem Engagement von einzelnen Personen, die durchaus in der Gestaltung von Öffentlichkeit hinsichtlich des Hinweisens auf Missstände und Defizite münden können (Pettinger/ Rollik 2005:151). Diese Gruppen nutzen meist Räumlichkeiten in anderen Einrichtungen bspw. auch in Familienbildungseinrichtungen. Im Zentrum steht dafür ein gemeinsames Thema. „Selbsthilfegruppen sind um ein Thema organisiert. Sie sind Solidargemeinschaften Gleichbetroffener und damit neuartige sekundäre Hilfesysteme/ sorgende Netze, die nicht auf familiäre und verwandtschaftliche Beziehungen gegründet sind. Sie stellen allerdings keinen Gegensatz zu den primären Netzen dar. Vielmehr sind sie in ihrer Entstehung wie in ihrer Wirkungsweise familienbezogen, familienergänzend und familienentlastend (Thiel 1990) – was schon die Vielzahl von Eltern- und Angehörigengruppen als neuer Form sorgender Netze zeigt. Gruppen der Familienselbsthilfe, selbst organisierte Eltern-Kind-Gruppen oder zahlreiche Einzelgruppen wie ‚Selbsthilfegruppen gemeinsame Sorge nach Trennung und Scheidung‘ haben sogar explizit einen solchen Bezug“ (Pettinger/ Rollik 2005:150). Trotz dieser selbst organisierten Form ist zumeist durch die Raumnutzung von Einrichtungen oder durch das Einholen von Fachkenntnissen ein Bezug zu Fachkräften gegeben (Pettinger/ Rollik 2005:151).

Neben diesen klar beschreibbaren Selbsthilfegruppen werden von Textor (2007) unter dem Begriff der informellen Familienbildung auch Angebote gefasst, die nicht durch professionelle Fachkräfte angeleitet werden und in diesem offenen Zugang einen informellen Austausch ermöglichen. Dabei hebt er insbesondere offene, freiwillige Angebote mit niedrigen Zugangswegen hervor, die „spontan mitgestaltet werden können und dem Lebensrhythmus von Frauen mit (Klein-)Kindern entsprechen, die sich nur schwer auf regelmäßige Termine festlegen können“ (Textor 2007:378). Durch solch eine offene Gestaltung und Nutzung kann ein bedarfsgeleiteter informeller Austausch initiiert werden. Dies beinhaltet auch offene Angebote bspw. im Bereich der Kreativität, die von Eltern basierend auf deren Kompetenzen angeboten werden (Textor 2007:378).

Mediale Familienbildung

Die mediale Familienbildung stellt eine weitere Form der Familienbildung dar. Darunter sind insbesondere Medien wie Literatur, Broschüren, Elternbriefe, aber auch Fernsehen oder Internetangebote zu fassen (Heitkötter/ Thiessen 2009:426). Besonders hervorzuheben sind in dieser Form die zahlreichen Elternratgeber zu den unterschiedlichsten Themenbereichen. Da aber für diese eine wissenschaftliche Fundierung nicht voraussetzend ist, spiegelt die quantitative Vielzahl zugleich die Fülle an inhaltlich gegensätzlichen Positionierungen wider (Textor 2007:379). Ähnliches wird in den zahlreichen Internetangeboten und Austauschforen zu Erziehung und Bildung deutlich. Diese reichen von Webseiten professioneller Akteure über Angebote von Eltern bis hin zu kommerziellen oder institutionellen Kontexten. Auch hierbei obliegt die Nutzung, ähnlich wie bei den Printmedien, in der Entscheidung der Individuen (Textor 2007:380). „Haben aktuell viele Eltern noch eine vergleichsweise hohe Hemmschwelle gegenüber dem Internet, so mögen zukünftige und junge Mütter und Väter das Angebot als eher niedrigschwellig erleben, zumal es anonym rund um die Uhr verfügbar ist und nicht selten Experten und Expertinnen am anderen Ende der Leitung sitzen, die jede ernst gemeinte Frage auch wohlwollend beantworten“ (Tschöpe-Scheffler u. a. 2006:257).

Des Weiteren ist im Verständnis einer medialen Familienbildung auch das Fernsehen zu erwähnen, das durch verschiedene Sendungen wie bspw. „Super Nanny“ diese Themen ebenfalls medialisiert zugänglich macht.

Von Ratgebern und Zeitschriften abgrenzend, aber zugleich das mediale Phänomen aufgreifend, sind die Elternbriefe zu nennen. Elternbriefe gibt es von verschiedenen Initiativen und Organisationen. Gemeinsam ist allen Elternbriefen, dass diese Themen rund um die Familie aufgreifen, zumeist orientiert an dem Entwicklungsstand der Kinder. „Die Idee der Elternbriefe ist, Eltern, die ihr erstes Kind erwarten, mit Informationen zur psychischen Entwicklung des Kindes, zu Fragen der Erziehung und Pflege, Gesundheit und den Veränderungen des Familiensystems zu versorgen und sie in ihren Erziehungskompetenzen zu stärken. Die Elternbriefe werden dabei entsprechend dem jeweiligen Alters- und Entwicklungsstand des Kindes (‚just in time‘) von den Jugendämtern oder anderen Trägern (z. B. Kath. Kirche) den Eltern zugesandt“ (Pettinger/ Rollik 2005:159). Mittlerweile sind Elternbriefe in vielen Städten verbreitet, und es gibt einige Untersuchungen zu deren Nutzung und Tragweite (Textor 2007:380). Generell erfahren die Elternbriefe eine große Akzeptanz aufseiten der Nutzer_innen. So wird in einer Untersuchung der Elternbriefe in der Stadt Hof deutlich: „Die grundsätzliche Zustimmung zu den Elternbriefen ist überwältigend: 90 % der Eltern stimmen den Aussagen voll oder teilweise zu, dass es gut ist, dass es Peter-Pelikan-Briefe gibt, dass das Jugendamt sie verteilt und dass sie kostenlos versandt werden. Durch die Peter-Pelikan-Briefe werden ca. drei Viertel aller Eltern erreicht. Über 50 % der Elternbriefempfänger lesen sie zum größten Teil, ein weiteres Viertel teilweise. Jede/r sechste blättert allenfalls darin oder liest sie nicht“ (Walter u. a. 2000:30). Ähnliches wird für die Untersuchung in anderen Städten deutlich. Der Nutzen liegt dabei insbesondere auf dem Erhalt von vielfältigen Informationen wie zu Erziehungsfragen, aber auch zu praktischen Fragen zu Gesundheit etc. (Walter u. a. 2000:32). Bei einer Befragung der Jugendämter in Bayern hinsichtlich des Umgangs mit Elternbriefen äußern diese, „dass die Elternbriefe gerade diejenigen Eltern nicht erreichten, die sie bräuchten. Den Elternbriefen wird dabei eine gewisse Orientierung an Mittelschichtseltern unterstellt. Zudem seien sie wegen der Fülle an Informationen in den Medien zu Erziehungsfragen überflüssig geworden" (Walter u. a. 2000:27). In der Befragung der Eltern zu Elternbriefen in Hof wird gerade Gegensätzliches deutlich. „Entgegen der häufig geäußerten Vermutung einer Mittelschichtsorientierung der Familienbildung, sind es eher die Eltern mit geringerer Bildung, die sowohl Aufmachung und Inhalt als auch die Nützlichkeit in praktischen und Erziehungsfragen positiv beurteilen. Diese Eltern unterscheiden sich von den Höhergebildeten auch darin, dass sie eher auf Anpassung als Erziehungsziel setzen. Tendenziell bedeutet eine bessere Bildung auch, dass die Peter-Pelikan-Briefe kritischer gesehen werden. Die breite Masse der Eltern profitiert von den Briefen somit eher als die Höhergebildeten" (Walter u. a. 2000:34). Somit besteht in den Elternbriefen durchaus eine Chance, auf niedrigschwelligem Wege Informationen zu verbreiten. Unterstützt wird dies noch durch zusätzliche Informationen zu regionalen Angeboten (Oberndorfer 2003:55), „die durch das Jugendamt in der Wahrnehmung seiner Koordinationsaufgabe gesammelt werden. Elternbriefe sollten somit als Teil und als Ausgangspunkt einer verstärkten örtlichen Koordination und Kooperation der Familienbildung gesehen werden" (Walter u. a. 2000:28).

Mobile aufsuchende Familienbildung

Als weitere Organisationsform ist die mobile aufsuchende Familienbildung zu nennen. Aufsuchende Formen der Familienbildung haben sich insbesondere entwickelt, um sogenannte benachteiligte Familien, die durch die vorher benannten Angebote nicht erreicht werden, anzusprechen. „Hier arbeiten sozialpädagogische Fachkräfte mit geschulten semiprofessionellen Kräften, die aus dem gleichen soziokulturellen Umfeld stammen wie die Zielgruppen, und als Hausbesucherinnen in die Familien gehen. Damit werden gleichzeitig Hürden für die Inanspruchnahme weiterer, institutioneller oder medialer Angebote reduziert" (Heitkötter/ Thiessen 2009:427). Diese aufsuchenden Angebote werden oftmals von spezifischen Trägern initiiert und sind zumeist im Bereich der Sprachförderung angesiedelt. Durch das Aufsuchen der Familien in ihrer gewohnten Umgebung besteht aufgrund des Interesses an der Förderung der Kinder eine höhere Bereitschaft an solch einer Projektteilnahme (Lange 2007:180). Des Weiteren basieren diese mobilen aufsuchenden Angebote oftmals auf dem „Peer-Ansatz" (Straßburger u. a. 2008:44). Dafür werden Mütter oder Väter qualifiziert, spezifische Themen an Mütter und Väter durch Hausbesuche zu vermitteln (vgl. bspw. die Projekte Stadtteilmütter, Opstapje, Hippy (Tschöpe-Scheffler 2006b)). Dadurch ergeben sich weitere Möglichkeiten zur Überleitung in ein passgenaues institutionalisiertes Angebot. „Entwickelt wurde ein breites Angebotsspektrum, um Familien bei der Bewältigung ihrer Aufgaben mit der Vermittlung von Kenntnissen, Fertigkeiten und Informationen sowie der Stärkung von Ressourcen zu unterstützen. Neben den Bildungsangeboten im engeren Sinne bieten Familienbildungseinrichtungen auch Kontakt- und Austauschmöglichkeiten für Eltern, die wesentlich zur Selbstvergewisserung und Reflexion beitragen ebenso wie zu nachbarschaftlicher und sozialräumlicher Vernetzung" (Heitkötter/ Thiessen 2009:423).

Eine weitere Form der mobilen aufsuchenden Familienbildung bezieht sich auf den ländlichen Raum. Regionen im ländlichen Raum verfügen oftmals über eine gering ausgebaute Infrastruktur sozialräumlicher Angebote, die mit einem gering ausgebauten öffentlichen Nahverkehr einhergehen. Solche infrastrukturelle Rahmenbedingungen können mit einer stärkeren Isolation und gleichzeitiger sozialer Kontrolle einhergehen (Strobel u. a. 2009:13). Entsprechend solcher Rahmenbedingungen sind mobile Angebote der Familienbildung erforderlich, um Familien im ländlichen Raum zu erreichen.

An die strukturelle Verortung der Organisationsformen anschließend wird nun die Umsetzungen der Familienbildung anhand der Angebotsformen beschrieben.

2.3.2.4 Angebotsformen der Familienbildung

Aufbauend und ableitend aus den Organisationsformen der Familienbildung ergeben sich verschiedene Angebotsformen. Zur Beschreibung dieser können wiederum unterschiedliche Kategoriensysteme gewählt werden. „Es gibt keinen umfassenden Überblick über bestehende und neue Konzepte. Einzelne Modelle werden publik und verbreiten sich, andere bleiben unbekannt. Nur wenige Konzepte wurden auf ihre Wirkung hin wissenschaftlich untersucht oder begutachtet. So ist es schwer möglich, von den vorhandenen Erfahrungen zu profitieren, da zum einen Basisinformationen fehlen und/ oder zum anderen fundierte Beurteilungen der Bewährung in der Praxis" (Rupp 2003a:10). Nichtsdestotrotz erfolgt nun eine Annäherung an eine Strukturierung der Angebotsformen. Dafür wird eingangs die Angebotsgestaltung entlang der Lebensphasen und entlang der Zielgruppen dargestellt. Daran anschließend werden die konkreten Angebote von Eltern-Kind-Gruppen, Offenen Treffs und Beratungsangeboten vorgestellt.

Die **Angebotsgestaltung entlang der Lebensphasen** orientiert sich an der Familie und den jeweiligen altersentsprechenden Herausforderungen mit einer besonderen Fokussierung auf die Übergänge zwischen den Systemen. Da Familienbildung präventiv ansetzt, um alle Familien zu stärken, bieten sich Angebote für verschiedene Lebensphasen an. Trotz der Kritik, dass dieser Ansatz kulturabhängig und den aktuellen gesellschaftlichen Entwicklungen nicht angemessen sei, kann dieser Systematisierungsansatz durchaus eine Orientierung bieten (Pettinger/ Rollik 2005:32, Textor 2007:369). Dies grenzt die anderen benannten Ansätze nicht aus, sondern integriert diese vielmehr in das Angebotsspektrum. Nach Pettinger und Rollik (2005) umfasst der Familienlebensphasenansatz die folgenden Phasen:

„Phase I: Paare ohne Kinder
Phase II: Geburt des ersten Kindes, Kleinkindalter
Phase III: Familien mit Vorschulkindern
Phase IV: Familien mit Schulkindern
Phase V: Familien mit Jugendlichen
Phase VI: Familien mit jungen Erwachsenen
Phase VII: Familien in der Nachelternphase
Phase VIII: Alte Familien (nach dem Ausscheiden aus dem Beruf)
Phase IX: Tod eines Partners“
(Pettinger/ Rollik 2005:32).

Durch die Differenzierung in Lebensphasen werden die jeweiligen Anforderungen und darüber hinaus die Übergangsphasen deutlich. Entsprechend ergeben sich daraus zahlreiche spezifische Themen und Fragestellungen, die entlang konkreter Angebote aufgegriffen werden können. Des Weiteren ist dieser Ansatz hilfreich, weil dieser „Probleme und Krisen in den Phasenübergängen als strukturell bedingte und nicht als individuelle oder personelle Defizite versteht, was für die Betroffenen zu einer wesentlichen psychischen Entlastung führt, wenn ihnen ihre Konflikte und Probleme als strukturell bedingt vermittelt werden können“ (Pettinger/ Rollik 2005:33).

Bei der Angebotsanalyse der Familienbildung unter der Zielgruppenperspektive wird deutlich, dass orientiert an den Lebensphasen (werdende) Eltern mit Kleinkindern am häufigsten angesprochen werden (Schiersmann u. a. 1998:107). Daraus ergibt sich auch, dass ein Großteil der Nutzer_innen von Familienbildungsangeboten zwischen 24 und 35 Jahren alt ist (Schiersmann u. a. 1998:111).

Die **Angebotsgestaltung entlang der Zielgruppen** stellt eine weitere Systematisierungsform dar. Orientiert an den Familienformen werden am häufigsten Klein- und Kernfamilien sowie Ein-Eltern-Familien angesprochen (Schiersmann u. a. 1998:107). Mit der Fokussierung von sogenannten Ein-Eltern-Familien findet bereits eine Orientierung an besonderen Familienformen statt neben dem trotzdem deutlich werdenden präventiven Charakter. Daneben können basierend auf konkreten Themen wie spezifischen Herausforderungen oder besonderen Lebenslagen ebenfalls bestimmte Zielgruppen angesprochen werden. Dies können Themen wie ‚Familien in Trennung/ Scheidung‘ oder Zielgruppen in prekären sozialen Situationen wie Migration, Betreuung von kranken Angehörigen o.Ä. sein (Schiersmann u. a. 1998:107). Auch Lösel kommt in seiner Untersuchung zu dem Schluss: „Insgesamt berücksichtigt ein Viertel des Gesamtangebots explizit Familien mit besonderen Belastungen. Dabei überwiegen strukturelle Belastungsfaktoren wie Alleinerziehung, Scheidung/ Trennung oder finanzielle Deprivation“ (Lösel 2006:9).

Aber wie gestaltet sich nun die konkrete Umsetzung von solchen Familienbildungsangeboten? „Angebotsformen der Familienbildung sind gruppenpädagogische Angebote, Einzelberatung, Frühberatung, themenorientierte Veranstaltungen, Kurse und Seminare, Stadtteilaktivitäten und Feste, Familienfreizeiten, Wegweiserberatung und aufsuchende Arbeit. Die Angebote sind für die Betroffenen kostengünstig bis kostenfrei; partizipativ und – im Unterschied zu familienergänzenden Hilfen des Jugendamts wie beispielsweise der Sozialpädagogischen Familienhilfe – familienunterstützend und freiwillig" (Heitkötter/ Thiessen 2009:428). Konzeptionell basieren viele dieser Angebote auf der Annahme, dass „eine positive Eltern-Kind-Beziehung ein primärer Schutzfaktor für die Entwicklung von Kindern ist" (Tschöpe-Scheffler u. a. 2006:262). Dafür wird insbesondere das erste Lebensjahr als wichtig erachtet. Da die **Eltern-Kind-Gruppen** einen zentralen Baustein der Familienbildung darstellen, sollen diese nun näher beleuchtet werden. „Im Hinblick auf die *inhaltliche Ausgestaltung* unterscheiden sich Eltern-Kind-Angebote im wesentlichen dadurch, ob Themen vorab definiert sind oder nicht: Die Spannbreite reicht vom *situativen Ansatz,* bei dem die konkreten und momentanen Bedürfnisse und Interessen der Eltern und Kinder ausschlaggebend für die Inhalte des jeweiligen Treffens sind, bis zum *Rahmenplan,* der bereits vor dem Start einer Gruppe durch die Gruppenleiterin ausgearbeitet worden ist, so daß Inhalte und deren Abfolge im wesentlichen festgelegt sind" (Schiersmann u. a. 1998:40, H.i.O.). Darüber hinaus können Eltern-Kind-Gruppen in einen kinder- bzw. mütterorientierten, frauenorientierten und elternorientierten Ansatz unterschieden werden. Beim kinder- und mütterorientierten Ansatz stehen sowohl die Kinder als auch die Mütter im Fokus. Mütter werden angeleitet, ihre Kinder zu beobachten und sich darüber auszutauschen, um so den altersspezifischen Bedürfnissen des Kindes gerecht zu werden und erzieherische Kompetenzen zu stärken durch „pädagogisch aufbereitete Sing-, Spiel- und Bastelangebote" (Schiersmann u. a. 1998:39). Eine Gefahr dieses Ansatzes liegt in der Überforderung der Kinder durch zu hohe Ansprüche der Mütter. In Abgrenzung dazu fokussiert die frauenorientierte Eltern-Kind-Arbeit die Kontakte der Frauen untereinander, um gegenseitige Unterstützung und Entlastung hinsichtlich der persönlichen und beruflichen Entwicklung anzuregen. In der eltern-orientierten Eltern-Kind-Arbeit werden nicht nur Mütter, sondern auch Väter angesprochen und Themen wie Partnerschaft und Rollenverteilungen darin fokussiert (Schiersmann u. a. 1998:39f).

In allen Eltern-Kind-Gruppen stehen darüber hinaus zumeist entwicklungspsychologische und pädagogische Fragen im Fokus. „Erblickt das erste Kind eines Paares das Licht der Welt, so ist dies gleichsam die Geburtsstunde der Elternschaft. Die den neuen Erdbürger/innen eigene Sprache ist dabei nicht unmittelbar verständlich für die neuen Väter und Mütter. Jedoch sind Übersetzungshilfen, wie sie früher über die Generationen hinweg im Familienverband oder Sozialraum weitergegeben wurden, im Zuge des gesellschaftlichen Wandels und damit einhergehender wachsender räumlicher Mobilität immer seltener unmittelbar zugänglich" (Tschöpe-Scheffler u. a. 2006:259). Daher wird einerseits der Fokus auf die Vermittlung dieser inhaltlichen Themen gesetzt, andererseits werden Strukturen gestaltet, damit Eltern sich austauschen und verknüpfen können. So wird ein Ort geschaffen, an den sich Eltern mit ihren Problemen wenden können, gekoppelt mit methodischen Anregungen für eine ganzheitliche Entwicklung (Tschöpe-Scheffler u. a.

2006:260). Inhaltlich-thematisch gesehen können dabei Schwerpunkte auf konzeptionell verankerte Programme wie PEKiP oder Emmi Pikler, die zumeist als kostenpflichtig und in geschlossen Gruppen angeboten werden, gesetzt werden (Tschöpe-Scheffler u. a. 2006:261). Allerdings wird insbesondere bei solchen Angebotsstrukturen kritisiert, dass dort insbesondere „die etwas besser situierten und gebildeten Eltern vorhanden seien. Diese Zielgruppe ist am besten bekannt und am ehesten zu erreichen. Andere werden kaum angesprochen oder fühlen sich ausgeschlossen. Ihre Bedürfnisse werden offenbar auch weniger erkannt, berücksichtigt und bearbeitet“ (Rupp 2003a:11). Auch um diese Kritik aufzugreifen, werden neben festen Gruppenangeboten sogenannte **Offene Treffs** als niedrigschwellige Angebote vorbehalten (Tschöpe-Scheffler u. a. 2006:261). „Niedrigschwellig meint die Verortung im unmittelbaren Lebensumfeld der Familie, ohne strenge Reglements bezüglich der Teilnahmebedingungen, nach Möglichkeit für die Nutzer/innen kostenneutral und flexibel in der Wahl der Themen, die aktuell behandelt werden“ (Tschöpe-Scheffler u. a. 2006:256).

Niedrigschwellige offene Angebote kennzeichnen sich durch die folgenden Kriterien: Es besteht eine zeitliche Struktur ohne feste Anfangs- und Endzeiten, die eine variable Nutzung in Zeit und Häufigkeit ermöglichet. Als Adressaten werden oftmals alle Familien angesprochen. Die Durchführung kann bei pädagogischen Fachkräften liegen oder aber in selbst organisierten Formen. Oft sind geringe oder keine Teilnahmebeträge erforderlich. Informelle Kontakte stehen dabei im Fokus. Teilweise werden thematische Inhalte im Prozess gemeinsam entwickelt (Treptow u. a. 2011:4f). „Die hier zu betrachtenden offenen Treffs beschreiben vor diesem Hintergrund einen ganz spezifischen Bereich der Familienbildungsarbeit, welcher ‚alltägliche, selbstverständliche Begegnungen zwischen Menschen‘ (BMFSFJ, 2008, 18) und Bildungsbezüge verbindet. Jene Angebote konkretisieren sich in der Form eines Tee- oder Kaffeestubenbetriebs, im Kontext eines thematischen Frühstücks, in Stillgruppen bzw. Stillcafés, Eltern-Kind-Gruppen etc. Sie sind in ihrer Verbindlichkeitsstruktur eingeschränkter als stärker formalisierte Programme – gemeint sind z. B. Elternbildungskurse, Vortragsreihen oder Trainingsprogramme – und werden hier in Abgrenzung zu diesen bestimmt; d. h. offene Treffs sind vom Veranstalter als nicht oder wenig formalisierte Angebote konzipiert“ (Treptow u. a. 2011:4). Aus den offenen Treffs können sich zudem Überleitungen in weitere Angebote ergeben.

Neben den auf Begegnung und Kommunikation ausgerichteten Angebotsformen der Eltern-Kind-Gruppen und offenen Treffs können bestimmte Themen eine gezielte Begleitung in Form einer Beratung erfordern. In 32 % der von Schiersmann untersuchten Einrichtungen werden **Beratungsangebote** vorbehalten (Schiersmann u. a. 1998:98). Die darin relevanten Themen können sehr vielfältig sein und sich aus den Herausforderungen entlang der jeweiligen Lebensphase ergeben (Pettinger/Rollik 2005:45). Hierfür kann exemplarisch die Beratung in der Schwangerschaft genannt werden (Tschöpe-Scheffler u. a. 2006:258).

Neben den Eltern-Kind-Gruppen, Offenen Treffs und Beratungsangeboten werden weitere Angebotsformen benannt, die je nach Thema und Bedarf umgesetzt werden. Darunter fallen bspw. Elternabende, Elterngespräche, Elterngruppen (Tschöpe-Scheffler u. a. 2006:265), Angebote im Bereich der beruflichen Bildung, Hauswirtschaft und Kreativität sowie freizeitorientierte Angebote (Walter u. a. 2000:17). Textor beschreibt, dass in der Familienbildung die gleichen Methoden wie in der Erwachsenenbildung relevant sind. Besonders benannt werden Vorträge mit Diskussionen, Kurse/ Seminare, Gesprächskreise und Ähnliches, die jeweils Elemente der Selbsterfahrung, Analyse und Suche nach Lösungsmöglichkeiten beinhalten. Darüber hinaus sind oftmals verschiedene Interaktionsübungen ein zentrales Element sowie die künstlerisch-kreative Orientierung. Daneben spricht er über einen „erfahrungs- und situationsbezogener Ansatz" (Textor 2007:372) mit einer Prozess- und Ergebnisorientierung.

In der Darstellung der Angebotsformen der Familienbildung wird deutlich, dass diese bereits die Dimensionen der Begegnung, der Beratung und der Bildung beinhalten. Je nach anvisierter Lebensphase oder Zielgruppe werden darauf basierend konkrete Angebote entwickelt.

2.3.2.5 Themen in der Familienbildung

In der Darstellung der Angebotsformen der Familienbildung entlang der Lebensphasen sowie in der Konkreten Umsetzung von Eltern-Kind-Angeboten, Offenen Treffs und Beratung wurden bereits relevante Themen der Familienbildung angedeutet. Diese Themenvielfalt wird nun noch einmal aufgegriffen, ohne dabei den Fokus auf die unterschiedlichen Umsetzungsformen zu legen. Hinsichtlich der in diesen kategorialen Zuordnung auftauchenden Themen können die folgenden als relevant benannt werden: „elterliche Erziehungskompetenz, Beziehungs- und Kommunikationskompetenz, Alltagskompetenz, Partizipationskompetenz in Kindertagesstätten und Schule aber auch in Formen der Selbst- und Nachbarschaftshilfe (Vernetzungskompetenz), Medienkompetenz, Gesundheitskompetenz sowie die Fähigkeit einer angemessenen Freizeit- und Erholungsgestaltung" (Heitkötter/ Thiessen 2009:427). Zurückgreifend auf den Lebensphasenansatz gehen mit der Geburt des ersten Kindes eine Reihe an Erwartungen, Vorstellungen und auch Herausforderungen einher. „Der Lebensrhythmus, der Ablauf des Alltags, die Beziehungen des Paares – alles wird durch die Geburt eines Kindes verändert. Sich völlig auf das Baby einzustellen, rund um die Uhr verfügbar zu sein, das Fehlen gewohnter Kontakte und der Wegfall von Aktivitäten außer Haus, fordert und überfordert häufig die jungen Eltern und besonders die Mütter. Glückserfahrungen im Umgang mit dem Kind sind dazu das Gegengewicht, aber dennoch fühlen sich junge Familien oft mit ihren Problemen und in ihrer Situation allein gelassen. Viel seltener als früher sind Großeltern, Nachbarn, Freunde da, die hier Entlastung schaffen" (Pettinger/ Rollik 2005:35). Mit dieser neuen Ausgangssituation gehen zudem weniger Zeit und zugleich hohe Erwartungen einher. Daraus ergibt sich ein großes Interesse an einer optimalen Förderung des Kindes (Pettinger/ Rollik

2005:36). So ist die identifizierte Zunahme an Nachfragen zu **Angeboten mit entwicklungspsychologischen und pädagogischen Themen** nachvollziehbar (Schiersmann u. a. 1998:58f). Damit gehen Bedarfe einher, die auf eine **Problembewältigung** und Förderung der **Alltagskompetenzen** zielen (Lösel 2006:9). „Obwohl dies bei der Einordnung der Maßnahmen selten angegeben wurde, nimmt oft auch das Ziel der ‚Alltagsbewältigung' eine wichtige Stellung ein. Es steht zwar für keinen der betrachteten Maßnahmenbereiche an erster Stelle, wird aber bei Maßnahmen rund um die Geburt, Elterngruppen, offenen Treffs und Paarangeboten oft thematisiert. Bei den verschiedenen Angebotsarten dürfte aber die Alltagsbewältigung sehr Verschiedenes bedeuten, z. B. die Gewöhnung an den Alltag mit einem Baby, eine verbesserte Haushaltsorganisation oder auch den Umgang mit dem Beziehungsalltag" (Lösel 2006:59). Dafür sind verschiedene Kompetenzen erforderlich, die insbesondere bei der Geburt des ersten Kindes entwickelt und ausgehandelt werden müssen. Damit gehen auch Fragen zur **Vereinbarkeit von Familie und Beruf** einher, die ebenfalls die Betrachtung von strukturellen Rahmenbedingungen erforderlich macht. Basierend auf den gesellschaftlichen Wandlungsprozessen mit dem Fokus auf den Ausbau von Kindertagesstätten, der Einführung von Elterngeld etc. werden im Rahmen der Familienbildung insbesondere Fragestellungen thematisiert, „wie berufliche Qualifikationen erhalten werden können, wie in der Familienphase erworbene ‚Schlüsselqualifikationen' bewusst und einem Arbeitgeber gegenüber deutlich gemacht werden können oder wie der Arbeits- und Informationskontakt zur früheren Arbeitsstelle erhalten werden kann" (Pettinger/ Rollik 2005:55). Familienbildung setzt dabei auf den dialogischen Austausch, Selbstreflexion und bedarfsentsprechenden Begleitung zur Entwicklung einer „selbstverantwortete[n, S. H.-B.] Lebensplanung" (Pettinger/ Rollik 2005:55).

Ein weiteres Thema der Familienbildung liegt in der **Gesundheitsbildung**. Insbesondere bei den Schwerpunkten Entspannung, Gymnastik, Turnen, aber auch Suchtprävention sind Nachfragezunahmen zu verzeichnen (Schiersmann u. a. 1998:52f). Des Weiteren fallen darunter Fragen zur gesunden Ernährung für Kinder oder auch hinsichtlich der Nutzung von Medien. Im weitesten Sinne können darunter auch Informationen gefasst werden, die Fragen hinsichtlich einer kinderfreundlichen und zugleich -fördernden Wohnraumgestaltung beinhalten (Pettinger/ Rollik 2005:58). So werden neben kind- und familienzentrierten Fragen zugleich individuumzentrierte Fragen aufgegriffen (Walter u. a. 2000:17).

Einen weiteren inhaltlichen Schwerpunkt nehmen basierend auf der ausgeprägten Inanspruchnahme von Selbsthilfegruppen die **Entwicklung von Kompetenzen im Bereich der Partizipation und gesellschaftlichen Entwicklungen** (Pettinger/ Rollik 2005:31). So bietet die Familienbildung einen Ort, an dem sich Individuen diesbezüglich erproben können.

Des Weiteren sind hinsichtlich der Themen zumindest **besondere Lebenslagen oder Belastungen** wie Krankheit, Behinderung, Tod, Scheidung, Sprachförderung und Migration zu nennen (Pettinger/ Rollik 2005:91). „Neben der (muttersprächlichen) Beratung in sozialen, beruflichen und migrationsspezifischen Fragen bieten sie auch vielfältige Bildungs- und Integrationsangebote: Sprachförderung, Unterstützung bei der Erstorientierung in der Kommune, Kurse zur Verbraucherberatung und zum Verbraucherschutz, gesundheitsfördernde Maßnahmen, Veranstaltungen zu politischer Bildung, Bewerbungstrainings etc. Darüber hinaus werden aber auch Möglichkeiten der Begegnung geschaffen, um zugewanderte Familien aus ihrer Isolation zu lösen, sie beim Aufbau eigener Kontakte zu unterstützen und damit auch Hilfestellungen zu geben für die Überwindung subjektiv empfundener Fremdheit und Verunsicherung. Dazu gehören Gesprächskreise, Stadtteilfeste, Kulturveranstaltungen etc." (Pettinger/ Rollik 2005:101). Entsprechend lassen sich diese Themen auch den dargestellten Angebotsformen zuordnen.

In der folgenden Abbildung sind die sich aus der gesetzlichen Grundlage ergebenden Zielstellungen sowie die darauf basierenden Organisations- und Angebotsformen dargestellt. Diese bilden zugleich die Grundlage für relevante Themen in der Familienbildung.

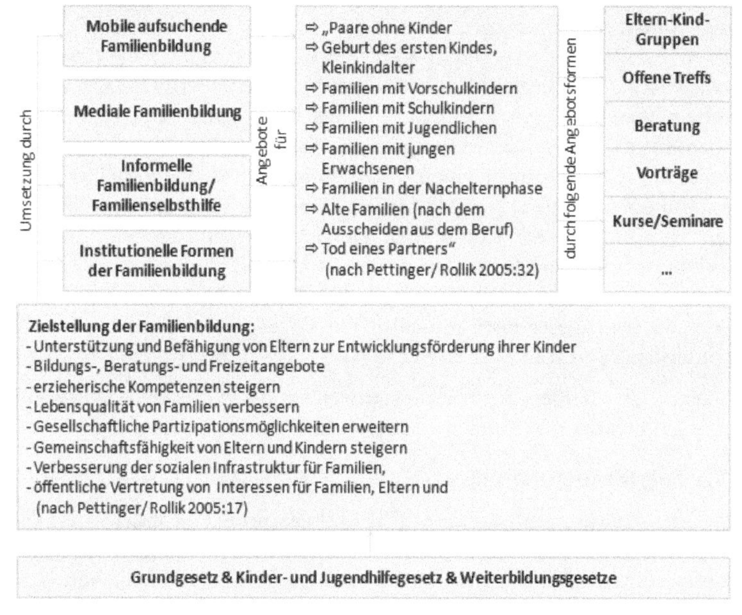

Abb. 4: Strukturelle Konturen der Familienbildung

An diese allgemeinen Beschreibungen zur Familienbildung anschließend wird nun eine institutionelle Form der Familienbildung, die Familienzentren, näher dargestellt.

2.3.3 Familienzentren als Orte der Familienbildung

Familienzentren als Orte der Familienbildung sind hoch aktuell. „Der bundesweite Vergleich zeigt sehr unterschiedliche Trends und Entwicklungslinien in Bezug auf Zeitverläufe, Fördersummen sowie auf länderspezifische Definitionen und Schwerpunktsetzungen beim Thema Familienzentren. Während die ersten Modellförderprogramme auslaufen und auf die kommunale Ebene verlagert werden, starten andere Bundesländer erst mit der landesweiten Unterstützung. Die Länder, die eine Vorreiterrolle hatten, bauen ihre Förderung kontinuierlich aus" (Schlevogt 2012:7). Dabei kann mit Blick auf die bundesweite Förderung unterschieden werden in landesweite Förderung und Modellprojekte von Familienzentren im Kitabereich sowie landesweite Förderungen von Familienzentren im Bereich der Familienbildung und Mütter-/ Elternselbsthilfe (Schlevogt 2012b:17). In den Bundesländern Baden-Württemberg, Bayern, Mecklenburg-Vorpommern, Brandenburg, Rheinland-Pfalz und Thüringen werden Familienzentren bzw. Mütterzentren/ Mütter-Väter-Zentren im Familienbildungsbereich, bzw. in Rheinland-Pfalz und Thüringen als Einrichtungen der Selbsthilfe gefördert. In den Bundesländern Sachsen, Sachsen-Anhalt und Thüringen wurden bzw. werden Modellprojekte zur Entwicklung von Familienzentren/ Eltern-Kind-Zentren aus Kindertagesstätten gefördert und wissenschaftlich begleitet. In den Bundesländern Berlin, Hamburg, Hessen, Nordrhein-Westfalen und Rheinland-Pfalz ist eine landesweite Finanzierung von Familienzentren im Kitabereich vorgesehen (Schlevogt 2012b:19ff). „3/4 der Bundesländer engagierten sich bereits in Programmen mit sehr unterschiedlichen Konzepten und Förderpraxen. Nur 1/4 fördert länderweit Kitas auf dem Weg zu Familienzentren. Immer mehr Kommunen entwickeln eigene Förderkonzepte. Einige Großstädte unterstützen Familienzentren in Stadtteilen mit verdichteten Problemlagen mit deutlich höherer Förderung" (Schlevogt 2012b:24). Es wird deutlich, dass sich auch in dieser institutionalisierten Form verschiedene Organisationsformen unterscheiden lassen.

Nach einer einleitenden Begriffsklärung werden daher bestehende Organisationsformen und sich darin auffindbare Angebotsformen näher beleuchtet.

2.3.3.1 Begriffskonturierung

„‚Orte für Kinder und Familien', ‚Familienzentren', ‚Kinder-Eltern-Zentren', ‚Mehrgenerationenhäuser' oder ‚KinderTagesZentren' – je nach Bundesland und Kommune offenbart sich ein wahrer Dschungel an unterschiedlichen Namensgebungen für integrative, familienunterstützende Einrichtungen" (Possinger 2009:1). Diese nicht eindeutig geklärte Begriffsvielfalt ist auf die unterschiedlichen Entstehungen dieser Einrichtungen in der Praxis zurückzuführen (Diller 2006:7). Wie bereits in der geschichtlichen Entwicklung kurz umrissen, bilden sogenannte Mütterschulen einen Vorläufer für weitere dem Bedarf entsprechende Innovationen in der Praxis, die allerdings unterschiedlich bezeichnet werden. Die Einrichtungen unterscheiden sich durch inhaltliche Schwerpunktsetzungen und verschiedene Kooperationsbezüge, verfügen aber meist nicht über konzeptionell verankerte Rahmungen (Diller 2005:7f). Entsprechend erfolgt nun eine Annäherung an den Begriff ‚Familienzentrum' unter Abgrenzung anderer Begriffe.

Im Jahr 2003 wurden in Niedersachsen flächendeckend sogenannte Mehrgenerationenhäuser in ihrer Entwicklung unterstützt. Dieses Konzept wurde zwei Jahre später als Bundesprogramm übernommen und ausgebaut. „Mehrgenerationenhäuser sehen sich dagegen als moderne Antwort auf das Prinzip der Großfamilie. Durch gemeinsame Aktivitäten, offene Treffs, Kultur- und Sportangebote sollen sich die Generationen unkompliziert begegnen und miteinander in einen Austausch treten. Um Menschen aller Altersgruppen ihren Alltag zu erleichtern, sollen sich die Häuser zudem zu Dienstleistungsdrehscheiben entwickeln. So aktivieren sie Ehrenamtliche und das Potenzial zur Nachbarschaftshilfe" (Possinger 2009:2). Gemeinsam ist den Mehrgenerationenhäusern und Familienzentren, dass sie sich beide an Familien richten (Possinger 2009:1). Allerdings sprechen Mehrgenerationenhäuser darüber hinaus allgemein Bürger_innen mit deren Bedarfen und Interessen sowie deren Engagementbestrebungen an. Dadurch ist die Themenvielfalt durchaus breiter aufgestellt und mit einem verstärkten Fokus auf Dienstleistungen ausgerichtet.

Eine weitere Entwicklungslinie ist der Ausbau von Kindertagesstätten zu Familienzentren. Zurückzuführen ist dies insbesondere auf das im Jahr 2005 verabschiedete Tagesbetreuungsausbaugesetz, das einen verstärkten Fokus auf einen Förderungsauftrag hinsichtlich Erziehung, Bildung und Betreuung sowie einer gleichzeitigen Unterstützung von Familien setzt (Uhlendorff u. a. 2013:149, Spieß 2009:13). „Kindertageseinrichtungen wurden für dieses Vorhaben deshalb ausgewählt, weil sie beinahe alle Eltern erreichen, wohnortnah sind und eine große Akzeptanz bei den Eltern erfahren. Durch Familienzentren sollen die Qualität der frühkindlichen Bildung und Förderung verbessert und Eltern in ihren Erziehungsaufgaben unterstützt werden" (Uhlendorff u. a. 2013:149f). Dies ist durchaus schon immer als Auftrag von Kindertagesstätten anzusehen. Durch die geforderte Vernetzung und Kooperation mit weiteren Einrichtungen, können aber neue Formen an Beratung und Unterstützung für alle Familien im Stadtteil entwickelt werden (Dummann 2008:2, Uhlendorff u. a. 2013:150). Der institutionelle Ausgangspunkt liegt nach diesem konzeptionellen Verständnis bei Kindertagesstätten. Zugleich ergeben sich daraus aber auch Anforderungen an die Kindertagesstätten hinsichtlich einer bedarfsentsprechenden Struktur- und Angebotsentwicklung bspw. hinsichtlich der Öffnungszeiten mit Blick auf die Vereinbarkeit von Familie und Beruf (Meyer-Ullrich u. a. 2008:22).

Da in der bundesdeutschen Debatte um Familienzentren zumeist auf die britischen Early-Excellence-Center als Vorbild verwiesen wird, sollen diese zumindest benannt werden. Im Rahmen der politischen Armutsbekämpfung wurden in England Early-Excellence-Center (EEC) gegründet, um „die Entwicklungsbedingungen von Kindern und Familien zu verbessern und die hohe Kinderarmut zu reduzieren, indem sie die Eltern in Lohn und Brot bringt und den Kindern durch eine hohe Qualität der Betreuung langfristig bessere Bildungschancen sichert" (Peucker/ Riedel 2004:9). Dies soll durch eine hohe Qualität in der Betreuung ansetzend an den Bildungsprozessen der Kinder, den aktiven partnerschaftlichen Einbezug der Eltern durch kontinuierliche Beteiligung und Reflexion der Bildungsprozesse sowie zusätzlicher Bildungsangebote für Eltern umgesetzt werden. Dies geht mit einer entsprechenden Qualifizierung der Mitarbeitenden einher (Peucker/ Riedel 2004:10). Eine gemeinsam im Team abgestimmte und verankerte Grundhaltung gegenüber den Familien basierend auf Wertschätzung, Anerkennung und Zusammenarbeit wird dabei als grundlegend erachtet (Rißmann/ Remsberger 2011:19). „Die EECs versuchen damit mit Angeboten aus einer Hand (nach dem Prinzip des „one stop shop") auf die komplexen Bedürfnisse von Familien zu reagieren. Dabei geht es zunächst nicht bzw. nicht primär darum, völlig neue Angebote zu schaffen, sondern vielmehr um das Bündeln vielfach bereits vorhandener Angebote und Dienste, mit dem Zweck, diese den Familien in integrierter Form zugänglich zu machen, um sie für Eltern und Kinder möglichst niedrigschwellig anzusetzen" (Peucker/ Riedel 2004:11). Auch hierbei soll das bestehende Vertrauensverhältnis zwischen Eltern und Erzieher_innen für die unkomplizierte passgenaue Weitervermittlung in andere Einrichtungen und Angebote genutzt werden.

Für eine annähernde Begriffsklärung basierend auf den unterschiedlichen Praxisentwicklungen wird die zugrunde liegende Definition des Begriffs ‚Familienzentrum' im Fachlexikon der Sozialen Arbeit herangezogen. Darin heißt es: „Der Begriff F. kann sich auf sehr unterschiedliche Einrichtungstypen beziehen, z. B. auf Familienbildungsstätten, Mütterzentren, Mehrgenerationenhäuser. In jüngster Zeit wird der Begriff F. ebenfalls für Kindertageseinrichtungen genutzt, die ihr Angebot institutionell weiterentwickelt haben" (Diller 2011:297). Diesen verschiedenen Institutionen ist gemeinsam, dass sie ihre Angebote entsprechend der veränderten Bedarfe von Eltern angepasst haben zur Schaffung einer „sozialen Infrastruktur, die Risiken von Familien abfedert und das Aufwachsen der nachfolgenden Generationen erleichtert" (Diller 2011:297). Aufgrund dieser bedarfsentsprechenden Praxisentwicklungen und den später einsetzenden Bundes- und Länderprogrammen ist solch eine Vielfalt an Bezeichnungen entstanden. „An der Schnittstelle von Kindertageseinrichtung, Familienbildung und Familienhilfe entstehen bedarfsgerechte und niedrigschwellige Zugänge; durch ein Konzept der institutionellen Öffnung werden institutionsspezifische Angebote in ein Gesamtkonzept integriert. Mit dem Anschluss an zusätzliche regionale Angebote und eingebettet in lokale Strukturen kann ein breit gefächertes Unterstützungssystem aufgebaut werden, das Familien fördert und aktivierende Impulse im Gemeinwesen setzt" (Diller 2011:279). Darüber hinaus stehen die Förderung und Unterstützung von Entwicklungs- und Bildungsprozessen der Kinder sowie der Einbezug und die Stärkung der elterlichen Erziehungskompetenzen im weiteren Fokus sowie das Bereithalten von Beratungsangeboten (Rißmann/ Remsberger 2011:26f, Spieß 2009:13). Somit liegt zusammengefasst ein Fokus auf Vernetzung, Kooperation und Bündelung von verschiedenen Angeboten, um eine regionale familienfreundliche Infrastruktur zu gestalten (Deutsche Kinder- und Jugendstiftung 2012:4, Possinger 2009:5, Rißmann/ Remsberger 2011:26f, Dummann 2008:2). Die bereits bestehenden Zugänge zu Familien und darauf basierende Vertrauensverhältnisse werden dafür genutzt (Meyer-Ullrich u. a. 2008:20). Zudem gehen mit solch einem Ansatz zugleich Anforderungen an strukturelle Rahmenbedingungen einher. „Damit soll auch die historisch gewachsenen Verinselung fachspezifischer Angebotssegmente überwunden und die getrennten Sphären öffentlicher und privater Bildungsorte in einem integrierten Gesamtkonzept zusammengeführt werden" (Diller 2012:81).

Auf diese annähernde Begriffskonturierung von ‚Familienzentren' wird nun den bestehenden Organisationsformen nachgegangen.

2.3.3.2 Organisationsformen von Familienzentren

Die historischen Entwicklungen, die bedarfsorientierte Ausrichtung der Angebote sowie die damit einhergehenden unterschiedlichen Finanzierungskonzepte bedingen zugleich die verschiedenen aktuellen Organisationsformen von Familienzentren. Dafür wird im Folgenden ein Überblick über die bestehenden Organisationsformen gegeben. Die vorab kurz dargestellten Mehrgenerationenhäuser werden dabei nicht mit einbezogen, da diese sich durch die im Bundesprogramm verankerten Zielstellungen, alle Generationen anzusprechen, von Familienzentren abgrenzen (Deutsche Kinder- und Jugendstiftung 2012:4).

Im Rahmen der bundesweiten Recherche zu Einrichtungen, die familienunterstützende Angebote bereithalten, wurden von Peucker und Riedel (2004) und von Diller (2006) vier Organisationsformen unterschieden. Diese werden näher dargestellt.

Die erste Organisationsform stellt das **integrierte Modell oder Kindertagesstätte plus** dar. Dabei werden die familienorientierten Angebote in einer Kindertagesstätte von den dortigen Mitarbeitenden unter der Zuständigkeit der jeweiligen Kitaleitung umgesetzt. Darüber hinaus werden externe Kooperationspartner_innen auf verschiedenen Wegen einbezogen. Mit solch einem integrierten Ansatz gehen zum einen Qualifikationsherausforderungen an die Mitarbeitenden einher, da sie neue Angebote integrieren und umsetzen. Dies bezieht auch die Zusammenarbeit mit Eltern ein. Zum anderen hat solch eine strukturelle Gestaltung zugleich Auswirkungen auf arbeitszeitliche Umstrukturierungen (Peucker/ Riedel 2004:24f, Diller 2006:22).

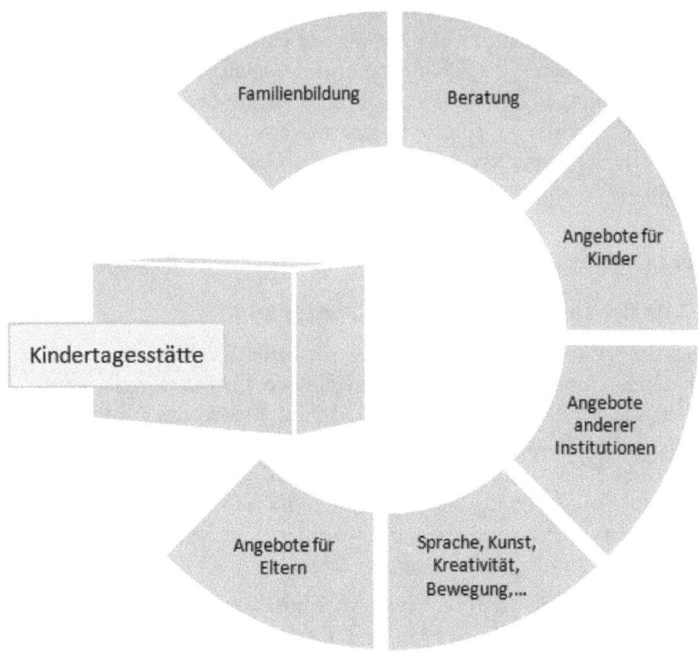

Abb. 5: Organisationsform Kindertagesstätte Plus/ Integriertes Modell (angelehnt an Peucker/ Riedel 2004:24f und Diller 2006:22)

Die zweite Organisationsform, das **Kooperationsmodell**, rückt die Zusammenarbeit mit Einrichtungen der Familienberatung und Familienbildung in den Fokus. Die zusätzlichen Angebote werden von Mitarbeitenden der kooperierenden Einrichtungen in den Räumen der Kindertagesstätte durchgeführt. Die Koordination obliegt den kooperierenden Einrichtungen gemeinsam, wobei teilweise die Zuständigkeit einer Person übertragen wird. Zumeist wird dafür ein gemeinsames Rahmenkonzept erarbeitet. Die Mitarbeitenden der Kindertagesstätte geben bedarfsentsprechende Informationen bei Elternabenden und -gesprächen weiter (Peucker/ Riedel 2004:25f, Diller 2006:24).

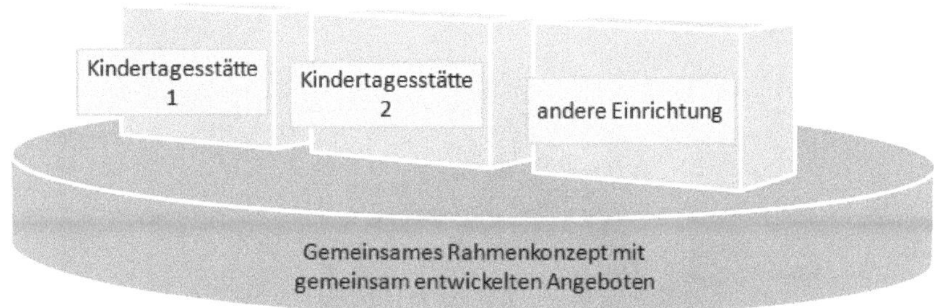

Abb. 6: Organisationsform Kooperationsmodell
(angelehnt an Peucker/ Riedel 2004:25f und Diller 2006:24)

Im **Zentrumsmodell** werden diese verschiedenen Angebote unter einem nicht allein konzeptionellen, sondern zugleich einrichtungsbezogenen Dach umgesetzt. Durch eine gemeinsame räumliche Verortung von Kindertagesstätte sowie weiteren Beratungs- und Familienbildungseinrichtungen ist eine synergetische Raumnutzung möglich. Koordiniert werden die Angebote von einer Hausleitung oder einem gemeinsamen Träger. Diese gemeinsame räumliche Verortung ermöglicht zugleich Gestaltungsmöglichkeiten hinsichtlich der Offenheit des Hauses und der Ansprache von Bewohner_innen im Stadtteil (Peucker/ Riedel 2004:26, Diller 2006:26).

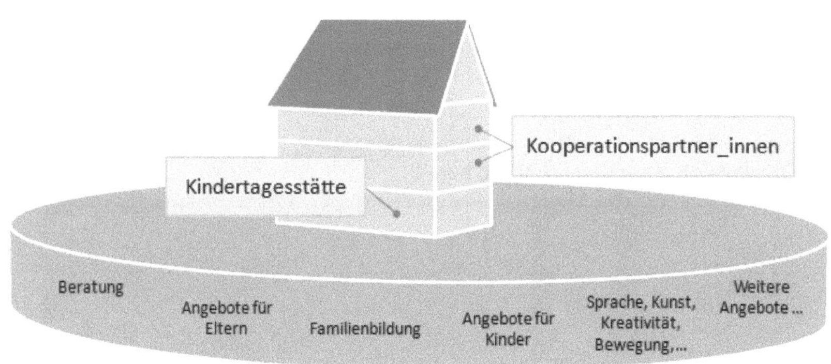

Abb. 7: Organisationsform Zentrumsmodell
(angelehnt an (Peucker/ Riedel 2004:26 und Diller 2006:26)

Die vierte Organisationsform stellt das **Mischmodell** dar. Hierbei werden in den Räumen der Kindertagesstätte familienorientierte Angebote in enger Kooperation mit anderen Einrichtungen des selben Trägers durchgeführt (Peucker/ Riedel 2004:27).

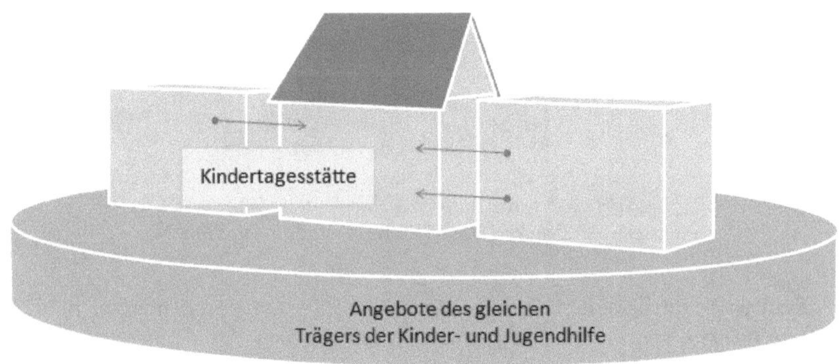

Abb. 8: Organisationsform Mischmodell (angelehnt an Peucker/ Riedel 2004:27)

Um der Vielfältigkeit der Umsetzungsformen von Familienzentren gerecht zu werden, wird an dieser Stelle noch einmal die **institutionalisierte Form** von Familienbildung aufgegriffen. Dies meint das Bestehen einer Einrichtung, in der Angebote der Familienbildung vorbehalten werden (Walter 1998:15, Heitkötter/ Thiessen 2009:426, Schiersmann u. a. 1998). Dies kann in Anlehnung an das Zentrumsmodell auch verschiedene Kooperationspartner_innen unter einem Dach einbeziehen. Allerdings ist es nicht zwingend erforderlich, dass hierunter auch eine Kindertagesstätte zählt. Allerdings sind durchaus Kooperationen zu Kindertagesstätten im Stadtteil erforderlich. Grundlegend für die institutionalisierte Form von Familienzentren ist die Angebotsentwicklung entlang der Bedarfe und nicht aus der Einrichtungsform Kindertagesstätte heraus.

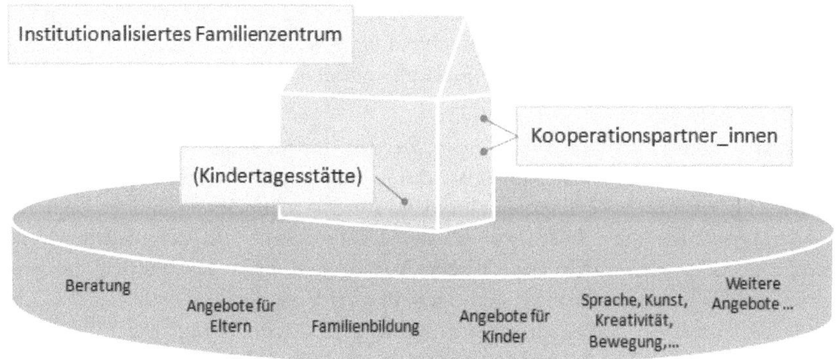

Abb. 9: Organisationsform Institutionalisiertes Familienzentrum

Welche konkreten Angebote lassen sich nun aber in den Familienzentren finden? Dieser Frage wird nun im Folgenden nachgegangen.

2.3.3.3 Angebotsformen und Themen von Familienzentren

In der Diskussion über Familienzentren werden immer wieder unterschiedliche Anforderungen an die Angebotsgestaltung formuliert. Allerdings ist hierfür die Betrachtung der regionalen Ausgangslage erforderlich. So wird insbesondere für die institutionalisierten Formen von Familienzentren beschrieben, dass diese aufgrund eines Impulses für solch eine Angebotsbündelung unter einem Dach entstanden sind. Ausgehend von einem Träger, „der ohnehin bereits verschiedene Aufgaben im Bereich der Kinder-, Jugend- und Familienhilfe wahrnahm und diese nun ‚unter einem Dach' bündelte. Die Vorteile wurden in der Regel in größerer Sichtbarkeit, leichterer Zugänglichkeit und in Synergieeffekten gesehen. In anderen Fällen stand ein gemeinwesenorientierter Ansatz Pate: die Zentren sollten zu möglichst offenen Häusern und Anlaufstellen für das Viertel oder die Nachbarschaft werden" (Diller 2006:29). Grundlegend für solche Weiterentwicklungsprozesse ist die **Orientierung an dem Bedarf der Familien** (Diller 2006:31). So beschreiben andere professionelle Akteure, dass es gar nicht anders möglich ist, zu arbeiten, da die gesellschaftliche und regionale Ausgangslage ein entsprechendes Aufgreifen erfordert. „Manche Einrichtungen betonten hier insbesondere ihre Verantwortung gegenüber den Kindern. Sie wollen mit präventiven Angeboten möglichst früh ansetzen, bevor sich Probleme in der Familie oder Erziehungsprobleme verfestigen" (Diller 2006:32). Ein weiterer impulsgebender Effekt ist die Tatsache, dass neben den klassischen Elternabenden und Elterngesprächen **neue Formen der Elternarbeit** erforderlich sind, um diese zu erreichen. „Hinzu kommt dann allerdings oft die Erfahrung, dass die üblichen Formen von Elternarbeit (wie Elternabende, Informationsabende etc.)

nicht ausreichen, um bestimmte Eltern – gerade die, wo es am dringlichsten erscheint – zu erreichen. Ebenso wenig finden diese Eltern von sich aus den Weg zu Beratungsstellen oder Angeboten anderer Institutionen wie z. B. von Familienbildungsstätten" (Diller 2006:32). Entsprechend ergab sich die Anforderung, vielfältige und neue Angebotsformen sowohl für Kinder als auch für Eltern zu entwickeln und zu gestalten.

Als Themenschwerpunkte für Kinder werden insbesondere „**Sprachförderung, Bewegungsförderung, Gesunde Ernährung, Interkulturelle Aktivitäten**" (Diller 2005:11) benannt. Diese Themenfelder sind durchaus ein Bestandteil im regulären Kindertagesstättenalltag. Allerdings werden je nach Bedarf und Verankerung in der jeweiligen Organisationsform spezifische Angebote zumeist in Gruppen dazu unterbreitet. Durch die Herausforderungen in der Vereinbarkeit von Familie und Beruf kann auch der Bedarf an allgemeinen Kinderbetreuungsangeboten für Kinder von 0 bis 12 Jahren mit bspw. Hausaufgabenbetreuung, Hort und Ferienbetreuung entstehen (Peucker/ Riedel 2004:20).

Die Angebote für Eltern lassen sich in die Bereiche Beratung, Austausch und Begegnung, Angebote der Elternbildung sowie Freizeit-, integrations- und arbeitsmarktorientierte Angebote differenzieren (Diller 2005:11ff, Peucker/ Riedel 2004:20). Die **Beratungsangebote** sind dabei wiederum an den jeweiligen thematischen Bedarfen der Familien orientiert. „Der Beratungsbedarf junger Familien reicht von alltagspraktischer Beratung bis hin zu intensivem Beratungsbedarf bei Erziehungsfragen, Ehe- und Familienproblemen, Schwangerschaftskonflikten oder Fragen der Gesundheitsprävention" (Diller 2005:13). Zum Aufgreifen dieser Themen können entsprechende Beratungsangebote eingerichtet oder eben Weitervermittlungen an kooperierende Akteure sowie ggf. diesbezüglichen Informationsveranstaltungen erfolgen.

Des Weiteren nehmen **Angebote für Austausch und Begegnung** einen zentralen Stellenwert ein. Dafür werden insbesondere die geforderten niedrigschwelligen Zugangsformen für Familien aufgegriffen. Darunter fallen bspw. Eltern- und Familiencafés, offene Treffs, Bastelnachmittage oder auch Feste. Diese werden entweder von der jeweiligen Einrichtung oder in der Eigenregie von Nutzer_innen unter Hilfestellung der Mitarbeitenden angeboten. Gespräche und Austausch stehen dabei im Fokus, um „miteinander ins Gespräch [zu, S.H.-B] kommen und sich gegenseitig bei Fragen zur Erziehung ihrer Kinder oder allen möglichen anderen Fragen [zu, S.H.-B] unterstützen" (Peucker/ Riedel 2004:21). Durch solch einen zwanglosen Charakter können Familien untereinander Kontakte knüpfen, aber auch mit den Mitarbeitenden und teilnehmenden Kooperationspartner_innen, um darüber über weitere Angebote und Möglichkeiten informiert zu werden (Diller 2006:32).

Angebote der Elternbildung umfassen die bereits im Abschnitt zur Familienbildung dargestellten Themen wie Geburtsvor- und -nachbereitung, Elternkompetenzen, Entwicklung der Kinder und vieles mehr (Heitkötter/ Rößler 2006:109f). Für die Einbindung der Eltern in Entwicklungsprozesse wird ein Fokus auf den Austausch im Gespräch oder auch durch Videoaufnahmen in Eltern-Kind-Gruppen gesetzt (Diller 2006:41). In diesen Gruppenangeboten stehen Wissensvermittlung, Reflexion und die Entwicklung von „Handlungskompetenzen für den Erziehungsalltag und den Umgang in zwischenmenschlichen Beziehungen" (Meyer-Ullrich u. a. 2008:25) im Vordergrund.

Des Weiteren können **freizeit-, integrations- und arbeitsmarktorientierte Angebote** benannt werden. Unter freizeitorientiert werden die Angebote gefasst, die die gesamte Familie einbeziehen oder eine Freizeitaktivität wie das Basteln in den Vordergrund setzen (Diller 2006:42).

„*Angebote zur Förderung sozialer Integration und Vernetzung* dienen der Stärkung von sozialen Ressourcen und umfassen alle Maßnahmen, die den zwischenmenschlichen Austausch und die gegenseitige Verständigung fördern und dadurch informelle und formelle Unterstützungs- und Betreuungsressourcen schaffen und stärken" (Meyer-Ullrich u. a. 2008:25, H. i. O.). In der konkreten Umsetzung kann dies durch Angebote für Begegnung und zugleich durch Beratungsangebote aufgegriffen werden. Je nach konkretem thematischen Schwerpunkt werden so entsprechende Rahmenbedingungen ermöglicht. Bezüglich der arbeitsmarktorientierten Angebote ist festzuhalten, dass hierunter Qualifizierungsangebote wie Computerkurse, aber auch Beratungen gefasst werden können (Meyer-Ullrich u. a. 2008:26). Darüber hinaus sind weitere Hilfs- und Entlastungsangebote wie Wäschedienst, Mittagstisch, Vermittlung von Tagesmüttern benannt (Peucker/ Riedel 2004:21).

Die konkreten Angebote entsprechen den jeweiligen regionalen Bedarfen und zeigen daher eine vielfältige Angebotsstruktur auf. Darüber hinaus stehen die Potenziale der Nutzer_innen sowie der Einbezug dieser im Fokus. So wird also die bereits bei den Organisationsformen dargestellte Vielfalt auch in den verschiedenen Angeboten deutlich (Peucker/ Riedel 2004:23).

Basierend auf dieser strukturellen Kontextualisierung von Familienzentren wird nun der aktuelle Forschungsstand der Familienbildung dargestellt. Dabei werden insbesondere die Forschungserkenntnisse über Familienzentren fokussiert.

2.3.4 Aktueller Forschungsstand zu Bedarfen und Nutzung

Basierend auf dieser strukturellen Konturierung werden im Folgenden die aktuellen Forschungserkenntnisse dargestellt. Da in den vorangegangenen Kapiteln bereits die Organisations- und Angebotsformen dargestellt worden sind, folgt nun die Fokussierung auf die Bedarfe und Nutzung sowohl im Rahmen der allgemeinen Familienbildung als auch bezogen auf Familienzentren. Die Forschungen zu Familienzentren konzentrieren sich zumeist auf Kindertagesstätten, die sich zu Familienzentren weiterentwickeln. Daher ist es für eine umfassende Betrachtung erforderlich, auch Erkenntnisse aus dem Bereich der allgemeinen Familienbildung darzustellen.

2.3.4.1 Bedarfe in der Familienbildung und in Familienzentren

Im Jahre 2004 wurde parallel zum geforderten qualitätsorientierten Ausbau der Kindertagesbetreuung erstmals im Auftrag des Bundesministeriums für Familie, Senioren, Frauen und Jugend eine bundesweite Recherche über Kindertagesstätten in Auftrag gegeben, die Bildungs- und Beratungsmöglichkeiten für Familien anbieten. Die Recherche orientierte sich dabei am britischen Modell der Early-Excellence-Center. In der Recherche wurden bundesweit rund 120 Einrichtungen erfasst, die sowohl eine Kinderbetreuung als auch zusätzliche Angebote, die aus einer Hand wahrgenommen werden, vorbehalten (Peucker u. a. 2004:15f). 2006 wurden dann gezielt Einrichtungen, die schon länger als Eltern-Kind-Zentrum arbeiten, bezüglich der Entwicklungslinien, Organisationsstrukturen, Angebotsformen für Kinder und Eltern, Vernetzung, Finanzierung und Qualifikation der Mitarbeiter_innen näher untersucht, um das Erfahrungswissen und die Einschätzung der professionellen Akteure zu erheben (Diller 2006). Parallel dazu entstanden erste bundespolitische Forderungen hinsichtlich eines Aufbaus von Familienzentren und die ersten diesbezüglichen Bundesprogramme (Diller 2006:7). So entwickelte sich eine Vielfalt an Umsetzungsformen. Zugleich geht damit die Forderung nach Angeboten einher, in denen Eltern als Expert_innen wahrgenommen werden (BMFSFJ 2005:263). Diesbezüglich werden nun die vorhandenen Untersuchungen beleuchtet.

Zugangsperspektive Familienbildung

Das Bayerische Staatsinstitut für Familienforschung hat in den Jahren 2002 und 2005 eine schriftliche repräsentative Befragung durchgeführt, um aktuelle Bedarfe und Themen in der Familienbildung zu erheben. Dafür wurde mit 1287 Eltern in Bayern gesprochen, die mit mindestens einem Kind unter 18 Jahren im Haushalt leben (Mühling/ Smolka 2007:9). In dieser Erhebung wurden überwiegend Frauen, wenige Alleinerziehende und viele Akademiker_innen erreicht, weswegen aufgrund der Datenlage bspw. keine Rückschlüsse auf Zusammenhänge zwischen Familienbildungsnutzung und Arbeitslosigkeit schließbar sind (Mühling/ Smolka 2007:10ff). Allerdings wird in der Befragung deutlich, dass es Eltern gibt, die einen **Bedarf an Informationen und Unterstützung** benennen. „Es zeigt sich, dass die Unsicherheit der Untersuchungsgruppe gegenüber der letzten Erhebung tendenziell gewachsen ist: Während im Jahr 2002 noch 12,9 % angaben, nie unsicher zu sein, trifft dies jetzt nur noch auf 7,4 % der Befragten zu. Zugleich ist der Anteil derer, die in Fragen, welche die Erziehung der Kinder betreffen, immer oder häufig unsicher sind, von 5,0 % im Jahr 2002 auf aktuell 11,8 % angestiegen" (Mühling/ Smolka 2007:22). Als konkrete Themenbereiche werden dafür Fragen zu den Themenfeldern ‚Schule' (24 %), ‚konkrete Erziehungsfragen' (15,2 %) und ‚Jugendliche/ Pubertät' (11 %) benannt (Mühling/ Smolka 2007:27). Aufgrund der bestehenden Vielfalt an unterschiedlichen Informationen und den geringeren Erfahrungen im elterlichen Handeln ergeben sich Unsicherheiten und Unterstützungsbedarf aller Eltern (Rupp 2005:13, Stamm 2010:95). „Viele Eltern stoßen immer wieder an die Grenzen ihrer Leistungsfähigkeit und haben einen Bedarf an Wissen, Orientierung, sozialen Kompetenzen und eigener Bildung, die sie ihren Kindern vermitteln können“ (Deutscher Verein für öffentliche und private Fürsorge e. V. 2007:3).

Um die Aussage zu diskutieren, dass insbesondere sogenannt benachteiligte Eltern Familienbildungsangebote weniger nutzen, kann es hilfreich sein, hinsichtlich der zugrunde liegenden Bedarfe auch soziostrukturellen Daten heranzuziehen. So hat die Untersuchung des Bayerischen Staatsinstituts für Familienforschung in ihrer Befragung die Antworten hinsichtlich der Schulabschlüsse der Befragten unterschieden. Bezüglich der konkreten Themenbereiche, zu denen Fragen bestehen (Schule, konkrete Erziehungsfragen und Jugendliche/ Pubertät), wird in der Einschätzung kein deutlicher Unterschied hinsichtlich der Schulabschlüsse deutlich. Allerdings gibt es Unterschiede in den weiteren Themenbereichen. So nimmt der Themenbereich ‚Ausbildung/ berufliche Zukunft‘ bei Befragten mit Hauptschulabschluss mit 10,45 % eine deutlich größere Relevanz ein als bei Befragten mit (Fach-)Abitur/ EOS (Erweiterte Oberschule) mit 5,5 %. Weitere Unterschiede werden in den Bereichen der folgenden Abbildung deutlich.

Themenbereiche, zu denen sich Eltern Informationen wünschen	Höchster Schulabschluss			Gesamt
	(Qualifizierender) Hauptschulabschluss	Realschulabschluss, Mittlere Reife, POS	(Fach-) Abitur, EOS	
Förderung	2,2	5,7	6,9	5,3
Gesundheit	3,0	4,6	6,0	4,7
Altersgerechte Entwicklung von Kindern	3,0	4,1	5,5	4,4
Betreuung	2,2	3,6	5,5	4,0
Kindergarten	1,5	4,6	3,7	3,5
Freunde	1,5	3,1	4,6	3,3

Abb. 10: Die wichtigsten Themenbereiche nach Schulabschluss der Befragten (in %) (Mühling/ Smolka 2007:30)

Es wird ersichtlich, dass durchaus ein Informations- und Unterstützungsbedarf in verschiedenen Themenbereichen besteht. Von den befragten Eltern werden insbesondere Akteure aus dem privaten Umfeld zu familienbezogenen Themen befragt, „also an den Partner bzw. die Partnerin (67,3 %), an Freunde bzw. Freundinnen und Bekannte (57,0 %) oder Verwandte (54,9 %)“ (Mühling/ Smolka 2007:32). Des Weiteren werden auch professionelle Akteure als ansprechbare Personen benannt. In der Nutzung dieser wird wiederum ein Unterschied bezüglich des zugrunde liegenden Bildungsabschlusses der befragten Eltern deutlich. „Mit steigender Bildungsschichtzugehörigkeit nimmt außerdem der Austausch mit den Lehrkräften und den Erzieher(inne)n der Kinder etwas zu und Therapeut(inn)en und Beratungsstellen werden überdurchschnittlich oft genannt. Das Jugendamt wird hingegen von bildungsfernen Eltern etwas häufiger als ratgebende Instanz angegeben als von Erziehenden mit Hochschulreife" (Mühling/ Smolka 2007:34). Diese Aussagen begründen zugleich den geforderten regionalen Netzwerkaufbau, um einen Austausch unter professionellen Akteuren zu ermöglichen mit der Zielstellung, Familien optimal unterstützen zu können (Tschöpe-Scheffler 2009:13).

Es wird deutlich, dass die Bedarfe einerseits in der **Bereitstellung von Bildungsangeboten für Kinder** und andererseits in **Unterstützungsangeboten für Eltern** liegen. „Bezüglich der Kinder geht es den Müttern um erreichbare Nachmittagsangebote, die an bestehende Infrastrukturen gekoppelt sind, und neben der individuellen (d. h. privat organisierten) Förderung soziale Teilhabe und Gemeinschaftserlebnisse ermöglichen. Alleinerziehende Mütter machen häufig die Erfahrung, dass der Wunsch nach eigener Weiterbildung und zusätzlicher Qualifizierung kaum Unterstützung findet (seitens Arbeitgeber, Arbeitsamt o. Ä.). Hier wünschen sie sich mehr Rückhalt und Motivation bei ihren Qualifikationsinitiativen" (BMFSFJ 2011b:9).

Zugangsperspektive Familienzentren

Wie gestaltet sich nun die Bedarfslage im Bereich der Familienzentren, die sich aus Kindertagesstätten entwickelt haben? Zur Beantwortung der Frage kann auf eine Untersuchung in Thüringen, Nordrhein-Westfalen und Hamburg zu den jeweiligen Landesprogrammen zurückgegriffen werden.

So wird in der Thüringer Befragung von Eltern aus Kindertagesstätten zumeist benannt, dass diese ein Interesse an weiteren **nachmittäglichen Bildungsangeboten in der Kindertagesstätte und gemeinsamen Aktivitäten** haben. „Mit knapp 80 % ist schließlich der Wunsch nach weiteren nachmittäglichen Bildungsangeboten für die Kinder in den Einrichtungen der am meisten geäußerte Bedarf der Eltern" (Remsperger/ Rißmann 2011:98). Damit einhergehend wird auch ein Interesse an gemeinsamen Projekten von Eltern und Kindern benannt (Remsperger/ Rißmann 2011:99, Schreiber/ Tietze 2008:41). Im Ravensburger Elternsurvey wird ebenfalls deutlich, dass insbesondere dem Ausbau von Infrastrukturen hinsichtlich der Familienunterstützung zugestimmt wird. Dies trifft insbesondere auf Mütter mit höherem Einkommen, Alleinerziehenden in Vollerwerbstätigkeit sowie Paarhaushalten zu (Muschalik u. a. 2011:161). Differenziert werden diese **Infrastrukturmaßnahmen** in die Flexibilisierung der Kinderbetreuungsöffnungszeiten sowie einer stärkeren Förderung von Kindern aus sozial benachteiligten Haushalten. „So sprechen sich insbesondere Mütter in Paarhaushalten für den Ausbau der Kindertageseinrichtungen zu Eltern-Kind-Zentren aus, während Väter und auch Alleinerziehende relativ betrachtet eher den Ausbau der Schulen zu Ganztagsschulen favorisieren" (Muschalik u. a. 2011:163). Insbesondere erwerbstätige Eltern sehen einen Bedarf in flexiblen Öffnungszeiten der Kindertagesstätten und weniger im Ausbau von Kindertagesstätten zu Familienzentren (Muschalik 2011:163, Schreiber/ Tietze 2008:45). Ein Großteil der in Thüringen befragten Eltern sieht ebenfalls keinen Bedarf darin, die Kindertagesstätte zu einem Familienzentrum auszubauen, vielmehr sollte der Fokus auf die Kinder gesetzt werden. Begründet wird dies mit einem ausgefüllten Tagesablauf und der Fähigkeit, selbstständig Bildungsangebote zu finden (Remsperger/ Rißmann 2011:99). Im Ravensburger Elternsurvey werden diese Bedarfe an soziostrukturelle Faktoren rückgekoppelt. „Ein hohes Maß an familiärer Zufriedenheit führt in der Regel dazu, dass die Präferenzen für die Ganztagsschule, den Ausbau der Krippen zur Tagesbetreuung, den Ausbau der Kindertageseinrichtungen zu Familienzentren und eine Flexibilisierung der Öffnungszeiten von Einrichtungen für Kinder zwischen drei und sechs Jahren eher gering sind, während bei geringer familiärer Zufriedenheit ein höheres Maß an Entwicklung gefordert ist" (Bertram/ Freitag u. a. 2011:232). Damit einhergehen geäußerte Bedarfe an einen flexibleren Umgang mit Arbeitszeit und -ort sowie den Ausbau von Tele- und Heimarbeit (Muschalik 2011:164). Es wird deutlich, dass die zugrunde liegenden Bedarfe durchaus mit den jeweiligen familiären Rahmenbedingungen einhergehen. So haben Muschalik u. a. den Zusammenhang von der Größe des zur Verfügung stehenden Wohnraumes mit der jeweiligen Zufriedenheit untersucht. Väter sind in Paarhaushalten deutlich zufriedener mit der Partnerschaft, wenn ausreichend Wohnraum zur Verfügung steht. Bei Alleinerziehenden wird ebenfalls deutlich, dass diese unzufriedener sind, wenn nicht ausreichend Wohnraum vorhanden ist (Muschalik u. a. 2011a:186). Darüber hinaus beeinflusst auch das Haushaltseinkommen die Lebenszufriedenheit.

Nichtsdestotrotz wird neben diesen Bedarfen an Infrastrukturmaßnahmen benannt, dass grundsätzlich ein Interesse am **Austausch mit anderen Eltern** und auch konkret mit den Erzieher_innen besteht. „Rund 40 % der befragten Eltern ist es zudem wichtig, nachmittags etwas länger in der Kita zu bleiben, um sich mit anderen Eltern oder ErzieherInnen zu unterhalten (Aussage 8). Noch bedeutsamer ist es aber für die Eltern, **Beratung von den Fachkräften** hinsichtlich der Kindererziehung zu erhalten (Aussage 2)" (Muschalik u. a. 2011:163). Allerdings sehen die befragten Eltern eine Unterstützung bei eigenen Problemen oder zusätzliche Angebote für Eltern als in Kindertagesstätten nicht relevant an (Remsperger/ Rißmann 2011:98). Vielmehr besteht hierbei ein Interesse daran, dass bei Bedarf **Informationen über stadtteilverankerte Beratungsangebote** weitergegeben werden.

In der Evaluation der Hamburger Eltern-Kind-Zentren wird deutlich, dass bei den Besucher_innen, die der Mittelschicht zugeordnet werden, insbesondere **Unsicherheiten in der Erziehung** zentral sind. Aufgrund von sozialer Isolation und geringen Kenntnissen in der Kleinkindbetreuung sind diese verunsichert und äußern Bedarf an Austausch, Beratung und konkreter Unterstützung. „Sie haben häufig ihr erstes

Kind bekommen und keinerlei Erfahrungen oder familiär tradierte Kenntnisse und Kompetenzen in der Pflege und Förderung von Kleinstkindern. Zudem sind sie oftmals durch Geburt und Kleinkinderbetreuung aus einem beruflichen Alltag herausgetreten und damit aus sozialer Integration in die eher isolierte Situation häuslicher Erziehung getreten. [...] Der Bruch zwischen Berufstätigkeit und dort erfahrener Kompetenz und der ungewohnten und verunsichernden Tätigkeit als Mutter kann teilweise stark belasten und sich zu Krisen und Depressionen ausweiten. Insgesamt ist die Unterstellung, dass (Neu-)Mütter mit Mittelschichtsintergrund aufgrund ihrer besseren materiellen Lebenslage und Bildungsabschlüssen erziehungskompetenter seien bzw. sich diese Kompetenzen selbstverständlicher aneignen können, ein Vorurteil. Ein Mittelschichtsintergrund ist in keiner Weise eine Garantie für Erziehungskompetenz" (Sturzenhecker 2009a:18f).

Im Rahmen der wissenschaftlichen Begleitung der Entwicklung von Kindertagesstätten zu Familienzentren in Nordrhein-Westfalen wurde ebenfalls eine Elternbefragung als potenzielle Nutzer_innengruppe mit einer Vergleichsgruppe in Kindertagesstätten, die kein Familienzentrum sind bzw. werden, durchgeführt (Schreiber/ Tietze 2008:7). „Eine besonders große Nachfrage der Erziehungsberechtigten besteht in beiden Einrichtungsgruppen bezüglich der folgenden vier Angebote: Gemeinsame Aktivitäten für Eltern und Kinder, warmes Mittagessen für die Kinder, Treffpunkt für Eltern in der Einrichtung und Informationsveranstaltungen zu Fragen der Kindererziehung. Für derartige Angebote interessieren sich mindestens zwei Fünftel der Erziehungsberechtigten" (Schreiber/ Tietze 2008:41). Hinsichtlich einer Differenzierung der Aussagen in Abhängigkeit von den jeweiligen Schulabschlüssen der Befragten lassen sich keine konkreten Aussagen ableiten. So sind sowohl Mütter mit hohem als auch mit geringem Schulabschluss an Angeboten neben der Kindertagesbetreuung interessiert. „Mütter ohne Schulabschluss wünschen sich signifikant häufiger als Akademikerinnen Sprachförderung für ihre Kinder, Deutschkurse für Eltern mit Zuwanderungsgeschichte, persönliche Beratung durch eine Erziehungsberatungsstelle in der Einrichtung oder Hausbesuche von den Erzieherinnen" (Schreiber/ Tietze 2008:42). Darüber hinaus werden weitere Wünsche hinsichtlich zusätzlicher weiterer Angebote benannt. Darunter fallen insbesondere die folgenden: „Die Verbesserungsvorschläge der Erziehungsberechtigten konzentrieren sich bei den Bildungsangeboten für ihre Kinder auf die Bereiche Sport und Bewegung, Musik, Fremdsprachen, Umwelterfahrung und Sprachförderung. Bezüglich Betreuung werden vor allem werktags längere Öffnungszeiten und Betreuungsangebote während der Schulferien nachgefragt. Die Wünsche nach Angeboten und Hilfestellungen für Familien sind sehr vielfältig, lassen aber kaum eindeutige Schwerpunkte erkennen" (Schreiber/ Tietze 2008:45).

Fazit zu Bedarfen

Es wird deutlich, dass der von Rupp (2003a) und Smolka (2002) formulierten Aussage hinsichtlich des Fehlens von Bedarfserhebungen mittlerweile einige beschreibbare Bedarfe, auch aus der geforderten Perspektive der Nutzer_innen (BMFSFJ 2006, Lösel 2006), entgegenzusetzen sind. Zugleich gibt es nach wie vor Akteure, die angeben, dass die Bedarfserhebungen für eine Angebotsgestaltung nicht relevant ist. „Generell wurde betont, dass in Einrichtungen, die mehrheitlich Kinder aus Mittelschichtfamilien betreuen, vor allem ein Ausbau bildungsorientierter Angebote von den Eltern gewünscht wurde, während in Einrichtungen mit hohem Migrantenanteil oder ärmeren Familien direkte Unterstützungs- und Beratungsleistungen nachgefragt würden – ohne dass diese Bedarfe aber von den Eltern direkt artikuliert würden. Besser – so die mehrheitliche Einschätzung – sei es, konkrete Angebote umzusetzen und anzubieten, dabei zwar die Wünsche der Elternschaft zu berücksichtigen, aber letztlich gestützt auf die Erfahrungen im alltäglichen Umgang mit Kindern und Eltern Entscheidungen für oder gegen bestimmte Angebotsstrukturen allein zu treffen“ (Meyer-Ullrich u. a. 2008:176). Nichtsdestotrotz werden nun die auch von Nutzer_innen artikulierten Bedarfe zusammenfassend benannt. In der Nutzer_innenbefragung der allgemeinen Familienbildung wird insbesondere ein Bedarf an Informationen und Unterstützung aufgrund von Unsicherheiten in familienbezogenen Themen sowie der Bedarf an Bildungsangeboten benannt (Mühling/ Smolka 2007:32). Dies wird ebenfalls in einer Befragung von Nutzer_innen von Familienzentren deutlich (Muschalik u. a. 2011:163, Schreiber/ Tietze 2008:41) verbunden mit dem Interesse am Austausch mit anderen Eltern und/ oder den Erzieher_innen sowie an Informationen über stadtteilverankerte Beratungsangebote (Remsperger/ Rißmann 2011:98). Zugleich wird von befragten Eltern aber auch angegeben, dass diese kein Interesse an weiterführenden Beratungen durch die Erzieher_innen haben (Schreiber/ Tietze 2008:41).

Des Weiteren wird im Kontext der Familienzentren, die sich aus Kindertagesstätten entwickelt haben, die Bereitstellung von nachmittäglichen Bildungsangeboten für Kinder oder Kinder und Eltern gemeinsam an bestehender Infrastruktur angegeben (Remsperger/ Rißmann 2011:98). Eng damit verbunden sind die benannten Bedarfe hinsichtlich einer Flexibilisierung von Öffnungszeiten der Kindertageseinrichtungen. So bestehen durchaus sehr unterschiedliche Bedarfe, die auch von den jeweiligen gegebenen Rahmenbedingungen abhängig sind. Daran anschließend soll nun die Nutzung von Familienbildung und Familienzentren betrachtet werden.

2.3.4.2 Nutzung in der Familienbildung und in Familienzentren

Ein grundsätzlicher Bedarf für Angebote in der Familienbildung und in Familienzentren scheint somit zu bestehen. Aber wie und von wem werden diese genutzt? Diesem wird wiederum mittels einer Differenzierung in Familienbildung und Familienzentren nachgegangen.

Zugangsperspektive Familienbildung

Als genutzte Angebote in der Familienbildung werden insbesondere Geburtsvor- und -nachbereitungskurse mit 65,5 %, gefolgt von Mutter-Kind-/ Eltern-Kind-Gruppen mit 37,5 % und Erziehungsthemen mit 15,4 % sowie Angeboten zu den Themen Gesundheit und Ernährung mit 14,2 % benannt (Mühling/ Smolka 2007:53). Seit Beginn der 1990er Jahre ist generell eine Zunahme an Angeboten, insbesondere an Eltern-Kind-Gruppen, zu verzeichnen (Schiersmann u. a. 1998:36). Aufgrund der bestehenden Dominanz von Eltern-Kind-Gruppen für jüngere Kinder im Familienbildungsbereich, sind unter den Nutzer_innen insbesondere **Eltern mit jüngeren Kindern** zu verzeichnen (Lösel 2006:7f). Des Weiteren nutzen **zumeist weibliche Teilnehmende** die Angebote (Lösel 2006:9, Textor 2007:382, Zipfel 2012b:14). An der quantitativen Teilnehmendenbefragung von Schiersmann u. a. waren lediglich 7 % der Beantwortenden Männer. Dafür werden verschiedene Begründungen angeführt. Eine Ursache kann in der grundsätzlich auf die Geschlechter zugeschriebene Arbeitsteilung zurückzuführen sein: „Die Männer engagieren sich in der beruflichen Weiterbildung, die Frauen in er allgemeinen, kulturellen bzw. politischen“ (Schiersmann u. a. 1998:109). Dieser Aussage stimmen 47 % der Befragten zu. Zudem wird dies durch die Aussage von 39 % der Befragten unterstützt, dass es „zu wenig Themen gebe, die Männer interessierten“ (Schiersmann u. a. 1998:109). Weitere Aussagen lassen Schiersmann u. a. zu dem Schluss kommen, dass sich Männer zwar durchaus an der Erziehung beteiligen möchten, aber dafür aufgrund der Berufstätigkeit, des Kurssystems und der Tageszeiten in der Familienbildung sich nicht festlegen (Schiersmann u. a. 1998:111). Im Rahmen eines Niedersachsener Transfer- und Evaluationsprojektes von Familienbildung in Eltern-Kind-Gruppen wird dieser geschlechterbedingten Teilnahme ebenfalls nachgegangen. Hier wird ebenfalls als eine Begründung benannt, dass nach wie vor aufgrund der unterschiedlichen Einkommenssituationen überwiegend Frauen Elternzeit in Anspruch nehmen und somit auch die Möglichkeit besteht, insbesondere die frühkindlichen Angebote in der Familienbildung zu nutzen (Zipfel 2012:17). Darüber hinaus könnte eine weitere Ursache in der Ausschreibung und Ansprache von Familienbildungsangeboten liegen, die zumeist den Austausch untereinander und entwicklungsspezifische Themen aufgreifen. Väter spielen aber anders mit ihren Kindern, zumeist unter vollem Körpereinsatz mit Überraschungen und Herausforderungen, die Neugierde und Durchhaltevermögen der Kinder fördern. Entsprechend ist es erforderlich, im Rahmen von Familienbildungsangeboten solche Interessen und Unterschiede aufzugreifen und zu bedenken, dass ein Großteil der Mitarbeitenden in der Familienbildung Frauen sind, was ebenfalls einen Einfluss ausüben kann (Zipfel 2012:18). In der bundesweiten Erhebung von Lösel ist der Anteil der teilnehmenden Männer an Familienbildungsangeboten bereits auf 17 % gestiegen (Lösel 2006:9).

Mit Blick auf die Zielstellung, alle Familien zu erreichen, stellt sich die Frage, inwieweit ‚alle‘ Familien erreicht werden. Neben der Unterscheidung hinsichtlich der Geschlechter zieht das die Frage nach den zugrunde liegenden Bildungsabschlüssen nach sich. In der Untersuchung des Bayerischen Staatsinstitutes für Familienforschung wurden die Befragten hinsichtlich ihrer Antworten zur bisherigen Nutzung von Familienbildungsangeboten in Verbindung mit den zugrunde liegenden Berufsabschlüssen verknüpft. „Während 38,6 % der Befragten mit Hauptschulabschluss noch niemals ein familienbildendes Angebot genutzt haben, gilt dies nur für 18,3 % der Eltern mit (Fach-)Hochschulreife. Auch Eltern ohne abgeschlossene Berufsausbildung, Arbeitslose und Rentner gehören überdurchschnittlich oft zu denjenigen, die nicht an Veranstaltungen im Bereich der Familienbildung teilnehmen. 53 % der Eltern mit mittlerem oder höherem Schulabschluss nutzen familienbildende Angebote gelegentlich oder regelmäßig, aber nur 37,5 % der Väter und Mütter mit Hauptschulabschluss" (Mühling/ Smolka 2007:52). Die Untersuchungen von Lösel und Schiersmann u. a. kommen auf ähnliche Erkenntnisse (Lösel 2006:9). „In Bezug auf die höchsten *Schulabschlüsse* der Teilnehmerinnen (N=2807) kommt der Mittleren Reife mit 39 % das größte Gewicht zu (s. Tab. 3/VII), gefolgt vom Abitur (30 %) – hinzu kommen 11 % mit Fachhochschulreife. Lediglich 20 % der Teilnehmerinnen wiesen einen Volks- bzw. Hauptschulabschluß auf" (Schiersmann u. a. 1998:113, H. i. O.). Diese Erkenntnisse und Aussagen unterstützen somit die These, dass mit Familienbildungsangeboten **insbesondere Familien mit mittleren und höheren Bildungsabschlüssen** erreicht werden (Zipfel 2012b:14). „Der Ausgangspunkt: Familienbildung kommt nicht an [...] jedenfalls kommt sie nicht in der Breite an und vor allem nicht bei den Familien, denen ein Eltern-Kompetenzzuwachs am meisten bringen würde" (Carle/ Metzen 2006:49), resümieren Carle und Metzen in ihrem Begleitprozess der Bremer Familienbildung. Neben keiner Kenntnis über solche Angebote (26,5 %) werden insbesondere Zeitmangel und nicht bestehender Bedarf als Gründe für die Nichtnutzung angegeben (Mühling/ Smolka 2007:55). „Es gibt Eltern, die keinen Bedarf haben, keinen Bedarf sehen und/ oder nicht mit ihren Fragen und Themen ‚nach außen' gehen wollen" (Rupp 2003a:12). Allerdings wird in der Diskussion um die Nichtnutzung wiederholt betont, dass insbesondere auch Familien aus belasteten Situationen erreicht werden sollten. „Bislang ist unzureichend geklärt, warum insbesondere Eltern aus unterprivilegierten Schichten, aus sozial und sozio-ökonomisch benachteiligten Familien auf den erprobten Wegen der Elternbildung und Erziehungsberatung nur schwer oder nicht erreicht werden" (Haug-Schnabel 2003:3). Eine Kumulation von Problemlagen kann insbesondere eine Begleitung erfordern, die durch Einrichtungen der Familienbildung geleistet werden kann (Pettinger/ Rollik 2005:91, Lange 2007:178). Oft wird das Erreichen mit einer nicht passenden Ansprache und der Gestaltung von Bildungsangeboten begründet (Treptow u. a. 2011:3). So „kann nach wie vor die These von der Dominanz der Bildungsgewohnten in den Einrichtungen der Familienbildung aufrechterhalten werden" (Schiersmann u. a. 1998:113). In diesem Zuge wird von einer Mittelschichtorientierung in der Familienbildung gesprochen (Rupp 2003a:11, Textor 2007:382). Diese Aussage wird ein wenig differenziert hinsichtlich der verschiedenen Angebotsformen und -strukturen. So wird diese Mittelschichtorientierung insbesondere für konzeptionell-strukturierte Angebote wie Eltern-Kind-Gruppen (bspw. PEKiP) benannt (Tschöpe-Scheffler u. a. 2006:261). Niedrigschwellige offene Angebote wiederum erreichen aufgrund der flexiblen Nutzungsmöglichkeiten durchaus **sogenannt schwer erreichbare Familien** (Treptow 2008:4f). In 38 % der von Schiersmann u. a. untersuchten Einrichtungen werden solche Offenen Treffs bzw. Cafés vorgehalten, teilweise mit parallel stattfindenden thematischen Angeboten ohne vorherige Anmeldung (Schiersmann u. a. 1998:97f). Durch die Nutzung von niedrigschwelligen Angeboten können die Teilnehmenden auch über weitere Angebote informiert und ggf. übergeleitet werden (Straßburger u. a. 2008:40ff). „Niederschwellige Angebote tragen dazu bei, neue Zielgruppen der Familienbildung zu erreichen. Dabei erweist es sich als Erfolg versprechend, bestehende Kontakte und Strukturen zu nutzen und die Familien dort aufzusuchen, wo sie sich sowieso aufhalten, beispielsweise in der Kindertagesstätte oder in der Schule. Vernetzung und auch interdisziplinäres Arbeiten spielen dabei eine große Rolle. Die Erfahrungen zeigen, dass sich auch Familien, die in schwierigen Verhältnissen leben, durch Kontaktpersonen aus ihrem alltäglichen Leben, wie Kinderärzte, Hebammen, Erzieherinnen, ansprechen lassen und auf diesem Weg zu einem frühen Zeitpunkt erreicht werden können" (Landesstiftung Baden-Württemberg gGmbH o. J.:12). Soweit die Konsequenz der in Baden-Württemberg von 2002 bis 2004 zahlreichen umgesetzten und evaluierten Modellprojekte im Rahmen der Familienbildung, um alle Familien zu erreichen. „Da offene Angebote von bildungsfernen Bevölkerungsgruppen eher genutzt werden, können sie als Einstieg in strukturiertere Angebote genutzt werden" (Lösel 2006:13). Allerdings sind hierfür weitere Forschungen erforderlich (Treptow u. a. 2011:3).

Basierend auf den beschriebenen relevanten Themen in der Familienbildung ist die „kontinuierlich **steigende Inanspruchnahme von Erziehungs- und Familienberatung**" (Peuckert 2008:161) sowie der auch von Eltern benannten Unsicherheit in Erziehungsfragen nachvollziehbar. Überforderungen und nicht wirksame Umgangsstrategien von Eltern mit ihren Kindern führen zu Verunsicherungen und weiteren Überforderung, was sich wiederum auch bei den Kindern bemerkbar macht (Tschöpe-Scheffler 2009:16).

Zugangsperspektive Familienzentren

In der Begleitung von Kindertagesstätten auf dem Weg zu Familienzentren lassen sich ebenfalls einige Erkenntnisse hinsichtlich der Nutzung finden. In den Familienzentren Nordrhein-Westfalens wird insbesondere deutlich, dass die teilnehmenden Piloteinrichtungen die zu erbringenden Kriterien hinsichtlich des Erreichens des Prüfsiegels vorweisen. Im Vergleich zu anderen Einrichtungen werden mehr Sprechstunden der Erziehungs- und Familienberatungsstelle, Kurse zur Stärkung der Elternkompetenz, Vermittlungen zur Tagespflege, Eltern-Kind-Gruppen und Deutschkurse vorbehalten (Meyer-Ullrich u. a. 2008:41f). „Für Familienzentren und sonstige Einrichtungen gilt, dass mit der Anzahl der Familien unterstützenden Angebote die **elterliche Zufriedenheit wächst**. In der Kategorie bis zu 9 Angeboten äußern sich 20 % der Eltern als ‚sehr zufrieden'. Werden 20 oder mehr Angebote gemacht, liegt der Anteil der ‚sehr zufriedenen' Eltern bei 67 %" (Schreiber/ Tietze 2008:45). Hinsichtlich der konkreten Nutzung wird allerdings deutlich, dass zusätzliche Angebote insbesondere in den Regionen genutzt werden, „wo überdurchschnittlich viele **Eltern gut ausgebildet, beruflich stark engagiert sind und unter relativ günstigen ökonomischen Bedingungen leben**" (Schreiber/ Tietze 2008:49). Diese nehmen auch eher die Möglichkeit wahr, weitere Wünsche an die Einrichtungen zu äußern (Schreiber/ Tietze 2008:45). Gründe dafür können in der deutlichen Abgrenzung der familiären Intimsphäre zur Einrichtung oder auch in der Abgrenzung zum Ausbildungsstatus und Alter der Erzieher_innen liegen (Diller 2006:34).

Des Weiteren werden die Angebote überwiegend von Nutzer_innen der Kindertagesstätten in Anspruch genommen. „Weniger als 1/4 der Besucher, so die Einschätzung von Leiterinnen, kommt von außen. Deutlich höher ist ihr Anteil bei Festen und Veranstaltungen. Häufig nimmt hier die gesamte Nachbarschaft aktiv teil und Kooperationspartnern bietet sich eine gute Gelegenheit für eine öffentliche Präsentation" (Meyer-Ullrich 2008:6).

Sturzenhecker kommt in der Evaluation von Hamburger Eltern-Kind-Zentren[7] hinsichtlich der Nutzung zu anderen Erkenntnissen. So werden dort zu mindestens zwei Dritteln Nutzer_innen erreicht, deren Lebenslage durch „**Armut, Arbeitslosigkeit, Bildungsarmut, Abhängigkeit von staatlichen Transferleistungen, Überschuldung, Wohnungsnot und Migrationshintergrund** gekennzeichnet ist" (Sturzenhecker 2009a:11). Dagegen lassen sich rund ein Drittel der Nutzer_innen durch „qualifizierte Ausbildungsabschlüsse, Berufstätigkeit vor der Geburt (des meist ersten) Kindes und Bereitschaft zur Mobilität" (Sturzenhecker 2009a:11) näher beschreiben. Gemeinsam ist den Nutzer_innen, dass sie den Wunsch haben, eine gute Mutter zu sein (Sturzenhecker 2009a:11). Darüber hinaus unterscheiden sich die zugrunde liegenden Themen und Fragestellungen. So liegen bei den Nutzer_innen mit Mittelschichtshintergrund „Unsicherheit in Erziehungsfragen und in der für sie neuen Elternrolle sowie Tendenzen zur sozialen Isolation" (Sturzenhecker 2009a:11) im Vordergrund gegenüber den dargestellten Themen der Hauptnutzer_innengruppe.

---

7 Die Evaluation der Hamburger Kinder- und Familienhilfezentren (Langhanky u. a. 2003) wurde für die Darstellung der Nutzung nicht herangezogen, da diese Trägerstrukturen beschreiben, was die „Kooperation, Netzwerke, Entsäulung und Regionalisierung zum Ziel haben [...] Die Zentren sollten ein Management des Sozialen im Stadtteil realisieren. [...] Sie sollten quer zu den bestehenden Abgrenzungssystematiken der Leistungen Sozialer Arbeit ihre Dienste anbieten und sich in regionalen Kontexten verorten" (Langhanky u. a. 2003:39). Somit unterscheiden sich diese Kinder- und Familienhilfezentren deutlich von den hier dargestellten Familienbildungsangeboten und Familienzentren.

Fazit zur Nutzung

„*Elternbildung wird gewünscht* – sehr viel mehr, sehr viel umfassender und sehr viel besser als angeboten. Dazu reichen die Ressourcen und Kompetenzen des Elternbildungssystems nicht aus, auch nicht ihre organisatorischen. *Alle Eltern sind erreichbar*: Unabhängig von Bildungsnähe, Problembelastetheit, sozialer Schichtung oder sprachlich-ethnischer Integration sind Eltern für Elternbildung bzw. Familienförderung interessierbar. Zur Überführung dieser Bereitschaft in Bildungsaktivitäten bedarf es allerdings einer neuen Familienbildung mit einer zielgruppengerechteren Ansprache, mit pädagogisch und organisatorisch entwickelteren Angeboten, mit einer kundenorientierteren Prozessorganisation, mit dem Ausbau familienintegrierter und familiennaher Unterstützung (Dorf-Konzept) sowie mit der problemspezifischen, rechtzeitigen und ausreichenden Hilfe" (Carle/ Metzen 2006:24, H. i. O.), wird in der Begleitung der Bremer Familienbildung gefolgert. Entsprechend sind unterschiedliche Angebotsstrukturen erforderlich, um auf verschiedenen Wegen alle Familien zu erreichen. So wird gefordert, weiterhin Teilnahmehürden zu senken. „Dies gilt insbesondere für gezielte Maßnahmen, da diese in hohem Maße bildungsfernere Gruppen betreffen. Vor allem für junge Familien müssen die Zugangsschwellen weiter gesenkt werden. Denn sie sind bei den besonderen Zielgruppen unterrepräsentiert, eignen sich aber am besten für einen frühzeitigen Einstieg in präventive Bildungsmaßnahmen" (Lösel 2006:13). In der Darstellung der Nutzung von Familienbildung und Familienzentren wird deutlich, dass es durchaus Einrichtungen gibt, die insbesondere so genannte benachteiligte Familien erreichen (Sturzenhecker 2009a:11). Der grundlegende Nutzen liegt darin, über Austausch mit anderen Familien und konkrete Unterstützungen in der Erziehung gestärkt zu werden (Sturzenhecker 2009a:11). Darüber hinaus besteht bei den Familienzentren, die sich aus Kindertagesstätten entwickelt haben, eine Zufriedenheit mit den bestehenden Angeboten, wobei diese durchaus eher von den Familien genutzt werden, die auch die Kindertagesstätte nutzen. In den Untersuchungen zur Nutzung von Familienbildungsangeboten wird deutlich, dass insbesondere die Geburtvor- und -nachbereitungskurse von Frauen (Mühling/ Smolka 2007:53) sowie weitere Angebote für Eltern mit jüngeren Kindern genutzt werden (Lösel 2006:7f). Des Weiteren kann in der Nutzung dahingehend unterschieden werden, dass Familien, die der Mittelschicht zuzuordnen sind, insbesondere konzeptionell-strukturierte Angebote wie Eltern-Kind-Gruppen (PEKiP) nutzen (Tschöpe-Scheffler u. a. 2006:261), und niedrigschwellige offene Angebote wiederum eher sogenannt schwer erreichbare Familien ansprechen (Treptow 2008:4f, Straßburger u. a. 2008:40ff). So werden individuell passende Wege gewählt, um Unterstützung bei Verunsicherung und in Erziehungsfragen zu erhalten (Peuckert 2008:161, Tschöpe-Scheffler 2009:16).

2.3.5 Relevanz und Herausforderungen für Familienzentren als Orte der Familienbildung

Das Kapitel zur Familienbildung abschließend sollen nun die sich aus der Darstellung der Organisations- und Angebotsformen sowie die sich aus den erhobenen Bedarfen- und Nutzendimensionen ergebenden Relevanzen und Herausforderungen für Familienzentren als Orte der Familienbildung nachgezeichnet werden.

Die Bedeutung der Eltern- und Familienbildung hat in den letzten Jahren deutlich zugenommen (Stamm 2010:95). Elternbildung fokussiert die Stärkung und Unterstützung der elterlichen Kompetenzen hinsichtlich der Gestaltung eines entwicklungsfördernden Umfeldes (Papastefanou 2006:334). Durch den heute stärker verwendeten Begriff der Familienbildung wird der Fokus auf die Familie als Ganzes gesetzt, um sehr früh präventiv Entwicklungen und Kontextbedingungen von Familien positiv zu beeinflussen (Stamm 2010:95). Obgleich es viele Aussagen eines solchen Bedarfs an Familienbildung gibt, werden die bisherigen diesbezüglichen Investitionen als unzureichend eingeschätzt. Daraus ergibt sich die Forderung, „die Eltern- und Familienbildung ‚unter rechtlichen, fachlichen und finanziellen Aspekten in den Ländern und Kommunen zu konkretisieren und damit auch verbindlicher zu machen'" (Pettinger/ Rollik 2008:9). Durch eine organisationsstrukturelle Verankerung kann eine familienunterstützende Infrastruktur bedarfsentsprechend nach den Prinzipien des Lebenslangen Lernens gestaltet werden (Textor 1996:49). Hinsichtlich einer infrastrukturellen Gestaltung ist es neben der zu konkretisierenden Rahmen für die Umsetzung von Familienbildung aufgrund der alleinigen gesetzlich nicht ausreichenden Verankerung im Übergang zu der organisationsstrukturellen Einbettung erforderlich, dass Einrichtungen der Familienbildung sich stärker vernetzen und miteinander kooperieren, um familienbezogene Angebote regional abzustimmen und zu optimieren. „Erreicht werden soll mittels Vernetzung und Kooperation, dass die Bildungs- und Unterstützungsangebote der Familienbildung inhaltlich näher am Alltag ausgerichtet sind (Bedarfsgerechtigkeit) und räumlich näher an den Wohnorten der Familien platziert – und damit über ergänzende Standorte in den Stadtteilen dezentralisiert – (Sozialraumorientierung)" (Heitkötter/ Thiessen 2009:430). In der Praxis lässt sich aufgrund der unterschiedlichen Landesprogramme eine Vielzahl an Umsetzungsformen in der Familienbildung finden. Einen Bereich darin stellen Familienzentren dar, die entweder als institutionelle Einrichtungen regional verankert sind oder sich aus Kindertagesstätten in den dargestellten Organisationsformen weiter entwickeln. Mit diesen heterogenen Praxisentwicklungsprozessen gehen aber Anforderungen an Finanzierungslogiken, strukturell-finanzielle Ressourcen, Qualifikation der Mitarbeitenden, Qualitäts- und Angebotsentwicklung u. v. m. einher (Deutscher Verein 2007, S. 11f, Heitkötter/ Thiessen 2009:433). „Eine noch größere Herausforderung besteht bei der Etablierung sowohl von Implementierungs- und Prozessevaluationen, bei Maßnahmen der Familienbildung als auch im Bereich externer Wirkungsanalysen. An systematischen Wirkungsevaluationen mangelt es bei fast allen der von Lösel et al. (2007) erfassten Maßnahmen der Familienbildung. Forschungsbedarf besteht insbesondere bei dem Hauptangebotssegment der Eltern-Kind-Gruppen" (Heitkötter/ Thiessen 2009:433). Trotzdem lassen sich einige Daten hinsichtlich der geforderten Bedarfserhebung (Meyer-Ullrich 2008b:4f) und der Nutzung finden. In der folgenden Abbildung sind die diesbezüglich zentralen Erkenntnisse zusammenfassend dargestellt.

	FAMILIENBILDUNG	FAMILIENZENTREN
BEDARFE	• Bedarf an Informationen und Unterstützung • Bereitstellung von Bildungsangeboten für Kinder • Unterstützungsangeboten für Eltern	• Nachmitttägliche Bildungsangebote in der Kindertagesstätte und gemeinsame Aktivitäten • Infrastrukturmaßnahmen • Austausch mit anderen Eltern • Beratung von den Fachkräften • Informationen über stadtteilverankerte Beratungsangebote • Unsicherheiten in der Erziehung
NUTZUNG	• Eltern mit jüngeren Kindern • zumeist weibliche Teilnehmerinnen • insbesondere Familien mit höheren Bildungsabschlüssen • sogenannt schwer erreichbare Familien • steigende Inanspruchnahme von Erziehungs- und Familienberatung	• elterliche Zufriedenheit wächst • Eltern gut ausgebildet, beruflich stark engagiert sind und unter relativ günstigen ökonomischen Bedingungen leben • Armut, Arbeitslosigkeit, Bildungsarmut, Abhängigkeit von staatlichen Transferleistungen, Überschuldung, Wohnungsnot und Migrationshintergrund

Abb. 11: Bedarfe und Nutzung in Familienbildung und Familienzentren

In den Untersuchungen zu Bedarfen in der Familienbildung werden insbesondere die Bereitstellung von Bildungsangeboten für Kinder und Unterstützungsangebote für Eltern benannt. Des Weiteren besteht ein deutlicher Bedarf an Informationen und Unterstützung im allgemeinen Bereich der Erziehung. In den Familienzentren bestehen durchaus auch Unsicherheiten in der Erziehung. Allerdings werden hier als Bedarfe eher gemeinsame Projekte von Eltern und Kinder oder zusätzliche Angebote im Nachmittagsbereich sowie Austausch mit anderen Eltern, Beratung von Fachkräften und das erhalten von Informationen über Angebote im Stadtteil genannt. Diese Bedarfe werden sehr unterschiedlich diskutiert. So sehen die Befragten die Mitarbeitenden der Kindertagesstätten, die sich zu Familienzentren entwickeln, nicht als Berater_innen allen Lebenslagen, sondern primär im Bezug auf das dort zu betreuende Kind.

Hinsichtlich der Nutzung wird in den Untersuchungen zur Familienbildung deutlich, dass zumeist Mütter mit höheren Bildungsabschlüssen und mit jungen Kindern die Angebote wahrnehmen. Allerdings steigt auch die Teilnahme von Vätern. Des Weiteren ist durchaus eine steigende Nutzung insbesondere von niedrigschwelligen, offenen Angeboten durch sogenannt schwer erreichbare Familien zu verzeichnen. „Niedrigschwelligkeit in einer weiten Perspektive zeichnet sich demnach aus durch systematische Öffnungen entlang der Differenzachsen von Schicht, Geschlecht und Ethnizität, die methodisch begründete Umsetzungen nach sich ziehen, die das ‚vor Ort'-Sein in mehrfacher Hinsicht berücksichtigen. Die räumliche Dimension bezieht sich auf Erreichbarkeit in örtlicher, finanzieller und institutioneller Hinsicht. Ermutigende Erfahrungen wurden mit Geh-Strukturen, basierend auf Vernetzung im Stadtteil, gemacht: Familienbildung ist dort, wo belastete Familien zu finden sind" (Heitkötter/ Thiessen 2009:431). Das inkludiert sowohl Anforderungen an organisationsstrukturelle Gestaltungen als auch professionsbezogene Herausforderungen (Heitkötter/ Thiessen 2009:431, Straßburger/ Bestmann 2008). Diese Nutzung wird auch in den Familienzentren deutlich. Allgemein scheinen Kindertagesstätten, die zusätzliche familienunterstützende Angebote vorhalten, insbesondere durch gut ausgebildete und beruflich stark engagierte Familien genutzt zu werden. In Familienzentren verankerte offene Treffs werden wiederum von Familien genutzt, die bspw. durch Armut, Arbeitslosigkeit, Migrationshintergrund gekennzeichnet sind. Trotz der nach wie vor benannten Mittelschichtorientierung in der Familienbildung scheinen durchaus vielfältige Familien erreicht zu werden, weil „Eltern aller Milieus einen hohen Bedarf an Informationen und Unterstützung haben" (Stamm 2010:95). Dies wird insbesondere vor der Tatsache relevant, dass Familien in der Gestaltung von Bildungschancen eine herausragende Bedeutung zukommt. „Da die Vielfalt heutiger Familienrealitäten und individueller Biographien nicht mehr fassbar ist, muss jede Familie bzw. jedes Familienmitglied ihren bzw. seinen eigenen Weg, eigene Lebensziele und Wertepräferenzen finden" (Textor 1996:49). Daher sind entsprechende Begleitprozesse und -rahmen erforderlich, da es keine Patentrezepte für solch einen Umgang gibt (Heitkötter u. a. 2008:9). Familienbildung „wird dabei verstanden als übergreifendes Konzept, das unterschiedliche Arbeitsansätze in sich vereint und sowohl innere wie äußere Belange des Zusammenlebens als Familie einschließt" (Mengel 2007:16). Daraus ergeben sich individualbezogene Anforderungen hinsichtlich der konkreten Angebotsgestaltung und zugleich eine Einbettung in einen regionalen organisationsstrukturellen Kontext. So ist das Bestehen vielfältiger Unterstützungsanforderungen aufgrund möglicher Überforderungen unumstritten (Rupp 2003b:50, Wittpoth 2007:361). Um diesen zu begegnen, sind Angebote der Familienbildung und Familienzentren eine gute Möglichkeit. Zugleich wird in dem Kapitel deutlich, dass es durchaus Erkenntnisse zu Organisations- und Angebotsformen sowie den Bedarfen und der Nutzung sowohl im Bereich der klassischen Familienbildung unter Einbezug von spezifizierten Fokus auf Eltern-Kind-Gruppen, Offenen Treffs und Bildungsangebote als auch hinsichtlich der Familienzentren, die sich aus Kindertagesstätten entwickeln, gibt. Allerdings wurden bisher kaum systematische Erkenntnisse von institutionellen Familienzentren aufbereitet, die nicht aus einer Kindertagesstätte oder klassischen Familienbildungsinstitution entstanden sind, sondern vielmehr den regionalen Bedarfen entsprechend Angebote und Strukturen für Begegnung, Beratung und Bildung mit dem Ziel einer familienunterstützenden Infrastrukturgestaltung im Kontext der Sozialen Arbeit vorhalten. Diesbezüglich bedarf es konkreter Beschreibungen hinsichtlich der organisationsstrukturellen Gestaltung, dem methodischen Handeln der professionellen Akteure sowie den sich daraus ergebenden Nutzen.

3 Forschungsgegenstand und -ansatz

Im vorliegenden Kapitel „Forschungsgegenstand und -ansatz" wird das zugrunde liegende methodische Vorgehen der empirischen Erhebung dargelegt. Einleitend wird dafür die thematisch-inhaltliche Ausgangslage des Untersuchungsgegenstands fokussiert, beginnend mit der Darstellung der Familienbildung in Berlin und insbesondere im Berliner Bezirk Friedrichshain-Kreuzberg. Des Weiteren werden die vier untersuchten Familienzentren des Bezirks vorgestellt. Darauf basierend benennt das zweite Kapitel die zentralen untersuchungsleitenden Fragestellungen für die vorliegende Forschung. Das dritte Kapitel beschreibt das zugrunde liegende Verständnis einer praxisorientierten Sozialarbeitsforschung. Daran anschließend werden die im Rahmen der Untersuchung realisierten Forschungsmethoden des Expert_inneninterviews, der teilnehmenden Beobachtung und der Werkstattgespräche beschrieben. Nach der Darstellung der Datenauswertung erfolgt eine Skizzierung des methodischen Vorgehens im Feld bezüglich der konkreten Erstzugangsgestaltung mit einem Fokus auf die Haltung der Forscherin. Des Weiteren werden die empirische Datengrundlage und die Vorgehensweise hinsichtlich der Ergebnisdarstellung vorgestellt. Einleitend folgt eine Zusammenfassung der zentralen Aspekte.

Der Forschungsgegenstand dieser exemplarisch-empirischen Untersuchung sind vier sogenannt institutionalisierte Familienzentren im Berliner Bezirk Friedrichshain-Kreuzberg. Diese werden seit 2006 über den § 16 SGB VIII gefördert. Diese institutionalisierten Familienzentren haben im Land Berlin als erste dieser Art exemplarischen Innovationscharakter als Antwort auf die im 12. Kinder- und Jugendbericht der Bundesregierung formulierten Aussage, dass über die Familienbildung lediglich 6% aller Familien erreicht werden und dabei fast lediglich sogenannte Mittelschichtfamilien (BMFSFJ 2005).

Das Kapitel 2.3.4 beschreibt den Forschungsstand zu Familienbildung und Familienzentren. Dabei wird deutlich, dass sowohl Recherchen zur Familienbildung als auch insbesondere Evaluationen von Landesprogrammen, die Familienzentren bei der Entwicklung zu Kindertagesstätten fördern, vorliegen (Diller 2006, Peucker/ Riedel 2004:15f, Mühling/ Smolka 2007:10ff). Trotz dieser Erkenntnisse sind nach wie vor der Begriff, die Strukturen sowie die Funktionsweisen von ‚Familienzentren' nicht eindeutig definiert (Diller 2006:7, 2011:297, Dummann 2008:2, Uhlendorff u. a. 2013:150). So werden weitere wissenschaftliche Untersuchungen gefordert (Heitkötter/ Thiessen 2009:429), „[...], weil es hierzu keine systematisch gewonnenen Informationen gibt. Der Blick sollte dabei [...] insbesondere auf die prozessualen Abläufe in den Treffs gerichtet werden[...]" (Treptow u. a. 2011:12). Als weitere Forderung wird eine stärkere Berücksichtigung der Elternperspektive benannt. „Um zukünftig bei den stark begrenzten Ressourcen, die der Familienbildung zur Verfügung stehen, Unterstützung für Eltern in möglichst vielen Lebenslagen anbieten zu können, muss die Elternperspektive stärker berücksichtigt werden" (Bird/ Hübner 2013:42).

Aus diesem Forschungsstand lässt sich das folgende Forschungsziel ableiten. Zum einen zielt die Untersuchung auf eine empirische Analyse der konzeptionellen, strukturellen und methodischen Gestaltung der vier Familienzentren in Form von Arbeitsprinzipien als „handlungsleitender Orientierungsrahmen" (Meinhold 1998:223). Zum anderen zielt die Untersuchung auf Erkenntnisse hinsichtlich des Nutzens der Familienzentren für die Adressat_innen (Steinert 1998:35). Die Fokussierung des Nutzens lässt sich auf das Dienstleistungsparameter und die Nutzerforschung zurückführen, worin der_die Nutzer_in als Co-Produzent_in angesehen wird und somit die eigene Konstruktion maßgeblich für Veränderungen ist (Oelerich/ Schaarschuch 2013: 86f). Der Nutzen ist eine subjektive Bewertung durch die Adressat_innen und somit wesentlich für die Bearbeitung der individuellen Problemlagen (Maar 2005:117). Demnach kann die inhaltliche Füllung lediglich aus empirischer Sichtweise erfolgen (Oelerich/ Schaarschuch 2013:87ff). Zugleich ist die Beschreibung des Nutzens wichtig, um darüber die Lebensrealität von Familien analysieren zu können (BMFSFJ 2011a:9). Durch die empirische Untersuchung soll somit die „Gebrauchswerthaltigkeit professioneller Tätigkeit im Hinblick auf die produktive Auseinandersetzung mit den Anforderungen, die sich für die Nutzer aus den sich ihnen stellenden Aufgaben der Lebensführung ergeben" (Oelerich/ Schaarschuch 2013:90) im Handlungsfeld der Familienzentren erhoben werden. Die Fokussierung des Nutzens grenzt sich dabei klar von der Beschreibung von Wirkungen ab, denn Wirkungen „sind alle jene Ergebnisse, die ursächlich auf die Intervention zurückgeführt werden können" (Micheel 2013:181). Um Wirkungen zu erforschen bedarf es demnach eines klaren Ziels und entsprechender Indikatoren, die aus dem bisherigen Forschungsstand nicht gefolgert werden können. Aus diesem Forschungsziel lassen sich die folgenden Forschungsfragestellungen ableiten:

1. Welche konzeptionell-strukturellen Arbeitsprinzipien liegen den Familienzentren zugrunde? Wie werden diese Arbeitsprinzipien methodisch realisiert? Was sind die fachlich-konzeptionellen Ziele der Arbeit in Familienzentren?

2. Welchen Nutzen haben die Adressat_innen durch das Familienzentrum?

3. Welche Gemeinsamkeiten und Unterschiede lassen sich bei den untersuchten Familienzentren bezüglich der zugrunde liegenden Arbeitsprinzipien und der Nutzenperspektive herausarbeiten?

4. Wie können diese Gemeinsamkeiten und Unterschiede in ein grundlegendes, verallgemeinerbares Modell von Arbeitsprinzipien zusammengeführt werden?

Die Fragestellung und der Forschungskontext bedingen das methodische Vorgehen (Flick 2014:53ff). Die grundlegende Fragestellung „muss nicht zwangsläufig aus einer Hypothese bestehen, sondern kann auch einfach ein exploratives, erkundendes Interesse bedeuten“ (Schneider 2009:67). Dies ist insbesondere in Feldern der Sozialen Arbeit angemessen, in denen bisher kaum empirische Erkenntnisse vorliegen. „Der qualitative Forschungsansatz ist hingegen als Zugang besonders geeignet, um Fragen und Felder zu explorieren, auch wenn noch nicht viel oder gar nichts über sie bekannt ist. In der Sozialen Arbeit spielt der einzelfall- und gruppenorientierte, alltags- und lebensnahe qualitative Ansatz eine besondere Rolle“ (Stegmann/ Schwab 2012:21). Daher liegt ein explorativ-qualitatives Vorgehen nahe. So wird durch die Forschung ein exemplarischer Fokus gesetzt und kein Anspruch auf Repräsentativität hergestellt (Stegmann/ Schwab 2012:16).

Das Forschungsvorgehen zielt auf eine Triangulation der Perspektiven der Steuerungsinstanz im Jugendamt, der handelnden Akteure vor Ort und der Nutzer_innen (Flick 2004:12, Moser 1995:118ff), die mittels eines Methodenpluralismus aus Expert_inneninterviews (Meuser/ Nagel 2005), teilnehmenden Beobachtungen (Girtler 2001:147ff) und Werkstattrunden (Mayring 2002:67, Girtler 2001:128) erhoben werden. Werkstattgespräche dienen der kritischen Diskussion mit befragten Akteursgruppen zu ersten Erkenntnissen im Sinne einer kommunikativen Validierung und somit zugleich der Verdichtung der erhobenen Daten (Bortz/ Döring 2006:219ff.; Mayring 2002:67, Girtler 2001:128).

Als untersuchungsleitende Fragestellungen für die Expert_inneninterviews und die teilnehmenden Beobachtungen dienen die Folgenden:

⇨ Gegenstand (Wie würden Sie ein Familienzentrum beschreiben? Was macht ein Familienzentrum genau? Welche Angebote haben Sie im Familienzentrum bisher genutzt? Was gefällt Ihnen im Familienzentrum?)

⇨ Struktur (Wie ist das Familienzentrum konzeptionell-strukturell verankert? Wie müssen die Rahmenbedingungen in einem Familienzentrum gestaltet sein? Was ist Ihr Aufgabenbereich?)

⇨ Zielstellung (Wozu dient ein Familienzentrum? Wie sind Sie auf das Familienzentrum aufmerksam geworden? Wie kommt es, dass Sie das Familienzentrum besucht haben?)

⇨ Adressat_innen (Von wem wird das Familienzentrum genutzt?)

⇨ Handelnde Akteure (Wer sind die handelnden Akteure im Familienzentrum? Mit wem arbeiten diese zusammen?)

⇨ Methodisches Handeln (Wie gestaltet sich das methodische Handeln im Familienzentrum? Wie erleben die Nutzer_innen die Mitarbeiter_innen im Familienzentrum? Was tun diese genau? Was ist dabei hilfreich?)

⇨ Nutzen (Worin liegt der Nutzen eines Familienzentrums? Was ist der Nutzen des Familienzentrums für Sie? Was ist der Nutzen des Familienzentrums für den Stadtteil? Woran wird dieser Nutzen deutlich?)

Das Forschungsvorgehen orientiert sich am theoretischen Sampling, wonach die Auswahl der zu Befragenden und Settings für teilnehmende Beobachtungen anhand der noch erforderlichen Daten bezüglich der Fragestellung im Forschungsprozess getroffen wird. „Vielmehr werden Personen, Gruppen etc. nach ihren (zu erwartenden) Gehalt an Neuem für die zu entwickelnde Theorie aufgrund des bisherigen Standes der Theorienentwicklung in die Untersuchung einbezogen" (Flick 2014:159). Der Zugang in das Forschungsfeld erfolgte zum einen über die Leiterin des Fachbereiches, der somit die Funktion des „gatekeeper" (Breuer 2009:33) zukam und zum anderen über die Leitungen der Familienzentren. Neben dem theoretischen Sampling nimmt aufgrund der individuellen Ausgangslagen der Nutzer_innen und den damit verbundenen aktuellen Anforderungen das convenience sampling einen wichtigen Stellenwert ein (Flick 2014:166). Der Forschung liegen 47 Interviews mit 74 Personen, 35 teilnehmende Beobachtungen und 8 Werkstattrunden zugrunde.

Die Auswertung der empirischen Daten orientiert sich an der Auswertung von Experteninterviews nach Meuser und Nagel (2005:83ff). Nach der Transkription der Interviews und der Protokollierung der Beobachtungen werden in den einzelnen Dokumenten Überschriften gebildet und in einem nächsten Schritt über das einzelne Dokument hinaus in einen thematischen Vergleich gesetzt. Die Dimensionen der untersuchungsleitenden Fragestellung (Gegenstand, Struktur, etc.) wurden für eine erste Strukturierung an das Material herangetragen, aber die inhaltliche Ausgestaltung erfolgt nicht hypothesengeleitet, sondern vielmehr wurden die Kategorien gegenstandsbezogen entwickelt. Aufgrund der Verortung von Familienzentren im Kontext der Sozialen Arbeit erfolgt anschließend nicht nur eine soziologische sondern auch eine sozialarbeitswissenschaftliche Konzeptualisierung. „Anders ausgedrückt werden an dieser Stelle Theorie und Empirie miteinander konfrontiert" (Lutz 2010:108). Die Zielstellung der Untersuchung liegt nicht in der Entwicklung einer Theorie, sondern in der Deskription von Arbeitsprinzipien.

3.1 Forschungsgegenstand

In der Herleitung und Darstellung der forschungsleitenden Fragestellung wurde bereits deutlich, dass den Untersuchungsgegenstand vier Familienzentren des Berliner Bezirks Friedrichshain-Kreuzberg bilden. Für die fachliche Einbettung wird einleitend der Bereich Familienbildung in Berlin beschrieben. Darauf aufbauend rückt der Bezirk Friedrichshain-Kreuzberg diesbezüglich in den Fokus.

3.1.1 Familienbildung in Berlin

Um die heterogene Ausgangslage der Familienbildung in Berlin nachvollziehen zu können, wird einleitend in den Untersuchungsgegenstand die Berliner Familienbildung kurz umrissen.

Der Berliner Familienbericht 2006 widmete sich erstmals explizit dem Thema der Eltern- und Familienbildung in Berlin. Bezugnehmend auf die historischen Ursprünge der Mütterzentren wird ein Wandel in den thematischen Anforderungen aufbauend auf dem Unterstützungs- und Vorbereitungsanspruch für Familie und Erziehung hin zu einer praktischen Orientierung auf alle Personen nachgezeichnet. Die Angebote dienten der Anleitung von Müttern unter Einbezug ihrer individuellen Entwicklung sowie gesamtgesellschaftlicher Themen und Lebensphasen (Senatsverwaltung Bildung, Wissenschaft und Forschung 2006:11). „Heute stehen die Förderung der pädagogischen und organisatorischen Fähigkeiten der Eltern sowie deren Begleitung, Unterstützung und Entlastung im Mittelpunkt der Familienbildung. Die Angebote richten sich nicht mehr nur auf die Lebenssituation und die Entwicklung der Kinder und Jugendlichen, sondern insbesondere auch auf die Verbesserung der Lebenssituation der Eltern und Familien, die Gestaltung und Förderung der Partnerbeziehungen, die Förderung von Lebensqualität und -zufriedenheit“ (Senatsverwaltung Bildung, Wissenschaft und Forschung 2006:11). So orientiert sich Familienbildung an den individuellen Bedarfen neben der reinen Wissensvermittlung und greift verschiedene familienrelevante Themen dafür auf.

Im Vergleich zu anderen Bundesländern verfügt Berlin „nicht über große Familienbildungsstätten, in denen sich viele Angebote konzentrieren. [...] Berlins Kennzeichen ist die Vielfalt kleiner Träger mit recht verschiedenen Angeboten“ (Senatsverwaltung Bildung, Wissenschaft und Forschung 2006:15). Im Jahr 1993 wurde auf der Landesebene ein Haushaltstitel für Familienarbeit eingerichtet und darüber verschiedene stadtteilbezogene und berlinweite familienbezogene Projekte in Kooperationsbezügen gefördert (Senatsverwaltung Bildung, Wissenschaft und Forschung 2006:16ff). Darüber hinaus werden unter Familienbildung auch die Eltern- und Familienbildungsangebote der Sozialpädagogischen Fortbildungsstätte Jagdschloss Glienicke sowie die Berliner Volkshochschulen und Stadtteilzentren gefasst (Senatsverwaltung Bildung, Wissenschaft und Forschung 2006:22ff). Entsprechend ist Berlin durch eine große Heterogenität der Angebote im Bereich der Familienbildung gekennzeichnet. Dies wird auch durch § 21 des Berliner Ausführungsgesetzes zum Kinder- und Jugendhilfegesetz (AG KJHG) deutlich, in dem das Aufgabenspektrum der Familienbildung beschrieben wird.

„(1) Familienbildungsangebote, die den verschiedenen Lebenssituationen unterschiedlicher Familienformen Rechnung tragen, sind in Abstimmung mit den Angeboten der freien Jugendhilfe und unter Berücksichtigung der Angebote der Volkshochschule zu entwickeln. Die Zusammenarbeit mit Einrichtungen der Kindertagesbetreuung und Schulen ist sicherzustellen.

(2) Die Angebote sollen sich an alle Erziehungsberechtigten richten und sie frühzeitig erreichen. Sie sollen so ausgestaltet sein, dass auch besondere Zielgruppen und Familien in Belastungssituationen angesprochen werden.

(3) Diese Angebote sollen insbesondere die in der Familienberatungsarbeit offenbar werdenden besonderen Problemlagen aufgreifen. Die Angebote sollen so ausgestaltet sein, dass auch bildungsungewohnten Personen der Zugang ermöglicht wird"

(Senatsverwaltung Bildung, Wissenschaft und Forschung 2006:14).

Dafür sind die verfügbaren Haushaltsmittel grundlegend. Allerdings ist Berlin „eines der wenigen Bundesländer, das Familienbildung überwiegend auf der Grundlage des SGB VIII fördert und nicht nach Erwachsenenbildungsgesetzen. Das bedeutet, dass die Familienbildung in Berlin weniger eingeengt den Formen kursgebundenen Lernens Erwachsener folgen muss als vielmehr kommunikative und gemeinwesenorientierte Lern- und Aktivitätsformen und familienbezogene Angebote mit dem gleichwertigen Einschluss von Kindern und Jugendlichen aufnehmen kann" (Senatsverwaltung Bildung, Wissenschaft und Forschung 2006:15). Entsprechend kommt der Familienbericht zu dem Schluss, dass die Bedeutung Familienbildung in den Bezirken durchaus im Laufe der Jahre zugenommen hat (Senatsverwaltung Bildung, Wissenschaft und Forschung 2006:27). Trotz der stadtweiten Heterogenität können Schwerpunkte in der Familienbildung beschrieben werden, die an dieser Stelle lediglich zusammenfassend benannt werden. Demnach umfassen die Schwerpunkte

- „Bildungsangebote zu allgemeinen Fragen der Erziehung wie z. B. Wertevermittlung [...] und Vereinbarkeit von Beruf, Familie und Freizeit,
- Bildungs- und Beratungsangebote zu speziellen Themen, wie z. B. zur Förderung der Beziehungskompetenz für Paare und für Eltern [...], zur gesundheitsbewussten Erziehung und Lebensgestaltung und Umgang mit besonderen Belastungen (z. B. Krankheit, Tod)"

(Senatsverwaltung Bildung, Wissenschaft und Forschung 2006:35).

Darüber hinaus wird betont, die „Bildungsanteile im engeren Sinne sind eingebettet in Selbsthilfe, Gemeinschaft, Kontakt, Geselligkeit und Aktion" (Senatsverwaltung Bildung, Wissenschaft und Forschung 2006:35). Entsprechend wird eine Vielfalt an Angebotsstrukturen als erforderlich benannt, um „alle am Erziehungsprozess Beteiligten" (Senatsverwaltung Bildung, Wissenschaft und Forschung 2006:35) zu erreichen. Kooperation mit anderen Einrichtungen, die Zusammenarbeit mit ehrenamtlichen und professionellen Akteuren, Qualifizierung von anderen Akteuren werden als weitere Aufgaben benannt (Senatsverwaltung Bildung, Wissenschaft und Forschung 2006:35). Somit entspricht auch das Berliner Verständnis von Familienbildung der bereits dargestellten Vielfalt.

Darüber hinaus wurde im Jahr 2012 das Landesprogramm ‚Aufbau der Berliner Familienzentren' aufgelegt, worüber seit Oktober 2012 je zwei Familienzentren pro Bezirk angegliedert an eine Kindertageseinrichtung gefördert werden. „Die Anbindung an Einrichtungen der Kindertagesbetreuung wird als sinnvoll erachtet, da diese bereits mit anderen kinder- und familienbezogenen Institutionen (insbesondere der Familienbildung und -beratung) zusammenarbeiten und dadurch Synergieeffekte entstehen" (Servicestelle Berliner Familienzentren 2013:6). Darüber sollen das ressortübergreifende Handeln sowie die weitere Gestaltung einer familienfreundlichen Infrastruktur unterstützt werden. Dementsprechend liegt der Förderschwerpunkt auf zusätzlichen bezirklichen Angeboten (Servicestelle Berliner Familienzentren 2013:6). Im Zwischenbericht 2013 der Berliner Familienzentren wird deutlich, dass 37 % der zusätzlichen Angebote dem Bereich der Familienbildung (bspw. FuN, Starke Eltern – Starke Kinder), 29 % dem Bereich der Begegnung und Selbsthilfe wie Elterncafés und Familienfrühstück, 14,4 % dem Bereich Beratung und Unterstützung, 12,3 % dem Bereich Netzwerkarbeit und 7,3 % dem Bereich Frühe Hilfen zuzuordnen sind (Servicestelle Berliner Familienzentren 2013:11). In den Angeboten ist eine Zunahme der Nutzer_innenanzahl zu verzeichnen. Die Hauptnutzerinnen sind Mütter mit Kindern unter drei Jahren (ebd.).

3.1.2 Der Bezirk Friedrichshain-Kreuzberg

Um die Situation der Familienbildung in Berlin zu konkretisieren, wird nun der Bezirk Friedrichshain-Kreuzberg, in welcher die vorliegende Forschung umgesetzt wurde, hinsichtlich seiner sozialdemografischen Daten vorgestellt. Daran anschließend wird die dortige Familienbildung in den Fokus gesetzt.

3.1.2.1 Sozialdemografische Daten

Bei der Betrachtung von Familien im gesamten Berlin wird deutlich, dass lediglich 17 % der Berliner Privathaushalte Familien mit Kindern unter 18 Jahren ausmachen. Von diesen leben 52 % der Kinder mit verheirateten Eltern, „16 % in nichtehelichen Lebensgemeinschaften und 32 % in alleinerziehenden Haushalten" (Beirat für Familienfragen 2011:138). Auch der Berliner Bezirk Friedrichshain-Kreuzberg ist in seiner sozialen Struktur sehr heterogen. So gehört Friedrichshain-Kreuzberg mit 14,6 % zu einem der vier Berliner Bezirke mit einem hohen Anteil von Kindern und Jugendlichen unter 18 Jahren (Beirat für Familienfragen 2011:136). Zugleich sind im Bezirk mit 59,2 % die meisten Einpersonenhaushalte von unter 65-Jährigen zu verzeichnen (Beirat für Familienfragen 2011:138). Berlin ist insbesondere durch einen Zuzug gekennzeichnet, sodass auch für die zukünftige bezirkliche Bevölkerung ein Zuwachs prognostiziert wird (Beirat für Familienfragen 2011:133f). Zugleich ist aber auch ein Wegzug von „Familien mit unter 6-jährigen Kindern insbesondere aus den Innenstadtbezirken" (Beirat für Familienfragen 2011:116) zu verzeichnen, zu denen wiederum auch Friedrichshain-Kreuzberg gehört.

Grundsätzlich kann gesagt werden, dass dieser im Berliner Vergleich „den höchsten Anteil an Haushalten mit weniger als 1.300 € und den geringsten Anteil an Privathaushalten mit mehr als 2000 € monatlichem Haushaltsnettoeinkommen“ (Bezirk Friedrichshain- Kreuzberg 2009:8) hat. Des Weiteren erhalten 53 % der Einwohner_innen unter 15 Jahren Existenzsicherungsleistungen, im Ortsteil Kreuzberg sogar 60 %. Der Berliner Durchschnitt liegt bei 39 % (ebd.). „Das höchste Armutsrisiko findet sich in den Innenstadtbezirken Berlins“ (Beirat für Familienfragen 2011:93), wozu an dritter Stelle Friedrichshain-Kreuzberg mit 21 % zählt. Insbesondere gefährdet sind Familien mit drei oder mehr Kindern sowie Alleinerziehende (Beirat für Familienfragen 2011:95), da diese in den Möglichkeiten ihrer Erwerbsarbeit in Verbindung mit der Kinderbetreuung eingeschränkt sind. Bezogen auf die Privathaushalte mit Kindern unter 18 Jahren leben in 36 % von diesen zwei und mehr Kinder (Bezirk Friedrichshain-Kreuzberg 2009:8). Zwar sind in den Berliner Familien meist beide Eltern erwerbstätig (78 %), trotzdem hängt die Erwerbstätigkeit vom Alter der Kinder ab (Beirat für Familienfragen 2011:17). So sind insbesondere Mütter von kleinen Kindern nicht erwerbstätig, und zugleich steigt die Erwerbstätigkeit mit zunehmendem Alter der Kinder. „Der Anteil der erwerbstätigen Alleinerziehenden liegt in Berlin mit 60,6 % etwa gleichauf mit dem von Müttern in Lebensgemeinschaften“ (Beirat für Familienfragen 2011:18). In Friedrichshain-Kreuzberg sind 74 % der erwerbstätigen Bezugspersonen vollzeitbeschäftigt (Beirat für Familienfragen 2011:18). Allerdings sind es „im Ortsteil Kreuzberg […] 28 % und im Ortsteil Friedrichshain 57 % der Kinder und Jugendlichen, die mit nur einem Elternteil zusammenleben und auf existenzsichernde Transferleistungen angewiesen sind“ (Bezirk Friedrichshain- Kreuzberg 2009:8).

Eine weitere Dimension, die oft einhergehend mit Familien und Erwerbstätigkeit diskutiert wird, ist der Anteil von Personen mit Migrationshintergrund. „Im Ortsteil Kreuzberg haben 75 % der Kinder und Jugendlichen unter 18 Jahre einen Migrationshintergrund, im Ortsteil Friedrichshain 33 %“ (Bezirk Friedrichshain-Kreuzberg 2009:9). Hierbei wird deutlich, dass sich die Angaben jeweils entsprechend der einzelnen Regionen unterscheiden (ebd.). Dies wird ebenfalls bei den Kindertagesstätten und Schulen offensichtlich. 16 % der Eltern von Kindern in Friedrichshainer Kindertagesstätten und 55 % der Eltern von Kindern in Kreuzberger Kindertagesstätten geben an, zu Hause überwiegend nicht Deutsch zu sprechen. In 16 der 20 Kreuzberger Grundschulen liegt der Anteil von Kindern nichtdeutscher Herkunftssprache bei über 50 %. Im Ortsteil Friedrichshain trifft dies nur auf eine der 11 Grundschulen zu (Bezirk Friedrichshain-Kreuzberg 2009:9). Bezogen auf den gesamten Bezirk zählt Friedrichshain-Kreuzberg mit einem Anteil von 37 % an Personen mit Migrationshintergrund zu einem der höchsten Anteile im bezirklichen Berliner Vergleich (Beirat für Familienfragen 2011:138).

Im Rahmen eines Familienforums mit Eltern aus dem Bezirk Friedrichshain beschreiben diese den Bezirk an die dargestellten sozialdemografischen Daten anschließend, folgendermaßen: „Hier wird über – z. T. in Eigeninitiative entstandene – Familien- und Elterncafés berichtet. Generell hat bürgerschaftliches Engagement eine sehr hohe Bedeutung. Es werden aber auch noch weitere Verbesserungen der Rahmenbedingungen gewünscht, damit sich soziale Netzwerke entwickeln und stärken können. [...] Die Anforderungen an Bildungseinrichtungen sind hoch, was sich etwa in der Forderung nach besserer Qualifizierung des pädagogischen Personals niederschlägt. Familien wollen weitreichende Mitsprache, etwa in der Schule (verstärkte Elternmitsprache), aber auch politisch und bei der Gestaltung des Bezirks (indem die Durchführung regelmäßiger Familienforen als wichtig erachtet wird)" (Borchers/ Kukat/ Olejniczak, 2009:60).

Der Bezirk ist somit durch Heterogenität und zugleich herausfordernden Rahmenbedingungen gekennzeichnet.

3.1.2.2 Bezirkliche Familienbildung

Aufgrund dieser heterogenen sozialdemografischen Ausgangslage ist es notwendig, „Angebote und Netzwerke der Familienförderung und Familienbildung zu entwickeln, die diese unterschiedlichen Voraussetzungen berücksichtigen und die Entwicklungschancen von Kindern und Jugendlichen verbessern oder zu stabilisieren helfen" (Bezirk Friedrichshain- Kreuzberg 2009:10). Im Jahr 2004 wurde die Arbeitsgemeinschaft nach § 78 SGB VIII ‚Familien-Bildung/-Beratung/-Begegnung' initiiert, die „Mitwirkung an der Fachplanung der Jugendhilfe des Bezirks, Beteiligung bei der Bedarfserhebung und Entwicklung der Angebotsstruktur, Vernetzung von Angeboten sowie Erarbeitung und Sicherung von gemeinsamen Qualitätsstandards als Zielstellungen nennt" (Senatsverwaltung Bildung, Wissenschaft und Forschung 2006:37). Um gezielt auf die unterschiedlichen Lebensverhältnisse im Bezirk eingehen zu können, Familien zu unterstützen bezogen auf die aktive gesellschaftliche Teilhabe und Zugänge zu Bildungsprozessen zu ermöglichen, wurde Ende 2006 politisch ein Schwerpunkt auf die Familienbildung im Bezirk gesetzt (Beber 2007). Entgegen der im Rahmen der Umstrukturierung entlang des Fachkonzepts Sozialraumorientierung vorgenommenen Entsäulung wurde ein Fachdienst ‚Frühe Bildung und Erziehung' aufgebaut, welcher die Bereiche fachliche Steuerung der Kindertagesbetreuung, Kindertagespflege und Familienbildung beinhaltet. Dies ging einher mit der Gründung einer entsprechenden Fach-AG. Ein strukturelles Ziel ist es, dass jede der acht Regionen Friedrichshain-Kreuzbergs ein Familienzentrum erhält (Beber 2007). Zu Beginn der empirischen Erhebung im Jahre 2010 wurden fünf Familienzentren in Friedrichshain-Kreuzberg bezirklich über § 16 SGB VIII zur Familienbildung gefördert. Die Familienzentren haben verschiedene Entstehungsgeschichten und konzeptionelle Verankerungen, bspw. als Nachbarschaftszentrum, Early-Excellence-Center oder Mehrgenerationenhaus (Bezirk Friedrichshain-Kreuzberg 2009:17). Damit wird bereits die Heterogenität hinsichtlich der Umsetzungsbreite aufgegriffen und zugleich die jeweiligen sich in den Einrichtungen ergebenden Bedarfe hinsichtlich der Nachfrage von Familien nach solchen Angeboten (Senatsverwaltung Bildung, Wissenschaft und Forschung 2006:49f, Beirat für Familienfragen 2011:72). Damit gehen zudem die Anforderungen an eine „Umorientierung des Angebotsspektrums" (Beirat für Familienfragen 2011:72) einher, um die vielfältigen Bedarfslagen aufgreifen zu können. „Infolgedessen muss sich Familienbildung in Berlin auf zwei Säulen stützen: Es bedarf einerseits allgemeiner Programme, die einen breiten Adressatenkreis ansprechen, und andererseits spezifischer Unterstützungsangebote mit gezielter Ansprache und niedrigschwelligem Zugang" (Beirat für Familienfragen 2011:73). Daraus ergibt sich die Notwendigkeit einer regionalen strukturellen Verankerung von Familienbildung (Beirat für Familienfragen 2011:73).

3.1.2.3 Familienzentren im Bezirk

An die Beschreibung des Bezirks und der dort verankerten Familienbildung werden nun die vier Familienzentren als der konkrete Untersuchungsgegenstand der empirischen Erhebung näher beschrieben. Dafür werden bereits erste Aussagen aus der empirischen Erhebung hinzugezogen.

Familienzentrum Menschenskinder

Das Familienzentrum Menschenskinder befindet sich in einer schmalen Querstraße hinter der mehrstöckigen Häuserfront einer sechsspurigen Allee, gegenüber von Mehrfamilienhäusern aus den 50er Jahren im Bezirk Friedrichshain. Nebeneinander stehen dort ein zweistöckiges und zwei einstöckige Gebäude. In dem zweistöckigen Gebäude betreibt der Träger menschenskinder-berlin gGmbH eine Kindertagesstätte. Auf einer davor stehenden Tafel sind Hinweise zur Kindertagesstätte und zu Veranstaltungen des Familienzentrums angebracht (B19:6[8]). Der Ursprung des Familienzentrums führt zurück auf die Gründung des Trägers im Jahr 1996 und der bereits damaligen konzeptionellen Verankerung mit dem Anspruch, vernetzte präventive, niedrigschwellige Unterstützungsangebote zu gestalten. Dies wurde damals ohne bezirkliche Förderung umgesetzt. „Die haben das selber entwickelt, komplett aufgebaut, ohne dass das von irgendjemand irgendwie unterstützt wurde, sondern aus einer Kita heraus haben die da Familienangebote gemacht" (J03:62). Aufgrund des steigenden Bedarfs erfolgte ein Umzug in die Räume der Kindertagesstätte. 2010 wurde dem Träger für das Familienzentrum ein Gebäude vom Bezirk zur Verfügung gestellt. An die Kindertagesstätte grenzt ein Sozialpädiatrisches Zentrum und daneben das neue Gebäude des Familienzentrums, ehemals als Kindertreff genutzt, an. „Da liegt die große Chance eigentlich. Also, wir können jetzt hier noch mal total neu anfangen" (P22:17), bewertet eine Mitarbeiterin den Umzug in das neue Gebäude mit angrenzendem Garten. Vor dem Familienzentrum ist ein Begrüßungsaufsteller platziert und nach zwei Stufen steht man vor der Tür mit der Aufschrift: ‚Herzlich Willkommen'. In das Familienzentrum gelangt man durch das Klingeln an der Tür oder mit dem

8 Anonymisierungsverschlüsselung der einzelnen Interviews und teilnehmenden Beobachtungen mit der jeweiligen Zeilenangabe, wobei W die Perspektive einer Werkstattrunde, P die Perspektive eines professionellen Akteurs, N die Perspektive einer Nutzer_in, J die Perspektive eines steuernden Akteures im Jugendamt und B die Perspektive einer teilnehmenden Beobachtung hinterlegt.

Kinderwagen durch den offenen Garten (B25:5). Im Vorraum ist eine Pinnwand mit vielfältigen Informationen angebracht. Von dort gehen mehrere Räume ab. Linker Hand soll ein kleiner Raum zukünftig als Büro genutzt werden. In dem dahinter liegenden, blau gestrichenen Raum laden Matten, Kissen und eine Holzeisenbahn zum Spielen ein. Daneben befindet sich der Sanitärbereich mit einer großen Familientoilette, Wickeltisch sowie einer Tafel mit Tausch- und Verkaufsangeboten (B25:11).

Rechts des Eingangsbereichs liegt eine kleine Küche mit einer Durchreiche in den großen Aufenthaltsraum. In der Mitte des Raumes steht die lange, jahreszeitlich passend dekorierte Tafel mit Stühlen. „Wie ein großes Wohnzimmer" (N14:81), beschreibt eine Mutter diesen Bereich. Dahinter stehen zwei Sofas, und an der Seite befinden sich Spielmaterialien für Kinder verschiedener Altersstufen (B25:9). Auf einer angrenzenden Anrichte liegen Flyer von Kooperationspartnern aus (B25:10). Ein weiterer Raum des Familienzentrums soll zukünftig als Bewegungsraum genutzt werden. Momentan werden solche Angebote im Kursraum der Kindertagesstätte durchgeführt (B36:16).

Eine weitere Tür führt aus dem Eingangsbereich in den Garten. „Eine kleine Oase. Da gibt es Eichhörnchen, Vögel" (P22:188) und viele andere Tiere zu beobachten. Im Sommer 2011 soll dieser gemeinsam mit den Familien gestaltet werden.

Dem Familienzentrum Menschenskinder liegt konzeptionell der Situationsansatz[9] zugrunde. Das Agieren im Familienzentrum richtet sich nach den Bedarfen der Familien (B14:31). Dementsprechend bildet ein offenes Konzept für die Vor- und Nachmittage die Grundlage (B37:7). „Ein Raum für Bedürfnisse, ich finde das total schön, weil das alles umfasst. Das ist auch so unsere Arbeit, wie wir arbeiten, also situationsorientiert" (P22:162). Die offenen Vor- und Nachmittagsangebote finden jeweils zwischen 10:00 und 12:30 Uhr bzw. 13:00 und 14:30 Uhr und 18:00 Uhr im Familienzentrum statt. Zum Forschungszeitpunkt sind dort drei Sozialarbeiterinnen angestellt. Eine hat die Leitung des Familienzentrums inne, zwei Mitarbeiterinnen sind mit jeweils 25 Stunden beschäftigt und werden durch eine Verwaltungskraft, die über eine MAE-Maßnahme läuft, unterstützt (P15:21, P22:73ff). Darüber hinaus sind dort Honorarkräfte für spezielle Kursangebote wie PEKiP und Kinderturnen tätig.

Familienzentrum Mehringdamm

Das Familienzentrum Mehringdamm liegt neben einer vierspurigen, stark befahrenen Straße im Ortsteil Kreuzberg. Der Gebäudekomplex ist das ehemalige ‚Haus der Familie', in dem „vom Konzept her alles in einem Haus vom Standesamt über den Kinder- und Jugendgesundheitsdienst [...] Krippe, Kita, Hort, Erziehungsbe-

9 Der Situationsansatz ist ein Sozialpädagogisches Konzept, nach dem Alltagssituationen aufgegriffen werden und als Anlass für ein begleitetes Lernen hinsichtlich der Entwicklung der Kinder genutzt wird (Heller 2010).

ratung, alles in einem Haus“ (P01:15) untergebracht war. 1976 wurde darin das ‚Elternzentrum‘ in Trägerschaft des damaligen Bezirks Kreuzberg gegründet. Das Elternzentrum galt als eine „Vorzeigeeinrichtung“ (P01:12) und Vorläufer des Familienzentrums. 2007 wurde das Elternzentrum in die freie Trägerschaft des Pestalozzi-Fröbel-Hauses (Stiftung des öffentlichen Rechts) übergeben. Derzeit sind in diesem Gebäude die Erziehungs- und Familienberatungsstelle des Jugendamts, der Kinderschutzbund und Räume der Volkshochschule untergebracht (B01:6).

Das große gelbe Gebäude aus den 60er Jahren wirkt wie auf Stelzen gebaut mit unüberschaubaren Gebäudeteilen. Vom Gehweg führen einige Stufen hinunter zwischen die Betonstelzen, an denen Schilder zu den verschiedenen Institutionen weisen (B01:8). Das Familienzentrum befindet sich im Erdgeschoss des Gebäudekomplexes, dessen Außengelände an die Grünflächen einer Kindertagesstätte grenzt (B01:9f). Früher wurden die Räume des jetzigen Familienzentrums ebenfalls als Kindertagesstätte genutzt. Mittlerweile gehören drei Gruppenräume und eine Turnhalle im Vorderhaus ebenfalls zum Familienzentrum (P01:14).

Den Gebäudekomplex betritt man durch eine Glastür, die zur Erziehungs- und Familienberatungsstelle führt, weitere Treppen führen hinunter zum Familienzentrum. Im Eingangsbereich des Familienzentrums sind an einer großen Pinnwand das Programm, Informationen von Kooperationspartnern und weitere Angebote angebracht. Auch in dem breiten Flur dahinter befinden sich verschiedene Veranstaltungshinweise und Fotodokumentationen (B01:12f). Von dem Eingangsbereich geht links ein langer Gang ab, der in einem großen Raum für Musik- und Bewegungsangebote mündet. Rechts folgt ebenfalls ein langer Gang endend in einer großen, voll ausgestatteten Küche mit Tischen und Stühlen (B01:14f). Gegenüber dem Büro der Mitarbeiter_innen befinden sich das Leitungsbüro sowie der Empfang mit der Verwaltungskraft (B01:16f).

Zwischen den Büros führt eine Glastür, an der Fotos und Namen der Mitarbeitenden angebracht sind, in den Bereich des Familiencafés. Rechts liegen ein Bälle-Bad für Kinder, gefolgt von den Sanitäranlagen für Erwachsene und Kinder (B01:18). Links lädt ein Trödeltausch zum Abgeben und Nehmen nicht mehr benötigter Kleidung ein (B01:19). Dahinter folgt der Spielbereich für die Kinder. An den Wänden sind Schilder mit den Regeln für den Spielbereich sowie das Foto der an diesem Tag zuständigen Mitarbeiterin angebracht. Je nach Interesse können die Kinder mit den Matten, Klettergeräten, der Kinderküche, Kostümen und verschiedenen Anregungsmaterialien spielen (N10:36). Der Spielbereich wird durch eine breite, zum Niederlassen anregende Truhe abgegrenzt. Gegenüber stehen zwei Sofas (B01:20). Hinter dem Spielbereich bilden Tische und Stühle vor einer Theke den Cafébereich. Vor der Theke stehen zumeist zwei Stühle, auf welche die Kinder klettern können, um darüber zu blicken (B01:21). Links befindet sich der Kreativbereich mit Tischen und Stühlen für die Kinder. Am daneben stehenden Tisch können die Erwachsenen sitzen. Von der Decke und an den Wänden hängen verschiedene Fotos und Kunstwerke (B01:22). Rechts vom Café geht eine weitere

Sitzecke mit Sofas und Tischen ab. Dahinter befindet sich der Babybereich mit einem Teppich und einigen Spielsachen. Aus einem Schrank können Kinderbücher und Fotodokumentationen genommen werden. Eine Tür führt in den Garten mit Klettergerüst und Rutsche für die älteren Kinder (B01:23). Auch vom Kreativbereich führt eine Tür auf das Außengelände. Dort sind neben einer gepflasterte Laufstrecke ein Barfußparcour, Balancierelemente und eine Sandkiste mit Wasserpumpe vorhanden (B01:22). Im Sommer wird dieser Bereich mit einem Sonnensegel geschützt.

Seit Juli 2007 befindet sich das Familienzentrum in Trägerschaft des Pestalozzi-Fröbel-Hauses (P01:18). Trägerbedingt bildet der Early-Excellence-Ansatz die konzeptionelle Grundlage des Familienzentrums. „Die Öffnung in den Sozialraum, der ‚positive Blick' auf Eltern und Kinder und dass man Bildungsangebote für Kinder so strukturiert, dass die Bildung für alle zugänglich ist und dass die Eltern immer mit einbezogen werden. Das sind die Hauptleitlinien" (P01:20) dieses Ansatzes. Fokussiert werden der ‚positive Blick' und die Stärken des Kindes (P19:101). „Eigentlich ist der Schwerpunkt dieser Einrichtung, dass ich einen positiven Blick finde für mein Kind und auch die Möglichkeit und den Raum nutze, das Kind intensiv zu beobachten, zu begleiten" (P08:27).

Das Familienzentrum Mehringdamm ist montags bis freitags von 9:30 bis 18:00 Uhr geöffnet. Neben der Leitung des Familienzentrums sind dort eine Sozialpädagogin, zwei Erzieherinnen, eine Verwaltungsangestellte und zahlreiche Honorarkräfte tätig (P01:35).

Familienzentrum DAS HAUS

DAS HAUS e. V. als Träger im Kinder- und Jugendhilfebereich entstand in der Wendezeit, „als Pädagogen, Künstler, Psychologen sich zusammen gesetzt und überlegt haben, wir wollen etwas anders machen" (P02:13). Diese Zeit war von Hausbesetzungen im Samariterkiez des damals eigenständigen Bezirks Friedrichshain geprägt (P02:13). Es begann die Suche nach einem geeigneten Haus für das Projekt. 1992 fand man ein leer stehendes, ungenutztes Haus in einer langen Seitenstraße, das „aber hatte eben den Vorteil, dass es fast nichts kostete an Miete" (P02:15). Somit zog der Verein schnell ein und begann mit der Arbeit. Es sollten Freizeitangebote für Kinder mit dem Schwerpunkt auf Kreativität geschaffen werden (P02:16f). Über die Jahre etablierte sich das HAUS als Kinderzentrum mit vielfältigen kreativen Angeboten im Freizeitbereich und zahlreichen Projekten für Schulklassen. Aufgrund des in der Satzung festgehalten Anspruchs, generationsübergreifend zu arbeiten, war das HAUS „schon immer wieder Anlaufstelle für Nachbarn, für Eltern" (P02:19). In den letzten Jahren sind immer mehr Eltern und Großeltern in das HAUS gekommen und haben gefragt: ‚Können wir nachmittags hier auch mal Kuchen essen?' Klar haben wir gesagt, machen wir. Und dann wurde das immer mehr" (P02:20). In den regelmäßigen Gesprächen mit dem Jugendamt wurden diese Entwicklungen thematisiert, „weil es Familienförderung nach dem

§ 16 überhaupt nicht gab in dem Bezirk" (P06:14). So entwickelte sich das Konzept für ein Kinder- und Familienzentrum, welches sowohl die kreative Arbeit mit Kindern als auch den Einbezug der Eltern vereint (P02:22).

Das HAUS befindet sich in einem von der Straße aus nach hinten versetzten 4-stöckigen Gebäude. Am Gehweg verweist ein Aufsteller auf das HAUS, das aktuelle Programm und die Angebote. Die Fassade des HAUSes ist von Künstlern gestaltet. „Es ist schon alles sehr hell und bunt" (N07:80). Zwischen der Fahrradwerkstatt und den großen Fenstern des Familiencafés befindet sich der Eingang des Familienzentrums. Nun steht man im Treppenhaus und wird über die Angebote im Familienzentrum, Veranstaltungen und bebilderte Hinweisschilder zu den Räumen informiert. Durch die Tür links gelangt man in das mit verschiedenen Sitzgelegenheiten und Kinderspielen gestaltete Elterncafé mit angrenzender Küche (B28:5). Eine weitere Tür führt in den Garten. Dort gibt es einen gepflasterten Bereich, ein Klettergerüst und daneben kreisförmig angelegte Steine zum Sitzen um eine Feuerstelle.

Im Erdgeschoss befinden sich die Keramikwerkstatt und die sanitären Anlagen. „Man hat gleich einen Kinderwagenstellplatz gehabt mit Toilette dran, wo man auch abschließen und das Kind mit reinnehmen kann" (N07:29). Im ersten Stock liegen die Büros der Mitarbeiterinnen sowie ein kleiner Beratungsraum mit Sofa. Auf der rechten Seite sind ein Spielzimmer und der Bewegungsraum untergebracht. In der dritten Etage befinden sich ein Computer- und Theaterraum sowie weitere Räume, die von Kooperationspartnern genutzt werden. Im vierten Stock sind weitere Beratungsräume und Kooperationspartner ansässig, bspw. eine Hebamme.

Durch die bereits dargestellte historische Entwicklung bildet nach wie vor sowohl die kreative Arbeit mit Kindern als auch der Einbezug der Eltern auf verschiedenen Wegen den konzeptionellen Rahmen für das Familienzentrum HAUS. Fokussiert werden die Kinder und deren Familien im Stadtteil und zudem entsprechend Kooperationen mit Kindertagesstätten, Schulen und anderen Akteuren im Stadtteil (J03:61).

An den Vormittagen finden Projekte für Schulklassen und/ oder Eltern-Kind-Angebote statt. An drei Nachmittagen in der Woche ist parallel zu Angeboten für Kinder das Familiencafé geöffnet. Neben der Leiterin des Familienzentrums sind zwei Verwaltungsmitarbeiterinnen im Büro sowie zwei pädagogische Koordinatorinnen angestellt. Daneben sind zahlreiche MAE-Mitarbeiter_innen für verschiedene Bereiche wie die Kinderküche, Bibliothek, Fahrradwerkstatt und PC-Bereich zuständig sowie ein Hausmeister (B08:10). „Die Mitarbeiterinnen sind sozusagen die Säulen in den verschiedenen Bereichen, und darum herum sind dann angedockt die jeweiligen Beschäftigungsmaßnahmen, also ABM, Ein-Euro-Jobber, Praktikanten" (P02:79). Darüber hinaus sind viel ehrenamtliche Akteure und wenige Honorarkräfte dort tätig (P02:79ff).

Familienzentrum Waldemarstraße

Vor einigen Jahren setzten sich im damaligen Berliner Bezirk Kreuzberg verschiedene Kinder- und Jugendhilfeträger des Stadtteils zusammen, denn „es gab schon den Bedarf, für Familien etwas zu tun" (P03:28ff). Sie entwickelten die Ausschreibung für ein Familienzentrum mit dem Grobkonzept „Bildungsangebote bereithalten für die Familien im Kiez, für nachbarliche Träger, um auch starkzumachen, dass es schon Träger gibt im Kiez und dass die auch Angebote unter dem Dach machen können" (P03:28ff). Dafür wurden 60qm² Räumlichkeiten und die Nutzungsmöglichkeit einer Küche und eines Saales angeboten (P03:28ff). „Dann habe ich eigentlich erst mal Kontakte gemacht und wirklich konkrete Angebote entwickelt aus den Bedarfen heraus" (P03:30). Dies umfasst Kontakte zu verschiedenen Akteuren im Stadtteil hinsichtlich des Bedarfs von Räumen und Kontakte für die Durchführung weiterer Angebote. Im zweiten Jahr erhielt das Familienzentrum zusätzliche Räume und somit insgesamt 540qm² sowie zwei weitere Mitarbeiterinnen (P03:30ff).

Das Familienzentrum Waldemarstraße ist in einem großen, alten Backsteingebäude an einer Kreuzberger Straße neben einer großen Grünfläche mit Spielplatz und einem weiteren Gebäude mit Angeboten eines anderen Kinder- und Jugendhilfeträgers beheimatet. Im Erdgeschoss des Gebäudes sind ein Kindercafé und das Projekt HIPPY[10] (Home Instruction for Parents of Preschool Youngsters) der Arbeiterwohlfahrt Spree-Wuhle e. V. untergebracht. In der dritten Etage befindet sich eine Kindertagesstätte. Schilder im Eingangsbereich weisen auf Träger und Angebote im Haus hin (B02:5f). Das Familienzentrum befindet sich in der 1. und 2. Etage. Es gibt einen Aufzug, welcher aber einmal die Woche ausfällt (B02:7). Die erste Etage betritt man durch eine Glastür. Dort sind das Büro der Leiterin, ein Beratungsraum mit Sofa und Spielecke sowie ein Raum mit Tischen, Stühlen und Tafel für die Sprachkurse untergebracht. Ein im Flur stehender Computer kann von den Besucher_innen genutzt werden (B02:8). Von der Eingangstür aus links folgt ein langer Flur, von dem ein großer Bewegungsraum mit Spiegelwand, weitere Unterrichtsräume, eine Teeküche und sanitäre Anlagen abgehen (B02:9).

Der Eingangsbereich der zweiten Etage ist mit einer Übersicht der Angebote und Fotos von den Mitarbeitenden gestaltet. Daneben liegen die Büros der Verwaltungskraft, die dadurch den Empfangsbereich darstellt, und den Mitarbeitenden. Dahinter folgen wiederum Unterrichtsräume und sanitäre Anlagen. Links des Eingangsbereichs befindet sich ein Spielraum mit diversen Materialien und einem Bälle-Bad. Von diesem Raum gelangt man auf den Balkon. Dort sind Roller und Pedalos gestapelt, die im Sommer ausgeliehen werden können. Des Weiteren stehen dort Tische und Stühle. Vor dem Balkon steht direkt eine große Kastanie, die im Sommer Schatten spendet (B02:10). Dann folgt der farblich gestaltete Orientraum mit vielen Sofas. Gegenüber liegt eine weitere Teeküche (B02:11). Am Ende

10 HIPPY ist ein Eltern-Kind-Programm zu Sprachförderung.

des Flures ist eine Kleiderkammer mit zahlreichen Kindersachen untergebracht (B02:12). In den Fluren befinden sich ebenfalls Sitzmöglichkeiten und viele geschenkte Regale mit unterschiedlichen Informationsbroschüren (B02:15).

Der konzeptionelle Ansatz des Familienzentrums Waldemarstraße liegt neben der dem Stadtteil bedarfsentsprechenden Angebotsentwicklung in der Bündelung der bereits bestehenden Angebote des Stadtteils unter einem Dach.

Neben den drei Mitarbeiterinnen sind aufgrund der Angebotsbündelung der verschiedenen Träger unter einem Dach weitere zahlreiche Akteure im Familienzentrum tätig.

3.2 Untersuchungsleitende Fragestellungen

Gegenstand dieser empirischen Untersuchung sind vier Familienzentren des Berliner Bezirks Friedrichshain-Kreuzberg. Die zentrale Forschungsfrage zielt auf die empirische Analyse der konzeptionellen, strukturellen und methodischen Gestaltung dieser Familienzentren und der Herausarbeitung von Arbeitsprinzipien. „Arbeitsprinzipien oder handlungsleitende Orientierungsrahmen sind allgemeine Grundsätze, an denen sich das Handeln orientiert (Boulet/ Krauss/ Oelschlägel 1980). Sie stellen gewissermaßen die Brücke zwischen Denken und Handeln dar“ (Meinhold 1998:223) und geben Auskunft über das Selbstverständnis der handelnden Akteure (Heiner u. a. 1994:293). Entsprechend können Arbeitsprinzipien normativ handlungsauffordernd formuliert sein und zugleich verschiedene methodische Umsetzungen zum Erreichen dieser zulassen (ebd.).

Neben der Formulierung von Arbeitsprinzipien zielt die Forschung auf Erkenntnisse hinsichtlich des Nutzens der Familienzentren für die Adressat_innen (Steinert 1998:35). Dabei schließt sich die vorliegende Untersuchung dem folgenden Verständnis von Nutzen an: „Eine zentrale Bedingung für die Kooperation und produktive Mitarbeit des Nutzers ist dabei zunächst die positive Bewertung der sozialen Dienstleistung hinsichtlich der Unterstützung bei der Bewältigung der je individuellen Problemlage durch den Nutzer. Der Nutzer muss also, bezeichnet man diese positive Bewertung der sozialen Dienstleistung als Nutzen, einen Nutzen antizipieren können, um aktiv an der Dienstleistungsproduktion mitzuarbeiten. Analog dazu wirkt sich die Antizipation eines Nichtnutzens der betreffenden Dienstleistung kontraproduktiv auf den Hilfeprozess aus. Vor dem Hintergrund dieser Überlegungen wird das analytische Begriffspaar Nutzen und Nichtnutzen definiert als hilfreich oder nicht hilfreich hinsichtlich der Bearbeitung der eigenen, individuellen Problemlagen aus der Perspektive des Nutzers“ (Maar 2005:117). Somit liegt ein weiterer Fokus auf der individuellen Betrachtung der Familienzentren durch die Nutzer_innen und der damit einhergehenden Einschätzung „was sie von den Angeboten der sozialen Arbeit ‚haben‘, was ihnen das Angebot ‚bringt‘ “ (Oelerich/ Schaarschuch 2005:80). Mit der Betrachtung des Nutzens geht zugleich die individuelle Einschätzung des subjektiven Wohlbefindens einher. Einschätzungen zum subjektiven Wohlbefinden nehmen nach Bertram und Freitag 2011 einen wichtigen Stellenwert ein, um neben allein statistischen Angaben subjektive Einordnungen ableiten zu können mit der Zielstellung, „für unterschiedliche Gruppen spezifische Angebote und Perspektiven politischer Maßnahmen zu entwickeln" (Bertram/ Freitag 2011:237). Somit ist die Frage nach dem subjektiven Nutzen im Kontext der Sozialen Arbeit durchaus relevant, um „die Lebensrealität von Familien zu analysieren und herauszufinden, welche Bedingungen sich innerhalb der familialen Welt positiv oder negativ auf die Lebensqualität von Familien auswirken" (BMFSFJ 2011a:9). In der vorliegenden Untersuchung werden diese Dimensionen hinsichtlich des Untersuchungsgegenstands der Familienzentren fokussiert (BMFSFJ 2011a:9). Daraus ergeben sich die folgenden forschungsleitenden Fragestellungen, welche sich unterteilen in die empirische Erhebung der vier zu untersuchenden Familienzentren und deren zusammenführende Deskription (Forschungsfragen 1, 2 und 3 im Kapitel 4) sowie der Entwicklung eines Konzepts von Arbeitsprinzipien (Forschungsfrage 4 im Kapitel 5.1):

1. Welche konzeptionell-strukturellen Arbeitsprinzipien liegen den Familienzentren zugrunde? Wie werden diese Arbeitsprinzipien methodisch realisiert? Was sind die fachlich-konzeptionellen Ziele der Arbeit in Familienzentren?
2. Welchen Nutzen haben die Adressat_innen durch das Familienzentrum?
3. Welche Gemeinsamkeiten und Unterschiede lassen sich bei den untersuchten Familienzentren bezüglich der zugrunde liegenden Arbeitsprinzipien und der Nutzenperspektive herausarbeiten?
4. Wie können diese Gemeinsamkeiten und Unterschiede in ein grundlegendes, verallgemeinerbares Modell von Arbeitsprinzipien zusammengeführt werden?

3.3 Praxisorientierte Sozialarbeitsforschung

Ausgehend von einem Verständnis der Sozialen Arbeit, deren Gegenstand „die Bearbeitung gesellschaftlich und professionell als relevant angesehener Problemlagen" (Steinert 2008:23) darstellt, beansprucht dies zugleich einen adäquaten Forschungsansatz. „Humanwissenschaftliche Gegenstände müssen immer möglichst in ihrem natürlichen, alltäglichen Umfeld untersucht werden" (Mayring 200:22), um so in der jeweiligen Lebenswelt anzuknüpfen und einen aktuellen Situationsbezug herzustellen (Mayring 2002:22). Sozialer Arbeit als Handlungswissenschaft mit einem darauf bezogenen Forschungsverständnis „geht es um die Frage nach ihrem je besonderen Beitrag zur Entstehung, Erhaltung und Veränderung sozialer Probleme" (Staub-Bernasconi 2007:169). Demnach zielt eine anwendungsorientierte Sozialarbeitsforschung darauf, „Aussagen zu machen über a) die Arbeitsabläufe und Organisationsformen von Sozialarbeit b) die Interaktionsprozesse zwischen SozialarbeiterInnen und KlientInnen c) die Wirkungen der Interaktionsprozesse sowie d) die Alltagswelt und Lebenslagen der KlientInnen" (Steinert 1998:35). Diese vier Zielstellungen der Sozialarbeitsforschung entsprechen den für eine Handlungswissenschaft erforderlichen Erkenntnisebenen im Kontext einer angewandten Wissenschaft. Zentral ist dabei die Erforschung „wissenschaftliche[r, S. H.-B.] Probleme von möglicher praktischer Relevanz“ (Staub-Bernasconi 2007:240) im Sinne einer Exploration mit der Zielstellung der „Entdeckungen von innovativen Wegen für die Lösung wie Prävention (psycho-)sozialer Probleme" (Staub-Bernasconi 2007:240). Folglich eröffnet sich ein praxisorientierter Forschungsansatz im Sinne der Entwicklung einer sogenannten ‚Praxistheorie‘. „Der Begriff der ‚Praxistheorie‘ enthält in sich den Kompromiss einer Lösung des Theorie-Praxis-Dilemmas. Aus der konkreten Praxis heraus können Theorien entwickelt und als erkenntnisklärende und erkenntnisleitende Vorstellungen genutzt werden, so wie auch umgekehrt die Theorie die Richtung der Praxis vorstrukturieren kann. Praxistheorien sind Theorien über einzelne Teile bzw. Felder der Praxis (z. B. über das Feld der ‚Migration‘). Sie enthalten praxisspezifische Wissenszusammenhänge, die auf wissenschaftlichen Grundlagen beruhen. Das über Forschung bzw. über wissenschaftlich anerkannte Methoden gewonnene Wissen über einen Gegenstand ist in den Praxistheorien dadurch gekennzeichnet, dass es feld- ‚und‘ anwendungsbezogen ist. Ein solches Wissen hat einen konkreten Verwendungszusammenhang. Es kann also spezifisch genutzt und benutzt werden" (Callo 2005:34). Für das Erforschen von Voraussetzungen und Wirkungen sozialarbeiterischen Handelns wird eine im Handlungsfeld stattfindende Praxisforschung unerlässlich (Prengel 2003: 601). Der Begriff der Praxisforschung fokussiert dabei zum einen die bereits benannten möglichen Untersuchungsgegenstände im konkreten Feld der Sozialen Arbeit und zum anderen auch die Zielstellung „eine[r, S. H.-B.] unmittelbare[n, S. H.-B.] Anwendbarkeit der Forschungsergebnisse für die Praxis“ (Pothmann 2003:302).

Dieses praxisorientierte Anliegen wird ebenfalls in der Nutzer_innenforschung hervorgehoben. Dieser Forschungsansatz lässt sich aus dem dienstleistungstheoretischen Paradigma der Sozialen Arbeit herleiten, welches die Nutzer_innen als „systematisch am Dienstleistungsprozess beteiligt“ (Schaarschuch/ Oelerich 2005:10) hervorhebt. Somit sind es die Nutzer_innen, „die ihr Leben, ihr Verhalten, ihre Gesundheit, ihre Bildung unhintergehbar aktiv produzieren, d. h. aneignen (müssen) und diese somit realiter die *Produzenten* sind – während die Professionellen, die diesen Aneignungsprozess in keiner Weise vollziehen können, im Hinblick auf diese Aneignungsprozesse ‚lediglich‘ ko-produktive Hilfestellungen und Anregungen zu geben, Lernarrangements bereitzustellen, Alternativen aufzuzeigen, kritische Begleitung zu geben in der Lage sind etc.“ (ebd.:10f, H. i. O.). Diese Betrachtungsweise bedingt selbsterklärend, für eine sozialarbeiterische Forschung die Perspektive der Nutzer_innen in den Fokus zu setzen (Schaarschuch/ Oelerich 2005:9). Damit nimmt auch die Frage nach dem Nutzen für die Nutzer_innen eine zentrale Betrachtungsdimension ein, da der Nutzen nicht als unmittelbare Reaktion vorhersagbar ist. „Vielmehr handelt es sich um einen komplexen Prozess der konkreten, subjektiven Aneignung. Aus diesem Grund sind die konkreten Ausprägungen des Nutzens wie auch die Nutzungsprozesse sozialer Dienstleistungen im Zusammenhang mit den subjektiven wie objektiven Kontexten der Nutzerinnen und Nutzer wie auch des Angebots zu sehen, vor deren Hintergrund die subjektiven

Bedeutungen des Nutzens erst plausibel werden" (Oelerich/ Schaarschuch 2005:83). Entsprechend ist es unerlässlich, im Kontext einer Fragestellung zur Untersuchung eines Handlungsfeldes Sozialer Arbeit die Nutzer_innen hinsichtlich ihrer Perspektive zu befragen. Darüber können ebenso Perspektiven einer individuellen lebensweltlichen Verortung erhoben werden. Die Forscherin „nimmt [ihren, S. H.-B.] Ausgangspunkt von den unmittelbaren Nutzerinnen und Nutzern sozialpädagogischer Angebote und fragt danach, auf welche Weise sie die gesellschaftlich konkret verfassten (Dienst-)Leistungen Sozialer Arbeit nutzen, worin für sie der ‚Gebrauchswert' der Angebote im Hinblick auf die sich ihnen stellenden Aufgaben der Lebensführung besteht und welche Restriktionen und Barrieren die Nutzung und den Nutzen beeinträchtigen und konterkarieren. Damit aber fokussiert dieser Forschungsansatz zugleich die Praxen der Beteiligten im Dienstleistungsprozess, also ihre Handlungsvollzüge und die diesen zugrunde liegenden systematisch verschiedenen Perspektiven und Deutungen" (Schaarschuch/ Oelerich 2005:9f). Somit nimmt die Perspektive der Nutzer_innen auch hinsichtlich der Rahmenbedingungen sowie dem Handeln der professionellen Akteure im Ermöglichen des Aneignungsprozesses einen zentralen Stellenwert ein (Winkler 2004, 84ff., Schaarschuch/ Oelerich 2005:12). Die Zielstellung einer so verstandenen Nutzer_innenforschung liegt somit darin, die in der Forschung identifizierbaren Nutzendimensionen in den diese umgebenden Rahmen von organisations-institutionellen sowie gesellschaftlichen Strukturbedingungen einzubetten und dialogisch zu diskutieren (Schaarschuch/ Oelerich 2005:12). „Dieses richtet sich sowohl auf die Analyse dessen, was für die Nutzer und Nutzerinnen den Gebrauchswert sozialpädagogischen Handelns ausmacht als auch auf die Identifizierung derjenigen Strukturmerkmale sozialpädagogischen Handelns und sozialpädagogischer Arrangements, die produktive Aneignungsprozesse im Sinne einer Autonomie der Lebenspraxis auf Seiten der Nutzerinnen und Nutzer befördern oder die sie verhindern, einschränken und in ihrer widerspruchsvollen Amalgamierung konterkarieren" (ebd.:13). Entsprechend ist es erforderlich, im Rahmen eines solchen skizzierten Forschungsansatzes Anknüpfungen zwischen Forschungserkenntnissen und den Handlungsfeldern in der Praxis zu ermöglichen mit dem Fokus auf eine „unmittelbare Anwendbarkeit der Forschungsergebnisse für die Praxis" (Pothmann 2003:302).

3.4 Forschungsmethoden

Der dargestellte zugrunde liegende Forschungsansatz, die zentralen untersuchungsleitenden Fragestellungen und der Untersuchungsgegenstand erfordern ein entsprechendes methodisches Forschungsvorgehen. Im Fokus stehen Handlungsprozesse sowie diese gestaltende Rahmenbedingungen und Nutzendimensionen. Aufgrund des ausgeführten Forschungsstandes zu den in Kapitel 2 benannten Fragestellungen eignet sich ein qualitatives Forschungsvorgehen, bei der „die Annäherung an die soziale Realität mit Hilfe offener Verfahren erfolgt" (Hopf 1984:14), wobei auf ein weitgehend standardisiertes Vorgehen mit Messungen und Fragebögen verzichtet wird (ebd.), denn „menschliches Handeln ist also in einem dauernden Fluss und nicht so ohne weiteres prognostizierbar“ (Girtler 2001:45). Daher lassen sich keine Gesetzmäßigkeiten feststellen, sondern vielmehr Wirklichkeiten des Handelns nachzeichnen. „Im qualitativen Forschungskontext verweist das Wort ‚angemessen‘ auf den wissenschaftlichen Anspruch, dass empirische Forschung die soziale Wirklichkeit ‚originalgetreu‘ beschreiben und analysieren sollte bzw. dass diese Beschreibungen und Analysen sich von der Lebenswirklichkeit in den behandelten Bereichen leiten lassen sollten“ (Kelle 2003:194). Somit zielt ein qualitatives Forschungsdesign auf die Nachzeichnung der konkreten Handlungspraxis (Kelle 2003:198f), denn „qualitative Forschung will an konkreten sozialen Problemen ansetzen, will Forschung für die Betroffenen machen und dabei ein offenes, gleichberechtigtes Verhältnis herstellen“ (Mayring 2002:146). Die zentralen Akteure dieser Forschung (Mitarbeitende der Steuerungsebene im Jugendamt, handelnde Akteure vor Ort und Nutzer_innen) werden als die Expert_innen für ihre jeweilige Lebens- bzw. Handlungsfeldexpertise angesehen, um „herauszufinden, wie die betreffenden Menschen ihre Welt selbst sehen“ (Girtler 2001:46).

Um dieser Zielstellung gerecht zu werden, bedarf es der Anwendung eines Methodenpluralismus, wodurch „Prozesse beobachtet, Entwicklungen dokumentiert und im Detail rekonstruiert, subjektive Sichtweisen der Beteiligten sichtbar und Interessen somit transparenter und nachvollziehbar gemacht werden“ (von Kardoff 2006:83). Entsprechend wird das methodische Untersuchungsdesign der Semantik der Praxis angepasst (Moser 1995:94). So ist es das zentrale Erfordernis des Forschenden, „sich auf dieselbe Bühne wie die (zu erforschenden) Akteure zu begeben. Denn nur auf diesem Weg könne ein vertieftes Verständnis von denen, über die man etwas lernen wolle, gewonnen werden. Wer ein ‚Fremder‘ oder ein bloßer Beobachter bleibt, erfaßt oft nur ein Bild der Kostüme und der äußerlichen Gesten, aber nicht die Bedeutungen, die hinter den Aktionen stehen“ (Moser 1995:61).

Darüber hinaus werden in diesem Forschungsansatz im Sinne einer Triangulation die drei Perspektiven der Mitarbeitenden der Steuerungsinstanz im Jugendamt, der handelnden Akteure vor Ort und der Nutzer_innen in den Familienzentren erhoben mit der Zielstellung eines erweiterten Erkenntnisgewinns bezogen auf die dargestellten Fragestellungen (Flick 2004:12, Moser 1995:118ff). Zur Erhebung dieser verschiedenen Perspektiven eignet sich ein Methodenpluralismus aus Expert_inneninterviews, teilnehmenden Beobachtungen und Werkstattrunden.

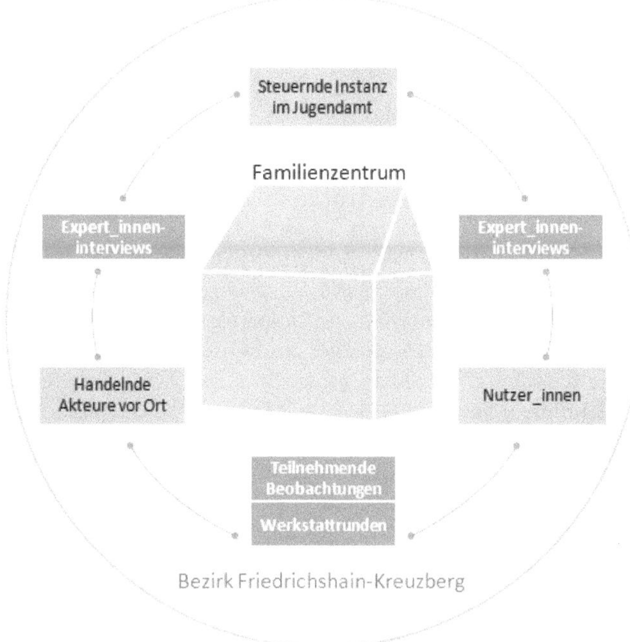

Abb. 12: Forschungsvorgehen

An diese einleitenden Bemerkungen hinsichtlich eines qualitativen Forschungsvorgehens anschließend werden nun die konkreten Forschungsmethoden des Expert_inneninterviews, der teilnehmenden Beobachtung und der Werkstattrunde angeführt.

3.4.1 Expert_inneninterview

Zur Beantwortung und Annäherung an die eingangs dargestellten, der Untersuchung zugrunde liegenden Fragestellungen hinsichtlich der konzeptionell-methodischen Gestaltung von Familienzentren und den damit einhergehenden Nutzendimensionen, eignet sich als eine Forschungsmethode das Expert_inneninterview. Eine objektive Messung der konzeptionellen, strukturellen und methodischen Gestaltung von Familienzentren erscheint nur schwer möglich und so „liegt es nahe, mit Hilfe qualitativer, interpretativer Interviewmethoden die ‚Akteure' selber zu Wort kommen zu lassen […]. In der Tat sind die interviewten Personen Expert/innen ‚in eigener Sache' " (Siebert 1998:82, H. i. O.). Der Begriff oder **Status des_der Expert_in** wird in der Literatur unterschiedlich diskutiert

(Flick 2006:218). Die vorliegende Arbeit schließt sich dem Standpunkt an, „ob jemand als Expertin angesprochen wird, ist in erster Linie abhängig vom jeweiligen Forschungsinteresse" (Meuser/ Nagel 2005:73). Demnach zielt die Bezeichnung eines_r Experten_in in diesem Verständnis nicht auf die Unterscheidung hinsichtlich des Berufes oder der Wissensbestände. Eher ist ein Wissen gefragt, das sich nicht unbedingt in einem beruflichen Kontext herausbildet. Vielmehr „erwerben [diese anvisierten Akteure, S. H.-B.] durch ihre Tätigkeit – und nicht unbedingt durch ihre Ausbildung – ein Sonderwissen, weil sie über einen privilegierten Zugang zu Informationen verfügen. Auch ihre Expertise ist sozial institutionalisiert, wenn auch in anderer Weise als die beruflich gebundene" (Meuser, Nagel 2005b:263). Daher wird an dieser Stelle keine enge Fassung des Expert_innenbegriffes erfolgen. „Eine Person wird zum Experten gemacht, weil wir wie auch immer begründet annehmen, daß sie über ein Wissen verfügt, das sie zwar nicht alleine besitzt, das aber doch nicht jedermann bzw. jederfrau in dem interessierenden Handlungsfeld zugänglich ist" (Meuser/ Nagel 2003:484, vgl. auch Walter 1994:271). Demnach wird der Expert_innenbegriff nicht willkürlich zugeschrieben, sondern aufgrund eines Wissens bezüglich der zu untersuchenden Handlungskomplexe. In diesem Verständnis werden die in der Forschung zu interviewenden Akteure aus den Bereichen der Steuerungsinstanz im Jugendamt, den handelnden Akteuren vor Ort sowie die Nutzer_innen als Expert_innen angesprochen, die über ein Wissen verfügen, was nicht jedem zugänglich ist.

„Experteninterviews sind in dreifacher Hinsicht gekennzeichnet: durch die *Zielgruppe* der Befragten, die Experten für einen bestimmten Gegenstandsbereich sein müssen, durch die relativ starke *Fokussierung der Inhalte* des Interviews […] und durch ein hohes Maß an *Pragmatik der Interviewführung*, die nicht zuletzt aus der Tatsache resultiert, dass Experten in der Regeln wenig Zeit haben, die sie für ein Interview zur Verfügung stellen können" (Flick 2006:218, H. i. O.). Um der Fokussierung der Inhalte gerecht zu werden, wird ein **Interviewleitfaden** bezüglich der zugrunde liegenden Fragestellungen entwickelt (Bortz/ Döring 2006:219ff.; Mayring 2002:67). Durch einen Interviewleitfaden werden einerseits Anhaltspunkte zur Orientierung gegeben und andererseits ein offener Rahmen ermöglicht, wodurch die Interviewten „ihre ganz subjektiven Perspektiven und Deutungen offen legen" (Mayring 2002:68) können. So werden Fragestellungen überprüft und weitere Zusammenhänge während des Interviews entwickelt. Dabei ist zu bedenken, dass dieser Leitfaden als Orientierung und nicht als feste Struktur dienen soll. Nur durch solch ein Verständnis wird der Forscherin das erforderliche offene, neugierige Herangehen ermöglicht (Helfferich 2005:22ff). „Gegenstand des ExpertInneninterviews sind Wissensbestände im Sinne von Erfahrungsregeln, die das Funktionieren von sozialen Systemen (von bürokratischen Organisationen bis zu Projektinitiativen) bestimmen. Insofern, als das mit diesem Verfahren erhobene Wissen explizit an sozialstrukturell bestimmte Handlungssysteme gebunden ist, an Insider-Erfahrungen spezifischer Status- und Interessensgruppen, kann es solchen Wissensbeständen auf die Spur kommen, die für die Erklärungen sozialen Wandels von

Bedeutung sind" (Meuser/ Nagel 2003:489). In diesem Verständnis eignen sich Expert_inneninterviews für die Untersuchung der benannten Fragestellung im Sinne eines explorativen Verständnisses (Bogner/ Menz 2005:37f). Demnach geht es darum, „Strukturen und Strukturzusammenhänge des ExpertInnenwissens/ -handelns zu analysieren" (Meuser/ Nagel 2005:76).

Der dieser Forschung zugrunde liegende Interviewleitfaden (siehe Anhang) orientiert sich dabei abgeleitet von den allgemeinen Fragestellungen an den folgenden Ebenen:

⇨ Gegenstand (Wie würden Sie ein Familienzentrum beschreiben?)

⇨ Struktur (Wie ist das Familienzentrum konzeptionell-strukturell verankert?)

⇨ Zielstellung (Wozu dient ein Familienzentrum?)

⇨ Adressat_innen (Von wem wird das Familienzentrum genutzt?)

⇨ Handelnde Akteure (Wer sind die handelnden Akteure im Familienzentrum? Mit wem arbeiten diese zusammen?)

⇨ Methodisches Handeln (Wie wird im Familienzentrum methodisch gehandelt?)

⇨ Nutzen (Worin liegt der Nutzen eines Familienzentrums?)

Hinsichtlich der zugrunde liegenden Fragestellungen und des daraus abgeleiteten Interviewleitfadens werden die Befragten sowohl hinsichtlich ihres Betriebs- als auch Kontextwissens befragt. Dies meint „ob der/ die ExpertIn zum eigenen Handeln und dessen institutionellen Maximen und Regeln befragt wird oder ob er/ sie Auskunft geben soll über die Kontextbedingungen des Handelns, über Zielgruppen, Adressaten, Betroffene. Den ersten Typus von Wissen nennen wir *Betriebswissen*, den zweiten *Kontextwissen*" (Meuser/ Nagel 2005b:264, H. i. O.). Darüber hinaus ermöglichen leitfadengestützte Interviews zugleich Nachfragen zu einzelnen Aussagen (Schaarschuch/ Oelerich 2005:20).

Der dritte Aspekt der Pragmatik der Interviewführung von Expert_inneninterviews (Flick 2006:218) wird im Abschnitt zur konkreten Forschungsdurchführung näher erläutert (vgl. Kapitel 6).

3.4.2 Teilnehmende Beobachtung

Wie im vorangegangenen Abschnitt dargestellt, bietet der methodische Zugang über Expert_inneninterviews den Rahmen, reflektierte Handlungsstrukturen hinsichtlich der benannten Fragestellungen zu beschreiben. Diese kommunikative Zugangsweise eignet sich, denn „in der Alltagspraxis kommt es nicht einfach zu einer Anwendung oder Verwendung eines aus Theorien und disziplinspezifischen Wissenskorpus ‚abgeleiteten' wissenschaftlichen Wissens; vielmehr wird dieses Wissen ‚verwandelt' (Keupp u. a. 1987), in die Strukturen alltäglicher Versorgungsroutinen eingebaut und mit anderen Wissensbeständen (systematisierter Alltagserfahrung, Daumenregeln usw.) im Sinne einer meist nicht explizierten und wissenschaftlich noch kaum rekonstruierten ‚Kunstlehre' sozialarbeiterischer Hilfe- und Interventionsformen verknüpft" (Kardoff 1988:76f). So bieten sich teilnehmende Beobachtungen an, um weitere qualitative Erkenntnisse hinsichtlich der Forschungsfrage zu erheben (Friebertshäuser 2003a:509), denn „menschliches Handeln ist zu komplex, als daß man es in ‚Gesetzmäßigkeiten' einzuordnen vermag" (Girtler 2001:44). Durch die ethnologisch fundierte Methode der teilnehmenden Beobachtung nach Girtler wird ein unmittelbarer Einblick in die Familienzentren ermöglicht, um „komplexe Situationen und Handlungsprozesse beinahe unbeschränkt zu erfassen" (Girtler 2001:62). Dem entsprechend wird alles, ohne ein Beobachtungsmuster zugrunde zu legen, aufgezeichnet. Im Verständnis eines ethnografischen Feldzugangs ist hierfür eine offene, neugierige Haltung gegenüber dem Forschungsfeld unabdingbar (Breuer 2009:23).

Ein weiteres Element der teilnehmenden Beobachtungen im ethnologischen Forschungsverständnis von Girtler ist die Durchführung von sogenannten ero-epischen Gesprächen (Friebertshäuser 2003b:388ff). Dieser Neologismus setzt sich aus den altgriechischen Wörtern Erotema (‚Frage') und Epos (‚Erzählung') zusammen und meint ein durch Fragen und Erzählungen verstandenes Gespräch auf Augenhöhe (Girtler 2001:165). Insbesondere durch teilnehmende Beobachtungen, also dem Vorortsein im Forschungsfeld, ergeben sich Kontakte und Gespräche zu handelnden Akteuren und Nutzer_innen, die einerseits hinsichtlich einer atmosphärischen Gestaltung im Sinne eines Kennenlernens und den Knüpfen von Kontakten hilfreich sind und andererseits bereits vielfältige für die Forschungsfrage relevante Informationen eröffnen und zugänglich machen. So kann ein erster Gesprächseinstieg ermöglicht werden (ebd.:148). Die Anlässe und Fragen dazu ergeben sich aus dem Gespräch heraus, und zwar gleichberechtigt, wodurch auch Gegenfragen an die Forschende zugelassen werden und der Forschende als Lernender agiert (ebd.:149ff). „Um wirklich gute Gespräche zu bekommen, muß man also in die Lebenswelt dieser betreffenden Menschen gehen und darf sie nicht in Situationen interviewen, die ihnen unangenehm oder fremd sind" (ebd.:154). So soll einer möglicherweise unsymmetrischen Interviewsituation durch das Agieren auf Augenhöhe begegnet werden (Girtler 2001:147ff). „Ein solches ‚ero-episches Gespräch' beginnt also nicht bloß mit einer Frage, sondern meist mit einer Erzählung des Forschers über seine Arbeitsweise und seine Interessen, wobei er darauf achtet, daß in demjenigen, von dem er etwas wissen will, Interessen geweckt werden und dieser schließlich selbst zu erzählen beginnt. Der Forscher erscheint so auch als ein Lernender, den man über die ihn interessierende fremde Lebenswelt bereitwillig aufklären will" (Girtler 2001:152). Das ero-epische Gespräch besteht also darin, „den Gesprächspartner erzählen ‚zu lassen' " (ebd.: 158).

3.4.3 Werkstattgespräche

Neben den Expert_inneninterviews, teilnehmenden Beobachtungen und darin enthaltenen ero-epischen Gesprächen stellen Werkstattgespräche eine weitere Forschungsmethode dar. In den Werkstattgesprächen werden mit professionell handelnden Akteuren und den Akteuren der Steuerungsinstanz im Jugendamt erste Erkenntnisse des Forschungsprozesses rückgekoppelt und somit verdichtet (Girtler 2001). „Das gefundene Material ist kritisch zu sichten und andauernd zu prüfen. Eine wichtige Strategie ist dabei, das Erarbeitete mit einigen Leuten aus der untersuchten Gruppe zu diskutieren" (Girtler 2001:128). Durch solch einen Austausch werden einerseits Reflexionsprozesse der daran teilnehmenden Akteure angestoßen, denn im Forschungsprozess „wird Erfahrungswissen – [...] – mit vielfältigen, heterogenen Wissensbeständen zu einer eigenen, zu praktischen Zwecken der Arbeitsorganisation sowie zur Legitimation gleichermaßen geeigneten synkretistischen Wissensform verschmolzen" (Kardoff 1988:77). Somit eröffnen Werkstattgespräche die Diskussion zu ersten Erkenntnissen und ermöglichen dadurch eine Verdichtung des erhobenen empirischen Materials. Eine zentrale Perspektive ist, dabei nicht von dem einen ‚richtigen' erhobenen Wissensbestand der Forschenden auszugehen, sondern vielmehr „die unterschiedlichen Werthaltungen, Deutungsmuster und Konnotationen, die Akteure ihrem Handeln oder dem Handeln Dritter beimessen, aufzunehmen und in den Mittelpunkt zu stellen. Wissenschaft übernimmt dabei die Rolle, das Verstehen und die Interpretation der Deutungsmuster, Haltungen und Konnotationen zu unterstützen. Wissenschaftliches Wissen selbst ist im Handlungsalltag nicht ‚besser' oder ‚wahrer', sondern ist aus der Handlungsperspektive eine Wissensdomäne unter anderen" (Langhanky u. a. 2004:73). Demnach ist es zugleich erforderlich, die Einschätzungen der verschiedenen Akteure hinsichtlich erster Erkenntnisse und Vermutungen mit einzubeziehen, um auf dieser Grundlage eine Gesamtkonstruktion zu erstellen (Langhanky u. a. 2004:73). Durch solch ein methodisches Vorgehen werden die an der Untersuchung beteiligten Akteure zugleich in ihrer Stellung als Expert_innen ihrer jeweiligen Lebenswelt angesehen und ernst genommen (Siebert 1998:82, Flick 2006:218, Meuser/ Nagel 2005:73). Darüber hinaus hat dies den Effekt, dass diese ersten Erkenntnisse einerseits Reflexionen der zugrunde liegenden Lebensweltexpertise anregen und andererseits solche erhobenen Erkenntnisse zugleich Anregungen für mögliche Veränderungen der professionellen Arbeit widerspiegeln im Sinne eines Empowerments der Akteure (Breuer 2009:36).

Gleichzeitig sind diese Werkstattgespräche im Sinne eines zusätzlichen Erkenntnisgewinns auch als Wertschätzung insbesondere gegenüber den professionellen Praktiker_innen der untersuchten Familienzentren anzusehen, die ihre Arbeitszeit und ihr Arbeitsfeld für die Untersuchung zur Verfügung gestellt haben. So kann dies gleichsam als Element des Rückzugs vom Forschungsfeld eingesetzt werden (Girtler 2001:128).

3.5 Datenauswertung

An die Darstellung der zugrunde liegenden Forschungsmethoden anschließend, wird nun das Verfahren zum Auswerten der erhobenen Daten aus den Expert_inneninterviews, teilnehmenden Beobachtungen und Werkstattrunden in Anlehnung an das Auswertungskonzept von Expert_inneninterviews nach Meuser und Nagel beschrieben (Meuser/ Nagel 2005:83ff). Entsprechend der offenen explorativen Fragestellung bedarf es auch hinsichtlich des Auswertungsverfahrens einer Offenheit, um „wesentliche Relevanzsysteme der Betroffenen zur Geltung kommen zu lassen“ (Bartjes u. a. 2000:199). In einem ersten Schritt werden die Expert_inneninterviews und Werkstattrunden digital aufgezeichnet. Durch die digitale Aufzeichnung können im Nachhinein die zentralen Aussagen verschriftlicht und Originalaussagen übernommen werden (Mayring 2002:70, Strauss/ Corbin 1996:14). Für die Verschriftlichung wird im Sinne der Pragmatik der Expert_inneninterviews davon ausgegangen, „nur so viel und so genau zu transkribieren, wie von der Fragestellung tatsächlich notwendig erscheint“ (Flick 1991:162). Entsprechend wird auf die **Transkription** von Füllwörtern und Zwischenlauten verzichtet, da die Zielstellung der Forschungsarbeit nicht in der Analyse von Personen liegt, sondern vielmehr die Einordnung des Wissens in den Gesamtkontext angestrebt wird (Meuser/ Nagel 2005:83). Darüber hinaus werden die für die Interviewsituation relevanten Informationen zum Setting, der Durchführung sowie weitere für den Forschungsprozess wichtige Gedanken vermerkt (Breuer 2009:68). Angelehnt an die grounded theory von Strauss und Corbin (1996) werden die Interviews schnellstmöglich nach der Durchführung transkribiert, um einzelne Aspekte aus den geführten Interviews bereits in die nächsten wieder einzubringen (Strauss/ Corbin 1996:14f).

Des Weiteren dient ein Feldtagebuch als Grundlage, um den Forschungsprozess zu dokumentieren (Girtler 2001:133). Darin sind neben den verabredeten Interviewterminen zugleich weitere Informationen, Einschätzungen und Gedanken über den Prozess enthalten. Darüber hinaus dient das Feldtagebuch der Aufzeichnung der zentralen Aspekte nach einer teilnehmenden Beobachtung, so „daß jeweils die gesamte soziale Situation, in der sich die wichtigen Prozesse abspielen, in ihren wesentlichen Inhalten festgehalten wird“ (Girtler 2001:134). Die im Rahmen der teilnehmenden Beobachtung durchgeführten ero-epischen Gespräche werden gleichsam unmittelbar im Anschluss nach Verlassen des Forschungsfeldes im Feldtagebuch dokumentiert. Dies wiederum dient der zeitnahen Abfassung eines Beobachtungsprotokolls (Girtler 2011:142f).

Die vorliegenden Transkriptionen der Expert_inneninterviews und Werkstattrunden sowie die Protokolle der teilnehmenden Beobachtungen werden anschließend in die Auswertungssoftware MaxQDA eingespeist. Nach dem Auswertungsprozess von Meuser und Nagel schließt sich in einem zweiten Schritt die Paraphrasierung der empirischen Daten an. Eine grundsätzliche Orientierung an den gängigen Datenauswertungsverfahren ist erforderlich bei gleichzeitiger Offenheit hinsichtlich der Anpassung an den Untersuchungsgegenstand (Mayring 2002:146). Aufgrund der Datenfülle und einer dadurch verbundenen notwendig erscheinenden pragmatischen Sichtung des Forschungsmaterials werden im konkreten Forschungsvorgehen in einem zweiten Auswertungsschritt **Überschriften gebildet** entlang der Datenvorlagen. In der Sprache der grounded theorie meint dies das offene Codieren im Sinne des „Aufbrechen[s, S. H.-B.] der Daten durch ein analytisches Herauspräparieren einzelner Phänomene“ (Strübing 2008:20). Um möglichst nah am empirischen Material zu arbeiten, werden neben abstrakten Formulierungen in diesem ersten Schritt sogenannte „in vivo Kodes“ (Strauss/ Corbin 1996:17, 50) gewählt, also im Original verwendete Phrasen und Wörter der Interviewten. Diese Überschriften werden entlang eines selektiven forschungszielleitenden Verständnisses zu Hauptüberschriften gebündelt (Meuser/ Nagel 2005: 83ff). Dies meint, dass „empirisches Material in Sinneinheiten zerlegt wird und für diese Sinneinheiten Kodes vergeben werden, deren konzeptueller Gehalt über eine beschreibende Zusammenfassung des empirisch Vorfindbaren hinausgehen muss“ (Mey/ Mruck 2011:24).

In einem nächsten Auswertungsschritt erfolgt der **thematische Vergleich**. Die Überschriften aller Transkriptionen und Beobachtungsprotokolle werden zu passenden Kategorien gebündelt, und Begriffe werden unter kontinuierlicher Überprüfung am empirischen Material vereinheitlicht im Sinne von analytischen Kategorien (Meuser/ Nagel 2005:84f, Flick 2006:220). Durch das Sortieren und Zusammenfassen von Überschriften bzw. Codes ergeben sich durch den thematischen Vergleich Kategorien, Subkategorien sowie Ausprägungsbeschreibungen (Breuer 2009:74). „Anders als bei der Einzelfallanalyse geht es hier nicht darum, den Text als individuell-besonderen Ausdruck seiner allgemeinen Struktur zu behandeln. Das Ziel ist vielmehr, im Vergleich mit den anderen ExpertInnentexten das überindividuell Gemeinsame herauszuarbeiten, Aussagen über Repräsentatives, über gemeinsam geteilte Wissensbestände, Relevanzstrukturen, Wirklichkeitskonstruktionen, Interpretationen und Deutungsmuster zu treffen" (Meuser/ Nagel 2005:80). Mit dem Fokus auf dieses Ziel erfolgt im Verlauf des thematischen Vergleiches zudem die Paraphrasierung im Kontext der jeweiligen Kategorien unter den herausgearbeiteten Überschriften bzw. Codes. Somit wird zu diesem Auswertungsschritt die inhaltliche Verdichtung im Verständnis des thematischen Vergleiches unterstützt. Daran anschließend erfolgt die soziologische Konzeptualisierung für die „empirische Generalisierung" (Meuser/ Nagel 2005:89). In der vorliegenden Forschungsarbeit wird aufgrund des sozialarbeiterischen Forschungsthemas von einer **sozialarbeitswissenschaftlichen Konzeptualisierung** gesprochen. Die erhobenen empirischen Daten werden mit der entsprechenden Fachliteratur und den theoretischen Bezügen rückgekoppelt und in Bezug gesetzt. Die Zielstellung liegt darin, „die entsprechenden Wissens- und Handlungsstrukturen, Einstellungen und Prinzipien theoretisch zu generalisieren, Aussagen über Eigenschaften, Konzepte und Kategorien zu treffen, die den Anspruch auf Geltung auch für homologe Handlungssysteme behaupten können bzw. einen solchen theoretisch behaupteten Anspruch bestätigen oder falsifizieren“ (Meuser/ Nagel 2005:77). In der Forschungsarbeit sollen zum einen das grundlegende methodische Handeln im Kontext ‚Familienzentrum‘ analysiert und zum anderen vertiefende Praxisbeschreibungen rekonstruiert werden, um diese den Praktiker_innen zur Verfügung zu stellen. Somit kann ein Dialog zwischen Praxis und Wissenschaft im Verständnis Sozialer Arbeit als Handlungswissenschaft (Engelke 2002) unterstützt werden, da „für Praktiker [...] die Verwertbarkeit von Forschungsergebnissen im Vordergrund“ (Filsinger/ Hinte 1988:47) steht. Der bei Meuser und Nagel abschließend beschriebene Schritt der theoretischen Generalisierung (Meuser/ Nagel 2005:83ff) wird in der vorliegenden Forschungsarbeit durch die eben benannte **Deskription von Arbeitsprinzipien** angestrebt.

Die folgende Abbildung verdeutlicht noch einmal die dargestellten Schritte der Auswertung.

Transkription und Protokollierung der empirischen Daten	Überschriften bilden/ Kodieren	Thematischer Vergleich/ Kategorien-bildung	Sozialarbeits-wissenschaftliche Konzeptuali-sierung	Deskription von Arbeitsprinzipien

Abb. 13: Abfolge der Datenauswertung (angelehnt an Meuser/ Nagel 2005)

An die Beschreibung der Forschungsmethoden und den Datenauswertungsprozess werden nun im Folgenden das konkrete methodische Vorgehen im Forschungsfeld sowie die erhobene empirische Datenlage aufgezeigt.

3.6 Methodisches Vorgehen im Feld

Im folgenden Abschnitt zum methodischen Vorgehen im Feld wird dieses nun konkret im Verlauf beschrieben. Die Darstellung erfolgt sehr ausführlich und detailliert, um den Ansprüchen der Gütekriterien an eine qualitative Forschung gerecht zu werden.

3.6.1 Zugangsgestaltung im Forschungsfeld

Die erste Kontaktaufnahme erfolgte mit der verantwortlichen Fachbereichsleiterin des Jugendamts im Bezirk. In einem ersten Gespräch wurden die Forschungsfrage und das angestrebte Forschungsvorgehen vorgestellt sowie erste zentrale Informationen über den Untersuchungsgegenstand eruiert. Nach der Bewilligung des Forschungsvorhabens leitete die Fachbereichsleiterin ein von der Forscherin verfasstes Anschreiben mit der Darstellung des Forschungsvorhabens an die Leiter_innen der Familienzentren weiter. Der Fachbereichsleiterin kam somit die Funktion des „gatekeeper" (Breuer 2009:33) hinsichtlich der Einführung in das Forschungsfeld sowie der damit verbundenen Vermittlung und Erklärung zu. Die Leiter_innen der anfänglich fünf angefragten Familienzentren willigten ebenfalls in den Forschungsprozess ein und erklärten sich zu einem Gesprächstermin bereit. In diesem wurden wiederum die Forschungsfrage, der Forschungsansatz sowie das geplante methodische Vorgehen vorgestellt. Die Leiter_innen gaben ihrerseits einen Einblick in die Historie des jeweiligen Familienzentrums, die Arbeitsweise, aktuelle Entwicklungen, Angebote und vieles mehr. Abschließend wurden sie nach für die Fragestellung weiteren Ansprechpartner_innen sowie passenden Rahmen für teilnehmende Beobachtungen befragt.

In gemeinsamer Abstimmung erfolgte eine Konkretisierung des Forschungsvorgehens, das insbesondere auf einer Transparenz bezüglich der Anwesenheit der Forscherin, der Anonymisierung der Daten sowie der Rückkopplung von Ergebnissen beruht. So wurde der Zugang zu weiteren Gesprächspartner_innen in den Familienzentren eröffnet. Das Sampling der Gesprächspartner_innen innerhalb der jeweiligen Familienzentren erfolgte demnach zu Beginn sehr offen, um möglichst zum Untersuchungsbeginn eine große Vielfalt an Daten zu erheben (Strauss/ Corbin 1996:153). Die ersten zentralen Interviewpartner_innen sind die handelnden Akteure in den Familienzentren und Mitarbeiter_innen im Fachbereich des Jugendamts. Die handelnden Akteure vor Ort umfassen sowohl hauptamtliche Mitarbeiter_innen als auch studentische Hilfskräfte, Praktikant_innen, Honorarkräfte, MAE-Kräfte etc. Die Leiter_innen der Familienzentren geben bereits einen Hinweis hinsichtlich der notwendig zu interviewenden Personen. Darüber hinaus werden zum Ende des Interviews die jeweiligen Befragten stets nach weiteren Gesprächspartner_innen befragt. Auch die Möglichkeit einer teilnehmenden Beobachtung im offenen Bereich oder im Rahmen eines Angebots wird eruiert. Der anfänglich offene diesbezügliche Zugang kann als „nosing around“ (Breuer 2009:62) im Forschungsfeld angesehen werden. Dies meint das allgemeine Dabeisein, um so weitere Zugänge zu erschließen. „Will man jedoch menschliches Handeln in seinen vielen Aspekten erforschen, so bedarf es einer ziemlichen Ausdauer, menschlichen Einfühlungsvermögens, eines gehörigen Maßes an Bescheidenheit, Demut und der Achtung vor anderen Menschen und deren Problemen" (Girtler 2001:72). Über dieses Vorortsein im Forschungsfeld ergibt sich der Zugang zu den Nutzer_innen. Im Vorfeld einer teilnehmenden Beobachtung in einem Angebot werden die Nutzer_innen im Vorhinein darüber informiert und nach ihrem Einverständnis gefragt (Girtler 2001:152). Im Anschluss an eine teilnehmende Beobachtung in einem Angebot oder auch während der teilnehmenden Beobachtung im offenen Bereich wurden je nach Situation die vor Ort befindlichen Nutzer_innen angesprochen und nach einer Interviewbereitschaft gefragt. Dafür waren die Situation prägende Rahmenbedingungen wie die Uhrzeit, Stimmung des Kindes und dadurch gegebene Eingebundenheit zentrale Kriterien.

In der folgenden Abbildung sind diese Zugangswege zusammenfassend abgebildet.

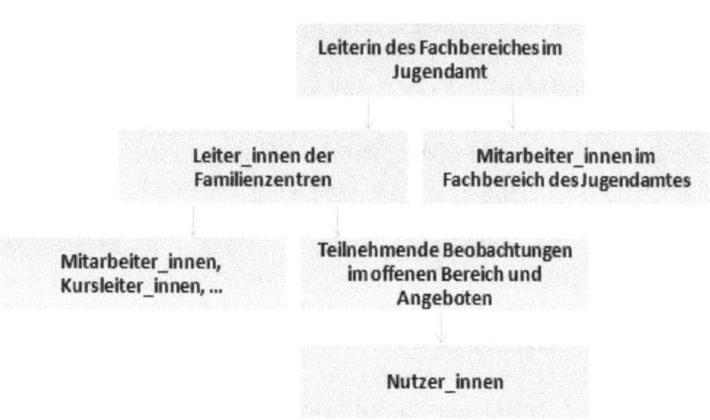

Abb. 14: Zugangswege zu den Expert_innen

Nach diesem freien Zugang in das Forschungsfeld erfolgte eine erste Systematisierung der strukturellen Angebotsgestaltung. Durch diese Systematisierung und den Vergleich der bis dato erhobenen empirischen Daten sowie unter Beachtung der jeweiligen besonderen Angebote erfolgte die weitere Auswahl von Interviewpartner_innen und Settings für teilnehmende Beobachtungen (Strauss/ Corbin 1996:150). „Meist bedarf es einiger Zeit des Herumtastens, bis man eine entsprechende Kontaktperson trifft“ (Girtler 2001:84), die den Zugang zu diesen Settings ermöglicht. Im Fall der vorliegenden Forschungsarbeit war insbesondere bei Beratungs- und mehrsprachigen Angeboten eine Kontaktaufnahme über einen längeren Zeitraum erforderlich, deren Zugang letztlich durch Kontaktpersonen erfolgte. „Unbedingte Voraussetzung eines wirkungsvollen Zugangs ist also, daß die Personen, die beobachtet werden sollen, davon überzeugt sind, daß der Forscher ihnen nicht schaden will und es auch nicht tut“ (Girtler 2001:93). Die Transparenz des Forschungsprozesses ist somit unabdingbar.

3.6.2 Über die Haltung der Forscherin

Insbesondere in Verbindung mit der Erstzugangsgestaltung, aber auch im weiteren Forschungsverlauf, ist die Haltung der Forscherin eine zentrale Bedingungsebene. Eine offene und neugierige Ansprache und Haltung sind sowohl für diese Kontaktaufnahme als auch für den weiteren Forschungsprozess unterstützend (Breuer 2009:25f). Girtler plädiert für das in der Forschung sehr unterschiedlich diskutierte „going native“ (Girtler 2001:78). Dies meint das völlige Hineinbegeben in das Forschungsfeld, in die Interaktion und Beziehungsgestaltung mit den Akteuren, „ohne gleich zum Sozialarbeiter zu werden“ (Girtler 2001:81), da diesem eine andere Zielrichtung zugrunde liegt. „In den meisten Fällen wird eine ehrliche Identifikation mit der betreffenden Lebenswelt wohl eher nützen als schaden, denn schließlich enthält sie so etwas wie Achtung vor den Menschen, deren Denken und

Handeln man verstehen und nicht distanziert studieren will" (Girtler 2001:79). Das Prinzip des ‚going native' umfasst somit viele kleine Details, die unter dem Titel des vollkommenden Teilnehmens an den sozialen Situationen verstanden werden kann. Da in der vorliegenden Forschung sich die Kontakte auf den Forschungsgegenstand, also die jeweiligen Familienzentren, beschränken, ist das ‚going native' nicht im klassischen ethnologischen Verständnis anzuwenden. Allerdings ist unter diesem Prinzip durchaus die ungeplante Tatsache zu fassen, dass die Forscherin im Verlauf des Forschungsprozesses schwanger wurde und somit im Handlungsfeld Familienzentrum sicherlich ein ‚going native' implizierte. Durch die Schwangerschaft war sofort ein inhaltlicher Anknüpfungspunkt mit Nutzer_innen gegeben. Wenige teilnehmende Beobachtungen wurden zudem mit dem Säugling durchgeführt. In diesem Kontext wurde die Forscherin eher auf Augenhöhe wahrgenommen, was zugleich eine noch deutlichere Transparenz hinsichtlich der eigentlichen Rolle erfordert.

Zugleich ergibt sich durch teilnehmende Beobachtungen in einem Handlungsfeld der Sozialen Arbeit durch eine Sozialarbeiterin möglicherweise eine größere Herausforderung als in einem anderen Handlungsfeld fernab der Sozialen Arbeit. „Ethnografische Forschung von sozialpädagogischen WissenschaftlerInnen in sozialpädagogischen Praxisfeldern hat für die Rolle der ForscherInnen im Feld eine weitere wichtige Konsequenz: Als SozialpädagogInnen werden sie in erster Linie eine sozialpädagogische Rolle im Feld einnehmen [...] Die Rekonstruktion der Erfahrungen der AdressatInnen erfordert in diesem Zusammenhang ein besonderes Einfühlungsvermögen und kann durch eine offene Auseinandersetzung mit ihnen im Sinne eines Austausches über ihr Erleben und ihren Einbezug in den Forschungsprozess möglich werden" (Munsch 2005:22f). Für solch einen Prozess ist ebenfalls eine grundlegende Transparenz unabdingbar.

Neben diesem Prinzip des ‚going native' kommt unter dem Fokus der Haltung der Forscherin der Ansprache der Akteure eine wichtige Funktion zu. Wie bereits unter dem Abschnitt ‚Forschungsmethoden' dargestellt, werden die für das Interview angefragten Personen als Expert_in angesprochen (Bogner/ Menz 2005:39, Meuser/ Nagel 2005:73, Walter 1994:271). Eine solche grundlegend neugierige Haltung mit dem Fokus auf deren Lebensweltexpertise kann zugleich den Zugang zu den angefragten Interviewpersonen unterstützen (Girtler 2001:55ff, Bogner/ Menz 2005:40ff). Zugleich erfordert dies eine kontinuierlich reflexive Haltung hinsichtlich der Wahrnehmung des und durch das Forschungsfeld sowie der diesbezüglichen ständigen Reflexion der möglichst objektiven Forschung (Moser 1995:61ff).

Diese Ansprache als Expert_in wird zudem über das gezielte Nachfragen von Situationen, Begriffen und Bedeutungszusammenhängen ersichtlich. „Wenn wir uns auf diese Wörter konzentrieren [...] werden wir wahrscheinlich unsere Informanten fragen – wenn sie es uns nicht von sich aus sagen – welche genauen Bedeutungen die Wörter für sie besitzen" (Strauss/ Corbin 1996:63).

3.6.3 Empirische Datenlage

Die empirische Erhebung der Forschungsarbeit begann im März 2010 und wurde im März 2011 abgeschlossen. Im Frühjahr 2012 folgten die zu dem damaligen Zeitpunkt noch ausstehenden Werkstattgespräche. Im Forschungskonzept angedacht war die Untersuchung der Anfang des Jahres 2010 insgesamt fünf durch das Jugendamt Friedrichshain-Kreuzberg geförderten Familienzentren. Die Kontaktaufnahme zu diesen Familienzentren hinsichtlich der Vereinbarung konkreter Termine erfolgte zeitversetzt, um jeweils ausreichend Zeitkapazitäten für die Forschung zur Verfügung zu haben.

Aufgrund der Schwangerschaft der Forscherin wurde der Forschungsprozess im September 2010 unterbrochen. Zu diesem Zeitpunkt standen lediglich in einem Familienzentrum noch wenige teilnehmende Beobachtungen und Expert_inneninterviews aus. In dem fünften Familienzentrum konnten bis zu diesem Zeitpunkt aufgrund interner Umstrukturierungen erst wenige Expert_inneninterviews durchgeführt werden. Im Frühjahr 2011 nahm die Forscherin erneut Kontakt auf und musste feststellen, dass ein kompletter Personalwechsel erfolgt war.

Aus forschungspragmatischer Sicht wurde entschieden, die Forschung im geplanten fünften Familienzentrum nicht weiter fortzuführen. Entscheidungsunterstützend war dabei, dass aufgrund der parallel durchgeführten Auswertung der bereits erhobenen Daten zu den vorliegenden Fragestellungen vielfältige Daten gesammelt worden waren und so eine theoretische Sättigung erreicht war (Strübing 2008:33f, Strauss/ Corbin 1996:159). Somit bilden je zwei Familienzentren in den ehemaligen Bezirken Friedrichshain und Kreuzberg die empirische Grundlage. Die folgende Abbildung fasst die empirische Datenlage zusammen.

	Familienzentrum Mehringdamm	Familienzentrum Waldemarstraße	Familienzentrum Das Haus	Familienzentrum Menschenskinder	Fachbereich Jugendamt	Gesamt
Expert_inneninterviews						
... mit handelnden Akteuren	7	8 mit 11 Personen	6 mit 8 Personen	3 mit 4 Personen	3	**27 mit 31 Personen**
...mit Nutzer_innen im offenen Bereich	3 mit 8 Personen		3	5 mit 10 Personen		**11 mit 21 Personen**
...mit Nutzer_innen in einem Angebot	2	3 mit 12 Personen	4			**9 mit 18 Personen**
Summe der Interviews	12 mit 19 Personen	11 mit 23 Personen	13 mit 15 Personen	8 mit 14 Personen	3	47 mit 74 Personen
Teilnehmende Beobachtungen						
...im offenen Bereich	8	4	3	7		**22**
...in einem Angebot	2	6	3			**11**
...im Team	1		1			**2**
Summe der Beobachtungen	11	10	7	7		35
Werkstattrunde	2	1	2	1	2	**8**

Abb. 15: Empirische Datengrundlage

Der Zugang zu den interviewten Akteuren wurde bereits dargestellt. Entsprechend der Durchführungspragmatik von Expert_inneninterviews hinsichtlich geringer Zeitkapazitäten wurden diese auch mit mehreren Akteuren gleichzeitig durchgeführt, sofern dies angefragt wurde. Durch die Interviewsituationen mit Nutzer_innen im offenen Bereich ergaben sich ebenfalls Interviews mit mehreren Personen. Darüber hinaus boten Kursleiter_innen ihre Seminare und Angebote für solche Befragungen an. Neben den 27 Expert_inneninterviews mit insgesamt 33 Expert_innen wurden 20 Expert_innennterviews mit insgesamt 39 Nutzer_innen geführt.

3.6.4 Darstellung der empirischen Daten

Das Kapitel „Forschungsgegenstand und -ansatz" abschließend und in das anschließende Kapitel überleitend wird die nun folgende Darstellung der empirischen Daten kurz umrissen. Das dieser Forschung zugrunde liegende Vorgehen wurde anhand der genutzten Forschungsmethoden, dem konkreten methodischen Vorgehen im Feld sowie die Auswertung der Daten vorgestellt, um somit die Nachvollziehbarkeit des Forschungsprozesses zu gewährleisten (Mayring 2002:144f). Im folgenden Kapitel werden die empirischen Erkenntnisse rein deskriptiv und teilweise sehr ausführlich dargestellt, um so auch diesen Prozess hinsichtlich der daraus folgenden Entwicklung von Arbeitsprinzipien transparent zu gestalten. „Interpretationen spielen eine entscheidende Rolle in qualitativ orientierten Ansätzen. Interpretationen lassen sich aber nicht beweisen, nicht wie Rechenoperationen nachrechnen“ (Mayring 2002:145). Um diese Nachvollziehbarkeit zu ermöglichen, wurden einerseits auf der methodischen Ebene Werkstattgespräche zur Diskussion der Erkenntnisse durchgeführt. Andererseits dient das folgende Ergebniskapitel dieser transparenten Nachvollziehbarkeit. Des Weiteren werden in der Darstellung die über die verschiedenen Methoden erhobenen Perspektiven zusammenfassend beschrieben, um so den Anspruch einer Triangulation im Sinne eines Versuches, „für die Fragestellung unterschiedliche Lösungswege zu finden und die Ergebnisse zu vergleichen“ (Mayring 2002:147). Durch einen sowohl methodischen als auch hinsichtlich der befragten Akteursebenen triangulativen Ansatz, wird ein „kaleidoskopartigen Bild zusammengesetzt“ (Mayring 2002:147).

Neben diesem Anliegen einer transparenten Gestaltung des Forschungsprozesses und der Erkenntnisentwicklung, dient die ausführliche Deskription der empirischen Daten zugleich dem Anspruch: „Qualitative Forschung will an konkreten sozialen Problemen ansetzen, will Forschung für die Betroffenen machen und dabei ein offenes, gleichberechtigtes Verhältnis herstellen“ (Mayring 2002:146). Entsprechend werden durch die ausführliche Darstellung der Daten konkrete Handlungsprozesse nachgezeichnet, die möglicherweise einen praxisbezogenen Transfer ermöglichen und zugleich so dem Interesse der befragten Akteure gerecht wird (Mayring 2002, S. 32f).

4 Familienzentren im Stadtteil – Eine empirische Analyse

Im folgenden Kapitel werden die empirischen Erkenntnisse beruhend auf den der Untersuchung zugrunde liegenden Fragestellungen deskriptiv dargestellt. Die Deskription setzt sich aus den Perspektiven der Mitarbeitenden im Fachbereich des Jugendamts, den Praktiker_innen vor Ort sowie den Nutzer_innen zusammen. Einleitend werden dafür die Erkenntnisse hinsichtlich der Fragestellung nachgezeichnet: ‚Was macht eine Einrichtung zu einem Familienzentrum?' Daran anschließend wird das methodische Handeln der Praktiker_innen vor Ort beschrieben. Der dritte Abschnitt fokussiert den Nutzen von Familienzentren. Somit fokussiert dieses Kapitel die Beantwortung der folgenden Forschungsfragen:

1. Welche konzeptionell-strukturellen Arbeitsprinzipien liegen den Familienzentren zugrunde? Wie werden diese Arbeitsprinzipien methodisch realisiert? Was sind die fachlich-konzeptionellen Ziele der Arbeit in Familienzentren?

2. Welchen Nutzen haben die Adressat_innen durch das Familienzentrum?

3. Welche Gemeinsamkeiten und Unterschiede lassen sich bei den untersuchten Familienzentren bezüglich der zugrunde liegenden Arbeitsprinzipien und der Nutzenperspektive herausarbeiten?

Die Darstellung von Gemeinsamkeiten und Unterschieden der untersuchten Familienzentren erfolgt entlang der Deskription der empirischen Erkenntnisse.

4.1 Was macht eine Einrichtung zu einem Familienzentrum?

Um die Fragestellung zu beantworten ‚Was macht eine Einrichtung zu einem Familienzentrum?', werden einleitend strukturelle Gemeinsamkeiten und Unterschiede der vier Familienzentren abstrahiert. Darauf aufbauend rücken die zugrunde liegende Zielstellung und die Nutzer_innen in den Fokus. Des Weiteren werden Anforderungen an die handelnden Akteure hinsichtlich der erforderlichen Haltung, Kenntnisse und Fähigkeiten sowie die Arbeit im Team näher betrachtet. Das Kapitel abschließend werden bestehende Formen von Kooperation betrachtet.

4.1.1 Abstraktion der Familienzentren im Berliner Bezirk Friedrichshain-Kreuzberg

Wie im Kapitel 3.3.2 zum Forschungsgegenstand bereits dargestellt, sind die Familienzentren in Friedrichshain-Kreuzberg an den 2006 gegründeten Fachdienst angebunden (J01:17). Als Aufgabe des Fachdienstes wurde formuliert, den § 16 SGB VIII zur Familienförderung zu entwickeln und diesen gleichzeitig mit der Arbeit der Kindertagesbetreuung zu verknüpfen, „weil eben da die Eltern eigentlich so die erste Institution für ihr Kind [ist, S. H.-B.], was sie abgeben und dort regelmäßig sind und dann eben viele Themen auftreten, die auch wieder in Bezug auf Erziehung und alles drum herum und Kind sein und Belastung usw. entstehen, und da eine Koppelung also zwischen der Arbeit der Kindertagesstätten und Familienarbeit sinnvoll wäre“ (J03:12). Eine weitere Zielstellung liegt darin, Übergänge zwischen Kindertagesstätte und Schule oder von der Tagespflege in die Kindertagesstätte zu gestalten, zu begleiten und „Netzwerke [zu, S. H.-B.] erschaffen“ (J02:26). Mit dieser Zielstellung werden darüber hinaus bedarfsentsprechende Angebote und Projekte wie bspw. zweisprachige Sprachförderprojekte in Kitas und Schulen oder die Entwicklung und Gestaltung von Bildungsnetzwerken mit Kitas, Schulen, Familiencafé, Familienzentrum gefördert (J01:46ff). Auf dieser Grundlage wurden bereits bestehende Einrichtungen im Bezirk übernommen und unter dem Fokus einer bedarfsentsprechenden Familienförderung weiterentwickelt (J03:15). Durch den Fachbereich ist zudem eine regionale personale Zuständigkeit gegeben (J01:20).

An diese, einen ersten bildlichen Einblick verschaffende, Beschreibung anschließend werden nun darauf basierend identifizierbare Gemeinsamkeiten und Unterschiede der Familienzentren beschrieben. Dabei werden Aussagen zur Konzeption, den Räumlichkeiten und der Angebotsstruktur als Bezugspunkte herangezogen.

4.1.1.1 Konzeptionsbezug

Wie bereits eingangs beschrieben, liegt der konzeptionelle Bezug der Familienzentren im § 16 SGB VIII zur Familienförderung begründet. Die jeweilige konkrete Ausrichtung der Familienzentren ist allerdings sehr unterschiedlich, da diese sich an den Bedarfen im jeweiligen Stadtteil orientiert (W05). Somit nimmt die bedarfsentsprechende Angebotsentwicklung gleichzeitig ein Konzeptionskriterium ein, das allen Familienzentren gemein ist.

Die weitere konzeptionelle Ausrichtung obliegt der jeweiligen fachlichen Orientierung der Träger der Familienzentren. So orientiert sich ein Familienzentrum am Early-Excellence-Ansatz, zwei Familienzentren am Situationsansatz und in einem Familienzentrum liegt die Bündelung von bestehenden Angeboten im Fokus. Zur hier vorliegenden Untersuchung wurden zeitlich parallel durch den Fachbereich des Jugendamts initiiert mit allen Familienzentren des Bezirks ein gemeinsames Qualitätshandbuch entwickelt (J01:55). Darin werden auf verschiedenen Qualitätsdimensionen verallgemeinerbare Kriterien von und für die Familienzentren entwickelt. Über diese Dimension werden wiederum Gemeinsamkeiten und Unterschiede deutlich.

Des Weiteren bildet die Zusammenarbeit mit Kindertagesstätten aufgrund der Aufgabenbeschreibung des Fachbereichs eine weitere Gemeinsamkeit der Familienzentren (J01:41). Aber auch hierbei unterscheidet sich die konkrete Ausgestaltung.

4.1.1.2 Finanzierung

Die finanzielle Förderung über den Fachdienst des Jugendamts sieht eine Grundversorgung der Familienzentren vor, welche die Bereitstellung eines Gebäudes, einen Leistungsvertrag sowie Personalstellen im unterschiedlichen Umfang beinhaltet (P03:13, J03:58). Somit muss jedes Familienzentrum dauerhaft Drittmittel akquirieren und teilweise Unkostenbeiträge erheben (B20:12, P03:17, N05:37). Des Weiteren werden Räume für Angebote der Kinder- und Jugendhilfe, Selbsthilfegruppen, VHS-Kurse etc. zur Verfügung gestellt (J01:28). Entsprechend der Verwaltungsvorschriften können die Räume nur entgeldfrei für Kinder- und Jugendhilfeleistungen abgegeben werden. Es dürfen keine parteipolitischen oder kommerziellen Veranstaltungen durchgeführt werden. Diese Regelung unterscheidet sich von der Finanzierung anderer Einrichtungen wie bspw. Stadtteilzentren (J01:29). Im Rahmen des Leistungsvertrages werden zwischen den Familienzentren und dem Fachdienst im Jugendamt Zielvorgaben verabredet, festgehalten und überprüft (P15:47).

Durch die zumindest teilweise gegebene Personalfinanzierung durch das Jugendamt wird gewährleistet, dass nicht alle Kurse kostenpflichtig sind (P16:118). Die Akquise von weiteren finanziellen Mitteln erfolgt sehr unterschiedlich. „Das ist hier sehr toll, hier gibt es eine Spardose für Kaffee und dann schmeißt jeder 30 Cent oder so rein“ (N05:38). Somit können zumeist die laufenden Projekte finanziell sicher gestellt werden. „Unser Problem ist eigentlich die Finanzierung der Sachen, die gut laufen“ (P03:22). Für einzelne, neue Projekte gibt es oft Anschubfinanzierungen über Stiftungen und Kampagnen, welche aber nur für den Projektstart gedacht ist. Hinsichtlich der Finanzierung wird somit deutlich, dass eine Schwierigkeit in der nicht vorhandenen Sicherheit für die Familienzentren bezüglich einer langfristigen Planung besteht. „Das ist auch zum Thema Planungssicherheit“ (J02:97) eine relevante Dimension.

4.1.1.3 Räumlichkeiten

Die untersuchten Familienzentren unterscheiden sich nicht nur aufgrund ihrer Entstehungsgeschichten, sondern auch hinsichtlich der vorhandenen Räumlichkeiten. Allen untersuchten Familienzentren ist gemein, „dass man sowohl einen Außen- als auch einen Innenbereich irgendwie hat. Das finde ich auch wichtig. Gerade, das man im Sommer dann auch mit Familien draußen irgendwas machen kann, nicht nur drin in den Räumen“ (J02:102). Dieser Gartenbereich ist in allen Familienzentren begrenzt, sodass die Kinder nicht allein raus können (N06:100, B29:7, P21:22, P22:108) –ein wichtiges Kriterium für die Mutter eines 4-jährigen Sohnes und 2-jähriger Zwillinge für den Besuch eines Familienzentrums (B34:18, N11:16).

Zwei Familienzentren sind mit anderen Institutionen in einem Gebäude untergebracht. In einem Familienzentrum nutzen Kooperationspartner_innen ebenfalls feste Räume. Dem vierten Familienzentrum steht ein Gebäude allein zur Verfügung. In allen vier Familienzentren informiert der Eingangsbereich über die Angebote und teilweise auch über die Mitarbeitenden durch Fotos, Namen und Aushänge (B01:12f).

In drei Familienzentren sind große Aufenthaltsräume mit Familiencafébereich vorhanden (B04:10, B25:9, B02:8, B29:7, B01:20ff). „Meist gibt es hier auch irgendwelche Getränke, und die Räume hier, dass man hier so viel Platz hat. Das ist wirklich ein Traum" (N14:58). In dem vierten Familienzentrum wird dies nach dem Umzug ebenfalls vorhanden sein (B29:7). Derzeit werden die Teeküche und nicht belegte Räume individuell von den Familien zum Aufhalten genutzt. In allen vier Familienzentren können Getränke sowohl erworben als auch mitgebracht werden. Daneben verfügen alle Familienzentren über Büros und mindestens einen Raum, der für Beratungen genutzt werden kann (B25:10, B01:16, B02:8). Des Weiteren gibt es einen größeren, für Bewegungsangebote geeigneten Raum (B33:6, B01:14, B02:10, B29:9). Zwei Familienzentren nutzen zudem weitere Räume in nahegelegenen Gebäuden des Trägers (B36:16, B11:30, P07:52f). Alle Familienzentren verfügen über eine Küche, aber in unterschiedlicher Größe und Ausstattung (B01:15, B02:9). Auch sanitäre Anlagen sind im Kontext von Familie wichtig. In drei Familienzentren sind diese großzügig gestaltet, dass dort ebenfalls ein Wickeltisch und teilweise eine Kindertoilette untergebracht sind (B25:11, B01:18, B02:9, N07:29). Des Weiteren sind alle Familienzentren farblich gestaltet, mit Bildern und Fotos an den Wänden dekoriert (B34:14, B36:26, PN02:88, B28:5).

4.1.1.4 Offener Bereich

Drei Familienzentren verfügen über einen offenen Bereich, der Eltern- oder Familiencafé genannt wird. Die konkrete Ausgestaltung dieses offenen Bereichs unterscheidet sich zwischen den Familienzentren.

Im Familienzentrum Mehringdamm umfasst das Familiencafé mehrere ineinander übergehende Räume, ausgestattet für verschiedene Altersgruppen und jeweils durch eine Mitarbeiterin begleitet (P21:22, N09:46). Entsprechend der jeweiligen Interessen können die Nutzer_innen so ihren Aufenthalt gestalten (N10:32). In der Mitte des Familiencafés ist eine Theke für den Erwerb kostengünstiger Speisen und Getränke zentriert. Das Familiencafé ist montags bis freitags von 9:30 bis 18:00 Uhr geöffnet. „Es gibt einmal das Familiencafé als offenen Treffpunkt. Da kann man hinkommen, die Kinder spielen, sich treffen, Kontakte knüpfen" (P09:60). Im

Rahmen des Familiencafés gibt es einmal die Woche ein offenes Musikangebot, welches flexibel ohne Anmeldung genutzt werden kann (P09:53f). Der offene Kreativtisch kann ebenfalls flexibel ohne Voranmeldung genutzt werden (P09:56).

Im HAUS ist das im Erdgeschoss befindliche Elterncafé an drei Nachmittagen geöffnet. Hier können Getränke und Kuchen in der angrenzenden Küche erworben werden. „Das war dann Ritual, jeden Dienstag und Donnerstag zu backen [...] das ist sehr gut angekommen" (P18:52ff). Das Elterncafé wird insbesondere an den Nachmittagen, in denen auch verschiedene Kurse für Kinder stattfinden, angeboten.

Im Familienzentrum Menschenskinder werden vormittags offene Krabbelgruppen bzw. ein Familienfrühstück und nachmittags das Familiencafé mit unterschiedlichen Schwerpunkten wie Basteln, Musizieren oder Suppe essen angeboten. Auch hier können Getränke für einen Unkostenbeitrag erworben werden. Einige Nutzer_innen wünschen sich, dass auch Speisen bspw. belegte Brötchen angeboten werden (N14:70ff). Für das Familienfrühstück gab es den Versuch einer vorherigen Anmeldung, was dazu geführt hat, dass weniger Familien gekommen sind. Nun ist auch dieses Angebot wieder ohne Anmeldung nutzbar, was wiederum zu einer vermehrten Nutzung geführt hat (B34:7, N13:31).

Von den Nutzer_innen aller Familienzentren wird vergleichend beschrieben, dass die kommerziellen Familien- oder Kindercafés oftmals sehr laut sind (N13:37ff). „Ich finde das total angenehm, auch angenehmer als kommerzielle Familiencafés [...] Kinder mögen es halt mit Wasser und mit Sand auch rumzumanschen und da werden die Sachen dann halt auch dreckig" (N02:30f). In kommerziellen Familiencafés ist dies nicht so gern gesehen, in den Familienzentren aber möglich (P22:103). Insbesondere die Kombination von Cafébereich und Spielplatz sind dabei sehr unterstützend (N09:15f, N10:23).

Im Familienzentrum Waldemarstraße gibt es kein in dieser Form beschreibbares Eltern- oder Familiencafé. Allerdings wird deutlich, dass die Familien hier insbesondere die zwei Teeküchen, in denen Tee und Kaffee bereit stehen sowie den Orientraum und den weiträumigen Flur zum Aufhalten und für Gespräche nutzen (P14:59). Hierfür gibt es keine Öffnungszeiten, sondern die Nutzer_innen beziehen diese entsprechend der Bedarfe ein.

4.1.1.5 Angebotsstruktur

Neben dem offenen Bereich werden vielfältige Kurse in den Familienzentren angeboten. Für die Angebotsstruktur ist es wichtig, „dass man möglichst eben auch so ein breiteres Spektrum anbietet" (J02:92), um auf vielfältigen Wegen die Familien zu erreichen. Im folgenden Abschnitt werden die Angebote in den Familienzentren in systematisierten Kategorien beschrieben. Diese Angebotskategorien werden in allen vier untersuchten Familienzentren deutlich, allerdings in unterschiedlicher Quantität aufgrund der zur Verfügung stehenden Ressourcen sowie entsprechend der vorliegenden Bedarfe in unterschiedlicher inhaltlicher Gestaltung.

Die erste Kategorie umfasst sowohl die offenen als auch die geschlossenen **Eltern-Kind-Gruppen**, die teilweise auch als Krabbelgruppen bezeichnet werden (P16:74, N05:52, P13:65, P11:17, P06:68, PN03:75). Diese Angebote richten sich an Eltern und deren Kinder mit einer Altersbegrenzung von bis zu drei Jahren. Die offenen Eltern-Kind-Gruppen können zumeist ohne vorherige Anmeldung besucht werden. Für die geschlossenen Eltern-Kind-Gruppen ist dagegen eine Anmeldung erforderlich. Teilweise werden Unkostenbeiträge für Getränke, ein gemeinsames Frühstück oder Materialien erhoben. Den Eltern-Kind-Gruppen liegt kein programmatischer Ablauf zugrunde. Die konkrete inhaltliche und methodische Gestaltung obliegt den Kursleiter_innen. Fokussiert werden Begegnung und Austausch rund um die Themen Familie und Erziehung (P15:41, P12:103, P21:102).

Die zweite Kategorie bilden die **Eltern-Kind-Bildungsangebote**. In Abgrenzung zu den Eltern-Kind-Gruppen werden hierunter Angebote mit einem spezifischen thematischen Fokus, zumeist einem Programm entsprechend, verstanden. Im Konkreten umfasst diese Kategorie Angebote wie PEKiP, FuN, griffbereit, Babymassage etc. Diese Angebote richten sich ebenfalls an Eltern mit ihren Kindern, überwiegend im ersten Lebensjahr, aber auch darüber hinaus. Für diese Bildungsangebote ist eine vorherige Anmeldung erforderlich. Der zugrunde liegende thematische Fokus ergibt sich aus dem jeweiligen Programm, der zumeist einen inhaltlichen und methodischen Ablaufplan vorgibt. Teilweise werden hierfür Beiträge erhoben.

Die dritte Kategorie umfasst **Bildungsangebote für Kinder**. Diese Bildungsangebote haben einen klaren inhaltlichen Fokus wie Musik, Bewegung, Theater, Keramik o. ä. (P05:100, P15:25, P16:62). Zumeist ist eine vorherige Anmeldung erforderlich und teilweise werden hierfür Teilnahmebeiträge erhoben. Die methodische Gestaltung obliegt den Kursleiter_innen.

Die vierte Kategorie umfasst **Bildungsangebote für Erwachsene**. Dies können thematische Themenabende mit Vorträgen sein, aber auch Sprachkurse der Volkshochschule im Familienzentrum oder Programme wie ‚Starke Kinder – starke Eltern' (PN03:81). Je nach Angebot sind eine vorherige Anmeldung sowie Teilnahmebeiträge erforderlich. Für feste Programme und Kurse gibt es zumeist einen inhaltlich und methodisch vorgegebenen Gestaltungsrahmen.

Eine weitere Kategorie, die durch die Programme der Familienzentren deutlich wird, liegt in der Zurverfügungstellung von Räumen für Kooperationspartner_innen, Akteure aus dem Netzwerk, **selbst organisierte Gruppen und Selbsthilfegruppen**. Der thematische Fokus, die Gestaltung und Durchführung liegen in der Verantwortung der jeweiligen Gruppe.

Ein weiterer inhaltlicher Bestandteil der Familienzentren sind **Beratungsangebote**. Die Beratungsangebote sind zumeist mit einem thematischen Schwerpunkt beschrieben, sodass diese gezielt von Interessierten aufgesucht und angefragt werden können. Teilweise werden diese Beratungen von den Mitarbeiter_innen der Familienzentren angeboten (J02:50, P16:75, N05:49, P07:73, PN02:26). Dies kann niedrigschwellliger als eine Beratung im Jugendamt sein (J02:71). „Es ist ja auch vor allem eine neue Lebensphase [wenn das erste Kind geboren wird, S. H.-B.]. Viele Fragen, die hier auftauchen, die man einfach auch sich selber gar nicht beantworten kann, manchmal. Da braucht man jemand anderes, mit dem man sich austauschen kann, bin ich da auf dem richtigen Weg, mache ich das jetzt grade richtig. Oder ich habe jetzt hier ein Problem, ich kann das jetzt fünfmal im Internet nachlesen, es hilft mir auch nicht weiter, weil ich jetzt grade mal eine ganz praktische Sache irgendwie brauche. Und ich glaube, das ist gerade so eine Phase, wo man viele Antworten braucht" (J02:75). Bei Bedarf werden auch externe Professionelle oder Kooperationspartner_innen herangezogen. Inhaltlich reichen diese von Ehe- und Familienberatung bis hin zur Rechtsberatung. In der folgenden Abbildung ist die Angebotsstruktur der Familienzentren zusammenfassend dargestellt.

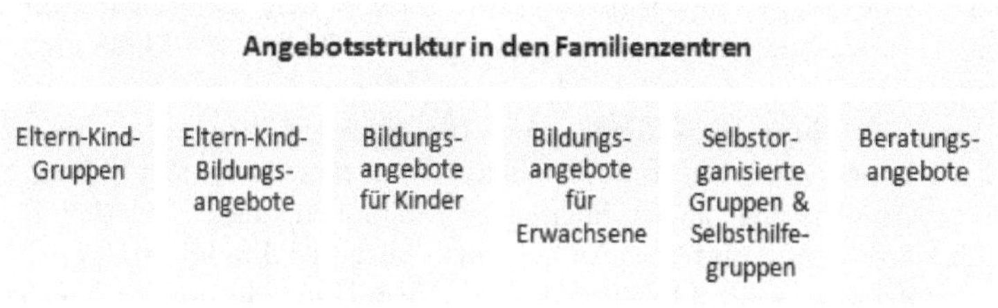

Angebotsstruktur in den Familienzentren

Eltern-Kind-Gruppen	Eltern-Kind-Bildungsangebote	Bildungsangebote für Kinder	Bildungsangebote für Erwachsene	Selbstorganisierte Gruppen & Selbsthilfegruppen	Beratungsangebote

Abb. 16: Angebotsstruktur in den Familienzentren

Es wird deutlich, dass eine **flexible Gestaltung des offenen Bereichs verbunden mit einer vielfältigen Angebotsstruktur** erforderlich ist, um auf verschiedenen Wegen die Familien zu erreichen. In Kombination mit einer möglichen flexiblen Nutzung des offenen Bereichs stellt dies eine gelungene Kombination dar (B34:7, N02:27, B27:21ff, N11:17, B09:25, P07:22ff).

4.1.2 Zielstellungen der Familienzentren

„Es ist erst mal wirklich ein Ort. Ein Ort, wo Familien hingehen" (P03:55). Neben dieser Beschreibung eines Familienzentrums als Ort werden hinsichtlich der Zielstellung von Familienzentren verschiedene Bereiche thematisiert, die sich aber in einem kontinuierlichen Entwicklungsprozess befinden. „Wir sind nicht hier so ein eingefahrener Haufen, der immer und ewig das Gleiche macht. Mal gucken, was geht, und mal gucken, was nicht geht. Schon so auf der Suche" (J03:50), beschreibt ein befragter Akteur. Neben diesen Überlegungen zu möglichen Zielstellungen aufgrund der jungen Arbeit als Familienzentrum ist eine Anbindung an die **Richtlinien des Fachbereichs** sowie die gesetzliche Verankerung des § 16 SGB VIII gegeben (P15:47, P12:52). „Vorrangiges Ziel ist es, Familien und Kindern **frühzei-**

tig bessere Bildungschancen zu eröffnen und vielfältigere Zugänge zu Bildungsprozessen sowie besseren Schutz vor Ausgrenzung zu bieten, um den Kreislauf von Armut und sozialer Benachteiligung zu unterbrechen und alle Familien bei der aktiven Teilhabe am gesellschaftlichen Leben zu unterstützen. Gleichzeitig sollen Väter und Mütter Unterstützung bei der Entwicklung ihrer Beziehungs- und Erziehungskompetenzen finden, um ihren Kindern die notwendige **Bindung** als Basis jeder **Bildung** bieten zu können" (Bezirk Friedrichshain- Kreuzberg 2009:3. H. i. O.). Diese konzeptionelle Zielstellung wird durch drei weitere aus den empirischen Daten identifizierbare Dimensionen näher beschrieben.

4.1.2.1 Stadtteil familienfreundlich gestalten

Eine Zielrichtung bezieht sich darauf, den Stadtteil familienfreundlich zu gestalten (P15:25, P20:24f, P03:61). „Ich würde es schön finden, wenn wir hier mit dem Kinder- und Familienzentrum einen Beitrag leisten können, damit diese Stadt familienfreundlicher wird" (P02:70). Auch aus der Perspektive von Nutzer_innen wird solch eine Notwendigkeit beschrieben. „Das ist sehr, sehr wichtig für Berlin und den Kiez hier, dass es solche Angebote gibt" (N09:29). Um diese Zielstellung umzusetzen, ergeben sich weitere, dies konkretisierende Aktivitäten. Zum einen wird die **Bündelung der Ressourcen im Stadtteil** benannt. „Eine Informationsbörse, was gibt es im Bezirk, was ich für mich nutzen kann" (P01:51). Ein Familienzentrum verfügt über vielfältige Informationen hinsichtlich der Angebote im Stadtteil (P01:55) und übernimmt somit auch die Funktion einer „**Vernetzungszentrale**" (P04:130). Damit nehmen die Familien nicht nur die Angebote des Familienzentrums, sondern auch Angebote von Kooperationspartner_innen wahr (P03:29). „Man kann Kontakte knüpfen, auch informiert werden durch unsere Infos, Bücher, Broschüren, Heftchen. Wie stelle ich einen Antrag? Wo kann ich einen Antrag stellen? Wo ist was in Kreuzberg, Friedrichshain? Also, wir haben schon sehr viel Material, wo man sich was holen kann" (P13:64). Also bilden die Familienzentren eine Anlaufstelle für familienrelevante und zumeist auch stadtteilbezogene Themen.

4.1.2.2 Anlaufort für Familien im Stadtteil

Mit dem infrastrukturellen Ziel einer familienfreundlichen Stadtteilgestaltung ist auf der individuellen Ebene die weitere Zielstellung verbunden, Familien im Stadtteil einen Anlaufort zu bieten. Diese Idee eines Anlaufortes umfasst wiederum verschiedene Ebene. „Es ist ein Anlaufort für Familien, dass Eltern für ihre Aufgabe als Eltern eine Unterstützung haben. Das kann eine Unterstützung sein insofern, dass man aus der Isolation einer Kleinfamilie herauskommt, dass man Orte hat, wo man andere Familien trifft, dass man Ansprechpartner hat für Erziehungsfragen, dass man auch Bildungsangebote wahrnehmen kann für sich und seine Kinder" (P01:49). Zum einen umfasst dies, **Begegnungen zu ermöglichen**. „Begegnen ist auch wichtig, dass man die Nachbarschaft auch besser kennenlernt, seinen Nachbarn kennenlernt, sich begegnet und auch austauschen kann" (PN03:77). Um die Familien im Stadtteil anzusprechen, entwickeln sich unterschiedliche Angebote entsprechend der jeweiligen Bedarfe (P03:58). „Weil jeder ist ja nicht nur Teil der Familie, sondern auch eigen […], und teilweise geht es auch darum, einen zu unterstützen, damit das System Familie funktioniert" (P03:59). Daraus entwickeln sich dann entsprechend weitere Angebote für die Familien, um diese in den verschiedenen Familienphasen zu begleiten (J01:35, B34:10, J02:51).

Neben den Begegnungsmöglichkeiten umfasst ein Anlaufort **Bildungsangebote** für die Familien. „Wir haben schon so einen Schwerpunkt auf Bildung gesetzt […] Wir haben uns so aufgestellt, dass wir über die allgemeine Förderung und Entwicklung an Familien herantreten wollen. Bei uns muss eine Familie keine Risikofamilie sein, damit sie ein Angebot nutzen kann" (J01:48), beschreibt ein_e Mitarbeiter_in des Jugendamts die Zielstellung. Entsprechend werden Angebote zur Förderung und Entwicklung von Familien bereitgestellt. Dahinter steht die Idee: „Bildung macht Spaß, Bildung ist nötig, Bildung ist Teilhabe am Leben und der Gesellschaft. Und ich will leben und teilhaben, und ich will was erreichen. Sie [die Familien, S. H.-B.] da zu kriegen und sie dabei zu unterstützen" (P03:64), ist die Zielstellung eines Familienzentrums.

Des Weiteren sollen die Familienzentren neben Begegnung- und Bildungsangeboten auch einen Anlaufort für Fragen zum Thema Familien bieten, also **Beratungsangebote** vorhalten. Daher sind in den Familienzentren unkompliziert ansprechbare Mitarbeiter_innen tätig (P21:104, N06:91, N11:71). „Dass sie die Möglichkeit haben, Fragen loszuwerden in puncto Erziehung, Umgang mit Kindern, Bewältigung von Alltag, oder wie bekomme ich einen Kitaplatz? Oder welche Altersgeschichten die Eltern einfach intensiv beschäftigen. Wie lernt mein Kind schlafen? Was mache ich mit der Ernährung?" (P15:25). Neben ausgewiesenen Beratungsangeboten (P18:87) umfasst dies auch die Ermöglichung von Austausch- und Beratungssituationen der Familien untereinander. „Wo ich vielleicht auch ein bisschen was von anderen lerne, vielleicht zum Thema Erziehung, oder wie die mit Kindern umgehen […]. Kleine Sachen, die man mal austauscht. Wie macht ihr das mit dem Schlafen, ins Bett bringen?" (J02:49). Familien einen gesunden Umgang mit ihren Kindern zu ermöglichen hinsichtlich der Tendenz, dass Eltern „zu anspruchsvoll sind, was die Entwicklung ihrer Kinder anbelangt" (J03:24), ist dabei ebenfalls ein wichtiger Fokus.

4.1.2.3 Familien stärken

Aus dieser angestrebten Funktion als Anlaufstelle mit Bildungs- und Beratungsangeboten im Stadtteil ergibt sich zudem die Zielstellung, Familien zu stärken (J03:23, P15:41, P09:100, P20:23, P16:77). Zum einen wird diesbezüglich eine **Unterstützungsfunktion** beschrieben. „Es ist vielleicht auch so ein bisschen, was früher Nachbarschaft oder Großfamilie auch erfüllt hat, dass das auch ein Familienzentrum heutzutage ein Stück weit erfüllen kann" (P01:50). Unterstützung kann dabei sehr verschieden aussehen. „Familienstärkung, helfen, dass die nicht so allein stehen, dass sie sich nicht so allein fühlen, dass sie Unterstützung haben“ (P11:53). Zum einen umfasst dies pragmatische Unterstützung, wie das Erhalten kostenfreier Kleidung in einer Kleiderkammer (P14:57). Zum anderen beinhaltet dies **Unterstützung bei dem Ausfüllen von Anträgen, der Gründung einer selbst organisierten Gruppe** oder der Besuch eines Deutschkurses, um selbstständiger agieren zu können. „Die Zielstellung ist einfach, Familien ein Mehr an Qualität zu bringen, einen Ort des Wohlfühlens zu schaffen, Familien zu stützen, auch selber stark zu werden. Auch, **sich selbst wieder zu helfen**, indem sie z. B. auch ermutigt werden, selbst organisierte Gruppen anzubieten, sich selbst zu organisierten, auch selbst für sich etwas zu tun […] Also, Deutschkurs ist ja auch nicht nur, dass man denen irgendwelche Verben beibringt. Das ist ja ein Stück zur Integration, auch zur Selbstbestimmung, auch ein Stück weit zur Emanzipation, nicht mehr von anderen abhängig zu sein” (P14:135).

Diese drei Dimensionen spiegeln die verschiedenen Umsetzungsstrukturen wider, um Familien frühzeitig bessere Bildungschancen zu ermöglichen. In der folgenden Abbildung werden diese Zielstellungen zusammenfassend dargestellt.

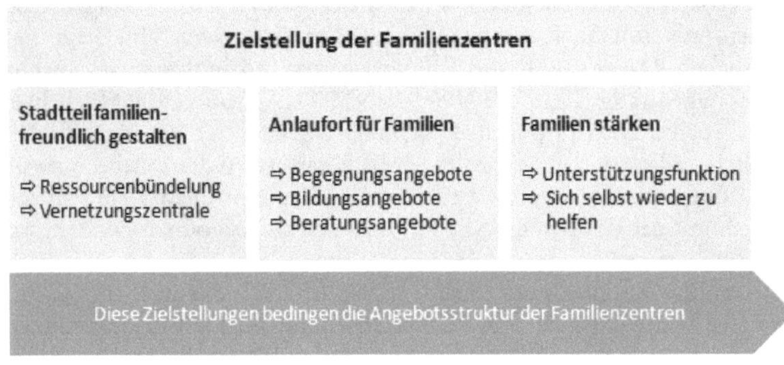

Abb. 17: Zielstellung der Familienzentren

Zusammengefasst kann festgehalten werden: Die Zielstellung eines Familienzentrums ist es, „Angebote bereit [zu, S. H.-B.] halten, um möglichst viele, alle, viele Familien der Region anzusprechen, also eine Angebotsvielfalt“ (P02:46). Über solch eine Angebotsvielfalt kann den unterschiedlichen Bedürfnissen eher gerecht werden (P22:161). Anfänglich steht dabei die Begegnung im Fokus „und aus der Begegnung sollen und können sich unterschiedliche weitere Sachen ergeben“ (P06:65). Entsprechend schließen sich dann Bildung, Lernsituationen, Kontakte und Unterstützung an (P14:57, PN01:21, P03:56, P08:20, P21:28, N07:75).

An die Beschreibung der Zielstellungen anschließend, wird nun die Nutzer_innenstruktur der Familienzentren näher erläutert.

4.1.3 Nutzer_innen der Familienzentren

Wie bereits in dem Abschnitt zur Zielstellung der Familienzentren beschrieben, sollen nicht dezidiert Familien mit einem bestimmten Problemfokus angesprochen werden, sondern Familien allgemein. „Dieses Thema ist nicht für Leute mit Defiziterleben oder so gedacht, sondern eben [für, S. H.-B.] die, die einfach so noch eine Bereicherung haben wollen. Also, für alle" (J03:26f) – zumal aus Sicht eines_r Praktikers_in familienbezogene Frage- oder Problemstellungen in jeder Familie im Verlauf der Zeit auftauchen können (P21:60). „Das ist auch bei Leuten, die eigentlich einen ganz guten Umgang haben mit ihren Kindern, aber trotzdem sind sie überfordert und allein" (P20:129). Entsprechend wurden in den qualitativen Interviews alle Akteure befragt, wie sie die Nutzer_innen der Familienzentren beschreiben würden. Die Befragten zogen für die Beantwortung Aussagen, die auf die Familienstruktur hinweisen, Aussagen hinsichtlich einer bei den Eltern vorhandenen Bildungsstruktur oder aber einen möglichen Migrationshintergrund heran. Dementsprechend werden im Folgenden die Aussagen der Befragten zu den Nutzer_innen der Familienzentren systematisiert entlang der drei hauptsächlich genannten Kategorien Familienstruktur, Bildungsstruktur und Herkunftsstruktur.

4.1.3.1 Differenzierung nach Familienstrukturen

Hinsichtlich der Fragestellung, wer die Familienzentren nutzt, werden eindeutig **Familien** benannt. Die Familienzentren Menschenskinder, Mehringdamm und Waldemarstraße werden insbesondere von Müttern mit kleineren Kindern genutzt (B36:11, N14:14, P22:153, P21:34, PN03:104f, B29:17, P14:145). „Die Hauptzielgruppe sind sicher Kinder und Eltern, wobei das Alter der Kinder noch auf bis drei Jahre eingeschränkt werden kann, da anschließend die Kinder zumeist in die Kita gehen" (P03:57) und dann die Vormittagsangebote für diese nicht mehr zentral sind. Im Familienzentrum HAUS sind zudem, auch entstehungsgeschichtlich bedingt, Familien mit Kindern über drei Jahren anzutreffen, die Kurse besuchen (P18:44ff, P02:44). Das Familienzentrum Mehringdamm nutzen viele Familien mit älteren Kindern bis zum Schuleintritt [B01:25, N_01:11f). In den Familienzentren HAUS und Waldemarstraße werden auch Hausaufgabenhilfe und Computerkurse angeboten, um darüber Eltern zu erreichen (PN03:85ff). Des Weiteren wird nicht nur der enge Familienkreis als Nutzer_innen beschrieben, sondern auch die **Personen, „die sich für die Erziehung von Kindern verantwortlich fühlen**" (J03:22). Dies bezieht bspw. auch Großeltern und pädagogische Fachkräfte mit ein (ebd., N13:34, P22:174, PN04:53, N10:24, P08:18, N06:90, P11:16, P14:57). Als eine weitere Zielgruppe werden in den vier Familienzentren **Einelternfamilien** beschrieben (P22:143, P02:27, P20:93, B07:13, P03:94), „besonders auch alleinerziehende Mütter" (P22:154). Insbesondere in den Gesprächen und der Angebotsnutzung wird deutlich: „Jede alleinerziehende Mutter braucht Entlastung" (P20:23). Solch Entlastungen scheinen durch Familienzentren gegeben zu sein.

Darüber hinaus ergeben sich vielfältige Familienstrukturen. „Da ist das klassische ‚Vater-Mutter-Kind' fast eine Minderheit [...]. Familien mit biologischen und sozialen Vätern" (P02:52) werden bspw. relevant und so auch **Väter** als eine Zielgruppe beschrieben. Eine Zeit lang wurden diese durch gezielte Angebote angesprochen. Mittlerweile werden aber Väter so wie auch die Mütter als Familie inkludiert angesprochen. Dies geht auch mit den jeweiligen individuellen Zuständigkeiten in der Familienaufteilung einher (P22:174ff). „Teilweise sind es ausschließlich Väter, die mit den Kindern kommen [...], die dann die Erziehungszeit genommen haben, oder wo beide arbeiten und sie sich das austauschen" (P19:109).

Als eine weitere Nutzer_innengruppe werden **junge Familien, die keine Verwandte und Freunde in der unmittelbaren räumlichen Umgebung haben,** beschrieben. Viele junge Familien sind aufgrund der Arbeit oder des Studiums in die Stadt gezogen, kennen nur wenige Personen, und die Verwandten wohnen weiter entfernt. Insbesondere für diese ist es wichtig, einen Ort zu haben, wo sie andere Familien kennenlernen können (B36:10, B36:22, N14:90ff, P20:102). „Es gibt ja auch manche, die ganz allein sind und sich auch nicht trauen, so aus sich herauszukommen" (P11:53). Dieser Zuzug ist teilweise auch bedingt durch den Wegzug älterer Bewohner_innen aufgrund von Sanierungen, wie im Stadtteil des Familienzentrums HAUS (P02:73ff). Darüber hinaus sind insbesondere die Innenstadtbezirke für Zuzüge beliebt. „Gerade die Berliner, die nach Kreuzberg gekommen sind, die sind von überall her aus Deutschland gekommen. Die haben halt keine Großeltern, keine Familie in der Nähe und sind dann doch schon isolierter, wenn dann die ersten Kinder kommen. Wenn sie vielleicht auch die ersten im Freundeskreis sind, da sind ganz andere Strukturen da" (P14:40).

4.1.3.2 Differenzierung nach Bildungsstrukturen

Neben der allgemeinen Aussage, dass Familien die Familienzentren nutzen, beziehen sich die Befragten bei der Beschreibung der Nutzer_innen auf deren Bildungsstruktur. „Von der Bildungsstruktur würde ich sagen, ist es auch **total unterschiedlich**" (J02:64). Eine Nutzerin des Familienzentrums Mehringdamm beschreibt ihre Wahrnehmung folgendermaßen: „Und das Schöne ist, das es so gemischt ist. Ich glaube, hier sind alle Schichten vertreten" (N01:102). Aufgrund dieser wahrnehmbaren Durchmischung von „Akademikern" (P19:111) und „Harzt IV"-Empfängern (N02:30) ergibt sich eine nicht künstlich gewachsene, sondern dem Stadtteil entsprechende Nutzer_innenstruktur (N02:30, P09:45, P19:107, P21:22). Auch die Befragten des Familienzentrums Waldemarstraße beschreiben eine bildungsstrukturelle Mischung hinsichtlich der Nutzer_innen (P13:71, P14:140). Die Befragten des Familienzentrum HAUS erläutern ihre Angaben zur „durchmischt[en, S. H.-B.]" (P16:85) Nutzer_innenstruktur mit den verschiedenen Angeboten. „Der Bewegungskurs ist sehr durchmischt. Beim Tanzen und Kinderballett würde ich sagen, ist es eher Mittelschicht" (P16:89). Für das Familienzentrum Menschenskinder wird ebenfalls eine Mischung beschrieben (PN04:55, P22:140). Wobei dies in einer weiteren Überlegung hinterfragt wird, weil „wenn es zu viel wird, dann kippt es dann vielleicht auch wieder um, das ist dann auch nicht gut. [...] Also, weil man will ja nicht selber sozusagen ein Niveau runterrutschen und sich dann mit Schadensbegrenzung befassen, sondern wir wollen ja schon für die Mehrheit da sein. Also, wir sind ja kein Zentrum für Leute, die mit ihren Kindern nicht klarkommen, sondern für alle. Aber ich finde es halt schön, wenn wir die Möglichkeit haben, ein paar Leute aufzufangen, die dann eben sehen ‚Och Mensch, die anderen gehen ja anders mit ihren Kindern um oder so. Also kann ich mir was abgucken' " (P22:145).

Neben diesen Aussagen zur bildungsstrukturellen Mischung der Nutzer_innen wird zudem beschrieben, dass alle Familienzentren **von sogenannten bildungsorientierten Mittelschichtfamilien** genutzt werden (J02:64). Teilweise wird dies im Zusammenhang mit Veränderungen des Stadtteils dargestellt, wie der Entstehung von Wohneigentum (P20:24f), was insbesondere „Leute mit Geld, Leute mit hohem Bildungsbewusstsein" (J03:43) in den Stadtteil zieht. Zugleich nehmen diese Familien durchaus längere Wege auf sich und kommen aus benachbarten Stadtteilen in das Familienzentrum (P20:28, P22:143). „Größtenteils Familien, die, ich sag es jetzt mal mit einem Fachausdruck, die durchaus Ressourcen und auch Wahlmöglichkeiten haben. Die, die so herkommen, das sind Leute, die sind informiert, das sind die Leute, die Bescheid wissen, was hier läuft. Das sind Leute, die auch meistens andere Einrichtungen aus dem Umfeld schon kennen. Also, die hier auch schon rumgelaufen sind, um zu gucken, was es hier noch so gibt" (P15:39). In allen untersuchten Familienzentren nutzen diese „bildungsorientierten" (P08:27) Familien insbesondere gezielt Bildungsangebote zumeist mit einem programmatischen Schwerpunkt (P13:73, P14:145). Damit verbunden wird eine Tendenz angedeutet, dass die benannten Familien „zu anspruchsvoll sind, was die Entwicklung ihrer Kinder anbelangt. [...] Die überbilden die Kinder zu sehr. Die wollen die Kinder nicht Kind sein lassen und damit sich selber auch unter Druck setzen" (J03:24). Dies wird insbesondere in den Friedrichshainer Familienzentren beschrieben (J02:66, P02:74, P18:63).

Im Kontrast zu dieser Bildungsorientierung werden mit dem Fokus auf die Bildungsstruktur **Familien, die über wenige finanzielle Mittel verfügen**, beschrieben, allerdings in unterschiedlicher Intensität. 2008 wurde im Stadtteil des Familienzentrums HAUS eine Recherche über dort lebende Familien durchgeführt und weitere zur Verfügung stehende Daten ausgewertet. „Es gibt nach wie vor sozial schwache Familien, oft mit vielen Kindern, oftmals mit Migrationshintergrund, die hier im Kiez leben, hier hergezogen sind, sich hier aufhalten. Von Hartz IV betroffen, oft auch schon in der zweiten Generation" (P02:74). Dies wird ebenso ersichtlich aus der Anzahl der Kinder, die in den Schulen Zuschüsse für Lehrmittel erhalten (B21:7). Zudem wird durch Aussagen der Befragten deutlich, dass teilweise auch in der Öffentlichkeit das Bild vorherrscht, das HAUS sei „nur etwas für sozial Schwache" (P02:64). Trotz dieses öffentlichen Bildes werden wie bereits dargestellt verschiedene Akteure erreicht (P16:85).

Eine Mutter im Familienzentrum Menschenskinder beschreibt, dass sie bei ihrem ersten Besuch im Familienzentrum annahm, dass dieses eher von „sozial Benachteiligten" (N14:98) genutzt wird. Dies wird auch von den Mitarbeiterinnen des Familienzentrums als Zielstellung, aber mit Entwicklungspotenzial beschrieben (P22:152). „Und hier sind ja auch viele Leute, wie sagt man das, [die, S. H.-B.] ärmer und bildungsferner sind, und die kommen schon auch hier an, aber nicht so, wie wir uns das wünschen würden" (P22:143). Die Familienzentren Mehringdamm und Waldemarstraße beschreiben dies ebenfalls als Zielstellung (P01:73f, P08:27). Für das Familienzentrum Waldemarstraße wird von einer Mutter beschrieben, „es gibt in der Umgebung Leute, die richtig asozial sind" (N05:49).

Demnach werden in allen Familienzentren sowohl bildungsorientierte als bildungsferne Familien erreicht. Trotzdem wird von allen genannt, dass nicht alle Familien erreicht werden, die sie als Familienzentrum erreichen möchten (P02:44, P07:31, P22:143). Dies ist darauf zurückzuführen, dass „ein Familienzentrum nicht das Konzept [ist, S. H.-B.], was alle erreicht" (P01:72).

4.1.3.3 Differenzierung nach ethnischen Herkunftsstrukturen

Bezüglich der Frage nach den Nutzer_innen werden neben den bereits benannten Aspekten auch Aussagen zur ethnischen Herkunftsstruktur der Familien vorgenommen. Insbesondere Familien mit einem sogenannten Migrationshintergrund werden als Zielgruppe der Familienzentren beschrieben, da möglicherweise andere Zugänge erforderlich sind, um diese zu erreichen (J01:52). Für die Familienzentren Mehringdamm und Waldemarstraße wird mehrfach benannt, „dass es viel von Ausländern angenommen wird oder von Menschen mit Migrationshintergrund" (N09:30). Dies sei wichtig, da die Kinder von dieser Nutzer_innengruppe oftmals zu Hause betreut werden, keine Kita besuchen und daher solcher Unterstützungsangebote bedürfen. Die Differenzierung der Nutzer_innen nach ethnischen Herkunftsstrukturen wird insbesondere durch die verschiedenen gesprochenen Sprachen verdeutlicht (PN02:99). Neben den zahlreichen lockeren Gesprächen im Familiencafé treffen sich auch selbst organisierte Gruppen (P20:142, P21:58) und insbesondere viele Familien mit türkischen Herkunftsstrukturen in diesen zwei Familienzentren (P21:51ff, P19:112, P08:29). Ein zentrales Angebot nehmen hierbei die Mütterkurse der Volkshochschule zum Erlernen der deutschen Sprache ein. Des Weiteren nutzen Familien mit Migrationshintergrund insbesondere die verschiedenen muttersprachlichen Beratungsangebote, um sich eine bedarfsentsprechende Unterstützung zu holen (PN03:84, N05:49, P07:33). Daneben werden auch offene Eltern-Kind-Angebote sowie sprachlich ausgerichtete Bildungsangebote für Kinder wie ‚griffbereit' genutzt (N05:42ff, P14:145). Europäische Frauen dagegen nutzen eher Bildungsangebote wie PEKiP (B29:17). Die Aussagen über die ethnische Zugehörigkeit der Familien lassen keinen Rückschluss auf die Bildungsstruktur zu. Vielmehr werden hinsichtlich der ethnischen Zugehörigkeit ebenso bildungsorientierte und weniger bildungsorientierte Nutzer_innen benannt (P04:50ff, P13:73).

Für das Familienzentrum HAUS werden ebenfalls Familien mit Migrationshintergrund als Nutzer_innen beschrieben, „aber gar nicht vergleichbar mit Kreuzberg“ (P02:53). Dies scheint auch für das Familienzentrum Menschenskinder zuzutreffen (B37:8).

In der folgenden Abbildung werden die zentralen Aussagen hinsichtlich der Nutzer_innen zusammenfassend dargestellt.

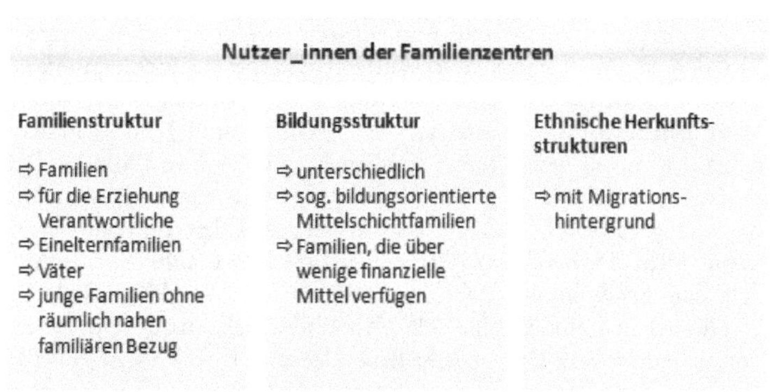

Abb. 18: Nutzer_innen der Familienzentren

An die Beschreibung der Nutzer_innen anschließend, werden nun die handelnden Akteure betrachtet.

4.1.4 Handelnde Akteure in den Familienzentren

Die handelnden Akteure nehmen in den Familienzentren einen zentralen Stellenwert ein, da diese grundsätzlich sowohl die Räumlichkeiten und Rahmenbedingungen als auch die Interaktion mit den Familien gestalten. Die handelnden Akteure umfassen in der zugrunde liegenden Untersuchung nicht nur die festangestellten Mitarbeiter_innen der Familienzentren, sondern auch Honorarkräfte, Praktikant_innen und MAE-Kräfte, da diese maßgeblich den Familienzentrumsalltag mitgestalten. An dieser Stelle wird auf die zugrunde liegende Qualifikation der benannten Akteure nicht näher eingegangen, da vielmehr die konkrete Gestaltung der Räumlichkeiten, Rahmenbedingungen und Interaktionen fokussiert werden. Gegenständlich wird dabei auf die Haltung der handelnden Akteure, die zugrunde liegenden fachspezifischen Kenntnisse und Fähigkeiten sowie den rahmengebenden Kontext der Teamarbeit eingegangen.

4.1.4.1 Haltung

Ein wesentlich zugrunde liegender und auch das methodische Handeln bedingender Aspekt ist die Haltung der professionellen Akteure in den Familienzentren. Diese Haltung wird im Folgenden mit dem Fokus auf Authetizität, das pädagogische Verständnis, Offenheit und Stärkenblick dargestellt.

Authentizität

Aus Sicht der befragten Akteure stellt Authentizität eine wichtige Grundlage für das Arbeiten in den Familienzentren dar. Authentizität der handelnden Akteure ist einerseits gegenüber den Nutzer_innen wichtig. „Also, dass sie wirklich von Anfang an eine ganz natürliche offene Art hat" (P15:63). Grundlegend ist, dass dieses Auftreten aus der Person herauskommt und nicht aufgesetzt ist (N08:79, P18:32). „Und das hat auch nicht jeder gleich. Also, auch wenn alle freundlich sind, hat nicht jeder diese Fähigkeit, das einfach so auszustrahlen und zu vermitteln" (P15:65). Aus Sicht der befragten Akteure wird solch ein authentisches Auftreten auch durch den Spaß an der Arbeit unterstützt (B06:13, PN_02:32, P16:29, N11:60). „Die machen einfach eine tolle Arbeit, das sieht man. Und sie sind mit vollem Herzen, mit vollem Engagement dabei, legen sich voll ins Zeug" (P19:32). Beachtenswert ist dabei, dass **Spaß an der Arbeit und Motivation** nicht grundsätzlich gegeben sind, sondern kontinuierlich gepflegt werden müssen und somit die Gestaltung dies unterstützender Rahmenbedingungen erfordert (P01:40). „Liebe für die Tätigkeit, den Menschenumgang, Umgang mit Kindern und Eigenverantwortlichkeit, Spaß, mit Leuten in Kontakt zu treten" (P18:147) sind dabei hilfreich. Eine damit verbundene **kontinuierliche Reflexion** der jeweiligen Haltung und tagesspezifischen Stimmung sowie die Entwicklung eines passenden Umgangs damit sind ebenfalls für die Authentizität bezeichnend. Dies meint nicht, dass die Akteure in den Familienzentren alle Menschen mögen müssen. Vielmehr bedarf es eines professionellen Umgangs damit. So überlegt sich eine Mitarbeiterin in einer ihr unangenehmen Situation drei Eigenschaften, die ihr ehrlich an der anderen Person gefallen. Dadurch betrachtet sie diese Person aus einem anderen Blickwinkel und ermöglicht sich eine ehrliche, authentische Haltung (B27:6). „Die Menschen merken das auch, wenn das aufgesetzt ist. Wenn ich mir vielleicht auch Mühe gebe, offen rüber zu kommen, aber eigentlich innerlich das gar nicht will. […] Die spüren das, ob man das ernst meint" (P14:129ff). Somit ist auch Nervosität der professionellen Akteure im Rahmen von ersten Projektumsetzungen zulässig (N_11:62). Des Weiteren umfasst Authentizität, die **Balance zu halten** zwischen der eigenen professionellen Meinung und einer Offenheit gegenüber der Perspektive der Nutzer_innen. „Da darf man seine eigenen Wünsche, Vorstellungen gar nicht so viel preisgeben, weil sonst denken sie ‚Oh, da kommt sie wieder und sagt ich soll das so machen, ich mach alles falsch' […] Das ist auch wichtig, dass sie merken, trotzdem gehen wir mit" (P12:114f).

Auch der Umgang der professionellen Akteure untereinander ist von Authentizität gekennzeichnet. Dies umfasst einerseits, sich gegenseitig zu bestärken und wertschätzend zu begegnen (P22:10f). Andererseits aber auch ehrliche Rückmeldungen zu geben. „Wir haben ein gutes freundschaftliches Verhältnis und sehr offen. Ich sage ihnen schon manchmal die Meinung“ (P04:89).

Pädagogisches Verständnis

In zwei Familienzentren wird beschrieben, dass es für die Mitarbeiter_innen wichtig ist, eine **einheitliche pädagogische Linie** im Team zu vertreten. Durch die Entwicklung des bezirklichen Qualitätshandbuches und den daraus entstehenden fachlichen Gespräche wird dies angeregt (J03:41, P15:74). Gleichzeitig bedarf es in diesem Kontext auch konkreter Aufgabenbeschreibungen und der Klärung von Kompetenz- und Entscheidungsbefugnissen innerhalb eines Trägers, um solch ein einheitliches pädagogisches Verständnis zu gestalten, benennt eine Mitarbeiterin des Familienzentrums Menschenskinder (P22:184).

Im Familienzentrum HAUS wurde der Bedarf eines einheitlichen pädagogischen Verständnisses auf der operativen Ebene deutlich. Einer Mitarbeiterin war „aufgefallen, dass ein paar unserer Kollegen, egal ob pädagogische Ausbildung oder nicht, einen für mich nicht professionellen Ton am Leib hatten“ (P16:50f). Daher wurde eine gemeinsame Schulung durchgeführt, um „einfach miteinander auf einer Wellenlänge“ (P12:26) zu handeln. Dies ist auch dann wichtig, wenn den beteiligten Akteuren unterschiedliche Qualifikationsvoraussetzungen zugrunde liegen (B_20:21). „Es gibt unterschiedliche Auffassungen von Pädagogik hier im Team [...], dass man sich vorher darüber abspricht, wie man mit den Kindern umgehen möchte, dass es eine einheitliche pädagogische Linie gibt“ (P11:42). Diese pädagogischen Auffassungen können von den jeweiligen individuellen Erfahrungshintergründen bedingt sein. Eine Praktikantin berichtet dazu: „Ich geh anders auf die Kinder zu. Ich berühre sie halt auch und nehme sie auf den Schoß und das soll ich halt nicht machen, weil die Eltern das anders verstehen können, wenn du deren Kinder in den Arm nimmst [...]Für mich ist das selbstverständlich, weil in meiner Familie, ich habe auch kleinere Geschwister und bei denen mache ich das auch“ (P11:45). Auf dieses Verhalten hin wurde sie angesprochen und ein entsprechender Verhaltensrahmen festgelegt.

Hinsichtlich einer einheitlichen pädagogischen Linie im Team eines Familienzentrums ist zudem eine prinzipielle Identifikation mit der jeweiligen konzeptionellen Grundlage verbunden. „Es ist schon so, dass die Mitarbeiterinnen das Konzept sehr befürworten, dahinter stehen, Spaß daran haben. Und das ist schon ein Teil des Geheimnisses der Arbeit, warum man so viel schafft, weil die Motivation sehr hoch ist“ (P01:38). Zugleich kann an dieser Stelle keine grundsätzlich ‚richtige‘ pädagogische Linie beschrieben werden, sondern vielmehr die in diesem Kapitel beschriebene grundsätzliche Haltung als jeweiliger Part verschiedener pädagogischer Konzepte sowie die Anerkennung dieser (P11:47ff, P16:108, B36:33). Zugleich ist ein Wissen um die Vielfalt pädagogischer Konzepte hilfreich (B37:6). „Vielseitig muss man sein. Dass man sich nicht festfährt auf einen Bereich" (P18:150).

Offenheit

Ein weiterer, der Haltung zuzurechnender Aspekt ist die Notwendigkeit, ein **offenes Bild von Familien** zu haben, „was auch den Gegebenheiten und heutigen Bedingungen entspricht" (P02:50). Dies bezieht sich einerseits auf eine Offenheit gegenüber den vielfältigen Erscheinungsformen von Familie (P16:105). „Ich denke dass man sehr, sehr offen sein sollte für die Familien, die da kommen. [...], dass man auch seine eigenen Vorstellungen, wie eine Familie gut funktioniert, also von guter Erziehung, von ‚Was wäre wichtig für die?', ‚Wenn sie nur dies und jenes tun würden, dann wäre ja alles gut'. Dass man sich davon löst" (P15:53). Andererseits geht diese Haltung mit der Wahrnehmung der eigenen professionellen Rolle einher. „Dass man sich selber als Experte rausnimmt, dass man wertfrei ist. Dass man eine eigene Vorstellung, Wertvorstellung zum Thema Erziehung und von mir da ein bisschen zurücknimmt, dass man sehr offen ist für die verschiedenen Formen und Arten von Familie" (P15:56) ist. Dieses vorurteilsfreie Herangehen bezieht sich ebenfalls auf die Wahrnehmung kultureller Differenzen, was insbesondere in den Familienzentren Mehringdamm und Waldemarstraße einen wichtigen Aspekt darstellt (P11:79). „Also, diese positive Einstellung von den Mitarbeitern über die Familien halt. Das ist sehr wichtig. Keine Vorurteile und die Familien, die herkommen so annehmen, wie sie sind" (P21:90). Gleichzeitig bedingt dies eine „relativ hohe Toleranzschwelle zu haben, weil, wie gesagt, hier kommen die unterschiedlichsten Leute her [...], einige sind nett, einige sind weniger nett. Einige sind sehr fordernd, einige wollen sich nicht an Regeln halten" (P14:127). So ist neben dem offenen Bild von Familie eine Haltung hinsichtlich einer **wohlwollenden Anerkennung** erforderlich (PN02:84). „Ich finde, der Respekt vor dem Kind ist ganz wichtig, dass man es überhaupt mit seinen Problemen ernst nimmt" (P11:49). Eine offene Zugangsweise gegenüber den Familien und deren Themen ist daher ebenfalls grundlegend (B34:22, B37:8, P14:129ff). Zugleich erfordert dies eine hohe Professionalität der Mitarbeiter_innen in den Familienzentren. So berichtet eine Mitarbeiterin über eine Mutter, „die eigentlich immer unzufrieden [ist, S. H.-B.], schon vom Ton her immer so Gemecker [...] Und da immer so ruhig zu bleiben und da nett drauf zugehen, immer wohlwollend. Das ist nicht so einfach" (P20:48). Insbesondere solche Situationen erfordern einen auf Wohlwollen den Familien gegenüber begründeten Perspektivwechsel. „Zu verstehen z. B., dass eine Mutter mit dem Kind nicht so richtig umgehen kann oder sie sich überfordert fühlt. Also, das zu sehen und so eine kleine Hilfe zu geben und Möglichkeiten zu schaffen für sie" (P21:94).

Stärkenblick

Neben Authentizität und einem zugrunde liegenden pädagogischen Verständnis und Offenheit ist der sogenannte Blick auf die Stärken ein weiterer zentraler der Haltung zuschreibbarer Aspekt. Dies bezieht sich sowohl auf die Interaktion der Kolleg_innen untereinander im Team als auch bezüglich der Nutzer_innen. Insbesondere im offenen Bereich ergeben sich häufig Gesprächsanlässe (B06:9, N05:27). „Auf einmal haben wir miteinander geredet. Sie hat dann auch mit deiner Tochter ein bisschen gespielt" (N01.107), beschreibt eine Mutter die Situation mit einer Mitarbeitenden im offenen Bereich. „Einen Blick halt auf das Kind zu haben und auf die Mutter und sagen: ‚Guck mal, was Dein Kind gerade gemacht hat, wie schön das ist' [...] die Eltern ein bisschen dahin zu lenken, auch mal aufzustehen, zu gucken, zu schauen, das vielleicht anders zu sehen. Manche Eltern wissen ja nicht, dass ein dreijähriges Kind nicht perfekt malen kann und haben halt die Gewohnheit, ‚Ja, mach doch noch eins und versuch das mal so zu machen.' Und ihnen da näher zu bringen, so wie es ist, ist es wunderschön in den Augen des Kindes" (P08:37). Solche Gesprächsanlässe werden genutzt, um im Gespräch die jeweiligen **Stärken und Fähigkeiten hervorzuheben**.

Der Stärkenblick beinhaltet, zudem die Potenziale von Eigenengagement in den Nutzer_innen zu sehen und diese zu bestärken. Dies bezieht sich auch auf das Einbringen von kleinen finanziellen Beträgen (N05:37, P04:76). „Das ist hier sehr toll, hier gibt es eine Spardose für Kaffee und dann schmeißt jeder 30 Cent oder so rein. Ich meine, auch wenn ich nicht Kaffee trinke, und ich trinke nicht immer Kaffee, aber ich schmeiße trotzdem immer was rein. Weil das ist ganz toll und das soll nicht aufhören. Es geht jetzt nicht um das Kaffeegeld, sondern es soll nicht aufhören und das ist toll" (N05:38). Aus Sicht vieler Befragten ist es wichtig, die **Familien mit einzubeziehen**, „mal den Besen in die Hand bekommen" oder „mal ein Fest machen, wo alle was mitbringen" (P03.74). Somit wird auch an die jeweiligen Stärken appelliert.

4.1.4.2 Kenntnisse und Fähigkeiten

Im Abschnitt ‚Kenntnisse und Fähigkeiten' werden die in der empirischen Untersuchung deutlich werdenden Aspekte beschrieben, die sich entweder Kenntnissen im Sinne eines vorhandenen Wissens oder Fähigkeiten im Sinne einer Handlungskompetenz zuordnen lassen. Neben der Haltung der Akteure im Familienzentrum stellen diese Kenntnisse und Fähigkeiten eine wichtige Bezug nehmende Grundlage für das professionelle Handeln der Mitarbeiter_innen dar. Zudem sei darauf hingewiesen, dass die nun folgenden Aspekte nicht allen Mitarbeiter_innen gleichermaßen zugrunde liegen, sondern in der teambezogenen Vielfalt und dem kooperierenden Arbeiten deutlich werden.

Kindesentwicklungskenntnisse

Über Kenntnisse zur Entwicklung von Kindern zu verfügen, ist grundlegend für die pädagogische Arbeit in Familienzentren. Idealerweise vereinen sich vielfältige pädagogische Hintergründe und Ausbildungen, um in verschiedenen Bereichen Ansprechpartner_innen vorzuhalten. „Diese Beratungssachen, da ist es vielleicht auch wichtig, einen psychologischen Hintergrund zu haben oder auch Elternberatung, dass man da Ahnung hat von bestimmten Bereichen, sei es Scheidungssachen [...]. Fände es aber genauso wichtig, vielleicht auch eine ehemalige Erzieherin, die auch ein Stück weit aus den Kitas irgendwie da Fragen beantworten kann, vermitteln kann" (J02:104). Insbesondere im offenen Bereich werden **situativ vielfältige Fragen** zu verschiedenen Themen gegenüber den Mitarbeiter_innen angebracht. Diese reichen über Fragen, die Ehe und Erziehung betreffen, bis hin zu Fragen zum Umgang mit Nahrungsmitteln in der Stillzeit (B36:23f). „Das würde ich aber voraussetzen, dass die Leute, die in einem Familienzentrum tätig sind, auch Ahnung von solchen Themen haben" (N13:42).

Neben dem offenen Bereich bieten insbesondere die Eltern-Kind-Gruppen einen Rahmen, in dem die Familien ihre Fragen anbringen können. Daher ist es hilfreich, wenn die Gruppenleiter_innen über entsprechende Kenntnisse verfügen. „Dies ist besonders wichtig in den Gruppen, weil die Eltern da immer fragen" (P09:72).

Neben den gezielten Fragen der Familien zur Kindesentwicklung bieten sich **beobachtbare Interaktionen** der Kinder für die Mitarbeiter_innen **als Gesprächsanknüpfungspunkt** mit den Eltern an. Im Familienzentrum Mehringdamm erfolgte diese Situation: Ein Junge, ca. 18 Monate alt, möchte im offenen Familiencafébereich am Kreativtisch malen. Er setzt sich an den Tisch, nimmt einen Stift und beginnt, auf dem Papier vereinzelte Striche zu malen. Der Vater nimmt ebenfalls einen Stift, malt Kreise und fordert den Jungen auf, dies nachzuahmen. Die Mitarbeiterin am Kreativtisch lobt den Jungen für sein Bild und erklärt dem Vater, dass Kinder in diesem Alter immer beginnen, Striche zu malen, da sie die verschiedenen Materialien und Funktionen erst kennenlernen müssen. Später entwickeln sich dann aus den Strichen weitere Formen (B15:18). Somit nutzt die Mitarbeiterin diese Interaktionssequenz, um dem Vater entwicklungsspezifische Hinweise zu geben (P21:10).

Familienrelevante Kenntnisse

Neben den Kenntnissen zur Kindesentwicklung ist es zudem hilfreich, ein Wissen über familienrelevante Themen zu haben. Da die an dieser Stelle als familienrelevant bezeichneten Themen sehr vielfältig entsprechend der jeweiligen Familienbedarfe sein können, wird im Folgenden eine Auswahl der in dieser empirischen Untersuchung angesprochenen Bereiche dargestellt. Ein wiederholt thematisierter Bereich ist die Funktionsweise des Schulsystems (P07:11). Dies beinhaltet Fragen sowohl zum strukturellen Aufbau als auch zu den rechtlichen Grundlagen und Ansprechpartner_innen. Eltern sind neugierig, zu erfahren, welche Schule ihr Kind besuchen wird, wie sie sich dafür anmelden und welche verschiedenen Schulkonzepte es darüber hinaus gibt. Oftmals in länger bestehenden festen Gruppen werden Fragen hinsichtlich der **Arbeitsweise verschiedener Institutionen** wie bspw. dem Jugendamt oder stationären Jugendeinrichtungen angebracht. Um darüber mehr zu erfahren, werden auch gemeinsame Ausflüge unternommen. „Oder wir sind mit denen zusammen ins Kinderheim gegangen. Dass die dann wissen wollte, wie Jugendamt funktioniert und warum werden Kinder weggenommen" (P07:13). Zudem bietet es sich bei einigen Fragestellungen auch an, **fachspezifische Expert_innen** dazu einzuladen (P07:15). So können bspw. Kinderärzt_innen des Kinder- und Jugendgesundheitsdienstes einen weiterführenden Einblick zur Kindergesundheit geben. Neben dem jeweiligen Wissen um familienrelevante Themen ist zudem das Wissen um und den konkreten Einbezug weiterer Expert_innen unterstützend.

Ein weiterer familienrelevanter Bereich ist die **Unterstützungsfunktion der Mitarbeiter_innen beim Ausfüllen von Anträgen oder auch rechtlichen Fragestellungen**, welche Leistungen die Familien noch beziehen könnten. „Ich sehe manchmal Frauen, die zur Kleiderkammer kommen, schwanger sind. Dann sage ich: ‚Wissen Sie, Sie haben auch Anspruch, einen Antrag zu stellen zur Unterstützung auf Erstausstattung, Schwangerschaftskleider.' ‚Ja, gibt es?' Ja, gibt es: Möbel, Kinderbett, Kinderwagen. Da gibt es einen bestimmten Betrag, den das Jobcenter zahlt. Es gibt Stiftungen" (P13:60).

In den Angeboten zur Sprachförderung oder den Kursen zum Erlernen der deutschen Sprache werden darüber hinaus auch Fragen zur Geschichte der Stadt Berlin, den Sehenswürdigkeiten, den vielfältigen Angeboten oder auch zu den verschiedenen Religionen angebracht und je nach Kontext entsprechend aufgegriffen (P07:11).

Für alle Fragebereiche, die möglicherweise angebracht werden können, ist entweder ein entsprechendes Wissen darüber oder zumindest die Kenntnis erforderlich, wer in solch einer Situation weiterhelfen kann. „Wir müssen nicht auf alles eine Antwort haben [...] man muss kein Ratgeber sein, aber man kann Vorschläge machen, man kann Flyer verteilen, wenn wir irgendwas haben, wo sie hingehen können, andere Kurse" (P22:86). Daher ist ein Wissen über Anlaufstellen und die Aufgaben anderer Akteure im Stadtteil notwendig sowie diese Wissensweitergabe an die Familien (P01:26, P21:110P09:68).

Kultursensibilität und Sprache

Unter dem Fokus der Kenntnisse und Fähigkeiten ist es aus Sicht eines befragten Akteurs wichtig, Kultursensibilität zu besitzen. „Ich denke, so eine bestimmte kulturelle Sensibilität braucht man [...] Wenn man ein Frühstück macht am Ende vom Kurs und man bringt was zu essen mit und Fleisch, dass man nachvollziehbar macht, woher kommt das Fleisch, wo habe ich das gekauft" (P05:125). Diese beschriebene Kultursensibilität ist eng verbunden mit der bereits dargestellten zugrunde liegenden **Haltung der Offenheit und des anerkennenden Wohlwollens.** Zudem impliziert dies ein **aufmerksames und neugieriges Nachfragen**, insbesondere wenn Situationen oder Aussagen nicht eindeutig erscheinen (B36:23f). „Aber dass man trotzdem einen Blick behält, dass es für die [Frauen, S. H.-B.] schwieriger ist, als es für mich wäre, wenn meine Schwiegermutter zu Besuch wäre. Für die ist es ja ganz normal, dass ich nicht den ganzen Tag zu Hause bin" (P05:127). Somit ist auch die Berücksichtigung des kulturellen Kontextes erforderlich.

Eng damit verbunden wird von den Kreuzberger Familienzentren Mehringdamm und Waldemarstraße zudem beschrieben, dass es unterstützend ist, im Team über weitere **Sprachkenntnisse** zu verfügen. „Die Sprache auf jeden Fall. Gerade, da hier türkisch sprachige Mütter dominanter sind, ist es schon wichtig, dass man die türkische Sprache kann" (P08:39). Diese Sprachkenntnisse sind unterstützend, um die Familien anzusprechen. „Ich spreche sie auf Türkisch an. Die sprechen auch hier, fragen mich so ganz offen, sprechen ihre Sprache" (P21:42). Dies unterstützt die Zugangsgestaltung und die Kontaktaufnahme (P21:49f). „Also, die Mentalität, z. B. also diese Offenheit von den Frauen, die, die halt zu Hause oder woanders nicht sprechen können, wenn die untereinander sind, machen sie das halt hier. [...] Die Mentalität, dass sie zusammensitzen, z. B. einfach nur reden, einfach diese Bedürfnisse zu haben [...]. Wenn ich die anderen Elternteile sehe, dieser Umgang ist anders als mit den türkischen" (P21:54). Somit meint Kultursensibilität auch ein Wissen oder eben neugieriges Nachfragen, um den jeweiligen individuellen Kontext einzubeziehen. Eine Reduzierung allein auf die Sprache der Nutzer_innen kann möglicherweise auch zur Folge haben, dass die Mitarbeiter_innen, welche die jeweilige in dem Familienzentrum bevorzugte Sprache der Nutzer_innen nicht sprechen, auch keinen weiteren Kontakt mit diesen haben. Dies wird bspw. daran deutlich, wenn ein_e Mitarbeiter_in nicht weiß, dass diese Nutzer_innen auch deutsch sprechen. „Ich sehe das auch bei meinen Kolleginnen leider. Bei Müttern, die schon durchgängig zwei Jahre hier sind, wo dann gesagt wird ‚Ach, ich wusste gar nicht, dass sie so gut deutsch kann.' Obwohl sie schon seit zwei Jahren die Einrichtung nutzen, wöchentlich, sich treffen" (P08:42). Somit ist insbesondere unter diesem Fokus eine große Sensibilität erforderlich.

Auch im Familienzentrum Waldemarstraße sind verschiedene Sprachkenntnisse wichtig und unterstützend. „Weil es gibt viele türkische Frauen, die hier in Kreuzberg leben, aber nicht so gut Deutsch können. Dann sind sie entweder auf die Kinder oder auf die Ehemänner angewiesen, und das ist schon schön, dass hier auch türkische Mitarbeiter sind, dass man denen auch in der eigenen Sprache erzählen kann" (N05:49). Dabei wird insbesondere die Situation des Erstkontakts hervorgehoben, die teilweise auch telefonisch erfolgt (B07:5, B11:29, N05:50): „Manche rufen hier an: ‚türkische Frau sprechen ich' [...] Dann versuche ich, mit denen in Türkisch zu sprechen. Das ist dann optimal [...] Sie können dann ihre Sorgen oder auch keine Sorgen gut und besser wiedergeben und wissen, dass ihre Infos richtig verstanden werden. Das ist auch wichtig. Denn wenn man sagt: ‚Kommen Sie nächste Woche um drei Uhr!' Dann verstehen viele vielleicht diese Woche um drei. Da gibt es einige, wo man doppelt und dreifach wiederholen muss" (P13:43f). Daher sind dabei Sprachkenntnisse unterstützend.

Kreativität

Unter dem Fokus von Wissen und Kenntnissen werden zudem Aspekte genannt, die sich künstlerischen Fähigkeiten zuordnen lassen und an dieser Stelle unter dem Begriff Kreativität gebündelt werden. Dies umfasst die Bereiche Musik mit **Singen und Instrumenten** sowie **Basteln, Gestalten, Herstellen, Malen, aber auch Theater und Computergestaltung** (B10:6f, N01:93, N14:12). Wie in der Angebotsstruktur bereits beschrieben, werden diese entweder als expliziter Kurs oder im offenen Bereich angeboten. Entsprechend sind diesbezügliche Fähigkeiten notwendig. So werden auch größere kreative Aktionen, die von Eltern zu Hause nicht unbedingt umsetzbar sind (wie Filzen, Kerzen gießen oder Keramik) angeboten (P22:82). „Dass man auch Angebote schafft, was die Familien zu Hause vielleicht nicht hinkriegen. Da muss die ganze Farbe rausgeholt werden und so. Das kann man natürlich schön vorbereiten, hier hat man Platz, hier können Kinder zusammen malen und wir setzen uns mit dazu" (P22:84). Gerade solche kreativen Angebote eignen sich, um zum einen mit den Kindern ins Gespräch zu kommen und zum anderen quasi nebenbei oder beim Zeigen der Kunstwerk auch mit den Eltern (B15:7ff). Neben diesen atmosphärischen Gesprächsanknüpfungspunkt lernen die Kinder durch solche Angebote verschiedene Materialien und Techniken kennen (B15:20).

An dieser Stelle sei noch einmal darauf hingewiesen, dass nicht jede_r Mitarbeiter_in solche künstlerischen Fähigkeiten in sich vereinen muss. „Ansonsten ergänzen wir uns" (P09:70) unter den Kolleg_innen entsprechend den Stärken.

4.1.4.3 Arbeit im Team

An die Beschreibung der Haltung sowie der Fähigkeiten und Kenntnisse anschließend, wird im Folgenden die Teamarbeit als ein zentraler die Tätigkeit der handelnden Akteure beschreibender Aspekt thematisiert. Dabei werden eingangs der teamstrukturelle Rahmen, die Kommunikations- und Interaktionsstrukturen im Team sowie die Teamleitung näher beleuchtet. Darauf aufbauend werden dieses Kapitel abschließend die Angebotsrahmung und Angebotsentwicklung dargestellt.

Teamstruktureller Rahmen

Ein wichtiger teamarbeitsstruktureller Aspekt der Familienzentren sind regelmäßig, zumeist wöchentlich, stattfindende, moderierte **Teamsitzungen** der pädagogischen Fachkräfte (P01:43, B06:8, B08:28). Je nach Zielstellung der Teamsitzungen nehmen in den Familienzentren die pädagogischen Fachkräfte bis hin zum Hausmeister und MAE-Kräften teil (B08:6). Die Teamsitzungen werden moderiert und strukturiert (B05:18). Dies beinhaltet das Aufstellen einer Tagesordnung und den aktiven Einbezug aller Anwesenden (B05:29, B08:8). Zudem achtet die Moderation auf das Einhalten der Struktur und des Zeitplans (B05:30, B08:17). Die Teamsitzungen werden auch dazu genutzt, neue Mitarbeiter_innen und Praktikant_innen vorzustellen (B08:8, P11:73). Die Teamsitzungen unterstützen durch den kontinuierlichen Austausch das Interesse an einer einheitlichen pädagogischen Linie in den Familienzentren. „Damit wir uns auf gemeinsame Standards wieder einigen" (P01:45). Zudem wird dadurch ein „kontinuierlicher Reflexionsprozess" (P01:46) der Arbeit ermöglicht. Da die Mitarbeiter_innen oftmals zu unterschiedlichen Zeiten arbeiten, um die gesamte Öffnungszeit abdecken zu können, sind diese nicht täglich vor Ort. Daher ist eine gute Abstimmung im Team notwendig (P01:47, P08:57). Ein weiterer, zentraler Bestandteil der Teamsitzungen ist die sich aus dem regelmäßigen Austausch ergebende **konzeptionelle Weiterentwicklung** von Angeboten und Strukturen im Familienzentrum (J03:35f, B34:7, P22:174, PN04:80ff).

Daneben werden in zwei Familienzentren **Teamfortbildungen** angeboten und durchgeführt. „Die Qualität der Arbeit kann man auch immer wieder gut dadurch aufrecht erhalten, wenn man immer wieder diese fachliche Reflexion hat" (P01:41). Somit wird in den Teamfortbildungen zum einen die pädagogische Arbeit fokussiert. „Für mich gehört es auch zu den Rahmenbedingungen, dass man regelmäßig sich und sein Team auch bildet und fortbildet [...] gemeinsam eben auch alle an einem Strang" (P16:12). Zum anderen werden bspw. im Familienzentrum HAUS pädagogische Fortbildungen insbesondere für MAE-Kräfte, die teilweise keine einschlägige pädagogische Ausbildung haben, durchgeführt (P16:50, P11:46). Hinsichtlich langfristiger konzeptioneller Planungen wird im Familienzentrum HAUS in regelmäßigen Abständen eine Zukunftswerkstatt mit allen Mitarbeiter_innen durchgeführt (P16:55ff). Dies ist wichtig, um alle Mitarbeiter_innen in Umstrukturierungsprozesse mit einzubeziehen. Daneben gibt es auch für die Mitarbeiter_innen individuelle Möglichkeiten, sich fortzubilden (GD FZMK).

Kommunikations- und Interaktionsstrukturen

Neben den verstetigten Kommunikationsformen wie Teamsitzungen und Teamfortbildungen ist ein **anlassbezogener Austausch** zwischen den professionellen Akteuren in den Familienzentren beobachtbar. Dieser bezieht sich auf alltägliche Interaktionen bspw. im offenen Bereich oder für die Angebotsvorbereitung (P22:8, B18:24, P22:76). Teilweise wird dieser intendiert aufgrund einzelner Nutzer_innen und der Planung weiterer Vorgehensschritte (PN02:11). Oftmals ist ein anlassbezogener Austausch erforderlich, um ein **flexibles Agieren der Mitarbeitenden** entsprechend den jeweiligen Ressourcen zu ermöglichen. Dabei ist die Informationsweitergabe insbesondere bei nicht planmäßig verlaufenden oder besonderen Situationen erforderlich (B33:5ff, B35:5f, P11:72, B36:13ff). Aber dies beinhaltet auch alltagsstrukturelle Absprachen wie das Klären, wer wann den Einrichtungsschlüssel hat (P22:6f, P18:148, P20:52f, B07:25, B17:8). „Da gehört es einfach dazu, dass man guckt, wie entlastet man sich. Sachen auch offen anzusprechen, wenn man irgendetwas sieht" (P20:112). Flexibilität bezieht sich ebenfalls auf den Umgang mit Personalengpässen (B20:7, B21:16, P11:67, P13:36, PN01:53). Die jeweiligen Angebotsumsetzungen können ebenfalls eine hohe Flexibilität erfordern, wenn bspw. unangemeldet Familien erscheinen. In solchen Situationen ist einerseits ein klarer Handlungsrahmen der Mitarbeiter_innen wichtig und andererseits situationsangemessenes Agieren (B17:9, P21:45f). „Flexibel, schnell umdenken“ (P18:149), ist das arbeitsleitende Prinzip im Team. Um dies zu gewährleisten, ist eine **transparente Kommunikationsstruktur** im Team bedingend (P11:65ff). Solche Situationen ermöglichen zugleich einen Perspektivwechsel oder auch eine Rückmeldung zur Arbeit der Mitarbeiter_innen untereinander im Gespräch (P21:94ff, B05:9).

Transparente Kommunikationsstrukturen und ein ressourcenorientiertes Agieren gestaltet zugleich eine **Atmosphäre des Miteinanders**. „Das Miteinander gehört für mich auch zu den Rahmenbedingungen“ (P16:121). Somit bedingt dieses Miteinander im Team gleichzeitig auch die Stimmung und dadurch die Zusammenarbeit (P18:116, B08:24, PN04:113). So können sich auch Kommunikationsformen, wie bspw. ein regelmäßig wöchentlicher Austausch zwischen Kursleiterin und Mitarbeiterin eines Familienzentrums, um gegenseitig auf dem Laufenden zu bleiben, entwickeln (B34:23).

Der teambezogene wertschätzende Umgang wird auch an dem Interesse am Wohlergehen der Kolleg_innen deutlich (B21:14, B05:31). Somit sind freundliche, interessierte Worte sowohl bei der Begrüßung als auch im Tagesverlauf untereinander zentral (P22:7, B20:7, B26:7, P11:23). „Und ich fühle mich hier sehr gut aufgehoben“ (P19:31). Teilweise werden auch die Mittagspausen gemeinsam verbracht (B23:5, P16:6, B21:13) oder die Geburtstage als Anlass für eine gemeinsame Mittagspause genutzt (P11:10). Zudem gibt es in einigen Familienzentren auch **gemeinsame Unternehmungen**. Im Familienzentrum HAUS werden dafür halbjährlich Teamausflüge unternommen (B08:16). Im Familienzentrum Waldemarstraße bietet die Leiterin als ausgebildete Lehrerin einmal wöchentlich Yoga für ihre Kolleg_innen an (B09:5f).

Teamleitung

Im Kontext der Arbeit im Team kommt neben dem strukturellen Rahmen und den Interaktions- und Kommunikationsstrukturen der Teamleitung eine wichtige Funktion zu.

Hinsichtlich der Interaktionsstrukturen ist es für eine unterstützende Teamarbeit förderlich und zugleich eine zentrale Leitungsaufgabe, an den Ressourcen der Mitarbeiter_innen anzusetzen. Entsprechend dieser zugrunde liegenden Ressourcen werden die Aufgaben und Zuständigkeitsbereiche unter diesen verteilt (P15:59, B26:13, P20:17, B08:22). „Du bist eher so die Basteltante, ich bin eher so die Musiktante“ (P22:78). So ergänzen sich die Mitarbeiter_innen im Team hinsichtlich der Aufgabenverteilung gegenseitig (P15:61). Zugleich wird die Mitarbeitendenzufriedenheit bestärkt (B05:40f). „Sie weiß, sie kann das und sie kann das. Sie würde mir niemals eine Aufgabe geben, was ich nicht schaffen würde“ (PN01:23).

Dieses **ressourcenorientierte Ansetzen** wird grundlegend durch die jeweilige Leitung der Familienzentren bedingt (PN01:23, PN03:51). „Ich schätze hier ja sehr den kollegialen Umgang, die kollegiale Unterstützung. Die Leitung hier finde ich flach [...] Ich finde sie sehr transparent“ (P20:111). Auch mit dem Blick auf die strukturell eingebetteten Fort- und Weiterbildungsmöglichkeiten werden die Ressourcen der Mitarbeiter_innen fokussiert. Die Leiterin „führt regelmäßige Mitarbeitergespräche, und sie ist da wirklich eine sehr engagierte Chefin, die sich die Persönlichkeiten, die hier arbeiten anschaut und dann auch immer guckt, ob sie noch das Perfekte für denjenigen findet. Das hat sie bei mir echt geschafft“ (P16:31).

Zum Team in einem Familienzentrum gehören zumeist auch Praktikant_innen, Honorarkräfte und Beschäftigte aus anderen Förderprogrammen. Auch diese müssen entsprechend angeleitet und ins Team einbezogen werden. So berichtet eine MAE-Mitarbeiterin: „Was ich total toll fand, dass ich im Team aufgenommen worden bin. Also, die sind alle total offen und das war total schön. Ich habe mich total wohlgefühlt von Anfang an“ (PN04:25). Sie führt dies insbesondere darauf zurück, dass sie von den Mitarbeiterinnen im Team entsprechende Rückmeldungen erhalten hat und dadurch aus ihrer Einschätzung heraus auch teamfähig geworden sei (PN04:88). Zudem hat sie durch die Tätigkeit, das Ausprobieren und Üben mehr Erfahrungen sammeln können, weswegen ihr neue Aufgaben übertragen wurden (PN04:117). Dies ist für sie und auch für ihre Arbeit wichtig. „Es ist immer so diese nette Art und Weise“ (PN01:21ff) des Umgangs sowie der **stärkeorientierten Verteilung von Aufgaben im Team.**

Um solch eine Arbeitsgrundlage zu gestalten, ist es wichtig, sich kontinuierlich auszutauschen und über ein einheitliches, pädagogisches Vorgehen zu verständigen (P11:45). „Dann guck ich natürlich auf pädagogische Sachen, also gerade auch bei unseren berufsfremden Mitarbeitern, dass ich dann auch mal hingehe und denen einen Rückmeldung gebe“ (P16:44). Somit entstehen zahlreiche Gespräche auf den Fluren. „Ich führe sehr viele Tür-und-Angel-Gespräche mit Eltern oder auch Mitarbeitern“ (P16:49). Auch hierbei wird eine **wertschätzende Rückmeldekultur im Team** deutlich. Dies bezieht sich nicht nur auf die Mitarbeiter_innen, sondern auch auf weitere Akteure, im Familienzentrum agierende Akteure wie MAE-Kräfte und Hausmeister (P01:17, B05:17, B08:11). So bedankt sich bspw. die Leiterin des Familienzentrums Menschenskinder für die Gestaltung der Beete vor dem Gebäude (B25:12). Dahinter steckt eine wertschätzende Haltung und Anerkennung der Wichtigkeit dieser Personen im Tagesgeschäft (B25:13, P22:10, PN04:109). Dies wird zudem an der gegenseitigen Unterstützung bei der Vorbereitung von Teamsitzungen und Materialien deutlich (B05:16). Entsprechend werden auch die neuen Mitarbeiter_innen und Praktikant_innen im Team begrüßt und eingearbeitet (PN04:22, P14:26). Hierbei ist es erforderlich, die zur Verfügung stehenden Zeitressourcen zu beachten (P15:17). „Diese Möglichkeit zu haben, erst mal ganz langsam einsteigen in den Dienst“ (P21:24) und dabei entsprechend begleitet zu werden, ist dabei hilfreich. Dabei ist einerseits der Erfahrungshintergrund dieser

Mitarbeiter_innen einzubeziehen (P18:157) und andererseits diesen auch genügend Rahmen zu geben, um sich in den neuen Strukturen zurechtzufinden (P20:52, B08:18f, P16:23) sowie einen individuellen Gestaltungsraum zu entwickeln (P22:178, P11:28). Eng damit verbunden sind gute Absprachen hinsichtlich der Planung des Personaleinsatzes oder neuer Angebote für die Umsetzung (P22:82, P21:112ff, B08:20).

Angebotsrahmung

Ein weiteres Element, das sich ebenfalls der Arbeit im Team zuordnen lässt, ist die Rahmung der Angebote im Familienzentrum. Dies umfasst unter anderen das **Vorbereiten** der Räume sowohl für den offenen Bereich als auch für die jeweiligen Angebote. Dafür sind Überlegungen hinsichtlich der räumlichen Gestaltung erforderlich, die zugleich abhängig von der jeweiligen Zielstellung des Familienzentrums sind. Eine Mitarbeiterin von Menschenskinder berichtet, dass die Tische im großen Raum erst einzeln aufgestellt waren. Dann haben sie die Erfahrung gemacht: Wenn jemand allein kommt, setzt diese Person sich nicht zu den anderen, sondern an einen einzelnen Tisch. Um mehr Miteinander zu ermöglichen, haben sie die Tische nun zu einer Tafel zusammengestellt (P22:101). „Man kann ja trotzdem auch, wenn zwei quatschen wollen, das Sofa ist ja noch da oder man setzt sich so über Eck" (P22:102). Dadurch wird das ins Gespräch Kommen unterstützt.

Die Angebotsvorbereitung ist grundlegend, um eine Willkommensatmosphäre und einen passenden Rahmen für die Familien zu gestalten, und beginnt bereits bei der Werbung und den Plakaten (B25:16). „Die haben das total nett hier hergerichtet mit dem Frühstück" (N13:23). Des Weiteren umfasst dies die konkrete Vorbereitung von Angebote oder bspw. dem Frühstück (P22:84, B33:9, B34:5, B37:5). „Hausaufmachzeit, Fenster, Rollläden hoch, Kaffee kochen, Tee kochen. **Alles, was so dazu gehört**. Dann kommen die Leute, dann hast du die Gruppe, dann wird halt entweder gebastelt, gesungen, gespielt, rumgerannt. [...] auf den Boden gekippt" (P22:95). So ist auch innerhalb der konkreten Umsetzung ein Blick auf die Anforderungen und die oftmals damit verbundenen Kleinigkeiten erforderlich (B33:15). Darüber hinaus inkludiert dies Teambesprechungen und gemeinsame Absprachen für die Aufgabenverteilung (B17:5ff, B20:6ff). „Ich war dann wirklich überrascht gewesen, wie viel Mühe sich die Leute geben. Also, vorher, nachher, auch mit den Matten [...] Das ist ja auch durchdacht. Auch dass es zwei Leute sind, sonst ist meist einer da. Das finde ich schon schön" (N07:45), beschreibt eine Nutzerin. Somit sind diese Vorbereitungen insbesondere aus Sicht der Familien ein wichtiger Bestandteil (N05:19, N04:20, P14:30). Gleichzeitig trägt dies zur Gestaltung eines „Wohlfühlortes" (P22:187) bei. „Es hat sich ja so entwickelt, dass die Leute hier herkommen, weil sie es von den Räumlichkeiten sehr schön finden" (PN02:88).

Neben der Vor- und **Nachbereitung** der Angebote beinhaltet dieses Element an das einheitliche pädagogische Verständnis anschließend, den **Umgang mit Regeln** im Familienzentrum offensiv zu gestalten. Dies ist einerseits im offenen Bereich wichtig, da dort die Eltern die Aufsichtspflicht für ihre Kinder haben. Die Mitarbeiter_innen übernehmen kein Betreuungsangebot wie in einer Kindertagesstätte. Darauf muss durchaus wiederholt hingewiesen werden (B04:26). Ebenso wie das Erinnern der Nutzer_innen, eine Spende für die Getränke in eine Dose zu werfen (B37:26). Im Familienzentrum Mehringdamm ist das gemeinsame Aufräumen des Familiencafés ein zentraler Bestandteil. Um 17:45 Uhr wird eine Glocke geläutet, die auf das gemeinsame Aufräumen und baldige Schließen des Familienzentrums hinweist. Viele anwesende Familien helfen dabei, andere fangen an, ihre Kinder anzuziehen (B04:29). Dabei wird auch die Wertschätzung der Nutzer_innen gegenüber den Familienzentren deutlich. „Dass sie so etwas haben und mit den Sachen auch gut umgehen [...], dass das nicht alles so selbstverständlich ist" (P20:148).

In den Gruppen und Kursangeboten gibt es zumeist ebenfalls Regeln, um einen unfallfreien Ablauf zu gewährleisten (P19:88f, P20:46, B20:9ff). Gleichzeitig erfordert auch solch ein fester Rahmen eine gewisse Flexibilität, um auch die erforderliche Offenheit zu gestalten.

So erscheint bspw. eine Frau spontan zur Familienküche und möchte daran teilnehmen. Da diese Frau das Familienzentrum bereits länger besucht, weiß sie, dass sie sich für diese geschlossen Gruppe anmelden muss. Solch eine Situation erfordert eine Balance zwischen bestehenden Regeln und einer offenen Empfangsgestaltung (B17:9f). „Es ist schon immer eine Gratwanderung: Wie viel lässt man den Leuten auch Privatsphäre, aber es ist auch unser Raum und wir müssen gucken" (P03:70), dass dieser auch im Ansinnen des Familienzentrums genutzt wird, beschreibt eine Mitarbeiterin des Familienzentrums Waldemarstraße. Dies bezieht sich nicht nur auf die Raumnutzung, sondern auch auf die Müttersprachkurse, die aufgrund der Angebundenheit an die Volkshochschule einem engeren Rahmen hinsichtlich der Anwesenheit und weiterer Kriterien unterliegen (B13:15, B14:7). Einen weiteren Rahmen bildet die gesetzliche Grundlage des Kinderschutzes. Bei einem entsprechenden Verdacht ist das Jugendamt zu informieren (P16:70).

Wie auch die Vorbereitung der Räume und Angebote wichtig ist, ist auch die **Gestaltung eines gemeinsamen Abschlusses** wichtig. Je nach Angebotsstruktur wird dies unterschiedlich gehandhabt. So werden bspw. Fotografien angeboten (B33:14, B09:27). In den Schulprojekten werden teilweise Filme erstellt, die zugleich als Erinnerung fungieren (B20:8). Teilweise werden auch die Eltern zu einem gemeinsamen Abschluss eingeladen (P18:122), oder es wird ein gemeinsames Kochbuch erstellt (P18:123).

Angebotsentwicklung

Neben der Angebotsrahmung nimmt die Entwicklung von Angeboten in den Familienzentren einen zentralen Stellenwert ein, denn „damit werden mehr und mehr auch die Menschen angesprochen, die sonst nicht in ein Familienzentrum kommen und in diesem Austausch entwickeln sich, glaube ich, die Angebote. Also, sie geben relativ wenig vor“ (J03:40). Somit ermöglicht der zugrunde liegende konzeptionelle Rahmen durchaus Spielraum für die konkrete Angebotsentwicklung in der Interaktion mit den Nutzer_innen vor Ort (J03:41). Dafür sind die methodischen Elemente des Zuhörens und neugierigen Nachfragens zentral. „Ich denke, dass man zuhören können sollte und dass man **Themen erkennt und Themen aufgreifen kann**, wo man das Gefühl hat, dass es wichtig ist“ (P15:57). Diese Themen spiegeln eine große inhaltliche Bandbreite wider. Themen, die angesprochen werden, betreffen im weitesten Sinne die Familien. Um einen Überblick über diese zu geben, folgt nun eine unvollständige stichpunktartige Zusammenfassung: gesunde Ernährung (B36:31, P21:68), Kindesentwicklung, Ärzte, Pubertät (P05:64), Babyernährung und Stillen (B34:13), Geschwisterbeziehungen (B37:10), Zwillinge (B05:39ff), Umgang mit den Wünschen für die Kinder (P22:164), Schulthemen (B17:14, B13:16, B13:28ff, P05:54), Umgang mit Aggressionen (B36:8), Alleinerziehende (PN04:72, B05:32ff), Trennung und Scheidung (PN02:64, PN01:41ff), Alltag und Lebensgestaltung (B13:13), Kochrezepte (P05:121), Wohnungssuche (PN01:41ff), Arbeit und Beschäftigung finden (B17:13), Beratungsmöglichkeiten (B14:10ff). Innerhalb solch einer thematischen Vielfalt und sich daraus ergebender sehr unterschiedlicher Bedarfe der Nutzer_innen fordert eine hohe Professionalität der Mitarbeitenden (B34:7). „Dann kamen aber auch Eltern und haben Wünsche geäußert. Und da haben wir gut zugehört und überlegt: ‚Können wir das leisten?‘ “ (P02:26). Solch eine bedarfsorientierte Angebotsentwicklung beeinflusst auch die Weiterentwicklung und die konzeptionelle Ausrichtung der Familienzentren. Im Familienzentrum HAUS wurden wiederholt Angebote für Familien mit kleinen Kindern nachgefragt. Dies war ausschlaggebend für die konzeptionelle Weiterentwicklung des HAUSes (P02:27). Themen der Eltern aufzugreifen, kann heißen, Eltern einen Raum zu geben, sich für selbst organisierte Initiativen in den Räumen des Familienzentrums zu treffen (P02:21). Für die Angebotsentwicklung sind wiederum Gespräche mit den Familien oder der Familien untereinander zentral für die Identifikation von Themen. So wurde im Familienzentrum Mehringdamm der Bedarf von Alleinerziehenden, sich in einer Gruppe auszutauschen, deutlich (P20:98ff). „Ich finde, ein Familienzentrum sollte auch bemüht sein von den Mitarbeitern her das Ohr immer an der Familie zu haben. Das finde ich zum Beispiel wichtig. Manchmal ist es ja schick, sich tolle Programme zu überlegen, und dann will die aber keiner“ (P02:48). Dies bezieht sich auch auf die aktuellen Angebote, wobei die Eltern nach ihrer Zufriedenheit befragt werden und weiteren Wünschen (P06:72). „Dass man nicht als Fachkraft von einem anderen Standpunkt aus denkt, sondern die **Eltern bei der Planung und Entwicklung mit einbezieht.** Bspw. gab es Krabbelgruppen, welche den Eltern gut gefallen haben. Diese haben zurückgemeldet, dass die Kinder teilweise noch keinen Kitaplatz haben, die Mütter alleinerziehend sind und sie gern einen Treffpunkt o. Ä. hätten. Dann haben wir uns überlegt, wir bieten einfach noch einmal so eine Spielgruppe an und haben die dann angeschrieben und diese haben sich darüber gefreut“ (P06:71f). Entsprechend entwickeln sich auch die Angebote weiter (P18:94ff, B05:34, P01:71f, P20:93). So ist im Familienzentrum HAUS die Familienküche entstanden (P09:75). Im Familienzentrum Menschenskinder wurde deutlich, dass viele Familien bereits nach dem ersten Jahr Elternzeit wieder arbeiten gehen. Um diese Zielgruppe zu erreichen, entwickelte sich die Idee, in den frühen Abendstunden ein kostengünstiges Abendbrot mit anzubieten (J03:36). Im Familienzentrum Waldemarstraße ist ein Deutschkurs entstanden aufgrund der Rückmeldung mehrerer Frauen (P07:56ff). „Immer in der Lage sein, auch zu reflektieren, Zeit zu lassen und zu überlegen, das müssen wir anders machen, sich die Zeit zu nehmen, dass etwas entstehen kann, aber auch zu sagen: ‚Das passt nicht, das müssen wir ändern.' " (P09:76). Ein entsprechender zeitlicher Rahmen im Team ist dafür erforderlich (P09:77f, PN02:64f).

Um die Themen der Familien identifizieren zu können, ist es einerseits wichtig, mit diesen ständig im Gespräch zu bleiben. Andererseits ist es wichtig, weitere **Instrumente zur Bedarfserhebung zu entwickeln** wie einen Fragebogen (P14:30). Eine andere methodische Form der Bedarfserhebung ist das Aufstellen einer Box, in die Wünsche und Anregungen eingeworfen werden können. „Es ist ja schon eine Weile, dass hier die Wunschbox steht. Wenn man verbessern möchte oder was man machen könnte" (N14:69).

Diese dargestellten zentralen Dimensionen der handelnden Akteure in den Familienzentren werden im Folgenden noch einmal gebündelt skizziert.

Handelnde Akteure in den Familienzentren

Haltung

Authentizität
- ⇨ Spaß an der Arbeit und Motivation
- ⇨ kontinuierliche Reflexion
- ⇨ Balance zu halten

Pädagogisches Verständnis
- ⇨ einheitliche pädagogische Linie

Offenheit
- ⇨ Offenes Bild von Familie
- ⇨ Wohlwollende Anerkennung

Stärkenblick
- ⇨ Stärken und Fähigkeiten hervorzuheben
- ⇨ Familien einzubeziehen

Kenntnisse und Fähigkeiten

Kindesentwicklungskenntnisse
- ⇨ situativ vielfältige Fragen
- ⇨ beobachtbare Interaktionen als Gesprächsanlass

Familienrelevante Kenntnisse
- ⇨ Arbeitsweise verschiedener Institutionen
- ⇨ fachspezifische Expert_innen
- ⇨ Unterstützungsfunktion beim Ausfüllen von Anträgen oder rechtlichen Fragen

Kultursensibilität und Sprache
- ⇨ Haltung der Offenheit und des anerkennenden Wohlwollens
- ⇨ aufmerksames und neugieriges Nachfragen
- ⇨ Sprachkenntnisse

Kreativität
- ⇨ Gesang und Instrumente
- ⇨ Basteln, Gestalten, Herstellen, Malen, Theater

Arbeit im Team

Teamstruktureller Rahmen
- ⇨ Teamsitzungen
- ⇨ Teamfortbildungen

Kommunikations- und Interaktionsstrukturen
- ⇨ Anlassbezogener Austausch
- ⇨ flexibles Agieren
- ⇨ transparente Kommunikationsstrukturen
- ⇨ Atmosphäre des Miteinanders
- ⇨ Gemeinsame Unternehmungen

Teamleitung
- ⇨ Ressourcenorientiertes Ansetzen
- ⇨ Wertschätzende Rückmeldekultur

Angebotsrahmung
- ⇨ Vor- und Nachbereitung
- ⇨ Umgang mit Regeln

Angebotsentwicklung
- ⇨ Themen erkennen und aufgreifen
- ⇨ Nutzer_innen mit einbeziehen
- ⇨ Bedarfserhebungsinstrumente entwickeln

Abb. 19: Handelnde Akteure in den Familienzentren

An diese zentralen die handelnden Akteure beschreibenden Aspekte werden nun im Folgenden die Kooperationsstrukturen näher fokussiert.

4.1.5 Kooperation

Im Kontext eines sozialräumlichen Arbeitens nehmen Kooperationen einen zentralen Stellenwert ein. Im Folgenden werden die für die Familienzentren kooperationsrelevanten Aspekte dargestellt. Dabei fokussiert die Darstellung das Kooperationshandeln in den Familienzentren vor Ort, indem einleitend der Kooperationsbeginn und daran anschließend Kooperationsformen ausgeführt werden. Daneben sind auch die Steuerungsakteure des Jugendamts in verschiedene Kooperationsbezüge eingebunden. Teilweise nehmen die in diesen Vernetzungsrunden deutlich werdenden fachlichen Themen auch Einfluss auf die konzeptionelle Steuerung der Familienzentren (P12:33ff). Da diese Betrachtung nicht primär relevant für die Beantwortung der Fragestellung ist, werden die Aussagen an dieser Stelle nicht weiter ausgeführt.

4.1.5.1 Kooperationsbeginn

Für die professionelle Arbeit in Familienzentren ist das **Identifizieren von Akteuren in der Region** grundsätzlich. Daran schließt sich das Bekanntmachen bei den Akteuren im Sozialraum, die sich mit Kindern und Familien beschäftigen, an. Dies ermöglicht thematische Gespräche sowie das Identifizieren von Bedarfen. So verlief der Start des Familienzentrums Waldemarstraße, welches sich im Vergleich zu den anderen Familienzentren nicht aus einer bereits seit vielen Jahren bestehenden Einrichtung entwickelt hat. „Dann habe ich eigentlich erst mal Kontakte gemacht und wirklich konkrete Angebote entwickelt aus den Bedarfen heraus" (P03:31). Für solch ein erstes Vorstellen bei bereits längerem Bestehen der Einrichtung ist es zudem hilfreich, die aktuellen Flyer und das Programmheft dabeizuhaben (P22:15, P15:51). Auf der Grundlage identifizierter Bedarfe lassen sich Angebote und möglicherweise damit verbunden Kooperationen entwickeln. Daneben sind die Bereiche der Öffentlichkeitsarbeit und Akquise von Kursleiter_innen zentral (P03:33). Dieses Vorgehen hat zudem den Effekt: „Wenn man eine Weile hier im Bezirk ist, dann kennt man sich eigentlich überall" (P12:23).

Unterstützt wird diese Kenntnis voneinander durch die Teilnahme an verschiedenen **regionalen Vernetzungsrunden**. Alle Familienzentren nehmen regelmäßig an regionalen Vernetzungsrunden (wie der AG Familie, AG Sozialraum oder regionalspezifischen Vernetzungsrunden wie der AG Rund um die Geburt) teil (P01:76f, P02:62). Dies sind themenspezifische Arbeitsgruppen, an denen alle an dem Thema interessierten Akteure des Sozialraums teilnehmen. Zudem haben sich in einigen Regionen Bildungsnetzwerke entwickelt, in denen teilweise auch Schulen und Kindertagesstätten vertreten sind (P01:22, P09:93). Diese Vernetzungsrunden werden genutzt, um sich über die jeweiligen Themen, Fragestellungen und Angebote auszutauschen. „Wie kriegen wir welche Leute auch zu uns rein? Wie sind unsere Angebote ausgerichtet? Und aber eben auch irgendwie, sich so auszutauschen. Also, ich mache gerade einen Kurs zu dem und dem Thema, da habe ich noch Plätze frei. Habt ihr noch Leute, die da mit rein könnten?" (J03:32). Durch den Austausch der professionellen Akteure, erhalten diese einen regionalen Angebotseinblick und können Familien mit der Empfehlung von passgenauen Angeboten unterstützen (J03:56). „Wie sehen eigentlich unsere Angebote entlang der Bildungsbiografie von Kindern aus? Wie gestalten wir Angebote für Übergänge von der Familien in die Kita, von der Kita in die Schule, von der Schule in die Oberschule?" (J01:44).

4.1.5.2 Kooperationsformen

Die Kooperationen entwickeln sich dann entsprechend der jeweiligen Ausgangslage der Familienzentren und der erhobenen Bedarfe hinsichtlich einer konkreten Zielstellung. Eine in der empirischen Untersuchung häufig vorzufindende Kooperationsform liegt in den **Räumlichkeiten des Familienzentrums** begründet. Das Familienzentrum Mehringdamm ist im gleichen Gebäude wie die bezirkliche Erziehungs- und Familienberatungsstelle untergebracht (P01:76f). So ist der Weg für die Nutzer_innen der Erziehungs- und Familienberatungsstelle zum Familienzentrum überschaubar. Das Familienzentrum Waldemarstraße sitzt mit einer Kindertagesstätte in einem und dem Jugendamt im Nachbargebäude (B11:19). Das Familienzentrum Menschenskinder war zuerst in dem Gebäude einer Kindertagesstätte untergebracht. „Im Kindergarten die Kinder abholen, und so haben sie das auch gleich wahrgenommen mit den verschiedenen Angeboten" (PN04:96). Zudem grenzt an das Familienzentrum Menschenskinder die Kindertagesstätte eines weiteren Trägers. Mit dieser soll ebenfalls Kontakt aufgenommen werden (P22:17ff). Das Familienzentrum HAUS grenzt ebenfalls an eine Kindertagesstätte. Allein diese räumlichen Gegebenheiten begünstigen Kooperationen. Aufgrund der regionalen Bedarfe ergeben sich dann weitere Kooperationen. Die Art und Intensität der Kooperationen kann dabei sehr unterschiedlich sein. Durch eine Kooperation basierend auf der Nutzung von Räumlichkeiten kann einerseits Raumproblemen begegnet werden, und andererseits lernen die Nutzer_innen so neben dem jeweiligen Angebot auch das Familienzentrum kennen, wodurch sich wiederum die Schwelle für eine spätere Nutzung verringern kann. Eine Form der Kooperation ist bspw. die Nutzung von Räumen des Familienzentrums von externen Akteuren. In den Kreuzberger Familienzentren gibt es solche Kooperationen mit der Volkshochschule und deren Müttersprachkursen, wobei teilweise deren Kinder im Familienzentrum betreut werden. Zudem können auch die Küche und andere Räume genutzt werden (B01:28, P03:15). Des Weiteren kooperieren die Familienzentren Mehringdamm und Waldemarstraße mit Tagesmüttern der Region, indem diese sowohl selbst die Räumlichkeiten als auch mit ihren Gruppen Kurse besuchen (P03:15). „Ich kenne viele Tagesmütter [...], die immer noch hierherkommen und gern kommen" (P19:35). Im Familienzentrum Waldemarstraße wird deutlich, dass viele Kooperationspartner_innen die Räume nutzen, weil sie wissen, dass sie darüber ebenfalls weitere Familien erreichen können. So nutzen die Stadtteilmütter das Familienzentrum, um sich vorzustellen und als Ansprechpartner_innen für Interessierte da zu sein (B03:7).

In allen Familienzentren werden spezifische thematische Kurse von externen Akteuren angeboten (P03:20). Für das musikalische Früherziehungsangebot werden „die Räume einer Musikerin unter bestimmten Auflagen zur Verfügung gestellt. Also, sie sagt uns das Konzept, bspw. sie würde gern mit acht Kindern arbeiten in dem und dem Alter. Dann sagen wir ‚Okay, uns ist es wichtig, dass auch Sprachförderung mitgemacht wird' " (P03:19). Dadurch gestaltet sich für die Kooperation ein Handlungsspielraum, wobei das Familienzentrum seine Interessen entsprechend vertreten kann. Durch einen Träger, der verschiedene Bereiche der Kinder- und Jugendhilfe umfasst, werden solche Kooperationen zudem unterstützt. Somit kann individuell auf die verschiedenen Bedarfe eingegangen und die Nutzung der Räumlichkeiten variiert werden (P15:21). Gleichzeitig wird dadurch eine hohe Flexibilität bezüglich zeitnaher Unterstützungen möglich (W07).

Eine weitere Form der Kooperation besteht in einer **gemeinsamen thematischen Grundlage**, um so eine für die Familien passende Infrastruktur zu gestalten. Im Familienzentrum HAUS sind sowohl die Kindertagesstätten als auch Schulen ein Thema. Einerseits, weil die Kindertagesstätten verschiedene Kreativangebote im HAUS nutzen, und andererseits, weil dort neben den regulären Angeboten auch verschieden Projekte mit Schulklassen durchgeführt werden (J03:61). Um dieser thematischen Ausgangslage gerecht zu werden, bedarf es entsprechender Kooperationspartner_innen, um ein passendes Konzept zu gestalten. Durch die strukturelle Umwandlung in Ganztagsschulen werden die Nachmittagsangebote nicht mehr entsprechend genutzt bei gleichzeitiger Entwicklung eines Bedarfs der Schulen an außerschulischen Lernorten (B20:12). Aufgrund der konzeptionellen Anbindung des Familienzentrums Mehringdamm an das Pestalozzi-Fröbel-Haus liegt ein Schwerpunkt auf dem Early-Excellence-Ansatz. Dieser wird ebenfalls Kindertagesstätten vorgestellt, und bei Bedarf und Interesse werden Fortbildungen angeboten (P01:22). Einzelfallhelfer_innen kooperierender Kinder- und Jugendhilfeträger nutzen durchaus mit den zu begleitenden Kindern und Familien ebenfalls das Familienzentrum (P01:74). So können auf dieser gemeinsamen thematischen Ausgangslage basierend zusätzliche Unterstützungen für die Familie gewährleistet werden.

Eine weitere Ebene der Kooperation zeigt sich in der **gemeinsamen Durchführung von Angeboten**. Das Eltern-Kind-Bildungsangebot FuN ist so angelegt, dass es von Mitarbeiter_innen zweier unterschiedlicher Institutionen „dicht aus dem Sozialraum" (P12:14) durchgeführt wird (P06:15, P12:42). Ohne diese Kooperation wäre eine Projektumsetzung nicht möglich. Somit lernen die teilnehmenden Nutzer_innen zugleich verschiedene Institutionen und Herangehensweisen kennen. Für Kooperationen ist es wichtig, „miteinander auf einer Wellenlänge [zu sein, S. H.-B.], dass man die Eltern ähnlich anspricht und nicht eine komplett andere Herangehensweise hat" (P12:26). Im Familienzentrum Waldemarstraße war die Babymassage ein Kooperationsprojekt mit dem Kinder- und Jugendgesundheitsdienst, „wo auch mal Beratung stattgefunden hat oder mal eine Ärztin kam, um über Kinderkrankheiten einen kleinen Vortrag zu machen" (P03:18). Zudem werden insbesondere diese bestehenden Kontakte zum KJGD, Schwangerenberatung, RSD genutzt, um Teilnehmer_innen für spezifische Projekte zu gewinnen (P02:63, B29:17, P07:55). „Aber wir haben z. B. jetzt auch schon mit der EFB, der Erziehungs- und Familienberatungsstelle hier in Kreuzberg, Kontakt und wollen mit denen kooperieren. Die werden dann auch an uns verweisen und die Leute zu uns schicken, wo sie denken, die hätten das gerne, die können das gebrauchen" (P14:53).

In der folgenden Abbildung werden der Kooperationsbeginn sowie die daraus resultierenden Kooperationsformen zusammenfassend visualisiert.

Abb. 20: Kooperationsbeginn und Kooperationsformenin den Familienzentren

In diesem ersten Abschnitt der Ergebnisdarstellung wurden die zentralen Erkenntnisse hinsichtlich der Fragestellung: ‚Was macht eine Einrichtung zu einem Familienzentrum?' dargestellt. Dabei wurden insbesondere die strukturellen Aussagen hinsichtlich der Zielstellung, den Nutzer_innen, den handelnden Akteuren und den Kooperationsbezügen ausgeführt.

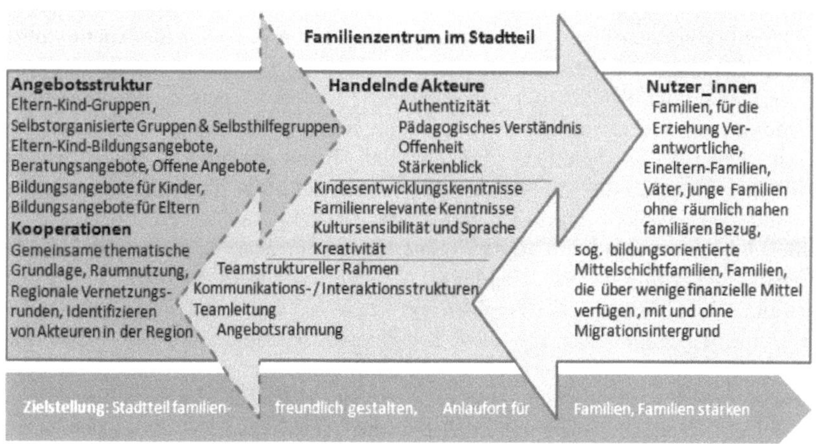

Abb. 21: Was macht eine Einrichtung zu einem Familienzentrum?

Aus Sicht der befragten Akteure sind dies alles Dimensionen, die einen deutlichen Einfluss auf die Gestaltung eines Familienzentrums nehmen und somit zugleich eine Einrichtung zu einem Familienzentrum machen. Darauf aufbauend wird im folgenden Kapitel die Fragestellung fokussiert: Wie gestaltet sich das methodische Handeln in den Familienzentren?

4.2 Wie gestaltet sich das methodische Handeln in den Familienzentren?

Das methodische Handeln in den Familienzentren stellt einerseits auf den strukturellen Rahmen sowie andererseits auf der dargestellten Haltung und den erforderlichen Kenntnissen und Fähigkeiten aufbauend die handelnden Akteuren in den zentralen Betrachtungsfokus. Dabei werden die zentralen Erkenntnisse hinsichtlich des methodischen Handelns entlang des Prozessverlaufes in einem Familienzentrum beginnend mit der Empfangsgestaltung über die Aufenthaltsgestaltung, den Prinzipien des Richtungsanzeigers und der Bedarfsorientierung nachgezeichnet.

4.2.1 Empfangsgestaltung

Der Erstzugang der Nutzer_innen ist sehr zentral, da dieser oftmals über weitere zukünftige Besuche in den Familienzentren und die Nutzung dieser entscheidet. Daher ist eine sorgsame Gestaltung des Erstzugangs notwendig. Unter dem Abschnitt ‚Empfangsgestaltung' wird daher die Öffentlichkeitsarbeit der Familienzentren als Grundlage für deren Kenntnisse aufseiten der Nutzer_innen dargestellt. Daran anschließend werden der Erstkontakt und die Begrüßung in den Familienzentren unter dem Fokus des methodischen Handelns der Mitarbeiter_innen beschrieben.

4.2.1.1 Öffentlichkeitsarbeit

Im Hinblick auf eine erfolgreiche Gestaltung des Erstzugangs für die Nutzer_innen in den Familienzentren ist es hilfreich, in Erfahrung zu bringen, wie die Nutzer_innen von den Familienzentren erfahren. Allgemein werden sowohl eine grundlegend bestehende als auch keine vorherige Kenntnis über die Familienzentren beschrieben. Viele Familien kennen das Familienzentrum Mehringdamm (N01:21f, P01:67, N06:15, N06:15, N05:64) und nutzen dies seit mehreren Jahren mit den jeweilig neugeborenen Kindern (P21:30). „Also, ich bin schon seit sieben Jahren im Familienzentrum" (N12:13). Andererseits wird angegeben: „Wir kriegen auch häufig die Rückmeldung: ‚Ach wir wussten ja gar nicht, dass es das hier gibt' " (P01:70). Für das Familienzentrum Waldemarstraße wird die bestehende Kenntnis auf die Dazugehörigkeit des Familienzentrums im Stadtteil beschrieben. „Viele kennen uns, aber viele laufen dann auch irgendwie vorbei. Und wenn die dann mal ein Kind haben, dann kommen sie" (P13:56). Das Familienzentrum HAUS hat ebenfalls „einen hohen Bekanntheitsgrad" (P02:56), da es bereits seit 1992 an diesem Standort ist (P18:38, P20:36). Gleichzeitig wird aber auch für dieses beschrieben (B28:14, N08:89): „Es gibt auch immer noch Eltern, die sagen: ‚Ich wohne seit zehn Jahren im Weidenweg und habe die Einrichtung noch nie gesehen.' " (P16:83). Für das Familienzentrum Menschenskinder wird von den vor Ort befragten Akteuren solch ein allgemeiner Bekanntheitsgrad nicht beschrieben. Dies ist möglicherweise mit dem zeitnahen Umzug, Personalwechsel und der Nutzer_innenstruktur von vielen Zugezogenen zu begründen.

Im Folgenden wird näher erläutert wie die Familien vom Familienzentrum erfahren.

Kenntnis durch Wohnortnähe

Die bereits einleitend angedeutete Selbstverständlichkeit der Kenntnis über die Familienzentren wird insbesondere auf die Lage dieser zurückgeführt. „Je stärker die Familien belastet sind [...], umso weniger mobil sind diese [...]. ‚Das ist nicht mein Kiez und da geh ich nicht hin' " (J01:42). Daher sind erst einmal die Einrichtungen interessant, die in den unmittelbaren Wohnumgebungen liegen. Somit geben Nutzer_innen an, dass sie das jeweilige Familienzentrum kennen, da sie an diesem vorbeigelaufen und neugierig geworden sind. „Erst mal ich bin hier in der Gegend groß geworden und kenn das noch von früher" (N01:50). Dies wird von den Befragten für alle vier untersuchten Familienzentren beschrieben (N13:17, P09:97, B33:12, P21:18, N10:12, B17:32, B21:6, N11:14, P11:36, B24:14, P13:53, P04:42). „Das ist schon naheliegend, wenn man hier in der Nähe wohnt" (N01:62). Durch das Vorbeilaufen wird das Familienzentrum entdeckt (P22:118) oder auch gezielt danach gesucht „Da bin ich einfach mal systematisch durchgegangen: ‚Was ist hier in der Nähe? Also, ich wohne ja in der Karl-Marx-Straße. Was ist gut zu erreichen?' " (N14:30). Somit nehmen unter dem Fokus der Öffentlichkeitsarbeit die Außengestaltung der Gebäude, dekorierte Aufsteller und Hinweisschilder einen zentralen Stellenwert ein.

Persönliche Empfehlungen

Neben der Wohnortnähe ist die direkte Ansprache ein zentrales Moment, um von den Familienzentren zu erfahren. Diese direkte Ansprache kann über verschiedene Akteure erfolgen, bspw. durch **persönliche Kontakte**. Dies kann von losen Bekannten hin zu Freunden reichen. „Es spricht sich rum" (P01:65). Für das Familienzentrum Mehringdamm werden Freunde und Familie als Informationsquellen beschrieben (N12:38, P01:60, P09:51, P20:29, PN02:28, N01:14, N02:14f, P20:21, P08:24). „Und von der Gruppe habe ich aber auch schon einmal vorher gehört, auch von einer anderen Mama [...], die hat mir sehr davon vorgeschwärmt" (N0:40). Des Weiteren erfahren die Familien von Bekannten mit Kindern im gleichen Alter von dem Familienzentrum (P08:23). „Wenn man Einzelne erreicht, dann haben die ja auch multiplikatorische Potenziale [...]. Das ist immer so. Man kann streuen, man kann sehen, und wer offen ist, der nimmt das irgendwie auf, oder in einer Krise ist, dann besinnt man sich" (P20:124), beschreibt eine Praktikerin die Informationsverbreitung.

Für das Familienzentrum Menschenskinder wird ebenfalls beschrieben, die Familien „bringen sich gegenseitig mit“ (P22:125). Persönliche Kontakte sind hier vordergründig Freunde und Nachbarn (P22:124, PN04:38, B36:11, N14:118). „Also, wirklich über die Freundin von xy, hat erzählt, [...] man kann hierher gehen“ (P15:29). Auch für das Familienzentrum HAUS wird angegeben, dass Bekannte von diesem berichtet haben (N07:13, P18:45, P18:46). „Sie hat halt gesagt, dass es ein Familienzentrum gibt, weil ich kannte das ja gar nicht, weil ich von ganz woanders herkomme“ (N07:15). Dieser Informationsweitergabe von Bekannten wird eine hohe Bedeutung zugemessen, weil „man weiß, man hat ähnliche Interessen. Und ein Familienzentrum ist auch ein Ort [...], wenn der Ruf gut ist, wo es einen Vertrauensvorschuss gibt. Wenn sie da hingeht, dann muss es gut sein“ (P03:81), beschreibt ein professioneller Akteur des Familienzentrums Waldemarstraße. Dies ist ein gewichtiger Faktor hinsichtlich der Nutzung von Unterstützungsmöglichkeiten. „Die türkischen Frauen und Herren in der Familie würde ich sagen, eher Mund-zu-Mund-Werbung: ‚Ich war da und da und die haben mir auch geholfen, geh du auch mal da und da hin' “ (P13:52). Somit werden auch für das Familienzentrum Waldemarstraße Freunde und Familien als Akteure beschrieben, die vom Familienzentrum berichten (N04:29, P03:66, B07:6, N04:10, N05:58, P04:43, P07:17ff, P13:57, P14:85, PN01:16). Zudem werden Bekannte aus den Kindertagesstätten und den Schulen genannt (P13:54). Es wird deutlich, dass diese persönlichen Empfehlungen insbesondere durch bestehende Kontakte zu Freunden und Bekannten ein hoher Stellenwert beigemessen wird. Entsprechend ist es erforderlich, dieses Potenzial auch aktiv durch die handelnden Akteure nutzbar zu machen.

Direkte Ansprache durch professionelle Akteure

Die Kenntnis über das Familienzentrum kann zudem durch die persönliche Ansprache professioneller Akteure aus den Familienzentren erfolgen. „Wir sind ja jeden Tag hier unterwegs, und da habe ich einfach noch mal geguckt, was so dran steht, und dann kam sie gleich raus [...], sie hat uns noch mal angesprochen und ein Programmheft mitgegeben und gesagt, was es hier alles gibt“ (N13:12), beschreibt eine Mutter für das Familienzentrum Menschenskinder. Ein guter Ort für die Ansprache durch die professionellen Akteure scheint vor dem Familienzentrum selbst zu sein. „Wenn man Familien sieht, dass man einfach rausgeht und sie einfach anspricht“ (P22:147). Die Gestaltung des Familienzentrums HAUS mit den großen Fensterscheiben eignet sich ebenfalls dafür (PN03:91f, PN01:37). „Wenn sie sich bis zu der Scheibe trauen, dann geht auch immer einer raus und fragt, ob sie ein Programm haben möchten, oder wofür sie sich interessieren“ (P02:38). Eine weitere Möglichkeit der persönlichen Ansprache durch die Akteure der Familienzentren sind größere Veranstaltungen wie Straßen- oder Kiezfeste (P22:159). Teilweise werden auch potenzielle Nutzer_innen im weiteren Stadtteil angesprochen. „Ich war auf dem Viktoriaplatz, und da wurde ich angesprochen und da wurde mir ein Zettel in die Hand gedrückt“ (N12:14), berichtet eine Mutter, die das Familienzentrum Mehringdamm besucht. Diese Ansprache wird auch gezielt von den professionellen Akteuren eingesetzt. „Wenn wir Wege im Bezirk zu erledigen haben [...], dann nehmen wir unser Programm mit und fragen Eltern: ‚Haben sie schon unser Programm?' [...] Und ich stelle ganz oft fest, dass die Eltern sagen: ‚Ja, habe ich schon' oder sagen, dass sie noch jemanden kennen, dem sie das Programm geben wollen" (P01:63). Somit ist dies gleichzeitig ein guter Anknüpfungspunkt, um ins Gespräch zu kommen.

Zudem gibt es eine weitere direkte Form, und zwar die Ansprache von potenziellen Nutzer_innen **durch Kooperationspartner_innen**. Dafür ist es grundlegend, dass die Akteure im Stadtteil das Familienzentrum und deren grobe Angebotsstruktur kennen. Um dies zu ermöglichen, werden die unterschiedlichen Vernetzungsrunden genutzt (J02:56, P02:62). „Über die Kitas in der Umgebung oder über Wissen von bestimmten Leuten oder auch über Kontakte zum Regionalen Sozialen Dienst" (J03:53) werden Familien angesprochen.

Für das Familienzentrum Menschenskinder scheint die Kindertagesstätte ein unterstützender Multiplikator zu sein. Dies liegt einerseits in der ursprünglichen Verortung des Familienzentrums in dem Gebäude der Kindertagesstätte des gleichen Trägers begründet. Die Kindertagesstätte informiert durch das Programm und die persönliche Ansprache der Eltern (B33:12, P15:29, P22:118). Insbesondere für Familien mit mehreren Kindern scheint dies interessant zu sein (B34:11). Auch für die Familienzentren Mehringdamm (GD FZM), HAUS (P16:79, P18:36) und Waldemarstraße wird dies berichtet (P13:54).

Ein weiterer Kommunikationsweg für die Familienzentren ist das bezirkliche Begrüßungsschreiben zur Geburt eines Kindes. Darin werden neben weiteren Adressen auch die Familienzentren aufgeführt (N14:30). Damit verbunden berichtet ebenfalls die zur Geburt besuchende Sozialarbeiterin des Kinder- und Jugendgesundheitsdienstes davon (N10:45, N08:21, P02:34, N04:11, P01:61). „Die Sozialarbeiterin, die bei uns in der Wohnung war meinte auch: ‚Das Familienzentrum Menschenskinder ist ja nicht weit weg von Ihnen, da können Sie ja auch hingehen'. [...] Also, sie hat da auch noch mal Werbung gemacht" (N14:38). Ein weiterer Kooperationspartner ist die Erziehungs- und Familienberatungsstelle, welche ebenfalls über die verschiedenen Angebote informiert (P14:53). „Und dann die individuellen Kontakte zum Kinder- und Jugendgesundheitsdienst, zur Schwangerenberatung, zum RSD, die sind da und auch ganz wichtig, gerade wenn man an die Familien aus den sozial schwächeren möchte [...], weil die würden sonst nicht so hier reinkommen" (P02:63). Neben diesen Beratungsstellen und verschiedenen Akteuren des Bezirksamts wird auch von Trägern der Kinder- und Jugendhilfe berichtet, die sich bspw. im Rahmen einer sozialpädagogischen Einzelfall- oder Familienhilfe mit Familien im Familienzentrum treffen oder diese an das Familienzentrum anbinden (P01:74, P12:31, P03:70). Auch Mitarbeitende des Jugendamts haben „uns Eltern vermittelt, bei denen Hilfen ausgelaufen sind, die aber Anknüpfungs-, Andockungsmöglichkeiten suchen oder gebrauchen können" (P02:29). Diese bestehenden Kooperationen sollen zukünftig intensiviert werden (GD JA).

Ein weiterer Zugangsweg besteht über die Kooperationspartner_innen, die Räumlichkeiten in den Familienzentren nutzen, wie bspw. der Rückbildungskurs einer Hebamme, die Müttersprachkurse der Volkshochschule oder die Tagesmütter. Durch den Besuch dieser Kurse lernen die Familien die Räumlichkeiten kennen (N02:17, N10:12, P01:59ff, B07:19, B16:10). Auch die Stadtteilmütter, die sich regelmäßig im Familienzentrum Waldemarstraße treffen, berichten: „Wir haben die Möglichkeit, die Eltern, bei denen wir reingehen, diese zu informieren: ‚Guck mal, hier gibt es ein Familienzentrum, geh doch mal mit deinem Kind dahin, da gibt es ‚griffbereit', da kannst Du mit Deinem Kind was machen' " (PN03:90).

Auch die Grundschulen können genutzt werden, um dort das Programm zu verteilen und insbesondere Familien mit jüngeren Geschwisterkindern zu erreichen (P02:61, P05:44ff). Auch die im Familienzentrum HAUS durchgeführten Projekte mit Schulklassen unterstützen, weil „dann erzählen die Kinder natürlich zu Hause" (P02:57) davon. Daraus folgend besuchen die Kinder entweder Kurse oder Familien werden allgemein neugierig (B20:9, N11:12). Daher werden die Eltern auch zu Abschlussveranstaltungen von Kinderkursen wie Theater oder Kinderküche eingeladen (B20:12). Die Lehrer der Schulklassen berichten ebenfalls anderen davon (B21:6).

In der folgenden Abbildung werden diese verschiedenen Zugangswege noch einmal dargestellt.

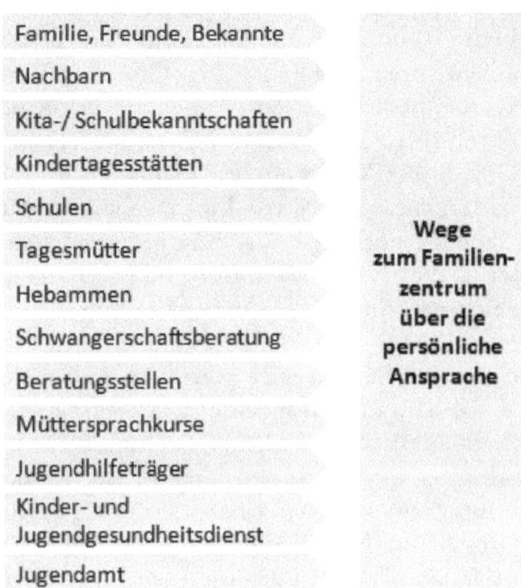

Abb. 22: Wege zum Familienzentrum über die persönliche Ansprache

Mediale Ansprache

Neben der Kenntnis aufgrund der Wohnortnähe sowie der direkten Ansprache durch Bekannte, Familie und Kooperationspartner_innen erfahren Familien durch eine mediale Ansprache von den Familienzentren. Für gezielte Werbung wird zum einen die **Projekthaustür** der Familienzentren genutzt. Vor allen Familienzentren ist ein Schaukasten oder ein Aufsteller mit einem Willkommensschild angebracht (PN04:59, P11:37). Darin sind sowohl Programmhinweise als auch aktuelle Informationen ansprechend gestaltet untergebracht (N13:12). Für das Familienzentrum HAUS scheint dieser Aufsteller besonders wichtig, weil sich das Gebäude in der zweiten Reihe zwischen zwei Häusern befindet. „Wir haben draußen diesen kleinen Aufsteller, der ist wichtig, weil wir uns in einem Hinterhof befinden und mit dieser Hausnummerierung da ist man manchmal verwirrt" (P02:58). Auch an den jeweiligen Eingangstüren sind Begrüßungsworte zu lesen.

Eine weitere Form der indirekten Ansprache sind **Flyer** (P11:39, P18:144, B07:14, P07:17). „Diese Flyer, die sind wirklich gut, die bieten Überblick über die Programme und das Angebot" (J02:55). Durch diese Form der Werbung wird auch das Interesse der Familien geweckt, insbesondere, wenn dies dem Bedarf entspricht (P15:29, P22:15, B21:6, B28:8). Auch Flyer an besonderen Orten wie Bäumen, Laternen oder am Auto im Stadtteil können unterstützend sein, um aufzufallen (B28:14, P14:85, N14:53). Zudem werden Orte gewählt, an denen sich Familien aufhalten, wie Arztpraxen, soziale Dienste, Bürgerberatung, der Naturkostladen oder türkische Bäcker (P01:62, P09:52, P20:32). Neben den Flyern ist das **Programmheft** eine weitere Form der indirekten Ansprache von Familien. Das Programmheft wird insbesondere bei der Suche nach konkreten Angeboten von den Familien genutzt (N01:72, N09:11ff). Allerdings berichten professionelle Akteure hierzu, dass eine Kombination von der Weitergabe des Programmheftes mit zusätzlichen persönlichen Informationen unterstützend ist (P20:126, P22:128). „Ich hab immer […] in meiner Tasche mindestens zwei Programme, die aktuell sind. Wenn sie was wollen, dann gebe ich das einfach" (PN01:46) mit.

Das **Internet** ist ebenso ein häufig genutzter Informationsweg für Familien. Ähnlich wie für das Programmheft beschrieben, suchen Familien im Internet nach gezielten Angeboten (B33:8, B36:11, PN04:101, P21:30). „Ich habe im Internet gesucht, was es gibt für Kinder, und dann habe ich mir hier die Homepage angeguckt und gesehen: ‚Oh, da gibt es ja ganz viele offene Angebote für Kinder' " (N14:20). Dafür ist es wichtig, dass die Homepage auch entsprechend aktuell ist (P22:126). Durch das Internet wird zudem der Einzugsbereich erweitert, und es kommen auch Familien aus benachbarten Stadtteilen (P20:28). „Die man über Internet erreicht, das sind die, die dann auch irgendwo hingehen" (P20:125). Trotzdem suchen die Familien zumeist gezielt nach Angeboten in ihrer Umgebung (N05:11, P13:51).

Eine weitere Ansprachemöglichkeit liegt in der **lokalen Werbung** in Stadtteilzeitungen (P11:39) oder dem regionalisierten Wochenblatt (P18:37, P14:53). In lokalen Blättern, „was viele Familien lesen, weil es wird ja in die Briefkästen gesteckt" (P02:59), wird auf besondere Angebote hingewiesen. Lokale Werbung umfasst daneben die Präsenz auf Stadtteilfesten. „Wir gehen natürlich auch auf Kiezfeste oder Stadtteilfeste und machen dort einen Kreativstand oder ein Bastelangebot oder einen Schminkstand und machen dann auf unsere Angebote aufmerksam" (P02:60). Dies scheint ein passender Weg zu sein, um potenzielle Nutzer_innen anzusprechen. „Wenn hier im Kiez irgendwas anderes ist, wo wir halt einfach mit einem kleinen Stand hingehen. [...] Also, in der XY-Straße jetzt im Sommer war auch ein Straßenfest, das hat auch gut geklappt. Da haben viele gefragt, was wir machen, wer wir sind und so, und dann haben wir da mit den Kindern gespielt und die Eltern konnten sich informieren bei uns. Das, glaube ich, war total gut. Und eben auch mal ein Fest zu machen oder Weihnachtsfest, wo die Hemmschwelle ganz niedrig ist hierher zu kommen. Osterfest und so was, wo sie nicht zu einem Familienzentrum gehen mal am Nachmittag, sondern zum Weihnachtsfest. Oder ‚Oh, guck mal, hier kommt der Weihnachtsmann' oder so. Also, weil bei diesen Festen ja unheimlich viele Leute kommen, die wir auch gar nicht kennen" (P22:159). Die **stadtweite kostenfreie Zeitschrift ‚kidsgo'**, in welcher Angebote zu Schwangerschaft, Geburt, Baby und Kleinkind veröffentlicht werden, erfreut sich ebenfalls großer Beliebtheit bei den Familien (P22:118, PN04:101, P20:30, P21:30, B07:13, P13:53). „Es gibt auch Mütter, die kommen her und wollen extra diese Zeitung haben" (PN04:107). Eine Mutter berichtet ebenfalls: „Ich habe so eine Zeitung zu Hause, wo halt alles vermerkt ist, so Babyschwimmen, Krabbelgruppen, Gymnastik und Hebammen und so was alles" (N08:20). Darüber ist sie auf das Familienzentrum aufmerksam geworden.

In der folgenden Abbildung werden die Aspekte der medialen Zugangswege zusammenfassend dargestellt.

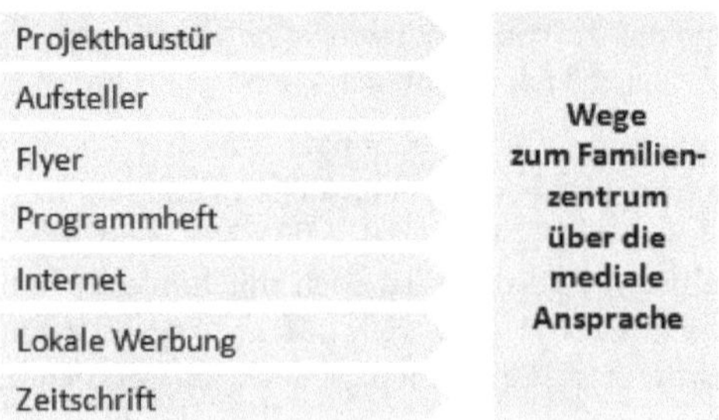

Abb. 23: Wege zum Familienzentrum über die mediale Ansprache

4.2.1.2 Erstzugang

Durch diese im vorangegangenen Kapitel beschriebenen verschiedenen Möglichkeiten von einem Familienzentrum zu erfahren, stellt sich nun die Frage, was dazu führt, dass die Interessierten das Familienzentrum tatsächlich besuchen. Die Beantwortung dieser Fragestellung ist insbesondere interessant, um Familien zu erreichen, die „öffentliche Angebote eher nicht wahrnehmen [...] Das hat, glaube ich, weniger mit Bekanntheit zu tun, als auch mit der Scheu, in eine öffentliche Einrichtung zu gehen [...], sich so trauen, die Tür aufzumachen, reinzugehen und niemanden zu kennen" (P01:68). Diesem wird im Folgenden nachgegangen.

Einfach ausprobiert

Einige Nutzer_innen beschreiben, dass sie auf den dargestellten Wegen von dem Familienzentrum erfahren und sich dann eines Tages spontan entschieden haben, einfach mal vorbeizugehen. Eine Mutter aus dem Familienzentrum Menschenskinder berichtet: „Irgendetwas ist ja immer, und gestern war gar nichts, und da habe ich gedacht: ‚Oh, was machst du denn jetzt den ganzen Tag zu Hause?' Geht irgendwie nicht, und da habe ich gedacht, ich geh hier einfach mal vorbei. Dann habe ich im Internet noch mal geguckt, was hier so los ist [...]. Eigentlich ist das gar nicht so mein Ding, auch noch so allein. Also, ich wäre gern mit irgendjemanden gegangen. Hab dann noch eine Freundin gefragt vom PEKiP und die hatte aber auch schon was anderes vor. Und da dachte ich: ‚Bleibst du jetzt zu Hause? Nein, du überwindest dich jetzt mal und gehst da jetzt allein hin. Das kann ja nicht so schlimm sein' " (N13:13). Sie berichtet weiter, dass eine Freundin sie ebenfalls telefonisch bestärkte, einfach mal vorbeizugehen mit dem Hinweis, dass sie auch wieder gehen kann, wenn es ihr nicht gefallen sollte (N13:15). Eine andere Mutter berichtet, dass sie sich ebenfalls aus dem Grund nicht allein gehen zu wollen, im Familienzentrum Menschenskinder die offene Krabbelgruppe mit Gesprächsthema für den ersten Besuch gewählt hat. Ihre Vermutung war, dabei unkompliziert mit anderen ins Gespräch zu kommen (B33:12). Andere Mütter, denen es ähnlich ging, berichten, dass sie sich an einem Tag nur kurz im Familienzentrum informiert haben, um dann an einem folgenden Tag gezielt vorbei zu gehen (B37:9).

Ein weiterer niedrigschwelliger Erstzugangsweg liegt in dem Besuch von Festen. Dabei können die Familien ohne konkretes Anliegen ein Familienzentrum das erste Mal besuchen (J02:58). „Und eben auch mal ein Fest zu machen oder Weihnachtsfest, wo die Hemmschwelle ganz niedrig ist, hierherzukommen. [...] Ein bisschen anonymer, weil man kann sich so in die Masse mischen" (P22:159).

Folglich ist es unter der Betrachtung des methodischen Handels der Mitarbeiter_innen erforderlich, sehr aufmerksam die Nutzer_innen zu begrüßen, um eine Atmosphäre des Willkommenseins zu gestalten. Des Weiteren sind sowohl strukturelle als auch methodische Aspekte hinsichtlich einer Ermöglichung von Kontakten der Nutzer_innen untereinander wichtig.

Komm doch mal mit

Eine weitere Zugangsmöglichkeit liegt in der direkten Aufforderung durch Bekannte zu einem gemeinsamen Besuch im Familienzentrum (P01:68, P20:21, B36:11). „Die gehen teilweise auch zusammen in die Kita und gehen danach in das Familienzentrum und sagen: ‚Komm doch mal mit' " (P09:52). Damit wird der Situation aus dem Wege gegangen, allein einen unbekannten Raum zu betreten (N04:12f). „Die brauchen eine Bezugsperson, um das erste Mal hier herzukommen" (N05:65). Demnach verabreden sich die meisten Nutzer_innen, um gemeinsam ein Familienzentrum zu besuchen (P15:33, N01:50, N02:14ff, PN01:16). Dies bedingt auch, dass viele Nutzer_innen sich bereits im Vorhinein über das jeweilige Familienzentrum, deren Angebot und Öffnungszeiten informiert haben (P15:37). „Dann bin ich mal mit einer Freundin hierher gegangen. Sie wollte immer mal wieder hierhin, aber allein ist sie nicht gegangen, und dann haben wir uns animiert und sind zu zweit hierher" (N10:14). Auch, wenn in diesen Situationen durch einen gemeinsamen Erstzugang die Hemmschwelle gesunken ist, ist trotzdem die Gestaltung einer Willkommensatmosphäre unerlässlich, um Anknüpfungen für weitere Besuche und bedarfsentsprechende Gespräche zu signalisieren.

Kursanmeldung oder Beratungstermine

Ein weiterer Erstzugangsweg besteht in der Anmeldung für einen Kurs im Familienzentrum. Auch dies bedingt wiederum eine vorherige Kenntnis und zumeist gezieltes Suchen nach Angeboten. Oftmals sind dies Angebote wie PEKiP (B37:25, N13:11), Eltern-Kind-Gruppen (N05:12) oder Rückbildungskurse (N10:12, P01:64). Darüber lernen die Nutzer_innen das Familienzentrum und darüber hinaus weitere Angebote kennen (N10:40). Im Familienzentrum Waldemarstraße wird berichtet, dass teilweise die Nutzer_innen von festen Kursen nach Ablauf dieser ein Interesse daran haben, sich weiterhin in der Gruppe zu treffen. Diese können dafür Räumlichkeiten im Familienzentrum nutzen, was wiederum neue Nutzer_innen angesprochen hat (P03:36f). Im Familienzentrum HAUS erfolgt der Erstkontakt über die Anmeldung der Kinder für ein Nachmittagsangebot wie Keramik oder Bewegung (B17:32, P11:35, P16:58f, N05:11, P03:21, P03:67). Eine weitere Zugangsmöglichkeit besteht über die Kinder mit der Hausaufgabenhilfe im Familienzentrum Waldemarstraße (P03:68). In den Familienzentren Waldemarstraße und Mehringdamm liegt zudem ein Erstzugang in den Sprachkursen der Volkshochschule (P04:16f).

Teilweise erfolgt der Erstzugang auch über ein Beratungsangebot. „In der Regel nutzen sie die ganz niedrigschwelligen Angebote oder das, wo sie ohnehin müssen, bspw. Beratung, die sie brauchen, weil sie zum Beispiel die Miete nicht mehr zahlen oder wieder einen Brief vom Jobcenter kriegen, den sie nicht lesen können, nicht verstehen" (P03:67). Ein Teil der Eltern kommt auch über die mobile Elternberatung, die sagen „Komm doch mal zum Familienzentrum oder ich geh mit dir mit" (P03:69). Ein weiterer Zugang ist auch die Kleiderkammer. „Da kann man gegen

Spende, oder wenn man nichts spenden möchte, gegen nichts einfach Klamotten holen, ohne dass man einen Schein zeigen muss oder nachweisen muss, dass man kein Geld hat" (P03:70). Die Kleiderkammer läuft auf Vertrauensbasis.

In der folgenden Abbildung werden die vier Erstzugangsmöglichkeiten zusammengefasst.

Erstzugang

Einfach ausprobiert

Gemeinsam ausprobiert

Kursanmeldung

Beratungstermin

Abb. 24: Erstzugang in ein Familienzentrum

Neben diesen vielfältigen Formen der Erstbesuche lassen sich zudem für alle vier untersuchten Familienzentren aus Perspektive der professionellen Akteure und Nutzer_innen verschiedene weitere Kriterien verallgemeinern, die den Aufenthalt in den Familienzentren gestalten.

4.2.1.3 Ansprache

In der Beschreibung des Erstzugangs wird bereits deutlich, dass eine Atmosphäre des Willkommenseins einen wichtigen Stellenwert einnimmt. Ein dies bedingendes und zugleich methodisches Element der handelnden Akteure ist die Ansprache und insbesondere das aufmerksame Begrüßen der Nutzer_innen. Aufgrund der unterschiedlichen räumlichen Gegebenheiten und strukturellen Rahmenbedingungen wird dies in der konkreten methodischen Umsetzung unterschiedlich gehandhabt. Im Folgenden wird dies näher unter dem Fokus des ‚Aufmerksames Begrüßen und Verabschieden' sowie der ‚Personifizierten Begrüßung' ausgeführt.

Aufmerksames Begrüßen und Verabschieden

Die aufmerksame Begrüßung durch die Akteure in den Familienzentren ist ein zentraler Aspekt der direkten Ansprache. Diese aufmerksame Begrüßung erfolgt auf verschiedenen Ebenen.

Die erste Form der Begrüßung entsteht im Familienzentrum Menschenskinder über den Aufsteller vor dem Gebäude sowie den niedergeschriebenen Begrüßungsworten in der Eingangstür (B25:5). Um in das Familienzentrum zu gelangen, muss an der Eingangstür geklingelt werden. Eine_e Mitarbeiter_in öffnet die Tür und begrüßt die Nutzer_innen (B25:6, B34:6, B36:6): „Schön, dass ihr da seid!"

(N14:10). Die professionellen Akteure des Familienzentrums Menschenskinder sehen darin eine ihrer Hauptaufgaben (P15:58). „Einfach alle Familien freundlich zu empfangen, die Räume bereitzustellen, die Räume freundlich herzurichten, dass sich alle Familien hier wohlfühlen können" (P22:84). Wenn neue Mitarbeiter_innen anwesend sind oder Familien kommen, die man noch nicht kennt, **stellen sich die Mitarbeiter_innen vor** (B33:8). Dieses Vorstellen insbesondere bei Familien, die das erste Mal das Familienzentrum besuchen, kann dazu führen, dass diese sich ermuntert fühlen, ihre Fragen und Anliegen zu äußern. Somit eignet sich auch dieses Gespräch, um von weiteren Angeboten zu berichten (B36:11, N13:12). „Dass man einfach nett aufgenommen wird, lächeln, ‚Hallo ich bin soundso. Wer bist du? Bist du das erste Mal hier?' [...] Also, ich fühlte mich hier nicht fehl am Platz, sondern willkommen. Einfach die Atmosphäre und die Aura hier" (N14:23). Wenn Familien das erste Mal das Familienzentrum besuchen, werden diesen bei Interesse **die Räume gezeigt** (B36:27). Dieses aufmerksame Begrüßen ist aus Sicht einer Nutzerin das Spezifikum des Familienzentrums in Abgrenzung zu einem kommerziellen Café. „Ich kenn das nicht so, wenn man irgendwo hinkommt in ein Café oder so, dann gucken einen die Leute ja eher komisch an, und dass man irgendwo neu ist und so aufgenommen wird, so herzlich, fand ich total schön" (N14:22). Insbesondere dieses erste Begrüßen entscheidet über folgende Besuche und weitere Kontakte. „Da stand ich mit dem Auto hier, hab nur den Kleinen aus dem Autositz genommen, hab nur ganz kurz reingeguckt und hab gefragt: ‚Kann man hier einfach mal vorbei kommen? Und wie ist das?' [...] Dieser extrem herzliche Kontakt gleich: ‚Ja, klar, und wir würden uns freuen, schön dass ihr da wart!' Einfach so ein paar Standardsätze, die total positiv hier ankamen. Oder das, was [die Mitarbeiterin, S. H.-B.] immer macht, wenn man rausgeht: ‚Ach, schön, dass ihr da wart.' Man fühlt sich willkommen und so nach dem Motto: ‚Komm bald wieder.' Das Herzliche so" (N14:47).

Das Familienzentrum Mehringdamm erreicht man entweder durch das Treppenhaus des Gebäudes oder über den Spielplatz. Im Vergleich zum Familienzentrum Menschenskinder muss hier nicht geklingelt werden, sondern man gelangt ganz frei in die Räumlichkeiten. Somit findet hier die erste Begrüßung nicht direkt an der Tür statt, sondern in den Räumlichkeiten. Daher ist ein sehr aufmerksames Vorgehen und Beobachten der professionellen Akteure wichtig, um bei den vielen Besucher_innen den Überblick zu behalten, wer schon begrüßt wurde und wer nicht (B06:16). Alle, die das Familienzentrum betreten, werden von den Mitarbeiterinnen begrüßt und **angelächelt**, zumeist verbunden mit einer **Frage nach dem Wohlergehen** (B10:16, B26:8, B26:10, B30:5). „Ein Prinzip im Early-Excellence-Ansatz[11] ist ja auch, dass man jeden, der zur Eingangstür hereinkommt, freundlich begrüßt, und wir achten schon darauf [...]. Kennen wir die? Haben wir dieses Gesicht schon gesehen? Und wenn wir merken, die gucken ein bisschen hilfesu-

11 Wie bereits dargestellt, arbeitet das Familienzentrum Mehringdamm nach dem Early-Excellence-Ansatz.

chend, unsicher, dann sprechen wir sie auch an. ‚Können wir Ihnen helfen?' Wir erklären ihnen auch gern, was es hier alles gibt, und wir nehmen uns Zeit für die Leute, die das erste Mal hier reinkommen" (P01:69). Durch das gleichzeitige offene Begrüßen mit einer Positionierung im Raum werden dadurch auch **Gesprächssituationen mit mehreren, sich unbekannten Personen initiiert** (B30:5f). „Ob sie denn das erste Mal hier sind. Ob sie denn schon die Einrichtung kennen, vielleicht auch woher. Wie alt ihr Kind ist. Ob sie in der Nähe wohnen" (P08:46). Auch hier wird den Familien angeboten, ihnen die Räumlichkeiten zu zeigen und von den verschiedenen Angeboten zu berichten (B06:20). Zudem nutzen die professionellen Akteure Situationen, um mit Familien ins Gespräch zu kommen (B15:16, P20:40, P21:10, PN02:96). Dies wird zumeist **über das Thema Kinder** ermöglicht. „Mit der [Mitarbeiterin, S. H.-B.] habe ich mich das letzte Mal auch ganz gut unterhalten [...]. Auf einmal haben wir miteinander geredet. Sie hat dann auch mit deiner Tochter ein bisschen gespielt [...]. Auch sehr offen gewesen" (N01:106ff). Dabei ist eine hohe Sensibilität der professionellen Akteure erforderlich, um auch den jeweiligen Befindlichkeiten der Familien gerecht zu werden. „Das man auch guckt und merkt, da ist jemand der neu ist, der sich vielleicht nicht so wohlfühlt, und dann sprech ich sie mal an" (P09:74). Dabei hat sie schon öfter die Erfahrung gemacht, dass es hilfreich war, Einzelne anzusprechen (B05:6). Auch für das Team ist es wichtig, wenn neue Kolleg_innen anwesend sind, dass sie den Familien, Kooperationspartner_innen und bspw. Kursleiter_innen vorgestellt werden, damit diese ebenfalls einen Überblick haben, wer ist wer und wofür zuständig (B15:14).

Das Familienzentrum HAUS ist ebenfalls offen zugänglich für alle Interessierten. Betritt man das HAUS durch den Haupteingang, gelangt man in das Treppenhaus und hat sofort eine Tafel mit den Wegweisern zu den verschiedenen Angeboten sowie links den Eingang zum Familiencafé. Somit erfolgt die erste Begrüßung entweder zufällig im Treppenhaus oder im Familiencafé (B27:5, B27:11, P11:23). „Das Entscheidende an einem Familienzentrum ist, dass Familien hier merken, dass sie auch willkommen sind und dass sie das Gefühl haben, hier hingehen zu können [...]. Man kommt halt gern her, weil man von allen nett begrüßt und angelächelt wird und einfach so eine herzliche Atmosphäre herrscht" (P11:17). Auch die später hinzukommenden Mitarbeiter_innen begrüßen die Familien im Café, fragen nach, wie es ihnen geht (B28:21). „Eltern, die ich nicht kenne, spreche ich natürlich auch an und sage: ‚Ach so, ich habe Sie ja hier noch gar nicht gesehen?' Und dann erzählen sie meist auch gleich oder fragen: ‚Sagen Sie mal, haben Sie auch nicht hier so und so was?' " (P02:38). Diese Gesprächsanlässe werden ebenfalls genutzt, um **von weiteren Angeboten des Familienzentrums zu berichten** (P16:106). Bei Projekten mit Schulklassen findet im Cafébereich eine offizielle Begrüßung durch die Mitarbeitenden statt (B20:9).

Das Familienzentrum Waldemarstraße ist ebenfalls frei zugänglich. Im großen Eingangsbereich des Treppenhauses hängt ein Hinweisschild, wo sich die Räume des Familienzentrums befinden. In der dritten Etage ist ebenfalls eine große Übersicht mit allen Angeboten und Fotos der Mitarbeiter_innen mit den jeweiligen

Angeboten angebracht. Zudem befindet sich dort das Büro der Verwaltungsfachkraft, sodass diese zumeist die Erstbegrüßung übernimmt (B07:5, B07:23). „Wenn ich sehe, dass die nach links nach rechts schauen, dann: ‚Hallo, suchen Sie jemanden? Oder haben Sie eine Frage?' Und dann bin ich da, und dann guck ich dann, für wen, was sie suchen. Und dann versuche ich, die Person dann in die Richtung zu weisen, wenn es um Beratung geht. Aber da muss man natürlich einfach mal fragen" (P13:16). Neben der Begrüßung übernimmt sie die Funktion des Zeigens von Wegen und Informieren über weitere Angebote (B07:12, B14:17f). „Man muss da so ein bisschen gucken, was wollen sie denn" (P13:46). Wenn sie das Gefühl hat, ein Gesicht schon mal gesehen zu haben, fragt sie danach (B07:27). Auf den langen Fluren und in der Teeküche werden ebenfalls Begrüßungsworte gewechselt (B03:13). „Also, was uns betrifft als Stadtteilmütter, wir wurden ganz nett empfangen mit dem Tisch und ‚Ja, kommt mal, macht mal' und haben uns auch ein paar Tipps gegeben [...], ich hatte das Gefühl, wir waren richtig willkommen und es war einfach nett" (PN03:54). In den offenen, angeleiteten Spielgruppen werden die Familien gemeinsam begrüßt. Insbesondere, wenn Familien das erste Mal diese nutzen, stellt die Gruppenleiterin sich vor und erzählt, was sie an dem Tag vorhaben (B09:20). „Bei [der Mitarbeiterin, S. H.-B.] war ich das erste Mal hier und habe gleich einen guten Eindruck gehabt [...]. Als ich hier reinkam, hat sie mich auch erst mal gefragt, wie ich auf die Krabbelgruppe hier kam und wo ich wohne und wie viele Kinder ich habe" (N05:23ff). Diese erste Begrüßung, der erste Kontakt ist oftmals entscheidend für folgende Besuche (P07:84, P03:34).

Zudem ist es auf der methodischen Ebene zentral, dass die Verabschiedungen jeweils mit netten Worten und einer **Freude über ein nächstes Wiedersehen** erfolgt (B37:21, N14:117). Es wird deutlich, dass die Begrüßung der Nutzer_innen eine hohe Aufmerksamkeit der professionell handelnden Akteure erfordert. Durch die verschiedenen Zugangswege muss der Überblick behalten und zudem eine Sensibilität für mögliche Bedarfe der Nutzer_innen entwickelt werden. Das Begrüßtwerden und die Kommunikationsangebote tragen für die Nutzer_innen zu einer Atmosphäre des Willkommenseins bei.

Personalisierte Begrüßung

Nach dieser Gestaltung des Erstkontakts mit der zentralen problemfreien Begrüßung sind die Begrüßungen bei den weiteren Besuchen ebenfalls wichtig, um für die Familien eine Atmosphäre des Wohlfühlens zu gestalten. Im Verlauf weiterer Besuche stellt sich daher eine individuelle, persönliche Begrüßung ein. Dies trifft auf alle vier untersuchten Familienzentren zu (B25:6, B06:11, B17:11, B18:7). Wenn die Familien öfter das Familienzentrum besuchen, werden diese auch von den professionellen Akteuren erkannt (P22:67). „Das finde ich hier ganz nett. Weil ich habe auch mitbekommen, **die kennen dann hier auch die ganzen Mütter schon und auch die Kinder**. Und das ist schon toll. Das ist ja auch für die Kinder toll, wenn sie wissen, da ist jemand [...] und die freut sich, mich zu sehen. Das ist schön" (N13:44). Bei einer hohen Besucherfrequenz kann es natürlich länger dauern, bis alle Namen der Nutzer_innen präsent sind (P20:45). Im Verlauf der Kontakte und Gespräche ergeben sich dann auch Zusammenhänge bezüglich Verwandtschafts- und Bekanntschaftsgraden (P20:52). Zudem sind diese Begrüßungen damit verbunden, ein paar freundliche Worte an die Personen zu richten und zu sagen, dass man sich über ihr Kommen und das Wiedersehen freut (B13:9, B14:7, B16:9). Die Begrüßungen werden von den professionellen Akteuren auch genutzt, um **an letzte Gespräche anzuknüpfen und nachzufragen**, was sich seitdem getan hat oder wie etwas verlaufen ist (B30:5f, B27:16). In den offenen, angeleiteten Spielgruppen und regelmäßig stattfindenden Angeboten gibt es zudem ein **festes Ritual** für die Begrüßung, wobei auch die Namen der Kinder genannt werden (B09:14, B13:8, B18:9). Bei Projekten mit Schulklassen werden Spiele genutzt, um sich Namen zu merken (B20:10). Diese können zudem hilfreich sein, um eine erste Stimmung zu schaffen (B20:11).

„Also, ich fühlte mich hier […] willkommen. Einfach die Atmosphäre und die Aura hier" (N14:23). Dazu trägt im Vergleich zu kommerziellen Familiencafés auch die **personelle Kontinuität** der Mitarbeitenden aber auch der Nutzer_innen bei (N02:30, N12:18). „Das ist auch das Schöne, dass man regelmäßig die gleichen Leute trifft und dann auch mal sag: ‚Ach man, wie geht es dir denn? Bist du wieder gesund? Wie war's im Urlaub?' Also, dass man nicht nur so über oberflächliches Geplänkel, also ich meine, man muss ja nun nicht so ganz in die Tiefe eingehen, aber es ist schon schön" (N14:59). Auch beim zufälligen Begegnen auf der Straße werden diese begrüßt (B20:14). „Dass sie bekannt sind, dass sie begrüßt werden, dass sie gefragt werden, was sie so beschäftigt, dass wissen viele zu schätzen" (P06:77).

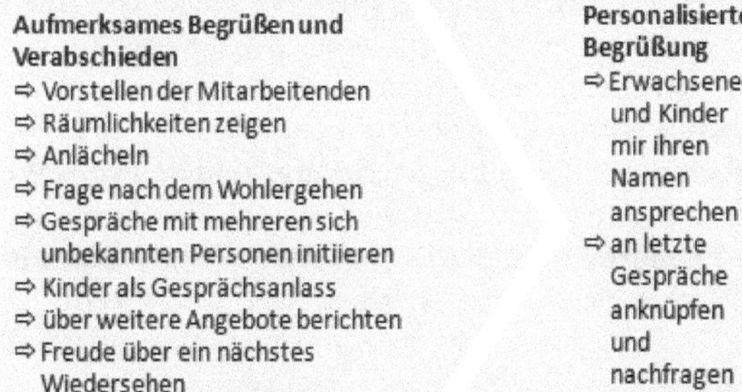

Abb. 25: Formen der Ansprache in Familienzentren

Somit ist das aufmerksame Begrüßen nicht nur für den Erstkontakt, sondern auch für eine zukünftige Nutzung wichtig. Das personalisierte Anknüpfen an gemeinsamen Themen oder Aktivitäten signalisiert den Nutzer_innen ein Interesse an ihrer Person und trägt somit perspektivisch gesehen zum Aufbau einer Vertrauensbasis bei. Dies wird im Folgenden unter dem Aspekt der Aufenthaltsgestaltung näher ausgeführt.

4.2.2 Aufenthaltsgestaltung

Nach der erfolgreichen Erstzugangsgestaltung sind weitere methodische Prinzipien unterstützend, um die Interaktion mit den Familien bedarfsgerecht zu gestalten. Im weiteren Verlauf werden die in der empirischen Erhebung identifizierbaren Aspekte des methodischen Handelns dargestellt.

4.2.2.1 Ansprache ohne Problemfokus

Ein zentraler methodischer Aspekt sowohl für den Erstzugang als auch für die Aufenthaltsgestaltung liegt in einer Ansprache ohne Problemfokus (J03:26). „Wir haben uns so aufgestellt, dass wir über die allgemeine Förderung und Entwicklung an Familien herantreten wollen. Bei uns muss eine Familie keine Risikofamilie sein, damit sie ein Angebot nutzen kann" (J01:48). Daher ist eine Begrüßung erforderlich, die den Familien verdeutlicht, dass sie **das Familienzentrum ohne konkretes Anliegen besuchen können**. „Die Leute wollen erst mal ganz niedrigschwellig angesprochen werden, wo der Fokus nicht auf einem Problem ist" (P03:82). Daher bedarf es verschiedener Angebote, um Familien auf unterschiedlichen Wegen anzusprechen. „Man kommt zum Frühstück. Und die haben was zu tun, die Mütter. Auch die, die nicht so selbstbewusst sind, die vielleicht etwas schüchterner sind [...] die kommen hier hin, weil sie auch eine kleine Aufgabe haben und nicht hier sitzen und warten, was passiert hier. Und darüber kommen wir mal ins Gespräch, auch mit uns" (P22:110). Dies beinhaltet ein **langsames Kennenlernen, um Vertrauen aufzubauen** (P22:85). Daher ist eine entspannte, ausgeglichene Interaktion der Mitarbeiter_innen mit den Familien unterstützend. Kennzeichnend hierfür sind verschiedene Gesprächsangebote gekoppelt mit Freundlichkeit (B25:8). „Das ist ganz viel Beziehungsarbeit. Also, die zu kriegen, zu uns, zu dem Haus. Weil es ist ja nicht so, dass Leute, wenn sie das erste Mal kommen, gleich sagen ‚Oh, ich habe hier voll das Problem.' Sondern sie natürlich erst mal so andocken und erst mal gucken [...]. Und dann irgendwann entwickelt sich dann so ein Verhältnis, wo das dann plötzlich kommt. [...]. Plötzlich hast du eine Situation, wo dann die Mutter anfängt zu weinen und sagt: ‚Ja, und übrigens, mein Mann hat mich ja verlassen und ich weiß gar nicht, was ich jetzt machen soll' " (P22:85). Um solchen Situationen einen Raum zu geben, ist es wichtig, dass die Nutzer_innen vorher viele Male ohne offensichtliches Problem erscheinen können und Vertrauen zu den Mitarbeiter_innen aufgebaut haben.

Gleichzeitig beinhaltet dieses Zeitlassen, andere Familien kennenzulernen und sich mit diesen auszutauschen (PN02:53). Dafür ist die Gestaltung der Räumlichkeiten zentral. Im Familienzentrum Menschenskinder wurden die Tische im Bereich des Elterncafés zu einer langen Tafel gestellt, um somit die Kontaktaufnahme der Familien untereinander zu unterstützen. „Deswegen haben wir jetzt z. B. die Tische auch wieder zusammengestellt. Die waren vorher einzeln [...]. Es ist doch schöner, wenn dann alle an einem Tisch sitzen. Auch, wenn jemand allein kommt, kann er sich dazu setzen. Weil es ist halt einfacher, als wenn drei kleine Tische da sind, dann setzt man sich vielleicht erst mal alleine an einen Tisch, bevor man an den freien Platz kommt, wo sich schon eine Gruppe getroffen hat. Und hier, denke ich mal, ist es jetzt besser" (P22:101). Trotzdem gibt es mehrere Rückzugsmöglichkeiten für ungestörte Gespräche (P22:102). So können die Familien erste Erfahrungen sammeln, indem sie ihre Anliegen einbringen, um zu sehen, ob ihnen dabei auch weitergeholfen werden kann, wie bspw. beim Ausfüllen von Anträgen (PN02:54). Darüber hinaus ist es aus professioneller Perspektive erforderlich, die Nutzer_innen auf das selbstverpflichtende Schweigen hinzuweisen. „Weil die Angst ist immer da, dass die eine was mitbekommt. Wenn sie mit mir sprechen, dann ist auch immer wichtig, dass da eine Schweigepflicht ist und ich mich daran halte" (PN02:56). Dies beinhaltet auch die Klärung der Rolle der Mitarbeiter_innen, da teilweise die Angst besteht, dass eine direkte Rückkopplung an das Jugendamt erfolgen könnte (PN02:59). Somit ist das Kennenlernen immer eine zweiseitige Ausrichtung (N07:43f). „Und da kommen bei zehnten Mal dann auch die anderen Probleme neben den Papieren, die man ja zugeben darf" (P03:90).

4.2.2.2 Interessiertes Zuhören und Nachfragen

Ein methodisches Element unter Berücksichtigung der Prämisse des Zeit Lassens und der problemfreien Ansprache ist das interessierte Zuhören und Nachfragen durch die Mitarbeiter_innen. Durch das Signalisieren von Interesse kann Kontakt zu den Nutzer_innen aufgebaut werden. Im offenen Bereich aller Familienzentren werden wiederholt Sequenzen deutlich, in denen die professionellen Akteure beiläufig mit Nutzer_innen ins Gespräch kommen. Anlass sind hierbei meist die Kinder (B06:17, B23:7). „Sich mal dazusetzen und fragen: ‚Geht es gut?' [...] Interesse zeigen" (P08:53f). Diese Ansprache wird ebenfalls aus der Perspektive einer Mutter beschrieben: „Das man einfach nett aufgenommen wird, lächeln, ‚Hallo ich bin soundso. Wer bist du? Bist du das erste Mal hier?' Dann hat [die Mitarbeiterin, S. H.-B.] mir am Anfang noch zwei Sachen gesagt" (N14:23). Durch wiederholte Gespräche und Interaktionen lernen sich die Familien und Mitarbeitenden kennen, was wiederum neue Gesprächsanknüpfungspunkte herausbildet (P09:90). „Man kennt ja auch die Leute, die oft kommen, sodass man auch ein bisschen was weiß und Fragen stellen kann. Dass die auch das Gefühl haben: ‚Die interessieren sich für mich, was ich mache. **Die haben auch Interesse daran und fragen nach.**' Das ist etwas ganz Wichtiges, damit man sich hier auch willkommen fühlt" (P09:89). Dieses Wissen kann genutzt werden, um beim nächsten Besuch mit persönlichen Fragen anzuknüpfen, bspw. wie die Einschulung war, wie die Ferien verlaufen sind oder ob der Mietvertrag der neuen Wohnung unterschrieben ist (B27:16, B13:12). In den Kursen und dabei insbesondere in den geschlossenen Eltern-Kind-Gruppen sind aufgrund der personellen Kontinuität häufiger Gesprächsanlässe gegeben. Dieser Rahmen bedingt teilweise auch, dass beim Fehlen eines Nutzers bei diesen nachgefragt wird. „Was ich beim ersten Mal nicht so schön fand, als ich einmal nicht kommen konnte, weil ich krank war, da wurde gleich angerufen und beim nächsten Mal noch mal angerufen und ‚Kommen Sie beim nächsten Mal wirklich?' Ich fand das erst total doof und hab mich dann gleich so kontrolliert gefühlt. Dann habe ich das meinem Mann abends erzählt und der meinte ‚Aber na ja, die stecken da ja auch Arbeit rein und wollen dann ja nur, dass jemand kommt, wenn sie was organisieren" (N07:42). Daher bewertet sie dies im Nachhinein als Interesse an ihrer Person. Eine Mitarbeiterin berichtet, „dass man für einige Angebote die Leute permanent motivieren muss, sie noch mal einladen muss, noch mal anrufen muss" (P03:43).

Oftmals gestalten sich solche Gespräche interaktiv zwischen den Familien und Mitarbeiter_innen, sodass auch die Mitarbeiter_innen einen Einblick in deren persönliche Erfahrungswelt ermöglichen (B33:10). Zudem können solche Einblicke auch neue thematische Perspektiven für die Familien eröffnen (B27:12). „Auch der Umgang mit Eltern, dass man sich so ein bisschen reinversetzen kann in sie. Wie geht es denen, wie fühlen die sich. So Empathie" (P09:69) ist wichtig, beschreibt eine Mitarbeiterin.

In der folgenden Gesprächssequenz wird dies ebenfalls deutlich: Eine Mitarbeiterin spricht mit einer Mutter von Zwillingen und meldet ihr zurück, dass diese sicherlich viel zu tun habe mit diesen. Die Mutter bestätigt dies und ergänzt, dass sie auch viel Unterstützung erhält (B15:16, P09:69).

Eng mit dem interessierten Nachfragen ist als Grundvoraussetzung das Zuhören verbunden. Zuhören ist wichtig, um adäquat auf die Anliegen der Familien reagieren und diesen auch die für sie passenden Informationen zukommen lassen zu können (B25:9). „**Ich denke, dass man zuhören können sollte und dass man Themen erkennt und Themen aufgreifen kann, wo man das Gefühl hat, dass es wichtig ist**" (P15:57). Somit ist interessiertes Zuhören erforderlich, um zum einen die Themen der Nutzer_innen aufgreifen zu können. Zum anderen ist in manchen Situationen auch das alleinige Zuhören ausreichend (PN01:70, PN02:58). „Also, dann haben sie auch Vertrauen gewonnen hier zu uns und stellen Fragen und wir müssen nicht auf alles eine Antwort haben. Manchmal hört man einfach zu. [...] Manche wollen einfach auch erzählen, was sie so gemacht haben" (P22:86). Zuhören beinhaltet, neugierig auf das Erzählte der Familien zu sein, auch wenn das Thema an sich nicht neu ist. „Ich finde, der Respekt vor dem Kind ist ganz wichtig, dass man es überhaupt mit seinen Problemen ernst nimmt. Also, wenn die halt kommen und dir irgendetwas erzählen, und du dir, weil du hier schon drei Monate arbeitest, denkst: ‚Ach komm, wieder irgendeine Geschichte', die du abtust, sondern, dass du dir wirklich Zeit dafür nimmst und auch nachhakst, was war denn los. Also, die Probleme ernst nehmen" (P11:49). Dafür ist es manchmal erforderlich, viele Fragen zu stellen, um „rauszukitzeln" (P13:47), um was es geht. Somit sind Offenheit, Neugierde und die Themen ernstzunehmen grundlegend für ein interessiertes Nachfragen und Zuhören (P07:82). Die Nutzer_innen erfahren dadurch Anerkennung und Wertschätzung ihrer Person.

4.2.2.3 Situationsbezug

Um ein bedarfsorientiertes Vorgehen zu ermöglichen, sind Offenheit und ein jeweils der Situation entsprechendes Agieren zu beschreiben. „Man sollte möglichst offen sein, was so das eigene Denken angeht, weil man so mehr mitgehen kann mit dem, was die Nutzer wollen" (J02:106) in der jeweiligen Situation. Ein offenes und situationsbezogenes Vorgehen ist wichtig, um allen Nutzer_innen gerecht zu werden. Dies meint auch das Annehmen der Nutzer_innen in ihrer jeweiligen alltagsbedingten Stimmung (B34:17). „Ich glaube, die sind hier alle sehr offen, sehr nett, sehr zugänglich, und man hat hier nicht das Gefühl, dass ein Pädagoge auf einen schaut, und ist das hier richtig oder falsch [...]. Das Gefühl habe ich hier überhaupt nicht" (N01:109). Demnach sind hierfür Offenheit, Neugierde und Aufmerksamkeit bedeutend (B06:22, B15:7, N01:110, N02:50, P20:113). Situationsbezogenes Agieren umfasst auch, sich für die eintreffenden Familien **Zeit zu nehmen**, diese zu begrüßen und Themen aus vergangenen Gesprächen nachzufragen. Dabei ergeben sich möglicherweise neue Themen und Anlässe (B27:17, N11:19, P11:50). „Es ist sehr offen hier, und wir gehen auch sehr situationsbezogen vor. Das ist auch ein großer Vorteil" (P02:41). Es wird deutlich, dass ein flexibles Reagieren und Aufgreifen der Situationen grundlegend ist, um eine Atmosphäre des Wohlfühlens für alle Nutzer_innen zu gestalten (P22:98). „Der Situationsansatz, dass wir gucken: ‚**Was wollen die Familien?**' Und wenn eine Familie hierherkommt, und wir haben Bastelnachmittag, und die wollen nicht basteln, sondern reden, oder die wollen einfach mal, dass man das zweite Kind, weil die mit drei Kindern hierherkommt, mal mit schunkelt, dann machen wir das, statt zu malen. Und das passt, glaube ich, ganz gut zu den Bedürfnissen" (P22:163). Wenn dann aber Familien explizit aufgrund des besagten Bastelangebots in das Familienzentrum kommen, ist ein Abwägen des Handelns erforderlich, um diese unterschiedlichen Bedarfe aufzugreifen (B34:7). Zudem kann es sein, dass ein Angebot geplant ist und eine Familie einen akuten Beratungsbedarf äußert, aber keine weiteren Mitarbeiter_innen anwesend sind. Somit ist eine **Balance zwischen den Rahmenbedingungen und Interessen der Familien herzustellen** (B36:11, N14:15).

„Dann war sie sogar einmal im Bällebad mit drin" (N05:29) beschreibt eine Mutter die Gestaltung einer offenen Gruppe durch die Mitarbeiterin. Dies umfasst, auch hier flexibel zu sein hinsichtlich der Gestaltung von Angeboten und eines offenen Umgangs damit (PN02:93, PN01:57, B07:9, P13:20).

Zudem wird das bedarfsorientierte Agieren durch die Interaktionen in den Familienzentren deutlich. Bedarfsorientierung meint in diesem Kontext, die Interessen der Familien interaktiv aufzugreifen. Die zugrunde liegenden Interessen können wiederum sehr unterschiedlich sein. So werden die im Familienzentrum Menschenskinder verabredeten Familien durch die Mitarbeitenden begrüßt und können in den Räumen ihre Zeit verbringen (B34:9).

In **bedarfsorientierten Interaktionen** ist es zudem wichtig, aufmerksam zu sein, um die Bedarfe und Themen der Familien identifizieren zu können. Dies bezieht sich auf das Wahrnehmen eines passenden Zeitpunkts für das Ansprechen von Themen oder das Verweisen auf andere Angebote (B33:7, P22:99). „Man muss auch flexibel sein [...], auch im offenen Bereich, da muss man improvisieren, weil plötzlich doch alles anders ist" (P09:73). Dies ist ebenfalls in den Bildungsangeboten des Familienzentrums Mehringdamm wichtig. Am Kreativtisch erhalten die Kinder die jeweils passende Unterstützung (B06.12, B15:7). Gleichzeitig bezieht dies die Aufenthaltsgestaltung für die Eltern mit ein. Durch die Identifikation, einen Raum für Begegnung haben zu wollen, entwickeln sich dann weitere Voraussetzungen, wie ein Kuchenangebot und Rezeptaustausch im Familienzentrum HAUS (P18:57). Je nach Fähigkeiten werden entsprechende Hilfestellungen gegeben (B15:8, B06:21). Auch an den Pausen, die für die Abstimmung der nächsten Vorgehensschritte genutzt werden, wird die bedarfsorientierte Interaktion deutlich (B20:21). Insbesondere bei den Schulprojekten im Familienzentrum HAUS möchten teilweise die Kinder, dass die Gruppenzusammensetzungen geändert werden. Hierbei muss im Team darüber entschieden werden, inwieweit solchen Bedarfen im Gesamtkonzept entsprochen werden kann (B20:24f). „Und dass wir uns zu Beginn immer in einen Kreis setzen und die Selbstbestimmung versuchen mit einzubauen und fragen: ‚Was wollt ihr denn jetzt spielen und was habt ihr denn jetzt für ein Ziel für den Tag?' " (P11.80).

In den Gruppen ist es wichtig, auch darauf zu achten, was **die Kinder gern machen wollen**: Wenn sie zum Beispiel spielen möchten, ihnen dann auch entsprechend Zeit dafür zu lassen (B09:21, B16:16). „Gleichzeitig konnte man auch mit den kleineren Kindern andere Sachen machen" (N05:20). Zudem werden die Erfahrungen und Anregungen der Eltern mit einbezogen (B36:17). „Also, sie achten schon auf die Zeit, aber wenn die Kinder toll mit etwas spielen, dann lassen sie auch die Zeit" (N08:79). Dies kann Auswirklungen auf das Zeitmanagement haben (P12:54). „Wir gucken, wie die Stimmung ist, und da entwickelt sich gemeinsam das Spiel. Wir gucken, wie die Empfindungen der Kinder sind und gehen darauf ein" (P11:80).

4.2.2.4 Beobachtung

Ein weiteres methodisches Element umfasst das Beobachten der Kinder. Beobachtungen werden von den Mitarbeiter_innen als Instrument sowohl im offenen Bereich als auch in Angeboten eingesetzt, um Ressourcen zu identifizieren und

Bedarfe zu ermitteln. Im Familienzentrum Mehringdamm wurde auf der Grundlage des Early-Excellence-Ansatzes ein **systematisiertes Beobachtungsverfahren** für das Familienzentrum entwickelt. Familien, die regelmäßig das Familienzentrum besuchen und deren Kind zu mindestens einem Mitarbeitenden eine tragfähige Beziehung aufgebaut hat, wird die Möglichkeit einer Beobachtung und eines daraus entwickelten individuellen Angebots offeriert (P08:38). „Wir können nur die Kinder beobachten, die wir schon eine Weile kennen, zu denen wir schon ein bisschen Beziehung aufgebaut haben. Das ist schon eine Voraussetzung" (P01:27). Wenn die Eltern zustimmen, wird das Kind im offenen Bereich beobachtet. Über diese Beobachtungen tauschen sich die Mitarbeiter_innen im Team aus. Daraus wird dann ein individuelles Angebot für das Kind entwickelt, umgesetzt und dokumentiert. Anschließend erfolgt ein Gespräch mit den Eltern „darüber, was wir gesehen haben, und [wir, S. H.-B.] erstellen auch Situationsbücher" (P01:38) in denen das individuelle Angebot dokumentiert wird. Die Eltern und Kinder fühlen sich wertgeschätzt und sind stolz auf ihre Bücher (N01:116, B05:28). „Die werden dann hier ausgestellt [...] also, es wird positiv formuliert und nach den Stärken des Kindes und eben dem Situationsansatz, wo sich dein Kind gerade befindet. Und eben ohne Bewertungen, schon sehr positiv" (N01:113ff). Zudem wird ihnen der dahinterliegende Ansatz erläutert. „Das kommt bei den Eltern auch sehr gut an. **Die Eltern fühlen sich dadurch sehr wertgeschätzt**" (P01:32). Während des Gesprächs berichten die Eltern von ihren Erfahrungen und Beobachtungen des Kindes im Alltag (P01:30). **Zugleich verändern sich die Interaktion der Eltern und Mitarbeiter_innen hinsichtlich eines intensiveren Austausches über das Kind** (P09:107).

Neben dieser konzeptionell verankerten Beobachtung im offenen Bereich werden diese auch in Angeboten eingesetzt. Um unter anderem dieses Element zu fokussieren, wird im Familienzentrum Mehringdamm das feste Eltern-Kind-Bildungsangebot ‚Gemeinsam Aufwachsen' angeboten. Neben dezidierten Beobachtungen und dem Austausch der Teilnehmenden darüber lernen diese den Early-Excellence-Ansatz und dessen Prinzipien kennen. In dem Angebot ‚FuN Baby' im Familienzentrum HAUS ist die Beobachtung ebenfalls sehr zentral. Die Kinder werden von den Eltern und Mitarbeitenden in ihren jeweiligen Reaktionen und Umgang mit verschiedenen Anregungsmaterialien beobachtet (B18:13). Dabei tauschen sie sich über die jeweiligen Beobachtungen aus **und lernen somit die Stärken und Fähigkeiten ihres Kindes kennen** (B18:14, N11:61). Die Beobachtung als fest integriertes methodisches Element fokussiert somit die Elternbildung.

Daneben dienen unstrukturierte Beobachtungen dazu, mit Nutzer_innen ins Gespräch zu kommen. Durch einen auf Beobachtung beruhenden **stärkenorientierten Gesprächsanknüpfungspunkt** können Perspektivwechsel angeboten und der Beziehungsaufbau unterstützt werden. So lässt sich im Familienzentrum HAUS eine Situation beim gemeinsamen Abendessen in der Familienküche beobachten: Ein ca. 4-jähriger Junge möchte beim Essen unbedingt auf dem Schoß des Vaters sitzen. Wiederholt verlangt er, darauf zu sitzen, und beginnt zu quengeln. Daraufhin gewährt der Vater dies seinem Sohn. Nach dem Essen fragt die Mitarbeiterin den Vater, ob er unter anderen Umständen strenger gewesen wäre. Er bestätigt dies und beschreibt, dass ihm das Quengeln in der Situation zu viel war (B17:14). Somit ist aufgrund dieser Beobachtung trotzdem ein guter Anknüpfungspunkt für ein Gespräch gegeben (P20:49).

4.2.2.5 Aktives Einbeziehen

Das aktive Einbeziehen der Nutzer_innen bildet ein weiteres methodisches Element. Umgesetzt wird dies auf verschiedenen Wegen. Zum einen wird der Einbezug daran deutlich, dass die Familien immer wieder aufgefordert werden, sich entsprechend ihrer Interessen einzubringen, wobei dies sehr unterschiedlich umgesetzt werden kann (J02:113). Das Einbringen kann über eine **Wissensweitergabe und aktive Unterstützung** erfolgen. Im Familienzentrum Menschenskinder erklärt eine Nutzerin auf wiederholtes Nachfragen anderer Interessierten die verschiedenen Trage- und Funktionsweisen von Babysäcken (B37:21). „Das ein engagierter Vater oder jemand aus dem Kiez, der dann einfach sagt: ‚Ich möchte jetzt hier mal nachmittags Trommelgruppe anbieten […] oder meine Kultur gerne weiter transportieren' " (J02:129). Diese Wissensweitergabe kann sich bis hin zur Anleitung von Angeboten entwickeln aufgrund der jeweiligen Kompetenzen. So übernimmt eine Mutter von Zwillingen im Familienzentrum Mehringdamm die Anleitung einer Zwillingsgruppe (P09:77f). Darüber hinaus werden gezielt punktuelle Unterstützungen für den Garten oder auch die Vorbereitung von Festen gesucht (B15:12). Die Familien bringen sich entsprechend ihrer Fähigkeiten ein, sei es durch das Mitbringen von Speisen, durch Besorgungen oder der Reparatur eines Stofftiers (B37:8, P22:180ff, B36:24, B24:15, PN01:79f, P22:180ff, B14:23, B16:14, P07:37). Diese Möglichkeit der Beteiligung von Nutzer_innen muss auch von den Mitarbeiter_innen gelernt werden: „dieser partizipative Gedanke dahinter" (P16:103).

Des Weiteren wird das Einbringen der Nutzer_innen moderatorisch durch **gruppenbezogene Beteiligung** ersucht. In der Familienküche werden alle in die Speisenvorbereitung durch verschiedene Aufgaben einbezogen (B17:15). Dies wird deutlich, als in der Familienküche gemeinsam nach einem Gericht zum Kochen gesucht wird. Die Frage danach wird wiederholt gestellt, und langsam setzt ein Austausch darüber ein (B17:31). In allen Angeboten gibt es verschiedene Elemente, bei denen die Eltern unterstützend aktiv werden können. Dies reicht von der gemeinsamen Frühstücksvorbereitung (B16:14, P07:37) bis hin „mal den Besen in die Hand zu bekommen" (P03:74). Auch durch solche Beteiligungsformen erleben die Nutzer_innen, dass sie und ihre Unterstützung wichtig sind (P03:74).

Eine weitere Form des Einbezugs liegt im **Einladen der Eltern** zu Abschlusspräsentationen, wie zu einem gemeinsamen Essen in der Kinderküche oder zu Theateraufführungen (P19:99, P16:100). Dies wird von den Eltern gern angenommen (P18:122).

In den Kursen ist es ebenfalls zentral, **an den jeweiligen Interessen und Ausgangslagen der Nutzer_innen anzusetzen.** Somit ist die Abklärung des jeweiligen Kenntnisstandes in den Müttersprachkursen sowie den allgemeinen Zielen und Wünschen in anderen Angeboten maßgeblich (B13:21, P03:96). Ansetzen an den Interessen der Nutzer_innen bezieht sich auch auf die Kursgestaltung (P03:75f). „Und ich finde es schon gut, wenn Leute sich einfach interessieren. Wenn sie neugierig sind und sagen: ‚Ich will was wissen' und ‚Ich will was werden' [...], die Interessen zu fördern" (P03:97).

4.2.2.6 Prozessgestaltung

Im Rahmen der verschiedenen Angebote und Kurse sind für deren Durchführung Kenntnisse über Gruppen, Gruppenprozesse sowie deren Leitung notwendig (P09:71). Dies umfasst sowohl die thematische Vorbereitung als auch Kenntnisse über die methodische Gestaltung. Dieses Wissen ist gleichzeitig grundlegend für ein aktives Gestalten der Angebote. Eine Mitarbeiterin des Familienzentrums Menschenskinder berichtet, dass in angeleiteten Gesprächsgruppen oftmals andere Themen als die eigentlich geplanten angesprochen werden. Dies müssen die Mitarbeitenden aufgreifen und moderieren, wiederum unter dem Fokus der bereits beschriebenen Elemente des Zuhörens und Situationsbezugs (P15:57). So ist neben der thematischen Gruppenplanung eine Offenheit für die aktuellen Themen der Nutzer_innen wichtig (B30:5f, B36:30, B37:10). Aktives Gestalten meint dabei die **Übernahme einer moderierenden Funktion** entsprechend des Gruppenkontextes (B17:21, P05:32). „Und die letzte dreiviertel Stunde ist dann am Tisch sitzen, Kaffee und Kuchen [...], irgendwelche Themen gibt es immer, wo man irgendetwas hat, womit man nicht so richtig klarkommt, so wie ich heute, wie das ist mit Schräglage oder wie die Kinder nachts immer schlafen oder wirklich mit der Familie, mit Besuchen, wie man das am besten regelt. Da kommt eigentlich immer etwas zustande" (N06:38). Die Themen werden „aufgegriffen und dann im Prinzip, dass jeder was sagen soll, so ein bisschen moderiert und gucken, dass alle was sagen [...] und keiner nur dauernd plappert" (P12:61ff). Ein moderatives Element ist das wiederholte Nachfragen und den dadurch bedingten Einbezug aller Nutzer_innen (B17:26). „Also, auch Sonderwünsche, da wird eben Rücksicht genommen, das finde ich toll. Das ist ja oft so, dass das nicht so ist" (PN04:40). Das Einbeziehen der Familien wird ferner daran deutlich, dass auch in Gesprächskreisen versucht wird, alle Anwesenden einzubeziehen, indem direkte Fragen an diese gerichtet werden (PN02:13). Die Anwendung von gezielten Techniken wie Irritationen durch ungewöhnliche Fragestellungen, um gewohnte Denkmuster zu provozieren, kann dabei hilfreich sein (B36:32ff). Gleichzeitig ist es wichtig, auf den Rahmen des jeweiligen Angebots zu achten, und die Zeit im Blick zu haben (B37:17f, B17:12).

Ein weiteres Prozessgestaltungselement ist das **Anregen von gemeinsamen Aktivitäten und Setzen von Impulsen**, um die Nutzer_innen selbst Ideen entwickeln zu lassen (B34:13). Solch eine Anregung erfolgt oftmals im offenen Familiencafébereich. Am Kreativtisch im Familienzentrum Mehringdamm werden die Eltern aufgefordert, ihre Kinder beim Basteln zu begleiten oder das gemalte Bild mitzunehmen (B15:7f). „Was mir gefällt ist halt, dass wir schon auch was machen müssen mit den Kindern, aber jetzt nicht so, das ist nicht so, was kann mein Baby schon. Das ist jetzt nicht so der krasse Vergleich ‚mein Baby kann schon das und dein Baby kann das noch nicht' " (N07:37), beschreibt eine Mutter des FuN-Baby-Kurses im Familienzentrum HAUS. Die Nutzer_innen nehmen solche Anregungen gern auf (B18:19).

Die Nutzer_innen berichten ebenfalls von ihren Erfahrungen und Strategien. So war in einer Eltern-Kind-Gruppe im Familienzentrum Menschenskinder ‚Aggressionen' ein Thema. Zentral war dabei die Frage, wie man Kinder in den Aushandlungen von Streitereien beteiligen kann. Eine Frau berichtet, wenn sie ihre Kinder in einem Streit trennt und jedem ein Spielzeug gibt, dass die Kinder sich dann ja nicht beteiligt haben, sondern sie wieder etwas vorgegeben hat. Sie fragt, wie sie in solchen Situationen eine Beteiligung von Kindern aussehen kann. Die Mitarbeiterin greift die Frage auf und gibt diese an die anderen Nutzer_innen weiter. Daraus entwickelt sich ein Gespräch über individuelle Entscheidungsprozesse (B36:32). „Am Anfang ist man auch selber, man mischt sich mehr ein oder ich habe bestimmt, wir machen das und machen das. Und dann muss ich mir eingestehen, man muss sich zurücknehmen" (P18:114), beschreibt eine Mitarbeiterin solche Prozessgestaltungen in Angeboten. In anderen Situationen wird deutlich, dass die Mitarbeiter_innen gezielt nachfragen und abwarten, bis Impulse von den Nutzer_innen kommen. „Dass man freundlich auf die Mütter eingeht und auch ein offenes Ohr hat und nicht immer gleich Ratschläge gibt, sondern gucken, was sie selber so für Ideen haben. Also, sie ein bisschen selber aus der Reserve locken" (P12:54). Ein weiterer Bestandteil der Prozessgestaltung liegt darin, Begegnungen zu ermöglichen (P07:11, P13:42). „Und natürlich zu gucken und die Möglichkeit zu schaffen, dass Familien sich untereinander kennenlernen und auch möglichst vielleicht irgendwann Nummern mal austauschen und ebenso auch Kontakte zu knüpfen, dass wir nicht nur die einzige Anlaufstelle sind" (P22:86).

Im Kontext solch einer Prozessgestaltung nutzen die Mitarbeiter_innen darüber hinaus die Möglichkeit, **aus eigenen Erfahrungen zu berichten.** Somit wird einerseits Akzeptanz durch die Nutzer_innen deutlich und andererseits eine zusätzliche Perspektive durch die Erfahrungswerte weitergegeben (B33:10, B05:34, P20:98, PN02:12). „Wobei das nicht ausschlaggebend ist" (P19:77), schätzt eine Mitarbeitende ein, aber sie kann auch von ihrem Sohn erzählen, „was für Fehler ich selber gemacht habe oder was ich für Beobachtungen gemacht habe" (P19:77). Teilweise werden die Mitarbeitenden aufgrund dieser Erfahrungswerte auch gezielt angefragt (PN02:57). Von den Nutzer_innen wird dies als sehr unterstützend beschrieben (B17:34). „Dass sie auch eigene Erfahrungen mit einbringen. Dass sie nicht nur außenstehend sind und den Kurs leiten, sondern die eine ist schwanger und hat auch ein Kind und die andere hat auch zwei Kinder. Weil manchmal ist es ja so, da hat man ja eine Kursleiterin, die hat noch nie mit Kindern gearbeitet" (N08:77). Dieser Erfahrungsbezug scheint die Akzeptanz der Mitarbeiter_innen zu bestärken.

Ein weiteres prozessgestaltendes Element ist das **vernetzte Arbeiten** im Stadtteil. „Dann irgendwie auch die Fähigkeit, einfach zu vernetzen, dass man eben auf der einen Seite Interesse hat, überhaupt mit anderen dort verschiedenste Themen zu diskutieren, zwischen den Gremien [...], das finde ich super wichtig, also dass man da eben auch die Bereitschaft [hat, S. H.-B.]. Ich glaube, man muss auch eine Fähigkeit haben, so mit verschiedenen Menschen dort klarzukommen, mit verschiedenen Menschen zusammenzuarbeiten. Das finde ich ist auch eine wichtige Fähigkeit, wenn man mit Familien arbeitet" (J02:107). Wie bereits dargestellt, ist hierfür ein Bekanntmachen bei den weiteren Akteuren zentral. Zudem ist es erforderlich, verschiedene Sozialdaten über das Gebiet zu recherchieren (P15:34). „Ganz genau. Und eben wirklich das Umfeld anzusprechen und zu zeigen, dass wir Möglichkeiten haben" (P15:45).

4.2.2.7 Aufmerksame Flexibilität

Neben dem Zuhören, Nachfragen und der behutsamen Kontaktaufnahme trägt ein zuvorkommendes Agieren der professionellen Akteure für die Gestaltung einer Atmosphäre des Willkommens bei. Dies äußert sich zumeist in kleinen Details, die zusammen die allgemeine Atmosphäre gestalten. „Ich fühl mich hier einfach nicht fehl am Platz und irgendwie beobachtet oder so, sondern wie bei einer guten Freundin" (N14:24). Dies wird ermöglicht durch das Willkommen heißende und zuvorkommende Agieren der professionellen Akteure (P15:63). Dies wird anhand durchdachter Angebotsgestaltungen deutlich. So ist die Kombination von Angeboten mit gemeinsamen Essen oder Getränken für die Familien zumeist sehr anziehend (P22:104). Eine **kindgerechte Vorbereitung** durch das Bereitstellen von Kinderstühlen und entsprechenden Nahrungsmitteln ist dabei ebenfalls unterstützend (B12:19, N01:63, B18:6ff, PN03:51). „Durch das Essen ist ja auch noch mal eine Auflockerung und man ist ja dann so ein bisschen in den Themen drin. Man ist dann gar nicht mehr bei dem Alltag oder dem was man mitgebracht hat" (N11:45). Dies wiederum trägt zur Entspannung der Nutzer_innen bei. Unterstützt wird dies durch eine alltagsnahe, räumliche Gestaltung. „Ich finde sowieso, dass es hier alles sehr liebevoll gemacht ist" (N01:117) mit den Fotos und Bildern an den Wänden. „Das spiegelt sich natürlich auch in der Atmosphäre wieder. Die Eltern spiegeln uns immer wieder zurück, diese familiäre, freundliche Atmosphäre, wo sie sich willkommen und wohlfühlen" (P01:39).

Das **zuvorkommende Agieren** zeigt sich bspw. auch durch das zur Seite rücken eines Stuhles, wenn eine Mutter mit Baby auf dem Arm in einer engen Situation aufstehen möchte (B33:10), dem Schaukeln des Kindes in der Babyschale, damit das Kind sich beruhigt und die Mutter sich in Ruhe anziehen kann (B33:18, B34:20, B37:5), dem Erwärmen des Babybreis (B36:25) oder das Aufhalten der Tür (N07:79, N08:91). Solche Details gestalten eine Atmosphäre des Willkommenseins (B37:15). „Ich finde die Atmosphäre sehr schön, und alle sind sehr zuvorkommend und behilflich. Sobald sie jemanden sehen mit Kinderwagen, wird die Tür aufgehalten" (N06:101).

Eine große Herausforderung können Situationen sein, wenn Familien unangemeldet zu festen, geschlossenen Angeboten erscheinen. Hierbei ist vonseiten der Mitarbeiter_innen ein „sehr aufgeschlossen[er, S. H.-B.], klar[er, S. H.-B.] und freundlicher" (N13:41) Empfang gekoppelt mit einer klaren Abwägung, ob an dieser Stelle Flexibilität angebracht ist oder nicht (B28:8, N07:28). Flexibilität ist auch erforderlich, wenn unvorhergesehene Rahmenbedingungen eine Änderung der Räume oder des Angebots erfordern (B36:13). Diese Flexibilität wird von den Familien geschätzt (B29:19, P04:21, P07:80).

Durch solch ein zuvorkommendes Agieren erfahren die Nutzer_innen Wertschätzung (P22:103). Im Familienzentrum Mehringdamm wird dies durch das Loben von Kindern am Kreativtisch oder auch im Rahmen der Teamsitzung bei der Auswertung einer Beobachtung eines Kindes, wobei ausschließlich die Stärken hervorgehoben werden, deutlich (B04:14, B05:27). Die Beobachtung nach dem Early-Excellence-Ansatz im offenen Bereich durch die Mitarbeiterinnen wird ebenfalls als Wertschätzung von diesen erlebt (B05:30).

Der Aufenthalt in den Familienzentren ist insbesondere durch die methodischen Elemente der ‚Ansprache ohne Problemfokus', des ‚Interessierten Zuhörens und Nachfragens', des ‚Situationsbezugs', der ‚Beobachtungen', des ‚Aktiven Einbeziehens', der ‚Prozessgestaltung' und der ‚Aufmerksamen Flexibilität' gekennzeichnet. Diese methodischen Elemente ermöglichen ein Willkommen heißen der Nutzer_innen. Durch neugieriges Nachfragen lernen die Mitarbeiter_innen die Nutzer_innen kennen, erfahren etwas über deren Alltag, bauen Vertrauen auf und identifizieren mögliche Unterstützungsbedarfe. Darüber hinaus gestalten die Mitarbeiter_innen im Familienzentrum so einen Ort, an dem die Nutzer_innen eine wertschätzende alltagsorientierte Unterstützung erhalten, die den aktuellen Bedürfnissen entspricht. Die beschriebenen Elemente der Prozessgestaltung bieten dafür ressourcenorientierte Anknüpfungspunkte.

Methodisches Handeln im Kontext der Aufenthaltsgestaltung im Familienzentrum

Ansprache ohne Problemfokus
⇨ um Nutzer_innen willkommen zu heißen
⇨ um Vertrauen aufzubauen

Situationsbezug
⇨ um den aktuellen Anliegen der Nutzer_innen gerecht zu werden
⇨ um Bedarfe aufgreifen zu können
⇨ um Unterstützungen zu ermöglichen

Beobachtung
⇨ um Ressourcen zu identifizieren
⇨ um Bedarfe zu ermitteln
⇨ um Kommunikation zu initiieren

Aufmerksame Flexibilität
⇨ um eine Atmosphäre des Wohlfühlens zu gestalten
⇨ Alltagsunterstützung
⇨ Wertschätzung erfahren

Interessiertes Zuhören und Nachfragen
⇨ um Nutzer_innen kennenzulernen
⇨ um Nutzer_innen mit ihrem Alltag anzuerkennen
⇨ um Unterstützungsmöglichkeiten aufzuzeigen
⇨ um Bedarfe zu identifizieren

Aktives Einbeziehen
⇨ um die Ressourcen der Nutzer_innen aufzugreifen
⇨ um Interessen und Bedarfe aufzugreifen
⇨ um Gestaltungspotentiale anzuregen

Prozessgestaltung
⇨ um allen Nutzer_innen Gesprächsbeteiligung zu ermöglichen
⇨ um Perspektivwechsel anzuregen
⇨ um Beteiligungen zu ermöglichen
⇨ um Interessen zu vertreten

Abb. 26: Methodisches Handeln im Kontext der Aufenthaltsgestaltung im Familienzentrum

An diese zentralen methodischen Elemente der Aufenthaltsgestaltung anschließend wird nun das methodische Prinzip der ‚Richtungsgestaltung' näher erläutert.

4.2.3 Richtungsgestaltung

Ein weiteres identifizierbares Arbeitsprinzip auf der Ebene des methodischen Agierens kann unter dem Begriff ‚Richtungsgestaltung' zusammengefasst werden. Im Verständnis des Aufzeigens verschiedener Richtungen werden im Folgenden die Formen und Elemente der Beratung sowie das Überleiten näher beschrieben.

4.2.3.1 Beratung

Die Mitarbeiter_innen in den Familienzentren fungieren für die Familien als Ansprechpartner_innen für Fragen und Probleme (P20:146, P21:44). Wie bereits dargestellt, werden in den Familienzentren unter der strukturellen Perspektive verschiedene Beratungen angeboten, in denen Nutzer_innen ihre Fragen anbringen können. Oftmals wenden sich die Nutzer_innen aber nicht zu festgesetzten Zeiten im Rahmen eines Beratungsangebots an die zuständigen Akteure, sondern vielmehr **im Tagesverlauf nebenbei**. Solche unplanbaren Situationen erfordern eine hohe

Sensibilität und ein professionelles Reagieren der Mitarbeiterinnen (P22:85). Ein von den Familienzentren beschriebenes Ziel umfasst die Stärkung der Familien. Somit liegt in den Arbeitsaufgaben der Mitarbeiter_innen begründet, den Familien Gesprächsbereitschaft für den Bedarfsfall zu signalisieren, in dem Wissen, dass es auch Familien gibt, die sich einfach nur ohne „pädagogischen Kommentar" (P22:97) treffen wollen. Die räumliche Aufteilung der Mitarbeiter_innen im Familienzentrum gewährleistet eine gegenseitige Unterstützung in solch einer spontanen Beratungssituation (P21:46). Durch das Erinnern der Mitarbeiter_innen an besprochene Themen und das diesbezügliche Nachfragen können sich Gesprächsbedarfe heraus kristallisieren (B27:19). Während eines Ausfluges des Müttersprachkurses erzählt ein 17-jähriges Mädchen, wie sie vier Jahre zuvor von Istanbul nach Berlin kam. Mittlerweile habe sie sich eingelebt, spricht die deutsche Sprache und fragt nach den Voraussetzungen, um Deutschlehrerin zu werden. Daran anknüpfend informiert die Kursleiterin über notwendige Abschlüsse für diesen Beruf. Es entwickelt sich eine Beratung zur beruflichen Orientierung (B24:23f). Insbesondere aus der Perspektive der Familien sind solche spontanen Beratungssituationen unterstützend. „Sie hat mich auch richtig beraten, wenn mal etwas war, dann ist sie immer ganz vorsichtig an die Sache ran gegangen und ohne, dass sie die Mutter oder die Eltern dabei verletzt" (N05:25).

Grundlegend ist sicherlich auch die Gestaltung des jeweiligen Beratungsangebots. Im Familienzentrum Mehringdamm wird eine soziale Beratung insbesondere für die Unterstützung beim Ausfüllen von Anträgen **zu einem festen, im Programm angegebenen Zeitpunkt** angeboten. Durchgeführt wird dieses Beratungsangebot von einer Frau türkischer Herkunft im offenen Familiencafébereich (B04:18). Mittlerweile sitzt eine Gruppe von Frauen, zumeist mit einem türkischen Migrationshintergrund, an diesem Tag zusammen (PN02:34). „Die haben auch mitgekriegt, es hilft wirklich mit jemandem darüber zu reden [...], aber mit wem man darüber reden kann, da war am Anfang immer die Vorsicht [...]. ‚Könnte das was mit dem Jugendamt zu tun haben oder erzählt sie das weiter?' " (PN02:59). Entsprechend klärt sie die Frauen über die Funktion des Jugendamts auf. Wenn eine Frau einen Beratungsbedarf signalisiert, klärt sie eingangs, ob dies dort im Familiencafé, in einem abgeschlossenen Raum oder draußen auf der Straße geführt werden soll (B04:19, PN02:47). Teilweise ist auch ein akutes Reagieren notwendig, bspw. wenn eine Frau ein blaues Auge hat (PN02:61). Im Familienzentrum Waldemarstraße nutzen insbesondere Frauen mit Migrationshintergrund die fest im Programm verankerten Beratungsangebote.

„Ca. 60 % unserer Besucherinnen haben türkischen Hintergrund" (P03:89). Hierbei stehen erst formale Themen und konkrete Anliegen im Vordergrund. „Und da kommen beim zehnten Mal dann auch die anderen Probleme neben den Papieren, die man ja zugeben darf" (P03:90). Im Familienzentrum HAUS wurden wiederholt Informationsabende für Eltern bezüglich des Computerumgangs von Kindern angeboten. Diese wurden nicht genutzt. Allerdings stellte sich heraus, dass Eltern verstärkt während ihres Aufenthalts im Familienzentrum grundsätzlich an dem

Thema interessiert waren und ihre Fragen nebenbei angebracht haben (B20:19). Somit wird hier der Bedarf an einer flexiblen, kurzzeitigen Beratung in Abgrenzung zu einem festen Angebot deutlich.

Ein weiterer Ort, an dem viele Fragen angebracht werden, sind die verschiedenen **Eltern-Kind-Gruppen und Bildungsangebote**. Dies können Fragen zur Entwicklung des Kindes, zum Schlafen, zur Ernährung, zu individuellen Überforderungssituationen mit Kindern oder zu alltagspraktischen Unterstützungen beschrieben werden (P09:29, P19:121, B11:24f, P09:67). Es ist wichtig, in der konkreten Situation den Familien offen zu begegnen, zuzuhören und Rückmeldungen zu geben (P19:100ff). „Meine Aufgabe ist es, Kinder und Eltern zu begleiten in dem Geschehen, ein offenes Ohr zu haben, zu versuchen, Lösungsvorschläge für das alltägliche Leben oder Probleme, die gerade da sind, versuchen auszuhelfen" (P08:35). Teilweise werden solche Fragen auch im Team besprochen (B05:39f). Des Weiteren ergeben sich viele Gesprächsanlässe beim gemeinsamen Vorbereiten, Zubereiten und Kochen in der Küche im Rahmen fester Angebote (B28:23, P19:30, P18:140). Insbesondere in den Gruppen scheint aufgrund der festen Gruppenstruktur und dem dadurch bedingten Kennen untereinander ein offener Raum geschaffen zu werden, der Beratungsfragen einbringen lässt (B09:23, B11:14). Auch in den Müttersprachkursen werden in der methodischen Gestaltung von Arbeitsaufgaben Situationen inszeniert, die für den lebensweltlichen Alltag der Familien relevant sind. „Wir thematisieren auch Alltagsleben. ‚Das Jobcenter hat geschrieben, was soll ich tun?' Oder: ‚Kannst du mir mal einen Brief schreiben?' " (P04:102).

Wie die verschiedenen Beispiele verdeutlichen, bedarf es hinsichtlich der Beratungsangebote einerseits einer Vielzahl an unterschiedlichen Zugängen, um auf vielen Wegen Zugangswege anzubieten. Darüber hinaus bedarf es aber auch im weiteren Beratungsverlauf einer großen Flexibilität. „Das Konzept entwickelt sich auch mit den Menschen [...], und das Vertrauen an die Beraterinnen ist da, dass die das schon richtig machen" (P03:87).

Ein im Kontext dieser verschiedenen Beratungssituationen eingesetztes Element ist der **Perspektivwechsel**. Dieser wird oftmals in dialogischen Situationen durch das Darstellen anderer Standpunkte angeregt (PN02:50, B24:23, B29:18). Im Familienzentrum Menschenskinder berichtet eine Mutter über einige Gespräche, die sie im Vorfeld der Geburt ihres zweiten Kindes im Familienzentrum geführt hat. Darin wurden Geschwisterbeziehungen und die Reaktionen der älteren Kinder auf ihr neues Geschwisterkind hinsichtlich einer möglichen Abgrenzung thematisiert. Sie sagt, dass sie oft an diese Gespräche denken muss und diese positiv bewertet, da sie diese Reaktion aktuell beobachtet (B37:19). Perspektivwechsel anzuregen wird einerseits durch die Gesprächsrichtungen der Mitarbeitenden möglich (B34:19). Andererseits nehmen die Mitarbeitenden eine Moderationsfunktion ein, wodurch andere Familien ihre Ansichten einbringen und somit auch einen Perspektivwechsel offerieren. Demnach ist es nicht immer hilfreich, wenn die Mitarbeitende „aus seinem eigenen Nähkästchen plaudert und sagt: ‚Probier's so, probier's so', sondern […] dass man diese Frage an andere Eltern, die anwesend sind, auch weitergibt" (P15:55).

Im Familienzentrum Mehringdamm ergeben sich im offenen Familiencafé oftmals Situationen, in denen die Mitarbeitenden mit den Familien über ihre Beobachtungen des Kindes ins Gespräch kommen (B10:14f, B15:11, PN02:66ff). Ein Beispiel: Am Kreativtisch im Familiencafé setzt sich ein kleiner Junge an den Tisch und beginnt, die Stifte auszuräumen, teilweise auf den Boden zu werfen und wieder einzuräumen. Die Mutter sagt, dass er damit aufhören soll, und fängt an, die Stifte wieder einzuräumen. Daraufhin meint die Mitarbeitende des Familienzentrums, den Jungen ruhig weiter ausräumen zu lassen, möglicherweise fängt er an zu malen, wenn alle Stifte ausgepackt sind und auf dem Tisch liegen. Es sei wichtig, den Kindern verschiedene Anregungen zu geben, sodass diese dann nach ihren Interessen entscheiden können (B15:18f). Neben diesem Perspektivwechsel werden der Mutter zugleich Informationen über die verschiedenen Entwicklungsstufen von Kindern angeboten.

In den Interaktionen in den festen Gruppen sind Perspektivwechsel ebenfalls zentral. In der Gruppe ‚Zusammen aufwachsen' im Familienzentrum Mehringdamm ist dies zugleich ein grundlegendes methodisches Element. „Die Kinder können sich selbst aussuchen, mit was sie spielen, und wir haben dann immer pro Gruppe, pro Treffen eine Beobachtungseinheit von zehn Minuten, und dann tauschen wir mit den Eltern aus, was wir beobachtet haben" (P01:29). Gleichzeitig werden in dieser Gruppe die teilnehmenden Eltern auch an pädagogische Hintergrundinformationen herangeführt (P01:30). Aber auch in anderen Eltern-Kind-Gruppen ergeben sich immer wieder Situationen, in denen Perspektivwechsel angebracht werden (P19:68). Wie in dem Bewegungskurs für Kinder, an dem teilweise auch die Eltern teilnehmen und befürchten, dass ihr Kind von einem hohen Kasten herunterfällt. „Das ist wichtig, weil ihr habt die Kinder nicht ständig im Blick, und wenn ihr auf dem Spielplatz seid, die Kinder müssen es ja lernen und Selbstvertrauen und Mut, und den Kindern was zutrauen" (P19:57). Insbesondere hinsichtlich der Entlastung der Familien kann es hilfreich sein, verschiedene Bedürfnisse transparent zu machen. So steht eine Mitarbeitende beim Eltern-Kind-Frühstück mit den ersten Kindern auf, da diese nicht lange ruhig auf ihrem Stuhl sitzen möchten. Aufgrund dieser verschiedenen Bedürfnisse, die die Mitarbeiter_innen im Blick haben, können durch solche Interventionen situationsbezogene Entlastungen initiiert werden, um auf der Erlebensseite Perspektivwechsel vorzuleben (P20:57ff).

Im Familienzentrum HAUS wird das gemeinsame Kochen in der Familienküche auch dazu genutzt, über das Einkaufsverhalten von regionalen Lebensmitteln zu berichten (B17:37). Daraus entwickelt sich ein Gespräch über gesunde Ernährung (B17:36). Auch hier wird das methodische Element der Mitarbeitenden in der Übernahme der Moderation und dem dadurch bedingten Einbezug aller Teilnehmenden deutlich (B18:30, N06:40, N11:24, P11:50).

Es wird klar, dass insbesondere in solch flexibel entstehenden Beratungskontexten die zentralen bereits beschriebenen Elemente des interessierten Zuhörens und Nachfragens einen wichtigen Stellenwert einnehmen, um das jeweilige Thema zu identifizieren. Zu Beginn des Beratungsgespräches kann es zudem erforderlich sein, die Rolle der Mitarbeiter_innen und den Vertrauenskontext zu klären. Unterstützt durch emphatische, wertschätzende Rückmeldungen, Bestärken und erforderliche Informationen fühlen die Nutzer_innen sich angenommen und unterstützt. Dabei können auch Perspektivwechsel einen wichtigen Stellenwert einnehmen.

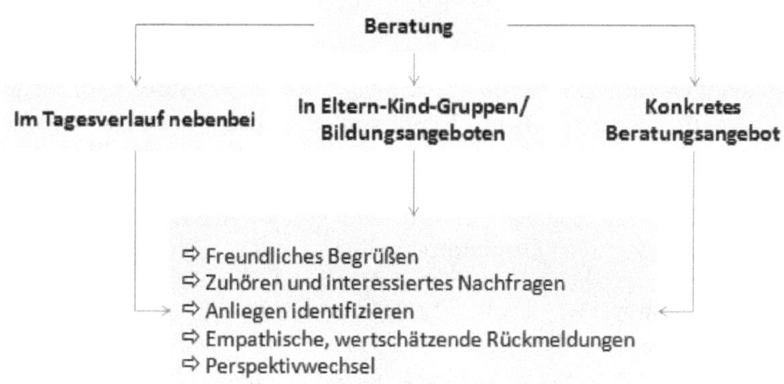

Abb. 27: Formen und Elemente von Beratung im Familienzentrum

Entsprechend dieses beschriebenen methodischen Beratungsvorgehens kann es erforderlich sein, die Nutzer_innen an weitere Akteure überzuleiten. Dies wird im Folgenden näher ausgeführt.

4.2.3.2 Überleiten

Das Überleiten in bedarfsentsprechende Angebote ist ein zentraler Aspekt des Arbeitsprinzips ‚Richtungsweiser', der in den vier untersuchten Familienzentren deutlich wird. Überleiten kann dabei differenziert werden in Angebote innerhalb des Familienzentrums sowie in Angebote von Kooperationspartner_innen. Dies wird nun näher erläutert.

Grundlegend für das Überleiten **in weitere Angebote des Familienzentrums** ist eine aufmerksame, interessierte Kommunikation mit den Nutzer_innen im Familienzentrum. Dabei wird auf aktuelle Angebote hingewiesen (B33:7, B15:17). Im offenen Bereich sind „wir Mitarbeiterinnen bspw. oft im Gespräch, wo wir überleiten in andere Angebote" (P01:44). Dieses Nachfragen und Überleiten ist insbesondere wichtig, weil durch die jeweiligen Angebote unterschiedliche Nutzer_innen angesprochen werden und nicht von vornherein klar ist, welches Angebot oder welcher Rahmen zu welcher Familie passt (P01:77, P09:46, P20:43, N01:99, B16:19, B14:25). Darüber hinaus kann in solchen Gesprächen der jeweilige individuelle Bedarf eruiert werden. Ein inoffizieller Austausch oder die Gründung einer neuen Gruppe können ebenfalls angemessene erforderliche Kontexte sein. Ein Wissen über die verschiedenen Angebote ermöglicht eine bedarfsgerechtere Entscheidung (B05:36, (P21:12, P03:83, P04:65). „Das war eine Mitarbeiterin, die mich darauf aufmerksam machte, dass es so etwas gibt“ (N06:23). Die Nutzer_innen bewerten es positiv, von solchen Projekten zu erfahren (N07:57f, B28:24). Teilweise nehmen sie sich extra Zeit, um von neuen Projekten zu erfahren (B27:13). Ausstellungen und Präsentationen einzelner Projekte dienen ebenfalls dem Nachfragen von Angeboten. Die Situationsbücher der durchgeführten Beobachtungen und der individualisierten Angebote werden im offenen Bereich ausgelegt, wodurch auch andere Eltern nachfragen, wann und ob es denn für ihr Kind auch so ein Buch geben kann. Dann wird den Eltern der Ansatz dahinter erklärt und manche lassen sich darauf ein. Dies bedeutet auch, dass die Eltern dann öfter kommen müssen, „das muss auch in ihren Tagesablauf passen und das passt nicht bei allen“ (P01:32). Zusammenfassend kann gesagt werden, dass im Rahmen eines ersten Zugangs zum Familienzentrum sich Situationen ergeben, in denen von weiteren Angeboten berichtet und bedarfsentsprechend übergeleitet werden kann (B20:22, B28:9, P18:99f, B29:11, P14:121f, B09:24, P07:69f). „Also das, was sie wirklich brauchen, ist so ein Zugang, so ein erster“ (P03:67). Somit steht auch hier wiederum das zugrunde liegende Interesse im Vordergrund. „Hier ist es schon wichtig, dass man ein Programmheft macht oder kleine Zettel“ (P12:92f), um mit den Familien auch einen Gesprächsaufhänger zu haben. Zudem werden gezielt Familien angesprochen, ob sie an einem konkreten Angebot teilnehmen möchten (B09:25). Wenn der Erstkontakt gelungen ist und die Familien ein Angebot besuchen, entsteht daraus auch zumeist die Nutzung eines weiteren Angebots (P05:98, PN01:19, PN02:93). „Ja, zu Aerobic. Oder die, die Kleinkinder haben, kamen dann zur Spielgruppe mittwochs. Und eine Frau hatte hier auch über Wellcomeprojekt[12] oder so, Kleiderkammer, oder sie bringen ihre Sachen und nähen dann selber. Und wie gesagt, wenn die Mädchen haben, Töchter haben, dass die dann auch hier herkommen“ (P07:65). Solche Personen sind dann wichtig, weil sie viele andere Personen kennen und dann von den verschiedenen Angeboten berichten können (PN01:40f). Da die Honorar- und ABM-Kräfte ebenfalls als Ansprechpartner_innen fungieren, müssen auch diese einen Überblick über die Angebote haben (B29:8, P19:122).

Neben dem Überleiten an weitere Angebote im jeweiligen Familienzentrum ist das **bedarfsentsprechende Vermitteln an Kooperationspartner_innen** zentral. Grundlegend hierfür ist die in dem vorangegangenen Kapitel zur Beratung beschriebene

12 Wellcome ist ein Projekt, in dem Ehrenamtliche junge Familien in herausfordernden Lebenslagen kurz nach der Geburt eines Kindes unterstützen.

Tatsache, dass die Mitarbeiter_innen nicht alles wissen müssen, sondern bei Bedarf an entsprechende Kooperationspartner_innen weitervermitteln (P07:47). „Man muss nicht alles wissen, aber ich muss wissen, wo kann sie Hilfe bekommen, und wohin kann ich sie weitervermitteln" (P09:47). Dies beinhaltet die Notwendigkeit eines Wissens um die verschiedenen Angebote und Möglichkeiten in einem Stadtteil (P22:86, B05:38). Insbesondere bei spezifischen Fragestellungen wird gemeinsam recherchiert, was es im „Umkreis an Einrichtungen oder Vereine, Institute gibt, wo man sagen kann, die sind jetzt speziell auf diese Sachen" (P13:20) spezialisiert. Somit wird eine passgenaue Unterstützung ermöglicht, die von den Familien sehr geschätzt wird (P13:22, N06:92). Dieses Weitervermitteln ist auch wichtig bei Familien, die eher als schüchtern, zurückhaltend und möglicherweise als schwer erreichbar beschrieben werden. Hierbei ist wiederum diese persönliche Empfehlung entscheidend (PN02:55).

Teilweise werden in den Kursen weitere Akteure eingeladen, um aus ihrem Handlungsfeld und von ihren Angeboten zu berichten (P04:93, P03:80, P04:138f). „Wenn eine Mutter fragt: ‚Mein Kind interessiert sich für Fußball', sie weiß nicht genau, wo sie sich wirklich, wo sie das Kind, das Mädchen anmelden kann, und dann geben wir halt Wege, zeigen, sagen einfach: ‚Ja, du könntest das Kind dort melden' " (P21:104). Je nach Anliegen und Bedarf werden die Familien entsprechend weitervermittelt (P05:137). Im Familienzentrum HAUS wird ebenfalls zu unterschiedlichen Momenten deutlich, dass von den vielfältigen Angeboten im Familienzentrum sowie den Veranstaltungen im Stadtteil berichtet wird (B17:22). Dadurch werden die Familien angeregt, ihren Stadtteil durch solche Veranstaltungen kennenzulernen (B17:23).

Des Weiteren ist es unterstützend, das Berichten über die Angebote mit einem Flyer zu veranschaulichen. „Da liegen ganz viele, aber trotzdem bist du nicht überall am Gucken. Und gestern haben den zwei Mütter mitgenommen, weil wir davon erzählt haben, dass die Person, die das durchführt, bei uns war und das Projekt hier vorgestellt hat, und dass wir das ganz toll fanden" (P22:133), berichtet eine Mitarbeiterin aus dem Familienzentrum Menschenskinder. „Manchmal, wenn ich mit einer Mutter rede und dann frage, wie es ihr so geht, dann fängt sie an: ‚Ach ja, mein Freund, mein Kind macht gerade Stress und ich weiß nicht, wie ich damit umgehen soll.' Dann versuche ich halt, mein Wissen ein Stück weit weiterzugeben. Wenn ich merke, das braucht mehr Zeit, dann sage ich, dass wir im Haus auch eine Erziehungs- und Familienberatung haben. Dass man sie darauf aufmerksam macht" (P08:49). Die Kooperationspartner_innen sind in den Familienzentren sehr unterschiedlich. Zentral können für diese vier Familienzentren Kooperationspartner_innen mit Beratungsangeboten beschrieben werden. Für das Familienzentrum Mehringdamm liegt eine wichtige Überleitung von Familien in die gelbe Villa, in der insbesondere Angebote für ältere Kinder, die die Schule besuchen, umgesetzt werden. Da die gelbe Villa fußläufig erreichbar ist, kann dies insbesondere für Familien mit mehreren Kindern interessant sein (B01:26, PN02:69).

In diesem Kapitel wurde deutlich, dass das methodische Handeln und die darin verankerten Techniken und Verfahren der professionellen Akteure einen zentralen Stellenwert einnehmen, um der Arbeit in einem Familienzentrum gerecht zu werden. Diese reichen von der Empfangs- über zur Aufenthaltsgestaltung bis hin zur weiteren Richtungsgestaltung. Dabei sind die einzeln beschriebenen methodischen Prinzipien nicht unbedingt in dieser chronologischen Reihenfolge voneinander abgrenzbar, sondern erfordern vielmehr eine kontinuierliche Flexibilität und Transparenz der professionellen Akteure.

Im dritten Abschnitt der Ergebnisdarstellung der empirischen Untersuchung wird nun der Nutzen der Familienzentren beleuchtet.

4.3 Was ist der Nutzen der Familienzentren?

Neben der konzeptionell-strukturellen und methodischen Beschreibung der Familienzentren liegt dieser empirischen Erhebung die Frage nach dem Nutzen derselben zugrunde. Grundsätzlich kann an dieser Stelle festgehalten werden, dass die in dieser empirischen Untersuchung befragten Nutzer_innen aller vier untersuchten Familienzentren beabsichtigen, diese auch zukünftig zu nutzen. Diese Kontinuität wird auch durch die teilnehmenden Beobachtungen und Aussagen der professionellen Akteure ersichtlich (B33:12, N13:31, B21:12, B28:11, N06:99, P18:134, B09:31, P07:80, N06:16, P18:18). „Erst mal finde ich es toll, dass es hier überhaupt so etwas gibt“ (N09:42). Daneben zeigen verschiedene Sequenzen, dass sich die Nutzer_innen bei Mitarbeiter_innen der Familienzentren bedanken, bspw. am Ende eines Bildungsangebots mit einem Blumenstrauß (P20:56) oder durch Nachfragen: „Viele Frauen, wenn sie mich sehen: ‚Ah, wo bist du denn? Wir warten auf dich ‘“ (PN02:33). Somit wird allein auf Grundlage dieser Aussage deutlich, dass der Besuch des jeweiligen Familienzentrums den Nutzer_innen etwas ‚bringen‘ muss. Entsprechend wird nun im folgenden Abschnitt der Fragestellung nachgegangen: Was ist der Nutzen der Familienzentren? Dabei lassen sich Nutzenaspekte im Hinblick auf die Stadtteilgestaltung, den Jugendhilfekontext und die Familienunterstützung identifizieren.

4.3.1 Stadtteilgestaltung

Durch die Befragten wird neben einem Nutzen für die verschiedenen Akteure in den Familienzentren zudem ein Nutzen für den Stadtteil deutlich. Dieser bezieht sich in allen vier Familienzentren auf die **Gestaltung eines familienfreundlichen Stadtteils** (P09:29). Die Nutzer_innen erleben, dass im Stadtteil das Thema ‚Familie‘ wichtig ist. Dies wird zum einen mit der Existenz der Familienzentren begründet. Zum anderen erfahren die Nutzer_innen in den Familienzentren von vielen weiteren Angeboten für Familien im Stadtteil und von Kooperationspartner_innen. Diese vielfältigen Angebote spiegeln ein Interesse an Familien wider. Dies bestärkt Nutzer_innen, dort weiterhin wohnen zu bleiben (P09:94). „Für diesen Bezirk, diesen Stadtteil, ist es eine richtige Anlaufstelle“ (PN01:73). Des Weiteren ermöglichen die Familienzentren, dass Familien sich im Stadtteil begegnen, also dass die

Nachbarn sich kennenlernen (P09:98, PN03:77, P14:175). Durch die konzeptionelle Gestaltung der Familienzentren werden Begegnungen ermöglicht. Das Sehen und erste Gespräche verschiedener Nutzer_innen im Familienzentrum tragen dazu bei, dass sie sich auf der Straße wiedererkennen, grüßen und ansprechen. Andere Nutzer_innen, die sich aufgrund der wohnortlichen Nähe vom Sehen her kennen, kommen im Familienzentrum ins Gespräch. Dies unterstützt ebenfalls eine Verbundenheit der Familien mit dem Stadtteil. Für eine Frau ist dies ein wichtiges Kriterium, im Stadtteil zu bleiben. „Wenn wir dann wegziehen, dann weiß ich auch nicht, was das bedeutet" (PN01:75). Demnach besteht ein Nutzen für den Stadtteil in dem Erhalt und der Förderung nachbarschaftlicher Strukturen und dem dadurch bedingten Wohlbefinden der Familien.

Der Nutzen der Stadtteilgestaltung wird zudem durch die **Vernetzung** von Angeboten und der Installation von Netzwerkrunden professioneller Akteure rund um die Themen der Familien bestärkt (P21:28). Dies umfasst Akteure wie Kitas, KJGD, Schule, Jugendamt und viele weitere. Durch den regelmäßigen strukturierten Austausch dieser Akteure können einerseits bedarfsentsprechende Angebote für Familien entwickelt werden. Andererseits trägt diese grundlegende Infrastruktur dazu bei, dass Familien im Bedarfsfall aufgrund des bestehenden Wissens übereinander schnell unterstützt werden können. Dies wiederum ist ein weiteres, wichtiges Kriterium für einen familienfreundlichen Stadtteil (P18:92). Die Familienzentren zeichnen sich dadurch aus, dass Möglichkeiten der Begegnung, Bildung und Beratung vorbehalten werden, die sich im Konkreten an den Bedarfen des Stadtteils orientieren und je nach Bedarf von den Familien entsprechend genutzt werden können (J_03:23, P22:69, B04:7, P21:36).

4.3.2 Jugendhilfekontext

Neben der Stadtteilgestaltung wird zudem ein Nutzen im Jugendhilfekontext auf verschiedenen Ebenen identifizierbar. Als sehr zentral beschreiben die professionellen Akteure, dass die Nutzer_innen im Familienzentrum **Kenntnis über die Aufgaben des Jugendamts** erhalten. Nach wie vor scheinen einige Nutzer_innen zu befürchten, dass aufgrund der Suche nach Unterstützung beim Jugendamt von diesen die Kinder aus der Familie herausgenommen werden (J02:77). „Man hatte nur im Prinzip im Kopf, das Jugendamt ist dafür da, um die Kinder wegzunehmen. Aber wie viele Hilfsmöglichkeiten es vom Jugendamt, also die positive Seite, die haben wir nicht erkannt" (PN03:41). Daher ist es wichtig, den Familien die Aufgaben eines Jugendamts zu vermitteln und gleichzeitig die bestehenden Ängste zu nehmen (J02:79). Gesprächsanlässe für solche Informationen bieten sich bei Fragen nach der Finanzierung des Familienzentrums oder im Austausch über die Kenntnis über das Familienzentrum an (N14). Viele Nutzer_innen erfahren beim Erstbesuch des Kinder- und Jugendgesundheitsdienstes vom Familienzentrum, wodurch auch ein Anknüpfungspunkt über die Aufgaben des Jugendamts gegeben ist (N14:39ff, PN03:42ff).

Des Weiteren wird das **Familienzentrum als ein niedrigschwelliges, präventives Angebot** betrachtet. Insbesondere durch Kooperationen mit dem regionalen Sozialen Dienst des Jugendamts können bedarfsentsprechende Themen einer Region aufgegriffen werden (JA02:25). Daneben installieren Familienzentren gezielt Angebote, um Familien zu erreichen, „die nicht mal in solche Häuser kommen würden“ (P12:74). Aufgrund des meist vorhandenen Kontakts vom Kinder- und Jugendgesundheitsdienst oder Hebammen zu diesen Familien übernehmen diese den Erstzugang. Durch die Teilnahme an Eltern-Kind-Bildungsangeboten wie PEKiP oder FuN-Baby kann möglicherweise einer Familienhilfe vorgebeugt werden (P12:78). Zudem sind auch konkrete **Kooperationen bzw. Übergangsgestaltungen** mit weiteren Angeboten der Kinder- und Jugendhilfe möglich. Im Gebäude des Familienzentrums Mehringdamm ist im ersten Stock die Erziehungs- und Familienberatungsstelle des Bezirks ansässig. Durch diese kurzen Wege können Modelle entwickelt werden, wie bspw. die Fortführung von Treffen zweier Elternteile mit dem Kind nach einem begleiteten Umgang in den öffentlichen und doch geschützten Räumen des Familienzentrums (B05:42f, B26:16, P20:97). Gleichzeitig kann es für die Kontaktaufnahme mit dem Jugendamt unterstützend sein, wenn die Familien die zuständige Mitarbeiterin im Familienzentrum bereits gesehen haben (PN01:62). Des Weiteren fragen Eltern Kooperationen oder weitere Angebote im Familienzentrum gezielt nach. Eine Mutter hätte im Familienzentrum HAUS gern ein hortähnliches Betreuungsangebot nach der Schule, da sie mit dem in der Schule nicht zufrieden sei. Zudem geht ihr Sohn gerne in das HAUS (B27:18). In drei Familienzentren gibt es Kooperationen mit Tagesmüttern, die entweder eine offene Eltern-Kind-Gruppe oder die Räume des offenen Bereichs im Familienzentrum nutzen (B03:21). Das Familienzentrum Menschenskinder wurde bspw. von jungen Müttern einer Wohngruppe genutzt. Hierfür gab es eine gezielte Vereinbarung zwischen den Trägern (P22:145).

Es wird deutlich, dass die Kooperationen bzw. Übergänge mit anderen Bereichen der Kinder- und Jugendhilfe sich sehr synergetisch bedarfsentsprechend gestalten. Durch solche flexiblen Strukturen können Nutzer_innen passgenauer mit Angeboten unterstützt werden. Darüber hinaus werden für die Nutzer_innen niedrigschwellige Ermöglichungs- und Ausprobierkontexte entwickelt und gestaltet.

4.3.3 Familienunterstützung

In diesem Abschnitt werden die verschiedenen Nutzendimensionen beschrieben, die für die Nutzer_innen deutlich werden. Im Konkreten wird einleitend die Nutzungsintensität beschrieben. Daran anschließend folgt die Darstellung der zentralen Nutzenaspekte Entlastung, Alltagsgestaltung und Individualentwicklung.

4.3.3.1 Nutzungsintensitäten

Ein Indikator für den Nutzen kann in der Nutzungsintensität gesehen werden. In den empirischen Daten werden verschiedene Aussagen zur Intensität der Nutzung der Familienzentren durch die Familien beschrieben. Zumeist besuchen die befragten Nutzer_innen ein Familienzentrum. Einige wenige nutzen mehrere Familienzentren. Darunter sind auch MAE-Kräfte zu nennen, die insbesondere in der Freizeit andere Familienzentren besuchen. Aus Sicht des Jugendamts ist dies durchaus positiv zu bewerten aufgrund der Tatsache, dass die Nutzer_innen dadurch ihren unmittelbaren Stadtteil verlassen und andere Gegenden kennenlernen (J03:52).

Für die Familienzentren Menschenskinder und Mehringdamm wird beschrieben, dass viele Nutzer_innen **sowohl verschiedene Angebote als auch den offenen Bereich** des Familienzentrums nutzen (B33:9, B35:7f, N12:36, PN02:37). So gibt es Nutzer_innen, die „fast jeden Tag" (B34:11, N01:61) kommen, andere „zweimal, manchmal dreimal die Woche" (N14:28). Eine Mutter beschreibt: „Ich würde jeden Tag kommen, aber ich schaff das nicht mit dem Haushalt, und wenn die dann noch Hausaufgaben haben, dann ist das schon ein bisschen stressig" (N12:29). Daraus ergibt sich, dass „die Umgebung schon sehr gewohnt" (N01:91) für die Familien ist. Andere Nutzer_innen, schauen kurz rein und gehen dann wieder (B34:15, N13:48). Insbesondere **durch das Knüpfen erster Kontakte und daraus resultierender Verabredungen kann sich die Nutzungsintensität erhöhen** (B33:12, N12:36, PN02:37). Im Familienzentrum Mehringdamm nutzen viele Eltern und Großeltern mit Kindern insbesondere im Kitaalter das offene Familiencafé am Nachmittag (B04:6, B06:14, B04:27, B10:9, B15:10). Teilweise besuchen die Familien seit mehreren Jahren das Familienzentrum (N12:13). „Es gibt Familien, die kennen sich, also die kommen **jahrelang** her. Schon bei dem ersten Kind und bei dem zweiten Kind usw. Das sind solche Stamm-Eltern" (P21.30). Für die Besuche mit jüngeren Kindern werden vermehrt die Vormittage genutzt (N12:15, N02:26). Des Weiteren gibt es Nutzer_innen, die regelmäßig Beratungsangebote in Anspruch nehmen (B26:11).

Die Nutzung des offenen Familiencafés scheint nach Aussage der Befragten **wetterabhängig** zu sein. Bei schönem Wetter werden vermehrt Spielplätze und Parks aufgesucht (N10:17), bei Regen eher das Familienzentrum (P19:119). Dies kann dazu führen, dass die Einrichtungen teilweise sehr voll sind (P08:25).

Bezüglich der Nutzungsintensität wird von den Befragten der Familienzentren Mehringdamm und Menschenskinder beschrieben, dass der passende Zeitpunkt für die Nutzung wichtig ist. Eine Mutter berichtet, dass ihr Sohn in den ersten Monaten viel schlief und sie daher kein Angebot besuchte (N14:55). Eine andere beschreibt, dass sie sich bei ihrem ersten Besuch mit ihrem drei Monate alten Kind und einer Freundin nicht wohlgefühlt hat, da solch ein öffentlicher Raum für sie noch nicht passend war (N02:18f). Mit ihrem fast einjährigen Sohn besuchte sie das Familienzentrum ein weiteres Mal (N02:20). „Und jetzt sind wir mindestens zwei Mal die Woche hier" (N02:24). Demnach ist **der individuelle passende Zeitpunkt** wichtig und entscheidend für die Nutzung der Familienzentren, insbesondere in den ersten Monaten, wenn der Schlaf- und Essensrhythmus der Kleinen noch vordergründig ist (N10:46). Hierbei wird einmal mehr die Notwendigkeit einer offenen Struktur zur individuellen Nutzung durch die Familien deutlich (N10:28).

Im Familienzentrum HAUS gestaltet sich die Nutzung aufgrund des Rahmenangebots etwas anders. Vormittags finden im HAUS insbesondere Projekte für Schulklassen statt, wobei teilweise die Kinder das Familienzentrum bereits kennen (B20:12). Daneben werden auch Eltern-Kind-Gruppen angeboten. In der Nachmittagszeit wird das Familienzentrum aufgesucht, wenn die Kinder Kurse und Angebote besuchen (B27:13, N06:20). Die Eltern treffen sich während der Kurszeit im Elterncafé. Daraus ergibt sich ebenfalls eine häufigere Nutzung des Familienzentrums (PN04:44, P11:22).

Die Angebotsstruktur des Familienzentrums Waldemarstraße ist primär geprägt durch verschiedene Angebote, da aufgrund der räumlichen Gegebenheiten kein frei zugänglicher offener Cafébereich vorhanden ist. Dafür werden Angebote bereitgehalten, die durch eine offene Struktur ohne erforderliche Anmeldung gekennzeichnet ist. Somit sind auch hier einige Stammbesucher sowie Nutzer_innen, die mehrere Angebote nutzen, identifizierbar (B11:13, N05:31, B11:17, N04:15ff, N05:40). „Alle Kurse sind sehr gut besucht" (P13:69).

In der folgenden Abbildung sind diese Nutzungsintensitäten noch einmal zusammen gefasst.

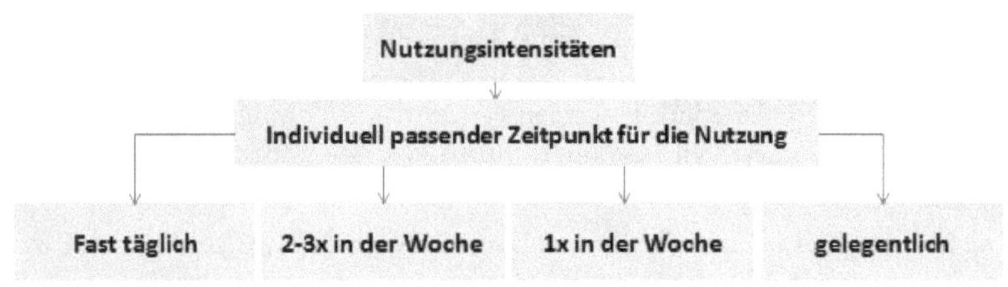

Abb. 28: Nutzungsintensitäten in den Familienzentren

4.3.3.2 Entlastung

Entlastung durch den Besuch eines Familienzentrums zu erfahren, ist der am häufigsten in der empirischen Untersuchung benannte Nutzen. Die Aussagen lassen sich in eine räumliche, materielle und individuelle Entlastung unterscheiden. Diese werden im Folgenden näher beschrieben.

Räumliche Entlastung

Die Raumnutzung in den Familienzentren wird als zentraler entlastender Nutzen wahrgenommen und in allen vier untersuchten Familienzentren deutlich. Raumnutzung meint in diesem Kontext das **Aufhalten in den Räumlichkeiten des Familienzentrums.** Entsprechend der individuellen Bedarfe werden unterschiedliche Nutzungssituationen sichtbar. Einige Nutzer_innen schauen sich mit dem

Kind ein Bilderbuch an (B34:7ff), Kinder sitzen an den Tischen und machen ihre Hausaufgaben, Erwachsene lesen in der Zeitung, andere Kinder spielen (B30:10, P20:131, B28:20). Zusätzlich intensiviert wird die Raumnutzung an den kühlen und verregneten Tagen (N02:36, N10:17, N12:25). „Gerade in den Wintermonaten ist es ja auch so, dass man nach solchen Gelegenheiten sucht, wo man ein bisschen entspannen kann, die Kinder haben was zum Spielen und sie treffen auf andere Kinder" (N09:17). Diese entlastende Funktion durch die Raumnutzung wird auch in der Aussage: „Ist ja fast mein zweites Zuhause" (B04:9) deutlich. Die Raumnutzung kann ferner mit der Intention, Wartezeiten zu überbrücken, erfolgen. Dies ergibt sich durch das Warten auf einen Kursanfang oder einen anderen Termin, wofür sich das nach Hause Gehen nicht lohnt (B34:22). „Und wir haben auch immer, dass Eltern kommen mit Kindern, um Wartesituationen zu überbrücken" (P15:67). Durch eine räumliche Nähe zu einer Bildungsinstitution wird dies unterstützt.

Eine weitere Dimension ist das Mieten der Räume für private Feiern (P22:58). „Also, man kann es dann so öffnen, wie man es möchte für seine Gäste. Das fand ich sehr toll" (N01:30), beschreibt eine Mutter den Kindergeburtstag im Familienzentrum. Andere Familien fragen nach Räumen, da sie selbst eine Gruppe gründen möchten. Oftmals sind das interkulturelle Gruppen, die ihre Erstsprache und Kultur pflegen möchten (P15:69). Aber auch Selbsthilfegruppen nutzen die Räume. „Ganz viele, die auch die Möglichkeit haben, sich hier zu treffen" (P09:105).

Aufgrund des fehlenden offenen Bereichs im Familienzentrum Waldemarstraße lassen sich für dieses Familienzentrum zum einen Raumnutzungen für selbst organisierte Gruppen beschreiben. Zum anderen wird gleichzeitig deutlich, dass die Familien im Anschluss an einen Kurs weiter in den Räumen bleiben, sofern diese zur Verfügung stehen (B16:29).

Neben dieser alleinigen Raumnutzung im Sinne eines Ortes, an dem die Familien sich aufhalten können, werden alle Familienzentren **als Treffpunkt** genutzt. Oftmals verabreden sich die Familien gezielt für ein Treffen im Familienzentrum (B34:11, N01:53, N11:21, P18:50). Einige Familien haben sich über Kurse im Familienzentrum kennengelernt (B36:11, B37:12, P15:67, P11:56, B04:8, N12:34, P09:47, P21:54, B11:12, B07:23). „Ich finde das Ungezwungene hier gut [...]. Meistens haben grade wir drei hier so den Montag, dass wir wissen, wir sehen uns hier, können uns zwanglos unterhalten und einen Kaffee trinken, ohne dass man sich zufällig nur über den Weg läuft" (N14:48). Oft spielen die Kinder, und die Eltern unterhalten sich. Einige bringen sich ein Stück Kuchen oder Kekse mit (B34:19). Die Familienzentren bieten aus Elternperspektive einige Vorteile gegenüber anderen Treffpunkten, und zwar, **„dass man da eben noch mal sehr intime Räumlichkeiten hat, die auf Familien- und Kinderbedürfnisse zugeschnitten sind, ohne dass man viel Geld zahlen muss oder es dreckig oder laut ist**" (P15:67). Gleichzeitig sind solche Verabredungen insbesondere, wenn man sich im Familienzentrum kennengelernt hat, dort passender als in der eigenen Wohnung. „Das ist eben ein neutraler Treffpunkt. Das ist nicht zu Hause, nicht mit Kindern im Wohnzimmer“ (N01:54). Dieser neutrale Ort als Treffpunkt übernimmt somit eine entlastende Funktion, insbesondere, wenn der eigene Wohnraum nicht entsprechende Platzkapazitäten vorzuweisen hat (N01:55, P08:18, P16:96). „Sie kommen hier her, weil sie sich zu Hause nicht besuchen dürfen, können, wollen. Das beschränkt sich halt auf die Freundschaft hier im Familienzentrum. Es ist halt unkomplizierter, sich hier zu treffen, als alle zu sich nach Hause einzuladen mit den ganzen Kindern, und was sagt der Ehemann dazu, wenn so viele Frauen in die Wohnung kommen, und was sagen die anderen Ehemänner [...], und hier wissen die Ehemänner, dass die Frauen im Familienzentrum sind. Das ist eine Einrichtung, wo überwiegend Frauen sind mit ihren Kindern, das tut meinen Kindern gut und deswegen sagt er nichts dagegen“ (P08:59). Auch hierbei wird die entlastende Funktion durch die Raumnutzung deutlich. Aus Sicht der Mitarbeiter_innen ist dieses räumliche Entlastungsangebot grundlegend für Begegnungen und damit verbundenen weiteren Nutzenaspekten. „Wenn sie einen Raum haben, wo sie sich treffen, wo sie sich hintrauen, dann gibt es Begegnung auch, und wenn man ein bisschen den Draht schafft für die erste Begegnung, [...] zweimal, dreimal und beim fünften Mal spricht man miteinander auch kulturübergreifend“ (P03:81). Die konkrete Gestaltungshoheit liegt bei den Familien (PN01:20).

Materielle Entlastung

Ein weiterer in den vier untersuchten Familienzentren identifizierbarer Nutzen besteht in der materiellen Entlastung. Zum einen zeigt sich die materielle Entlastung darin, dass die Familien **eigene Getränke und Speisen mitbringen** können und somit nichts im Familienzentrum erwerben müssen (P15:67, J02:67, B34:11, P09:49, P19:114). „Die Preise sind nicht so hoch, und man kann sich auch etwas mitbringen. Man ist ja nicht gezwungen, die Dinge hier zu kaufen [...], dann wird auch nicht komisch geguckt. Es gibt auch Familien, die hier ein Picknick auftischen“ (N01:103). Zudem ist es aber von Vorteil, dass man auch etwas erwerben kann, wenn man mal etwas vergessen hat (N10:29). Dies ist insbesondere im Vergleich mit kommerziellen Familiencafés ein deutlicher Vorteil (N02:30). Zum anderen besteht eine materielle Entlastung in den **kostengünstigen bzw. kostenfreien Angeboten** (B28:13, N07:17, N08:22, P12:21, P11:57). Insbesondere in den ersten Wochen nach der Geburt eines Kindes kann dies wichtig sein, wenn der finanzielle Rahmen noch nicht geregelt ist (N08:23). Somit werden den Familien, die nicht über ausreichende finanzielle Mittel verfügen, kostengünstige Freizeitmöglichkeiten angeboten (P22:142). Ein Bedarf für materielle Entlastungen im Stadtteil wird ebenfalls über die Lehrmittelbefreiung und Lehrmittelzuschüsse in den Schulen deutlich (B21:7). In den Familienzentren Mehringdamm und Menschenskinder werden zusätzlich im Rahmen des offenen Elterncafés Bildungsangebote wie der Kreativtisch und das offene Musikangebot unterbreitet (N12:51, P09:53, B04:23, B06:19, N01:80). Auch die Nutzung von in der Materialbeschaffung kostenintensiveren Angeboten im Familienzentrum stellt durch den geringen

Beitrag eine materielle Entlastung dar (N07:61, P11:58). Beratungsangebote können ebenfalls oftmals kostenfrei genutzt werden (P09:63). In festen Gruppen wird nach einer finanziellen Unterstützung für Ausflüge geschaut (P07:97). Allerdings wird sowohl von den Mitarbeiterinnen als auch Nutzer_innen benannt, dass ein Unkostenbeitrag für Projekte angebracht ist (P14:63, P09:48). Des Weiteren können die Räume auch kostengünstig angemietet werden (N01:18). Eine weitere materielle Entlastung bietet der Trödeltausch im Familienzentrum Mehringdamm, „wo man umsonst Babysachen aus unserem Trödelregal bekommen kann“ (P01:52) oder die **Kleiderkammer** im Familienzentrum Waldemarstraße (B07:29f, N05:51, PN01:51).

Insbesondere die Kombination von Café und Spielmöglichkeiten für die Kinder wird als entlastend beschrieben. „Wo man nicht irgendwo teuer in einem Café sitzt, weil das oft einfach gar nicht leistbar ist, und wo die Kinder dann hier evtl. auch noch sinnvoll betreut werden. Das nutzen die Eltern total gerne“ (P02:35). Veranstaltungen am Wochenende „finden großen Andrang“ (P06:73). Zumal die Familienzentren zumeist fußläufig erreichbar sind und damit keine Kosten für den öffentlichen Personennahverkehr entstehen (PN03:79).

Individuelle Entlastung

Ein ganz wesentlicher zusammenfassender Nutzen besteht darin, dass die Nutzer_innen durch den Besuch des Familienzentrums eine persönliche Entlastung erfahren. Entlastung wird individuell sehr unterschiedlich wahrgenommen. Zum einen entsteht diese Entlastung durch die **Entspannung der Kinder**, die im Familienzentrum genügend Spielanregungen erhalten und somit keine zusätzlichen Anforderungen an die Eltern hinsichtlich eines Beschäftigungsprogramms entstehen (B33:11f, P15:41, B34:11, N13:32, P22:167, N02:53, N10:20). Insbesondere die Kombination von Anregungen für die Kinder in einem Bildungsverständnis gepaart mit **Gesprächs- oder Rückzugsmöglichkeiten für Eltern** im Caférahmen scheint für die Eltern eine Entlastung darzustellen (P15:67, P16:117, P02:35). „Ich fühl mich hier einfach nicht fehl am Platz und irgendwie beobachtet oder so, sondern wie bei einer guten Freundin. Das gefällt mir gut. Und man kann hier auch mal abschalten, man kann sich auch mal zurücklehnen und nichts sagen“ (N14:24). Somit zeigt sich Entlastung auch durch das lockere und entspannte Agieren der Eltern (B04:20). Als Entlastung wird der Austausch über Ängste und Sorgen bezüglich der Kinder mit Gleichgesinnten im Rahmen einer Gruppe angesehen (N11:48). Anregungen und Reflexionsmöglichkeiten zu erhalten, tragen ebenfalls dazu bei (P20:57, PN01:67). Im Rahmen des offenen Bereichs liegt die Entlastung darin, dass die Kinder Spielmöglichkeiten haben und nebenbei Gespräche zwischen den Eltern möglich sind (N01:121, N12:34, P20:23). In einem Café wäre dies nicht möglich, weil die Kinder sich langweilen würden (N01:122). Ein weiterer Aspekt der individuellen Entlastung besteht darin, dass die Kinder in den Familienzentren Angebote erhalten, die Eltern so zu Hause nicht umsetzen könnten (N12:27, P09:83).

Des Weiteren trägt zur Entlastung das Erhalten einer **konkreten Unterstützung** bei. Dies äußert sich bereits in kleinen Details wie dem Helfen beim Aufwischen des Babybreis oder das Kind kurz halten (B34:20, B37:11, N14:64, B06:21, N12:25). „Dadurch bin ich hier nie allein. Was auch praktisch ist mit zwei Kindern, da kann man auch mal allein zur Toilette gehen" (N01:70). Die Entlastung für die Eltern besteht dabei darin, dass sie sich in diesem Moment nicht um das Kind kümmern müssen und zumindest punktuell sie selbst im Fokus stehen (B12:28, P06:76, P11:59).

Eine konkrete Unterstützung kann aber auch das Helfen beim Ausfüllen von Anträgen und Formularen sein (PN01:66, PN03:55, P07:67). „Ich kenne ganz viele Leute, die sich hier Hilfe holen. Weil es Briefe gibt, die sie nicht verstehen [...]. Weil es gibt viele türkische Frauen, die hier in Kreuzberg leben, aber nicht so gut Deutsch können. Dann sind sie entweder auf die Kinder oder auf die Ehemänner angewiesen, und das ist schon schön, dass hier auch türkische Mitarbeiter sind, dass man denen auch in der eigenen Sprache erzählen kann" (N05:49).

Allein die Möglichkeit, bei Fragen und Bedarf **eine_n Ansprechpartner_in vor Ort** zu haben, ist entlastend (PN02:58, N11:49). „Dann entstehen auch Gespräche am Rande. Ich gehe dann manchmal mit rein [...]. Es ist jetzt kein Beratungstermin, zu dem man sich vorher anmelden muss, sondern es entstehen wirklich viele Gespräche aus der Situation heraus [...]. Die Eltern unterhalten sich dann auch über die Tische hinweg. ‚Was haben Sie gerade gesagt? Was ist in der Kita da?' Solche Fragen tauchen dann hier auf" (P02:36).

Hinsichtlich der individuellen Entlastung ist auch die zeitliche Planung von Angeboten wichtig. Die Müttersprachkurse wurden bspw. genau mit der Zielstellung entwickelt, insbesondere den Müttern in ihrer Verantwortung für Familie und Haushalt durch die zeitliche Gestaltung des Sprachkurses eine Entlastung zukommen zu lassen (P04:26). Des Weiteren werden spezielle Projekte initiiert oder bestehende übernommen, um zusätzliche Entlastung zu schaffen, wie bspw. das Projekt wellcome. Über das bundesweite Projekt wellcome werden junge Familien in Belastungssituationen durch Ehrenamtliche in den ersten Wochen nach der Geburt eines Kindes unterstützt und begleitet (P14:163). So erhalten die Teilnehmenden eine unbürokratische alltagspraktische Unterstützung und je nach individuellem Bedarf eine entsprechende Entlastung.

In der folgenden Abbildung sind diese drei Entlastungsdimensionen zusammenfassend dargestellt.

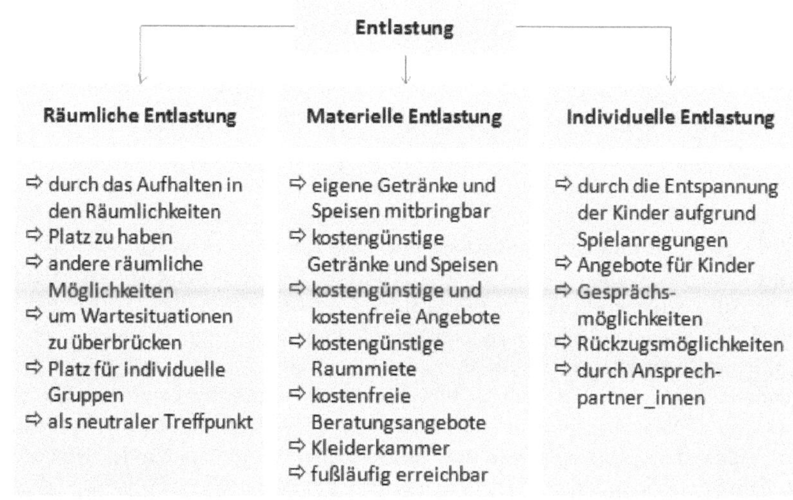

Abb. 29: Entlastungsdimensionen für die Nutzer_innen

4.3.3.3 Alltagsbewältigung und Alltagsgestaltung

Neben den dargestellten Entlastungsdimensionen werden Nutzenaspekte beschrieben, die sich unter dem Aspekt ‚Alltagsbewältigung und Alltagsgestaltung' subsumieren lassen. Elemente, die eine Alltagsbewältigung mit beeinflussen, sind zum einen aus der sozialen Isolation einer Kleinfamilie herauszutreten und durch den Besuch eines Familienzentrums eine Tagesstruktur zu erhalten. Dadurch werden Begegnungen für das Kind ermöglicht und gleichzeitig familiäre Interaktionsgestaltungen fokussiert. Des Weiteren agieren die professionellen Akteure in den Familienzentren als Ansprechpartner_innen und initiieren Dialoge.

Soziale Teilhabe und Teilgabe

Ein sehr wichtiger Nutzen des Familienzentrums wird darin gesehen, dass Nutzer_innen Kontakte zu anderen Personen, insbesondere Familien, knüpfen und so aus ihrer sozialen Isolation heraustreten. Dies ist neben der beschriebenen räumlichen Treffpunktfunktion und den Entlastungsdimensionen ein in allen vier untersuchten Familienzentren deutlich gewordener Nutzen.

Für alle Familienzentren wird beschrieben, dass viele Nutzer_innen Angebote besuchen, um andere Familien kennenzulernen (N14:50, PN04:36). Entsprechend werden ein gemeinsames Frühstück oder Themenrunden angeboten, um einen ersten Kontakt unkompliziert zu ermöglichen (N13:23). Für die Familienzentren Menschenskinder und HAUS wird von vielen **Zugezogenen aus anderen Bundesländern** berichtet, die niemanden kennen und keine familiäre Unterstützung im nahen regionalen Umfeld haben (P02:67, P16:94, B36:22, P22:87). „Es ist auch gut, dass es so etwas gibt, weil die meisten Familien, die hier herkommen, die haben so niemanden [...] und dass sie hier in Kontakt kommen können" (P11:18). Eine Mutter berichtet: „Ich hätte peinlich Mütter gesucht [...]. Das wäre mir wirklich peinlich, wenn man so auf Krampf irgendwelche Kontakte knüpfen muss" (N14:90). Dieses Kontakteknüpfen scheint insbesondere wichtig zu sein, **„weil mir zu Hause die Decke auf den Kopf gefallen ist**. Ich hab einen Freundeskreis, der entweder überhaupt keine Kinder hat, oder Familien, deren Kinder größer sind, weil die ja alle früh angefangen haben und nun alle arbeiten gehen. Da stand ich entsprechend auch allein da mit einem Kind in dem Alter, und ich fand das seit der Geburt so anstrengend und nur mit diesem Kind beschäftigt zu sein, dass ich das brauch. Ich muss mal wieder mit anderen Leuten reden. Und dann einfach ins Familienzentrum zu gehen, um dann auch wieder neue Kontakte zu knüpfen, irgendwie" (N14:46). Nach der Geburt des Kindes besteht ein Interesse der Eltern darin, mit anderen Familien in Kontakt zu treten. Dies ist insbesondere unterstützend, wenn der **Tagesrhythmus sich aufgrund des Alters des Kindes wesentlich von dem von Bekannten und Freunden unterscheidet** (N02:56, P09:84, N06:107, N07:19, N08:16ff, N11:54, P12:72, P18:89). „Gefallen hat mir, dass hier Gleichgesinnte sind, also Eltern mit Babys und Kindern. Da kann man halt Kontakte knüpfen" (N01:18). Demnach scheint durch den Besuch eines Familienzentrums ein **gleiches Interesse** und ein gleicher Fokus, nämlich Kinder, suggeriert zu werden (N01:125, N10:41, N12:39, P09:49). Im Rahmen der Gruppen und Kurse lernen sich die Familien aufgrund der verschiedenen Gesprächsthemen und den regelmäßigen gemeinsamen Treffen ebenfalls kennen (P09:25). „Es ist auch ganz schön für die Eltern, diese Kontakte zu haben. Die gehen meist nach der Gruppe, sitzen zusammen am Tisch gemeinsam und essen etwas oder sitzen zusammen, um auch die Möglichkeit zu haben, anzudocken und sich ein bisschen zu vernetzen" (P09:33). Im Familienzentrum Mehringdamm wird ebenfalls deutlich, dass das Kontakteknüpfen einen zentralen Fokus einnimmt (P21:28). Das **Kontakteknüpfen** bezieht sich einerseits darauf, „dass man aus der Isolation einer Kleinfamilie herauskommt, dass man Orte hat, wo man andere Familien trifft" (P01:49). Daher werden gezielt an den Wochenenden Veranstaltungen angeboten, um dabei auch der gesamten Familien die Möglichkeit zu geben, in ihrer Nachbarschaft Einrichtungen zu nutzen und dabei Kontakte zu knüpfen (P01:56, N10:26). „Gerade um **aus der engen, häuslichen Situation am Wochenende** auch mal rauszukommen, andere treffen und das Kind kriegt Angebote" (P01:57). Auch hierbei steht insbesondere der Kontakt von Eltern zu anderen Eltern im Fokus (N08:15). Für das Familienzentrum Waldemarstraße wird ebenfalls dieses Kontakteknüpfen beschrieben und darüber hinaus insbesondere das **Kennenlernen der Nachbarn** hervorgehoben (B07:13, P04:100). „Begegnen ist auch wichtig, dass man die Nachbarschaft auch besser kennenlernt, seinen Nachbarn kennenlernt, sich begegnet und auch austauschen kann" (PN03:77). Diese Erfordernis nimmt zu, wenn man nicht aus der Stadt kommt (P14:107). Begegnungen werden einerseits auf den Fluren ermöglicht (B07:10). Andererseits, wie auch in den anderen Familienzentren, im Rahmen der Angebote. „Sehr schön, weil ich auch andere Eltern sehe und mal rauskomme" (N04:32). Zudem berichten die Familien, dass man sich auch nicht einfach beim Spazierengehen auf der Straße anspricht und kennenlernt. „Also, wenn man in so eine neue Situation kommt mit einem Kind, dann ist man anscheinend auch erst mal eher isoliert" (P02:66). Dies verstärkt sich noch einmal mehr für **Alleinerziehende** (P02:65). Durch die Angebote des Familienzentrums wird ein Kontakteknüpfen ermöglicht bis hin zu weiteren Verabredungen (B17:32, N06:109). Gleichzeitig hat dies auch den Effekt, dass man sich durch den gemeinsamen Besuch einer Krabbelgruppe oder eines anderen Angebots auch auf der Straße beim Spazierengehen im Stadtteil erkennt (P02:68). Durch das regelmäßige Treffen im Familienzentrum entstehen private Gespräche, die immer wieder Gesprächsanknüpfungen ermöglichen. Dies ist insbesondere im Vergleich zu kommerziellen Familiencafés bezeichnend (N14:59f, N14:94, P15:27). Dies sei wichtig, um keine Depressionen zu bekommen und Kontakte zu anderen Müttern für einen Austausch zu haben (B36:12). Dies kann auch für alleinerziehende Mütter unterstützend sein, sich kennenzulernen und dann am Wochenende gemeinsame Dinge zu unternehmen (P22:88). Wenn Sympathie in den Gesprächen vorherrscht, werden **Verabredungen** für ein späteres gemeinsames Treffen getroffen (N01:41, N02:43, PN02:77, N14:51, B34:9f). Aus Sicht einer Mutter ist dafür eine entsprechende Offenheit anderen Personen und auch anderen Kulturen gegenüber notwendig (N01:66, P21:84). Eine Mitarbeiterin berichtet, dass dies insbesondere für Frauen türkischer Herkunft sehr wichtig sei, außerhalb der Familien Freundschaften zu schließend und dafür Verantwortung zu übernehmen (PN02:77ff). Daraus entstehen teilweise Freundschaften mit regelmäßigen, langfristigen Verabredungen sowohl für die Kinder als auch für die Eltern teilweise außerhalb des Familienzentrums (N01:82, PN02:34, B12:21, B10:10, P05:111, P13:67). Des Weiteren wird deutlich, dass ebenso, ohne sich zu kennen, Gespräche entstehen und eine Frau die andere anspricht. Insbesondere wenn hierbei offensichtliche Gemeinsamkeiten, wie bspw. eine Schwangerschaft, identifizierbar sind (B30:15). Zudem gibt es die Möglichkeit, mit anderen Mütter ins Gespräch zu kommen, ohne sich näher verabreden zu müssen (N02:54, P09:87). Dies ist ebenfalls entspannend zu wissen, wenn bspw. keiner Zeit hat für eine gemeinsame Verabredung (N10:31). Hierbei ist der **lockere Austausch** vordergründig. „Dass man schon noch mal andere Mütter kennenlernen kann. Also irgendwie neu starten kann, weil für mich ist das schon irgendwie wie ein Neustart mit dem Kleinen und man merkt, dass man eigentlich die gleichen Sorgen und Ängste hat [...] und man sieht das dann positiver, weil man weiß, man ist damit nicht allein" (N11:48).

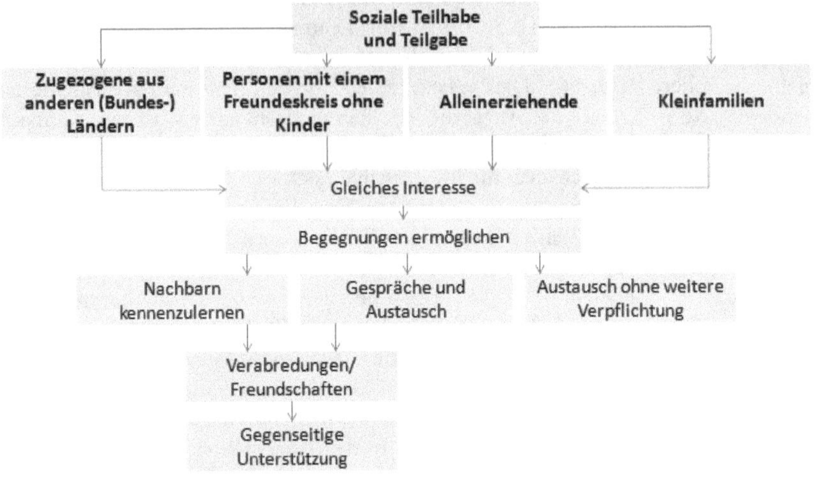

Abb. 30: Soziale Teilhabe und Teilgabe

Dialoge und Expertisen

Durch neue Kontakte aus der sozialen Isolation herauszutreten ist einer der zentralen Nutzendimensionen für die Familien. Dies ist grundlegend, um einen weiteren Nutzen, nämlich den Austausch untereinander, zu ermöglichen (J02:109), **„sich gegenseitig zu unterstützen, zu beraten oder Fragen zu erörtern“** (P20:103). Dieser allgemeine Austausch entwickelt sich oftmals hin zu Beratungssequenzen der Nutzer_innen untereinander. Im Abschnitt ‚Aus der sozialen Isolation heraus‘ wurden bereits erste Elemente, miteinander in Dialog zu treten, beschrieben. Wie an dieser Stelle bereits benannt, ist eine entsprechende Gestaltung verschiedenster Angebote in den Familienzentren grundlegend, um dies allen Nutzer_innen zu ermöglichen. „Oder die eine Frau sagt: ‚Da brauchst du keine Angst haben dahinzugehen, da war ich gestern‘ “ (P03:88).

Aufgrund des jeweiligen Vorortseins in den Familienzentren wird ein Interesse an dem Thema Familie suggeriert. Im Rahmen des offenen Familiencafés lassen sich vielfältige Situationen beobachten, dass mehrere Erwachsene gemeinsam am Tisch sitzen, an der Theke stehen, die Kinder beim Spielen beobachten und dabei quasi **nebenbei ins Gespräch kommen** (N12:37, N12:54, B33:8, B03:15, P05:113, B14:24ff, B24:15, N04:38). Die Mitarbeiter_innen nutzen solche Sequenzen ebenfalls, um Nutzer_innen mit dem Fokus auf ihr Kind anzusprechen oder um diese gezielt persönlich zu begrüßen (N06:25, P18:62, B10:13). Zumeist spricht eine Mutter eine andere an und stellt eine Frage über das Kind (B34:11, B36:26, N14:11, N14:75). „**Dass man da ist und sich unterhält.** Dass andere da sind, und dann kommt man ja doch irgendwie ins Gespräch, über die Kinder, na klar. Das ist ja doch das, worüber man sich primär unterhält und was halt den Gesprächsstoff bietet, am Anfang zumindest" (N13:23). Themen für anfänglichen Gesprächsstoff sind zumeist die Entwicklung der Kinder, Verlauf der Schwangerschaft, Geburt, das Stillen, Kitaplätze und Schulen (B15:13, B30:8f, B30:13, N12:50, PN02:80). Daraus entwickeln sich oft Sequenzen, die zu gegenseitigen Ratschlägen, Austausch von Erfahrungen und angeeignetem Wissen führen, das zumeist gern und bereitwillig weitergegeben wird (B34:16, N14:66). Zudem fragen die Nutzer_innen bei bestehender grundsätzlicher Sympathie gezielt nach diesem Wissen (B12:31, B37:22, N14:110ff, B04:20). „Ich habe auch die Möglichkeit, mich mit anderen auszutauschen, aber ich kann auch, wenn ich Fragen habe, diese loswerden. Wenn was ist, werde ich auch unterstützt" (P09:81). Es ist hilfreich, sich über „alltägliche Probleme" (N01:131) austauschen zu können, beschreibt eine Mutter diese Interaktionen. An verschiedenen Stellen lassen sich hierbei **Beratungssequenzen der Nutzer_innen untereinander** beobachten hinsichtlich einer Zielklärung und Entwicklung möglicher Vorgehensschritte (B36:20, B37:21, N14:63, B30:7, P08:48, P19:81, B14:10ff, P03:88). Einige Nutzer_innen sind nach diesem anfänglichen Gesprächseinstieg über die Kinder interessiert an einem Austausch über andere Themen fernab der Kinder und Kleinfamilie (P22:167, PN04:70, B16:17, N05:54). Unterstützend ist dabei das jeweilige Verständnis der Nutzer_innen für die Gesprächspartner_in, wie das Aufspringen im Gespräch, um das Kind zu trösten (B04:16, B30:11, N12:47, B17:24, B28:13, P05:35, B11:13, P05:35, B11:13). Somit liegt ein zentraler Nutzen neben dem Austausch im Entwickeln individueller Ideen für den eigenen Alltag. „Ich fand das total interessant so. Auch andere Familien kennenzulernen und auch getrennt lebende Eltern oder überhaupt getrennt so oder Alleinerziehende, die dort hinkommen und dann immer so die Geschichte im Hintergrund so mitzukriegen. Also, das ist schon interessant. Dieses Leben mit diesen Sorgerechtssachen" (PN04:38). Durch das Kennenlernen im Familienzentrum und ein verbindendes Thema wie Alleinerziehung kann auch der **Bedarf nach einem regelmäßigen Austausch** entstehen, der in der Gründung einer informellen Gruppe mündet (B05:35, P20:104). Dies kommt wieder dem Wunsch nach „einer Kontinuität, einer Verbindlichkeit und auch Vertrauen" (P20:105) entgegen, um den gegenseitigen Beratungsbedarf zukünftig abdecken zu können (B05:41). Der Nutzen für die Familien liegt somit darin, „die tauschen sich untereinander aus und lernen dadurch viel mehr oder sie helfen sich auch gegenseitig untereinander, wenn die eine mal mitgegangen ist und die ihr gezeigt hat, wie das so alles funktioniert" (PN02:75).

Im Rahmen der verschiedenen Eltern-Kind-Gruppen werden oftmals Zeiträume für solch einen Austausch eingeplant (N06:33, PN04:140). „Das ist total schön, dass man nicht allein ist, und das Gefühl hat, da ist noch jemand und den kann man auch einfach mal fragen" (N11:49). Teilweise werden auch **Themenimpulse gesetzt** (N07:68, N08:28). Allerdings ist es auch hierbei personenabhängig, wie viel und was jeder erzählen möchten. Dies ist individuell verschieden (B37:8). Daher ist es im Rahmen der Gruppe wichtig, vonseiten der Mitarbeitenden Nutzer_innen, die möglicherweise nicht so selbstbewusst von sich berichten, ebenfalls mit einzubeziehen und Gesprächsimpulse zu vermitteln oder bei Bedarf Informationen weiterzugeben (P15:67, B09:23, B11:14). Eine moderierende Haltung der Kursleiter_innen kann dabei ebenfalls unterstützend sein (B18:30f). „Das ist auch stark bei der Elternrunde so, dass wir nicht die klugen Tipps geben, sondern sie untereinander beraten und es wird nur moderiert" (P12:55). Insbesondere durch den festen Rahmen einer Gruppe „lernt man sich in der Gruppe dann einfach kennen. Man sieht sich jede Woche, frühstückt auch zusammen und tauscht sich aus. Da bekommt man einiges mit" (P09:25). Dies trifft insbesondere auf den festen Gruppenrahmen zu, indem sich nach einiger Zeit ein Vertrauen zueinander herausbildet (B12:23f). Wenn man über einen längeren Zeitraum zusammen ist, „entwickelt sich ja auch innerhalb der Elternschaft etwas, viel Austausch" (P19:76).

Neben den beschriebenen Austauschmöglichkeiten liegt ein weiterer zentraler Nutzen darin, in den Familienzentren **bei Bedarf eine_n Ansprechpartner_in zu haben** (P18:89, N05:25, P09:81). „Ich habe die Möglichkeit, für bestimmte Probleme Ansprechpartner zu haben, die nicht Jugendamt sind" (J02:110). Die jeweiligen Themen können dabei wiederum sehr unterschiedlich sein (B34:21, B36:21, P04:107). Oftmals kann es sein, dass Probleme sehr plötzlich durch Familien angesprochen werden, ohne dass dieses Thema so direkt erwartbar war (P03:83). „Es sind viele Probleme, viele Alltagsprobleme auch [...]. Und wenn sie dann kommen und sagen, sie haben ein Problem, weil sie vorher schon ein viertel Jahr so kommen durften ohne Problem" (P03:84). Das Ansprechen kann im offenen Familiencafé oder auch in Kursen erfolgen. Insbesondere als Kursleiter_in entwickeln sich diese auch als Ansprechpartner_innen für die Familien, weil zu diesen nach einer gewissen Zeit bereits Vertrauen aufgebaut ist (P04:65f, P07:39). Entsprechend der Fragestellung oder des Problems geben sie dann Hinweise oder Tipps (P04:108). Auch für die telefonische Erstkontaktgestaltung ist es wichtig, das jeweilige Thema zu identifizieren. Oftmals kann eine andere Sprache, also die Muttersprache des Anrufenden dabei unterstützend sein (P13:45). „Eine Anlaufstelle denke ich. Die vielleicht auch nicht wissen, oder allgemeine Informationen von einem bekommen, dass es dann doch hilfreich ist für den einen oder anderen" (P13:67). Für besondere Themen werden auch entsprechende Fachexperten eingeladen (P07:13). Als Ansprechpartner_in vermittelt man zudem dann auch entsprechend in die passenden angefragten Angebote weiter (P14:121). „Sie können dann einfach mal kommen, wenn sie Probleme haben. Ich höre ihnen dann auch zu. Ich kann ihnen nicht helfen, klar, aber geb dann einfach mal weiter [...] die wollen manchmal auch nur, dass man einem zuhört" (PN01:70).

Bezüglich der Ansprechpartner_innen sind einerseits natürlich die ausgeschriebenen **Beratungsangebote** in jedem Familienzentrum zu nennen, die entsprechend des jeweiligen thematischen Bedarfs aufgesucht werden können (P16:97). Des Weiteren auch die thematisch ausgerichteten Informationsveranstaltungen (P16:98). Des Weiteren entwickeln sich durch solche alltäglichen Sequenzen auch neue Beratungsformate. „Das Konzept entwickelt sich auch mit den Menschen […] und das Vertrauen an die Beraterinnen ist da, dass die das schon richtig machen“ (P03:87). Durch das Erleben des Austausches der familiären Akteure untereinander und den Mehrwert der Teilnahme der Nutzer_innen wird dies weiterhin fortgeführt (P03:85f).

Tagesstruktur

Ein weiterer wichtiger Nutzen in allen vier untersuchten Familienzentren liegt darin begründet, dass die Nutzer_innen durch den Besuch des Familienzentrums eine Tagesstruktur erhalten. Dies wird einerseits durch den Besuch eines festen Angebots gewährleistet (B33:12, P22:153, B36:17). „Dass ich einen Punkt habe in der Woche, das finde ich auch gut. Einen weiteren Punkt, wo wir morgens raus müssen und irgendetwas haben“ (N06:46). Die Teilnahme an einem festen Angebot hilft somit, den Alltag zu strukturieren (N14:97). Neben der Struktur erleben die Nutzer_innen eine **Abwechslung in ihrem Alltag** (N08:75, B28:16). Dies bezieht sich auch darauf, anderen Familien zu begegnen (N04:32). „Es gibt hier ganz viele Frauen, die nicht arbeiten gehen, wo der Mann arbeiten geht und die Frau zu Hause mit den Kindern ist. Das ist ja ein Roboterleben. Es ist schön, die können sich dann hier hinsetzen, mal zusammen setzen, ausreden auch mal austanzen oder Rezepte verteilen. Das ist gut für sie“ (N05:54). Somit bieten diese festen Kurse „eine Art Freiraum“ (P04:83). Gleichzeitig hat dies den Effekt, dass „man einfach auch was zu erzählen hat“ (N14:94). Durch solch eine Tagesstruktur haben die Nutzer_innen eine **Aufgabe** und erleben sich selbst als wichtig, was wiederum einen gesundheitsförderlichen Einfluss ausübt (P05:105, B37:25). „Für viele ist es auch eine seelische Therapie, […] dass sie sich dann einfach fertigmachen und raus gehen mit dem Kind“ (P13:67).

Andererseits wird diese Tagesstrukturierung ebenfalls durch den Besuch des offenen Bereichs gewährleistet. „Die haben ja ein sehr reges soziales Leben. Aber ich denke, das ist ja auf Dauer immer dasitzen mit Freundinnen und Tee trinken und mit Nachbarinnen, […] das kann ja auch depressiv machen. Ich glaube, das ist dieses **Rausgehen, Gefordertsein**. Damit sie was lernen. Mal mit neuen Themen was zu tun haben. Also, habe ich von vielen einfach gehört, die meinten, das hat ihnen geholfen. Und eine Struktur, die der eigene Tag kriegt. Oder ich meine, viele sind ja so putz-neurotisch. Also, die putzen den ganzen Tag und das muss ja nicht sein. Und dann einfach wirklich mal dieses raus, irgendwas anderes machen, mit irgendwas anderem beschäftigen. Woanders auch einen Wert entwickeln, glaube ich, ist auch ganz entscheidend“ (P05:107). Somit wird den Familien ermöglicht, „eine Art **Auffangbecken zu haben für die freie Zeit**“ (P11:17). Durch die Möglichkeit, in das Familienzentrum zu gehen, können die Familien ihren Alltag strukturieren (J02:111). „Weil ich halt soziale Kontakte brauche, sonst geht man ein“ (N14:55). Entsprechend werden vereinzelt auch an den Wochenenden Angebote für die Freizeitgestaltung unterbreitet (J03:37, B28:10). Insbesondere die Nutzungsflexibilität des offenen Bereichs ist für solch eine Tagesstrukturierung hilfreich. So können die Familien entsprechend ihrer Tagesstimmung und weiteren Pläne entscheiden, ob sie das Familienzentrum in den Alltag einbauen oder nicht (B36:17, N13:15).

Auch hierbei wird wiederholt die Wetterabhängigkeit benannt. Wenn die Kinder etwas älter sind, kann man die Freizeit auch gut auf einem Spielplatz gestalten. In den kälteren Monaten und vor allem bei Regen ist dies nicht so verlockend (B27:15, PN01:56, P14:149).

Familiäre Interaktionsgestaltung

Neben der Freude und den Begegnungen für das Kind wird von den befragten Nutzer_innen insbesondere genannt, dass sie in das Familienzentrum gehen, um gezielt Zeit mit ihren Kindern zu verbringen, und „**etwas gemeinsam mit meinem Kind machen**" (P09:85, N11:50). Einige Eltern nutzen auch den offenen Bereich, um ihre Kinder individuell beim Spielen zu begleiten (PN03:78). Dies wird einerseits durch den Besuch eines gemeinsamen Eltern-Kind-Angebots ermöglicht (P21:28, B07:13, N06:25). „Viele haben auch ein schlechtes Gewissen, wenn das Kind den ganzen Tag im Kindergarten ist, und sie wollen dann zusammen was machen" (P13:67). Des Weiteren wird dies als unterstützend eingeschätzt, da die Eltern sich in diesem Rahmen gezielt Zeit für ihr Kind nehmen und sich nicht nebenbei mit anderen Dingen beschäftigen (PN03:71, PN01:68, N07:70, N08:75). Dies ist gleichzeitig damit verbunden, Anregungen zu erhalten, was sie als Eltern mit ihren Kindern gemeinsam umsetzen können (PN01:67). Andere Eltern suchen gezielt gemäß der Interessen der Kinder nach zusätzlichen **Bildungsangebote** (wie die Musikstunden oder der Kreativtisch im Familienzentrum Mehringdamm) (B06:19, B10:12). Durch den Besuch von Eltern-Kind-Gruppen erhoffen sich die Mütter aller Familienzentren neben Kontakten und Begegnung, ihre Kinder durch die verschiedenen Angebote zu fördern (P15:67, B37:25, N13:25, N08:46, B09:19ff). Dies wird bei den Kursen zur Sprachförderung wie ‚griffbereit' deutlich (N04:34). Aus Sicht einer Mitarbeiterin ist es unterstützend, wenn die Nutzer_innen diesbezüglich neugierig nachfragen (P03:97). „ ‚Ich will das Beste für mein Kind', und es gibt niemanden, der das nicht sagt. Das ist ein unglaublich guter Ansatzpunkt" (P03:98), beschreibt sie die Nachfrage an Bildungsangeboten weiter. Allerdings steht dahinter auch die Frage nach der Gestaltung und inhaltlichen Fokussierung der jeweiligen Bildungsangebote. Um verschiedenen Bedarfen zu entsprechen, gibt es eine Spannbreite an Angeboten von der niedrigschwellig zugänglichen Babymassage, über den etwas höherschwelligen PEKiP-Kurs (B29:17) bis hin zu Kursen wie ‚Starke Kinder, starke Eltern' (P03:93). Mit dem Verbringen gemeinsamer Zeit sowie der Ermöglichung von Bildungsangeboten ist zumeist ein Interesse an **Anregungen zur familiären Interaktionsstruktur** verbunden. „Ganz nah halt durch diese Unterstützung, also dass sie mehr für ihre Kinder, also Kennenlernen auch die Bedürfnisse, alles Mögliche von dem sich so einen Rückblick zu haben und damit besser umgehen. Oder wie kann ich das halt anders machen" (P21:36). Solche Anregungen können hilfreich sein, denn insbesondere beim ersten Kind sind viele Eltern bezüglich des Umgangs unsicher. Dies wird in Eltern-Kind-

Gruppen ermöglicht, in denen neben den Anregungen Austausch und Perspektivwechsel arrangiert werden (N08:36, B33:8). Dies wird von den Familien als unterstützend erlebt (N11:31). Eine andere Mutter beschreibt ihr Interesse daran folgendermaßen: „Ich muss gestehen, diese Verbindung, dass man einmal mit dem Kind was macht so unter Aufsicht. Dass auch noch mal jemand von außen guckt. Ich mein, ich spiel sonst viel selbst mit dem Kind […], aber dass es noch mal ein bisschen Anleitung gibt. Weil es ja jetzt die Kleinsten sind, da weiß man nicht so furchtbar viel anzufangen, und so ist das noch mal so ein Impuls für die Allerkleinsten" (N06:25). So werden Impulse für Interaktionen wie Spiele, die auch für zu Hause übertragbar sind, gegeben (N06:47, N07:71, N08:50, N11:65, PN01:67). „Es gibt auch Eltern, die nicht so sicher sind im Umgang mit Kindern, dass sie sich dann Anregungen holen" (P18:90). Auch in den Sprachkursen werden bspw. Hausaufgaben so aufgegeben, dass die Familien mit ihren Kindern etwas gemeinsam ausprobieren sollen. Darüber werden ebenfalls indirekte Impulse sowie Anregungen gesetzt (B13:25, P04:96).

Diese vier beschriebenen Elemente der Alltagsgestaltung und Alltagsbewältigung vereinen in sich die in den jeweils anderen Bereichen ebenfalls unterstützenden Aspekte. Je nach individueller Ausgangslage werden dabei Schwerpunkte gesetzt.

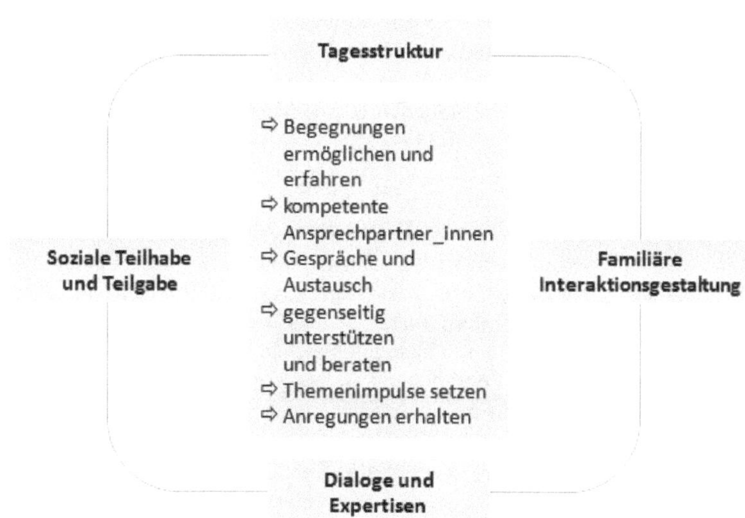

Abb. 31: Elemente der Alltagsgestaltung und Alltagsbewältigung

4.3.3.4 Persönlichkeitsentwicklung

Neben den Nutzendimensionen im Sinne von Entlastung sowie Alltagsgestaltung und Alltagsbewältigung werden Nutzenaspekte im Kontext der Persönlichkeitsentwicklung sowohl für die Kinder als auch für die Erwachsenen deutlich. Diese werden nun näher ausgeführt.

Persönlichkeitsentwicklung der Kinder

Ein weiterer Nutzen für die Familien liegt in dem Ermöglichen von Begegnungen für die Kinder und einer dadurch bedingten Entlastung der Eltern. Die Nutzer_innen aller Familienzentren beschreiben viele positive Aspekte für ihre Kinder durch den Kontakt mit anderen Kindern. Zum einen wird beschrieben, dass ihre Kinder ab einem gewissen Alter, zumeist wenigen Monaten, wenn sie nicht mehr nur schlafen, auch **Kontakt zu anderen Kindern** brauchen (B33:12, N14:57, N01:124, N09:17, N04:21). Einige Eltern zielen auch darauf ab, ihren Kindern Kontaktaufbau zu anderen Bezugspersonen zu ermöglichen (N13:26). „Das ist auch noch so ein Grund. Damit ich nicht den ganzen Tag mit ihm allein bin. Nicht nur wegen mir, sondern auch für ihn. Dass er auch soziale Kontakte hat mit anderen" (N13:27). Dahinter steht die Zielstellung, den eigenen Kinder Offenheit anderen gegenüber mitzugeben (N01:84). „Also, sicherlich vereinfacht es mir den Alltag, dadurch dass R. andere Spielgefährten hat, wenn er will, anderes Spielzeug hat" (N02:53). Im offenen Bereich des Familiencafés können die Kinder entsprechend ihrer Interessen Spielsachen nutzen (B25:9, B34:18, PN04:29ff, B06:8, N10:19, N12:17, PN03:64, N05:15, P13:54). „Jetzt ist sie ja wirklich in dem Alter, wo ihr zu Hause langweilig ist" (N14:25), berichtet eine Mutter aus dem Familienzentrum Menschenskinder. Daher ist ein Besuch im Familienzentrum und die sich daraus ergebenden Begegnungen unterstützend für die Gestaltung des Alltags (B36:26). Die Kinder haben große Freude daran. „Er ist jetzt schon in dem Alter, wo er sich auch begeistern kann wie da für die Wand und hat da auch ziemlich lang rumgespielt. Einfach angenehm" (N01:123). Zudem werden in den Familienzentren **unterschiedliche Anregungen in vielfältiger Anzahl** bereitgestellt (N02:31, P20:147). „Gerade in den Wintermonaten ist es ja auch so, dass man danach sucht, nach solchen Gelegenheiten, wo man so ein bisschen entspannen kann, die Kinder haben was zum Spielen und sie treffen auf andere Kinder. Das ist ja auch für Kinder selbst, wenn sie noch nicht mit anderen interagieren, ist es immer schon etwas, wo sie trotzdem Freude dran haben" (N09:17). Eine andere Mutter berichtet, dass ihr fast einjähriges Kind den Weg in das Familienzentrum genau kennt und lautstark auf der Straße den Weg und sein Interesse, dorthin zu gehen, äußert (PN02:89).

Durch den Besuch einer festen Eltern-Kind-Gruppe begegnen die Kinder ebenfalls in einem festen Rhythmus den gleichen Personen. Durch diese Regelmäßigkeit können sie **Vertrauen zueinander aufbauen**. Einige Mütter berichten, dass ihre Söhne bereits morgens beim Frühstück fragen, ob sie wieder in das Familienzentrum gehen (B12:8, B07:19). Bei älteren Kindern, die feste Angebote besuchen, entwickeln sich teilweise auch Freundschaften zwischen den Kindern. Die Eltern können diese Kurszeit der Kinder durch Gespräche oder Zeit für sich nutzen (B20:22). Zudem wird von allen Eltern beschrieben, dass ihre Kinder an den jeweiligen Kursen Spaß haben (N06:18, N08:33). „Auch wenn die Kinder dann gern hier herkommen, dass sich das auch auf die Eltern widerspiegelt. Die sehen: ‚Mein Kind ist hier gern. Mir geht es gut, wenn es meinem Kind gut geht.' Das bedingt sich oft" (P09:82). In allen Familienzentren lassen sich grundlegend viele Kinder beobachten, die interessiert spielen, begeistert mitsingen, tanzen, klatschen (B07:18, B16:11). „Und die Kinder lieben das hier. Für die Kinder ist das sehr schön. Ich gehe hierher, weil die Kinder Spaß daran haben. Jeden Mittwoch sagen sie: ‚Spielgruppe?' Freuen sich und fragen: ‚Gehen wir wieder dahin?' " (N04:20). Zudem erlernen die Kinder im Rahmen der Familienzentren den **Umgang mit anderen Kindern.** „Wie verhalte ich mich gegenüber einem anderen Kind? Das ist auch wichtig, dass sie das lernen" (P09:32). Dies ist einerseits aus Sicht der Familien vor der Eingewöhnung der Kinder in der ersten Bildungsinstitution unterstützend (B36:19), andererseits aber auch für die Kinder, die bereits eine Bildungsinstitution besuchen, da diese so auch Kontakt zu anderen Kinder außerhalb ihres Bezugskreises haben (N04:24, B28:12, N08:27). Im Familienzentrum HAUS sind bei den Schulprojekten Kinder für das Einkaufen und Kochen zuständig. Die Kinder erhalten entsprechende Aufgaben und werden nach Erledigung dafür gelobt (B20:15). Dieses Verhalten übernehmen die Kinder, indem auch sie andere für ihre jeweiligen Aufgaben loben (B20:28).

Des Weiteren ist für die Familienzentren Mehringdamm und HAUS ein für die Kinder beschreibbarer Effekt, dass diese durch die regelmäßige Nutzung des Familienzentrums **selbstständig werden** (B04:25, N12:26). Dies zeigt sich dadurch, dass die Kinder die Räumlichkeiten und Materialien kennen und sich entsprechend sicher bewegen, Dinge holen sowie Interesse an weiteren Angeboten entwickeln (B27:14, B28:9, B12:26, P09:49, N12:26). „Also, R. kennt das hier einfach. Der kennt auch schon den Weg. Der weiß dann schon, wo wir hingehen, und dann rennt er auch schon manchmal so unausgezogen, also Schuhe noch an, von mir weg" (N02:28). Eine andere Mutter berichtet, dass ihr Sohn anfänglich sehr schüchtern und zurückhaltend gewesen sei. Mittlerweile komme sie fast täglich in das Familienzentrum, da ihr Sohn sich nun sehr frei bewegt, auf andere Kinder zugeht und von sich heraus Angebote nutzt, in denen er gefördert wird (P09:86, N12:36). Im Familienzentrum HAUS wird das Thema Selbstständigkeit noch einmal speziell aufgegriffen durch die für Schulklassen angebotenen Projekttage zum Abschluss der Grundschulzeit. Dabei werden Zeitungen erstellt oder auch Theaterstücke entwickelt mit dem Fokus auf das Thema Selbstständigkeit (B20:12ff). Entsprechend werden diese Schulkinder auch in Aktivitäten wie einkaufen und kochen mit einbezogen (P18:136, B21:11). „Das haben die Eltern auch gesagt, sie finden das ganz toll, dass die Kinder an das Kochen herangezogen werden und Spaß daran haben" (P18:135).

In diesem Abschnitt werden verschiedene Nutzendimensionen für die Kinder deutlich. Zum einen die klar benannten Begegnungen und Kontaktmöglichkeiten sowohl mit anderen Kindern als auch Erwachsenen. Zum anderen werden darüber soziale Kompetenzen wie Vertrauensentwicklung, Verhaltenskompetenzen und Selbstständigkeit entwickelt.

Persönlichkeitsentwicklung der Erwachsenen

Das Entwickeln einer individuellen Selbstständigkeit wird von einigen Nutzer_innen als ein Nutzen durch den Besuch des Familienzentrums beschrieben. Durch Fragen in gemeinsamen Gesprächsrunden, den Austausch darüber mit anderen Eltern erhalten Nutzer_innen vielfältige Anregungen und Perspektivwechsel. Ein dadurch bedingtes Ausprobieren neuer Strategien kann zur Entwicklung der Selbstständigkeit beitragen (P22:164, B34:21). Durch das Erleben und ansprechende Reflektieren im Familienzentrum werden vereinzelte Elemente durch die Familien aufgenommen und in ihren Alltag eingebaut (B33:13). Besonders deutlich werden diese Entwicklungen des **Selbstvertrauens und der Selbstständigkeit** in den Müttersprachkursen des Familienzentrums Waldemarstraße aufgrund der erweiterten Sprachkenntnisse. So berichtet eine aus Marokko stammende Frau, dass sie nun selbst mit Ärzten und Behörden sprechen könne. Darauf ist sie sehr stolz (B13:23, P04:73). Unterstützt wird dies durch die bereits beschriebene angewandte Themenvielfalt von alltagsnahen Situationen (B13:16, B14:25). „Wir thematisieren auch Alltagsleben: ‚Das Jobcenter hat geschrieben. Was soll ich tun?‘ “ (P04:103). Die Frauen entwickeln durch das Trainieren Vertrauen in ihre Sprachkenntnisse, trauen sich, diese einzusetzen und emanzipieren sich (B24:23, P05:54, P07:11, P14:135). „Die Frau, von der ich erzählt habe, die konnte auch kein Deutsch, aber hat dann ihren Kram hier erledigt, selber, ohne Mann und ohne ihre Kinder“ (N05:50). Zudem wird deutlich, dass die Frauen anfangen, etwas für sich zu tun und auf sich zu achten (P04:69, P05:82f, P07:35, B11:30). Anfangs konnten viele Frauen aufgrund von Besuchen nicht zum Sprachkurs kommen. Nun formulieren diese bereits deutlicher, dass sie zum Sprachkurs gehen müssen, und tun dies auch (P05:127). Aber auch die Nutzung von weiteren unterstützenden Angeboten wie dem Computerkurs trägt zu diesem Entwicklungsprozess bei (P04:113). „Die Zielstellung ist einfach, Familien ein Mehr an Qualität zu bringen, einen Ort des Wohlfühlens zu schaffen, Familien zu stützen, auch selber stark zu werden. Auch sich selbst wieder zu helfen, indem sie z. B. auch ermutigt werden, selbst organisierte Gruppen anzubieten, sich selbst zu organisierten, auch selbst für sich etwas zu tun, selbstständig Dinge in die Hand zu nehmen“ (P14:135).

Des Weiteren erfahren die Familien über das Familienzentrum eine **Bestätigung in ihrer Person**. Die Frauen werden in ihren Berufen und Aufgaben anerkannt. Auch als Mutter und Hausfrau erhalten sie Anerkennung für ihre Arbeit. „Dass sie eine Bestätigung kriegen für die Arbeit, die sich machen, die sie sonst nicht so kriegen“ (P12:71). Unterstützt wird dies durch eine wertschätzende, ressourcenorientierte und freundlichen Ansprache der Familien (B13:11, B24:11). „Ich habe einen Ort, wo ich als Familie einfach sein kann. Wo eben die Kinder sind, toben können, wo ich eben auch mit anderen Müttern da einfach, ja, das leben kann, was gerade ein Stück weit in meinem Leben wichtig ist. Und auf der anderen Seite einfach einen Anlaufpunkt, was gerade in meinem Leben wichtig ist" (J02:109ff). Durch einen wertschätzenden Umgang miteinander, der Raum zum Ausprobieren bietet, wird dies zusätzlich unterstützt (B03:9ff, B14:16, P13:48). Auch persönliche Bemerkungen zum hübschen Aussehen werden gern angenommen (B13:11). Wertschätzung ist somit eng verbunden mit dem Gefühl, erwünscht und gemocht zu sein (N05:30). Diese Bestätigung und Anerkennung tragen wiederum zur gefühlten Anerkennung bei. Eine weitere Form, Anerkennung zu erhalten, liegt in der Unterstützung von Angeboten bspw. bei Festen oder ehrenamtlichen Aktionen (N11:68). „Ich weiß auch nicht, das ist so eine soziale Ader von mir" (PN01:39).

Für einige Nutzer_innen wird darüber hinaus ein Nutzen unter dem Fokus der Arbeit hinsichtlich **neuer Berufsperspektiven** durch Honorartätigkeiten oder MAE-Beschäftigungen ersichtlich. Eine Honorarmitarbeiterin im Familienzentrum Mehringdamm berichtet, dass sie Biologie studiert. Sie zog mit ihrem wenige Monate alten Sohn in den Stadtteil und kannte niemanden. Dann lernte sie das Familienzentrum kennen und nutzte verschiedene kostenfreie Angebote. In einem der vielen Gespräche mit den Mitarbeiter_innen schlug sie als erweitertes Angebot ein Experimentiernachmittag für Kinder vor. Zur selben Zeit berichtete sie von der plötzlichen Arbeitslosigkeit ihres Mannes und den damit verbundenen Geldsorgen. Der Leiterin des Familienzentrums gefiel die Idee des Experimentiernachmittags, und da sie niemand entsprechend Ausgebildeten dafür finden konnte, übernahm die Mutter diese Honorartätigkeit (B04:22f, P09:102). Ein beruflicher Nutzen liegt demnach darin „dass wir auch Eltern eine neue Perspektive geben können" (P09:104). Durch die Honorartätigkeit wurde ihr kurzfristig eine neue berufliche und damit auch finanzielle Unterstützung eröffnet. Dadurch können Nutzer_innen ebenfalls gestärkt werden (P09:106). Wiederum eine andere Mutter, ausgebildete Psychologin, besuchte mit ihren Zwillingen eine Eltern-Kind-Gruppe. Zur selben Zeit sprachen immer mehr Eltern mit Zwillingen die Mitarbeiterinnen an und signalisierten einen Austauschbedarf. Diese wiederum fragten die Mutter aus der Eltern-Kind-Gruppe ob sie mit ihrer beruflichen Kompetenz Interesse hätte, solch eine Gruppe anzuleiten. Auch im Familienzentrum Waldemarstraße wird die berufliche Perspektive für Nutzer_innen durch eine MAE-Tätigkeit deutlich (PN03:13, PN01:32, B06:6). Eine weitere Dimension bildet die durch die Tätigkeit erfahrbare Anerkennung durch andere Nutzer_innen des jeweiligen Familienzentrums. „Man kriegt auch ganz viel Anerkennung" (P18:26), bspw. wenn die Kinder vorbeikommen und von ihren Sorgen erzählen (P18:29f).

An diese ausführliche deskriptive Darstellung der empirischen Erkenntnisse werden nun im folgenden Kapitel die daraus ableitbaren Arbeitsprinzipien für Familien dargestellt. Darüber hinaus werden diese und die Nutzendimensionen mit den erhobenen theoretischen Perspektiven zu Anforderungen an Familien, dem Kontext der Sozialen Arbeit und Familienförderung diskutiert.

5 Ableitungen aus Theorie und Praxis

Den vier untersuchten Familienzentren liegen verschiedene Entstehungs- und Entwicklungsverläufe zugrunde, die wiederum die organisationsstrukturelle Gestaltung beeinflussen. Strukturell gesehen sind die Familienzentren an die Rahmenbedingungen und Vorgaben des Fachbereichs im Jugendamt gebunden. In diesem abschließenden Kapitel werden nun entsprechend der vierten zugrunde liegenden Forschungsfrage aus den in den vier Familienzentren erhobenen empirischen Daten einerseits verallgemeinerbare Arbeitsprinzipien abgeleitet und andererseits die deutlich werdenden Nutzendimensionen von Familienzentren dargestellt. „Arbeitsprinzipien enthalten grundlegende und umfassende Aussagen über das Selbstverständnis und die Ziele der Fachkräfte[...] [So, S. H.-B.] sind in Arbeitsprinzipien Aussagen und Ansätze zur Lösung sozialer Probleme auf einen prägnanten Begriff hin komprimiert. [...] Sie sind in der Form einer (normativ begründeten) Aufforderung zum Handeln formuliert, die eine Richtung nahelegt, wie dieser Maxime durch praktisches Handeln nahezukommen sei“ (Heiner u. a. 1994:293). Anschließend werden diese verallgemeinerbaren Arbeitsprinzipien sowohl theoretisch als auch im empirischen Kontext verortet. Dafür bieten die in Kapitel 2.2 dargestellte Lebensweltorientierung, Lebensbewältigung und Sozialraumorientierung den Rahmen. Des Weiteren werden die Arbeitsprinzipien und Nutzendimensionen von Familienzentren als strukturelles Erfordernis und im Kontext der Sozialen Arbeit diskutiert, um darauf basierend in einem zusammenfassenden Fazit perspektivische Entwicklungen anzudeuten.

5.1 Arbeitsprinzipien und Nutzendimensionen in Familienzentren

Basierend auf den in Kapitel 4 dargestellten empirischen Erkenntnissen mit dem Fokus auf Gemeinsamkeiten und Unterschiede hinsichtlich der konzeptionell-strukturellen und methodischen Arbeitsprinzipien sowie der fachlich-konzeptionellen Ziele und Nutzendimensionen entsprechend der Forschungsfragen 1, 2 und 3 erfolgt nun die Beantwortung der Forschungsfrage 4: Wie können diese Gemeinsamkeiten und Unterschiede in ein grundlegendes, verallgemeinerbares Modell von Arbeitsprinzipien zusammengeführt werden?

Im Vergleich der erhobenen empirischen Daten lassen sich Prinzipien identifizieren, die zum einen dem organisationsstrukturellen und zum anderen dem methodischen Rahmen zuzuordnen sind. Diese werden nun näher erläutert.

5.1.1 Organisationsstrukturelle Arbeitsprinzipien

Der organisationsstrukturelle Rahmen und die Zielstellung der Familienzentren orientiert sich grundlegend am § 16 SGB VIII zur Familienförderung sowie den Rahmenbedingungen des Fachdienstes „Frühe Bildung und Erziehung" im Jugendamt (J01:55, Quelle GD JA, P15:47, P12:52). In der empirischen Erhebung wurden in den untersuchten Familienzenten insbesondere die folgenden drei inhaltlichen Zielstellungen näher fokussiert.

(a) Die übergeordnete Zielstellung liegt darin, den Stadtteil familienfreundlich zu gestalten durch die Bereitstellung einer entsprechenden familienunterstützenden Infrastruktur (P15:25, P20:24f, P03:61, N09:29). Dies beinhaltet auch eine Bündelung der jeweiligen kiezbezogenen Ressourcen und die Informationsweitergabe dieser an die Familien (P01:51, P04:130). Entsprechend erfahren die Familien von bestehenden Kooperationspartner_innen und deren Angeboten (P03:29, P13:64). Somit bilden die Familienzentren eine Anlaufstelle für familienrelevante und dadurch zumeist auch stadtteilbezogene Themen.

(b) Die zweite Zielstellung bezieht sich darauf, einen Anlaufort für Familien im Stadtteil vorzuhalten, indem für unterschiedliche Bedarfe Begegnung, Bildung und Beratung ermöglicht werden (P01:49, PN03:77, P03:58, J01:35, B34:10, J02:51). So werden Familien gefördert, begleitet und gesellschaftliche Teilhabe ermöglicht (J01:48, P03:64). Durch diese verschiedenen Rahmungen wird den Familien im Stadtteil ein Ort geboten, den sie mit ihren Fragen aufsuchen können und wo sie eine_n Ansprechpartner_in finden (P21:104, N06:91, N11:71, P15:25, P18:87, J02:49, J03:24).

(c) Zugleich rahmt dies die Zielstellung, Familien zu stärken (J03:23, P15:41, P09:100, P20:23, P16:77). Durch die verschiedenen bereitgestellten Möglichkeiten und insbesondere die Unterstützungsfunktion wird dies fokussiert (P01:50, P11:53). Eine Stärkung der Familien erfolgt durch das Vorhandensein eines Ortes zum Anbringen der Fragen und Themen und darüber hinaus durch pragmatische Unterstützung wie die Kleiderkammer oder beim Ausfüllen von Anträgen (P14:57).

Auf die benannten Zielstellungen aufbauend werden die trotz der im vorangegangenen Kapitel zur Deskription der erhobenen Daten beschriebenen Differenzen extrahierbaren organisationsstrukturellen Arbeitsprinzipien zusammenfassend skizziert.

Vernetzung und Kooperationen

Vernetzung und Kooperation bilden ein zentrales Arbeitsprinzip, um den benannten Zielstellungen eines Familienzentrums gerecht zu werden. Trotz der unterschiedlichen Historien kann für alle Familienzentren beschrieben werden, dass zu

Beginn der Arbeit eines Familienzentrums das **Identifizieren von Akteuren in der Region** grundsätzlich ist. Daran schließt sich das Bekanntmachen bei den Akteuren im Sozialraum, die sich mit Kindern und Familien beschäftigen, an (P03:31, P12:23). Unterstützt wird diese Kenntnis voneinander durch die Teilnahme an verschiedenen **regionalen Vernetzungsrunden**. Alle Familienzentren nehmen regelmäßig an regionalen Arbeitsgruppen zu familienspezifischen und sozialraumbezogenen Themen teil (P01:76f, P02:62). Zudem haben sich in einigen Regionen Bildungsnetzwerke entwickelt, in denen teilweise auch Schulen und Kindertagesstätten vertreten sind (P01:22, P09:93). Diese Vernetzungsrunden werden genutzt, um sich über die jeweiligen Themen, Fragestellungen und Angebote auszutauschen (J03:32, J01:44).

Die konkreten Kooperationen entwickeln sich dann entsprechend der jeweiligen Ausgangslage der Familienzentren, der erhobenen Bedarfe sowie weiterer Voraussetzungen. Eine Ausgangslage stellen dabei die jeweiligen Räumlichkeiten des Familienzentrums dar. Wenn Raumkapazitäten vorhanden oder verschiedene Träger in einem Gebäude untergebracht sind, können entsprechende Kooperationen und Synergien angeregt und entwickelt werden (P01:76f, B11:19, PN04:96, P22:17ff). Dies kann die Schwelle für Kooperationen ebenfalls senken (B33:12, P15:29, P22:118, B34:11, P16:79, P18:36, P13:54, N14:30, N10:45, N08:21, P02:34, N04:11, P01:61, P14:53, P02:63, P01:74, P12:31, P03:70, P02:61, P05:44ff, B20:9, N11:12, B21:6).

Die Art und Intensität der Kooperationen kann sehr unterschiedlich sein. Eine Form der Kooperation ist bspw. die **Nutzung von Räumen** des Familienzentrums von externen Akteuren wie Volkshochschulen, Tagesmüttern, Hebammen und vielen mehr (B01:28, P03:15, P19:35, B03:7, P03:20, P03:19, P15:21). Durch diese jeweiligen spezifischen Angebote lernen die daran Teilnehmenden das Familienzentrum, die Räumlichkeiten und auch Mitarbeitenden kennen. Dies kann wiederum zur weiteren Nutzung anderer Angebote im Familienzentrum führen (N02:17, N10:12, P01:59ff, B07:19, B16:10, PN03:90). Entsprechend ergeben sich auf gemeinsamen thematischen Grundlagen auch weitere Kooperationen (J03:61, B20:12, P01:22).

Eine weitere Ebene der Kooperation zeigt sich in der **gemeinsamen Durchführung von Angeboten** (P06:15, P12:42, P03:18). Dafür werden insbesondere die bestehenden Kontakte zum Kinder- und Jugendgesundheitsdienst, Schwangerenberatung und regionalen Sozialen Dienst genutzt, um Teilnehmer_innen für spezifische Projekte zu gewinnen (P02:63, B29:17, P07:55, P14:53). Dafür ist es grundlegend, dass die Akteure im Stadtteil das Familienzentrum und deren Angebotsstruktur grundsätzlich kennen (J02:56, P02:62, J03:53).

Der in der empirischen Erhebung deutlich gewordene zentrale Nutzen eines vernetzt kooperierenden Arbeitens in den Familienzentren liegt maßgeblich darin, ein breit gefächertes Wissen über familienbezogene Angebote zu sammeln, um darauf basierend Familien bedarfsspezifisch unterstützen und weitervermitteln zu können.

Neben dieser Ansprache von potenziellen Nutzer_innen ist das kooperierende Arbeiten auf Ebene der professionellen Akteure hilfreich, um sich über die im Stadtteil deutlich werdenden Bedarfe auszutauschen. Dies entspricht der Zielstellung einer familienunterstützenden Infrastrukturgestaltung im Stadtteil. Darüber hinaus ermöglicht solch ein vernetzt kooperierendes Arbeiten zugleich, dass die potenziellen Nutzer_innen das Familienzentrum kennenlernen. Durch das Auslegen von Flyern oder die gezielte Ansprache von Kooperationspartner_innen erfahren diese vom Familienzentrum. Darüber hinaus kann diese Ansprache auch für die Akquise von speziellen Angeboten für besondere Zielgruppen genutzt werden.

In der folgenden Abbildung werden die zentralen Aspekte des Arbeitsprinzips ‚Vernetzung und Kooperation' mit den daraus ableitbaren Nutzenaspekten dargestellt.

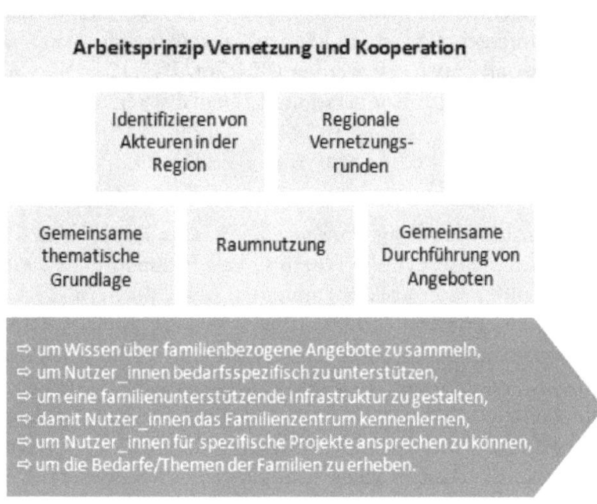

Abb. 32: Arbeitsprinzip ‚Vernetzung und Kooperation' sowie der daraus ableitbare Nutzen

Multidimensionale Öffentlichkeitsarbeit

Die untersuchten Familienzentren blicken auf eine unterschiedlich lange Tradition an ihren räumlichen Standorten im Stadtteil zurück. Für alle Familienzentren wird von den Befragten beschrieben, dass einerseits die Bewohner_innen des Stadtteils dieses zumindest kennen, wenn auch die Angebote bisher nicht relevant waren. Andererseits wird auch angegeben, dass die Bewohner_innen das Familienzentrum bisher nicht kannten (N01:21f, P01:67, N06:15, N06:15, N05:64, P02:56, P18:38, P20:36, P13:56, B28:14, N08:89, P16:83). Somit stellt die Öffentlichkeitsarbeit ein wichtiges organisationsstrukturelles Arbeitsprinzip dar, um potenzielle Nutzer_innen zu erreichen. Die konkrete Umsetzung der Öffentlichkeitsarbeit gestaltet sich auf verschiedenen Wegen. Im Folgenden werden die Dimensionen der komplexen Öffentlichkeitsarbeit in den untersuchten Familienzentren zusammenfassend dargestellt. Neben strukturellen Methoden der Öffentlichkeitsarbeit wird dabei auf die persönliche Ansprache eingegangen.

Der alltägliche Mobilitätsradius von Familien mit Kindern beschränkt sich oftmals auf die nähere Umgebung ihres Zuhauses. Insbesondere belastete Familien sind zumeist auch weniger mobil (J01:42, N01:50). Somit stellt die Wohnortnähe der Familien ein entscheidendes Kriterium für einen Erstbesuch des jeweiligen Familienzentrums dar (N13:17, P09:97, B33:12, P21:18, N10:12, B17:32, B21:6, N11:14, P11:36, B24:14, P13:53, P04:42, N01:62, P22:118, N14:30). Diese Zugangswege begründen zugleich die Notwendigkeit einer regionalisierten, differenzierten Öffentlichkeitsarbeit. Eine eher strukturelle Form der Öffentlichkeitsarbeit bezieht sich auf die **Gestaltung des Gebäudes** und damit konkret auf die ‚Projekthaustür' der Familienzentren. Vor den Familienzentren sind ein Schaukasten und/oder Aufsteller angebracht, die über die Angebote, Programme und Ansprechpartner_innen anschaulich gestaltet berichten (PN04:59, P11:37, N13:12, P02:58). Die Nutzer_innen werden dadurch eingeladen und willkommen geheißen. Begrüßungsworte an der Tür und im Eingangsbereich unterstützen dies ebenfalls. Darüber hinaus bieten das **Programmheft und Flyer** für einzelne Veranstaltungen den Interessierten eine weitere Möglichkeit, sich zu informieren (P11:39, P18:144, B07:14, P07:17, J02:55, P15:29, P22:15, B21:6, B28:8, P14:85, N14:53). Insbesondere für die Recherche nach konkreten Angeboten kann das Programm hilfreich sein (N01:72, N09:11ff, P20:126, P22:128, PN01:46). Darüber hinaus eignen sich diese Materialien auch, um im Erstkontakt den potenziellen Nutzer_innen neben dem Berichten etwas mitzugeben. So können diese Materialien für das Ansprechen im Stadtteil, bei Stadtteilfesten oder durch die Kooperationspartner_innen eingesetzt werden (N13:12, P22:147, PN03:91f, PN01:37, P02:38, P22:159, N12:14, P01:63). Neben dem Informieren von potenziellen Nutzer_innen können so auch weitere Akteure im Stadtteil als potenzielle Kooperationspartner_innen angesprochen werden (J02:56, P02:62, J03:53). Neben der persönlichen Übergabe im Erstkontakt werden Programmhefte und Flyer an Orten im Stadtteil ausgelegt, die von Familien genutzt werden. Dies umfasst professionelle soziale Akteure wie die sozialen Dienste und die Bürgerberatung, aber auch Orte, die von Familien im Alltag aufgesucht werden wie Arztpraxen, der Naturkostladen oder Stadtteilbäcker (P01:62, P09:52, P20:32). Durch Plakate an Laternen, Bäumen oder Autos werden Bewohner_innen ebenfalls neugierig.

Eine weitere Form der Öffentlichkeitsarbeit bezieht sich auf die **Internetpräsenz**. Von den Befragten wird beschrieben, dass verstärkt das Internet für die Suche nach Informationen über familienunterstützende Angebote genutzt wird. Eine entsprechend gepflegte und aktualisierte Internetpräsenz ist somit unabdingbar (B33:8, B36:11, PN04:101, P21:30, N14:20, P22:126, P20:28, N05:11, P13:51). Des

Weiteren dienen auch Internetportale, die solche Angebote gebündelt sammeln, der Informationsweitergabe. Die untersuchten Familienzentren nutzen darüber hinaus die zu einem Internetportal gehörige kostenfreie stadtweite Zeitschrift mit Angeboten zu Schwangerschaft, Geburt, Baby und Kleinkind (P22:118, PN04:101, P20:30, P21:30, B07:13, P13:53, PN04:107, N08:20). Kostenfreie **regionalisierte Wochenblätter und Stadtteilzeitungen** werden von vielen Bewohner_innen ebenfalls gelesen (P11:39, P18:37, P14:53, P02:59, P02:60). So geben viele der Befragten an, dass sie vor dem Erstbesuch des Familienzentrums nach einem konkreten Angebot gesucht haben (B37:25, N13:11, N05:12, N10:12, P01:64, B17:32, P11:35, P16:58f, N05:11, P03:21, P03:67, P03:68, P04:16f).

Neben diesen verschiedenen medialen Wegen der Öffentlichkeitsarbeit liegt eine weitere Möglichkeit, von den Familienzentren zu erfahren, in der **direkten, persönlichen Ansprache** von potenziellen Nutzer_innen, wenn diese sich bspw. im Schaukasten über das Angebot informieren oder neugierig in die Fenster schauen (N13:12, P22:147, PN03:91f, PN01:37, P02:38, P22:159, N12:14, P01:63). Solch eine persönliche Ansprache kann auch über Kooperationspartner_innen oder weitere regionale Akteure erfolgen (B33:12, P15:29, P22:118, B34:11, P16:79, P18:36, P13:54, N14:30, N10:45, N08:21, P02:34, N04:11, P01:61, P14:53, P02:63, P01:74, P12:31, P03:70, (P02:61, P05:44ff, B20:9, N11:12, B21:6). Die **persönlichen Empfehlungen** von Freunden und Bekannten nehmen ebenfalls einen wichtigen Stellenwert ein. Dies wird darüber deutlich, dass ein Großteil der Befragten angibt, über Bekannte und persönliche Kontakte vom Familienzentrum erfahren zu haben (P01:65, N12:38, P01:60, P09:51, P20:29, PN02:28, N01:14, N02:14f, P20:21, P08:24, N0:40, P08:23, P20:124, P22:124, PN04:38, B36:11, N14:118, P15:29, N07:13, P18:45, P18:46, P03:81, P13:52, N04:29, P03:66, B07:6, N04:10, N05:58, P04:43, P07:17ff, P13:57, P14:85, PN01:16, P13:54).

Diese verschiedenen Wege der Öffentlichkeitsarbeit tragen dazu bei, umfassend über die Familienzentren zu informieren. Darüber wiederum können sowohl potenzielle Nutzer_innen als auch potenzielle Kooperationspartner_innen gewonnen werden. In der folgenden Abbildung werden diese zentralen Elemente der multidimensionalen Öffentlichkeitsarbeit noch einmal gebündelt dargestellt.

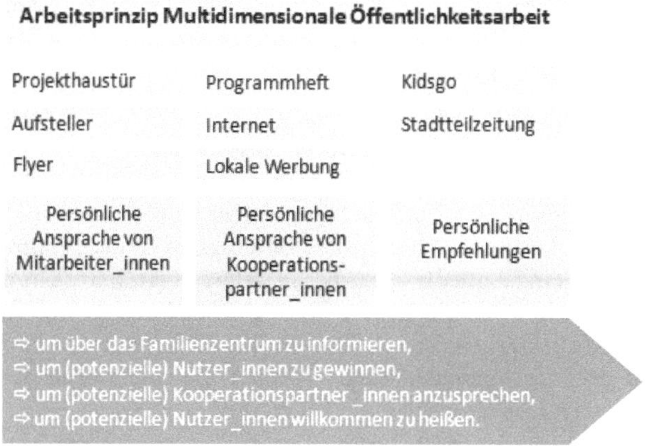

Arbeitsprinzip Multidimensionale Öffentlichkeitsarbeit

Projekthaustür	Programmheft	Kidsgo
Aufsteller	Internet	Stadtteilzeitung
Flyer	Lokale Werbung	
Persönliche Ansprache von Mitarbeiter_innen	Persönliche Ansprache von Kooperations-partner_innen	Persönliche Empfehlungen

⇨ um über das Familienzentrum zu informieren,
⇨ um (potenzielle) Nutzer_innen zu gewinnen,
⇨ um (potenzielle) Kooperationspartner_innen anzusprechen,
⇨ um (potenzielle) Nutzer_innen willkommen zu heißen.

Abb. 33: Arbeitsprinzip ‚Multidimensionale Öffentlichkeitsarbeit' sowie der daraus ableitbare Nutzen

Angebotsvielfalt und offene Flexibilität

Die Familienzentren sind entweder allein oder mit Kooperationspartner_innen in einem Gebäude untergebracht und verfügen alle über einen Außenbereich (N06:100, B29:7, P21:22, P22:108). In allen Familienzentren sind Büros, Beratungs- und Bewegungsräume sowie eine Küche in unterschiedlicher Größe und Ausstattung vorhanden, bzw. können dafür Räumlichkeiten von Kooperationspartner_innen genutzt werden (B25:10, B01:16, B02:8, B33:6, B01:14, B02:10, B29:9, B36:16, B11:30, P07:52f). In drei Familienzentren sind die sanitären Anlagen kindgerecht und großzügig gestaltet (B25:11, B01:18, B02:9, N07:29).

Drei Familienzentren verfügen über einen größeren, offenen Familiencafébereich, das vierte Familienzentrum über einen offenen Raum mit anschließender Teeküche, der ähnlich genutzt wird (B04:10, B25:9, B02:8, B29:7, B01:20ff, N14:58). Getränke und teilweise auch kleine Snacks können in den Familienzentren erworben oder auch mitgebracht werden. Diese offenen Familiencafébereiche können zu den jeweiligen Öffnungszeiten flexibel ohne vorherige Anmeldung genutzt werden (N10:32, P09:53f, P21:22, N09:46, N14:70ff, P18:52ff).

Teilweise wird dies durch zusätzliche offene Angebote ergänzt. Die Mitarbeitenden sind ebenfalls anwesend. Insbesondere die **Kombination von Caféatmosphäre und Spielmöglichkeiten** sowohl im Innen- als auch im Außenbereich werden dabei geschätzt (N13:37ff, N02:30f, P22:103, N09:15f, N10:23). Im Familienzentrum ohne Cafébereich wird der offen zugängliche Raum mit anschließender Teeküche entsprechend der jeweiligen Belegungen vor und nach den Angeboten individuell genutzt (P14:59). Der offene Familiencafébereich ermöglicht niedrigschwellig

Begegnungen, Information und Kontakteknüpfen. Durch eine räumliche Gestaltung mit großen Tischen wird es erleichtert, untereinander ins Gespräch zu kommen (P22:101, PN02:53, N07:43f, P03:90).

Neben diesem offenen Bereich kennzeichnet eine vielfältige Angebotsstruktur die Familienzentren. Die Angebote werden entsprechend der vorliegenden Bedarfe entwickelt. So spiegeln diese eine Vielfalt wider, um auf verschiedenen Wegen Familien zu erreichen (J02:70). Die bereits näher beschriebenen Kategorien umfassen **Eltern-Kind-Gruppen, Eltern-Kind-Bildungsangebote, Bildungsangebote für Kinder, Bildungsangebote für Erwachsene, selbst organisierte Gruppen, Selbsthilfegruppen sowie Beratungsangebote**. Je nach Ausrichtung und Zielstellung sind diese jeweils inhaltlich gestaltet. So können inhaltliche thematische Angebote kombiniert mit strukturell-gestalterischen Aspekten wie einem gemeinsamen Essen für die Nutzer_innen sehr anziehend sein (P22:104).

Sowohl dem offenen Familiencafébereich als auch den verschiedenen Angeboten sind entsprechende **Vor- und Nachbereitungen** zugrunde liegend, um so für die Nutzer_innen einen Ort des Wohlfühlens zu gestalten (P22:187). Dies reicht vom Öffnen des Hauses über das Vorbereiten der Räume bis hin zum Aufräumen (P22:84, B33:9, B34:5, B37:5). Zugleich beinhaltet dies auch das Klären eines Interaktionsrahmens mit **klaren Regeln** für die Nutzer_innen im offenen Bereich (P20:48, N13:41, B28:8, N07:28, B36:13, B29:19, P04:21, P07:80, B04:26, P20:148, P19:88f, P20:46, B20:9ff, P03:70, B13:15, B14:7, B37:26).

Darüber hinaus orientiert sich auch die **Angebotsentwicklung** an den durch die Mitarbeitenden identifizierbaren Bedarfen. Durch das Erkennen und Aufgreifen von vorliegenden Themen können diese mit dem Team besprochen und unter Einbezug der Nutzer_innen entsprechende Angebote entwickelt werden.

Als organisationsstrukturelles Arbeitsprinzip ist somit eine vielfältige Angebotsstruktur erforderlich, um auf verschiedenen Wege Familien zu erreichen. Unterstützt wird dies durch die Kombination mit einer flexiblen, unverbindlichen Nutzung des offenen Bereichs (B34:7, N02:27, B27:21ff, N11:17, B09:25, P07:22ff). Die Offenheit zeigt sich hierbei insbesondere durch den gegebenen strukturellen Zeitrahmen sowie die darin mögliche interessengerechte Nutzung ohne vorherige Anmeldung. Entsprechend der aktuellen Bedarfe könne so Nutzungen durch die Familien flexibel entschieden und variiert werden.

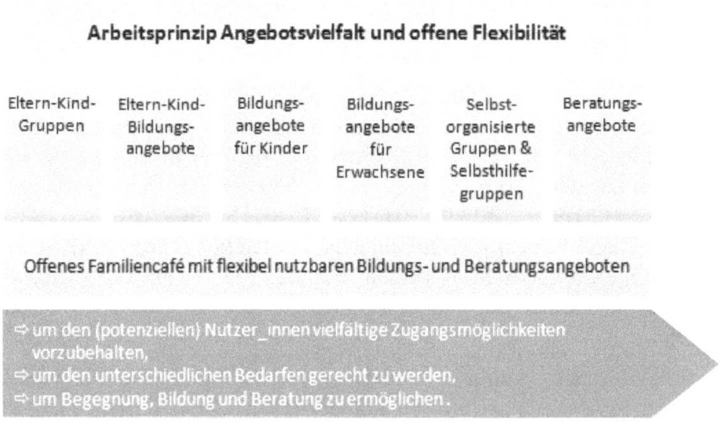

Arbeitsprinzip Angebotsvielfalt und offene Flexibilität

Eltern-Kind-Gruppen	Eltern-Kind-Bildungsangebote	Bildungsangebote für Kinder	Bildungsangebote für Erwachsene	Selbstorganisierte Gruppen & Selbsthilfegruppen	Beratungsangebote

Offenes Familiencafé mit flexibel nutzbaren Bildungs- und Beratungsangeboten

⇨ um den (potenziellen) Nutzer_innen vielfältige Zugangsmöglichkeiten vorzubehalten,
⇨ um den unterschiedlichen Bedarfen gerecht zu werden,
⇨ um Begegnung, Bildung und Beratung zu ermöglichen.

Abb. 34: Arbeitsprinzip ‚Angebotsvielfalt und offene Flexibilität' sowie der daraus ableitbare Nutzen

Wissens- und Kompetenzmanagement

Die Notwendigkeit von Kooperation, Vernetzung, Öffentlichkeitsarbeit sowie Angebotsvielfalt und offenen Flexibilität bedingen zugleich ein passgenaues Wissens- und Kompetenzmanagement in den Familienzentren. Die Planung des organisationsstrukturellen Rahmens und die Informationsweitergaben sind innerhalb des jeweiligen Teams zu organisieren. Dies ist insbesondere wichtig, da nicht alle Mitarbeitenden zur gleichen Zeiten vor Ort sind (P01:47, P08:57). Ein wichtiger teamarbeitsstruktureller Aspekt sind regelmäßig, zumeist wöchentlich, stattfindende moderierte Teamsitzungen (P01:43, B06:8, B08:28). Je nach Zielstellung der Teamsitzungen nehmen in den Familienzentren immer die pädagogischen Fachkräfte, aber teilweise auch Verwaltungsmitarbeitende, Hausmeister und MAE-Kräften, teil (B08:6). Die Teamsitzungen werden strukturiert vorbereitet, moderiert und protokolliert (B05:18, B08:8, P11:73, P01:45).

Inhaltlich betrachtet können so Informationen und Planungen weitergegeben und neue Mitarbeitende vorgestellt werden. Darüber hinaus ist der Austausch über aktuelle Beobachtungen und identifizierbare Bedarfe ein wichtiger Bestandteil. Auf dieser Grundlage werden Angebote und Strukturen konzeptionell weiterentwickelt (J03:35f, B34:7, P22:174, PN04:80ff). Hinsichtlich langfristiger konzeptioneller Planungen wird in einem Familienzentrum in regelmäßigen Abständen eine Zukunftswerkstatt mit allen Mitarbeiter_innen durchgeführt (P16:55ff). Dies ist wichtig, um alle Mitarbeiter_innen in Umstrukturierungsprozesse mit einzubeziehen. Daneben werden in zwei Familienzentren Teamfortbildungen angeboten und durchgeführt (P01:41, P16:12, P11:46). Die Mitarbeitenden haben ebenfalls die Möglichkeit, sich entsprechend ihrer individuellen Möglichkeiten und Interessen weiterzubilden (GD FZMK).

Neben diesen organisationsstrukturell verankerten Strukturen gestaltet sich das Wissensmanagement im Team entlang geeigneter **Kommunikations- und Interaktionsstrukturen**, die sich jeweils entsprechend der jeweiligen Rahmenbedingungen herausbilden. Neben den Teamsitzungen ist darüber hinaus ein **anlassbezogener Austausch** zwischen den professionellen Akteuren in den Familienzentren beobachtbar (P21:94ff, B05:9, P16:121, P18:116, B08:24, PN04:113, P11:45, P16:44). Dieser bezieht sich auf alltägliche Interaktionen im offenen Bereich oder für die Angebotsvorbereitung (P22:8, B18:24, P22:76, PN02:11). Insbesondere in der Zusammenarbeit mit Honorarkräften ist dies ein wichtiger Aspekt (B34:23, P16:49).

Der Funktion der **Leitung** kommt dabei eine besondere Bedeutung zu. Die Personalstruktur gestaltet sich in den Familienzentren sehr unterschiedlich. Neben festangestellten pädagogisch Mitarbeitenden sind auch Honorarkräfte, Praktikant_innen und MAE-Kräfte beschäftigt. Entsprechend unterschiedlich sind die zugrunde liegenden Qualifikationen und somit auch die jeweiligen passenden Tätigkeitsbereiche. Die Tätigkeitsbereiche werden entsprechend der Qualifikationen gestaltet, aber alle Akteure haben mehr oder weniger auch mit den Nutzer_innen Kontakt. Somit können diese unterschiedlichen Qualifikationen durchaus Herausforderungen für die Vorbereitung und Förderung der Mitarbeitenden darstellen. Durch das Leitungshandeln maßgeblich beeinflusst, gewährleistet das **Ansetzen an den jeweiligen Stärken** der Mitarbeiter_innen die Zusammenarbeit im Team. Entsprechend dieser zugrunde liegenden Ressourcen werden die Aufgaben und Zuständigkeitsbereiche unter diesen verteilt (P15:59, B26:13, P20:17, B08:22, P22:78). Dementsprechend ergänzen sich die Mitarbeiter_innen im Team gegenseitig (P15:61). Klare Aufgabenverteilungen, Absprachen und Rahmenbedingungen unterstützen dies (J03:41, P15:74, P22:184). Zudem ist der thematische Erfahrungseinbezug der Mitarbeiter_innen sowohl für die Aufgabenverteilung als auch für die Mitarbeitendenzufriedenheit hilfreich (B05:40f, PN01:23, P16:31). Dieses ressourcenorientierte Ansetzen wird grundlegend durch die jeweilige Leitung der Familienzentren bedingt (PN01:23, PN03:51, P20:111). Ressourcenorientierung im Team bezieht sich darüber hinaus auf das Begrüßen und Einarbeiten neuer Mitarbeiter_innen und Praktikant_innen, die ebenfalls zentral für die Zusammenarbeit im Team sind (PN04:22, P14:26, P15:17, P21:24, P18:157). Daher ist es erforderlich, diesen einen Rahmen zu geben, um sich in den neuen Strukturen zurechtzufinden (P20:52, B08:18f, P16:23) und einen individuellen Gestaltungsraum zu entwickeln (P22:178, P11:28). Eng damit verbunden sind ausführliche Absprachen hinsichtlich der Planung des Personaleinsatzes oder neuer Angebote für die Umsetzung (P22:82, P21:112ff, B08:20). Die Zusammenarbeit im Team bedingt zugleich **eine ressourcenorientierte Rückmeldekultur im Team**. Dies bezieht sich nicht nur auf die Mitarbeiter_innen, sondern auch auf weitere im Familienzentrum agierende Akteure wie MAE-Kräfte und Hausmeister (P01:12 B05:17, B08:11, B25:12). Dahinter steckt eine wertschätzende Haltung und Anerkennung der wichtigen Funktion dieser Personen im Tagesgeschäft (B25:13, P22:10, PN04:109). Solch ein wertschätzender Umgang wird an der gegenseitigen Unterstützung bei der Vorbereitung von Teamsitzungen und durch das Vorbereiten und Bereitstellen von Materialien deutlich (B05:16). Aber auch freundliche Worte sowohl bei der Begrüßung als auch im Tagesverlauf sowie Fragen nach dem Wohlergehen untereinander sind dabei zentral (B21:14, B05:31, P22:7, B20:7, B26:7, P11:23, P19:31, B23:5, P16:6, B21:13, P11:10). Teilweise werden auch **teambezogene Unternehmungen** durchgeführt, um solch eine wertschätzende Kultur konzeptionell zu unterstützen (B08:16, B09:5f).

Durch solch ein Wissens- und Kompetenzmanagement wird einerseits der organisationsstrukturelle Ablauf in den Familienzentren gewährleistet. Andererseits werden so die jeweiligen Kompetenzen der Mitarbeitenden optimal genutzt, was wiederum die Zufriedenheit der Mitarbeiter_innen steigert. In der folgenden Abbildung sind diese zentralen Dimensionen zusammenfassend dargestellt.

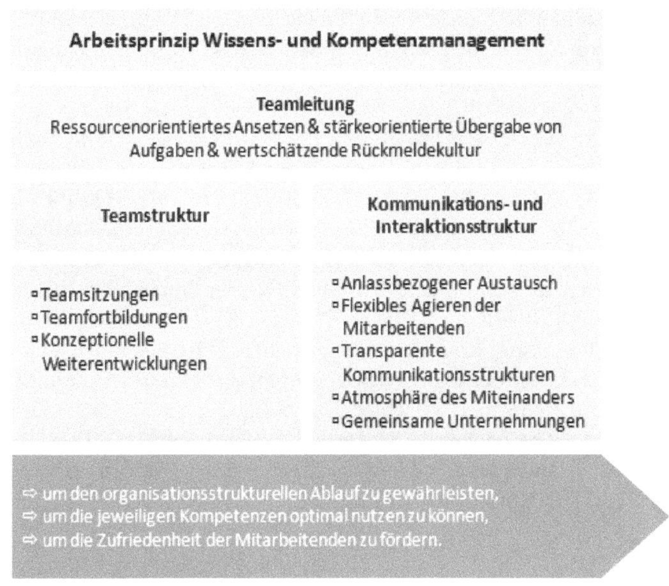

Abb. 35: Arbeitsprinzip ‚Wissens- und Kompetenzmanagement' sowie der daraus ableitbare Nutzen

An diese Beschreibung der organisationsstrukturellen Arbeitsprinzipien in den Familienzentren schließt sich nun die Darstellung der methodischen Arbeitsprinzipien an.

5.1.2 Methodische Arbeitsprinzipien

Neben den beschriebenen organisationsstrukturellen Arbeitsprinzipien werden zudem wesentliche Aspekte identifizierbar, die sich als methodische Arbeitsprinzipien hinsichtlich der Zusammenarbeit mit ‚Familie' beschreiben lassen. Diese werden im Folgenden näher beleuchtet.

Reflexive Kompetenzvielfalt der Mitarbeitenden

Neben dieser organisationsstrukturellen Rahmung durch eine Angebotsvielfalt gekoppelt mit offenen flexiblen Nutzungsmöglichkeiten sind die Mitarbeitenden der Familienzentren die maßgeblichen Akteure, um bedarfsentsprechende Angebote zu entwickeln, Vernetzungen und Kooperationen zu initiieren sowie eine multidimensionale Öffentlichkeitsarbeit zu gestalten. Als grundlegende professionelle Haltung der Mitarbeitenden wird von allen Befragten **Authentizität** als wichtig benannt, um Kontakt zu den Nutzer_innen herzustellen und aufrechtzuerhalten (P15:63, N08:79, P18:32). Insbesondere in der Zusammenarbeit mit Menschen können sich unterschiedliche Wertvorstellungen, Wünsche und pädagogische Ansichten gegenüberstehen. Hierbei bedarf es einer kontinuierlichen Reflexion des professionellen Selbstverständnisses, um den Nutzer_innen wertschätzend und tolerant zu begegnen (P12:114f, P22:10f, P04:89). Dies bedingt zugleich ein authentisches Auftreten (B27:6, P14:129ff, N11:62). Ein authentisches Auftreten wird den Nutzer_innen durch den Spaß der Mitarbeitenden an ihrer Arbeit deutlich (P15:65, B06:13, PN_02:32, P16:29, N11:60, P19:32, P01:40, P18:147). Darüber hinaus tragen persönliche Erfahrungsberichte der Mitarbeitenden zu einem authentischen Auftreten bei und werden aufgrund der damit einhergehenden Perspektivwechsel wohlwollend von den Nutzer_innen angenommen (B33:10, B05:34, P20:98, PN02:12, P19:77, PN02:57, B17:34, N08:77). Durch eine konzeptionelle Rahmung wird den verschiedenen Mitarbeitenden eine gemeinsame **pädagogische Orientierung** gegeben (P01:38, B36:33, P11:50). Zugleich sind Offenheit und Kenntnisse verschiedener pädagogischer Konzepte insbesondere für Mitarbeitende ohne pädagogische Ausbildungen hilfreich, da diese desgleichen von Nutzer_innen angesprochen und wahrgenommen werden (P11:47, P16:108, B37:6, P18:150, P16:50f, P12:26, B_20:21, P11:42).

Offenheit und Neugierde bedingen ebenfalls die Haltung der Mitarbeitenden. Dies impliziert ein vorurteilsfreies Herangehen an Familien, deren Lebensformen, soziale und kulturelle Differenzen (P02:50, P16:105, P15:53, P21:90, P11:79, P14:127). Offenheit meint somit respektvolle Toleranz gegenüber den Familien mit Kindern und ihren Themen, die sie mitbringen (PN02:84, P11:49, B34:22, B37:8, P14:129ff).

An die Aspekte der Authentizität sowie Offenheit und Neugierde anschließend, ist der **Stärkenblick** als zentrales Haltungselement zu beschreiben. Dies meint, den Blick auf die Stärken und Fähigkeiten zu konzentrieren, und diese im Gespräch hervorzuheben (B06:9, N05:27, N01.107, P08:37).

Neben Authentizität, Offenheit und Neugierde als grundlegende Kompetenzen wird deutlich, dass zudem weitere spezifische Kenntnisse für die Arbeit in den Familienzentren wichtig sein können. Die Mitarbeitenden müssen nicht alle über jede einzelne dieser wesentlichen Kenntnisse verfügen. Vielmehr ist eine fachspezifische Pluralität in der Teamzusammensetzung sowie ein Wissen darüber, wo spezifisches Wissen hergeholt werden kann, ein grundlegendes Merkmal der Kompetenzvielfalt. Trotzdem werden im Folgenden die spezifischen Themenbereiche zusammenfassend umrissen.

Von den Akteuren aller Familienzentren werden **kindesentwicklungsspezifische Kenntnisse** benannt. Vordergründig in festen Kursen, Bildungsangeboten und Beratungen, aber durchaus auch im offenen Bereich, werden kindesentwicklungsspezifische Fragen von den Nutzer_innen angebracht (J02:104, B36:23f, N13:42, P09:72). Somit sind gewisse grundlegende Kenntnisse wichtig, um Nutzer_innen adäquat begegnen zu können. Zudem unterstützen solche Kenntnisse für Beobachtungen und Ansprachen als Gesprächsanknüpfungspunkt (B15:18, P21:10). Darüber hinaus ist ein **Wissen über familienrelevante Themen** hilfreich. Familienrelevante Themen reichen über den Aufbau und Struktur der Bildungssysteme, die Stadt Berlin, Aufbau und Funktion der verschiedenen Verwaltungen (insbesondere des Jugendamts), Religionen bis hin zu Fragen nach sozialrechtlichen Unterstützungen (P07:11ff, P13:60). Aus dieser Beschreibung folgernd kann eine einzelne Person gar nicht über dieses gesamte Wissen verfügen. Vielmehr ist es grundlegend, zu wissen, welche Anlaufstellen oder Akteure zu den jeweiligen Themen hinzugezogen oder an wen weitervermittelt werden kann. Demnach steht hierbei insbesondere eine Sammlung und Weitergabe von Informationen im Fokus (P22:86, P01:26, P21:110, P09:68). Aktiv umgesetzt wird dies auch in den verschiedenen Vernetzungsrunden.

Weitere wichtige Aspekte umfassen **Kultursensibilität und Sprachkenntnisse** (P05:125). Kultursensibilität ist eng verbunden mit der bereits dargestellten zugrunde liegenden Haltung der Offenheit, des Respekts und des Wohlwollens. Zudem impliziert dies ein aufmerksames und neugieriges Nachfragen, insbesondere, wenn etwas nicht eindeutig erscheint (B36:23f). Für den Erstkontakt zu Familien mit nichtdeutscher Herkunftssprache können die jeweiligen Sprachkenntnisse hilfreich sein (P08:39, P21:42, N05:49, B07:5, B11:29, N05:50, P13:43f). Allerdings ist es dabei wichtig, zu beachten, dass nicht ausschließlich die Mitarbeitenden mit den jeweiligen Sprachkenntnissen für eine bestimmte Personengruppe ansprechbar sind, da über solch eine Funktion wiederum Zuschreibungen reproduziert werden können (P08:42).

Zudem werden Aspekte genannt, die sich künstlerischen Fähigkeiten zuordnen lassen und an dieser Stelle allgemein als **Kreativität** beschrieben werden. Dies umfasst den Bereich Musik, Basteln, Gestalten, Herstellen und Malen, aber auch Theater und Computergestaltung (N14:12, B10:6f, N01:93). Insbesondere kreative Angebote, die in der Form zu Hause nicht umsetzbar sind, werden dabei benannt (P22:82, B15:20, P09:70).

Eine weitere methodische Gestaltungskompetenz, die für die Mitarbeitenden der Familienzentren unerlässlich ist, sind Moderationskompetenzen und ein Wissen über Gruppenanleitung und Gruppenprozesse (P09:71).

Die unter dem Begriff der ‚Reflexiven Kompetenzvielfalt der Mitarbeitenden' zusammengefassten Haltungs- und Wissensaspekte tragen dazu bei, dass die Mitarbeitenden als kompetente Ansprechpartner_innen in den Familienzentren zur Verfügung stehen. Somit können die Nutzer_innen wiederum passgenau unterstützt und individuell gestärkt werden.

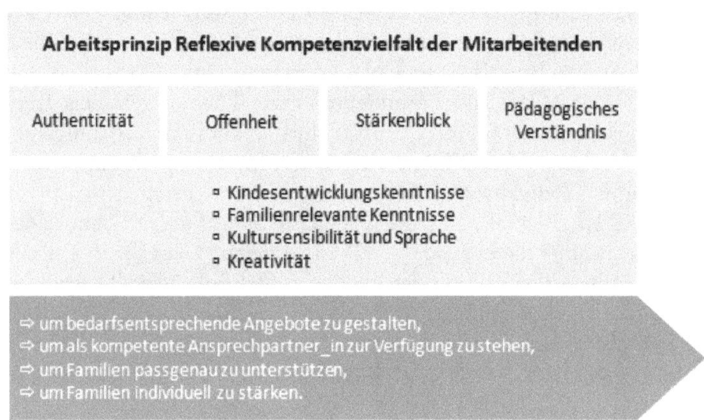

Abb. 36: Arbeitsprinzip ‚Reflexive Kompetenzvielfalt der Mitarbeitenden' sowie der daraus ableitbare Nutzen

Willkommenskultur ohne Problemfokus

Das methodische Arbeitsprinzip der Willkommenskultur ohne Problemfokus durchzieht verschiedene Bereiche. Bereits die im Arbeitsprinzip ‚Öffentlichkeitsarbeit' beschriebene Gestaltung der Gebäude mit entsprechend dekorierten Aufstellern und Begrüßungen sind entscheidende Elemente für eine Willkommenskultur ohne Fokussierung auf ein Problem. Durch eine entsprechend betitelte Offenheit und den nicht defizitären Fokus auf Personen, die Unterstützung benötigen, wird eine einladende Ansprache des Willkommenseins gestaltet. Dies wiederum beeinflusst die Entscheidung über einen Erstbesuch (P22:84, B25:5). Der Erstbesuch eines Familienzentrums erfolgt zumeist entweder gemeinsam mit Freunden oder Bekannten (P01:68, P20:21, B36:11, P09:52, N05:65, P15:33, N01:50, N02:14ff, PN01:16) oder durch die Anmeldung für ein konkretes Angebot (B37:25, N13:11, N05:12, N10:12, P01:64). Damit wird der Situation aus dem Wege gegangen, allein einen unbekannten Raum zu betreten (N04:12f). Daneben gibt es aber auch Nutzer_innen, die berichten, dass sie sich einfach mal auf den Weg ins Familienzentrum gemacht haben (N13:15, B33:12, B37:9, J02:58, P22:159).

Neben dieser strukturellen Gestaltung werden auf der Ebene des methodischen Handelns alle Personen, die das Familienzentrum betreten, **freundlich wertschätzend begrüßt** (B25:6, B34:6, B36:6, P15:58, B10:16, B26:8, B26:10, B30:5, B27:5, B27:11, P11:23, B07:5, B07:23, P13:16, N14:10). Dies erfordert eine hohe Aufmerksamkeit der Mitarbeitenden, insbesondere zu stark frequentierten Zeiten (B06:16, B28:21). In der persönlichen Ansprache werden ebenfalls keine Probleme in den Fokus gestellt, sondern vielmehr **Interessen und Bedarfe für ein langsames Kennenlernen erkundet** (J03:26, J01:48, P03:82, P22:110, B25:8). Der Erstbesuch wird genutzt, um den Familien die Räumlichkeiten zu zeigen und Angebote vorzustellen (B29:11, P14:121f, P03:67, P12:92f). Dabei werden bereits Interessen identifiziert, um bei Bedarf an die jeweiligen Angebote weiterzuvermitteln (P01:77, P09:46, P20:43, N01:99, B16:19, B14:25, B29:8, P19:122). Durch solche aufmerksamen Begrüßungen wird den Nutzer_innen Gesprächsbereitschaft signalisiert (B30:5f, B15:16, P20:40, P21:10, PN02:96, P13:46, B07:27). Dabei ist eine hohe Sensibilität der professionellen Akteure erforderlich, um auch den jeweiligen Befindlichkeiten der Nutzer_innen gerecht zu werden (P09:74). Diese persönliche Begrüßung wird insbesondere von den Familien als wertschätzend-einladend erlebt und unterstützt das nochmalige Wiederkommen (N14:23, P06:77, PN03:54, P07:84, P03:34). In den jeweiligen Kursen und Angeboten erfolgt darüber hinaus eine **gemeinsame Begrüßung aller Teilnehmenden,** bspw. mit einem Lied oder Spiel (B09:20, N05:23ff). In den offenen, angeleiteten Spielgruppen und regelmäßig stattfindenden Angeboten gibt es zudem ein festes Ritual für die Begrüßung, wobei auch die Namen der Kinder genannt werden (B09:14, B13:8, B18:9, B20:10). Neue Mitarbeitende stellen sich bei den Begrüßungen ebenfalls den Nutzer_innen kurz vor (B33:8, B36:11, N13:12, P01:69, P08:46, B06:20, B15:14, P02:38, P16:106, B07:12, B14:17f).

Solch eine Willkommenskultur ist aber nicht allein für den Erstbesuch entscheidend, sondern auch für die darauf folgenden Besuche, da somit eine Atmosphäre des Wohlfühlens und des Dazugehörens im Sinne einer sozialen Teilhabe gestaltet wird. Im Verlauf weiterer Besuche wird eine persönliche Begrüßung durch eine personalisierte namentliche Ansprache und individuelle thematische Anknüpfungen zentral (B25:6, B06:11, B17:11, B18:7, P22:67, N13:44, P20:45, B13:9, B14:7, B16:9). So können bei den Begrüßungen persönliche Themen vom letzten Besuch nachgefragt werden (B27:16). Aus Sicht der Nutzer_innen trägt dies maßgeblich zur atmosphärischen Gestaltung und dem Wiederkommen bei, insbesondere im

Vergleich zu kommerziellen Familiencafés (N14:23, N02:30, N12:18). Eine **individuell persönlich ausgerichtete Ansprache** ist somit ein weiteres zentrales methodisches Element.

Neben der Vorbereitung der Räume und Angebote ist auch die Gestaltung eines gemeinsamen Abschlusses wichtig (B33:14, B09:27, B20:8, P18:122). Dies erfolgt neben methodischen Elementen in festen Angeboten durch eine Verabschiedung mit netten Worten und einer bekundeten Freude über ein nächstes Wiedersehen (B37:21, N14:117).

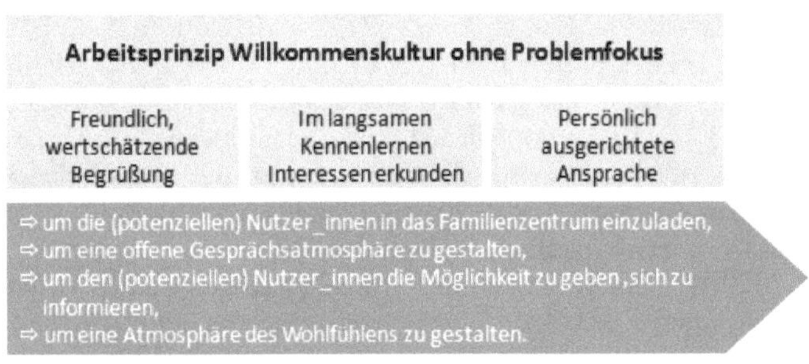

Abb. 37: Arbeitsprinzip ‚Willkommenskultur ohne Problemfokus' sowie der daraus ableitbare Nutzen

Wertschätzendes Interesse

Ein weiteres methodisches und zugleich sich aus der professionellen Haltung der Mitarbeitenden ergebendes Arbeitsprinzip ist das wertschätzende Interesse gegenüber den Nutzer_innen. Dieses wird wiederum auf verschiedenen Ebenen ersichtlich.

Die Nutzer_innen erleben die **Vorbereitung der Räumlichkeiten und Angebote** als Wertschätzung (N01:117, P01:39, P22:103). Die Angebote sind so konzipiert, dass die jeweilig möglichen Bedarfe der Teilnehmenden beachtet werden, wie bspw. das Bereitstellen von Kinderstühlen oder gewürzarmen Lebensmitteln für das gemeinsame Eltern-Kind-Frühstück (B12:19, N01:63, B18:6ff, PN03:51, N11:45, B25:16, P22:84, B33:9, B34:5, B37:5, N13:23, N07:45, N04:20, N05:19). Die atmosphärische Gestaltung, maßgeblich durch die Haltung der Mitarbeitenden bedingt, trägt so ferner zur Wahrnehmung eines wertschätzenden Interesses bei (N14:24, P15:63, B33:10, B33:18, B34:20, B37:5, B36:25, N07:79, N08:91, N06:101, P12:71, B13:11, B24:11, J02:109ff). Auch in Situationen, die anders als geplant verlaufen, ist Flexibilität erforderlich, um sich entsprechend der gegebenen Rahmenbedingungen anzupassen und zugleich den Nutzer_innen wertschätzend zu begegnen.

Auf der personell-individuellen Ebene meint ein wertschätzendes Interesse das **Anerkennen der jeweiligen Personen mit ihren Stärken und Fähigkeiten** bei gleichzeitiger Spiegelung von Herausforderungen und Alltagsangelegenheiten, die diese Personen meistern (B04:14, B05:27, B15:16, P09:69, B20:15, B14:16, P13:48, B13:11, N05:30). Um solche Stärken und Fähigkeiten identifizieren zu können, gestalten die Mitarbeitenden Gesprächssituationen, in denen sie neugierig nachfragen und zuhören. Über das ohne Zeitdruck vermittelte Interesse der Mitarbeitenden an den Familien kommen diese ins Gespräch und ermöglichen so einen Vertrauensaufbau (P09:90, B27:16, B13:12). Im offenen Familiencafébereich geben Beobachtungen der Kinder einen wertschätzenden, ressourcenorientierten Gesprächsanlass (B06:17, B23:7, P08:53f, N14:23). Durch **offene Fragen gekoppelt mit ressourcenorientierten Rückmeldungen und interessiertem Zuhören** gestalten die Mitarbeitenden die Gespräche (P13:47, P07:82). Allein durch das Zuhören können wichtige Informationen herausgefiltert und aktuell relevante Themen transparent gemacht werden (B25:9, P15:57, PN01:70, PN02:58, P22:86, P11:49). Die Mitarbeitenden nehmen dabei nicht ausschließlich die Haltung eines außenstehenden Experten ein, sondern gestalten eine **dialogische Gesprächsatmosphäre** und berichten in passenden Momenten auch von ihren Erfahrungen. Dies wiederum nehmen die Familien neugierig auf (B33:10, B27:12, P09:69).

In festen Kursen und Bildungsangeboten sind Elemente des Austauschs strukturell eingeplant. Durch die regelmäßigen Treffen wird der Vertrauensaufbau unterstützt. Zugleich können hierbei das Element des **Perspektivwechsels** und der Nutzen der Expertise der anderen Teilnehmenden herausgestellt werden (N07:42). Zudem sind einige Kurse auf eine kontinuierliche Teilnahme hin angelegt, sodass die Mitarbeitenden beim Fehlen eines Teilnehmenden auch diesbezüglich nachfragen. Anfänglich kann dies durchaus befremdliche Nachfragen irritieren, aber durch einen dialogischen Austausch als Zeichen der Wertschätzung und des Interesses an der Person wahrgenommen werden (P03:43).

Solch ein wertschätzendes Interesse unterstützt den Vertrauensaufbau zu den Nutzer_innen. Durch das Erkunden der individuellen Interessen und Bedarfe können diese individuell unterstützt und bestärkt werden. In der folgenden Abbildung sind diese Elemente zusammenfassend dargestellt.

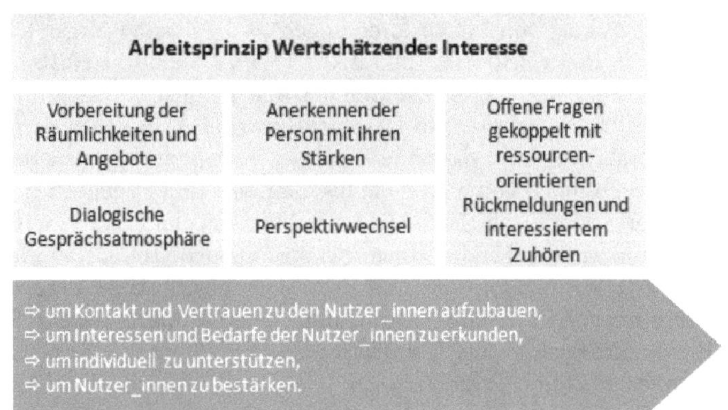

Abb. 38: Arbeitsprinzip ‚Wertschätzendes Interesse' sowie der daraus ableitbare Nutzen

Individualisierte Beratungsstrukturen ermöglichen

Ein wichtiges und als konzeptionelles Ziel verankertes Element ist der Vorbehalt von Beratungsangeboten. In den Familienzentren finden sich verschiedene Formen von Beratungsstrukturen. Einerseits können diese nach der jeweiligen strukturellen Form unterschieden werden in feste, im Programm verankerte Beratungsangebote sowie der flexiblen Beratung nebenbei. Andererseits kann hinsichtlich der beratungsdurchführenden Akteure unterschieden werden in Beratungen durch die Mitarbeitenden in den Familienzentren sowie in Beratungen, die sich aus der Weiterleitung an Kooperationspartner_innen ergeben haben.

Beratungsangebote zu verschiedenen thematischen Bezügen sind in allen Programmen der untersuchten Familienzentren verankert. Diese werden wöchentlich oder monatlich zu festen Zeiten entweder von Mitarbeitenden der Familienzentren, fachspezifischen Kooperationspartner_innen, fachspezifischen Honorarkräften oder auch ehrenamtlich Engagierten angeboten. Einige der Beratungsangebote finden in extra dafür vorgesehenen Räumen statt, andere sind in den Alltag das offenen Familiencafés integriert, wobei ein Rückzug in ungestörte Räumlichkeiten bei Bedarf erfolgen kann (B04:18, PN02:34).

Neben diesen festen Beratungsangeboten agieren die Mitarbeitenden in den Familienzentren als Ansprechpartner_in für allerlei Themen und führen situativ entstehende **Beratungen flexibel** durch (P20:146, P21:44, P22:85). Durch das beschriebene Ansprechen der Familien, dem **neugierigen Nachfragen und Zuhören,** erfahren die Nutzer_innen Interesse und Wertschätzung an ihrer Person, bauen Vertrauen auf und nutzen somit auch die Gelegenheiten, Fragen und Probleme anzubringen (P22:97, P21:46, B27:19, B24:23f). Darüber hinaus bieten sich in diesem Kontext **Beobachtungen als Gesprächsanlass** (B10:14f, B15:11, PN02:66ff, B15:18f). Neben dem offenen Familiencafébereich wird dies besonders in den verschiedenen Eltern-Kind-Gruppen deutlich, in denen auf unterschiedlichen Wegen Möglichkeiten des Anbringens von Fragen und Themen methodisch arrangiert werden (P09:29, P19:121, B11:24f, P19:100ff, P08:35). In solchen Gruppen werden durch die Ansichten und Ideen der Teilnehmenden individuelle **Perspektivwechsel** ermöglicht (P15:55, P01:29, P19:68, B17:37, B18:30, N06:40, N11:24, P11:50, B24:23, B29:18, P03:78, P20:57ff). Dieser wird oftmals in dialogischen Situationen durch das Darstellen anderer Standpunkte angeregt (PN02:50, B37:19, B34:19).

Dies bedarf einer entsprechenden Vorbereitung und methodischen Gestaltung durch die Mitarbeitenden, um auch hierbei verschiedene Zugangswege anzubieten (B09:23, B11:14, P04:102). So entstehen bei gemeinsamen Tätigkeiten wie Kochen oder Basteln solche Gesprächssituationen (B28:23, P19:30, P18:140). Die Mitarbeitenden **greifen die Themen und Fragen auf**, beantworten diese und **unterstützen thematisch,** sofern dies möglich ist (P13:16, N05:25). Bei sensiblen und umfassenden Themen oder aktuell nicht ausreichenden Zeitkapazitäten verabreden sich die Mitarbeitenden mit den Anfragenden für einen späteren Zeitpunkt oder ziehen sich in einen ungestörten Raum zurück. Allerdings können die Mitarbeitenden nicht immer alles wissen. Daher ist einerseits eine Bedarfsklärung erforderlich, die die Grundlage für die **Überleitung in passende Angebote des Familienzentrums** ermöglicht. Durch das Identifizieren der Fragen und Interessen ergeben sich möglicherweise Gruppen, Kurse oder auch Beratungen, die diese Themen aufgreifen (B33:7, B15:17, P01:44, (B05:36, (P21:12, P03:83, P04:65, N06:23, N07:57f, B28:24, B27:13). In den jeweiligen Gruppen werden je nach Bedarf auch fachspezifische Kooperationspartner_innen eingeladen, die über ein konkretes Thema referieren und dann als Ansprechpartner_in zur Verfügung stehen (P04:93, P03:80, P04:138f, P21:104, P05:137, B17:22). Aber es kann auch erforderlich sein, dass die Mitarbeitenden an die für die jeweiligen Fragen grundlegenden Fachkräfte und Kooperationspartner_innen verweisen (P07:47, P09:47, P22:86, B05:38, P13:20, N06:92). Solch eine **bedarfsentsprechende Vermittlung an Kooperationspartner_innen** ist grundlegend, da durch das bereits bestehende Vertrauen zu den Mitarbeitenden der Familienzentren über diese persönliche Weitervermittlung zugleich ein Vertrauensvorschuss mitgegeben wird (PN02:55). Ähnlich lässt sich dies auch andersherum beschreiben: Wenn Nutzer_innen an Angebote von Kooperationspartner_innen in den Räumen des Familienzentrums teilnehmen und somit einerseits die Räumlichkeiten kennenlernen und andererseits persönliche Informationen über die Kursleiter_innen erhalten, führt dies oftmals dazu, dass diese dann aufgrund des bestehenden Vertrauens weitere Angebote nutzen (B09:24, P07:69f, B09:25, P05:98, PN01:19, PN02:93, P07:65, PN01:40f).

Durch diese Vielzahl an Beratungszugängen werden zugleich die Beratungsvorerfahrungen der Nutzer_innen aufgefangen und positiv besetzt. Die Nutzer_innen erhalten dadurch eine zielgerichtete, schnelle Unterstützung. Dies kann wiederum zur Folge haben, dass die Schwelle der Inanspruchnahme von zukünftigen Beratungen gesenkt wird.

Abb. 39: Arbeitsprinzip ‚Individualisierte Beratungsstrukturen ermöglichen' sowie der daraus ableitbare Nutzen

Bedarfsorientiertes Interagieren

Ein zentrales methodisches Arbeitsprinzip der Mitarbeitenden in den Familienzentren ist das bedarfsorientierte Interagieren. Um dies umzusetzen, ist eine konsequent neugierige Offenheit gegenüber den Nutzer_innen, deren Anliegen und Themen grundlegend (J02:106). Durch solch eine Aufmerksamkeit wiederum werden alle Nutzer_innen mit einbezogen (B34:17, N01:109, B06:22, B15:7, N01:110, N02:50, P20:113). Das bereits beschriebene **wertschätzende Interesse und aufmerksame Begrüßen ermöglichen wiederholt Anlässe für das Anbringen von Themen und Bedarfen durch die Nutzer_innen** (B27:17, N11:19, P11:50, P02:41). Dies bezieht sich auf Gesprächssituationen sowohl im offenen Familiencafé als auch in festen Gruppen und einmaligen Veranstaltungen (P22:98, B06:9, N05:27, N01.107, P08:37, B36:11, N14:15, N05:29). Entsprechend erfordert dies eine hohe Sensibilität und zugleich auch Flexibilität der Mitarbeitenden, um an den jeweiligen Bedarfen der Nutzer_innen ansetzen zu können (PN02:93, PN01:57, B07:9, P13:20). Der richtige und passende Zeitpunkt dafür sind ebenfalls wichtig (B33:7, P22:99, P09:73, B06.12, B15:7, P18:57, B15:8, B06:21, B34:9).

Bedarfsorientiertes Interagieren meint auch, in bereits vorbereiteten offenen Angeboten die Situationen aufzugreifen, in denen die Teilnehmenden ein anderes Interesse haben als an dem vorbereiteten Thema. In solchen Situationen ist ein reflektierter Umgang damit durch die Mitarbeitenden wichtig (B09:21, B16:16, N05:20). Ein insbesondere zu Beginn, aber auch im weiteren Verlauf eines Angebots kontinuierlicher Abgleich der Vorkenntnisse, Interessen und ggf. Ziele unterstützt dies (B13:21, P03:96). So können die Nutzer_innen mit ihren Erfahrungen und Anregungen **aktiv aufgefordert und einbezogen** werden (B36:17, N08:79, P12:54, P11:80, B17:15, B16:14, P07:37, P03:74, P19:99, P16:100, P18:122).

Die Formen des Einbringens können wiederum sehr unterschiedlich sein. Das Einbringen kann über **Wissensweitergabe und aktive Unterstützung** von Dingen oder Aktivitäten, in denen die jeweiligen Personen Experten sind, erfolgen (B37:21, P22:180ff, B15:12, P09:77f, P16:103). Nutzer_innen werden zudem angeregt, selbst Ideen für Projektumsetzungen und Themen zu entwickeln (B15:7f, N07:37, B18:19).

Neben den verschiedenen kommunikativen Elementen sind **Beobachtungen** ein geeignetes methodisches Handwerkszeug, um zum einen Ressourcen zu identifizieren und zum anderen Bedarfe zu ermitteln. Entsprechend der jeweiligen konzeptionellen Grundlage werden Beobachtungen unterschiedlich differenziert und strukturiert eingesetzt (P08:38, P01:27, B18:14, N11:61). Diese Beobachtungen können wiederum als kommunikativer Gesprächsanlass genutzt und geschätzt werden (N01:116, B05:28, P09:107, B17:14, P19:72, P20:49).

Diese beschriebenen Aspekte sind unabdingbar für eine **aktive Prozessgestaltung.** Prozessgestaltung meint dabei die Übernahme einer moderierenden Funktion innerhalb von Angeboten sowie im offenen Familiencafébereich den inhaltlichen Einbezug aller Nutzer_innen bei gleichzeitiger Ermöglichung von struktureller Offenheit durch die Mitarbeitenden (P15:57, B30:5f, B36:30, B37:10, B17:21, P05:32). Darüber hinaus können so Impulse oder Anregungen für gemeinsame Aktivitäten gesetzt werden (B15:7f, N07:37, B18:19). Das Berichten aus eigener Erfahrung kann dabei durchaus unterstützend sein (B33:10, B05:34, P20:98, PN02:12, P19:77). Ein weiteres der Prozessgestaltung zuschreibbares Element ist das Ermöglichen von Begegnungen, damit Nutzer_innen sich untereinander kennenlernen können (P07:11, P13:42, P22:86). Dafür ist ein vernetztes Arbeiten im Stadtteil unabdingbar (J02:107, P15:34). Eng mit der Prozessgestaltung verbunden ist das methodische Element der **aufmerksamen Flexibilität.** Dies umfasst das strukturelle Aufgreifen von familienunterstützenden Elementen bei gleichzeitigem flexiblen

Aufgreifen von akuten Unterstützungsbedarfen (N14:24, P15:63, P22:104, B12:19, N01:63, B18:6ff, PN03:51). Dies zeigt sich oftmals in kleinen Details und trägt zu einer Atmosphäre des Willkommenseins bei.

Bedarfsorientiertes Interagieren umfasst auch, individuell sich ergebende Themen in einen übergeordneten Zusammenhang zu setzen und daraus **individualübergreifende Angebote zu entwickeln** (J03:40, P15:57, B36:31, P21:68, P05:64, B34:13, B37:10, B05:39ff, P22:164, B17:14, B13:28ff, P05:54, B36:8, PN04:72, B05:32ff, PN02:64, PN01:41ff, PN01:41ff). Dies erfordert eine hohe Professionalität der Mitarbeitenden zum Identifizieren solcher Themen und zugleich auch geeigneter teamstruktureller Austauschrunden, um diese nach dem Identifizieren zu sammeln und gemeinsame weitere Strategien zu entwickeln (B34:7, P02:26, P02:27). Wissen über Angebote von Kooperationspartner_innen, Angebote im Stadtteil und Sozialdaten werden dazu ebenfalls einbezogen (J02:107, P15:34). Dies umfasst zugleich auch, Eltern aktiv einzubinden, ihnen Räumlichkeiten, Wissen und Rahmenbedingungen bereitzustellen (P02:21, P20:98ff). Darüber hinaus bedarf es neben der individuellen Erhebung solcher Bedarfe auch konzeptionell verankerter Methoden wie schriftliche und mündliche Befragungen der Nutzer_innen für kontinuierliche Bedarfserhebungen (P06:72, P18:94ff, P09:75, J03:36, P07:56ff, P14:30, N14:69).

Durch solch ein dargestelltes bedarfsorientiertes Interagieren werden die aktuellen Themen der Nutzer_innen aufgefangen und Beteiligungsmöglichkeiten offeriert. Angebote und Strukturen werden organisationsstrukturell passgenau gestaltet, orientiert an den identifizierbaren Bedarfen.

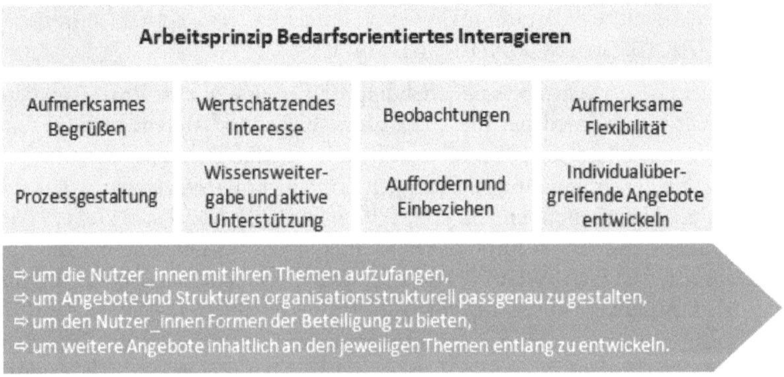

Abb. 40: Arbeitsprinzip ‚Bedarfsorientiertes Interagieren' sowie der daraus ableitbare Nutzen

An diese organisationsstrukturellen und methodischen Arbeitsprinzipien anschließend werden nun die zentralen Nutzendimensionen abstrahiert dargestellt.

5.1.3 Nutzendimensionen der Familienzentren

Neben den identifizierbaren Arbeitsprinzipien nehmen die Nutzendimensionen hinsichtlich der Einschätzung von hilfreichen Rahmenbedingungen und Strukturen einen wichtigen Stellenwert ein. Daher ist eine gezielte Beschreibung der Nutzendimensionen hilfreich, um darauf basierend entsprechend der dargestellten organisationsstrukturellen und methodischen Arbeitsprinzipien eine weitere Konzeptions- und Prozessgestaltung aktiv zu initiieren. Um dem gerecht zu werden, werden nun die zentralen Nutzendimensionen abstrahiert dargestellt.

Kooperierende familienfreundliche Stadtteilgestaltung

Entsprechend der beschriebenen Zielstellung einer familienfreundlichen Infrastrukturgestaltung durch das Anbieten eines Anlaufortes und der Stärkung von Familien wird deutlich, dass aus Sicht der Befragten die Familienzentren zur Gestaltung eines familienfreundlichen Stadtteils beitragen (P09:29). Durch die Familienzentren erleben die Nutzer_innen die Wichtigkeit des Themas Familie, was wiederum dazu beiträgt, im Stadtteil wohnen zu bleiben (P09:94, PN01:73). Zusätzlich unterstützt wird dies durch das **Kennenlernen der Familien und Nachbarn**. Das Wiedererkennen beim zufälligen Begegnen auf der Straße steigert wiederum die Lebensqualität und Verbundenheit mit dem Stadtteil (P09:98, PN03:77, P14:175).

Durch die bestehenden Kooperationen und dem damit einhergehenden Wissen über Akteure und Angebote in der Region können Nutzer_innen **zeitnah und zielgerichtet weitergeleitet** werden (P21:28). Dies trägt maßgeblich zu einem familienunterstützenden Erleben der Nutzer_innen bei (P18:92). Darüber hinaus entsteht ein synergetischer Nutzen für die professionellen sozialen Akteure im Stadtteil. **Angebote können somit passgenauer bedarfsorientiert gestaltet werden.** Familienzentren werden dabei als ein niedrigschwelliges und zugleich präventives Angebot verstanden (JA02:25). Folglich können die Familienzentren gezielt Nutzer_innen weiter vermitteln oder auch identifizierte Themen ankündigen. Durch bestehende Vernetzungen werden in den Räumlichkeiten der Familienzentren gezielt **Kooperationsprojekte** installiert, um Familien zu erreichen, die durch andere Projekte möglicherweise nicht erreicht werden (P12:74). Teilweise erfahren Familien über Kooperationspartner_innen von den Familienzentren. Andererseits werden auch die Kooperationspartner_innen von den Familienzentren gebeten, Nutzer_innen für konkrete Angebote gezielt anzusprechen. Beide Vorgehensweisen gestalten sich äußerst synergetisch (N14:39ff, PN03:41, P12:78). Darüber hinaus entwickeln sich zwischen verschiedenen Trägern der Kinder- und Jugendhilfe Kooperationen bspw. hinsichtlich einer weiterführenden Begleitung (B05:42f, B26:16, P20:97). Solche **Kooperations- und Übergangsgestaltungen** unterstützen auch die jeweiligen Kontaktaufnahmen. Durch das Wahrnehmen und Erleben der zuständigen Mitarbeitenden des Jugendamts im Familienzentrum und die Kenntnis über deren Aufgaben und Arbeitsweisen verringert dies möglicherweise die Schwelle für eine zukünftige im Bedarfsfall gegebene Nutzung (J02:77, PN01:62, B03:21, P22:145).

Vielfalt erleben

Ein weiterer Effekt, der auf die kooperierende familienfreundliche Stadtteilgestaltung zurückzuführen ist, ist das Erleben der Vielfalt an Nutzer_innen in den Familienzentren. Wie bereits dargestellt, ist entsprechend der zugrunde liegenden Zielstellung der Familienzentren nicht eine Zielgruppe mit einem konkreten Problemfokus im Blick, sondern Familien allgemein bzw. Personen, die in die Erziehung von Kindern involviert sind (J03:22, N13:34, P22:174, PN04:53, N10:24, P08:18, N06:90, P11:16, P14:57). Somit liegt bereits in der Zielstellung der Anspruch verankert, gesellschaftlicher Vielfalt gerecht zu werden. Zudem inkludiert dies die Auffassung, dass Familienformen und gesellschaftliche Lebenslagen kein statistisches Konstrukt, sondern vielmehr wandelbar sind und Veränderungsprozessen unterliegen (J03:26f, P21:60, P20:129).

Über diese allgemeine Beschreibung hinaus lassen sich für die Familienzentren die jeweiligen Nutzer_innen näher beschreiben. Überwiegend werden die Familienzentren von **Familien mit Kindern** bis zu drei Jahren genutzt (B36:11, N14:14, P22:153, P21:34, PN03:104f, B29:17, P14:145, P03:57), an den Nachmittagen auch von Familien mit Kindern über drei Jahren und teilweise bis ins Grundschulalter (P18:44ff, P02:44). Oftmals sind dies Familien mit älteren und jüngeren Geschwisterkindern (B01:25, N_01:11f). In einigen Familienzentren werden gezielte Angebote für ältere Kinder eingeplant, um darüber Kontakt zu Eltern aufzubauen (PN03:85ff).

Besonders hervorgehoben werden von allen vier Familienzentren **Einelternfamilien** als Nutzer_innen (P22:143, P02:27, P20:93, B07:13, P03:94, P20:23). **Väter** werden ebenfalls in allen Familienzentren als Nutzer beschrieben, allerdings nicht in der gleichen Intensität wie Mütter. Als eine weitere Nutzer_innengruppe beschreiben die befragten Akteure **junge Familien, die keine Verwandte und Freunde in der unmittelbaren räumlichen Umgebung haben** (B36:10, B36:22, N14:90ff, P20:102, P11:53, P02:73ff, P14:40).

Hinsichtlich der Bildungsstrukturen beschreiben alle befragten Akteure eine durchmischte und unterschiedliche Nutzer_innenstruktur (J02:64, N01:102, P19:111, N02:30, P09:45, P19:107, P21:22, P13:71, P14:140, P16:85, PN04:55, P22:140). So werden die Familienzentren sowohl **von sogenannten bildungsorientierten Mittelschichtfamilien** (J02:64, P20:24f, J03:43, P22:143, P15:39, P08:27, P13:73, P14:145, J02:66, P02:74, P18:63) als auch von **Familien, die über wenig ökonomische Mittel verfügen**, genutzt (P02:74, B21:7, P16:85, N14:98, P22:152, P01:73f, P08:27, N05:49). Darüber hinaus zählen zu den Nutzer_innen auch **Familien mit sogenanntem Migrationshintergrund**. Allerdings muss an dieser Stelle darauf verwiesen werden, dass der Migrationshintergrund ein Unterscheidungskriterium darstellen kann, aber zugleich die vorher benannten Kriterien von bildungsorientiert und geringe ökonomische Mittel wiederum gleichermaßen für Personen mit Migrationshintergrund zutreffen. In den zwei Kreuzberger Familienzentren wird deutlich, dass insbesondere viele Nutzer_innen mit außereuropäischen

Migrationshintergründen erreicht werden (N09:30, PN02:99, P21:51ff, P19:112, P08:29). Dies wird auch an den verschiedenen gesprochenen Sprachen und selbst organisierten Erstsprachgruppen deutlich (P20:142, P21:58). Darüber hinaus werden verschiedene Sprachförderangebote vorbehalten (P04:50ff, P13:73, PN03:84, N05:49, P07:33, N05:42ff, P14:145). Bildungsangebote mit einem festen Programm erreichen wiederum eher Nutzer_innen europäischer Herkunft (B29:17). In den Friedrichshainer Familienzentren sind ebenfalls eher Nutzer_innen europäischer Herkunft anzutreffen (P02:53, B37:8).

Trotz dieser unterschiedlichen Beschreibungen hinsichtlich der Nutzer_innenstruktur wird von einigen Befragten der Familienzentren benannt, dass nicht alle Familien erreicht werden (P02:44, P07:31, P22:143, P01:72). Gleichzeitig wird aber deutlich, dass durch die vielfältigen Angebote hinsichtlich der Familienformen, Bildungshintergründe und Erstsprachen durchaus verschiedene Nutzer_innen erreicht werden, allerdings in unterschiedlicher Intensität und Ausprägung. Anhand der qualitativen Beschreibungen wird somit eine Vielfalt deutlich.

Flexible Entlastungsstruktur für alle Beteiligten

Ein zentraler individualisierter Nutzen ist die von den Nutzer_innen beschriebene Unterstützung und Entlastung durch die Familienzentren. Dabei ist zum einen die **alltagsstrukturelle und räumliche Entlastung** zu nennen. Durch den Besuch des jeweiligen Familienzentrums bieten sich verschiedene Möglichkeiten der Beschäftigung im Vergleich zum Aufenthalt in der eigenen Wohnung oder auf dem Spielplatz (B34:7ff, B30:10, P20:131, B28:20, N02:36, N10:17, N12:25, N09:17). Darüber hinaus verfügen die Nutzer_innen oftmals über beengten Wohnraum, sodass sie das Familienzentrum gezielt als Treffpunkt nutzen (B34:11, N01:53, N11:21, P18:50, N01:55, P08:18, P16:96). Die Kinder spielen entsprechend ihrer kindlichen Bedürfnisse in den mit verschiedenen Anregungsmaterialien ausgestatteten Räumen (P15:67). Durch die örtliche Neutralität entstehen keine Streitigkeiten unter den Kindern hinsichtlich der Besitzansprüche für bestimmte Spielzeuge. Einige Nutzer_innen haben sich in den Familienzentren, bei Kursen oder in der angrenzenden Kita kennengelernt. In solchen Ausgangslagen ist das Familienzentrum als Treffpunkt deutlich niedrigschwelliger als eine Einladung in die Privatsphäre der eigenen Wohnung (B36:11, B37:12, P15:67, P11:56, B04:8, N12:34, P09:47, P21:54, B11:12, B07:23, N14:48, N01:54). So können die Kinder spielen und die Eltern sich währenddessen unterhalten (B34:19). Zudem trägt der kostengünstige Rahmen zur **materiellen Entlastung** bei. In den Familienzentren können Getränke und Speisen mitgebracht, teilweise aber auch kostengünstig erworben werden (P15:67, J02:67, B34:11, P09:49, P19:114, N01:103). Neben dem materiell entlastenden Effekt kann dies zugleich eine alltagsstrukturelle Entlastung darstellen, um nicht selbst an alles denken zu müssen (N10:29, N02:30). Eine andere Form der Entlastung zeigt sich durch die kostengünstigen bzw. kostenfreien Bildungsangebote in den Familienzentren (B28:13, N07:17, N08:22, P12:21, P11:57, N08:23). Zumal dies oftmals Angebote sind, welche die Familien in diesem Umfang sonst nicht umsetzen könnten (N12:27, P09:83).

Diese Entlastungsstruktur kennzeichnet sich zudem durch eine **flexible Nutzungsmöglichkeit ohne vorherige Anmeldung**. Die Kinder erhalten vielfältige Spielanregungen, in welche die Eltern nicht unbedingt einbezogen werden (B33:11f, P15:41, B34:11, N13:32, P22:167, N02:53, N10:20). Zugleich erfahren die Eltern durch diese zumeist ihrem Bildungsverständnis entsprechende Beschäftigung der Kinder eine Entlastung, indem sich für sie Gesprächs- oder Rückzugsmöglichkeiten im anschließendem Cafébereich eröffnen (P15:67, P16:117, P02:35, N14:24, B04:20, N01:121, N12:34, P20:23). In solchen Gesprächen thematisierte Ängste, Fragen und Themen können wiederum zu einer Entlastung führen (N11:48).

Begegnung – Kontakte – Gespräche

Entsprechend der konzeptionell beschriebenen Zielstellung liegt für die Befragten ein zentraler Nutzen in der Ermöglichungsstruktur von Begegnungen, Kontakteknüpfen und Gesprächen (N14:50, PN04:36). Maßgeblich nach der Geburt des ersten Kindes besteht bei Eltern oftmals ein Interesse, mit anderen Familien in Kontakt zu treten, wenn sich aufgrund des Alters des Kindes der Tagesrhythmus wesentlich von Bekannten und Freunden unterscheidet (N02:56, P09:84, N06:107, N07:19, N08:16ff, N11:54, P12:72, P18:89, N01:18). Darüber hinaus sind insbesondere Familien ohne unmittelbare regionale familiale Unterstützung sowie Alleinerziehende auf der Suche nach Kontakten zu anderen Familien mit Kindern (P02:67, P16:94, B36:22, P22:87, P11:18, N14:90, P02:65, B17:32, N06:109). Durch den Besuch eines Familienzentrums wird ein **gleiches Interesse** sowie ein gleicher Alltagsfokus, nämlich auf die Kinder, vermutet (N01:125, N10:41, N12:39, P09:49). Aufgrund der Vielfalt der Nutzer_innen werden verschiedene Begegnungsmöglichkeiten vorbehalten. Feste Angebote ermöglichen das Begegnen und Gespräche in einem strukturierten Rahmen einer Nutzer_innenkontinuität (P09:25). Daneben werden auch Veranstaltungen geplant, bei denen ein festes Thema oder ein Event im Vordergrund stehen. Daher werden insbesondere Angebote wie ein gemeinsames Frühstück oder Themenrunden genutzt, um mit anderen unkompliziert ins Gespräch zu kommen (N13:23). Aufgrund des jeweiligen Vorortseins in den Familienzentren eröffnet das Interesse an dem Thema Familie zugleich einen unkomplizierten Gesprächseinstieg (N12:37, N12:54, B33:8, B03:15, P05:113, B14:24ff, B24:15, N04:38). Veranstaltungen an den Wochenenden tragen ebenfalls dazu bei, dass sich Nachbarschaft kennenlernt (P01:56, N10:26, N08:15, B07:13, P04:100, PN03:77, P14:107, N04:32). Somit wird der Isolation als Kleinfamilie entgegengewirkt (P21:28, P01:49). Eine weitere Begegnungsmöglichkeit wird über den offenen Bereich begründet, der spontane Gesprächssituationen ermöglicht, ohne sich verabreden zu müssen (N02:54, P09:87, N10:31, N11:48). Dies entspricht einer **flexiblen Unverbindlichkeit.** Allerdings ist insbesondere für Begegnungen im offenen Bereich eine gewisse Offenheit anderen gegenüber erforderlich (N01:66, P21:84). Die strukturelle Raumgestaltung, bspw. durch das Stellen der Tische, unterstützt zwar die Aufnahme eines Gesprächs, aber die tatsächliche Kontaktaufnahme verbleibt dabei in der Verantwortung der Nutzer_innen. Diese flexible Unverbindlichkeit stellt wiederum ein Entspannungsmoment für Nutzer_innen dar.

In den entstehenden Gesprächen werden grundlegend **sehr vielfältige Themen angebracht, die die Nutzer_innen beschäftigen** (B34:11, B36:26, N14:11, N14:75, N13:23). Themen für anfänglichen Gesprächsstoff sind zumeist die Entwicklung der Kinder, der Verlauf der Schwangerschaft, die Geburt, das Stillen, Kitaplätze und Schulen (B15:13, B30:8f, B30:13, N12:50, PN02:80). Daraus entwickeln sich Sequenzen, die zu **gegenseitigen Ratschlägen, Austausch von Erfahrungen und angeeignetem Wissen** im Sinne einer individuellen Lebensweltexpertise führen, was zumeist gern und bereitwillig weitergegeben wird (B34:16, N14:66, B12:31, B37:22, N14:110ff, B04:20, P09:81, N01:131, PN04:38). Dabei werden gemeinsam Ziele, Ideen und Umsetzungsschritte entwickelt (B36:20, B37:21, N14:63, B30:7, P08:48, P19:81, B14:10ff, P03:88). Für solche Gespräche förderlich scheint die Tatsache zu sein, dass alle mit ihren Kindern da sind und somit auch Verständnis für Situationen haben, wenn bspw. das Gespräch durch ein weinendes Kind unterbrochen wird (B04:16, B30:11, N12:47).

Neben dieser flexiblen Unverbindlichkeit können sich aufgrund gemeinsamer Interessen **langfristigere Beziehungsstrukturen** und Freundschaften entwickeln, die auch aus den räumlichen Grenzen des Familienzentrums hinaustreten (N01:41, N02:43, PN02:77, N14:51, B34:9f, N01:82, PN02:34, B12:21, B10:10, P05:111, P13:67). Insbesondere für Frauen türkischer Herkunft wird diese Möglichkeit der Begegnung und langfristiger freundschaftlicher Verantwortungsübernahme als wichtig beschrieben (PN02:77ff, B36:12). Zugleich hat dies einen nachbarschaftsstiftenden Effekt, da die Nutzer_innen sich möglicherweise beim Begegnen auf der Straße wiedererkennen und die Chance besteht, sich im jeweiligen Familienzentrum wiederzubegegnen (P02:68, N14:59f, N14:94, P15:27, B30:15). Durch das Kennenlernen im Familienzentrum und ein verbindendes Thema kann auch der Bedarf nach einem regelmäßigen Austausch entstehen, der in der **Gründung einer selbst organisierten Gruppe** mündet (B05:35, P20:104). Hierbei entwickeln die Nutzer_innen entsprechend ihrer Bedarfe und dem Wunsch nach kontinuierlicher Verbindlichkeit eine Form der Begegnung, um künftige informelle Beratungsbedarfe abzudecken (P20:105, B05:41, PN02:75). Somit wird durch die den Familienzentren zugrunde liegende organisationsstrukturelle und methodische Struktur auf verschiedenen Wegen thematische Kommunikation, soziale Teilhabe und Teilgabe ermöglicht.

Vielfältige Unterstützung in Alltagsgestaltungen

Neben der Suche nach Orientierung und Gesprächsmöglichkeiten liegt eine weitere Herausforderung, nach der Geburt des ersten Kindes in der Alltagsgestaltung mit einem Kleinkind und den daraus entstehenden unterschiedlichen Bedürfnissen gerecht zu werden. Dieser Alltag wird individuell sehr unterschiedlich gestaltet. Entsprechend ist ein individuell passender Zeitpunkt für die Nutzung eines Familienzentrums erforderlich (N14:55, N02:18f). Dieser ergibt sich aus dem **individuellen Wohlbefinden und den jeweiligen Vorstellungen für das Wohlbefinden des Kindes** (N10:46). Ein Unterstützungselement kann dabei die Strukturierung des Alltags durch den Besuch eines wöchentlichen Angebots darstellen (B33:12, P22:153, B36:17, N06:46, N14:97). Die Nutzer_innen erleben solch eine selbst gewählte Tagesstruktur als unterstützend, da sie somit eine **Aufgabe und zugleich Abwechslung** erleben (N08:75, B28:16, B37:25, P05:105, P13:67). Gleichzeitig gestalten sich Nutzer_innen dadurch selbstbestimmt einen Freiraum, was wiederum hinsichtlich der **Selbstwahrnehmung** als hilfreich erlebt wird (N04:32, N05:54, P04:83, N14:94).

Neben dieser festen Form der Alltagsstrukturierung wählen Nutzer_innen gezielt den flexiblen Rahmen des offenen Familiencafébereichs, um dort Zeit zu verbringen (P05:107, P11:17, J02:111, J03:37, B28:10). Durch die gegebene Nutzungsflexibilität entscheiden die Nutzer_innen je nach Tagesstimmung, weiteren Plänen und Aufgaben, ob der Besuch des Familienzentrums gut in ihre Alltagsgestaltung passt (B36:17, N13:15, N14:46, B27:15, PN01:56, P14:149). Diese Flexibilität **nimmt einerseits den möglichen Druck einer weiteren Verpflichtung**, und andererseits **eröffnet sie weitere Gestaltungsmöglichkeiten**. Bei der Entwicklung und Installation von Angeboten in den Familienzentren werden daher die zeitlichen Vorstellungen und Tagesstrukturen der Nutzer_innen in die Planung einbezogen. So soll auch auf diesen Wegen eine Entlastung durch passgenaue Alltagsstrukturierung erfolgen und zusätzlich unterstützen (P04:26, P14:163).

Ein weiterer Bereich, der sich ebenfalls der Alltagsgestaltung zuordnen lässt, ist, dass den Nutzer_innen verschiedene **Möglichkeiten des Engagements** eröffnet werden. Die Nutzer_innen werden eingeladen, ihre Ideen und Wünsche aktiv einzubringen (J02:129). Gleichzeitig können sie sich ehrenamtlich bei Angeboten oder zusätzlichen Veranstaltungen engagieren, mitwirken und unterstützen (B37:8, P22:180ff, B36:24, B24:15, PN01:79f, N14:118, B14:5, P03.74, N11:68, PN01:39). Solch ein Engagement wird auch bei der Vor- und Nachbereitung von Angeboten wie dem gemeinsamen Frühstück deutlich (B14:23, B16:14, P07:37). Darüber hinaus können die Nutzer_innen Räume des Familienzentrums für private Veranstaltungen mieten oder auch eine selbst organisierte Gruppe gründen (P22:58, N01:30, P15:69, P09:105).

Förderung der Kinder

Im Vergleich zu kommerziellen Familiencafés liegt ein weiterer Nutzen darin, dass die Kinder in den Familienzentren eine vielschichtige Förderung erfahren. Nutzer_innen mit Kindern, die wenige Monate alt sind, beschreiben, dass ihre Kinder ab einem gewissen Alter den **Kontakt** zu anderen Kindern brauchen (B33:12, N14:57, N01:124, N09:17, N04:21). Daneben zielen einige Nutzer_innen darauf, dass ihre Kinder Kontakt zu weiteren Erwachsenen aufbauen, um sie in ihrer Offenheit zu fördern (N13:26, N01:84, N02:53). Um dies zu ermöglichen, wird oftmals das Angebot fester Eltern-Kind-Gruppen gewählt. Der dadurch bedingte regelmäßige zeitliche Rhythmus und die personelle Beständigkeit werden als unterstützend für das Aufbauen von Vertrauen angesehen (B12:8, B07:19). Auch die darin verankerten Zielstellungen der Kurse erachten die Nutzer_innen als wichtig (P15:67, B37:25, N13:25, N08:46, B09:19ff, B06:19, B10:12). Entsprechend der jeweiligen individuellen konkreten Bedarfe werden Bildungsangebote zur Förderung der Kinder gewählt (N04:34, P03:97, B29:17).

Die Wahl des Besuchs eines Familienzentrums unter dem Fokus der Förderung der Kinder wird auch durch den Besuch des offenen Familiencafés bestärkt. In den Familienzentren werden **vielfältige Anregungsmaterialien und Beschäftigungsmöglichkeiten** vorgehalten (N02:31, P20:147, N09:17, PN02:89). Entsprechend ihrer jeweiligen Interessen können die Kinder selbstbestimmt Spiele entwickeln und sich beschäftigen (B25:9, B34:18, PN04:29ff, B06:8, N10:19, N12:17, PN03:64, N05:15, P13:54, N14:25, B36:26, N01:123). Darüber hinaus wird der Nutzen darin gesehen, dass die Kinder solche Anregungen und Beschäftigungen in einem Kontext mit anderen Kindern entwickeln. So werden gleichzeitig **Formen des Umgangs selbstinitiiert entwickelt** (P09:32). Dies ist einerseits aus Sicht der Familien vor der Eingewöhnung der Kinder in der ersten Bildungsinstitution wichtig (B36:19), andererseits aber auch für die Kinder, die bereits eine Bildungsinstitution besuchen hinsichtlich des Ermöglichens von Kontakten außerhalb ihres institutionsbezogenen Bezugskreises (N04:24, B28:12, N08:27). Wenn Kinder in den Familienzentren Kurse besuchen, bilden sich teilweise Freundschaften (N06:18, N08:33, P09:82). Das Entwickeln der **Selbstständigkeit** und die **kursspezifischen Inhalte** wie Motorik oder Sprache werden als weitere zentrale Nutzendimensionen beschrieben (B07:18, B16:11, N04:20, B04:25, N12:26, B27:14, B28:9, B12:26, P09:49, N12:26, N02:28, P09:86, N12:36, B20:12ff, P18:136, B21:11).

Neben der Freude und den Begegnungen für das Kind wird von den befragten Familien benannt, dass sie in das Familienzentrum gehen, um **gezielt aktive gemeinsame Zeit mit ihren Kindern zu verbringen** (P09:85, N11:50). Im Vergleich zur gemeinsamen Zeit zu Hause wird dabei benannt, dass die Nutzer_innen sich im Familienzentrum nicht mit anderen Dingen wie dem Haushalt nebenbei beschäftigen (PN03:71, PN01:68, N07:70, N08:75). Einerseits wird der offene Familiencafébereich genutzt, um die Kinder individuell beim Spielen zu begleiten (PN03:78), andererseits die verschiedenen Angebote und Kurse (P21:28, B07:13, N06:25,

P13:67). Darüber hinaus erhalten die Eltern **Anregungen und Impulse**, die sie gleich mit ihren Kindern umsetzen und darüber hinaus in den häuslichen Alltag übertragen können (PN01:67, N06:47, N07:71, N08:50, N11:65, PN01:67, P18:90, B13:25, P04:96). Gleichzeitig beschreiben die Nutzer_innen als Ziel und Nutzen, dass sie Anregungen für familiäre Interaktionsstrukturen erhalten (N11:31, P21:36). Austausch und Perspektivwechsel innerhalb verschiedener Akteursgruppen tragen ebenfalls dazu bei (N06:25, N08:36, B33:8).

Unterstützung für familienalltagspraktische Themen und persönliche Herausforderungen

Als ein weiterer Nutzen wird beschrieben, dass die Nutzer_innen in den Familienzentren bei Bedarf Ansprechpartner_innen vorfinden (PN02:58, N11:49, P02:36, J02:110). Durch das kontinuierliche Signalisieren von Gesprächsbereitschaft, dem Ansprechen und interessierten Nachfragen werden die Mitarbeitenden als Ansprechpartner_innen wahrgenommen (N06:25, P18:62, B10:13). Die jeweils angesprochenen Themenbereiche können sehr vielfältig sein (B34:21, B36:21, P04:107). Auch das Anbringen der jeweiligen Themen erfolgt sehr unterschiedlich: unerwartet im offenen Familiencafé, nach dem Kurs bei der Kursleiterin oder auch gezielt zu einem ausgeschriebenen Beratungsangebot (P03:83, P04:65f, P07:39, P13:45, P16:97, P18:89, N05:25, P09:81, P03:87). Wie bereits dargestellt, beraten die Mitarbeitenden in diesen Situationen, geben **Hinweise und Tipps oder sie vermitteln weiter** in passende Unterstützungsangebote (P04:108, P14:121, PN01:70). Solche Anregungen und Reflexionsmomente werden als deutlich entlastender Nutzen beschrieben (P20:57, PN01:67). Die jeweiligen Kurse und Angebote werden entsprechend konzipiert und methodisch gestaltet, sodass Zeiträume für Austausch und Gespräche vorhanden sind (N06:33, PN04:140, N11:49). Teilweise werden auch gezielt **Themenimpulse** gesetzt (N07:68, N08:28). Auch hierbei sind die Mitarbeitenden ansprechbar (B18:30f, P12:55, P16:98). Neben diesen dialogischen Entlastungssequenzen erfahren die Nutzer_innen konkrete Unterstützung bspw. beim **Ausfüllen von Anträgen und Formularen** (PN01:66, PN03:55, P07:67, N05:49). Dies sind alles Sequenzen, in denen eine entlastende **Unterstützung im Alltag** für die Nutzer_innen nebenbei erfahrbar wird (B34:20, B37:11, N14:64, B06:21, N12:25, N01:70, B12:28, P06:76, P11:59).

Die Nutzer_innen beschreiben sehr klar, durch die ansprechbaren Unterstützer_innen **in ihrer Individualität gefördert und unterstützt** zu werden. Dies umfasst zum einen das Entwickeln einer individuellen Selbstständigkeit. Durch die vielfältigen Austauschmöglichkeiten, Anregungen und Perspektivwechsel entwickeln Nutzer_innen Strategien für alternative Handlungen, probieren diese aus und werden somit selbstständiger (P22:164, B34:21). Durch das Erleben und ansprechende Reflektieren im Familienzentrum werden vereinzelte Elemente durch die Familien aufgenommen und in ihren Alltag eingebaut (B33:13). Neben der Selbstständigkeit wird zum anderen deutlich, dass auch das Selbstvertrauen gefördert wird (B13:23, P04:73, B13:16, B14:25, P04:103). Dies bezieht sich einerseits auf erlernte Kursinhalte und andererseits auf Effekte der Interaktionen allgemein (P05:127, P04:113, P14:135). Insbesondere im Rahmen der Sprachförderangebote für Frauen wird dieser Effekt deutlich. Die Frauen entwickeln durch das Trainieren ein Vertrauen in ihre Sprachkenntnisse, setzen diese ein und emanzipieren sich (B24:23, P05:54, P07:11, P14:135, N05:50). Zudem wird deutlich, dass die Frauen auch anfangen, etwas für sich zu tun und auf sich zu achten (P04:69, P05:82f, P07:35, B11:30).

Als ein weiterer Nutzen wird deutlich, dass einige Nutzer_innen neue **Berufsperspektiven entwickeln**. Dies erfolgt entweder konkret durch Honorar- oder Beschäftigungstätigkeiten (B04:22f, P09:102, PN03:13, PN01:32) oder durch die verschiedenen gesetzten Anregungen und Impulse (P09:104, B06:6). Die neue berufliche Orientierung und Möglichkeit des Ausprobierens eröffnet zugleich eine Form der Anerkennung und somit in einem weiteren Effekt wiederum eine individuelle Unterstützung (PN04:25). So werden neue Fähigkeiten erlernt (PN04:88, P18:26, PN01:21ff).

Die beschriebenen organisationsstrukturellen Rahmenbedingungen eröffnen einen Gestaltungsspielraum für grundlegende methodische Arbeitsprinzipien, die letztlich zusammen die Nutzendimensionen für die Familien und darüber hinaus im Stadtteil bedingen. Diese empirischen Erkenntnisse werden nun in die wissenschaftliche Diskussion um bestehende Erkenntnisse und Anforderungen eingebettet.

5.2 Theoretische Verortung der empirischen Erkenntnisse

Unter Betrachtung der dargestellten empirischen Erkenntnisse wird deutlich, dass der Berliner Bezirk Friedrichshain-Kreuzberg dem Anspruch einer familienfördernden Infrastrukturgestaltung nachkommt. „Jugendämter sollten sich als Orte der Initiierung, Steuerung und Moderation begreifen und den gesetzlichen Auftrag nach § 16 i.V.m. §§ 78, 79, 85 SGB VIII offensiv definieren. Die zentrale Verpflichtung zur Sicherstellung der Eltern- und Familienbildung liegt bei den öffentlichen Trägern der Kinder- und Jugendhilfe. Danach haben sie die Gesamt- und Planungsverantwortung inne und müssen gewährleisten, dass die zur Erfüllung der Aufgaben nach dem SGB VIII erforderlichen und geeigneten Einrichtungen, Dienste und Veranstaltungen rechtzeitig und ausreichend zur Verfügung stehen. Dazu gehören auch die Soll-Leistungen nach § 16 SGB VIII“ (Deutscher Verein für öffentliche und private Fürsorge 2007:8). Dies wird durch die vorliegende empirische Untersuchung ersichtlich. So lassen sich trotz der unterschiedlichen Historien der untersuchten Familienzentren verallgemeinerbare Arbeitsprinzipien sowohl für den organisationsstrukturellen Kontext als auch das methodische Handeln der Praktiker_innen vor Ort ableiten. Folglich werden hier die sich ergänzende individualbezogene und sozialräumliche Perspektive der Arbeitsprinzipien offensichtlich, die das passgenaue Aufgreifen der jeweiligen Anforderungen im regionalen Kontext ermöglichen (Meinhold 1998:231). In der folgenden Abbildung sind diese zusammenfassend dargestellt.

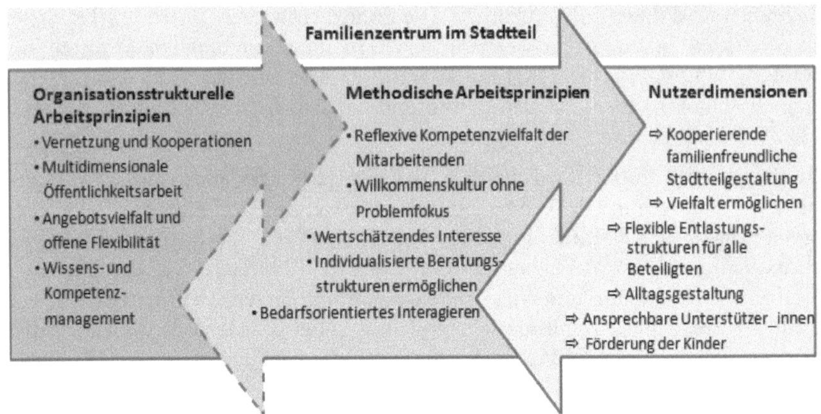

Abb. 41: Arbeitsprinzipien und Nutzendimensionen von institutionalisierten Familienzentren

Als organisationsstrukturelle Arbeitsprinzipien sind ‚Vernetzung und Kooperation', die ‚multidimensionale Öffentlichkeitsarbeit', eine ‚Angebotsvielfalt und offene Flexibilität' und das ‚Wissens- und Kompetenzmanagement' zu nennen. Die organisationsstrukturellen Arbeitsprinzipien kennzeichnen und bedingen zugleich die Familienzentren im Stadtteil. Daneben werden diese maßgeblich durch die methodischen Arbeitsprinzipien der praktisch tätigen Akteure geprägt, welche eine ‚reflexive Kompetenzvielfalt der Mitarbeitenden', eine ‚Willkommenskultur ohne Problemfokus', ein ‚wertschätzendes Interesse', die ‚Ermöglichung von individualisierten Beratungsstrukturen' und das ‚bedarfsorientierte Interagieren' umfassen. Die organisationsstrukturellen und methodischen Arbeitsprinzipien gestalten den Alltag in den Familienzentren und wirken so rahmengebend auf die identifizierbaren Nutzendimensionen. Die zentralen Nutzendimensionen umfassen dabei eine ‚kooperierende familienfreundliche Stadtteilgestaltung', die ‚Ermöglichung von Vielfalt', ‚flexible Entlastungsstrukturen für alle Beteiligten', den positiven Nutzen einer ‚Alltagsgestaltung', das Ermöglichen von ‚Begegnung-Kontakte-Gespräche', das Vorhandensein von ‚ansprechbaren Unterstützer_innen' und die ‚Förderung der Kinder'.

Darüber hinaus bietet dieses Modell von Arbeitsprinzipien einen Rahmen für die konzeptionell-strukturelle Entwicklung und zugleich für das methodische Handeln von professionellen Akteuren.

Im folgenden Kapitel werden diese Arbeitsprinzipien und Nutzendimensionen nun mit bestehenden wissenschaftlichen Erkenntnissen diskutiert. Einleitend erfolgt die Einbettung der Forschungserkenntnisse in die theoretischen Rahmen von Lebensweltorientierung, Lebensbewältigung und Sozialraumorientierung. Daraus aufbauend wird Bezug genommen auf die in Kapitel 2.1 dargestellten Ausführungen zur ‚Familie im Wandel' und dabei insbesondere auf die Anforderungen an den Umgang mit Zeit im Kontext der Familienalltagsorganisation, auf die Chancen einer stadtteilorientierten Verankerung sowie auf die Ansprüche der Gestaltung von Orten für Beteiligung, Engagement und einer damit verbundenen individuellen Selbstverwirklichung. Anschließend werden Familienzentren in der Sozialen Arbeit verortet. Unter Bezugnahme der im Kapitel 2.2 dargestellten Anforderungen an ‚Begegnung, Beratung und Bildung' in der Sozialen Arbeit sowie der im Kapitel 2.3 dargestellten ‚Familienbildung' werden einleitend Familienzentren als Orte für Familien bzw. Personen, die mit der Erziehung von Kindern befasst sind, diskutiert. Darauf basieren die zentralen in der Sozialen Arbeit geforderten Prinzipien der ‚Bedarfsorientierung und Niedrigschwelligkeit', die anhand der untersuchten Familienzentren dargestellt werden, um so die Potenziale der Familienzentren für eine gelingendere Alltagsgestaltung nachzuzeichnen. Darüber hinaus erfolgt eine Beschreibung der in der empirischen Untersuchung identifizierbaren Leistungen für Familienzentren als Orte einer flexiblen Familienförderung, um das Kapitel abschließend ‚Familienzentren' als ein Handlungsfeld der Sozialen Arbeit zu verorten.

5.2.1 Familienzentren im Kontext von Lebensweltorientierung, Lebensbewältigung und Sozialraumorientierung

An die Darstellung der verallgemeinerbaren Arbeitsprinzipien von Familienzentren, die nicht aus einer Kindertagesstätte entstanden sind, anschließend werden diese nun in den theoretischen Kontext von Lebensweltorientierung, Lebensbewältigung und Sozialraumorientierung verortet. Thiersch formuliert die im 8. Kinder- und Jugendbericht festgehaltenen Anforderungen an eine lebensweltorientierte Jugendhilfe folgendermaßen:

„- daß die von der Jugendhilfe zu gewährenden Unterstützungen und Anregungen in bezug auf Bildungs-, Erziehungs- und Orientierungsaufgaben, in bezug aber ebenso auf die Gestaltung von Situationen, Gelegenheiten und Räumen als Hilfe zur Selbsthilfe so strukturiert sein müssen,

- daß sie ihren Ausgang nehmen in den gegebenen Struktur-, Verständnis- und Handlungsmustern und

- daß sie die individuellen, sozialen und politischen Ressourcen so stabilisieren, stärken und wecken, daß Menschen sich in ihnen arrangieren, ja vielleicht Möglichkeiten finden, Geborgenheit, Kreativität, Sinn und Selbstbestimmung zu erfahren" (Thiersch 2012:23).

So werden die Anforderungen an ein Zusammenwirken von Individuum und gesellschaftlichen Strukturen bereits deutlich. Mit dem Fokus auf Familienzentren in der Kinder- und Jugendhilfe wird zugleich die regionale Verortung der Familienzentren im Stadtteil als Ausgangslage offensichtlich. Durch diese regionale Verortung ist das Ansetzen in der Lebenswelt der Nutzer_innen gegeben (Thiersch

2012:23ff). Insbesondere sogenannte benachteiligte Familien sind in Stadtteilen verortet, die sie zugleich eher selten verlassen[13]. „Daher ist eine Sozialraumorientierung, die eine koordinierte Vernetzung der Angebote für diese Familien anstrebt, unerlässlich" (Bird/ Hübner 2013:141). Die untersuchten Familienzentren nehmen aus der Perspektive der Nutzer_innen aufgrund der räumlichen Verortung einen Anlaufpunkt in ihrer Lebenswelt ein (vgl. Kapitel 4.2.1). Dies wird auch in weiteren empirischen Erkenntnissen zur Familienbildung deutlich: „Hinsichtlich der Gelegenheitsstrukturen der Eltern und der Orte, an denen sie sich die Platzierung familienbildender Angebote wünschen, kristallisiert sich heraus, dass weite Wege für die meisten Befragten zumindest bei regelmäßigen Kursen nicht akzeptabel sind und von der Nutzung abhalten" (Mühling/ Smolka 2007:67). Unterstützt wird diese räumliche Verortung durch den Aufbau und die Entwicklung von regionalen Kooperationen mit weiteren für die Gestaltung einer familienfreundlichen Infrastruktur relevanten Angeboten. Aber auch die Teilnahme an verschiedenen Vernetzungsrunden und den sich daraus ergebenden Wissensvorräten ermöglicht den professionellen Akteuren eine bedarfsentsprechende Begleitung der Nutzer_innen und trägt somit zugleich dazu bei, dass die Themen der Nutzer_innen in ihrer Lebenswelt eingebettet betrachtet werden können (Thiersch 2012:38). Unterstützt wird dies durch konzeptionell-strukturelle Verankerungen einer multidimensionalen Öffentlichkeitsarbeit gekennzeichnet durch die Gestaltung der Gebäude, die Präsentation der Angebote in Schaufenstern, Programmen, Internetseiten oder regionalen Zeitungen, die ebenfalls zur öffentlichen Wahrnehmung und somit zur Verankerung im Stadtteil beitragen (vgl. Kapitel 4.1 und 5.1.1).

Neben dieser strukturellen Ausrichtung an der Lebenswelt[14] wird die Lebensweltorientierung durch das Aufgreifen von individuellen Themen der Familien bzw.

13 Kessl u. a. weisen auf die Gefahr hin, dass durch eine rein territoriale Fassung des Sozialraums dieser als Container verstanden werden kann und damit sozialräumliche Abgrenzungen bis hin zu stadtsoziologisch erfassten Segregationsprozessen und Exklusionen eher befördert. Für eine weitere Vertiefung dazu siehe Kessl u. a. 2005, Kessl/Reutlinger 2013.

14 Lebenswelt meint wie im Kapitel 2.2.2.2 dargestellt Folgendes: „Die Lebenswelt des Alltags ist folglich die vornehmliche und ausgezeichnete Wirklichkeit des Menschen" (Schütz/ Luckmann 2003:29). Diese ist zugleich in gesellschaftliche Ausgangslagen eingebettet. „So ist meine Lebenswelt von Anfang an nicht meine Privatwelt, sondern intersubjektiv; die Grundstruktur ihrer Wirklichkeit ist uns gemeinsam" (Schütz/Luckmann 2003:30). Entsprechend ist die Lebenswelt als eine Überlappung von Individuum und Gesellschaft zu betrachten. Unter Rezeption der phänomenologischen Betrachtung der Lebenswelt verweist Kraus (2006) auf die Notwendigkeit eines sensiblen Sprachgebrauchs, um sowohl die subjektiv wahrgenommene Perspektive von Lebenswelt als auch die tatsächlich beschreibbaren Lebensbedingungen im Sinne einer Lebenslage einzubeziehen, so, „dass der Mensch seine Lebenswelt unter den jeweiligen Bedingungen seiner Lebenslage konstruiert" (Kraus 2006: 124). Die organisationsstrukturelle Ausrichtung einer familienunterstützenden Infrastruktur durch die dargestellten Familienzentren berücksichtigt somit die beiden beschriebenen Perspektiven: „Die Lebenswelt eines Menschen korreliert also mit dessen Lebenslage in derselben

Personen, die mit der Erziehung von Kindern zu tun haben, deutlich. Aufgrund der Angebotsvielfalt entlang an Bildungsangeboten für Kinder und Eltern, über Kreativität, Bewegung, Sprachförderung, thematischen Beratungsangeboten sowie der Ermöglichung von Begegnung können bedarfsentsprechend den jeweiligen relevanten Themen genutzt werden (vgl. Kapitel 5.1.1). „Alltäglichkeit heißt, dass ich betroffen bin: Hier verstehe und handle ich, hier werde ich von den anderen als zuständig für mich gesehen und zur Rechenschaft gezogen. – Alltäglichkeit ist Handeln im zugänglichen Raum, in der zugänglichen Zeit. Alltäglichkeit bezieht sich auf den Raum, den ich kenne, in dem ich mich bewege, in dem ich lebe und handle, also den Raum der Wohnung, der Nachbarschaft, der Straße und des Stadtteils" (Thiersch 2006:23). Somit werden die lebensweltlichen Themen und somit zugleich die Subjektivität und Expertise der Nutzer_innen aufgegriffen. Die benannten Angebote und Unterstützungsstrukturen werden dadurch ebenfalls Bestandteil der Alltäglichkeit, indem einerseits individuelles Handeln und Subjektivität erlebbar und andererseits durch die Fokussierung der individuellen Expertise zugleich Selbstwirksamkeitserfahrungen ermöglicht werden. Darüber hinaus ist aufgrund des regionalen Bezugs der Familienzentren und den dadurch bedingten Nutzer_innen aus der unmittelbaren Umgebung zugleich das Kennenlernen potenzieller Nachbar_innen möglich. Dies unterstützt ebenfalls eine lebensweltliche Verortung[15]. Zugleich wird damit dem aufgrund der fehlenden dörflichen Strukturen, die erforderlich sind, um ein Kind zu erziehen, beschriebenen Mangel (Heitkötter u. a. 2008:9) begegnet. In Angeboten für Eltern und Kleinkinder liegt insbesondere die Stärke, dass Eltern Kontakte zu anderen Eltern knüpfen können und darüber Möglichkeiten des Austauschs erhalten. „Im Kreis von anderen Müttern erfahren sie soziale Unterstützung sowie Wertschätzung ihrer Tätigkeit, unter Umständen auch gegenseitige Betreuungsmöglichkeiten" (BMFSFJ 2005:123). Wie im Kapitel 2.1 dargestellt, ergeben sich aus dem gesellschaftlichen Wandel zahlreiche Herausforderungen, insbesondere für Familien hinsichtlich der Gestaltung von Familienalltag und -organisation, Vereinbarkeit von Familie und Beruf sowie Erziehungswerten einher. Diese bringen zugleich Anforderungen an Bewältigung mit sich. „Ziel von Familienbildung ist es, Familien bei der Erziehung von Kindern zu unterstützen, ihr Selbstbewusstsein zu stärken und ihnen Möglichkeiten zu eröffnen, die gesellschaftlichen Rahmenbedingungen von Erziehung mitzugestalten.

Weise, wie die Wirklichkeit mit der Realität – das eine ist das unhintergehbar subjektive Konstrukt, das unter den Bedingungen des anderen gebildet wird" (ebd.:126).

15 Neben der Selbstwirksamkeitserfahrung aufgrund der wahrgenommenen Expertise der Nutzer_innen kann in diesem Kontext zugleich der Bezugsrahmen von Sozialen Kapital (Bourdieu 1983) herangezogen werden, der besagt: „[D]as Beziehungsnetz ist das Produkt individueller oder kollektiver Investitionsstrategien, die bewußt oder unbewußt auf die Schaffung und Erhaltung von Sozialbeziehungen gerichtet sind, die früher oder später einen unmittelbaren Nutzen versprechen" (Bourdieur 1983:193). Damit gehen zugleich Anforderungen an Formen der Anerkennung, Aushandlung und Mitwirklung einher. Für eine weitere Vertiefung siehe hierzu Früchtel u. a. 2007.

Diesem Ziel dienen Wissens- und Wertevermittlung und die Förderung von Austausch und Vernetzung“ (Senatsverwaltung Bildung, Wissenschaft und Forschung 2006:36). So werden die dargestellten Familienzentren durchaus dem Anspruch an eine alltagsbezogene Bildung im Verständnis von Bewältigung gerecht. „Familienbildung hat präventive Wirkung: Sie erhöht die Kompetenzen von Familien, Anforderungen und Belastungen – insbesondere in Krisensituationen – zu bewältigen“ (Senatsverwaltung Bildung, Wissenschaft und Forschung 2006:36). Dies entspricht auch dem Präventionsanspruch einer lebensweltorientierten Sozialen Arbeit[16] (Thiersch 2012:30f). Familienbildung in solch einem Verständnis fokussiert also den Alltag von Familien, den einerseits alle Individuen haben und der andererseits mit diversen Anforderungen einhergeht. Zugleich wird durch diese Fokussierung des Alltags die Herausgehobenheit desselben entmachtet, und auch gering erscheinende Schwierigkeiten gewinnen an Relevanz (Thiersch 2006:17). Desgleichen sind die Anforderungen, die mit einer Alltagsgestaltung einhergehen, nicht zu gering zu schätzen. Alltag inkludiert vertraute Handlungsmustern und -abläufen, die aufgrund der Routinen Vertrauen und Verlässlichkeit ermöglichen (Thiersch 2006:24). Entsprechend nachvollziehbar ist es, dass ungewohnte Abläufe, Unterbrechungen oder Veränderungen zugleich mit großen Herausforderungen einhergehen (Thiersch 2006:24). Für die Nutzer_innen der untersuchten Familienzentren kennzeichnet sich Alltag insbesondere durch die Familienorganisation (vgl. Kapi-

16 Vor dem Hintergrund der beschriebenen Überlappung von Individuum und Gesellschaft kommt auch dem benannten Präventionsanspruch eine zentrale Bedeutung zu. „In dem hier vorgeschlagenen systemisch-konstruktivistischen Verständnis können die Begriffe Lebenswelt und Lebenslage also folgendermaßen bestimmt werden: Als Lebenslage gelten die materiellen und immateriellen Lebensbedingungen eines Menschen. Als Lebenswelt gilt das unhintergehbar subjektive Wirklichkeitskonstrukt eines Menschen (welches dieser unter den Bedingungen seiner Lebenslage bildet). Durchdenkt man diese Voraussetzungen, muss die Forderung nach der Orientierung an der Lebenswelt des Klientel zunächst recht paradox anmuten, wird damit doch gefordert, man solle sich an der unhintergehbar subjektiven und deshalb nicht direkt zugänglichen Wirklichkeitskonstruktion eines Menschen orientieren. Doch gerade diese Forderung scheint mir für eine systemischkonstruktivistische Sozialarbeit gewinnbringend. Sehr wohl macht es Sinn, die Lebenslage des Klientels in den Blick zu nehmen. Schließlich konstruieren Menschen ihre Lebenswelt nicht im luftleeren Raum, sondern immer unter den Bedingungen ihrer Lebenslagen. Und gerade auf diese Lebenslage kann ich als Sozialarbeiter gestaltenden Einfluss nehmen (etwa im Sinne der klassischen Netzwerkarbeit mit Blick auf soziale Beziehungen oder schlicht durch das Bereitstellen materieller Ressourcen)“ (Kraus 2006: 126). Zugleich bedarf es im sogenannten Präventionsdiskurs Sozialer Arbeit gewisser Aufmerksamkeiten und Schärfungen. Prävention bedeutet nach Kappeler: „Heute etwas tun, damit heute definierte Schäden beim Einzelnen und der Gesellschaft von morgen nicht auftreten. Das wäre gut – und nicht einfach zu machen – wenn es um die Verhältnisse ginge, um das unbelastete Offenhalten von Zukunftshorizonten“ (Kappeler 2005:31). Dieses ‚Offenhalten’ und die Erschaffung von Ermöglichungen für die Wohnbevölkerung gerade in sogenannten Armutsquartieren wird somit zu einer zentralen Kategorie sozialarbeiterischen Handelns im Spannungsbogen von Individuum und Gesellschaft, von Verhalten und Verhältnissen.

tel 4.1.3, 4.3.3). „Im Alltag sind die Menschen zuständig für die Bewältigung der sich ihnen stellenden Aufgaben; die Rede vom Alltag meint auch die Kompetenzen jedes Menschen in seinem Alltag“ (Thiersch 2006:17). Um solche Bewältigungsanforderungen optimal fördern zu können, werden insbesondere die folgenden Aspekte als besonders relevant hervorgehoben:

„• die soziokulturelle Einbindung und Vernetzung von Familien im Sozialraum, um Kontakt, Erfahrungsaustausch und wechselseitige Unterstützung zu fördern,

• die Erweiterung der Erziehungskompetenz (z. B. gewaltfreie Erziehung),

• Bewusstseinsbildung über Faktoren der Entwicklung von physischer und psychischer Gesundheit (Ernährung, Partnerschaft),

• die Förderung von Respekt und Akzeptanz für unterschiedliche Lebensweisen und Familientraditionen,

• Bewusstseinsbildung über migrationsspezifische Erfahrungen und die Vermittlung interkultureller Kompetenz und

• die Begleitung und Unterstützung von Familien in neuen Lebens- und Erziehungssituationen (Geburt, Pubertät usw.)“

(Senatsverwaltung Bildung, Wissenschaft und Forschung 2006:36).

Die dargestellte konzeptionell-strukturelle Verortung der untersuchten Familienzentren im Berliner Bezirk Friedrichshain-Kreuzberg wird diesen Anforderungen und Zielstellungen durchaus gerecht. Die Angebotsvielfalt kann flexibel genutzt werden, teilweise ohne vorherige Anmeldung (vgl. Kapitel 4.1.1.4, 4.1.1.5). Durch solch ein flexibles Setting können die aktuell relevantenThemen in unterschiedlichen Formaten eingebaut und angeboten werden. Unterstützt wird dies durch ein adäquates Wissensmanagement (vgl. Kapitel 4.1.4, 5.1.2). Bezogen auf die individuelle Ebene der Nutzer_innen wird mit Blick auf die Lebensbewältigung deutlich, dass sich aus den Nutzendimensionen schließend ebenfalls verschiedene Ansatzpunkte dafür zeigen. Die von den Nutzer_innen benannten räumlichen, materiellen und individuellen Entlastungsdimensionen zeigen sehr deutlich den Nutzen hinsichtlich einer gelingenderen Alltagsgestaltung. Darüber hinaus wird dies durch konkrete Elemente wie der Tagesstruktur, familiärer Interaktionsgestaltung, Dialoge, um einerseits Informationen zu erhalten und andererseits die lebensweltliche Perspektive weiterzugeben, nachvollziehbar (vgl. Kapitel 4.3.3.2, 4.3.3.3). Nicht nur für Eltern und betreuende Personen werden solche Nutzendimensionen deutlich, sondern zugleich durch den Kontakt mit anderen Kindern und den damit einhergehenden Erfahrungen von Kommunikation und Interaktion (vgl. Kapitel 4.3.3.4). So wird der Nutzen für Kleinkinder im Ausprobieren und den damit einhergehenden Lernerfahrungen, die zugleich in der erforderlichen Nähe zur Mutter bzw. Betreuungsperson eingebettet sind, an anderen Stellen ebenfalls hervorgehoben (BMFSFJ 2005:123). „Müttergruppen und Eltern-Kind-Gruppen bieten in dieser Altersphase jenen Kindern, die zu Hause keine Geschwister haben, große Anregungsvielfalt und daher die Möglichkeit zu zahlreichen kognitiven, sozialen und emotionalen Bildungsprozessen, die sie in ihrem familiären und häuslichen Umfeld nicht oder nicht in dieser Weise vorfinden würden. Durch den neuen Erfahrungsraum und die Begegnung mit Gleichaltrigen erhält das Kind zusätzliche Impulse, die Perspektive anderer einzunehmen und deren Emotionen zu verstehen" (BMFSFJ 2005:124). Dies entspricht ebenfalls dem Aufgreifen von lebensweltlichen Themen und Herausforderungen im Kontext von passenden infrastrukturellen Rahmenbedingungen, die maßgeblich durch das methodische Handeln der professionellen Akteure gestaltet werden (vgl. Kapitel 5.1.2).

Ausgangspunkt für die dargestellten Interaktionen und die sich daraus ergebenden Nutzendimensionen ist der Wille der Nutzer_innen (vgl. Kapitel 5.1.2). Durch das Zeitnehmen, Zuhören, Vertrauen aufbauen und Signalisieren von Gesprächsbereitschaft wird durch die professionellen Akteure eine Atmosphäre gestaltet, in der Nutzer_innen ihre Themen, Interessen und Bedürfnisse anbringen können (vgl. Kapitel 4.2). Dies entspricht zugleich dem zentralen Prinzip des Fachkonzepts Sozialraumorientierung, dem Ansetzen am Willen (Fehren/ Hinte 2013:14, Hinte 2006:10). Durch das Ansetzen am Willen der Nutzer_innen werden entsprechend des zweiten Prinzips des Fachkonzepts deren Selbsthilfepotenziale[17] anhand ihrer individuellen Lebensweltexpertise herausgearbeitet, sodass die Nutzer_innen unterstützt werden, aus sich heraus Potenziale für Veränderungen zu identifizieren und passgenau umzusetzen (Jong/ Berg 2003, Shazer 2005, Bestmann 2013, Fehren/ Hinte 2013:17f). Dieses Ansetzen erfolgt sowohl in der individuellen Interaktion zwischen Nutzer_in und professionellem Akteur als auch in entsprechender Weise im Gruppenkontext bspw. in den verschiedenen Gruppen und Angeboten (vgl. Kapitel 4.2). Des Weiteren lässt sich dies auch durch die aus der Bedarfserhebung entstandenen weiteren Angebote verdeutlichen (vgl. Kapitel 4.1.1.5). Über solch ein individuelles Vorgehen werden entsprechend des dritten Prinzips sowohl individuelle als auch sozialräumliche Ressourcen identifiziert und nutzbar gemacht (Budde/ Früchtel 2006:31, Fehren/ Hinte 2013:17f). Dieses Prinzip stellt parallel die zentrale Ausgangsdimension für die zugrunde liegende Haltung und das methodische Handeln der professionellen Akteure dar. Darüber hinaus ist dieses Prinzip zugleich bedingend für das grundsätzliche methodische Handeln in der individuellen Interaktion, im Gruppenkontext und mit kooperierenden Akteuren (vgl. Kapitel 5.1.2). Entsprechend wird dieser Ansatz dem vierten Prinzip der zielgrup-

17 Zu weiteren theoretischen Einbettung der empirischen Erkenntnisse und den herausfordernden Notwendigkeiten im Nutzen von Selbstkonstruktionen bieten sich ebenfalls der radikale Konstruktivismus (vgl. Watzlawick 1976, Watzlawick 2003) sowie die in einigen systemtheoretischen Schulen gefasste Autopoiesisverständnis (vgl. Kleve 2003, Hosemann/ Geiling 2005) an.

Ebenso anschlussfähig zeigt sich als theoretischer Bezugsrahmen zur Vertiefung das Aneignungskonzept nach Leontjew (1973) konstruktiv und hilfreich aufgegriffen durch Deinet (2005).

pen- und bereichsübergreifenden Arbeit gerecht. Konkret deutlich wird dies an der dargestellten Vielfältigkeit der Angebotsstruktur gekoppelt mit der Gestaltung offener flexibel nutzbarer Angebote, die aufgrund der offenen Struktur verschiedene Anforderungen mit sich bringen und dadurch vielfältige Nutzendimensionen ermöglichen (vgl. Kapitel 5.1). Zugleich wird solch eine bereichsübergreifende Arbeit durch die Verortung in verschiedenen Vernetzungsrunden unterstützt. Neben der Weitergabe von Informationen und dem Erheben von regionalen Bedarfen wird durch die Teilnahme von Akteuren aus verschiedenen Fachbereichen zugleich die vernetzte Kooperation verschiedener sozialer Dienste entsprechend des fünften Prinzips ermöglicht (Fehren/ Hinte 2013:17f).

Die in der vorliegenden Forschung untersuchten Familienzentren werden so entlang ihrer konzeptionell-strukturellen und methodischen Arbeitsprinzipien sowie den dadurch bedingten Nutzendimensionen passgenau in dem theoretischen Kontext von Lebensweltorientierung, Lebensbewältigung und Sozialraumorientierung verankert. „Solche Alltagswelten müssen – in der Konkretisierung der Alltäglichkeit, die sich in ihnen darstellt – beschrieben werden in ihren inhaltlichen spezifischen Möglichkeiten und Leistungen, also in konkreten Verständigungs- und Handlungsmustern, in der räumlichen und zeitlichen Überschaubarkeit, in den Routinen, Typisierungen und Ausgrenzungen“ (Thiersch 2006:26). Zugleich ist es erforderlich, diese Beschreibungen in gesellschaftliche Rahmenbedingungen einzubetten, da Menschen sich in unterschiedlichen Alltagswelten aufhalten, die wiederum spezialisiert und voneinander differenziert sind, und um einer alleinigen Individualisierung von Problemlagen und Herausforderungen vorzubeugen (Thiersch 2006:28ff). In einem weiteren Schritt erfolgt nun eine weitere Verortung entlang der gesellschaftlichen Rahmenbedingungen sowie im Kontext der Familienbildung.

5.2.2 Familienzentren als ein strukturelles Erfordernis

Familienzentren als strukturelles Erfordernis in einem Stadtteil lässt sich insbesondere auf die vielfältigen dargestellten Nutzendimensionen zurückführen. Für eine weitere Begründung dieses Erfordernisses werden nun diese Erkenntnisse in den Dimensionen Zeitressourcen, regionale Verortung im Stadtteil, Partizipation und Engagement diskutiert.

5.2.2.1 Familienzentren als Zeitressource für Familie

In den Diskussionen um das Zusammenleben in der Familie sowie der Vereinbarkeit von Beruf und Familie rückt immer wieder die dafür erforderliche und zugleich massiv bedingende Zeitdimensionen in den Fokus. „Die Qualität des Zusammenlebens von Familien ist untrennbar verbunden mit den zeitlichen Ressourcen, zeitlichen Verpflichtungen und Zeiterfahrungen ihrer Mitglieder. Familien benötigen Zeit, damit emotionale Bindungen, Vertrauen und wechselseitige Fürsorge entstehen und aufrechterhalten werden können“ (BMFSFJ 2012:5). Unter Betrachtung dieser Anforderungen an gemeinsame Zeit ergeben sich insbesondere zeitliche Herausforderungen aufgrund der räumlichen Trennung von Wohnen, Arbeiten und Kinderbetreuung, wodurch zusätzliche Wege entstehen (Bertram/ Bertram 2011b:705f)[18]. Inwiefern können nun Familienzentren als Zeitressource aktiv und nutzbar werden?

In Untersuchungen zur Zeitnutzung in Familien wird deutlich, dass insbesondere Mütter aufgrund von Zeitmangel Abstriche in ihren persönlichen Bereichen und Bedürfnissen zugunsten von Partnern und Kindern vornehmen. „Wenn sie nicht genug Zeit für alles haben, machen Mütter zuerst bei sich selbst Abstriche (78 Prozent), dann bei der Hausarbeit (48 Prozent) und bei ihren Freundinnen und Freunden (42 Prozent)" (IfDA 2012:25). Ebenso werden Anforderungen wie bspw. ausreichend Schlaf, Gespräche und Kontakte hinten angestellt (IfDA 2012:25). Durch den Besuch eines Familienzentrums kann man diesen sonst hinten angestellten Aspekten gerecht werden (BMFSFJ 2012:5). So wird insbesondere die als Nutzen benannte Entlastung nachvollziehbar, die durch das Trinken eines Kaffees, zufrieden spielende Kinder oder auch ein nettes Gespräch mit anderen Nutzer_innen oder auch Freunden entsteht. Neben den organisatorischen Verantwortungen werden zugleich Freiräume gestaltet, die verschiedenen Ansprüchen gerecht werden. „Eltern bevorzugen zunächst Rat im näheren Umfeld (Freunde, Eltern etc.), sie möchten ‚einfach darüber reden können' und nicht gleich als ‚Problemfamilie' erscheinen. Hilfreich ist es daher, Kontakte und soziale Netze aufzubauen und Gelegenheitsstrukturen zu schaffen, mittels derer sich Eltern austauschen und informieren können" (Rupp 2005:20). Zugleich können diese Strukturen auch genutzt werden, um im Gespräche mit Expert_innen zu ermöglichen, um Anliegen und Fragen anbringen zu können. Über solche Möglichkeitsräume können dann auch Fragen zur Erziehung, die mit einer Stärkung der Erziehungskompetenz einhergehen, angebracht werden (BMFSFJ 2012:5). Als weiterer Nutzen werden „Eltern-Kind-Gruppen als Entlastung von Eltern" (Cloos u. a. 2013:259) beschrieben. Entlastung bezieht sich auf häusliche Anforderungen, die nun mehr konzentrierte Zeit für das Kind ermöglichen, Beschäftigungsanregungen, die vorgehalten werden, und Gespräche für eine psychische Entlastung.

Durch den Besuch eines Familienzentrums wird mit Blick auf Zeitressourcen zugleich deutlich, dass diese sich in einem Zwischenraum von Privatheit und geschützter Öffentlichkeit, sozusagen als „intermediärer Ort" (Cloos u. a. 2013:258)

18 Unter dem Fokus des Konzepts zur alltäglichen Lebensführung, das Individuen Sicherheit gibt und zugleich aus gesellschaftlicher Perspektive aufgrund von Kontinuität und Routinen berechenbar ist, kommt insbesondere der Zeitdimension eine zentrale Funktion zu: „Die individuell eingespielte Ordnung der Alltagszeit repräsentiert eine grundlegende Garantie für eine geordnete Lebensführung. Wer nicht mit seiner Zeit umgehen kann, gerät in Stress und Zeitnot, dessen Lebensführung wird zur Hetze und nimmt chaotische Züge an. Gerade im Scheitern einer funktionierenden Lebensführung wird deutlich, welch elementare und kaum zu überschätzende individuelle Leistung ein geordnetes Alltagsleben darstellt" (Kudera 2000:88). Aus dieser Betrachtungsperspektive ergeben sich ebenfalls organisationsstrukturelle und pädagogische Anforderungen.

befinden. Aufgrund der neuen Aufgaben und Rollen bei der Geburt des ersten Kindes sowie der zumeist vorhandenen Berufstätigkeit von Freunden, erleben Familien diese Zeit als Isolation.

Durch den Besuch einer Eltern-Kind-Gruppe wird der private Raum verlassen und zugleich ein geschützter öffentlicher Raum betreten, der Gespräche und Kontakte ermöglicht, gerahmt von einem durch die Kursleitung strukturierten Rahmen mit Verbindlichkeiten (Cloos u. a. 2013:259). So erfahren Nutzer_innen eine Tagesstruktur, treten aus ihrer Isolation heraus und haben ‚Auffangbecken für ihre freie Zeit' (vgl. Kapitel 4.3.3.3).

So wird deutlich, dass die Ebene ‚Zeitressource' verschiedene Bereiche umfasst. Einerseits kann durch die Vielseitigkeit an Strukturen und Angeboten in einem Familienzentrum dem Zeitmangel aufgrund der Alltagsorganisation begegnet werden und andererseits im Kontrast dazu auch den fehlenden Tagesstrukturen. Die regionale Verortung von Familienzentren in der Nachbarschaft mit zumeist kurzen Wegen trägt ebenfalls deutlich dazu bei. „Neben der örtlichen Nähe zu Familien ist die zeitliche Orientierung der Angebote am Tages- oder Wochenablauf der Zielfamilien von nicht zu unterschätzender Bedeutung" (Oberndorfer/ Mengel 2003:20). Da dies möglicherweise auch individuell sehr unterschiedlich eingeschätzt wird, ist auch hierbei eine Vielfalt erforderlich und unterstützend. Um Familienzentren als Zeitressource wahrnehmen zu können, muss eine strukturelle Flexibilität für die Nutzung gegeben sein. „Die selbstbestimmten Möglichkeiten der Unterstützung und Entlastung der Familien in ihrem Alltag schaffen ein Höchstmaß an Freiwilligkeit, mit der Angebote flexibel wahrgenommen werden können, und bieten Raum und Zeit, eigene Aktivitäten und Kompetenzen zu entwickeln, einzubringen und auszuleben. Der von Müttern häufig beklagte Verlust an Sicherheit im Umgang mit der Öffentlichkeit als Resultat der isolierten ‚Privatheit der Familie' kann in den Zentren, die eine positive Atmosphäre des ‚Dazugehörens' schaffen, überwunden werden" (BMFSFJ 2012:5). Dies wird in den untersuchten Familienzentren insbesondere durch die Angebotsvielfalt gekoppelt mit dem offenen Bereich und einer dadurch bedingten flexiblen Nutzung deutlich. Durch solch eine selbstbestimmte Nutzung werden die Bedarfe von Familien hinsichtlich bestehender Zeitressourcen aufgegriffen.

5.2.2.2 Familienzentren als Nachbarschaftsorte im Stadtteil

Eng mit dem Anspruch, als Zeitressource zu fungieren, geht die Anforderung an eine regionale Verortung von Familienzentren einher, da durch kurze Wege zugleich die unterstützenden Rahmenbedingungen für eine Nutzung erhöht werden. Die untersuchten Familienzentren haben durchaus das Potenzial, dem Anspruch, ein Ort der Nachbarschaft zu sein, gerecht zu werden. Wie bereits dargestellt, werden dort einerseits auf der individuellen Ebene Begegnungen, persönliche Kontakte und Gespräche ermöglicht. Andererseits kommt dem Stadtteil hinsichtlich seiner die Individuen beeinflussenden Rahmenbedingungen eine zentrale Bedeutung zu. „Vielmehr wird deutlich, dass die Eltern einen ganz wichtigen Faktor in diesem Kontext darstellen, aber ihr Handeln und ihre Beziehungen zu ihren Kindern wiederum eingebettet sind in einen Rahmen von anderen Faktoren, die nicht allein von der elterlichen Handlungskompetenz abhängen, sondern von den Kontextbedingungen, unter denen die Eltern und Kinder leben“ (Bertram/ Bertram 2011b:684). So kommt sowohl den Erziehenden als auch weiteren Personen im sozialen Umfeld eine zentrale Bedeutung zu. Dafür wiederum bedarf es einer passenden Infrastrukturgestaltung, um solche Kontakte und Beziehungen zu unterstützen und zu fördern. So können auch Familienzentren wirken, „die Lebensumwelt von Kindern mit den dort interagierenden Personen möglichst ganzheitlich zu gestalten“ (Bertram/ Bertram 2011b:704). Die räumliche Separierung in Wohnen, Arbeit, Bildungsinstitution und Betreuung geht zudem damit einher, dass vielmehr wohnortnahe Strukturen erforderlich sind, um diesen logistischen Anforderungen zu begegnen (Bertram/ Bertram 2011b:705f). „Dabei ist davon auszugehen, dass gerade in diesem Bereich das Wohlbefinden von Kindern und Eltern, um die Chance des Zusammenseins und die Möglichkeit, die gemeinsame Zeit zu organisieren, in hohem Maße davon abhängt, ob die Kontexte, in denen sich alle bewegen, so aufeinander bezogen sind, dass sich die Wege und damit die Zeit minimieren lassen“ (Bertram/ Bertram 2011b:705f). Unter der Betrachtung dieser Rahmenbedingungen ist es erforderlich, das jeweilige Lebensumfeld und die infrastrukturellen Rahmenbedingungen einzubeziehen und zugleich aktiv zu gestalten, da diese einen großen Einfluss auf die familiären Interaktionen ausüben (Biedenkopf u. a. 2009:13). Zugleich werden aber genau diese sehr unterschiedlich gehandhabt, da es keine einheitliche grundlegende Finanzierungsstruktur gibt. „Unter einer sozialökologischen Perspektive sind sie aber erforderlich, um die verschiedenen Gegebenheiten vor Ort mit den häufig nicht koordinierten Angeboten für die Eltern und die Kinder so aufeinander zu beziehen, dass die Lebensumwelt für die Eltern und für die Kinder als ganzheitlich erscheint“ (Bertram/ Bertram 2011b:707). Dieser Wunsch nach einer regionalen Verortung wird bspw. auch in Elternbefragungen durch die Aussage von Eltern deutlich, dass diese nicht bereit sind, für familienunterstützende Angebote längere Wege auf sich zu nehmen (Mühling/ Smolka 2007:64). „Die Orte, an denen sich Eltern und Kinder regelmäßig aufhalten, definieren einen ‚Alltagsraum‘, in welchem sinnvoller Weise auch Angebote der Familienbildung zu platzieren sind“ (Mühling/ Smolka 2007:65). Zusätzlich unterstützend ist es für die Gestaltung des Erstkontakts, wenn den potenziellen Nutzer_innen diese Orte bereits bekannt sind (Oberndorfer/ Mengel 2003:20).

Familienzentren als Orte in der Nachbarschaft kommt auch unter dem Blickwinkel von bestehenden und anzustrebenden Kooperationen eine zentrale Bedeutung zu. Durch Kooperationen und gemeinsame Präsenz werden professionelle Akteure aus Kita, Schule, Freizeit, Verein, Beratung etc. von den Familien als zusammenarbeitend wahrgenommen. Darüber entstehen für die Familien wahrnehmbare gemeinschaftliche Strukturen. „Eine mittelbare Form der Gehstruktur ist die Präsenz der Familienbildung in Einrichtungen, die im Alltagsleben der Familien von Bedeutung sind, wie z. B. Kindertagesstätten und Schule. Hier besteht die Möglichkeit, Familien im Rahmen von Elternabenden mit familienbildenden Angeboten zu erreichen und/ oder in Kooperation mit ihnen familienbildende Angebote zu entwickeln“ (Oberndorfer 2003:55). Eine darauf abgestimmte und mehrere Dimensionen umfassende Öffentlichkeitsarbeit (vgl. Kapitel 5.1.1) sowie die aktive Gestaltung von Zugangswegen (vgl. Kapitel 4.2.1) unterstützt diese Wahrnehmung ebenfalls. Zugleich hat solch eine räumliche Verortung und Kooperation von verschiedenen Akteuren auch Auswirkungen auf die Entwicklung des Stadtteils (Lange 2007:182) hinsichtlich der Gestaltung einer familienfreundlichen Infrastruktur (vgl. Kapitel 5.1.3). So wird hiermit der Leitparagraf 1 des SGB VIII aufgegriffen, der eine Aufgabe der Jugendhilfe darin sieht, „dazu bei[zu, S. H.-B.]tragen, positive Lebensbedingungen für junge Menschen und ihre Familien sowie eine kinder- und familienfreundliche Umwelt zu erhalten oder zu schaffen“ (§1 Abs. 3, Satz 4 SGB VIII).

5.2.2.3 Familienzentren als Orte von Partizipation und Engagement

In der Diskussion um Familien und die Zielstellung von Familienzentren werden Partizipation und Engagement als zentrale Anforderungen benannt. Im Konzept des ‚elterlichen Wohlbefindens‘, das sich aus den Komponenten materielles Wohlbefinden, Wohlbefinden im Bereich Erwerbstätigkeit, Wohlbefinden im Bereich Gesundheit und Persönlichkeit, Wohlbefinden im Bereich Netzwerke (familial und außerfamilial), familienpolitisches Wohlbefinden, Wohlbefinden im Bereich Bildung und subjektives Wohlbefinden bestehend aus Lebenszufriedenheit und bereichsspezifischer Zufriedenheiten zusammensetzt, wird ebenfalls die Notwendigkeit von Partizipations- und Engagementmöglichkeiten deutlich (Bertram/ Spieß 2011:20). „Sich selbst mit seinen eigenen Stärken und Fähigkeiten einzubringen, nimmt nicht nur Einfluss auf die Dimensionen Sinn, Engagement und Zielerreichung und somit auch auf die Bedeutsamkeit im Sinne von Antonovskya Salutogenesemodells, sondern fördert auch die Verzahnung zwischen Familie und Institution“ (Hoffmann 2014:57). Zugleich beeinflussen Partizipation und Engagement den Stadtteil und die Lebensgestaltung der Bewohner_innen. Darüber hinaus besteht aber auch ein Zusammenhang zwischen der sozial-ökonomischen Ausgangslage der Bewohner_innen und deren Engagement (Strohmeier 2009:161). „Der größere Teil der nachwachsenden Generation wächst in großen Städten unter Lebensbedingungen auf, die die alltägliche Erfahrung der Normalität von Armut, Arbeitslosigkeit, sozialer Ausgrenzung und Apathie, gesundheitlichen Beeinträchtigungen, gescheiterten Familien, möglicherweise auch Gewalt und Vernachlässigung umfassen“ (Strohmeier 2009:160). Entsprechend lassen sich daraus Präventionsansprüche für Regionen ableiten (Strohmeier 2009:162). Damit gehen zugleich Anforderungen an eine infrastrukturelle Gestaltung für das Ermöglichen von Partizipation und Engagement einher. „Eine Förderung der sozialen Partizipation und damit in Verbindung stehend eine Verbesserung der sozialen Beziehungen der Bewohner armer Viertel, die Steigerung der Identifikation mit dem

Stadtteil und seinen Menschen, die Schöpfung sozialer Netzwerke, aus denen neue Solidarpotenziale erwachsen können, erreicht man vielmehr durch Maßnahmen und Veranstaltungen, die den Menschen einen kurzfristig eintretenden Nutzen bringen. Projekte mit dem Ziel der Verbesserung der individuellen wirtschaftlichen Lage, der Verbesserung der Wohnverhältnisse oder der Wohnumfeldbedingungen setzen am wenigsten soziale Integration voraus. Sie sind gleichzeitig geeignet, sowohl individuelle Erfolgserlebnisse zu vermitteln als auch nebenbei soziale Vernetzungen der Bewohner zu schaffen, die Voraussetzung jedweder weiteren öffentlichen und politischen Partizipation sind" (Strohmeier 2009:169). Entsprechend folgert er daraus, dass partizipationsfördernde Elemente wie Stadtteilkonferenzen und Planungswerkstätten für die an Beteiligung interessierten Bürger_innen passen und entsprechend auch genutzt werden (Strohmeier 2009:170, Walter u. a. 2013). So sind insbesondere verschiedene Strukturen und Zugänge erforderlich, um auf verschiedenen Wegen solche Engagementpotenziale zu gestalten[19]. Aber wie genau kann und wird Engagement und Partizipation in Familienzentren gefördert? Zum einen erfolgt dies über Bedarfserhebungen auf vielfältigen Wegen, sei es durch fest installierte Formen wie einem Fragebogen, der Wunschbox oder durch die alltäglich entstehenden Gespräche, in denen jeweils die zugrunde liegenden Interessen und Bedarfe erkundet werden (vgl. Kapitel 4.2). So ergeben sich vielfältige individualisierte Formen von Engagement und Partizipation, angefangen bei der Vorbereitung von Festen bis hin zur Übernahme von selbst organisierten thematischen Gruppen. Diese Formen von Engagement sind zugleich eng verbunden mit Formen der Selbsthilfe in der Familienbildung. So „hat die Familienselbsthilfe sich quantitativ stark ausgeweitet, thematisch weiter ausdifferenziert und neue Formen der öffentlichen Partizipation und gesellschaftlichen Verantwortung hervorgebracht" (Pettinger/ Rollik 2005:31). Darüber hinaus werden gerade durch Formen der Familienselbsthilfe zeitnah und konkret die aktuellen Bedarfe aufgegriffen. Mit solchen Möglichkeitsstrukturen gehen zugleich neue Anforderungen einher. „Es liegt eine der ganzen großen Herausforderungen darin, dieses neue Wechselspiel zwischen sozialem und freiwilligem Engagement auf der einen Seite und professionellen Unterstützungsleistungen auf der anderen Seite institutionell und finanziell in den modernen Wohlfahrtsstaat zu integrieren" (Bertram/ Bertram 2011b:707). Damit geht auch die Bereitstellung von Rahmenstrukturen einher, in denen sich Akteure entsprechend ihrer Interessen engagiert einbringen können (Biedenkopf u. a. 2009:13). So „zeichnen sich demokratische Gesellschaften gerade dadurch aus, dass die Bürger allein oder mit Unterstützung durch ihre Familienmitglieder, Nachbarn und Gemeindemitglieder ihre eigenen Angelegenheiten der Nachbarschaft und Gemeinde in eigener Verantwortung regeln. So verstanden setzt

19 In theoretischen Ausführungen zur Peerkultur von Kindern und Jugendlichen wird bereits deutlich, dass zum einen das Erfahren von Zugehörigkeit zur Leistungssteigerung führt, und zum anderen Begegnungsräume sprachliche und thematische Aneignungen, Erfahrungsaustausch und Problemlösungsverhalten ermöglichen und somit einen wichtigen Bestandteil in der Kompetenzentwicklung einnehmen (Opp 2006:54ff).

Subsidiarität voraus, dass die Bürger einer Gesellschaft auch bereit sind, Verantwortung zu übernehmen und sich für ihre Familie und ihre Kinder, ihre Eltern wie auch die Nachbarn und die Gemeinde zu engagieren“ (Biedenkopf u. a. 2009:14). Entsprechend werden auch die in den Familienzentren bestehenden Formen von Partizipation und Engagement durchaus genutzt. „Die Familienselbsthilfe bietet gerade Müttern, die sich für eine längerfristige Unterbrechung ihrer Erwerbstätigkeit entscheiden, vielfältige Möglichkeiten des ehrenamtlichen Engagements: in der Organisation und Verantwortung von Aktivitäten, in Angeboten, die ihren beruflichen Fähigkeiten entsprechen. Diese Einsatzmöglichkeiten dienen Müttern auch dazu, sich ihre Fähigkeiten und ihr Selbstbewusstsein zu erhalten. Gerade unter diesen Müttern, die nicht gezielt in den Beruf zurückkehren wollen, ist das Interesse an und die Bereitschaft zu einer ehrenamtlichen Tätigkeit beträchtlich“ (Pettinger/ Rollik 2005:56). Trotzdem stellt sich darüber hinaus die Frage, inwieweit verlässliche und konkrete Strukturen hilfreich sind, um diese Formen von Partizipation und Engagement gezielt zu fördern. Munsch (2005) beschreibt in ihrer Untersuchung zum Engagement von Bewohner_innen in einem Stadtteilhaus die Möglichkeiten und Grenzen anhand ihrer zentralen Kategorie der Effektivitätsfalle. So kann Engagement dann unterstützend und hilfreich sein, wenn es effektiv und zielstrebig angestrebt wird, was zugleich zu Ausgrenzung von Personen führen kann, die sich nicht in solch einem effektiven Modus einbringen können (Munsch 2005: 144). Darüber hinaus ist es erforderlich, auch Räume zu lassen, die nicht zielgerichtet effektiv an etwas arbeiten, sondern vielmehr Begegnung, Austausch und langsames Kennenlernen ermöglichen im Verständnis einer Alltagsorientierung, um Handlungskompetenzen zu entwickeln. So bedarf es also auch unterschiedlicher Formen und Strukturen, um potenziellem Engagement begegnen und es ermöglichen zu können.

In den untersuchten Familienzentren bestehen zahlreiche Möglichkeiten, sich einzubringen, bspw. in Form von konkreten Aktionen im Garten, den Frühjahrsputz, Festen etc. Dabei ist zumeist konkretes praktisches Engagement gefragt. Die Nutzer_innen können sich entsprechend ihrer Interessen und Fähigkeiten einbringen und erleben somit die als Nutzendimensionen beschriebenen Aspekte von Teilhabe und Teilgabe. Durch solch einen Kontext werden Strukturen eröffnet, die durch das bedarfsentsprechende Einbringen individuelle Entwicklungsprozesse im Sinne der Nutzendimensionen von Selbstwirksamkeitserfahrung ermöglichen. Zugleich bedarf es auch hierbei einer passenden Begleitung durch die professionellen Akteure entlang des individuellen Bedarfs im Sinne von Verantwortungs- und Aufgabenübertragung (Hoeft u. a. 2014:236).

In diesem Kontext wird oftmals auch die Frage bzw. der Umgang mit Unkostenbeiträgen sowohl in den dargestellten Familienzentren als auch in anderen Untersuchungen diskutiert. „An der Kostenfrage scheiden sich die Geister. Einige Leiterinnen schwören auf Kostenbeteiligung – und sei es nur ein Anerkennungsbeitrag, der die Wertschätzung erhöht –, andere Einrichtungen können die Familien nur erreichen, wenn die Angebote kostenfrei sind. Nur wenige Familienzentren in gut situierten Sozialräumen können die Kosten an die Eltern weitergeben" (Meyer-Ullrich 2008b:5). Entsprechend unterschiedlich wird dies auch in den Familienzentren des Berliner Bezirks Friedrichshain-Kreuzberg gehandhabt. Zugleich bedingt diese unterschiedliche Handhabung von Kostenfreiheit und geringen Unkostenbeiträgen die von den Nutzer_innen benannte materielle Entlastung, die wiederum eine weitere Nutzung der Familienzentren beeinflusst.

5.2.3 Familienzentren in der Sozialen Arbeit

Basierend auf den erhobenen empirischen Daten sollen nun die Familienzentren im Kontext der Sozialen Arbeit betrachtet werden. Dafür erfolgt einleitend eine zusammenfassende Fokussierung und Diskussion der durch die Familienzentren erreichten Nutzer_innengruppe. Dem anschließend richtet sich das Augenmerk auf die Anforderungen an professionelle Fachkräfte hinsichtlich des methodischen Handelns sowie eine Einbettung in den Bereich der Jugendhilfe. Resümierend wird abschließend die Zuordnung von Familienzentren als Handlungsfeld der Sozialen Arbeit begründet.

5.2.3.1 Familienzentren als Orte für alle Familien

Die zentrale Anforderung beim Übergang von Partnerschaft in Familie durch die Geburt eines Kindes ist die Koordination einer individuellen Lebensführung hin zu einer gemeinsamen Lebensführung sowie die Erschließung familialer Umwelten (Lange 2007:248). So gehen insbesondere mit dem ersten Kind Wünsche, Erwartungen und Emotionen einher. „Junge Paare geben an, dass ein Kind ihrem Dasein Sinn geben soll. Sie wollen dem eigenen Leben Wurzeln verleihen durch die Verantwortung für ein Kind. Es ist oft der Wunsch, Bindung und eine verlässliche, dauerhafte Beziehung zu erleben in einer Welt, in der es Beziehung nur noch ‚auf Zeit' zu geben scheint" (Pettinger/ Rollik 2005:34). Daraus ergeben sich Abstimmungsprozesse hinsichtlich möglicherweise unterschiedlicher Bedürfnisse, Ressourcen und Erwartungen (Lange 2007:248). Aufgrund der individuellen Einbindung in unterschiedliche soziale Bezugssysteme, externe Anforderungen an Arbeit, Ausbildung und Bildungsinstitution gehen mit diesem Prozess große Herausforderungen einher, um „die so ungemein wichtigen kommunikativen Prozesse, die identitätsstiftenden personalen Austausche und die Anlässe zur gemeinsamen Interpretation außerfamilialer Geschehnisse" (Lange 2007:249) anzugehen. Neben diesen täglichen Anforderungen an die Organisation des Alltags sind zugleich Kompetenzen erforderlich, um Informationen hinsichtlich unterstützender Freizeitgestaltungen wie bspw. Sport, Musik oder Kreativität zu eruieren (Lange 2007:250). Zugleich besteht bei dem Übergang von einer Partnerschaft zur Familie mit der Geburt des ersten Kindes eine erhöhte Bereitschaft für die Wahrnehmung von solchen Angeboten (Pettinger/ Rollik 2005:38, Lange 2007:178). Entsprechend sind die Erkenntnisse aus verschiedenen Untersuchungen naheliegend und nachvollziehbar, dass Familienbildungsangebote insbesondere in der frühen Familienphase von Eltern mit jüngeren Kindern genutzt werden. „Nach der institutionalisierten Geburtsvorbereitung gehört die Teilnahme an Rückbildungs-, PEKiP-, Babymassage-Kursen und Eltern-Kind-Gruppen heute zum Standardprogramm von Müttern in den ersten Lebensmonaten und -jahren ihres Kindes. Frauen, die sich in Elternzeit befinden, bilden folglich die Gruppe, die am häufigsten Angebote der institutionellen Familienbildung nutzt" (Mühling/ Smolka 2007:57). Familienzentren, die sich aus Kindertagesstätten entwickelt haben, erreichen darüber Familien, deren Kinder die Kindertagesstätte besuchen aufgrund des bestehenden Vertrauensvorschusses gegenüber der Einrichtung. So bieten insbesondere institutionalisierte Familienzentren die Chance, Familien bereits in dieser frühen Phase vor dem Eintritt in eine Kindertagesstätte zu erreichen. Darüber hinaus wird in den in dieser Arbeit untersuchten Familienzentren deutlich, dass aufgrund der vielfältigen Angebotsstruktur verbunden mit einer flexiblen Nutzung des offenen Bereichs entsprechende Angebote auch mit dem Übergang der Kinder in eine Bildungsinstitution weiterhin genutzt werden. So wird dem von Mühling und Smolka beschriebenen Mangel an der Bereitstellung entsprechender Angebote erfolgreich begegnet (Mühling/ Smolka 2007:57).

In den Untersuchungen zu Familienbildungsangeboten „wird nicht selten kritisiert, dass Familienbildung eine ‚Mittelschichtorientierung' aufweise d. h. Angebote vor allem für die etwas besser situierten und gebildeten Eltern vorhanden seien. Diese Zielgruppe ist am besten bekannt und am ehesten zu erreichen. Andere werden kaum angesprochen oder fühlen sich ausgeschlossen. Ihre Bedürfnisse werden offenbar auch weniger erkannt, berücksichtigt und bearbeitet" (Rupp 2003a:11). Diese Erkenntnisse werden sehr unterschiedlich diskutiert. So wird einerseits benannt, dass die Zielstellung von Familienzentren darin liegt, alle Familien zu erreichen, da „seitens der Einrichtungen auch ein Bedarf bei ‚durchschnittlichen' Mittelschichtfamilien gesehen wird. Erziehungsprobleme und Erziehungsunsicherheiten und das Fehlen von Austausch- und Kontaktmöglichkeiten sind keineswegs nur auf eine kleine Minderheit von Familien in schwierigen sozialen Verhältnissen beschränkt, sondern kennzeichnen die Lebenssituation der Mehrheit der Familien heutzutage" (Diller 2006:42f). Andererseits werden die Nutzer_innen mit Blick auf die verschiedenen Angebote differenziert. So wurde in der empirischen Erhebung dieser Arbeit ebenfalls deutlich, dass insbesondere feste Eltern-Kind-Bildungsangebote mit einem bildungsorientierten Schwerpunkt wie PEKiP oder Pikler von sogenannten Mittelschichtfamilien oder bildungsgewohnten Familien genutzt werden (Tschöpe-Scheffler u. a. 2006:261). Eher offene Angebote ohne offensichtlichen bildungsorientierten Fokus werden dagegen auch von zahlreichen anderen Familien genutzt, die sich nicht den bildungsgewohnten Mittelschichtfamilien zuschreiben lassen. So werden insbesondere sogenannte offene Angebote oder Treffs im „Kinderwagenradius" (Tschöpe-Scheffler u. a. 2006:261) von unterschiedlichen Familien genutzt. Daraus ergeben sich für die professionellen Akteure durchaus Herausforderungen für die Gestaltung eines aktiven Miteinanders. „Aus der Sicht der Mitarbeiterinnen ist es ein Erfolg, wenn die verschiedenen Elterngruppen an den gleichen Angeboten teilnehmen und nicht eine Gruppe die andere verdränge. Am ehesten gelingt es bei Festen und Aktivitäten, bei denen die Kinder im Mittelpunkt stehen und ‚ihre Produkte' und Kenntnisse präsentieren. Kinder sind das zentrale, verbindende Element, um ‚Klassenunterschiede' zu überwinden" (Diller 2006:32). Dies lässt sich auch für die untersuchten Familienzentren in Friedrichshain-Kreuzberg bestätigen. Je nach Angebotsform oder offener flexibler Nutzung unterscheiden sich die Nutzer_innen. Durch gezielte Aktivitäten wie gemeinsame Feste oder Events werden Durchmischungen erzielt. Darüber hinaus bestehen individualbezogene Kontakte über die Interaktion mit den Kindern, die sich bedarfsentsprechend ausgestalten (vgl. Kapitel 5.1.3). Somit entspricht diese Umsetzung durchaus den vom Berliner Familienbeirat formulierten Anforderungen an eine „Umorientierung des Angebotsspektrums" (Beirat für Familienfragen 2011:72), um die vielfältigen Bedarfslagen aufgreifen zu können. „Infolgedessen muss ich Familienbildung in Berlin auf zwei Säulen stützen: Es bedarf einerseits allgemeiner Programme, die einen breiten Adressatenkreis ansprechen, und andererseits spezifischer Unterstützungsangebote mit gezielter Ansprache und niedrigschwelligem Zugang" (Beirat für Familienfragen 2011:73).

5.2.3.2 Bedarfsorientierung und Niedrigschwelligkeit in Familienzentren

Im Kapitel 2.2 werden als zentrale Elemente des methodischen Handelns in der Sozialen Arbeit das ‚Erheben von Bedarfen und Interessen als Fundament', ‚Kommunikation und dialogische Verständigung' sowie die ‚Beteiligung' hervorgehoben. Diese drei benannten Elemente sind zugleich grundlegend für die professionelle Haltung sowie die in diesem Kontext einsetzbaren Techniken. Darüber hinaus werden in der empirischen Untersuchung ebenfalls zahlreiche Beispiele angeführt, die Techniken hinsichtlich einer Empfangs-, Aufenthalts- und Richtungsgestaltung erfordern. Im Folgenden werden diese methodischen Anforderungen unter dem Blickwinkel des methodischen Handelns[20] in der Sozialen Arbeit betrachtet. Als Bezugsrahmen dafür werden die von verschiedenen Seiten geforderte Bedarfsorientierung und Niedrigschwelligkeit herangezogen.

In der Darstellung des aktuellen Forschungsstands der Familienzentren (vgl. Kapitel 2.3.4) wird die **Orientierung an den Bedarfen** als grundlegend benannt (Rupp 2003a:11, Oberndorfer/ Mengel 2003:13). Damit soll man den mit dem gesellschaftlichen Wandel einhergehenden Anforderungen hinsichtlich der Unterstützung von Familien durch Dienstleistungen und Freizeitgestaltungen gerecht werden (Oberndorfer/ Mengel 2003:13). Um bedarfsgerecht Angebote entwickeln zu können, sind adäquate methodische Kompetenzen der praktisch tätigen Akteure erforderlich. Darüber hinaus bedarf es für das Erheben bereits vorhandener Kompetenzen und Ressourcen geeignete Methoden (Oberndorfer/ Mengel 2003:14). „Ressourcenorientiertes Arbeiten lässt mehr Spielraum für individuelle Zugänge,

20 Im Hinblick auf das methodische Handeln werden insbesondere immer wieder Fragen nach der Gestaltung einer Zusammenarbeit mit Eltern aufgeworfen, die zugleich einen stetigen Bedarf an diesbezüglichem Wissen deutlich macht (vgl. dazu Tschöpe-Scheffler 2014).

Betreuung und Förderung, ein Faktor, der besonders in Multiproblemfamilien die Motivation und Compliance der Mütter ansteigen lässt. Belastende Lebenssituationen hemmen das Bewältigungshandeln, sodass betroffene Familien davon ausgehen, über keine Ressourcen mehr zu verfügen und keine Energie für Veränderungen zu haben" (Haug-Schnabel 2003:24). Die individuelle Wahrnehmung von Handlungskompetenzen unter dem Verständnis einer Lebensbewältigung variiert je nach den aktuellen Anforderungen im biografischen Alltagskontext (Munsch 2005:135). So kann insbesondere eine Kumulation von Herausforderungen zu einer Lähmung führen und zugleich den Blick auf Ressourcen und Fähigkeiten verdecken. Durch das Ansetzen an den Ressourcen und Kompetenzen werden Nutzer_innen zugleich als Expert_innen angesprochen (Senatsverwaltung Bildung, Wissenschaft und Forschung 2006:34ff). „Fragt man Eltern, was ihnen in der Beratung am meisten genutzt hat, so antworten sie meistens, daß sie sich unterstützt und einfühlsam behandelt fühlten. Das klingt banal, ist es aber nicht" (Dornes 2004:254), da deutlich wird, dass verschiedene Faktoren miteinander verbunden auf einem Kontinuum liegen, die zu solch einer Selbstwahrnehmung der Nutzer_innen als Expert_innen führen. „Familien werden im Sinne einer ressourcenorientierten Sichtweise zunächst mit ihren Stärken und Kompetenzen wahrgenommen und angesprochen und nicht mit ihren Defiziten" (Landesstiftung Baden-Württemberg gGmbH o. J.:10). Aber nicht nur im beraterischen Kontext, sondern zugleich auch in Gruppen kann dies umgesetzt werden. „Da bei den meisten Themen alle Anwesenden ihre Erfahrungen, Meinungen und Kenntnisse vortragen können, erleben sie sich gleichzeitig als ‚Experten' und als Lernende" (Textor 1996:55). In der dieser Arbeit zugrunde liegenden empirischen Untersuchung wird deutlich, dass die persönliche Ansprache von Nutzer_innen, der aktive Einbezug in Gespräche, Beobachtungen als Gesprächsanlass zu beschreiben und neugierig nachzufragen dafür zentrale erforderliche Techniken darstellen (vgl. Kapitel 4.2). Neben diesen dialogischen Elementen bedingt dies zugleich die Gestaltung eines Settings sowohl in festen Angeboten als auch im offenen Bereich, das solche Zugangswege ermöglicht. Auch in anderen Untersuchungen werden dabei die Vorteile einer gemeinsamen Tätigkeit wie das Frühstücken hervorgehoben. „Die Mütter und Kinder werden mit einem vielfältigen, auch kulturelle Speiseregeln berücksichtigenden, gesunden, schön angerichteten und leckeren Frühstück empfangen. Das Angebot des gemeinsamen Essens bietet den Eintretenden sofort eine einfache und bekannte Aktivität an. Sie müssen nicht unsicher herumstehen, sondern können unmittelbar Vertrautes und Angenehmes tun. Zudem wird durch das Platznehmen am Tisch schnell und einfach eine Integration in die Gruppe der gemeinsam Frühstückenden hergestellt, ohne dass durch die Besucherinnen dafür eine besondere ‚Leistung' zu erbringen wäre" (Sturzenhecker 2009b:68). Durch solch einen gastfreundlichen Empfang wird kein Problem zentriert und keine Hierarchie gestaltet, sondern vielmehr ein gleichberechtigtes Miteinander. Den praktisch tätigen Akteuren wird in diesem Kontext eine große Bedeutung beigemessen. „Zwar praktizieren sie Vertrautheit und Kontakt zu den Nutzerinnen als Frauen und Mütter, sie wahren aber auch Differenz und berufliche Rolle, indem sie ihre (erzieherischen) Werte und Normen einbringen, den Nutzerinnen ihre Problemsicht und ihre Lösungsperspektiven anbieten und diese zur Not auch konfrontieren mit Kritik und der Aufforderung, Probleme anders anzugehen" (Sturzenhecker 2009b:71). Durch das gemeinsame Frühstück können so familienrelevante Themen angesprochen werden, die den Mitarbeitenden ein Ansetzen an den jeweiligen individuellen Fragestellungen ermöglicht, um spezifisches Wissen weiterzugeben.

In der Diskussion um solche gelingenden Zugangsgestaltungen wird immer wieder von einer erforderlichen **Niedrigschwelligkeit** gesprochen. Was meint nun Niedrigschwelligkeit genau und woran wird diese deutlich? Unter Niedrigschwelligkeit werden verschiedene Dimensionen einer Zugangsgestaltung verstanden. „Neben einem ortsnahen, unaufwändigen Zugang steht auch ein leicht verkraftbarer Zugang, der nicht kränkt, nicht als störende Einmischung und den letzten Rest der sowieso eingeschränkten Autonomie verstanden wird" (Haug-Schnabel 2003:10). Neben einer gut erreichbaren Örtlichkeit bedarf es somit wie bereits dargestellt einer ansprechenden Gestaltung der jeweiligen Angebote und Strukturen (Meyer-Ullrich u. a. 2008:74). „Niedrigschwelligkeit in einer weiten Perspektive zeichnet sich demnach aus durch systematische Öffnungen entlang der Differenzachsen von Schicht, Geschlecht und Ethnizität, die methodisch begründete Umsetzungen nach sich ziehen, die das ‚vor Ort'-Sein in mehrfacher Hinsicht berücksichtigen. Die räumliche Dimension bezieht sich auf Erreichbarkeit in örtlicher, finanzieller und institutioneller Hinsicht" (Heitkötter/ Thiessen 2009:431). So kann die subjektive Wahrnehmung von Niedrigschwelligkeit durchaus variieren. Dies wird auch in der Darstellung der verschiedenen Zugangswege in die untersuchten Familienzentren durch persönliche Kontakte, Ansprache durch Kooperationspartner_innen, über ein konkretes Angebote oder dem Ausprobieren deutlich (vgl. Kap. 3.2.1). Entlang der Zielstellung von Familienzentren durch eine Vielzahl an Angeboten und Möglichkeitsstrukturen allen Menschen, die mit Kindern zu tun haben, gerecht zu werden, bedarf es somit auch einer ansprechenden Form der Öffentlichkeitsarbeit. „Die Absicht der Anbieter, sozial benachteiligte Menschen nicht dadurch (noch mehr) zu stigmatisieren, dass man die Angebote nur auf ihre spezielle Gruppe abzielt, wird in der Realität zu wenig akzeptiert [...]. Sobald es sich um ein Angebot für alle handelt, fühlt sich die Problem-Zielgruppe nicht passend, nicht willkommen oder einfach nicht verstanden" (Haug-Schnabel 2003:11). Somit bedarf es einer entsprechend sensiblen Gestaltung und Ausrichtung der Öffentlichkeitsarbeit. „Diskriminiert werden Familien auch durch eine schwer verständliche Darbietung von familienbildenden Inhalten. Verständnisschwierigkeiten können sowohl durch eine Sprache entstehen, die ein hohes Bildungsniveau voraussetzt als auch durch eine Form der Darbietung, die für manche Eltern ungewohnt ist" (Oberndorfer/ Mengel 2003:21). In der Diskussion um Niedrigschwelligkeit werden solche Angebote insbesondere gefordert, um sogenannte benachteiligte Familien zu erreichen. „Familienbildung unterscheidet sich für benachteiligte oder privilegierte Familien im Hinblick auf die Unterstützung des familialen Miteinanders und der Erziehung sowie der sozialen Integration nicht grundsätzlich. […] Die wesentliche Aufgabe im Hinblick auf benachteiligte Adressaten besteht vielmehr darin, den Stellenwert von Angeboten explizit zur Verbesserung der allgemeinen Lebenssituation zu erhöhen und diese zu einem selbstverständlichen, sichtbaren, kontinuierlichen und erheblichen Bestandteil des Programms zu machen“ (Mengel 2007:62). Im Kapitel 4.2.1.1 wurden die verschiedenen Formen der Öffentlichkeitsarbeit dargestellt, die zugleich das Erreichen von potenziellen Nutzer_innen auf unterschiedlichen Wegen anstrebt. Auch dabei wird deutlich, dass Informationen und Empfehlungen über persönliche Kontakte durchaus als hilfreich angenommen werden (Meyer-Ullrich u. a. 2008:161). Im Kontext der Öffentlichkeitsarbeit werden somit auch die hohen Anforderungen an eine ansprechende kommunikative Gestaltung deutlich. Darüber hinaus bedingt diese geforderte Niedrigschwelligkeit zugleich eine flexible strukturelle Gestaltung des Angebots, was sich wiederum auf die erforderlichen methodischen Kompetenzen der professionellen Akteure auswirkt. So werden einerseits offene Angebote wie Treffs in der Diskussion um Niedrigschwelligkeit herangezogen (Mengel u. a. 2006:20; Sturzenhecker 2009a:73f). „Systematisch vergleichende Untersuchungen fehlen. Weiter ist auch zu fragen, ob die unter der Kategorie ‚offene Angebote‘ subsumierten Programme wirklich eine einheitliche Gruppe beschreiben; auch hierzu fehlen genaue Informationen. Es finden sich Hinweise, die – wie auch für die Eltern- und Familienbildung insgesamt (vgl. Iller 2010, 2–3) – auf ein eher heterogenes Angebot schließen lassen (vgl. Schiersmann/ Thiel 1999, 102)“ (Treptow u. a. 2011:3). Darin wird auch deutlich, dass möglicherweise das methodische Handeln der professionellen Akteure maßgeblich Einfluss auf die empfundene Niedrigschwelligkeit nimmt. So ist die aufgrund der empirischen Erkenntnisse dargestellte authentische Haltung, die auf einem einheitlichen pädagogischen Verständnis basiert Offenheit und den Blick auf Ressourcen richtet, grundlegend für das methodische Handeln (vgl. Kapitel 4.1.4.1). Die wesentliche Ausgangsbasis bilden der Alltag und somit die Lebenswelt der Nutzer_innen (Meyer-Ullrich u. a. 2008:76). „[…] eine akzeptierende und wertschätzende Grundhaltung [ist, S. H.-B.] das entscheidende Schlüsselkriterium. In fachlichen Kontexten wird ‚Wertschätzung‘ gleichermaßen gefordert wie vorausgesetzt. Diese ist leicht zu fordern, aber schwierig umzusetzen, wenn Eltern nicht den verinnerlichten Normen und Werten der Erzieherinnen entsprechen und sich im Habitus, Kleidung und Auftreten deutlich von ihnen unterscheiden. Um diese Diskrepanzen ausbalancieren zu können, ist eine reflektierte, professionelle Selbststeuerung erforderlich“ (Diller 2006:31). Zugleich werden diese Anforderungen sowohl in festen Angeboten als auch im offenen Bereich deutlich. Auch hierbei ist Kommunikation unerlässlich für die Gestaltung der Zusammenarbeit mit den Familien. „Grundlegende Voraussetzung für jedes fruchtbare Gespräch ist zunächst die Schaffung einer emotionalen warmen, zugewandten Atmosphäre in Verbindung mit einer positiven Wertschätzung des Partners, die diesen als eigenständige und selbstverantwortliche Person akzeptiert“ (Petzold 2013:63). Aber wie kann das konkret umgesetzt werden? Dafür ist es erforderlich, dass die professionellen Akteure sich „nicht nur äußerlich gekünstelt um eine freundliche, verständnisvolle Haltung bemühen. Vielmehr sollten sie sich in allem, was sie sagen und tun, so natürlich verhalten, dass sie sich im Einklang mit ihrer Wahrnehmung der Gesprächspartner befinden [...]. Diesem Merkmal der Echtheit oder Kongruenz des Verhaltens kommt nach entsprechenden Untersuchungen für den erfolgreichen Verlauf eines jeden hilfreichen Gesprächs eine zentrale Bedeutung zu“ (Petzold 2013:63). Eine dafür unterstützende gemeinsame Sprache trägt ebenfalls zu solch einem Verständigungsprozess bei (Oberndorfer/ Mengel 2003:21). Offenheit und neugieriges Nachfragen fördern Dialoge und das Hineinversetzen in den anderen sowie das Zurücknehmen einer wertenden Perspektive (Petzold 2013:63). „Die Eltern brauchen das Gefühl, wertgeschätzt zu werden, nur so können sie Vertrauen in die Mitarbeiterinnen – und die fachliche Arbeit – der Einrichtung entwickeln. Dazu zählt auch, dass sie jederzeit, ohne Anmeldung in die Einrichtung kommen können und an den Aktivitäten der Kinder teilnehmen oder sich mit anderen Eltern in der ‚Kontaktecke‘ vor dem Gruppenraum treffen können. Nur über eine wertschätzende Beziehung könne erlebbar gemacht werden, dass die professionellen Erzieherinnen keine ‚Besserwisser‘ oder ‚Gegner‘ sind. Diese Grundhaltung sei die Voraussetzung dafür, die Eltern in die Entwicklungs- und Bildungsprozesse der Kinder einzubeziehen und sie für zusätzliche Elternveranstaltungen zu motivieren“ (Diller 2006:32). Hierbei werden ebenfalls der bedeutende Stellenwert von Kommunikation und die zwar wichtige, aber eher nachrangig einzuordnende Dimension von Programm und Fachexpert_innen deutlich. Somit werden auch die in der zugrunde liegenden empirischen Untersuchung erhobenen Elemente bestätigt (vgl. Kapitel 4.1.4.1). Durch solche Dialoge können Informationen und Anregungen für die Gestaltung des familiären Alltags sowie einer ganzheitlichen Entwicklung der Kinder weitergegeben werden (Oberndorfer/ Mengel 2003:13, Tschöpe-Scheffler u. a. 2006:260). Dies beeinflusst zugleich die Konzipierung von Angeboten und entsprechenden Strukturen. „Sinnvoll ist eine Mischung aus einfacher sprachlicher und visueller Vermittlung. Diese Inhalte sollten immer an die Lebenswelten aller Teilnehmer(innen) rückgebunden und durch gemeinsame Handlung verdeutlicht werden“ (Oberndorfer/ Mengel 2003:21). Zugleich ist das Mitdenken der gesellschaftlich verankerten Dimensionen von Benachteiligung erforderlich, um Lehrinhalte und Zielstellungen in dieses Spannungsfeld einbetten zu können (Mengel 2007:62). Somit sollte in festen Angeboten neben der Orientierung an einer dialogischen Haltung das Einüben individueller Handlungsoptionen einen zentralen Fokus einnehmen. Unter solch einer strukturell-methodischen Gestaltung kann der Austausch der Nutzer_innen untereinander zur Entlastung dieser beitragen. „Aus der jeweiligen konkreten Situation kann sich mit einer Haltung der ‚schwingenden Existenz‘, der Achtung, des ‚Nichtwissen‘ und des Dialogs alles Mögliche und noch nicht Mögliche, Überraschende und Irritierende entwickeln“ (Tschöpe-Scheffler 2013:113). Tschöpe-Scheffler leitet daraus eine Haltung des Nichtwissens ab, die auf Neugierde gegenüber Unbekannten, Präsenz, Subjektorientierung, Akzeptanz von Vielfalt und Prozessorientierung basiert (vgl. dazu auch Jong/ Berg 2003). So sollten pädagogische Konzepte, ein hierarchisches Rollenverständnis, Eindeutigkeit, Belehrung, Fürsorge und Perfektionismus eher hinten angestellt werden (Tschöpe-Scheffler 2013:115).

Beim Übergang von einer Partnerschaft zur Familie mit der Geburt des ersten Kindes besteht eine erhöhte Bereitschaft für die Wahrnehmung von unterstützenden Angeboten (Pettinger/ Rollik 2005:38). „Ein frühzeitiger Beginn des Angebots stellt dabei die beste Präventionsmaßnahme gegen spätere Entwicklungsdefizite und Fehlentwicklungen dar. Zudem besteht in dieser Lebens- und Übergangsphase die größte Aufgeschlossenheit von Eltern; Erfahrungen zeigen, dass sich hier auch die Männer/ Väter am besten einbeziehen lassen“ (Lange 2007:178). Durch eine Vielzahl an durch verschiedene Zugänge nutzbaren Angeboten und Strukturen können so basierend auf den jeweiligen konkreten Bedarfen für die Lebenssituation erforderliches Wissen und Handlungskompetenzen in dialogischer Gestaltung auf den Erfahrungen beruhend weitergegeben werden (Meyer-Ullrich u. a. 2008:21). „Dabei spielten Entlastung, Unterstützung durch Gleichgesinnte und die Möglichkeit zum Erfahrungsaustausch eine entscheidende Rolle“ (Landesstiftung Baden-Württemberg gGmbH o. J.:10).

5.2.3.3 Familienzentren als Orte einer gelingenderen Alltagsgestaltung

Im folgenden Abschnitt soll nun der Frage nachgegangen werden, inwieweit Familienzentren als Orte einer gelingenderen Alltagsgestaltung fungieren. Dafür werden die in den verschiedenen wissenschaftlichen Untersuchungen deutlich werdenden Chancen und Effekte mit den in der empirischen Untersuchung deutlich werdenden Nutzendimensionen diskutiert. Die Diskussion dieser Fragestellung dient zugleich der Hinleitung, ob Familienzentren ein Handlungsfeld der Sozialen Arbeit darstellen.

Eine zentrale Zielstellung der Familienzentren liegt in der Stärkung der Erziehungsfähigkeit der Eltern. „Die Erziehungskompetenz der Eltern erweist sich als zentraler Schutzfaktor der kindlichen Entwicklung (vgl. Schneewind 1999; Rollett u. Werneck 2002). Elternbildung und Elternarbeit müssen deshalb unter allen Fördermaßnahmen für die frühe Kindheit absolute Priorität haben“ (Armbruster 2006:145). Säuglinge binden sich an die Personen, die sie pflegen und versorgen, was sowohl Mütter als auch Väter sein können, zu denen bereits sehr früh verschiedene Interaktionen stattfinden (Hopf 2005:29). „Es gibt vielmehr sehr gute theoretische und empirische Argumente dafür anzunehmen, dass die Art und Weise, in der sich die Bindungsbeziehungen des heranwachsenden Kindes entwickeln, in hohem Maß durch die sozialen Erfahrungen des heranwachsenden Säuglings und Kleinkindes beeinflusst werden – durch die Art der Interaktion zwischen dem Kind, seiner Mutter, seinem Vater oder anderen Bezugspersonen, durch den Charakter der emotionalen Zuwendung oder durch den mehr oder minder sensiblen und unterstützenden Umgang der Eltern mit Not-Signalen des Kindes“ (Hopf 2005:31). Diese Notwendigkeit wird einerseits unter dem Blickwinkel diskutiert, dass allgemein Erfahrungswerte – und somit auch besonders in Familien in belastenden Situationen – über die Generationen weitergegeben werden und präventive Angebote und Strukturen erforderlich sind, um diesen zu begegnen (Armbruster 2006:157, Bronfenbrenner 1993). Andererseits wird auf den Zusammenhang von individuellen Ausgangslagen und gesellschaftlichen Rahmenbedingungen und der dadurch bedingten Anforderung auf eine verschränkt-gemeinsame Bearbeitung dessen verwiesen (Armbruster 2006:157). Dieser Zusammenhang wird auch in der Diskussion um Bildung und Bildungserfolge immer wieder angeführt. „Die individuelle Bildung hat enormen Einfluss auf Einkommen, Beruf, Prestige, Karriere, Arbeitsplatzsicherheit, Beschäftigungsbedingungen, Übereinstimmung von Ausbildung und Arbeitsplatz, Vermögen, Rentenhöhe, Partnerwahl, Gesundheit und Lebensdauer“ (Szydlik 2007:82). Somit kommt der Bildung in seinem ganzheitlichen Verständnis eine große Relevanz zu, insbesondere, um Bildungschancen zu ermöglichen. „Dass die schulischen Leistungen stark mit dem sozialen Herkunftsstatus der Kinder variieren: je niedriger ihr Sozialstatus, desto geringer die Chance für gute Schulleistungen und einen weiterführenden Schulabschluss. In nahezu keinem der anderen verglichenen Länder ist die soziale Selektion ähnlich deutlich ausgeprägt wie in Deutschland“ (Tschöpe-Scheffler 2009: 13). Trotz der in der Allgemeinheit eher als Bildungsverlierer wahrgenommenen Kinder und Jugendlichen aus türkischen Migrantenfamilien gibt es mittlerweile einige Untersuchungen, die die Bildungserfolge dieser darstellen (Karakasoglu 2013:218). „Den Studien ist das zentrale Ergebnis gemein, dass mit der elterlichen Weitergabe des in durch die Migration in der Eltern- oder Großelterngeneration ausgedrückten Aufstiegswunsches die Aufforderung an die nachfolgende Generation ergeht, diesen über Bildungserfolge einzulösen (BMFSFJ 2010) [...]. Insofern erweisen sich die empirisch wiederholt bestätigten hohen Bildungsaspirationen der Eltern mit türkischem Migrationshintergrund für ihre Kinder als deren Bildungskarrieren förderlich“ (Karakasoglu 2013:219). So bestehen durchaus auch bei den als benachteiligt beschriebenen Kindern und Jugendlichen aus Migrationsfamilien Chancen für eine erfolgreiche Gestaltung des Bildungsweges. Eltern setzen dabei auf „verantwortliche Kontrolle, Anweisung und Training“ (Karakasoglu 2013:219), die den Kindern zugleich Halt und Unterstützung geben. „Die Mütter erweisen sich selbst dann, wenn sie selbst eher geringe Bildungsressourcen vorweisen können, als für die Bildungskarrieren ihrer Töchter besonders förderlich“ (Karakasoglu 2013:219). Dies erfolgt durch das große Engagement der Mütter wie „in der schulischen Elternarbeit, (wo möglich) bei Schulaufgaben sowie bei der Organisation und Finanzierung von Nachhilfe“ (Karakasoglu 2013:220).

Als eine weitere Dimension, in der das Thema Bildung besonders deutlich wird, sind die zunehmenden hohen und zunehmend früher einsetzenden Anforderungen an die Kinder durch die Eltern. Bereits früh eingesetzte hohe Anforderungen haben eher langfristige negative Konsequenzen wie Stresssymptome u. Ä. (Stamm 2010:249). Daher ergibt sich für eine frühkindliche Bildung die *„Herausforderung zur Exploration“* (Stamm 2010:250, H. i. O.), wenn Kinder entsprechend ihrer

Neugierde und ohne elterlichen und pädagogischen Druck entdecken und forschen dürfen. Entsprechend ist die „Schaffung herausfordernder, anregungsreicher, liebevoller und unterstützender Entwicklungsumgebungen inner- und außerhalb der Familie“ (Stamm 2010:250) erforderlich anstatt trockenen, theoretischen Lernstoff zu vermitteln. Somit wird das Ermöglichen eines learning by doing fokussiert (Stamm 2010:251). Die Heterogenität der Kinder wird als Ausgangslage betrachtet bei gleichzeitiger Gestaltung von Rahmenbedingungen, um allen Kindern trotz dieser Heterogenität einen guten Start zu ermöglichen (Stamm 2010:251). Dieser Ansatz stellt zugleich eine „wesentliche Voraussetzung für individuelles Wohlbefinden sowie für die öffentliche und soziale Partizipation dar[...]. Die Ausgrenzung trifft besonders sozial benachteiligte und wirtschaftlich schwache Familien, in denen Gesundheitsbewusstsein und präventive Vorsorge wenig entwickelt sind bzw. die Ressourcen am schwächsten gegeben sind“ (Lange 2007:180). Dadurch wird umso mehr die Anforderung an präventive Strukturen deutlich, gerade auch, um einer frühzeitigen Vermeidung von Entwicklungsdefiziten vorzubeugen (Lange 2007:178). Die Angebote und Strukturen von Familienzentren sollen sich entlang der jeweiligen Bedarfe entwickeln. Somit nimmt die jeweilige regionale Ausgangslage eine zentrale Bezugsgröße ein (Deutsche Kinder- und Jugendstiftung 2012:6). Verallgemeinernd kann allerdings festgehalten werden: „Die besten Erfolge im Hinblick auf die Entwicklung von Kindern erzielen Einrichtungen, die die Familien in den Alltag der Einrichtung einbeziehen“ (Deutsche Kinder- und Jugendstiftung 2012:7). Dementsprechend wird nun den feststellbaren Effekten für Kinder und Nutzer_innen nachgegangen. Da der Nutzen für die praktisch tätigen Akteure nicht im Vordergrund stand, wird dieser nur kurz angedeutet.

Bezüglich der praktisch tätigen Akteure werden insbesondere feststellbare Effekte in den Untersuchungen von Familienzentren, die sich aus Kindertagesstätten entwickelt haben, beschrieben. Als grundlegender Bezugsrahmen werden dafür die Qualifizierung und Anforderungen an die Mitarbeitenden bezüglich Management- und Vernetzungsaufgaben sowie der Präsenz im Stadtteil aufgezählt (Deutsche Kinder- und Jugendstiftung 2012:7f, Rißmann/ Remsperger 2011: 62). Dies wird insbesondere durch die in Familienzentren in Kindertagesstätten hinzukommenden Aufgaben, Angebote im Stadtteil zu kennen und an diese im Verständnis einer Vernetzung weitervermitteln zu können (Meyer-Ullrich u. a. 2008:51, Rißmann/ Remsperger 2011: 61, Schreiber/ Tietze 2008:12).

In der Untersuchung der britischen Early-Excellence-Center wird deutlich, dass die Haltung der Fachkräfte „ein zentraler Faktor für eine gelingende Zusammenarbeit mit Eltern [sei, S. H.-B.] (ebd., 76). Kennzeichen einer solchen Haltung sei eine ressourcenorientierte Sichtweise, die die Wertschätzung und Anerkennung unterschiedlicher Familien und Formen der Lebensbewältigung umfasst, das Anbieten von Orientierung und konkreter Unterstützung, eine permanente Selbstreflexion, ein proaktives Handeln sowie die Fähigkeit zur Realisierung und Evaluation gezielter Programme“ (Rißmann/ Remsperger 2011:57). Darüber hinaus kommt dem regelmäßigen Austausch über die Kinder eine wichtige Bedeutung zu, um darauf basierend eine ressourcenorientierte Haltung zu entwickeln und zu fördern (Rißmann/ Remsperger 2011:57). Auf diese beschriebenen Effekte wird nicht weiter eingegangen, da der Fokus dieser Arbeit auf den Familien liegt.

Bezüglich der feststellbaren Effekte für die Kinder kann wiederum die in Großbritannien durchgeführte Untersuchung der Early-Excellence-Center herangezogen werden. Darin wurde deutlich, dass durch den Besuch eines Early-Excellence-Center insbesondere die intellektuelle Entwicklung der Kinder gefördert wird (Rißmann/ Remsperger 2011: 49). „Auch bestärkt durch die partnerschaftliche Zusammenarbeit mit Eltern werden Kinder zur Eigenständigkeit ermuntert und gewinnen dadurch an Selbstvertrauen und Sicherheit. Regelmäßige Dokumentationen ermöglichen es zudem, dass Lernerfahrungen der Kinder nicht nur durch Fachkräfte und Eltern besser nachvollzogen werden können, sondern dass auch die Kinder selbst zur Selbstreflexion und Kommunikation angeregt werden“ (Rißmann/ Remsperger 2011: 50). Dies äußert sich bei Kindern durch eine Zunahme an Selbstständigkeit, positiven Sozialverhalten und Kontaktfreude (Deutsche Kinder- und Jugendstiftung 2012:7f). Forschungserkenntnisse belegen, dass bereits im ersten Lebensjahr andere Kinder für Kinder interessant werden als Interaktionspartner. Zugleich dienen solche Kontexte dem Erwerb sozialer Fähigkeiten (Viernickel 2013:66). Entsprechend ableitbar ist die positive, unterstützende Konnotation eines Besuches von Familienzentren. Zugleich wird dies durch das benannte Interesse von teilnehmenden Nutzer_innen an Eltern-Kind-Gruppen unterstützt, das sich insbesondere auf die Förderung der Kinder fokussiert und die Stärkung der individuellen Erziehungskompetenz eher als nachrangig ansieht (Cloos u. a. 2013:260). Zugleich liegt aber nun genau darin ein zentrales Ziel für die Nutzer_innen von Familienbildungsangeboten. „Neben der Qualität der verbalen Interaktion zwischen Erwachsenen und Kindern, Kenntnissen des kindlichen Lernverhaltens und Curriculums sowie Kompetenzen Erwachsener beim Lösen von Konflikten unter Kindern ist es von hoher Bedeutung, Eltern in Fragen der häuslichen Förderung ihrer Kinder zu unterstützen“ (Rißmann/ Remsperger 2011: 49). Dabei wird deutlich, dass insbesondere die Handlungen der Eltern einen zentralen Moment einnehmen und diesen daher eine große Bedeutung zukommt. Für die Nutzer_innen stehen Begegnung und Austausch zumeist im Fokus. Nichtsdestotrotz werden von den praktisch tätigen Akteuren neben dem Ermöglichen von Kontakten Impulse zur Stärkung der Erziehungskompetenz gesetzt (Rißmann/ Remsperger 2011: 52). Ein weiterer als Nutzen angegebener Aspekt ist das Erhalten von zahlreichen Informationen über erzieherisches Handeln und einer damit verbundenen Bestärkung. Dadurch geben Nutzer_innen an, die Entwicklung ihres Kindes sowie erforderliche Unterstützungspotenziale besser zu kennen und unterstützen zu können (Rißmann/ Remsperger 2011:55). Insbesondere bei Familienzentren, die sich aus Kindertagesstätten entwickelt haben, wird deutlich, dass dem bereits bestehenden Kontakt zu den Fachkräften eine große Bedeutung zukommt und zentral durch die persönliche Ansprache die Nutzung weiterer Angebote bedingt (Rißmann/ Remsperger 2011:54). Es wird auch durch Angaben von Nutzer_innen bestätigt, Kontakte geknüpft zu haben und sich über Erfahrungen auszutauschen. „Betrachtet man die Bewältigungskompetenz, wissen knapp 62 % der befragten Eltern nun, welche Institutionen sie bei auftretenden Problemen kontaktieren können. Zudem gibt die gleiche Anzahl an Eltern an, durch die Teilnahme an den Angeboten erfahren zu haben, dass bestimmte Schwierigkeiten mit Kindern entwicklungsbedingt und deshalb ‚völlig normal' seien. Rund 44 % der Eltern fühlen sich wohl auch aus diesem Grund in ihrer Rolle als Eltern unterstützt (Bewertungs- und Veränderungskompetenz). Nicht zuletzt fühlte sich über die Hälfte der Eltern in den Angeboten als Person wertgeschätzt und in ihrem Selbstbewusstsein gestärkt (ebd.). Die Resultate der Elternbefragung bestätigen somit die Bildungseffekte der Angebote im sächsischen Modellprojekt, das damit ‚dem Anspruch einer präventiven Bildungsarbeit durchaus gerecht' wird. Bestätigen knapp 90 % der Eltern, dass sie die Angebote für sich persönlich als nützlich und bereichernd wahrgenommen haben, zeigt dies, dass Familienbildung zur Förderung und Stärkung von Eltern beitragen kann, bevor eventuell problematische Entwicklungen auftreten (ebd.)" (Rißmann/ Remsperger 2011: 55). Es wird deutlich, dass Angebote der Familienbildung auf unterschiedlichen Wegen einen Beitrag leisten können, dass sich Eltern in ihrer Erziehungsrolle vergewissern und zugleich stärken.

„Selbstvergewisserung und Normalitätskonstruktionen in Eltern-Kind-Gruppen" (Cloos u. a. 2013:260) zu überprüfen, wird insbesondere an dem intensiven Austausch der Eltern untereinander sowie in der Themenvielfalt deutlich. Darüber werden Normalitätsansprüche an Elternschaft diskutiert und reflektiert (Cloos u. a. 2013:261). Darüber hinaus tragen solche Effekte dazu bei, dass die Nutzer_innen eine wahrnehmbare Entlastung erfahren und somit wiederum Vertrauen zu den Mitarbeitenden entwickeln, Angebote von Beratung und Dialogen, in denen Anregungen zur Entwicklung der Erziehungskompetenz vermittelt werden, verstärkt in Anspruch nehmen. Zugleich werden dadurch Reflexion, Perspektivwechsel und Handlungsoptionen entwickelt und ausprobiert. Dies führt wiederum zu einer Steigerung des Selbstbewusstseins und verstärktem Engagement (Rißmann/ Remsperger 2011: 50). „Ziel dieser Angebote ist es, Eltern mit Säuglingen und Kleinkindern durch die Einbindung in sozialräumliche Netzwerke aus der Isolation zu holen und Selbsthilfepotenziale durch Bewusstmachung der eigenen Kompetenzen zu aktivieren" (Tschöpe-Scheffler u. a. 2006:261). Dieser zentrale Effekt wird auch in der durchgeführten empirischen Untersuchung deutlich. Durch die strukturelle Möglichkeit für Begegnung und Kontakte treten Nutzer_innen aus der Isolation, die zumeist durch den Übergang von Partnerschaft in eine Kleinfamilie bedingt ist, heraus. „Ein erster Indikator, der die positive Wirkung der EKiZ belegt, ist, dass die Nutzerinnen ihre eventuelle Isolation überwinden, sich in das EKiZ wagen und sich dem (auch fachlichen) Blick von anderen aussetzen" (Sturzenhecker 2009a:77f). Dieses Austreten aus der Isolation führt zugleich zu verschiedenen Dimensionen von Entlastung. „Die meisten Nutzerinnen kommen regelmäßig in das EKiZ und erleben dort Entlastung von ihrem Alltag ‚am Rande der Katastrophe' und der Alleinverantwortung. Zunehmend lernen es die Nutzerinnen, eigene

Probleme anzusprechen und sich hinsichtlich deren Bearbeitung von den EKiZ-Mitarbeiterinnen beraten zu lassen“ (Sturzenhecker 2009a:77f). Durch das Thematisieren und Reflektieren von Erziehungsunsicherheiten werden zugleich alternative Handlungsweisen entwickelt. Neben der Entlastung durch nun vorhandene Handlungsstrategien, wird insbesondere das Selbstbewusstsein der Nutzer_innen gestärkt (Sturzenhecker 2009a:77f). „Mit zunehmendem Selbstbewusstsein steigt die Identifikation der Frauen mit ‚ihrem‘ EKiZ; sie beginnen, selbst Verantwortung für die Einrichtung zu übernehmen. Die Nutzerinnen bringen andere Mütter aus der Nachbarschaft oder dem Bekanntenkreis mit. Zudem bauen sie auch außerhalb des EKiZ Netzwerke mit anderen Nutzerinnen auf, die sie in der Bewältigung des Alltags unterstützen“ (Sturzenhecker 2009a:77f). Werden diese Erkenntnisse nun mit den empirischen Daten der zugrunde liegenden Untersuchung in Bezug gesetzt, dann wird deutlich, dass diese die erhobenen Erkenntnisse durchaus bestätigen. In der empirischen Erhebung nimmt Entlastung in verschiedenen Dimensionen eine zentrale Nutzendimension ein. Die insbesondere auch im Zusammenhang mit der angeforderten Niedrigschwelligkeit diskutierte notwendige räumliche und materielle Entlastung wird ausführlich dargestellt (Vgl. Kapitel 4 3.3.2). Die im Verständnis von Böhnisch beschriebene Lebensbewältigung als theoretischer Rahmen einer sozialen Arbeit wird in der empirischen Untersuchung anhand der Nutzenaspekte „Soziale Teilhabe und Teilgabe“, „Dialoge und Expertisen“, „Tagesstruktur“ und „familiäre Interaktionsgestaltung“ (Vgl. Kapitel 4.3.3.3) deutlich. Darin werden sowohl die Anregungen und Hinweise hinsichtlich der Stärkung der individuellen Erziehungskompetenz als auch der durch die Begegnung und Kontakte ermöglichte Nutzen deutlich. Darüber hinaus wurden auch Elemente hinsichtlich eines Nutzens für den Stadtteil und im Jugendhilfekontext sichtbar. Darauf wird im folgenden Abschnitt näher eingegangen.

5.2.3.4 Familienzentren als Orte flexibler Familienförderung

Um Familienzentren als Handlungsfelder der Sozialen Arbeit zu beschreiben, ist eine genauere Betrachtung des Stellenwerts von Familienzentren in der Familienförderung erforderlich. In der gesetzlichen Verankerung der Familienförderung im § 16 SGB VIII sind wie bereits dargestellt verschiedene Elemente enthalten, die einer Umsetzung durch entsprechende Angebote bedürfen. Die empirisch untersuchten Familienzentren orientieren sich dabei weitestgehend an dem in der Literatur beschriebenen Modell „Alles unter einem Dach“ (Oberndorfer 2003:57). Familienbildende Angebote sind im Zentrum verankert, ermöglichen aber individuelle, unkomplizierte Übergänge zur ‚individuellen Familienberatung‘, ‚Familienhilfe‘ und Interventionen. Des Weiteren werden ‚Informationen zu Familienbildung und Familienunterstützung‘ und ‚Freizeit- und Dienstleistungsangebote‘ unter einem Dach vorbehalten (Oberndorfer 2003:57). „Die Angebote mit dem größten Maß an Offenheit und Unverbindlichkeit erleichtern den Familien den ‚Einstieg‘, sind also niederschwellig. Sie knüpfen aneinander an und sind inhaltlich ‚kompatibel‘ gestaltet. Die ‚Kompatibilität‘ hat also zwei Komponenten:

- die organisatorische Schwelle in das nächste Angebot ist einfach zu überschreiten
- der inhaltliche Bezug ist hergestellt.

Dies bietet den Familien die Möglichkeit, selbstbestimmt von einem niederschwelligen Angebot (z. B. einem Angebot zur Informationsvermittlung) in ein höherschwelliges (z. B. individuelle Beratung) überzuwechseln. Umgekehrt sollte es auch möglich sein, nach der Teilnahme an einem höherschwelligen, ein niederschwelliges Angebot wahrzunehmen“ (Oberndorfer 2003:57). In den Familienzentren der zugrunde liegenden empirischen Untersuchung ist solch eine Bandbreite an Angeboten und Strukturen unter einem Dach in dem Verständnis vorhanden, das aufgrund der bestehenden Netzwerke und Kooperationen im Bedarf individuell begleitet Übergänge flexibel zwischen einzelnen Bereichen ermöglicht werden. Durch die bereits dargestellten vielfältigen Formen an Zugangswegen werden zugleich je nach Bedarf unterschiedliche Anknüpfungspunkte vorbehalten, um den verschiedenen Ansprüchen an eine umfassende Familienförderung gerecht zu werden. Aufgrund der strukturellen Unverbindlichkeit von sogenannten ‚Offenen Treffs‘ werden insbesondere an diese Erwartungen hinsichtlich der Erstzugangsgestaltung und der Überleitung in weitere Angebote gestellt. Allerdings fehlen diesbezüglich weitere Informationen bspw. über die konkrete Arbeitsweise (Treptow u. a. 2011:3). In der vorliegenden Untersuchung wird diese Forschungslücke durch die Darstellung des dafür erforderlichen methodischen Handelns aufgegriffen (vgl. Kapitel 4.2) und somit ein Beitrag zur Sozialarbeitswissenschaft geleistet. Darüber hinaus wird verallgemeinert deutlich, dass eine Orientierung an Strukturen, die Begegnung und Kontakt ermöglichen, zugleich hilfreich sind und eine Inanspruchnahme deutlich verstärken (Schiersmann u. a. 1998: 59f). Selbst organisiertes Lernen und eine professionelle Begleitung stehen dabei im Mittelpunkt. „Die recherchierten Einrichtungen greifen den Wunsch vieler Eltern nach Kontaktmöglichkeiten und Austausch mit anderen Eltern auf vielfältige Weise auf und bieten deutlich mehr an, als z. B. im Rahmen der klassischen Elternarbeit einer Kindertagesstätte organisiert wird. Mit Gesprächsgruppen, regelmäßigen Elterncafés, Mütterfrühstück oder Elterntreffs werden gezielt Kontakte zwischen den Familien gefördert” (Diller 2005:11f). So ist sicherlich darauf zu verweisen, dass dies mehr als eine Elternarbeit in einer Kindertagesstätte ausmacht. Zugleich werden aber auch mehr Bereiche als in klassischen Elternkursen abgedeckt.

Ein weiterer Schwerpunkt in den Familienzentren ist das Beratungsangebot. „Der Beratungsbedarf junger Familien reicht von alltagspraktischer Beratung bis hin zu intensivem Beratungsbedarf bei Erziehungsfragen, Ehe- und Familienproblemen, Schwangerschaftskonflikten oder Fragen der Gesundheitsprävention. Je nach Organisationsmodell wird dieser Bedarf unterschiedlich aufgegriffen” (Diller 2005:13). Dabei erfolgen bedarfsentsprechende Weitervermittlungen sowie ggf. Infoveranstaltungen von kooperierenden Akteuren dazu. In den untersuchten Familienzentren dieser Arbeit bestehen zum einen zahlreiche Beratungsangebote, die fest im Programm verankert und teilweise durch externe Fachkräfte durchgeführt werden. Zum anderen gibt es die Möglichkeit, im Rahmen des offenen Bereichs Themen gemeinsam mit anderen Eltern oder den Mitarbeitenden zu besprechen. Darüber hinaus bestehen Strukturen, in denen qualifizierte Eltern Beratungen anbieten können (Peucker/ Riedel 2004:23). Außerdem werden bei einem konkreten Bedarf darauf spezialisierte Fachkräfte eingeladen. Somit werden verschiedene Formen hinsichtlich einer Beratung ermöglicht, die ebenfalls der empirischen Untersuchung zugrunde liegen (vgl. Kapitel 4.2 und 4.3). Dies kommt zugleich dem Verständnis einer alltagsnahen Beratung nahe. Auch andere Untersuchungen zeigen, dass solche offenen Treffs als Anlaufort dienen, um ins Gespräch zu kommen, aber auch, um Informationen zu erhalten. Zudem können ggf. Mitarbeitende aus kooperierenden Einrichtungen vor Ort als Ansprechpartner_in sein (Peucker/ Riedel 2004:21). „Die von uns recherchierten und ausgewählten Einrichtungen zeichnen sich hinsichtlich der Bewertung dadurch aus, dass den Eltern der Zugang zu Beratungsangeboten erleichtert wird. Was zum Beispiel dadurch erreicht wird, dass die Beratungen von externen Diensten direkt in der Tageseinrichtung, im Mütterzentrum oder im Gemeindezentrum stattfinden, d. h. dass die Erziehungsberatungsstelle, die Ehe- und Familienberatung oder andere Beratungseinrichtungen regelmäßig Sprechstunden in der Kita abhalten, die dann in den meisten Fällen nicht nur den Eltern der betreuten Kinder, sondern der gesamten Nachbarschaft offen stehen. Im Ergebnis entfallen nicht nur die langen Wege, sondern auch die Hemmschwelle, d. h. eine Beratung in Anspruch zu nehmen, wird deutlich reduziert“ (Peucker/ Riedel 2004:23).

Einen weiteren Bereich umfassen Angebote der Elternbildung wie PEKiP, Babymassage, Kurse etc., die entweder von den Mitarbeitenden oder von externen kooperierenden Akteuren durchgeführt werden (Diller 2005:13). Darüber hinaus werden Sprachkurse sowie integrations- und arbeitsmarktorientierte Angebote vorgehalten entsprechend dem jeweiligen regionalen Bedarf. Darüber werden zugleich die Anforderungen der Familienförderung hinsichtlich der Stärkung der Erziehungskompetenz aufgegriffen. In den untersuchten Familienzentren werden ebenfalls zahlreiche solcher Angebote vorbehalten, die sich dem Bedarf entsprechend entwickelt haben und so auch von unterschiedlichen Akteuren genutzt werden. „Mit den Zielgruppen Kinder und Eltern wird auf verschiedenen Ebenen gearbeitet. Dabei wird im optimalen Fall das Familiensystem ganzheitlich betrachtet. Dieser konzeptionelle Ansatz unterscheidet ein Familienzentrum von Einrichtungen und Angeboten, welche sich primär mit nur einer der Zielgruppen beschäftigen. Familienzentren sind dabei nicht als Ersatz anzusehen, sondern als eine Ergänzung und Zugangserleichterung für andere Formen der Familienberatung zu verstehen durch den Abbau von Informationsdefiziten und Hemmschwellen sowie Zugang zu einer Fachberatung in der Tageseinrichtung“ (Dummann 2008:2). Somit wird die Chance von Vernetzung und Kooperation besonders deutlich hinsichtlich der Gestaltung einer für die Familien flexibel an den Bedarfen ausgerichteten Familienförderung. Zugleich kann durch Kooperationen für alle daran beteiligten Akteure ein Mehrwert entstehen, indem so auf unterschiedlichen Wegen potenzielle Nutzer_innen angesprochen und erreicht werden können (Meyer-Ullrich u. a. 2008:54). Hinsichtlich der Anforderungen an Vernetzung und Kooperation muss allerdings bedacht werden, dass dafür zum einen ausreichend Zeit erforderlich ist und zum anderen auch entsprechende Methoden, um weitere sich ständig verändernde Bedarfe zu erheben. Neben statistischen Angaben umfasst dies insbesondere Beobachtungen und Befragungen von (potenziellen) Nutzer_innen. Auch über solch ein Vorgehen werden die Stärken, Ressourcen und Engagementpotenziale der Menschen einbezogen (vgl. dazu auch Sturzenhecker 2009a, 80, Rißmann/ Remsperger 2011:74). Darüber hinaus werden so auch die Netzwerke der Familien auf unterschiedlichen Ebenen gefördert und gestützt. „Familienzentren sind Bildungs- und Erfahrungsorte, die an nachbarschaftliche Lebenszusammenhänge anknüpfen und die Selbsthilfepotenziale der Eltern nutzen. Sie sollen neben den fachlichen Netzwerken auch die sozialen Netzwerke unterstützen und fördern. Die Strukturen orientieren sich an den lokalen Bedürfnissen. Insofern sind Varianten in der Angebotsstruktur und weitere Themenbereiche möglich“ (Dummann 2008:2). Entsprechend unterschiedlich sind die agierenden Kooperationspartner_innen in den einzelnen Familienzentren. Durch bestehende Netzwerkstrukturen können diese allerdings flexibel entsprechend dem Bedarf angesprochen und konkrete Kooperationen können eingegangen werden. „Die vielfältigen Bedürfnisse von Familien, vor allem solcher mit Klein- und Schulkindern, nach zeitlicher Entlastung und Abstimmung lassen sich vor Ort durch neue Formen der kommunalen Planung, Vernetzung und Kooperation befriedigen. Dies kann in Familien- bzw. Eltern-Kind-Zentren, Mehrgenerationenhäusern oder auch in Ganztagsschulen realisiert werden, wenn hier Familien als Ganzes, als Lebenszusammenhang im Zentrum stehen. Familienzentren und Mehrgenerationenhäuser haben das Potenzial, zu kommunalen Knotenpunkten für Familiendienstleistungen zu werden, in dem neben öffentlich geförderten Bildungs-, Betreuungs- und Erziehungsangeboten auch zivilgesellschaftliches Engagement z. B. im Sinne von Nachbarschaftshilfe, aber auch privat-gewerblicher Angebote familienunterstützender Dienstleistungen passgenau auf die Bedürfnisse der Familien in diesem Sozialraum zugeschnitten werden. – Die Sachverständigenkommission empfiehlt, Familienzentren zu stärken, die wie ein Katalysator wirken könnten, der den Aufbau einer familienfreundlichen kommunalen Infrastruktur in Gang bringt oder beschleunigt, die auch die zeitlichen Bedürfnisse im Blick hat“ (BMFSFJ 2012:143). Diese Forderung geht mit dem Verständnis einer flexiblen Familienförderung einher.

5.2.3.5 Familienzentren als Handlungsfeld der Sozialen Arbeit

Wie bereits ausführlich dargestellt wurde, sind Familienzentren als institutioneller Ort der Familienbildung sowohl in der Erwachsenenbildung als auch in der Sozialen Arbeit verortet (Mengel 2007:15). Neben den verschiedenen Finanzierungsstrukturen werden thematische Ausrichtungen für eine Differenzierung herangezogen. „Steht die Person im Mittelpunkt, so ist es einmal der Erwachsene, der sich für seine Rolle in der Familie weiterbilden will, damit tritt die Erwachsenenbildung in den Vordergrund. Ist das Kindeswohl der zentrale Aspekt, so ist die Familienbildung im präventiven Bereich der Jugendhilfe (Sozialpädagogik) angesiedelt" (Schymroch 1989:82). So geht mit dieser Betrachtung eine unabdingbare Zusammenarbeit von Erwachsenenbildung und der hier benannten Sozialpädagogik einher, die zugleich als grundlegendes Ziel der Familienbildung anzusehen ist (Schymroch 1989:82).

Darüber hinaus geht mit der Frage nach der professionellen Grundverortung auch die Betrachtung der dafür erforderlichen Qualifikationsanforderungen einher. „Die Situierung der Familienbildung zwischen Jugendhilfe und Erwachsenenbildung lässt die Frage aufkommen, welche Grundprofession eher geeignet scheint: Soziale Arbeit oder Pädagogik/ Weiterbildung. Damit zeigt sich, dass sich die Mitarbeiter/-innen, die meist aus dem Bereich der Sozialen Arbeit kommen, häufig ungenügend auf den Bereich der Vermittlung und didaktischen Grundlegung von Kompetenzen vorbereitet fühlen. Ebenso ist ungeklärt, welche Schwerpunktsetzung in den Kursangeboten vorgenommen werden soll: Austausch und Reflexion eigener Erfahrungen, Beziehungsknüpfung oder Wissensvermittlung" (Thiessen 2010:76). In der vorliegenden empirischen Untersuchung wurden sehr ausführlich die Anforderungen und Rahmenbedingungen für die Arbeit in Familienzentren beschrieben. Unbestritten ist, dass die Mitarbeitenden dafür entsprechend ausgebildet sein müssen (Haug-Schnabel 2005:24). In den Kapiteln 2.3.2 und 2.3.3 wurden die verschiedenen Organisations- und Angebotsformen von Familienzentren dargestellt, die zugleich auf die dafür erforderlichen Fähigkeiten und Kompetenzen verweisen. Dazu zählen sowohl auf das Individuum bezogene Fähigkeiten als auch Fähigkeiten hinsichtlich des Aufbaus und der Gestaltung eines Netzwerks. „Für die aktuelle Familienbildung [besteht, S. H.-B.] eine wesentliche professionelle Anforderung in der Fähigkeit der interdisziplinären Kooperation (s. o.). In Stadtteilzentren und in der Vernetzung muss mit pädagogischen, administrativen, medizinischen und therapeutischen Fachkräften zusammengearbeitet werden, ohne die eigene spezifische Fachlichkeit aus den Augen zu verlieren. Dies ist bei der eher gering wertgeschätzten Sozialen Arbeit nicht immer einfach (Rabe-Kleberg 1997). Die Nähe zum häuslichen Alltag, die es gilt, in der pädagogischen Arbeit herzustellen, bietet Projektionsflächen für das eigene Familiäre und verleitet zu ‚Semi-Professionalität'" (Heitkötter/ Thiessen 2009:432). In der durchgeführten empirischen Untersuchung wurden die verschiedenen Netzwerkstrukturen, der Aufbau derselben und die erforderlichen Rahmen für Kooperationen deutlich nachgezeichnet (vgl. Kapitel 4.1.5). Darüber hinaus beschreiben die befragten Akteure sehr klar ihre zugrunde liegende professionelle Haltung und die dafür erforderlichen methodischen Kompetenzen (vgl. Kapitel 4.1.4 und 4.5). Dabei werden keine Anzeichen für die Interpretation hinsichtlich einer ‚Semi-Professionalität' sowohl in der Interaktion mit Nutzer_innen als auch in der Gestaltung einer stadtteilorientierten professionellen Tätigkeit. Vielmehr wird eine Notwendigkeit in solch einer professionellen Arbeit gesehen, die zugleich auch den Nutzen von stadtteilorientierten, dezentralisierten Familienbildungsstrukturen nach sich zieht. „Aus Sicht der Fachkräfte besteht jedoch ein erheblicher Nachteil stadtteilorientierter, dezentralisierter Familienbildungsstrukturen, in den sich erschwerenden Arbeitsbedingungen: Atomisierung, der Frage der institutionellen Zugehörigkeit, mangelnder Austausch mit Kolleg/innen der Familienbildung u. ä. Darin ist möglicherweise auch ein Grund für die mangelnde Umsetzung von Dezentralisierung zu sehen“ (Heitkötter/ Thiessen 2009:431). Vielmehr spiegeln die beschriebenen erforderlichen methodischen Handlungskompetenzen die in den Familienzentren benötigte Vielfalt wieder. „Dazu werden qualifizierte Fachkräfte benötigt, die bei Erziehungsfragen genauso helfen können wie bei Sprachdefiziten, Schulden oder Arbeitslosigkeit“ (Possinger 2009:2). Durch die „kontinuierlich steigende Inanspruchnahme von Erziehungs- und Familienberatung“ (Peuckert 2008:161), der von Eltern benannten Unsicherheit in Erziehungsfragen und der Überforderungen aufgrund nicht wirksamer Umgangsstrategien von Eltern mit ihren Kindern fühlen diese sich verstärkt verunsichert, was sich wiederum auch bei den Kindern bemerkbar macht (Tschöpe-Scheffler 2009:16). „Es wird deutlich, dass eine wesentliche Aufgabe der Sozialen Arbeit mit Familien heute sein muss, Lebenskompetenzen zu unterstützen und psychosoziale Bewältigungsmuster aufbauen zu helfen, damit Erwachsene und Kinder den komplexen Anforderungen gewachsen sind“ (Tschöpe-Scheffler 2009:16). Dies wird durch die dargestellte Strukturflexibilität und Angebotsvielfalt ermöglicht. In der Diskussion um Familienbildung als Handlungsfeld der Sozialen Arbeit wird auch der Einbezug von sogenannt benachteiligten Familien herangezogen. „Eine Einbindung benachteiligter Familien in reguläre Angebote gelingt seltener, auch in diesen Fällen wird die Strategie der zugehenden Arbeit über Kooperationspartner genutzt. In der Regel findet eine Spezialisierung auf die Zielgruppen Familien mit Migrationshintergrund und Alleinerziehende statt. Andere benachteiligte Adressatengruppen, wie beispielsweise arme und bildungsferne deutsche Familien, werden eher weniger und oft nur in Zusammenarbeit mit fürsorgerischen Einrichtungen erreicht, d. h. wenn Eltern oder Kinder ‚auffällig‘ geworden und institutionell eingebunden sind. Ein ebenfalls großer Teil der Familienbildungsstätten sieht sich aufgrund unzureichender personeller und finanzieller Ausstattung nicht in der Lage, den konzeptionellen Mehraufwand zur Integration benachteiligter Familien zu leisten“ (Mengel 2007:46). Hierbei wird die Relevanz der Sozialen Arbeit hinsichtlich der erforderlichen Gestaltung niedrigschwelliger Zugangswege deutlich. So bedarf es neben dafür erforderlichen flexiblen Strukturen und Angeboten zugleich einer entsprechend gestalteten Öffentlichkeitsarbeit und Ansprache über vielfältige Wege, um möglichst viele verschiedene Familien zu erreichen (vgl. Kapitel 4.2). „Familienbildung hat somit den Balanceakt zu bewältigen, gleichzeitig integrativ *und* differenziert zu sein“ (Mengel 2007:47, H. i. O.). Darüber hinaus bedarf es einer entsprechenden atmosphärischen und methodischen Gestaltung der Strukturen und Angebote. Der zugrunde liegenden Haltung und den methodischen Anforderungen an die professionellen Akteure kommt damit eine große Relevanz zu. So werden Eltern mit ihrer Erfahrungsexpertise als Expert_innen für ihr Kind betrachtet, während professionelle Akteure allgemeines Expertenwissen über die

Kindesentwicklung etc. mitbringen. Erst die Wahrnehmung und Akzeptanz der jeweiligen Expertisen ermöglicht eine dialogische Zusammenarbeit (Roth 2014:145). „Der erwachsenenbildnerische Anteil an der sozialen Arbeit wächst, je mehr der Forderung nachgekommen wird, auch die Beteiligung von bildungsfernen Gruppen zu ermöglichen. Pädagogischer Umgang mit Erwachsenen, die didaktische Planung, Durchführung und Evaluation von Seminaren, die Moderation von Gruppen, Aufklärungs- und Informationsarbeit sind in der Praxis von Sozialpädagoginnen und -pädagogen oft längst unverzichtbarer Bestandteil professioneller sozialer Arbeit. So existieren bereits Schnittstellen von Sozialarbeit und allgemeiner Erwachsenenbildung“ (Loibl 2005:50). In den dargestellten Familienzentren in Friedrichshain-Kreuzberg bilden diese Aufgaben einen zentralen Aspekt der Arbeit. Darüber hinaus nehmen insbesondere Kommunikationskompetenzen hinsichtlich der Ansprache, des Erkundens von Bedarfen und Interessen sowie in der weiteren Begleitung von Familien einen zentralen Stellenwert ein. Nur so ist eine adäquate Begleitung hinsichtlich der benannten Zielstellung von Familienzentren möglich (Loibl 2005:49). Insbesondere mit dem Fokus auf den Bildungsbegriff und -anspruch werden nicht mehr alle Menschen erreicht. Entsprechend wird auch in der Erwachsenenbildung die Gestaltung von passenden Zugangswegen durch den Zielgruppenansatz diskutiert (Mengel 2007:73). Ursprünglich war dieser Ansatz als Element der Demokratisierung von benachteiligten Menschen und deren Befähigung zur Teilhabe gestaltet. Allerdings zeigt deren Umsetzung die Gefahr der Stigmatisierung durch defizitorientierte Zielgruppenbeschreibungen (Mengel 2007: 72ff). So kommt Mengel in ihrer Untersuchung zu Familienbildungsangeboten für benachteiligte Familien zu dem Schluss, *„Familienbildung ist (zunächst) keine Option zur Bewältigung alltäglicher familialer Anforderungen. Erforderlich ist deshalb ein einfacher und alltäglicher Zugang*“ (Mengel 2007:89, H. i. O.). Dies kann durch eine nicht defizitorientierte Transparenz hinsichtlich der Angebote, Träger, aber auch der Zugänglichkeit zu Informationen gestaltet sein. Zugleich impliziert dies eine räumliche Zugänglichkeit über Orte und Einrichtungen, zu denen Vertrauen oder Bekanntheit besteht, und zugleich kostengünstige Angebote, da Nachlässe kaum angenommen werden. „Aufgrund der relativ breiten Akzeptanz von Angeboten zur Geburtsvorbereitung erscheint auch der Übergang zur Elternschaft als eine Umbruchsituation, in der Information und Begleitung nachgefragt werden“ (Mengel 2007:90). Dies wurde ebenfalls durch andere Untersuchungen belegt. Der Vorbehalt von verschiedenen Zugangswegen über eine Vielzahl von Themen und Angeboten trägt darüber hinaus zu solch einer Wahrnehmung bei. Über lebensweltliche im Alltag verortete Themen und Gespräche werden zugleich Erziehung und für den Alltag relevante Fragestellungen thematisiert. Dies entspricht dem Ansatz einer lebensweltorientierten Sozialen Arbeit (Thiersch 2012). „So gilt es, Anlässe zu schaffen, die nicht-intentionales Lernen in intentionales überleiten“ (Mengel 2007:91). Für die Mitarbeitenden ist es dabei relevant, dass ihnen ein offenes Bild von Familien zugrunde liegt, was sich zugleich auf die Räumlichkeiten, Kommunikation etc. auswirkt (Mengel 2007:92). Dies wird auch durch die vorliegende

Untersuchung bestätigt. So kann einer nach wie vor geforderten sozialraumorientierten familienfördernden Arbeit gerecht werden (Paritätisches Bildungswerk e. V. (2007:10). „Durch Kooperationen und Vernetzungen ganzheitliche Förder- und Hilfsangebote für Familien zu ermöglichen, ist als der verbindende, gemeinsame und konzeptionelle Kern von Familienzentren zu verstehen" (Dummann 2008:2). Mit Blick auf die Unterscheidung von institutionalisierten Familienzentren und Familienzentren, die sich aus Kindertagesstätten entwickelt haben, wird deutlich, dass mit jedem Einrichtungstyp zugleich Vor- und Nachteile einhergehen. Im Vergleich zu Familienzentren, die sich aus Kindertagesstätten entwickelt haben, liegt zumeist ein deutlicher Vorteil im Vorhandensein von verschiedenen Räumen, die flexibel genutzt werden können und einer entsprechenden kinderadäquaten Ausstattung dafür (Meyer-Ullrich u. a. 2008:62, Rißmann/ Remsperger 2011:76, Diller 2006:62). In Familienzentren, die sich aus Kindertagesstätten entwickeln, sind dafür teilweise Umbauten und vor allem entsprechende finanzielle Mittel erforderlich. So können räumliche Grenzen zugleich zusätzliche bedarfsorientierte Angebote verhindern. „Familienzentren, die sich in einer Kindertagesstätte befinden, geben an, bei der Angebotsplanung Sicherheitsvorschriften beachten zu müssen, wodurch die Durchführung von Angeboten für Nicht-Kitaeltern am Vormittag erschwert wird" (Servicestelle Berliner Familienzentren 2013:17). Allerdings können Familienzentren, die sich aus Kindertagesstätten entwickelt haben, die bestehenden Kontakte zu Eltern in der Kindertagesstätte nutzen, um deren Bedarfe zu erheben und diese zu Angeboten einzuladen. Durch das bestehende Vertrauensverhältnis und dem Kennen der Räume wird zugleich eine Niedrigschwelligkeit ermöglicht (Diller 2005:18). Durch die Einbettung der Kita in den Alltag werden dafür insbesondere in den Bring- und Abholsituationen Anknüpfungspunkte vorbehalten. Entsprechend wird als weitere Handlungsleitlinie der Anschluss an die niedrigschwelligen Programme Ostapje und Hippy benannt, die den Fokus auf Besuche bei den Familien zu Hause und die Bildungs- und Sprechförderung setzen (Diller 2005:19). In institutionalisierten Familienzentren können dafür Strukturen und die Ansprache über Kooperationspartner_innen genutzt werden. Auch solch eine Öffentlichkeitsarbeit bleibt für Familienzentren, die sich aus Kindertagesstätten entwickelt haben, nicht aus (Meyer-Ullrich 2008:6). In den Untersuchungen zu Familienzentren, die sich aus Kindertagesstätten entwickelt haben, wird dabei insbesondere angeführt, dass die Elternarbeit von Kindertagesstätten allein nicht ausreichend ist, um eine familienunterstützende Infrastruktur im Sinne von Prävention zu gestalten (Stange u. a. 2014). Nichtsdestotrotz bilden Familienzentren in Kindertagesstätten dafür einen wichtigen Bestandteil. So kommt insbesondere auch der Leitung eine zentrale Funktion hinsichtlich des Einbezugs des Teams zu (Rißmann/ Remsperger 2011: 68ff). „Wo die Arbeit für das Familienzentrum mehr als gemeinsame Aufgabe des gesamten Teams denn als ‚Chefsache' der Leitung begriffen wird, berichten die pädagogischen Fachkräfte nämlich signifikant öfter, selbstständig Kontakte mit den Kooperationspartnern der Einrichtung zu unterhalten sowie die Eltern bei Erziehungsfragen persönlich zu beraten" (Schreiber/ Tietze

2008:34). So wird auch die Relevanz von dafür erforderlichen Qualifizierungen, Fortbildungen und Begleitungen deutlich. Darüber hinaus bestehen unterschiedliche Erwartungen an Kindertagesstätten, die ebenfalls zu Spannungen führen können. „Eine größere *Klarheit des gesellschaftlichen Auftrags an Kindertageseinrichtungen* und ein Diskurs über die konzeptionellen, organisatorischen und ressourcenbezogenen Rahmenbedingungen dieser Institution müssen deshalb realisiert werden" (Rißmann/ Remsperger 2011:15, H. i. O.). So besteht in Familienzentren, die sich aus Kindertagesstätten entwickelt haben, durchaus eine Chance hinsichtlich der Intensivierung der Elternarbeit durch das Aufgreifen von deren Bedarfen. Allerdings liegt der Hauptaugenmerk der Kindertagesstätten auf der Betreuung der Kinder. Entsprechend können diese Zentren einen Beitrag hinsichtlich einer familienförderlichen Infrastrukturgestaltung leisten. Nichtsdestotrotz ist es erforderlich, stadtteilorientierte Anlauforte für alle Personen, die mit der Erziehung von Kindern zu tun haben, zu schaffen, um dort die vielfältigen bestehenden Bedarfe aufgreifen zu können und sowohl den Kindern als auch den Eltern über die Kindertagesstätte hinaus einen Ort für Begegnung, Beratung und Bildung vorzuhalten. „Familienbildung zielt darauf ab, dass Familien ihre Kompetenzen realisieren und nutzen, die sie zu einer selbstbestimmten Lebensplanung und Alltagsgestaltung innerhalb ihrer sozialen Netze sowie für die Erfüllung ihrer Erziehungs- und Bildungsaufgaben benötigen" (Heitkötter/ Thiessen 2009:427). Das Ansetzen an den Fähigkeiten und Ressourcen sowie das gleichzeitige Erkunden des Willens und der intrinsischen Motivation sind somit unabdingbar für die Gestaltung eines selbstbestimmten, gelingenderen Alltags. Zugleich ist gerade darin die zentrale Ziel- und Aufgabenstellung der Sozialen Arbeit verankert (vgl. Kapitel 2.2). Eine weitere Bestätigung für die Relevanz von Familienzentren als Handlungsfeld der Sozialen Arbeit liegt darin, dass immer wieder entsprechende Absolvent_innen als Fachkräfte gefordert werden einhergehend mit einer diesbezüglichen erforderlichen Qualifizierung der Mitarbeitenden (Rißmann/ Remsperger 2011: 71, vgl. auch Sturzenhecker 2009a:79).

6 Fazit

Durch die politisch intendierten verschiedenen Finanzierungsprogramme für Familienförderung ist mittlerweile eine Vielfalt an bestehenden Einrichtungen und Organisationstypen vorzufinden. Durch regionale bedarfsentsprechende Entwicklungen finden sich unterschiedliche Strukturen und Angebote wieder. „Zugleich mangelt es an Bedarfserhebungen. Es werden neue Angebote und Modelle entwickelt, ohne die Nutzer zu fragen, was sie benötigen und wie sie sich die Unterstützung wünschen. Sicherlich sind Expertenwissen und Erfahrung wichtige konzeptionelle Bausteine, doch hängt die Wirksamkeit stets von der Akzeptanz seitens der Adressaten ab. In diesem Zusammenhang wird nicht selten kritisiert, dass Familienbildung eine ‚Mittelschichtorientierung' aufweise d. h. Angebote vor allem für die etwas besser situierten und gebildeten Eltern vorhanden seien. Diese Zielgruppe ist am besten bekannt und am ehesten zu erreichen. Andere werden kaum angesprochen oder fühlen sich ausgeschlossen. Ihre Bedürfnisse werden offenbar auch weniger erkannt, berücksichtigt und bearbeitet" (Rupp 2003a:11). Allerdings wird davon ausgegangen, dass „die neuen Modelle vernetzter Angebotsformen [...] dauerhaft nur dann erfolgreich sein [werden, S. H.-B.], wenn es gelingt, damit die spezifischen und sich vom Sozialraum zu Sozialraum unterscheidenden Bedürfnisse der Eltern und Kinder zu befriedigen" (Rauschenbach 2008:151). Das Wissen um die Bedürfnisse der Familien ist demnach neben den regionalen Bedarfen eine wichtige Voraussetzung für die Gestaltung von Angeboten und entsprechender Vernetzungen (Diller 2006:71). Aufgegriffen wird diese Forderung insbesondere im Rahmen der in verschiedenen Landesprogrammen entstandenen Evaluationen von Kindertagesstätten, die sich zu Familienzentren weiter entwickelt haben (vgl. Kapitel 2.3). Der 12. Kinder- und Jugendbericht greift ebenfalls diese Thematik auf. Darin wird die gängige Mittelschichtorientierung (vgl. hierzu auch Oberndorfer/ Mengel 2003, Rupp 2003) kritisiert und eine Forderung nach „niedrigschwelligen Unterstützungssysteme der Elternbildung" (BMFSFJ 2005:174), um alle Familien zu erreichen, gestellt. Trotz bereits bestehender Beschreibungen von Projekten, welche durch niedrigschwellige Angebote auch sogenannte ‚benachteiligte' Zielgruppen erreichen (Oberndorfer/ Mengel 2003:13, Mengel 2007, Rupp 2004), werden weitere Untersuchungen zu Effekten der Eltern- und Familienbildung gefordert (BMFSFJ 2005:174).

Durch die exemplarische Untersuchung der institutionalisierten Familienzentren im Berliner Bezirk Friedrichshain-Kreuzberg wird deutlich, dass es durchaus Einrichtungen gibt, die vielfältige Zielgruppen erreichen. Entsprechend liegt das Ziel dieser Untersuchung darin, durch die exemplarische Beschreibung einen Einblick in die als fehlend benannte (Treptow u. a. 2011:3, Rupp 2003a:10) systematisch-praktische Umsetzung von solchen familienunterstützenden Strukturen und insbesondere dem methodischen Handeln der professionellen Akteure in dieser Form von Familienbildung zu geben. Dies entspricht zugleich den von Staub-Bernasconi beschriebenen fünf erforderlichen Wissensebenen von Sozialarbeiter_innen im Verständnis einer Handlungswissenschaft. Demnach bedarf es eines Gegenstands-, Erklärungs-, Werte- und Kriterium-, Verfahrens- sowie Funktionswissens. Basierend auf der Erfassung der jeweiligen Ausgangslage (des Gegenstands) bedarf es eines Wissens zur Analyse dieser (Erklärungswissen) und der Fähigkeit einer perspektivischen Einschätzung (Werte- und Kriteriumwissen). Das Verfahrenswissen ermöglicht die Anwendung passender Methoden und Techniken, die wiederum hinsichtlich ihres Nutzens überprüft werden können (Funktionswissen) (Staub-Bernasconi 2007). Durch die vorliegende empirische Forschung werden bezüglich des Handlungsfeldes ‚Familienzentren' dafür relevantes Gegenstands- und Erklärungswissen dargestellt. Darüber hinaus ermöglicht die fachkonzeptionell systematische und theoretische Fundierung der empirischen Erkenntnisse eine Übersicht hinsichtlich des in Familienzentren erforderlichen Verfahrenswissens (damit zugleich einschließend das Werte- und Kriteriumwissens). Des Weiteren wird mit der vorliegenden Forschung der als mangelhaft bezeichneten Kooperation zwischen Familienbildung und Wissenschaft begegnet und somit das erforderliche Funktionswissen aufgegriffen (Textor 2007:383). Die Forschung „geht weniger der Frage nach, ob Maßnahmen und Programme ihre Ziele erreichen, sondern betrachtet vielmehr Wirkung als ein relationales Konstrukt. Sie stellt zum einen die Frage, welche Wirkungen überhaupt relevant sein können, indem sie die Perspektiven der beteiligten Akteure zum Ausgangspunkt ihrer Rekonstruktion von Wirkungen nimmt und dabei auch nichtintendierte Wirkungen identifiziert. Zum anderen fragt qualitative Wirkungsforschung, wie Pädagogik das bewirkt, ‚was sie leistet' (ebd.), indem sie Wirkung als ein *‚performatives Konstrukt'* (ebd., S. 19) betrachtet und untersucht, wie Wirkungen in sozialen Situationen hergestellt werden" (Cloos u. a. 2013:264, H. i. O.). Unter diesem Verständnis von Forschung kommt insbesondere der Zufriedenheit der Nutzer_innen hinsichtlich der Einschätzung von Strukturen und Angeboten eine große Relevanz zu (Vossler 2003:109, Diller 2005:26). Dieser Forschungslücke wird durch die vorliegende exemplarische empirische Untersuchung begegnet, die zugleich durch die systematische Darstellung den Wissensanforderungen an eine Handlungswissenschaft Sozialer Arbeit entspricht.

Die erhobenen Erkenntnisse sind vor der regionalen Ausgangslage und den bestehenden Strukturen zu betrachten. „Berlin verfügt bereits über einen hohen Standard in der Infrastruktur für Familien mit Kindern. Es wird zukünftig also weniger darum gehen, die vorhandenen Angebote quantitativ auszuweiten oder auszudifferenzieren, sondern vielmehr darum, die Kooperation, Abstimmung und Vernetzung innerhalb der Infrastruktur zu verstärken, zu qualifizieren und fortzuentwickeln“ (Senatsverwaltung Bildung, Wissenschaft und Forschung 2006:50).

Die untersuchten Familienzentren geben einen exemplarischen Einblick, inwiefern die gute Erreichbarkeit von Familien durch Angebote rund um die Geburt für die Zugangsgestaltung in anderen Lebenslagen und durch verschiedene Kooperationspartner_innen gestaltet werden kann. Darüber hinaus kommt einer abgestimmten Jugendhilfeplanung eine große Bedeutung zu. „Zur besseren Ausrichtung auf die präventive Familienarbeit wäre es notwendig, dass die örtlichen Jugendämter stärker beteiligt werden bzw. sich stärker engagieren. Dies bedeutet, dass Familienbildung in größerem Maße als vorrangiger Bestandteil der Jugendhilfeplanung verstanden werden müsste. Hierzu sollte sie organisatorisch im Jugendhilfeausschuss und als Arbeitsgemeinschaft verankert sowie durch das örtliche Jugendamt koordiniert werden. Dies könnte auch sicherstellen, dass Familienbildung niederschwellig in die Einrichtungen des Gemeinwesens, die Nachbarschafts- und Selbsthilfe integriert und an den Zielgruppen-Bedarf vor Ort angepasst würde“ (Walter u. a. 2000:21). Durch solch eine vernetze Jugendhilfeplanung werden zugleich zahlreiche Fachkompetenzen für weitere Bedarfserhebungen und Angebotsanpassungen deutlich. Dies entspricht den geforderten Ansprüchen an Familienzentren (Textor 2007:384, Possinger 2009:5).

Inhaltlich betrachtet wird deutlich, dass die untersuchten Familienzentren aus Friedrichshain-Kreuzberg den Ansprüchen an eine professionelle Familienbildung entsprechend den gesellschaftlichen Rahmenbedingungen gerecht werden. „Betrachtet man die Bedarfe aller Nutzerinnen, die sich aus ihren Lebenslagen und Erziehungskompetenzen erschließen lassen, wird deutlich, dass diese besonders in drei Bereichen liegen: Unterstützung und Qualifizierung der Alltagsbewältigung, Elternbildung in Bezug auf Erziehungskompetenzen sowie Abbau von Isolation durch soziale Integration in soziale Einrichtungen, Teilnehmerinnengruppen und den Stadtteil insgesamt“ (Sturzenhecker 2009a:22). So bedarf es einer Ansprache von (potenziellen) Nutzer_innen über die verschiedenen dargestellten Wege an den im Alltag relevant verankerten Orten (Lösel 2006: 13). Zugleich ist das keine Erfolgsgarantie, sondern vielmehr bedarf es im Sinne eines Qualitätsmanagements einer kontinuierlichen Überprüfung der konzeptionell-strukturellen Gestaltung und des methodischen Handelns. So können aufgrund der Individualität und verändernder regionaler Ausgangslagen andere Formen der Ansprache relevant werden, die auch den Einbezug von ungewöhnlichen Orten wie Friseur, Einzelhandel oder Gewerbe erfordert. „Ziel ist es, immer wieder zu unterschiedlichen Zeitpunkten Familien anzusprechen, um sie auf die Angebote aufmerksam zu machen“ (Bird/Hübner 2013:143). Somit können die dargestellten Arbeitsprinzipien durchaus einen Rahmen und Anregungen für die Gestaltung und das Handeln bieten, aber zugleich ist eine regelmäßige Überprüfung anhand der regionalen Ausgangslage und Bedarfe erforderlich. „Eine besondere Herausforderung für die Soziale Arbeit liegt darin, den Sozialraum für Erwachsene und Kinder und deren Zusammenleben mit ihnen gemeinsam lebensfreundlicher zu gestalten und Räume und Zeiten zur Verfügung zu stellen, um Familien beim Aufbau entlastender Netzwerke zu unterstützen" (Tschöpe-Scheffler 2009:13). Über solch einen Ansatz werden Eltern als Expert_innen ihrer Lebensweltexpertise angesprochen und erleben zugleich die unterstützende Funktion von Informationen und Beratung. So ist durchaus ein Wandel in der Landschaft der Familienbildung und -förderung zu verzeichnen. „*Weg von flächendeckenden Elterntrainings hin zu mehr individueller lebensweltbezogener Erziehungspartnerschaft* zwischen Müttern, Vätern, LeherInnen, ErzieherInnen und anderen Menschen, mit denen die Familie es in ihrem Sozialraum zu tun hat. Das vorrangige Ziel hierbei ist es, den Familien(systemen) unterschiedliche Begegnungs- und Bildungsräume zu eröffnen, in denen sie sich selbstwirksam beteiligen und neue positive Erfahrungen sammeln können, und in denen sie *gemeinsam* mit ErzieherInnen, LehrerInnen, Familienhebammen und anderen Menschen, mit denen Familien im Laufe ihrer Entwicklung zu tun haben, ihre Lebenswelt entwicklungsfördernd durch Versuch und Irrtum gestalten können" (Tschöpe-Scheffler 2014:23, H. i. O.). Zugleich werden sie darin bestärkt, sich ebenfalls entsprechend ihrer Kompetenzen einzubringen. „Eltern zu unterstützen bedeutet dann mehr als ihre Ressourcen zu fördern: Es bedeutet, Eltern selbst als Ressource wahrzunehmen. Das Konzept der Sozialraumorientierung bietet dafür nach Ansicht der LAG die notwendigen Voraussetzungen und wurde in seinen zentralen Prinzipien

- konsequentes Ansetzen am Willen und den Interessen der im Sozialraum lebenden Menschen,
- Aktivierung und Beteiligung,
- Konzentration auf die Ressourcen der im Sozialraum lebenden Menschen und der im Sozialraum vorhandenen Infrastruktur,
- zielgruppen- und bereichsübergreifendes Arbeiten und
- Kooperation und Abstimmung der professionellen Ressourcen in einen Bezug zur Familienbildungsarbeit gesetzt"

(Senatsverwaltung Bildung, Wissenschaft und Forschung 2006:36).

Solch ein Ansatz wird einerseits einer professionellen Sozialen Arbeit gerecht und andererseits den bestehenden Anforderungen zur Gestaltung einer familienfreundlichen Infrastruktur. Dies entspricht zugleich dem Verständnis des in § 1, Abs. 3, Satz 4 SGB VIII festgehaltenen Anspruchs zum Erhalt und der Gestaltung von „positive[n, S. H.-B.] Lebensbedingungen für junge Menschen und ihre Familien sowie eine[r, S. H.-B.] kinder- und familienfreundliche[n, S. H.-B.] Umwelt". Nur so können möglichst alle Familien erreicht werden (Walter u. a. 2000:18). „Die Leistungen der Familien für die Zivilgesellschaft und die Vorteile des Gelingens von Familie für den Staat sind oft beschrieben worden. Familie gehört zu den vielfältigen Voraussetzungen, auf die der Staat angewiesen ist, ohne sie garantieren zu können. Auch deshalb steht sie unter einem besonderen Schutz. Zeit ist ein zentraler Faktor für das Gelingen von Familie. Sie ist eine Voraussetzung dafür, dass Personen zu einem Familienleben zusammenfinden und im Alltag Familie leben können. Familie ist auch als ein lebenslanger Prozess zu verstehen, in dessen verschiedenen Phasen immer wieder neue zeitbezogene Anforderungen an Eltern, Kinder und Großeltern auftreten" (BMFSFJ 2012:135). Diese Betrachtung begründet ebenfalls die Anforderung an eine verlässliche familienunterstützende Infrastrukturgestaltung. Daher geben die dieser Forschung zugrunde liegenden Praxiseinsichten durchaus Anregungen für weitere konzeptionell-strukturelle Ansatzpunkte (Beirat für Familienfragen 2011:74). „Die jüngsten Entwicklungen in der Familienbildung hin zu einem Setting-Ansatz (wie aus der Gesundheitsförderung bekannt), in dem vor Ort vielfältige Unterstützungsangebote gemacht werden, scheinen vielversprechend" (Bird/ Hübner 2013:141). Diese zeichnen sich einerseits durch eine Angebotsvielfalt aus. Andererseits werden darüber hinaus auch die ebenfalls in den Bereichen der Programme zur Stadtentwicklung oder auch unter der Diskussion um ‚Frühe Hilfen' entstandenen verschiedenen Formen von Vernetzung und Kooperation mit Blick auf Familien- und Elternarbeit einbezogen (Bird/ Hübner 2013:141). Dieser Einbezug bedingt sich zugleich durch die Verankerung der Familienbildung im § 16 SGB VIII ‚Allgemeine Förderung der Erziehung in der Familie' (Stange u. a. 2013:94). Basierend auf solchen bestehenden Vernetzungsstrukturen und Diskursen entwickelt das Bundesland Niedersachsen das Modell eines Gesamtkonzepts, in der „neben individuellen Hilfen und institutionellen gruppenorientierten Familienbildungsangeboten vermehrt neue alltagsorientierte sowie gemeinwesen- bzw. sozialraumorientierte Ansätze (Netzwerkbildung), neue Angebotsformen und Anlaufstellen für Fragen der Erziehung geben (z. B. Eltern-Kind-Gruppen, Eltern-Cafés, besondere stadtteilbezogene Angebote, Begegnungszentren, Mütterzentren, kombinierte Treffs mit Tageseinrichtungen etc. – am sinnvollsten wohl in der Form von Familienzentren) und damit auch in Formen direkter Verbindungen zwischen Regelangeboten der Kindertagesstätten nach § 22 und 22a SGB VIII, der Kooperation mit der Schule – insbesondere im Transitionsbereich und in der Zusammenarbeit mit Grundschule, viel engere Kooperation mit dem sozialräumlichen ASD, weiteren Einrichtungen des Kinder- und Jugendschutzes" (Stange u. a. 2013:96f). Die Verantwortung liegt dabei in einer abgestimmtsteuernden Jugendhilfeplanung, wodurch die benannten Angebotsformen und -strukturen regional verankert werden. Darüber hinaus werden so weitere familienunterstützende Kooperationen mit den Hilfen zur Erziehung, Schulen, Stadtteilarbeit etc. entwickelt und unterstützt (Stange u. a. 2013). Mit solchen Zielstellungen geben zugleich Herausforderungen einher. Grundlegend hierfür ist eine politisch gewollte, strukturelle Verankerung in der Kinder- und Jugendhilfeplanung. Dadurch ergeben sich weitere Ansatzmöglichkeiten für die Ausgestaltung von Kooperationen bspw. mit den Hilfen zur Erziehung und den Netzwerken ‚Frühe Hilfen'. Darin besteht die Chance, noch stärker die alltäglichen Lebenswelten von Familien im gesellschaftlichen Kontext aufzugreifen, *„zur Herausbildung von Selbst-*

tätigkeit, Umweltbeziehungen und Mündigkeit" (Maykus 2008:85, H. i. O.). Der Vorteil von institutionalisierten Familienzentren liegt darin, dass diese in sozialräumliche Strukturen eingebettet sind und somit Übergänge aktiv gestaltet werden können, ohne ein separates Setting zu schaffen. „Wenn man nicht nur interveniert bei bereits eingetretenen Problemen oder nicht nur etwas für eng umrissene Zielgruppen im Sinne selektiver Prävention tut, sondern präventive Maßnahmen universell anlegt, die für alle Kinder gelten, dann erreicht man nicht nur mögliche gefährdete Gruppen mit höherer Sicherheit, sondern tut automatisch ganz viel für die Bildung aller Kinder. Dann sind sämtliche universell-präventiven Maßnahmen eben nicht nur reine Prävention, sondern ein groß angelegtes Bildungsprogramm, das die gesellschaftliche Rendite insgesamt nochmals erhöht!" (Stange u. a. 2013:73). Somit bieten, wie in dieser empirischen Forschung deutlich wurde, institutionalisierte Familienzentren eine Möglichkeit, diesem Anspruch gerecht zu werden.

7 Literaturverzeichnis

Ahlheit, P./ Dausien, B. (2005): Bildungsprozesse über die Lebensspanne und lebenslanges Lernen. In: Tippelt, R. (Hg.): Handbuch Bildungsforschung. Opladen, S. 565–585

Alt, C./ Lange, A. (2011): Kindschaftskonstellationen in Vater-Mutter-Familien und in Einelternfamilien. In: Schwab, D./ Vaskovics, l. A. (Hg.): Pluralisierung von Elternschaft und Kindschaft. Familienrecht, -soziologie und -psychologie im Dialog. Sonderheft Zeitschrift für Familienforschung/ Journal of Family Research, 8. Opladen, S. 139–156.

Armbruster, M. (2006): Eltern-AG. Das Empowerment-Programm für mehr Elternkompetenz in Problemfamilien. Heidelberg.

Arnold, R. (1985): Deutungsmuster und pädagogisches Handeln in der Erwachsenenbildung. Bad Heilbronn/ Obb.

Arnold, R. (2007): Ich lerne, also bin ich. Eine systemisch-konstruktivistische Didaktik. Heidelberg.

Bartjes, H./ Otto, U. (2000): „Ich könnte gar nicht anders als mich zu engagieren“.Innenansichten von freiwilligen Engagierten. In: Otto, U./ Müller, S./ Besenfelder, C. (Hg.): Bürgerschaftliches Engagement. Eine Herausforderung für Fachkräfte und Verbände. Opladen, S. 199–213.

Bayer, H./ Bauereiß, R. (1995): Alleinstehend und Alleinlebend: Die „Singles“ in der amtlichen Statistik. In: Bertram, H. (Hg.): Das Individuum und seine Familie. Lebensformen, Familienbeziehungen und Lebensereignisse im Erwachsenenalter. Opladen, S. 35–60.

Beber, K. (2007): Familienbildung im Bezirk Friedrichshain-Kreuzberg. Vortrag auf der Tagung „Professionalisierung der Frühpädagogik“ am 5./6.November 2007.

Beck, U. (1986): Risikogesellschaft – Auf dem Weg in eine andere Moderne. Frankfurt/ Main.

Beck, U./ Giddens, A./ Lash, S. (1996): Reflexive Modernisierung – Eine Kontroverse. Frankfurt/ Main.

Berliner Beirat für Familienfragen (Hg.) (2011) Zusammenleben in Berlin. Der Familienbericht 2011. Zahlen, Fakten, Chancen und Risiken. Berlin.

Bertram, H. (1995): Individuen in einer individualisierten Gesellschaft. In: Bertram, H. (Hg.): Das Individuum und seine Familie. Lebensformen, Familienbeziehungen und Lebensereignisse im Erwachsenenalter. Opladen, S. 9–34.

Bertram, H. (1995b): Die Sicherheit privater Beziehungen. In: Bertram, H. (Hg.): Das Individuum und seine Familie. Lebensformen, Familienbeziehungen und Lebensereignisse im Erwachsenenalter. Opladen, S. 91–124.

Bertram, H. (1997): Familien leben. Neue Wege zur flexiblen Gestaltung von Lebenszeit, Arbeitszeit und Familienzeit. Gütersloh.

Bertram, H./ Bertram, B. (2009): Familie, Sozialisation und die Zukunft der Kinder. Opladen.

Bertram, H. (2011a): Einleitung: Die plurale Moderne. In: Bertram, H./ Ehlert, N. (Hg.): Familie, Bindungen und Fürsorge. Familiärer Wandel in einer vielfältigen Moderne. Opladen & Farmington Hills, S. 11–32.

Bertram, H. (2011b): Fürsorge, Bindungen und vielfältige Moderne: Perspektiven für eine zukunftsorientierte Familienpolitik. In: Bertram, H./ Ehlert, N. (Hg.): Familie, Bindungen und Fürsorge. Familiärer Wandel in einer vielfältigen Moderne. Opladen & Farmington Hills, S. 679–720.

Bertram, H. (2011c): Elterliches Wohlbefinden – Eltern, Familie und Kinder. In: Bertram, H./ Spieß, C. K. (2011): Fragt die Eltern! Ravensburger Elternsurvey Elterliches Wohlbefinden in Deutschland. Baden-Baden, S. 27–38.

Bertram, H. (2011d) :Wohlbefinden und Netzwerke – Die multilokale Mehrgenerationenfamilie. In: Bertram, H./ Spieß, C. K. (2011): Fragt die Eltern! Ravensburger Elternsurvey Elterliches Wohlbefinden in Deutschland. Baden-Baden, S. 39–44.

Bertram, H. (2011e): Eltern und Zeit für Kinder. In: Bertram, H./ Spieß, C. K. (2011): Fragt die Eltern! Ravensburger Elternsurvey Elterliches Wohlbefinden in Deutschland. Baden-Baden, S. 45–60.

Bertram, H. (2011f): Subjektives Wohlbefinden. In: Bertram, H./ Spieß, C. K. (2011): Fragt die Eltern! Ravensburger Elternsurvey Elterliches Wohlbefinden in Deutschland. Baden-Baden, S. 61–78.

Bertram, H./ Freitag, N./ Siewert, K. (2011): Familie, elterliches Wohlbefinden und familienpolitische Präferenzen. In: Bertram, H. Spieß, C. K. (2011): Fragt die Eltern! Ravensburger Elternsurvey Elterliches Wohlbefinden in Deutschland. Baden-Baden, S. 207–240.

Bertram, H./ Kohl, S./ Rösler, W. (2001): Zur Lage der Kinder in Deutschland 2011/2012: Starke Eltern – starke Kinder: Kindliches Wohlbefinden und gesellschaftliche Teilhabe. Deutsches Komitee für UNICEF, Köln.

Bertram, H./ Spieß, C. K. (2011): Fragt die Eltern! Ravensburger Elternsurvey Elterliches Wohlbefinden in Deutschland. Baden-Baden.

Bestmann, S. (2013): Finden ohne zu suchen. Wiesbaden.

Bestmann, S./ Schaal, S. (Hg.) (2013): Jugendaktion „Gut Drauf". Evidenzbasierte Praxis kommunaler Gesundheitsförderung für und mit Jugendlichen. Berlin.

Beywl, W./ Speer, S./ Kehr, J. (2004): Wirkungsorientierte Evaluation. BMGS. Köln.

Bezirk Friedrichshain-Kreuzberg (2009) Konzeption zur Familienförderung im Bezirk Friedrichshain-Kreuzberg. Berlin.

Biedenkopf, K./ Bertram, H./ Niejahr, E. (2009): Starke Familie – Solidarität, Subsidiarität und kleine Lebenskreise. Bericht der Kommission „Familie und demographischer Wandel" im Auftrag der Robert Bosch Stiftung. Stuttgart.

Bildungsbericht (2008) (Hg.): Autorengruppe Bildungsberichterstattung im Auftrag der Ständigen Konferenz der Kultusminister der Länder in der Bundesrepublik Deutschland und des Bundesministeriums für Bildung und Forschung: „Bildung in Deutschland 2008. Ein indikatorengestützter Bericht mit einer Analyse zu Übergängen im Anschluss an den Sekundarbereich I". Bielefeld. Online Version.

Bird, K./ Hübner, W. (2013): Handbuch der Eltern- und Familienbildung mit Familien in benachteiligten Lebenslagen. Opladen.

BLK (2004): Strategie für lebenslanges Lernen in der Bundesrepublik Deutschland. Materialien zur Bildungsplanung und Forschungsförderung. Heft 115. Bonn.

BMBF (Hg.) (2003): Konzeptionelle Grundlagen für einen Nationalen Bildungsbericht– Berufliche Bildung und Weiterbildung/ Lebenslanges Lernen. Berlin, Online Version.

BMFSFJ (Hg.) (2000): Kinder- und Jugendhilfegesetz (Achtes Sozialgesetzbuch). Berlin.

BMFSFJ (Hg.) (2005): Zwölfter Kinder- und Jugendbericht, o. A.

BMFSFJ (2006): Siebter Familienbericht. Familie zwischen Flexibilität und Verlässlichkeit – Perspektiven für eine lebenslaufbezogene Familienpolitik. Berlin.

BMFSFJ (2007): Starke Leistung für jedes Alter. Das Aktionsprogramm Mehrgenerationenhäuser. Berlin.

BMFSFJ (2008): Starke Leistung für jedes Alter. Erste Ergebnisse der Wirkungsforschung im Aktionsprogramm Mehrgenerationenhäuser. Berlin.

BMFSFJ (2011): Erfolgreich für mehr Vereinbarkeit von Familie und Beruf. Wie familienbewusste Kooperation von Unternehmen und anderen Akteuren vor Ort aussehen kann. Berlin.

BMFSFJ (2011a): Familienreport 2011. Leistungen, Wirkungen, Trends. Berlin.

BMFSFJ (2011b) Lebenswelten und -wirklichkeiten von Alleinerziehenden. Berlin.

BMFSFJ (2012): Zeit für Familie. Familienzeitpolitik als Chance einer nachhaltigen Familienpolitik. Achter Familienbericht. Berlin.

Boeckenhoff, A./ Ehrlich, U./ Vorberger, S./ Walkemeyer, J./ Wollin, S. (2011): Vereinbarkeit von Familie und Beruf aus Vatersicht – Auswirkungen auf das Wohlbefinden. In: Bertram, H./ Spieß, C. K. (2011): Fragt die Eltern! Ravensburger Elternsurvey Elterliches Wohlbefinden in Deutschland. Baden-Baden, S. 117–150.

Böhnisch, L. (2012): Sozialpädagogik der Lebensalter. Eine Einführung. Weinheim.

Böhnisch, L./ Schroer, W./ Thiersch, H. (2005): Sozialpädagogisches Denken. Wege zu einer Neubestimmung. Weinheim.

Bohnsack, R. (2006): Qualitative Evaluation und Handlungspraxis- Grundlagen dokumentarischer Evaluationsforschung. In: Flick, U. (Hg.): Qualitative Evaluationsforschung. Konzepte, Methoden, Umsetzungen. Hamburg: Rowohlt Taschenbuch Verlag, S. 135–158.

Böllert, K. (2008): Bildung ist mehr als Schule – Zum kooperativen Bildungsauftrag von Familie, Schule, Kinder- und Jugendhilfe. In: Böllert, K. (Hg.): Von der Delegation zur Kooperation. Bildung in Familie, Schule, Kinder- und Jugendhilfe. Weinheim, S. 7–31.

Borchers, A./ Kukat, M./ Olejniczak, C. (2009): Familienforen in sechs Bezirken Berlins als Beitrag zur Beteiligung von Familien am 1. Familienbericht des Berliner Beirats für Familienfragen. Hannover.

Bortz, J./ Döring, N. (2006): Forschungsmethoden und Evaluation für Human- und Sozialwissenschaftler. Springer-Lehrbuch. 4., überarbeitete Auflage. Heidelberg.

Bourdieur, P. (1983): Ökonomisches Kapital, kulturelles Kapital, soziales Kapital. In: Kreckel, R. (Hg.): Soziale Ungleichheiten. Soziale Welt Sonderband 2, Göttingen, S. 183–198.

Breuer, F. (2009): Reflexive grounded Theory. Eine Einführung in die Forschungspraxis. Wiesbaden: VS Verlag für Sozialwissenschaften.

Büchner, P. (2013): Familie, soziales Milieu und Bildungsverläufe von Kindern. Rahmenbedingungen einer familienorientierten Bildungsbegleitung von Eltern aus bildungssoziologischer Sicht. In: Kompetenzteam Wissenschaft des Bundesprogramms ‚Elternchance ist Kinderchance'/ Correll, L./ Lepperhoff, J. (Hg.): Frühe Bildung in der Familie. Perspektiven der Familienbildung. Weinheim, S. 46–57.

Budde, W./ Früchtel, F. (2006): Die Felder der Sozialraumorientierung – ein Überblick. In: Budde, W./ Früchtel, F./ Hinte, W. (Hg.): Sozialraumorientierung. Wege zu einer veränderten Praxis, Wiesbaden, S. 27–50.

Buhr, P./ Huinink, J. (2010): Kinderwünsche von Männern und Frauen. In: Goldstein, J./ Kreyenfeld, M./ Huinink, J./ Konietzka, D./ Trappe, H. (Hg.): Familie und Partnerschaft in Ost- und Westdeutschland. Ergebnisse im Rahmen des Projektes „Demographic Differences in Life Course Dynamics in Eastern and Western Germany". Rostock, S. 18–19.

Bundesinstitut für Bevölkerungsforschung (Hg.) (2012): (Keine) Lust auf Kinder? Geburtenentwicklung in Deutschland. Wiesbaden.

Callo, C. (2005): Handlungstheorie in der Sozialen Arbeit. München.

Cloos, P./ Schulz, M./ Thomas, S. (2013): Wirkung professioneller Bildungsbegleitung von Eltern. Rekonstruktive Forschungsperspektiven auf kindheitspädagogische Settings. In: Kompetenzteam Wissenschaft des Bundesprogramms ‚Elternchance ist Kinderchance'/ Correll, L./ Lepperhoff, J.(Hg.): Frühe Bildung in der Familie. Perspektiven der Familienbildung. Weinheim, S. 253–267.

Coontz, S. (2011): Das späte Auftreten und der frühe Niedergang des männlichen Ernährers. In: Bertram, H./ Ehlert, N. (Hg.): Familie, Bindungen und Fürsorge. Familiärer Wandel in einer vielfältigen Moderne. Opladen & Farmington Hills, S. 33–50.

DBSH (o. J.) Deutscher Berufsverband für Soziale Arbeit und Heilpädagogik. http://www.dbsh.de/html/wasistsozialarbeit.html. Zuletzt aufgerufen am 17.09.2009.

Deinet, U. (2005): Sozialräume von Kindern und Jugendlichen. In: Projekt „Netzwerke im Stadtteil" (Hg.): Grenzen des Sozialraums. Wiesbaden, S. 165–181.

Deutsche Kinder- und Jugendstiftung (2012): Familienzentren. Chancen für Familien und Kommunen. Bonn

Deutscher Verein für öffentliche und private Fürsorge e. V. (2007): Bestandsaufnahme und Empfehlungen des Deutschen Vereins zur Weiterentwicklung der Familienbildung. DV 19/06 AF II. Berlin

Diller, A. (2005): Eltern-Kind-Zentren. Die neue Generation kinder- und familienfördernder Institutionen. Grundlagenbericht im Auftrag des BMFSFJ. München.

Diller, A (2006): Eltern-Kind-Zentren. Grundlagen und Rechercheergebnisse. München.

Diller, A. (2011): Familienzentren. In: Deutscher Verein für öffentliche und private Fürsorge e. V. (Hg.) Fachlexikon der sozialen Arbeit. Baden-Baden, S. 279–280.

Diller, A. (2012): Familienzentren. In: Thole, W./ Höblich, D./ Ahmed, S. (Hg.): Taschenwörterbuch Soziale Arbeit. Bad Heilbrunn, S. 81.

Dornes, M. (2004): Die emotionale Welt des Kindes. Frankfurt am Main.

Dornes, M. (2012): Die Modernisierung der Seele. Kind – Familie – Gesellschaft. Frankfurt am Main.

Dummann, J. (2008): Was sind Familienzentren? In: Katholische Landesarbeitsgemeinschaft Kinder- und Jugendschutz NW e. V. (Hg.): Familie im Zentrum. Thema Jugend. Zeitschrift für Jugendschutz und Erziehung, Nr. 4/2008, Münster, S. 2.

Faulstich, P. (2003): Weiterbildung. Hand- und Lehrbücher der Pädagogik. München, Wien.

Fehren, O./ Hinte, W. (2013): Sozialraumorientierung – Fachkonzept oder Sparprogramm? Berlin.

Feldhaus, M./ Huinink, J. (2011): Multiple Elternschaften in Deutschland – eine Analyse zur Vielfalt von Elternschaft in Folgepartnerschaften. In: Schwab, D./ Vaskovics, l. A. (Hg.): Pluralisierung von Elternschaft und Kindschaft. Familienrecht, -soziologie und -psychologie im Dialog. Sonderheft Zeitschrift für Familienforschung/ Journal of Family Research, 8. Opladen, S. 77–104.

Filsinger, D./ Hinte, W. (1988): Praxisforschung: Grundlagen, Rahmenbedingungen und Anwendungsbereiche eines Forschungsansatzes. In: Heiner, M. (Hg.): Praxisforschung in der sozialen Arbeit. Freiburg im Breisgau, S. 34–72.

Flick, U. (1991): Stationen des qualitativen Forschungsprozesses. In: Flick, U. (Hg.): Handbuch qualitative Sozialforschung. München, S. 148–173.

Flick, U. (2004): Triangulation. Eine Einführung. Wiesbaden.

Flick, U. (2006): Interviews in der qualitativen Evaluationsforschung. In: Flick, U. (Hg.): Qualitative Evaluationsforschung. Konzepte, Methoden, Umsetzung. Hamburg, S. 214–232.

Flick, U. (2014): Qualitative Sozialforschung. Reinbek bei Hamburg.

Friebertshäuser, B. (1997): Interviewtechniken – ein Überblick. In: Friebertshäuser, B./ Prengel, A. (Hg.): Handbuch Qualitative Forschungsmethoden in der Erziehungswissenschaft. Weinheim, München, S. 371–395.

Früchtel, F./ Budde, W. (2010). Bürgerinnen und Bürger statt Menschen mit Behinderungen. Sozialraumorientierung als lokale Strategie der Eingliederungshilfe. In: Teilhabe 2/10, S. 54–61.

Früchtel, F./ Cyprian, G./ Budde, W. (2007): Sozialer Raum und Soziale Arbeit. Textbook: Theoretische Grundlagen.

Gieseke, W. (2007): Das Forschungsarrangement Perspektivverschränkung. In: Humboldt-Universität zu Berlin, Erwachsenenpädagogischer Report: Qualitative Forschungsverfahren in Perspektivverschränkung. Dokumentation des Kolloquiums anlässlich des 60. Geburtsages von Frau Prof. Dr. Wiltrud Gieseke am 29. Juni 2007. Band 11, S.10–22.

Girtler, R. (2001): Methoden der Feldforschung. Wien, Köln.

Goldstein, J./ Kreyenfeld, M./ Huinink, J./ Konietzka, D./ Trappe, H. (2010): Familie und Partnerschaft in Ost- und Westdeutschland. Ergebnisse im Rahmen des Projektes „Demographic Differences in Life Course Dynamics in Eastern and Western Germany". Rostock.

Grunwald, K./ Thiersch, H. (2003): Lebenswelt und Dienstleistung. In: Olk, Thomas/ Otto, Hans-Uwe (Hg.): Soziale Arbeit als Dienstleistung. Grundlegungen, Entwürfe und Modelle. München, S. 67–89.

Häseler, S. (2008): Sozialraumorientierte Gesundheitsförderung am Beispiel der Jugendaktion GUT DRAUF der Bundeszentrale für gesundheitliche Aufklärung. Saarbrücken.

Häussermann, H. (2009): Die soziale Dimension unserer Städte – von der „Integrationsmaschine" zu neuen Ungleichheiten. In: Biedenkopf, K./ Bertram, H./ Niejahr, E. (2009): Starke Familie – Solidarität, Subsidiarität und kleine Lebenskreise. Bericht der Kommission „Familie und demographischer Wandel" im Auftrag der Robert Bosch Stiftung. Stuttgart, 147–155.

Haug-Schnabel, G./ Bensel, J. (2003): Niederschwellige Angebote zur Elternbildung. Eine Recherche im Auftrag der Katholischen Sozialethischen Arbeitsstelle (KSA) in Hamm. Kandern.

Heitkötter, M./ Rauschenbach, T./ Diller, A. (2008): Veränderte Anforderungen an Familien- Ausgangspunkte für integrierte Infrastrukturangebote für Kinder und Eltern. In: Diller, A./ Heitkötter, M./ Rauschenbach, T. (Hg.): Familie im Zentrum. Kinderfördernde und elternunterstützende Einrichtungen – aktuelle Entwicklungslinien und Herausforderungen. München, S. 9–14.

Heitkötter, M./ Rößler, B. (2007): Begleitstudie: Zur Rolle der Familienbildung in Familienzentren. In: Paritätisches Bildungswerk e. V. (Hg.): nah dran: Familienbildung. Wuppertal, S. 94–119.

Heitkötter, M. / Thiessen, B. (2009): Kapitel 2: Familienbildung: Entwicklung und Herausforderungen. In: Mertens, G./ Frost, U./ Böhm, W./ Ladenthin, V. (Hg.): Handbuch der Erziehungswissenschaft band III. Paderborn, S. 423–436.

Heiner, M./ Meinhold, M./ Spiegel, H. v./ Staub-Bernasconi, S. (1994): Methodisches Handeln in der Sozialen Arbeit. Freiburg.

Heller, E. (2010): Der Situationsansatz in der Praxis: Von Erzieherinnen für Erzieherinnen. Berlin.

Hinte, W./ Lüttringhaus, M./ Oelschlägel, D. (2001): Grundlagen und Standards der Gemeinwesenarbeit. Reader. Münster.

Hinte, W./ Treeß, H. (2007): Sozialraumorientierung in der Jugendhilfe. Weinheim.

Hinte, W. (2001): Grundlagen des Konzepts einer non-direktiven Pädagogik. In: Hinte, W./ Lüttringhaus, M./ Oelschlägel, D. (Hg.): Grundlagen und Standards der Gemeinwesenarbeit. Reader. Münster, S. 45–51.

Hinte, W. (2006): Geschichte, Quellen und Prinzipien des Fachkonzepts „Sozialraumorientierung" (Einleitung). In: Budde, W./ Früchtel, F./ Hinte, W. (Hg.): Sozialraumorientierung. Wege zu einer veränderten Praxis. Wiesbaden, S. 7–26.

Hinte, W. (2010): Von der Gemeinwesenarbeit zum sozialräumlichen Handeln. In: Kreft, D./ Müller, C. W. (Hg.): Methodenlehre in der Sozialen Arbeit. München, S. 77–87.

Hobson, B./ Fahlén, S. (2011): Zur Zukunft des Vaters: Eine europäische Perspektive. In: Bertram, H./ Ehlert, N. (Hg.): Familie, Bindungen und Fürsorge. Familiärer Wandel in einer vielfältigen Moderne. Opladen & Farmington Hills, S. 109–132.

Hoeft, C./ Klatt, J./ Klimmeck, A./ Kopp, J./ Messinger, S./ Rugenstein, J./ Walter, F. (2014): Wer organisiert die ‚Entbehrlichen'? Vielgestalterinnen und Vielgestalter in benachteiligten Stadtquartieren. Bielefeld.

Hoffmann, S. (2014): Über die Bedeutung des Wohlbefindens in der Zusammenarbeit mit Familien. In: Tschöpe-Scheffler, S. (Hg.): Gute Zusammenarbeit mit Eltern in Kitas, Familienzentren und Jugendhilfe. Qualitätsfragen, pädagogische Haltung und Umsetzung. Opladen, S. 51–60.

Hopf, C. (1984): Soziologie und qualitative Sozialforschung. In: Hopf, C./ Weingarten, E. (Hg.): Qualitative Sozialforschung. Stuttgart.

Hopf, C. (2005): Frühe Bindung und Sozialisation. Weinheim und München.

Hosemann, W./ Geiling, W. (2005): Einführung in die systemische Soziale Arbeit. Freiburg.

IfDA – Institut für Demoskopie Allensbach (2012): Monitor Familienleben 2012. Einstellungen und Lebensverhältnisse von Familien. Ergebnisse einer Repräsentativbefragung im Auftrag des Bundesministeriums für Familien – Berichtsband. Allensbach.

IFSW (o. J.) International Federation of Social Workers. http://www.ifsw.org/f38000138.html. Zuletzt aufgerufen am 17.09.2009.

Jong , P. d./ Berg, I. K. (2003): Lösungen (er-)finden. Dortmund.

Jurczyk, K./ Klinkhardt, J. (2014) Vater, Mutter, Kind? Acht Trends in Familien, die Politik heute kennen sollte. Gütersloh.

Kappeler, M. (2005): Vom Sozialstaat zum Präventionsstaat. Widersprüche, Heft 96, S. 23–34.

Karakasoglu, Y. (2013): Bildung und Kultur im Kontext von Diversity. Kinder und Jugendliche in der Migrationsgesellschaft. In: Spatscheck, C./ Wagenblass, S. (Hg.): Bildung, Teilhabe und Gerechtigkeit. Gesellschaftliche Herausforderungen und Zugänge Sozialer Arbeit. Weinheim, S. 217–228.

Kardoff, E. v.(1988): Praxisforschung als Forschung der Praxis. In: Heiner, M. (Hg.): Praxisforschung in der Sozialen Arbeit. Freiburg im Breisgau: Lambertus, S. 73–100.

Kardoff, E. v. (2006): Zur gesellschaftlichen Bedeutung und Entwicklung (qualitativer) Evaluationsforschung. In: Flick, U. (Hg.): Qualitative Evaluationsforschung. Konzepte, Methoden, Umsetzungen. Hamburg: Rowohlt Taschenbuch Verlag, S. 63–91.

Kelle, H. (2003): Die Komplexität sozialer und kultureller Wirklichkeit als Problem qualitativer Forschung. In: Friebertshäuser, B.; Prengel, A. (Hg.): Handbuch Qualitative Forschungsmethoden in der Erziehungswissenschaft. Weinheim, S. 192–208.

Kelle, U./ Marx, J./ Pengel, S./ Uhlhorn, K./ Witt, I. (2003): Die Rolle theoretischer Heuristiken im qualitativen Forschungsprozeß – Ein Werkstattbericht. In: Otto, H.-U.; Oelerich, G.; Micheel, H.-G. (Hg.): Empirische Forschung und Soziale Arbeit. Ein Lehr- und Arbeitsbuch. München, S. 239–257.

Kessl, F./ Reutlinger, C./ Maurer, S./ Frey, O. (2005): Handbuch Sozialraum. Wiesbaden.

Kessl, F./ Reutlinger, C. (2013): Sozialraumarbeit statt Sozialraumorientierung. URL: http://www.sozialraum.de/sozialraumarbeit-statt-sozialraumorientierung.php, Datum des Zugriffs: 27.03.2014.

Kleve, H. (2003): Sozialarbeitswissenschaft, Systemtheorie und Postmoderne. Grundlegungen und Anwendungen eines Theorie- und Methodenprogramms. Freiburg.

Kraus, B. (2006): Lebenswelt und Lebensweltorientierung – eine begriffliche Revision als Angebot an eine systemisch-konstruktivistische Sozialarbeitswissenschaft. Kontext. In: Zeitschrift für Systemische Therapie und Familientherapie. Göttingen Bd. 37, Heft 02/06, S. 116–129.

Krause, C. (2003): Pädagogische Beratung: was ist, was soll, was kann Beratung. In: Krause, C./ Fittkau, B./ Fuhr, R./ Thiel, H.-U. (Hg.): Pädagogische Beratung. Grundlagen und Praxisanwendung. Paderborn, S. 15–31.

Krause, H.-U./ Rätz-Heinisch, R. (Hg.) (2009): Soziale Arbeit im Dialog gestalten. Theoretische Grundlagen und methodische Zugänge einer dialogischen sozialen Arbeit. Opladen.

Kreft, D. (2010): Handlungskompetenz in der Sozialen Arbeit. In: Kreft, D./ Müller, C. W. (Hg.): Methodenlehre in der Sozialen Arbeit. München, S. 49–59.

Kreft, D./ Müller, C. W. (2010): Konzepte, Methoden, Verfahren und Techniken in der Sozialen Arbeit. In: Kreft, D./ Müller, C. W. (Hg.): Methodenlehre in der Sozialen Arbeit. München, S. 12-25.

Kreyenfeld, M./ Bastin, S. (2010): Nichteheliche Elternschaft. In: Goldstein, J./ Kreyenfeld, M./ Huinink, J./ Konietzka, D./ Trappe, H. (2010): Familie und Partnerschaft in Ost- und Westdeutschland. Ergebnisse im Rahmen des Projektes „Demographic Differences in Life Course Dynamics in Eastern and Western Germany". Rostock, S. 28.

Kudera, W. (2000): Lebensführung als individuelle Aufgabe. In: Kudera, W./ Voß, G.G. (Hg.): Lebensführung und Gesellschaft. Beiträge zu Konzept und Empirie alltäglicher Lebensführung. Opladen, S. 77–89.

Kudera, W./ Voß, G.G. (2000): Lebensführung und Gesellschaft. Beiträge zu Konzept und Empirie alltäglicher Lebensführung. Opladen.

Lambers, H. (2013): Theorien der Sozialen Arbeit. Ein Kompendium und Vergleich. Opladen.

Lampert, L. (1934): Mütterschulung. Leipzig.

Landesstiftung Baden-Württemberg gGmbH (o. J.): Innovative Familienbildung. Modellprojekte in Baden-Württemberg. Aktionsprogramm Familie – Förderung der Familienbildung. Stuttgart.

Lange, A. (2007): Kindheit und Familie. In: Ecarius, J. (Hg.): Handbuch Familie. Wiesbaden, S. 239–259.

Langhanky, M./ Frieß, C./ Hußmann, M./ Kunstreich, T. (2004): Erfolgreich sozial-räumlich handeln. Die Evaluation der Hamburger Kinder- und Familienhilfezentren. Bielefeld.

Leontjew, A. K. (1973): Probleme der Entwicklung des Psychischen. Frankfurt a.M.

Lösel, F. (2006): Bestandsaufnahme und Evaluation von Angebote im Elternbildungsbereich – Abschlussbericht. Erlangen.

Loibl, S. (2005): Allianz für's Leben. Zum Verhältnis von Erwachsenenbildung und Sozialarbeit. In: Schrader, Josef (Hg.): Generationenwechsel. DIE Zeitschrift 2005/2. Bielefeld, S, 49–51.
http://www.diezeitschrift.de/22005/loibl0501.pdf.
Zuletzt abgerufen am: 10.10.2013

Lois, D./ Kopp, J. (2011): Elternschaftskonstellationen bei Alleinerziehenden. In: Schwab, D./ Vaskovics, l. A. (Hg.): Pluralisierung von Elternschaft und Kindschaft. Familienrecht, -soziologie und -psychologie im Dialog. Sonderheft Zeitschrift für Familienforschung/ Journal of Family Research, 8. Opladen, S. 59–76.

Lüders, C. (2003): Qualitative Kinder- und Jugendhilfeforschung. In: Friebertshäuser, B./ Prengel, A. (Hg.): Handbuch Qualitative Forschungsmethoden in der Erziehungswissenschaft. Weinheim, S. 795–810.

Lutz, T. (2010): Soziale Arbeit im Kontrolldiskurs. Wiesbaden.

Maar, K. (2005): „Nicht zu lange fackeln, einfach machen". Zum Nutzen und Nichtnutzen von Angeboten der Wohnungslosenhilfe. In: Oelerich, G./ Schaarschuch, A.(Hg.): Soziale Dienstleistungen aus Nutzersicht. Zum Gebrauchswert Sozialer Arbeit. München, S. 117–131.

Maykus, S. (2008): Frühe Förderung und Bildung von Kindern. Potenziale von Familienzentren aus sozialpädagogischer Sicht. In: Rietmann, S./ Hensen, G. (Hg.): Tagesbetreuung im Wandel. Das Familienzentrum als Zukunftsmodell. Wiesbaden, S. 69–87.

Mayring, P. (2002): Einführung in die Qualitative Sozialforschung, Weinheim.

Meinhold, M. (1998): Ein Rahmenmodell zum methodischen Handeln. In: Heiner, M./ Meinhold, M./ von Spiegel, H./ Staub-Bernasconi, S. (Hg.): Methodisches Handeln in der Sozialen Arbeit. Freiburg im Breisgau, S. 220–253.

Mengel, M. (2007): Familienbildung mit benachteiligten Adressaten. Eine Betrachtung aus andragogischer Perspektive. Wiesbaden.

Mengel, M./ Oberndorfer, R./ Rupp, M. (2006): Alles unter einem Dach: Die Niedrigschwelligen familienbildenden Modellprojekte „Fit fürs Baby" und „Familienbüro".Abschlussbericht der wissenschaftlichen Begleitforschung. Ifb-Materialien 2-2006. Bamberg,
http://www.ifb.bayern.de/imperia/md/content/stmas/ifb/materialien/mat_2006_2.pdf
zuletzt aufgerufen am 04.06.2014.

Meuser, M./ Nagel, U. (2005): ExpertInneninterviews – vielfach erprobt, wenig bedacht. Ein Beitrag zur qualitativen Methodendiskussion. In: Bogner, A./ Littig, B./ Menz, W. (Hg.): Das Experteninterview, Theorie, Methode, Anwendung, Wiesbaden, S. 71–94.

Mey, G./ Mruck, K. (2011): Grounded-Theory-Methodologie: Entwicklung, Stand, Perspektiven. In: Mey, G./ Mruck, K. (Hg.): Grounded Theory Reader. Wiesbaden, S. 11–48.

Meyer-Ullrich, G./ Schilling, G./ Stöbe-Blossey, S. (2008): Der Weg zum Familienzentrum. Eine Zwischenbilanz der wissenschaftlichen Begleitung. Berlin: PädQUIS gGmbH. Forschungsbericht.

Meyer-Ullrich, G. (2008b): Familienzentren als Netzwerke. Kinder individuell fördern, Eltern beraten und unterstützen. In: Katholische Landesarbeitsgemeinschaft Kinder- und Jugendschutz NW e. V. (Hg.): Familie im Zentrum. Thema Jugend. Zeitschrift für Jugendschutz und Erziehung, Nr. 4/2008, Münster S. 4–7.

MGFFI (Ministerium für Generationen, Familie, Frauen und Integration des Landes Nordrhein-Westfalen) (2009): Familienzentren in Nordrhein-Westfalen – Neue Zukunftsperspektiven für Kinder und Eltern. Ergebnisse der wissenschaftlichen Begleitung im Überblick. Düsseldorf.

Micheel, H.-G. (2013): Methodische Aspekte der Wirkungsforschung. In: Graßhoff, G. (Hg.): Adressaten, Nutzer, Agency. Akteursbezogene Forschungsperspektiven in der Sozialen Arbeit. Wiesbaden, S. 181–194.

Moser, H. (1995): Grundlagen der Praxisforschung. Freiburg im Breisgau: Lambertus.

Mühling, T./ Smolka, A. (2007): Wie informieren sich bayrische Eltern über erziehungs- und familienbezogene Themen? Ergebnisse der ifb-Elternbefragung zur Familienbildung 2006. Bamberg.

Müller, B. (2009): Die Kunst des Offensichtlichen. Bruno Bettelheim als Berater. In: Krause, H. U./ Rätz-Heinisch, R. (Hg.): Soziale Arbeit im Dialog gestalten. Theoretische Grundlagen und methodische Zugänge einer dialogischen sozialen Arbeit. Opladen, S. 31–41.

Müller, C.W. (1988): Achtbare Versuche. Zur Geschichte von Praxisforschung in der sozialen Arbeit. In: Heiner, M. (Hg.): Praxisforschung in der sozialen Arbeit. Freiburg im Breisgau, S. 17–33.

Müller, C. W. (2010): Fragen, Nachfragen, Zuhören. In: Kreft, Dieter/ Müller, C. W. (Hg.): Methodenlehre in der Sozialen Arbeit. München, S. 148–150.

Munsch, C. (2005): Die Effektivitätsfalle. Gemeinwesenarbeit und bürgerschaftliches Engagement zwischen Ergebnisorientierung und Lebensbewältigung. Baltmannsweiler.

Muschalik, E./ Peter, F. H./ Spieß, C. K. (2011): Familienpolitisches Wohlbefinden. In: Bertram, H./ Spieß, C. K. (2011): Fragt die Eltern! Ravensburger Elternsurvey Elterliches Wohlbefinden in Deutschland. Baden-Baden, S. 151–176.

Muschalik, E./ Peter, F. H./ Spieß, C. K. (2011a): Materielles Wohlbefinden. In: Bertram, H./ Spieß, C. K. (2011): Fragt die Eltern! Ravensburger Elternsurvey Elterliches Wohlbefinden in Deutschland. Baden-Baden, S. 177–188.

Muschalik, E./ Peter, F. H./ Spieß, C. K. (2011b): Wohlbefinden im Bereich „Erwerbstätigkeit". In: Bertram, H./ Spieß, C. K. (2011): Fragt die Eltern! Ravensburger Elternsurvey Elterliches Wohlbefinden in Deutschland. Baden-Baden, S.189–206.

Nave-Herz, R. (2006): Ehe- und Familiensoziologie. Eine Einführung in Geschichte, theoretische Ansätze und empirische Befunde. München.

Noack, M./ Veil, K. (2013) Aktiv Altern im Sozialraum. Grundlagen – Positionen – Anwendungen. Köln.

Oberndorfer, R./ Mengel, M. (2003): Familienbildung heute – präventiv, bedarfsgerecht und niederschwellig. In: Rupp, M. (Hg.): Niederschwellige Familienbildung. Ifb-Materialien. Bamberg, S. 13–22.

Oberndorfer, R. (2003): Neue Konzepte, Strategien und Erfahrungen bei der Umsetzung. In: Rupp, Marina (Hg.): Niedrigschwellige Familienbildung. Ifb-Materialien 1/2003. Bamberg.

Oelerich, G./ Schaarschuch, A. (2005): Der Nutzen Sozialer Arbeit. In: Oelerich, G./ Schaarschuch, A. (Hg.): Soziale Dienstleistungen aus Nutzersicht. Zum Gebrauchswert Sozialer Arbeit. München: Ernst Reichardt Verlag, S. 80-98.

Oelerich, G./ Schaarschuch, A. (2013): Sozialpädagogische Nutzerforschung. In: Graßhoff, G. (Hg.): Adressaten, Nutzer, Agency. Akteursbezogene Forschungsperspektiven in der Sozialen Arbeit. Wiesbaden, S. 85-98.

Olk, T./ Otto, H.-U./ Backhaus-Maul, H. (2003): Soziale Arbeit als Dienstleistung – Zur analytischen und empirischen Leistungsfähigkeit eines theoretischen Konzeptes. In: Olk, T./ Otto, H.-U. (Hg.): Soziale Arbeit als Dienstleistung. Grundlegungen, Entwürfe und Modelle. München, S. IX–LXXII.

Opp, G. (2006): Die Kraft der Peers nutzen – Theorie und Konzeption. In: Opp, G./ Unger, N. (Hg.): Kinder stärken Kinder. Positive Peer Culture in der Praxis. Hamburg, S. 49–72.

Paritätisches Bildungswerk e. V. (2007): nah dran: Familienbildung. Wuppertal. Papastefanou 2006 Familienbildung. In: Fried, L./ Roux, S. (Hg.): Pädagogik der frühen Kindheit. Weinheim. S. 334–345.

Pettinger, R. (1995): Von der Mütterschule zur Familienbildung als Instrument kommunaler Familienpolitik und Jugendhilfeplanung. In: AGEF-Informationsdienst, Elmshorn.

Pettinger, R./ Rollik, H. (2005) Familienbildung als Angebot der Jugendhilfe. Rechtliche Grundlagen – familiale Problemlagen – Innovationen (Fassung 29.09.2005). Erstellt vom Deutschen Jugendinstitut, herausgegeben vom BMFSFJ. Berlin.

Petzold, M. (2013): Zur Bedeutung der Familie. In: Fried, L./ Roux, S. (Hg.): Pädagogik der frühen Kindheit: Handbuch und Nachschlagewerk. Berlin, S. 55-65.

Peucker C./ Riedel B. (2004): Häuser für Kinder und Familien. Rechercheberich. Erstellt vom Deutschen Jugendinstitut im Auftrag des BMFSFJ. München.

Peuckert, R. (2008): Familienformen im sozialen Wandel. Wiesbaden.

Possinger, J. (2009): „Kühe, die man melken will, muss man füttern" Eine Zwischenbilanz zum Ausbau von Mehrgenerationenhäusern und Familienzentren. Januar 2009. NDVAbhandlungen. NDV.

Pothmann, J. (2003): Interkommunale Vergleiche. Eine Fundgrube für empirische Jugendhilfeforschung. In: Otto, H.-U.; Oelerich, G.; Micheel, H.-G. (Hg.): Empirische Forschung und Soziale Arbeit. Ein Lehr- und Arbeitsbuch. München, S. 291–306.

Prengel, A. (2003): Perspektivität anerkennen - Zur Bedeutung von Praxisforschung in Erziehung und Erziehungswissenschaft. In: Friebertshäuser, B.; Prengel, A. (Hg.): Handbuch Qualitative Forschungsmethoden in der Erziehungswissenschaft. Weinheim, S. 599–627.

Preuße, H./ Meier, U./ Sunnus, E. M. (2003): Die Vielfalt von Alltagsproblemen in prekären Lebenslagen – Möglichkeiten ihrer Bewältigung und Prävention. Leitfaden für die Bildungs-, Beratungs- und Betreuungsarbeit. Gießen.

Rauschenbach, T. (2008): Neue Orte für Familien. Institiutionelle Entwicklungslinien eltern- und kindfördernder Angebote. In: Diller, A./ Heitkötter, M./ Rauschenbach, T. (Hg.): Familie im Zentrum. Kinderfördernde und elternunterstützende Einrichtungen – aktuelle Entwicklungslinien und Herausforderungen. München, S. 133–156.

Rauschenbach, T. (2008b): Bildung im Kindes- und Jugendalter. Über Zusammenhänge zwischen formellen und informellen Bildungsprozessen. In: Grunert, C./ von Wensierski, H.-J. (Hg.): Jugend und Bildung. Modernisierungsprozesse und Strukturwandel von Erziehung und Bildung am Beginn des 21. Jahrhunderts, Opladen, S. 17–34.

Rauschenbach, T. (2009): Zukunftschance Bildung. Familie, Jugendhilfe und Schule in neuer Allianz. Weinheim.

Riedmüller, B. (2009): Ein neues Geschlechterverhältnis? Familienpolitik muss sich veränderten Realitäten anpassen. In: Biedenkopf, K./ Bertram, H./ Niejahr, E. (2009): Starke Familie – Solidarität, Subsidiarität und kleine Lebenskreise. Bericht der Kommission „Familie und demographischer Wandel" im Auftrag der Robert Bosch Stiftung. Stuttgart, S. 120–128.

Rietmann, S./ Hensen, G. (2009) (Hg.): Werkstattbuch Familienzentrum. Methoden für die erfolgreiche Praxis. Wiesbaden.

Rißmann, M./ Remsperger, R. (2011): Die Kita auf dem Weg zum „Eltern-Kind-Zentrum". Konzeptionsbericht und Strategiepapier. Erfurt.

Rogers, C.R. (1974): Lernen in Freiheit. München.

Rollik, H. (2007): Die Rolle der Familienbildung - vom Rückblick zum Ausblick: Vortrag auf der Fachtagung der Friedrich-Ebert-Stiftung in Zusammenarbeit mit dem DRK Landesverband Sachsen-Anhalt. http://www.sachsen-anhalt.drk.de/fileadmin/dokumente/Sozialarbeit/Referat_Rollik.pdf zuletzt aufgerufen am 10.03.2008.

Roth, X. (2014): Was ist denn nun eigentlich Bildungs- und Erziehungspartnerschaft? In: Tschöpe-Scheffler, S. (Hg.): Gute Zusammenarbeit mit Eltern in Kitas, Familienzentren und Jugendhilfe. Qualitätsfragen, pädagogische Haltung und Umsetzung. Opladen, S. 141–151.

Rupp, M. (Hg.)(2002): Familienbildung im Dialog zwischen Wissenschaft und Praxis. Tagungsdokumentation. Ifb-Materialien 3/2002 Bamberg.

Rupp, M. (2003a): Einführung: Niedrigschwellige Familienbildung im Überblick. In: Rupp, M. (Hg.): Niedrigschwellige Familienbildung. Ifb-Materialien 1/2003. Bamberg.

Rupp, M. (2003b): Neue Bedürfnisse und Zielgruppen. In: Rupp, M. (Hg.): Niedrigschwellige Familienbildung. Ifb-Materialien 1/2003. Bamberg.

Rupp, M. (2005): Familienentwicklung und Anforderungen an die Jugendhilfe. Bamberg.

Schaarschuch, A.; Oelerich, G. (2005): Theoretische Grundlagen und Perspektiven sozialpädagogischer Nutzerforschung. In: Oelerich, G.; Schaarschuch, A. (Hg.): Soziale Dienstleistungen aus Nutzersicht. Zum Gebrauchswert Sozialer Arbeit. München: Ernst Reichardt Verlag, S. 9–25.

Schiersmann, C./ Thiel, H.-U./ Fuchs, K./ Pfizenmaier, E. (1998): Innovationen in Einrichtungen der Familienbildung. Eine bundesweite empirische Institutionenanalyse. Opladen.

Schiersmann, C. (2007): Berufliche Weiterbildung. Lehrbuch, Wiesbaden.

Schlevogt, V. (2012a): KiFaz, Eltern-Kind-Zentrum oder Haus der Familie Konzepte und Fördermodelle von Kinder- und Familienzentren im bundesweiten Vergleich. KiTa aktuell spezial 1/2012. Köln.

Schlevogt, V. (2012b): Kinder- und Familienzentren in Deutschland – Entwicklungslinien und Förderkonzepte Fachtagung „Zusammen geht´s voran!“ Ressourcenorientierte Kita-Arbeit in der Gemeinde oder im Stadtteil Neumünster, 21. April 2012.

Schneider, A. (2009): Forschungsperspektiven in der Sozialen Arbeit. Schwalbach/Ts.

Schneider, N. F. (2011): Zur Zukunft der Familie in Europa: Vielfalt und Konvergenz. In: Bertram, H./ Ehlert, N. (Hg.): Familie, Bindungen und Fürsorge. Familiärer Wandel in einer vielfältigen Moderne. Opladen & Farmington Hills, S. 251–266.

Schreiber, N./ Tietze, W. (2008): Familienzentren NRW: Familienzentren im Entwicklungsprozess. Die Perspektive von Einrichtungen und Eltern. Arbeitsbericht 1 der wissenschaftlichen Begleitung. Berlin.

Schütz, A./ Luckmann, T. (2003): Strukturen der Lebenswelt. Konstanz.

Schuffenhauer, H. (1982): Lebensbilder großer Pädagogen. Friedrich Wilhelm August Fröbel. Berlin.

Schumann, M. (2003): Qualitative Forschungsmethoden in der (sozial)pädagogischen Ausbildung. In: Friebertshäuser, B./ Prengel, A. (Hg.): Handbuch Qualitative Forschungsmethoden in der Erziehungswissenschaft. Weinheim und München: Juventa Verlag, S. 661–677.

Schwab, D. (2011): Die Begriffe der genetischen, biologischen, rechtlichen und sozialen Elternschaft (Kindschaft) im Spiegel der rechtlichen Terminologie. In: Schwab, D./ Vaskovics, L. A. (Hg.): Pluralisierung von Elternschaft und Kindschaft. Familienrecht, -soziologie und -psychologie im Dialog. Sonderheft Zeitschrift für Familienforschung/ Journal of Family Research, 8. Opladen, S. 40–58.

Schymroch, H. (1989): Von der Mütterschule zur Familienbildungsstätte. Freiburg in Breisgau.

Seitter, W. (2007): Geschichte der Erwachsenenbildung. Eine Einführung. Bielefeld.

Senatsverwaltung für Bildung, Wissenschaft und Forschung (2006): Familienbericht 2006. Bericht zur Situation der Familien in Berlin mit dem Schwerpunkt Eltern- und Familienbildung zur Stärkung der Erziehungskompetenz von Eltern. Berlin.

Servicestelle Berliner Familienzentren (2013): Aufbau der Berliner Familienzentren. Berichtszeitraum 01.10.2012 – 30.06.2013. Berlin.

Shazer, S. d. (2005): Wege der erfolgreichen Kurztherapie. Stuttgart.

Siebert, H. (1998): Un-Sicherheitstraining- Beobachtung eines Außenstehenden. In: Arnold, R./ Kade, J./ Nolda, S./ Schüßler, I. (Hg.): Lehren und Lernen im Modus der Auslegung. Erwachsenenbildung zwischen Wissensvermittlung, Deutungslernen und Aneignung. Hohengehren, S. 81–87.

Sieder, R. (2008): Patchworks – das Familienleben getrennter Eltern und ihrer Kinder. Stuttgart.

Smolka, A./ Rupp, M. (2007): Die Familie als Ort der Vermittlung von Alltags- und Daseinskompetenzen. In: Harring, M./ Rohlfs, C./ Palentien, C. (Hg.): Perspektiven der Bildung. Kinder und Jugendliche in formellen, nicht-formellen und informellen Bildungsprozessen. Wiesbaden, S. 219–235.

Spiegel, H. v. (2011): Methodisches Handeln in der Sozialen Arbeit. München.

Stamm, M. (2010) Frühkindliche Bildung, Betreuung und Erziehung. München.

Stange, W./ Krüger, R./ Henschel, A. (2014): Familie im Zentrum. Präventive Familienförderung. Berlin.

Statistische Ämter des Bundes und der Länder (2011): Demografischer Wandel in Deutschland. Wiesbaden.

Statistisches Bundesamt (2010): Alleinerziehende in Deutschland. Ergebnisse des Mikrozensus 2009. Wiesbaden.

Staub-Bernasconi, S. (2007): Soziale Arbeit als Handlungswissenschaft. Systemtheoretische Grundlagen und professionelle Praxis- Ein Lehrbuch. Bern.

Stegmann, M./ Schwab, J.E. (2012): Evaluieren und Forschen für die Soziale Arbeit. Berlin.

Stein, M. (2008) Ein kleiner Ausflug in die Geschichte der Familienbildung. Essays und Aufsätze. http://www.buergergesellschaft.de/praxishilfen/sozialraumorientierte-interkulturelle-arbeit/essays-und-aufsaetze/zur-geschichte-der-familienbildung/ein-kleiner-ausflug-in-die-geschichte-der-familienbildung/106678/ zuletzt aufgerufen am 23.03.2014

Steinert, E. (1998): Wissenschaftliche Standards qualitativer Sozialarbeitsforschung. In: Steinert, E./ Sticher-Gil, B./ Sommerfeld, P./ Maier, K. (Hg.): Sozialarbeitsfoschung: was sie ist und leistet. Freiburg im Breisgau, S. 32–50.

Stork, R. (2009): Mut zur Demokratie – Wie Partizipation in der Jugendhilfe gelingen kann. In: Krause, H.-U./ Rätz-Heinisch, R. (Hg.): Soziale Arbeit im Dialog gestalten. Theoretische Grundlagen und methodische Zugänge einer dialogischen sozialen Arbeit. Opladen, S. 93–104.

Straßburger, G./ Bestmann, S. (2008): Praxishandbuch für sozialraumorientierte interkulturelle Arbeit. Bonn.

Straßburger, G./ Bestmann, S./ Häseler, S. (2008) Faktoren des Gelingens. Ein Zusammenspiel von Haltung, Methode und Struktur. In: Straßburger, G./ Bestmann, S. (2008): Praxishandbuch für sozialraumorientierte interkulturelle Arbeit. Bonn, S. 12–74.

Strauss, A. / Corbin, J. (1996): Grounded Theory: Grundlagen qualitativer Sozialforschung, Weinheim.

Strobel, B./ Sterzing, D./ Sann, A. (2009) Niedrigschwellige Familienbildung im ländlichen Raum. Erfahrungen mit Opstapje. München http://www.dji.de/fileadmin/user_upload/bibs/Laendlicher_Raum_Opstapje.pdf zuletzt aufgerufen am 17.03.2014

Strohmeier, K. P. (2009): Die Stadt im Wandel – Wiedergewinnung von Solidarpotential. In: Biedenkopf, K./ Bertram, H./ Niejahr, E. (2009): Starke Familie – Solidarität, Subsidiarität und kleine Lebenskreise. Bericht der Kommission „Familie und demographischer Wandel“ im Auftrag der Robert Bosch Stiftung. Stuttgart, S. 156–172.

Strübing, J. (2008): Grounded Theory. Zur sozialtheoretischen und epistemologischen Fundierung des Verfahrens der empirisch begründeten Theoriebildung. Wiesbaden.

Sturzenhecker, B. (2009a): Evaluation von 18 Eltern-Kind-Zentren in Hamburg. Abschlussbericht. In: Freie und Hansestadt Hamburg. Behörde für Soziales, Familie, Gesundheit und Verbraucherschutz (Hg.). Eltern-Kind-Zentren in Hamburg. Bericht der Evaluation 2008/2009. Hamburg.

Sturzenhecker, B. (2009b): Das Frühstück der Mütter – Elternbildung mit benachteiligten Müttern in Hamburger Eltern-Kind-Zentren. In: Rose, L./ Sturzenhecker, B. (Hg.): ‚Erst kommt das Fressen ...!‘ Über Essen und Kochen in der Sozialen Arbeit. Wiesbaden, S. 59–75.

Szydlik, M. (2007): Familie und Sozialstruktur. In: Ecarius, J. (Hg.): Handbuch Familie. Wiesbaden, S. 78–93.

Textor, M.R. (1996): Allgemeine Förderung der Erziehung in der Familie § 16 SGB VIII. Boorberg.

Textor, M. R. (2007):Familienbildung. In: Ecarius, Jutta (Hg.) Handbuch Familie. Wiesbaden.

Thesing, T. (2004): Bildung in den Feldern der Sozialpädagogik. Eine Einführung für Soziale Berufe. Freiburg im Breisgau.

Thiersch, H. (1986): Die Erfahrung der Wirklichkeit. Perspektiven einer alltagsorientierten Sozialpädagogik. Weinheim.

Thiersch, H. (2000): Strukturierte Offenheit. Zur Methodenfrage einer lebensweltorientierten Sozialen Arbeit. In: Rauschenbach, T./ Ortmann, F./ Karsten, M.-E. (Hg.): Der sozialpädagogische Blick. Lebensweltorientierte Methoden in der Sozialen Arbeit. Weinheim und München, S. 11–28.

Thiersch, H. (2006): Die Erfahrung der Wirklichkeit. Perspektiven einer alltagsorientierten Sozialpädagogik. Weinheim.

Thiersch, H. (2008): Bildung und Soziale Arbeit. In: Otto, H.-U./ Rauschenbach, T. (Hg.): Die andere Seite der Bildung. Das Verhältnis von formellen und informellen Bildungsprozessen. Wiesbaden, S. 237–252.

Thiersch, H. (2012): Lebensweltorientierte Soziale Arbeit. Aufgaben der Praxis im sozialen Wandel. Weinheim.

Thiersch, H./ Böhnisch, L. (2014): Spiegelungen. Lebensweltorientierung und Lebensbewältigung. Gespräche zur Sozialpädagogik. Weinheim.

Thiessen, B. (2010): Familienbildung für alle? Perspektiven durch Netzwerkarbeit und mit Blick auf neue Adressat(inn)en. In: Forschungsverbund Deutsches Jugendinstitut e. V./ TU Dortmund, Stadt Dortmund/ Familienprojekt (Hg.): Familien stärken und unterstützen. Dokumentation des Familienkongresses Dortmund, 17.-18.06.2009. Dortmund, S. 74–77.

Tilk, U. (2002): Lebensbewältigung zwischen Bildungsansprüchen und gesellschaftlicher Anpassung. Zum Verhältnis von Sozialarbeitswissenschaft und Sozialpädagogik. Münster.

Tippelt, R. (2006): Beruf und Lebenslauf. In: Arnold, R./ Lipsmeiner, A. (Hg.): Handbuch der Berufsbildung. 2., überarbeitete und aktualisierte Auflage. Wiesbaden, S. 95–111.

Treptow, R./ Landhäußer, S./ Faas, S. (2011): Gestaltung von Zugängen in der Eltern- und Familienbildung. Bestandsaufnahem von ‚offenen Treffs' im Kontext familienbezogener Bildungsangebote in Baden-Württemberg (Erweiterung der Evaluation des Landesprogramms STÄRKE – Vorstudie). Forschungsbericht. Tübingen.

Tschöpe-Scheffler, S./ Bundschuh, C. (2006): Recherche und Zusammenstellung weiterer Elternbildungsangebote im Überblick. In: Tschöpe-Scheffler, S. (Hg.): Konzepte der Elternbildung – eine kritische Übersicht. Opladen, S. 255–274.

Tschöpe-Scheffler, S. (2006): Konzepte der Elternbildung – eine kritische Übersicht. In: Tschöpe-Scheffler, S. (Hg.): Konzepte der Elternbildung – eine kritische Übersicht. Opladen, S. 275–334.

Tschöpe-Scheffler, S. (2009): Familie und Erziehung in der Sozialen Arbeit. Schwalbach/ Ts.

Tschöpe-Scheffler, S. (2013): Über die Haltung in der Zusammenarbeit mit Familien. In: Kompetenzteam Wissenschaft des Bundesprogramms ‚Elternchance ist Kinderchance'/ Correll, L./ Lepperhoff, J. (Hg.): Frühe Bildung in der Familie. Perspektiven der Familienbildung. Weinheim, S. 105–117.

Tschöpe-Scheffler, S. (2014): Entwicklungslinien, neue Herausforderungen und Paradigmenwechsel in der Zusammenarbeit mit Familien. In: Tschöpe-Scheffler, S. (Hg.): Gute Zusammenarbeit mit Eltern in Kitas, Familienzentren und Jugendhilfe. Qualitätsfragen, pädagogische Haltung und Umsetzung. Opladen, S. 15–28.

Uhlendorff, U./ Euteneuer, M./ Slaba, K.-P. (2013): Soziale Arbeit mit Familien. München.

Vaskovics, L. A. (2011): Segmentierung und Multiplikation von Elternschaft. Konzept zur Analyse von Elternschafts- und Elternkonstellationen. In: Schwab, D./ Vaskovics, L. A. (Hg.): Pluralisierung von Elternschaft und Kindschaft. Familienrecht, -soziologie und -psychologie im Dialog. Sonderheft Zeitschrift für Familienforschung/ Journal of Family Research, 8. Opladen, S. 11–40.

Viernickel, S. (2013): Zur Bedeutung der Peerkultur. In: Fried, L./ Roux, S. (Hg.): Pädagogik der frühen Kindheit: Handbuch und Nachschlagewerk. Berlin, S. 66–74.

Vossler, A.(2003): Perspektiven der Erziehungsberatung. Kompetenzförderung aus der Sicht von Jugendlichen, Eltern und Beratern. Tübingen.

Walper, S./ Stemmler, M. (2013): Eltern als Bildungsvermittler für ihre Kinder stärken. Das Bundesprogramm „Elternchance ist Kinderchance" und seine Evaluation. In: Kompetenzteam Wissenschaft des Bundesprogramms ‚Elternchance ist Kinderchance'/ Correll, L./ Lepperhoff, J. (Hg.): Frühe Bildung in der Familie. Perspektiven der Familienbildung. Weinheim, S. 21–45.

Walter, F./ u. a. (2013): Die neue Macht der Bürger. Was motiviert die Protestbewegungen? Hamburg.

Walter, W. (1998): Einleitung: Elternbriefe und Familienbildung. Forschungsstand und Projektkonzeption. In: Bierschock, K./ Oberndorfer, R./ Walter, W. (Hg.): Von den Elternbriefen zur Familienarbeit. Inhalte, Organisation, Wirkungsweise der Familienbildung. Bamberg, 10–25.

Walter, W./ Bierschock, K./ Oberndorfer, R./ Schmitt, C./ Smolka, A. (2000): Familienbildung als präventives Angebot. Einrichtungen, Ansätze, Weiterentwicklung. Ifb-Materialien 5/2000 Bamberg.

Watzlawick, P. (1976): Wie wirklich ist die Wirklichkeit. München

Watzlawick, P. (2003): Menschliche Kommunikation. Bern.

Wittpoth, Jürgen (2007): Familie und Weiterbildung. In: Ecarius, Jutta (Hg.): Handbuch Familie. Wiesbaden, S. 342–365.

Wolff, R./ Stork, R. (2012): Dialogisches ElternCoaching und Konfliktmanagement. Ein Methodenbuch für eine partnerschaftliche Bildungsarbeit (nicht nur) in den Hilfen zur Erziehung. Frankfurt/ Main.

Zipfel, A. (2012a): Familienbildung – eine Frauendomäne? Ein kritischer Kommentar. In: Zipfel, A./ Thomas, S./ Cloos, P. (Hg.): Familienbildung in Eltern-Kind-Gruppen. Grundlagen – Perspektiven – Materialien. Ergebnisse eines Transfer- und Evaluationsprojektes – eine Kooperation mit der Universität Hildesheim und sechs Familien-Bildungsstätten in SüdOst Niedersachsen. Hildesheim, S. 17–18.

Zipfel, A. (2012b): Quantitative Forschungsergebnisse. In: Zipfel, A./ Thomas, S./ Cloos, P. (Hg.): Familienbildung in Eltern-Kind-Gruppen. Grundlagen – Perspektiven – Materialien. Ergebnisse eines Transfer- und Evaluationsprojektes – eine Kooperation mit der Universität Hildesheim und sechs Familien-Bildungsstätten in SüdOst Niedersachsen. Hildesheim, S. 14–16.

Zeitfracht Medien GmbH
Ferdinand-Jühlke-Straße 7
99095 Erfurt, Deutschland
produktsicherheit@kolibri360.de